W E S T E N D

Heiner Flassbeck, Paul Davidson,
James K. Galbraith, Richard Koo,
Jayati Ghosh

HANDELT JETZT!

Das globale Manifest zur Rettung der Wirtschaft

WESTEND

Mehr über unsere Autoren und Bücher:
www.westendverlag.de

Die Deutsche Nationalbibliothek verzeichnet diese Publikation in der Deutschen Nationalbibliografie; detaillierte bibliografische Daten sind im Internet über http://dnb.d-nb.de abrufbar.

FSC
www.fsc.org
MIX
Papier aus verantwortungsvollen Quellen
FSC® C083411

ISBN 978-3-86489-034-5

Übersetzung und Lektorat: Stephanie Flassbeck und Dr. Detlef J. Kotte
Satz: Publikations Atelier, Dreieich
Druck und Bindung: CPI – Clausen & Bosse, Leck
Printed in Germany

Inhalt

Warum ein globales Manifest?

Dieses Buch, lieber Leser, handelt von den wirtschaftlichen Problemen in Ihrem Land, die auch Sie betreffen. Und es handelt davon, wie sie endlich überwunden werden können. In vielen Ländern der Welt steigen die Einkommen der Masse der arbeitenden Menschen schon seit vielen Jahren nicht mehr, während manche unglaublich reich werden. In anderen sind erhebliche Teile der Bevölkerung, vor allem auch die Jugend, von Arbeitslosigkeit bedroht. Immer noch gibt es trotz allen Fortschritts und all des gewaltigen Reichtums Not und Hunger auf dieser Welt. Die Krise des Finanzsystems war sicher ein großer Schock, der in weiten Kreisen ein Nachdenken ausgelöst hat. Aber allzu schnell sind allzu viele wieder zur Tagesordnung übergegangen und vertreten sogar mit größerer Härte als zuvor die gleichen Dogmen, die in die Krise hineingeführt haben.

Man kann natürlich über die Folgen solcher Krisen reden, indem man die Sorgen und Ängste der Menschen im Einzelnen beschreibt und zeigt, welche Auswirkungen unser kollektiver Misserfolg für den Alltag der Bürger und ihre Lebensverhältnisse hat. Man kann auch, und das mit gutem Recht, über die Politik herziehen und beklagen, dass so wenig von dem, was vielleicht möglich wäre, von »denen da oben« verwirklicht wird. Das aber ist nicht Ziel und Zweck dieses Buches. Wir wollten vielmehr ganz unterschiedliche Wissenschaftler mit einer ganz unterschiedlichen Herangehensweise und aus ganz unterschiedlichen Regionen und Lebensräumen dieser Welt zusammenbringen, um aus den jeweils verschiedenen Perspektiven einige wenige, aber äußerst wichtige Fragen zu beantworten. Warum stürzt die Weltwirtschaft immer wieder in so tiefe Krisen? Warum ist der Finanzsektor so schwer zu bändigen? Warum werden in einer Welt des Überflusses die Geißeln des Hungers, der Not und der Arbeitslosigkeit nicht endlich abgeschüttelt?

Die Autoren waren sich von Anfang an einig, dass man es sich zu einfach macht, wenn man nur unfähige Politiker an den Pranger stellt. Politiker sind, wie ein großer Ökonom schon vor vielen Jahrzehnten klar erkannte, immer nur Sklaven eines längst verstorbenen Denkers, von dessen Ideen sie sich nicht emanzipieren können, solange es keine besseren neuen Ideen gibt. Deswegen geht es in diesem Buch darum, die geistigen Wurzeln des vielfältigen Versagens der gegenwärtigen Wirtschaftspolitik offenzulegen und nach Alternativen zu fragen. Aber natürlich kann man an diese Aufgabe in unterschiedlicher Weise herangehen.

Paul Davidson, einer der besten Kenner und Vertreter des Keynesianismus, stellt gleich zu Anfang die wichtigste aller Fragen, nämlich die nach unserer Kenntnis über den Lauf der Geschichte. Diese Frage ist deswegen von überragender Bedeutung, weil große Teile der herrschenden Lehre in den Wirtschaftswissenschaften mit Modellen arbeiten, die von einem deterministischen Weltbild ausgehen, also unterstellen, die Geschichte sei im Grunde vorgegeben und wir könnten nur noch an ganz kleinen Rädchen drehen, um die Dinge besser ins Lot zu bringen. Dem stellt Davidson ein Weltbild entgegen, in dem die Zukunft offen und gestaltbar ist, in dem menschliche Erfahrung und menschlicher Gestaltungswille die Lebensverhältnisse der Menschen grundlegend verbessern können.

James K. Galbraith, einer der meistzitierten Kritiker des ökonomischen Mainstream in den USA und Europa, skizziert die Zeitläufte des herrschenden Denkens und dessen Versagen in den vergangenen 30 Jahren anhand der großen Krisen, angefangen mit den Ölkrisen und den unterschiedlichen Finanzkrisen bis hin zur großen Krise des Jahres 2008. Nur vollständig neues Denken, so sein Credo, kann die Wende bringen.

Richard Koo, einer der besten Kenner der japanischen Wirtschaft und global der bekannteste Experte für die Folgen von Finanzkrisen, zeigt auf, dass nur ein ganzheitliches Denken, also das Denken in gesamtwirtschaftlichen Kategorien, gangbare Auswege aus der Krise zu bieten vermag. Er weist darauf hin, dass in den meisten Ländern nur ein aktiver Staat und vor allem Enttabuisierung der Staatsverschuldung global eine nachhaltige Überwindung der Krise erlaubt, da die Verschuldung des öffentlichen Sektors als Gegenstück zum privaten Sparen unabdingbar ist.

Jayati Ghosh, die renommierte indische Ökonomin und Entwicklungsexpertin, macht deutlich, dass die Entwicklungsländer bei aller Ähnlichkeit der geistigen Strömungen, die die orthodoxe Wirtschaftspolitik hier wie dort bestimmen, doch zusätzliche und institutionell anders geartete Empfehlungen brauchen.

Heiner Flassbeck, eine der bekanntesten kritischen Stimmen unter den deutscher Ökonomen und Experte für Finanzmärkte mit globalem Einfluss, zeigt in diesem Buch, dass nicht nur die Finanzmärkte, sondern auch der Arbeitsmarkt ganz anders funktionieren als üblicherweise unterstellt. Es gibt keinen einfachen Marktmechanismus, der dafür sorgen würde, dass eine einmal, zum Beispiel als Folge einer Finanzkrise, entstandene Arbeitslosigkeit durch Senkung der Löhne wieder zum Verschwinden gebracht werden könnte. Wenn es diesen Mechanismus aber nicht gibt, ist das ganze Denkgebäude, auf dem die Wirtschaftspolitik der meisten Länder dieser Welt basiert, äußerst brüchig.

In einem gemeinsam getragenen Manifest plädieren diese Ökonomen für eine fundamentale Kehrtwende in der Wirtschaftspolitik. Nur wenn die alten Dogmen konsequent über Bord geworfen werden, sehen sie eine Chance für eine erfolgreiche Erneuerung der marktwirtschaftlichen Ordnung. Sie fordern zum sofortigen Handeln auf der Basis der neuen Erkenntnisse auf, weil sonst nicht nur die wirtschaftliche, sondern auch die politische Ordnung in vielen Ländern gefährdet ist. Eine Globalisierung der Wirtschaft ohne eine funktionierende globale Regelsetzung kann nicht funktionieren.

Schon einmal, in den 1920er Jahren, hatte man geglaubt, je schrankenloser der Kapitalismus sei, umso besser würde er funktionieren. Das war falsch, und unter den fatalen Folgen dieser falschen Einschätzung haben noch viele Generationen leiden müssen. Noch ist es nicht zu spät für eine Umkehr, aber die Zeichen der Zeit stehen auf Sturm. Auch im fünften Jahr nach der großen Finanzkrise ist es nicht gelungen, zur Normalität, nämlich zu einem von dem Einkommen der Masse der Bevölkerung getragenen Wachstum zurückzukehren. Die globale Wirtschaftspolitik muss jetzt zur Einsicht kommen. Fiskalpolitische Austerität, Lohnsenkungen, der Fortbestand eines fast schrankenlosen Finanzsystems und die Verfolgung nationaler wirtschaftlicher Interessen auf Kosten anderer Länder sind nicht die angemessenen Antworten auf die großen Herausforderungen unserer Zeit.

Paul Davidson

Unsicherheit und staatliche Sparpolitik

Entscheidungsfindung in der Volkswirtschaft

Das Wirtschaftsgeschehen ist ein Prozess, der sich in der Zeit vollzieht. Es ist nicht möglich, dass alles gleichzeitig passiert. Die Produktion von Gütern braucht Zeit, und der Verbrauch von Gütern, besonders der langlebigen Güter, braucht viel Zeit. Die Volkswirtschaftslehre beschäftigt sich in erster Linie damit, wie Haushalte und Firmen Entscheidungen hinsichtlich ihres Produktions- und Konsumverhaltens treffen, deren Auswirkungen sich erst irgendwann in der Zukunft zeigen.

Um das Verhalten wirtschaftlicher Entscheidungsträger zu analysieren, muss man darüber Annahmen treffen, (a) was sie bezüglich der zukünftigen Ergebnisse ihrer Entscheidung erwarten, und (b) ob diese Erwartungen sich erfüllen. Dieser Zusammenhang ist ganz offensichtlich bei Entscheidungen über Investitionen in Sachanlagen und Ausrüstungsgüter, wo man erst Jahre später weiß, ob die Investition tatsächlich rentabel war. Sobald die Entscheidung getroffen wurde, ist der Investor für die gesamte Lebensdauer der Investition daran gebunden. Investitionen in Sachanlagen und Ausrüstungsgüter sind wie eine Ehe in einer konservativen Gesellschaft: Der Investor und seine Investition sind vereint, »bis dass der Tod sie scheidet«.

Wird die tatsächliche Rendite über die Dauer der Investition der Erwartung des Unternehmers zum Zeitpunkt der Investitionsentscheidung entsprechen? Und wie kam der Unternehmer ursprünglich zu seiner Renditeerwartung?

Die Mehrheit der Ökonomen nimmt an, dass man Unsicherheit über die Zukunft mit einer objektiven Wahrscheinlichkeitsverteilung messen kann, die sich aus heute verfügbaren Marktdaten ermitteln lässt. Sie nehmen grundsätzlich an, dass Investoren »rationale Erwartungen« haben und deshalb die Fähigkeit besitzen, die Zukunft aktuarisch »berechenbar« zu machen.[1] Auf dieser Fähigkeit basiert die Theorie der effizienten Kapitalmärkte: Wenn die Zukunft wirklich statistisch vorhersehbar ist, dann »wissen« Investoren heute bereits, wie hoch die zukünftige Rendite ihrer Investition sein wird. Deshalb werden sie aus Eigeninteresse ihr knappes Kapital für diejenigen Investitionsprojekte verwenden, von denen sie »wissen«, dass sie die im Vergleich zu allen Alternativen größte Rendite erbringen. Investitionen einzelner Wirtschaftssubjekte, die aus Eigeninteresse handeln und die zukünftige Rendite »kennen«, werden deshalb auch einen für die Gesellschaft als Ganzes optimalen Ertrag erzielen. Wenn eine Regierung in irgendeiner Weise in diesen individuellen Entscheidungsprozess eingreift, wird das zu einem weniger effizienten Ergebnis führen. Folglich sind diejenigen, die glauben, dass man das Problem der Unsicherheit durch die Messung einer Wahrscheinlichkeitsverteilung auf der Basis verfügbarer fundamentaler Marktdaten lösen könne, der Ansicht, dass die Wirtschaftspolitik nach dem Laissez-faire-Prinzip handeln solle, das heißt, die Regierung sollte nie regulierend oder in irgendeiner anderen Form ins Marktgeschehen eingreifen.

Bei Entscheidungen über Finanzanlagen gilt dasselbe wie für Investitionen in Sachanlagen; auch hier kennt man die realisierte Rendite über die Dauer der Finanzanlage erst im

Nachhinein, das heißt am Ende der Laufzeit dieser Finanzanlage. Wieder können wir fragen, ob die realisierte Rendite derjenigen entspricht, die zum Zeitpunkt der Anlageentscheidung erwartet wurde. Die Antwort lautet: Wenn Unsicherheit mit einer bekannten, objektiven Wahrscheinlichkeitsverteilung gemessen werden kann, dann wird die Renditeerwartung im Augenblick der Anlageentscheidung durch die realisierte Rendite am Ende der Laufzeit bestätigt werden.

Falls es sich bei den Finanzanlagen jedoch um Vermögenstitel handelt, die auf gut organisierten und geregelten liquiden Märkten[2] gehandelt werden, gibt es immer die Möglichkeit eines »Ausstiegs«: Wenn der Besitzer eines solchen Vermögenstitels der Ansicht ist, dass etwas unerwartet falsch läuft, kann er die Anlage jederzeit auf dem Markt verkaufen. Mit anderen Worten, wenn im Laufe der Zeit etwas Unerwartetes passiert, das Kapitalanleger befürchten lässt, einen Fehler gemacht zu haben, dann können flüssige Anlagen schnell zu Geld gemacht werden, und zwar zu einem Preis, der nahe am letzten Marktpreis des entsprechenden Vermögenstitels liegt. Dadurch vermindert sich das Risiko einer Ertragseinbuße oder gar eines erheblichen Verlustes, das bei Verbleib dieses Titels im Portefeuille bestünde. Folglich ist die Verbindung zwischen Kapitalanleger und seiner Anlage – um im Bild zu bleiben – so wie die Ehe in einer Gesellschaft, in der jederzeit eine Scheidung möglich ist.

Die oben zum Ausdruck gebrachte Vorstellung, dass plötzlich »etwas Unerwartetes geschieht«, ist nur sinnvoll, wenn die Zukunft unsicher ist in dem Sinne, dass sie nicht zuverlässig durch die statistische Analyse von existierenden Marktdaten zum Zeitpunkt einer Investitions- oder Anlageentscheidung vorhergesagt werden kann. Wenn jedoch die Finanzanlage illiquide, das heißt nicht handelbar ist, dann bleibt der Anleger auf seiner Kapitalanlage sitzen, bis dass der Tod sie scheidet, eben auch dann, wenn etwas Unerwartetes geschieht.

Im Gegensatz zu der Vorstellung, dass die Zukunft bekannt ist, wenn man die Wahrscheinlichkeitsverteilung aus existierenden Marktdaten errechnet, ist im analytischen Rahmen von John Maynard Keynes die Zukunft unsicher in dem Sinn, dass man sie heute einfach nicht kennen kann. Folglich kann die Entscheidung, in Sachanlagen und Ausrüstungsgüter zu investieren, nur Ergebnis des unternehmerischen Instinkts (»animal spirits«) sein, nicht jedoch Folge der Berechnung eines gewichteten Durchschnitts von quantitativem Nutzen multipliziert mit quantitativer Wahrscheinlichkeit.[3]

Die Existenz von organisierten liquiden Finanzmärkten, in denen Kapitalanlagen leicht in Liquidität umgewandelt werden können, ist wichtig für Menschen, die ein gewisses Vermögen investieren wollen, denen aber die Alternative einer langfristigen Kapitalanlage nicht ausreichend attraktiv erscheint; das gilt besonders für diejenigen, die diese Kapitalanlagen nicht selbst verwalten und sehr wenig darüber wissen.[4]

Demzufolge sind Ökonomen hinsichtlich der Bedeutung von Ungewissheit für zukünftige Entwicklungen in zwei größere theoretische Lager gespalten: einerseits die orthodoxen Mainstream-Ökonomen und andererseits die keynesianisch/post-keynesianisch orientierten Ökonomen. Jedes der beiden Lager liefert eine unterschiedliche Erklärung für makroökonomische Probleme und die Rolle der Wirtschaftspolitik bei der Lösung solcher Probleme. Man muss die Unterschiede zwischen diesen zwei Konzepten von Unsicherheit kennen, um die gegensätzlichen philosophischen Auffassungen der beiden Lager zu verstehen. Das eine hängt der Philosophie des Laissez-faire an, also der Philosophie freier Märkte; vom andern Lager wird dagegen die Bedeutung einer aktiven Wirtschaftspolitik unterstrichen, die bei wiederkehrenden gesamtwirtschaftlichen Problemen korrigierend oder wenigstens schadensbegrenzend in den Wirtschaftsablauf eingreift.

Die Annahme, dass alle Unsicherheit auf eine bekannte objektive Wahrscheinlichkeitsverteilung reduziert werden kann, verleitet die orthodoxen Mainstream-Ökonomen zu dem »panglossianischen« Optimismus[5], dass freier Wettbewerb immer zu gesellschaftlich optimalen Ergebnissen führt. Die Existenz von Börsenblasen, wie zum Beispiel der Dotcom-Blase der 1990er Jahre oder die Immobilienblase in vielen Ländern zu Beginn des 21. Jahrhunderts, ist logisch nicht mit der Mainstream-Analyse vereinbar. Letztere unterstellt, dass der seinem Eigeninteresse folgende, individuelle Entscheidungsträger die existierende Wahrscheinlichkeitsverteilung nutzt, um daraus eine sichere »Kenntnis« der Zukunft zu formen. Nun erlitt die Weltwirtschaft jedoch einen schweren Finanzschock, als der Markt für Subprime-Hypothekardarlehen und daraus abgeleiteter Derivate im Jahr 2007 zusammenbrach. Wie ist es in einer Welt, in der die unsichere Zukunft mittels Wahrscheinlichkeitsverteilung zuverlässig vorhergesagt werden kann, möglich, dass sich an freien Finanzmärkten Blasen bilden, die das globale Wirtschaftssystem ins Chaos stürzen können, wenn sie schließlich platzen?

In einem erstaunlichen »mea culpa«-Bekenntnis vor dem Kongress der Vereinigten Staaten am 23. Oktober 2008 gab der frühere Federal Reserve Chairman Alan Greenspan zu, dass er die Fähigkeit freier Finanzmärkte, Finanzierungsmittel effizient und auch im Sinne der Gesellschaft optimal zu verwenden, überschätzt hatte. Er habe völlig verkannt, dass die Deregulierung von Finanzmärkten sich auf die Wirtschaft derart zerstörerisch auswirken kann, wie das 2007 bis 2008 der Fall war. Greenspan stellte fest: »Ich begreife immer noch nicht ganz, warum es passiert ist, aber soweit ich das Ausmaß und die Ursachen dessen, was passiert ist, verstehe, werde ich meine Ansichten ändern.«[6]

Auch Greenspans Nachfolger als US-Notenbankchef, Ben Bernanke, und die meisten Mainstream-Ökonomen haben den Zusammenbruch der Investmentbanken von 2007 bis 2008 und des Schattenbanksystems mit einer Fehlbewertung von (probabilistischen) Risiken im Hinblick auf zukünftige Ergebnisse erklärt. Würde man dagegen eine statistisch verlässliche Berechnung der Wahrscheinlichkeitsverteilung, die die Finanz- und Investitionsmärkte bestimmt, durchführen, wäre eine »Fehlbewertung« solcher Risiken eigentlich unmöglich.

Die führenden Investmentbanken verwendeten komplexe Computermodelle, die Finanzderivate unter dem Aspekt des »Risikomanagements« wahrscheinlichkeitstheoretisch bewerteten und dabei auf die Analysen von Nobelpreis-Ökonomen zurückgriffen (wie Greenspan in seiner Aussage bemerkte). Diese Modelle wurden von Investmentbanken auch dann noch verwendet, als klar geworden war, dass das mathematische Modell zur Bewertung von Finanzanlagen (capital asset pricing model) des Nobelpreisträgers Myron Scholes zum Zusammenbruch des Hedgefonds »Long-Term Capital Management« beigetragen hatte, in dessen Direktorium Scholes selbst saß. Die »quantitativen Analysten« von der Wall Street behaupteten einfach, sie müssten bessere Modelle entwickeln, das heißt noch kompliziertere Computermodelle, um das Risikomanagement weiter zu verbessern! Auch heute liegt die Lösung unserer Finanzkrise aus Sicht der Mainstream-Ökonomen wieder darin, dass man die Banken bessere Risikomanagement-Modelle entwickeln lässt. Wenn es aber so ist, wie Keynes glaubte, nämlich dass die Unsicherheit über die Zukunft nicht von Wahrscheinlichkeitsrechnungen erfasst werden kann, so ist ein weiterer Kollaps des Finanzsektors nicht auszuschließen.

Diejenigen, die an die Hypothese der rationalen Erwartungen glauben, würden allenfalls zugeben, dass schockartige

Ereignisse wie das Platzen von Blasen lediglich kurzfristige, exogene Störungen sind. Wenn wir dem Laissez-faire-Prinzip nur konsequent genug folgten, würden die Volkswirtschaften aller Länder auf lange Sicht zu Vollbeschäftigung und Wohlstand gelangen. Keynes bemerkte dazu, dass solche Vorstellungen der Mainstream-Theoretiker »die größte intellektuelle Errungenschaft« seien, da hier eine hypothetische Welt entworfen werde, die, »obgleich weit entfernt von unseren Erfahrungen, als unsere erfahrbare Welt angesehen wird, in der wir dann dauerhaft leben«.[7]

In diesem Beitrag werden wir Greenspan und anderen zwei Dinge erklären. Zum einen, warum sie falschliegen, wenn sie diese hypothetische Welt zur Grundlage ihres »panglossianischen« Glaubens machen, dass freie Märkte gesellschaftlich optimale Ergebnisse zutage bringen, und zum anderen, wie das Keynes'sche Konzept von Unsicherheit zu der Schlussfolgerung führen muss, dass Laissez-faire-Märkte nicht effizient sein können.

Das Wissen um die Zukunft

Ricardo und seine klassischen Anhänger im 19. Jahrhundert setzten eine Welt voraus, in der vollkommene Gewissheit herrschte. Für alle Haushalte und Unternehmen wurde angenommen, dass sie über vollständiges und korrektes Wissen von einer vorprogrammierten ökonomischen Außenwelt verfügten, die die wirtschaftlichen Ergebnisse in der Vergangenheit, der Gegenwart und der Zukunft bestimmt. Es wurde unterstellt, dass das externe ökonomische Umfeld der Zukunft insofern unveränderlich sei, als es nicht durch menschliches Handeln verändert werden kann. Der Pfad der Wirtschaft sei, wie die Bahn der Planeten in Newtons Himmelsmechanik, durch zeitlose Naturgesetze festgelegt. Da man annahm, dass ökonomische Entscheidungen immer im vollständigen Wissen über diese Gesetze getroffen werden, könnten Haushalte oder Firmen bei ihren Ausgabeentscheidungen nie Fehler begehen. Sie verwendeten ihr ganzes Einkommen für Dinge, von denen sie »wissen«, dass sie in der Zukunft die höchsten Erträge, also den größten Nutzen für Haushalte und die höchsten Profite für Unternehmen, erbringen. Demzufolge könnte es nie ein Mangel an Nachfrage für industrielle Produkte oder für arbeitswillige Arbeitskräfte geben.

Das angenommene vollständige Wissen über die Zukunft bei allen, die in einem klassischen ricardianischen Wirtschaftsmodell Entscheidungen treffen, rechtfertigte eine Laissez-faire-Philosophie. In dieser Vorstellungswelt kann das Handeln einer Regierung niemals einen höheren Ertrag erbringen als die Entscheidungen über die Zukunft in einer Marktwirtschaft vollständig informierter und am eigenen Nutzen interessierter Individuen.

Gegen Ende des 19. Jahrhunderts versuchten Ökonomen, das Konzept der Unsicherheit in das theoretische Gerüst Ricardos einzufügen. Wenn in einer Volkswirtschaft nichts sicher ist, wie kann man da bei heutigen Entscheidungen den zukünftigen ökonomischen Ertrag »kennen«? Als Reaktion auf solche Fragestellungen ersetzten klassische Ökonomen Anfang des 20. Jahrhunderts die in der frühen klassischen Theorie gemachte Annahme perfekten Wissens durch die Idee von auf statistischen Wahrscheinlichkeiten basierenden »Risikoprämien« (probabilistic risk premiums) und »Sicherheitsäquivalenten«, durch die versicherungsmathematische Sicherheit ökonomischer Voraussagen erreicht werden sollte.

Bis zu den 1970er Jahren entwickelte sich diese klassische Risikoanalyse zu dem, was Ökonomen die Neue Klassische

Theorie der »rationalen Erwartungen« nennen. Darin treffen Individuen ihre Entscheidungen aufgrund ihrer subjektiven Wahrscheinlichkeitsverteilung. Es wird aber angenommen, dass sie zu dem gleichen Ergebnis kommen wie bei einer unveränderlichen objektiven Wahrscheinlichkeitsverteilung. Die heutigen orthodoxen Wirtschaftswissenschaftler interpretieren Unsicherheit in der Ökonomie als gleichbedeutend mit objektiver Wahrscheinlichkeitsverteilung im Hinblick auf zukünftige Ereignisse.[8] Es wird unterstellt, dass alle Personen in der Lage sind, heute Stichproben aus einem bestehenden Datensatz zu entnehmen und auf dieser Grundlage die statistische Wahrscheinlichkeit zu berechnen, mit der ein beliebiges Ereignis in der Zukunft eintreten wird.

Dieses Hilfsmittel der Annahme von statistisch ermittelten, verlässlichen Wahrscheinlichkeitsrisiken zum Messen der Unsicherheit erlaubt es den orthodoxen Ökonomen, die meisten der philosophischen Schlussfolgerungen unangetastet zu lassen, die ehedem von Ricardo und seinen Anhängern entwickelt worden waren. Auch wenn die Mainstream-Ökonomen Ricardos Modell der perfekten Gewissheit heute ablehnen, akzeptieren sie weiterhin die Existenz einer vorgegebenen ökonomischen Realität (ähnlich der Newton'schen Himmelsmechanik) wie ein Naturgesetz. Diese Realität kann mit unveränderlichen objektiven Wahrscheinlichkeitsfunktionen vollständig beschrieben werden, die denjenigen, die im Modell Entscheidungen treffen, auch vollständig bekannt sind. Die Annahme, dass Leute mit rationalen Erwartungen die objektive Wahrscheinlichkeit schon »kennen« stellt sicher, dass im Durchschnitt von den »fähigsten« Entscheidungsträgern die richtige Wahl getroffen wird und dass diese – im Darwin'schen Sinn – in einer Welt der freien Märkte überleben.

Keynes stellte dazu fest, dass die grundlegenden Axiome der klassischen Theorie, in denen wir die Zukunft kennen,

»sich nur auf einen Sonderfall beziehen und nicht allgemein anwenden lassen … Die Merkmale des Sonderfalls, den die klassische Theorie unterstellt, haben nichts mit der Gesellschaft zu tun, in der wir leben. Deshalb führt diese Lehre in die Irre und ist sogar verhängnisvoll, wenn wir versuchen, sie auf erfahrbare Tatsachen anzuwenden«.[9] Die Annahme, dass Unsicherheit bezüglich der Zukunft auf ein Wahrscheinlichkeitsrisiko reduziert werden kann, dass durch eine existierende Wahrscheinlichkeitsverteilung gemessen wird, ist ein »Sonderfall«, der getragen wird von einem grundlegenden Axiom, das sich auf die erfahrbare Welt nicht anwenden lässt. Keynes' Warnung im Hinblick auf die Lehre von solch einem »Sonderfall« gilt auch für die heutigen wirtschaftspolitischen Ratschläge der Mainstream-Ökonomen, zum Beispiel in der Diskussion um die staatliche Sparpolitik in den USA, Großbritannien, der Eurozone, China und anderswo.

Unsicherheit und das ergodische Axiom

In der Mainstream-Ökonomie betrachtet man Marktdaten typischerweise als Ergebnis eines »ergodisch« stochastischen Prozesses, wie Statistiker ihn bezeichnen. Tatsächlich hat der Nobelpreisträger Paul Samuelson die Akzeptanz des ergodischen Axioms der Statistischen Theorie zum sine qua non der wissenschaftlichen Methode in der Ökonomie gemacht.[10]

Ein Axiom ist definiert als eine Feststellung, von der man annimmt, es handele sich um eine »universelle Wahrheit«, die nicht weiter bewiesen werden muss. Was ist diese universelle Wahrheit der Ergodizität, von der Samuelson behauptet, dass sie notwendig sei, um die Ökonomie zu einer Wissenschaft zu machen?

Um statistische Schlussfolgerungen aus einem Universum von möglichen Beobachtungen zu ziehen, sollte man logischerweise eine Stichprobe aus diesem Universum entnehmen und die Wahrscheinlichkeitsverteilung anhand dieser Stichprobe analysieren. Um statistisch zuverlässige Wahrscheinlichkeitsaussagen über zukünftige ökonomische Entwicklungen machen zu können, sollte man folglich diese Stichproben aus dem Universum der Märkte der Zukunft entnehmen und diese analysieren. Da es aber nicht möglich ist, Stichproben aus der Zukunft zu entnehmen, nimmt das ergodische Axiom an, dass die Zukunft bereits durch die verfügbaren Marktdaten abgebildet wird und dass eine Stichprobe aus der Vergangenheit äquivalent mit einer Stichprobe aus der Zukunft ist.

Mit anderen Worten, die Annahme, dass zukünftige ökonomische Entwicklungen aus ergodisch stochastischen Wirtschaftsprozessen resultieren, erlaubt dem Analytiker ohne Beweis zu behaupten, dass Stichproben aus existierenden Marktdaten der Vergangenheit und der Gegenwart äquivalent sind einer Stichprobenentnahme aus dem zukünftigen Universum von Marktdaten. Daraus folgt, dass das wahrscheinliche Ergebnis aller zukünftigen Daten bereits in den existierenden Marktdaten gebündelt ist. Demnach wäre die Zukunft nur ein statistischer Schatten von Marktdaten aus Vergangenheit und Gegenwart.

Aus der Annahme, dass Entscheidungsträger über rationale Erwartungen verfügen, folgt, dass aus Eigennutz handelnde Entscheidungsträger Informationen verarbeiten, in die alle Marktdaten aus der Vergangenheit und der Gegenwart eingeflossen sind. Aus diesen Informationen werden dann statistische Durchschnittswerte gebildet, die verlässlich die Zukunft vorhersagen. Thomas Sargent, einer der führenden Vertreter der Rationale-Erwartungen-Schule stellt dazu fest: »Das Modell der rationalen Erwartungen schreibt den Handelnden (die eine Gleichgewichts-Wahrscheinlichkeitsverteilung benutzen) innerhalb des Modells viel mehr Wissen zu, als es ein Ökonometriker besitzt, der sich mit Schätzungs- und Inferenzproblemen auseinandersetzen muss, die die Handelnden im Modell irgendwie gelöst haben.«[11]

Im 20. Jahrhundert gab es allerdings einige Ökonomen, die bezweifelten, dass es sinnvoll ist, die Risikowahrscheinlichkeit als Maß für Unsicherheit zu nehmen. Beginnend mit Knights bahnbrechender Arbeit aus dem Jahre 1921 wurde eine Unterscheidung zwischen »wahrer« Unsicherheit und den Eintrittswahrscheinlichkeiten eines Risikos getroffen.[12] Letzteres kann aufgrund von Häufigkeitsverteilungen in der Vergangenheit kalkuliert werden und ist somit im Prinzip versicherbar. Dagegen ist »wirkliche« Ungewissheit weder berechenbar noch versicherbar.

Mit seiner *General Theory* löste Keynes 1936 eine Revolution in den Wirtschaftswissenschaften aus. Er betonte, dass Unsicherheit in der Ökonomie etwas anderes ist als die Eintrittswahrscheinlichkeit eines Risikos. Er wies darauf hin, dass die Unterscheidung zwischen Risiko und Unsicherheit wichtige Konsequenzen habe für das Verständnis (a) des Funktionierens einer Markt- und Geldwirtschaft und (b) der Rolle der Regierung bei der Beeinflussung der Marktergebnisse durch bewusste gesetzgeberische Maßnahmen.

Keynes verwendete bei der Ausarbeitung seines Konzepts der Unsicherheit nicht die bei den heutigen Mainstream-Ökonomen geläufige Terminologie der stochastischen Prozesse, denn die Theorie des ergodisch-stochastischen Systems wurde erst 1935 von der Moskauer mathematischen Schule der Wahrscheinlichkeitsrechnung entwickelt und im Westen erst nach Ende des Zweiten Weltkriegs bekannt, als Keynes schon nicht mehr lebte. Für ihn lag Unsicherheit dann vor, wenn es keine wissenschaftliche Basis für die Berechnung der Eintrittswahrscheinlichkeit eines bestimmten Ereignisses gibt.[13]

Mit der Entwicklung der ergodisch-statistischen Theorie wurde es jedoch möglich, das Keynes'sche Konzept der Unsicherheit in diese Terminologie zu übersetzen.[14] Die Theorie von Keynes setzt bei den ökonomischen Entscheidungsträgern die Einsicht voraus, dass in dem Marktsystem, in dem sie handeln, die Zukunft ungewiss ist und nicht auf der Basis von statistischen Analysen der Vergangenheit verlässlich vorhergesagt werden kann. Selbst wenn die Wirtschaftssubjekte Marktdaten aus der Gegenwart und der Vergangenheit erhalten und verarbeiten könnten, so wären die Beobachtungen in einem solchen nicht-ergodischen Umfeld keine statistisch verlässliche Basis für eine Vorhersage von Wahrscheinlichkeitsverteilungen, und diese Beobachtungen könnten auch nicht die Ergebnisse heutiger ökonomischer Entscheidungen zu irgendeinem Zeitpunkt in der Zukunft bestimmen. »Für Dinge, die in der Zukunft liegen, gibt es keine wissenschaftliche Basis, die die Berechnung einer Wahrscheinlichkeit erlaubt. Wir wissen einfach nicht, was geschehen wird.«[15] Keynes argumentierte also im Kern, dass die Ökonomie eine nicht-ergodische Wissenschaft sei.

Keynes' Konzept der Unsicherheit beinhaltet, dass die Zukunft veränderbar oder gestaltbar ist in dem Sinn, dass Art und Inhalt zukünftiger Ergebnisse permanent durch das heutige Handeln von Individuen, Gruppen (zum Beispiel Gewerkschaften, Kartelle) und/oder Regierungen beeinflusst werden können. Dies geschieht oft sogar, ohne dass sich die Betreffenden dieser Einflussnahme bewusst sind. (Es ist auch möglich, dass unvorhergesehene Veränderungen völlig ohne bewusstes wirtschaftliches Handeln der Menschen eintreten.)

Diese nicht-ergodische Sichtweise auf die Unsicherheit im wirtschaftlichen Handeln beschrieb der Nobelpreisträger Sir John Hicks einmal damit, dass die Menschen im Modell »nicht wissen, was passieren wird, und sie wissen, dass sie nicht wissen, was passieren wird. Wie in der Geschichte!«.[16]

Warum macht es einen Unterschied für die Beurteilung der Rolle der Regierung im ökonomischen Prozess, wenn man – wie die Mainstream-Ökonomen – das ergodische Axiom akzeptiert? Samuelson, Lucas und andere übernehmen explizit oder implizit das ergodische Axiom, weil sie an die Ökonomie den Anspruch stellen, zu den »harten« Wissenschaften, wie es zum Beispiel die Astronomie ist, zu gehören. Die Astronomie basiert auf der Annahme eines ergodisch-stochastischen Prozesses, der die Bewegungen aller Himmelskörper steuert, vom Moment des Urknalls bis zum Ende des Universums. Folglich erlauben statistische Analysen von Bewegungsmessungen in der Vergangenheit der Himmelskörper den Astronomen die sekundengenaue Vorhersage künftiger Sonnenfinsternisse.

Weder der Kongress oder der Präsident der Vereinigten Staaten, weder die Vereinten Nationen noch die Umweltschutzbewegung sind jedoch in der Lage, irgendetwas zu tun, das die vorbestimmten Daten und die Zeiten künftiger Sonnenfinsternisse ändert. So kann zum Beispiel der Kongress kein durchsetzbares Gesetz erlassen, das die Sonnenfinsternis verbietet, um mehr Sonnenschein zu haben und so den Ernteertrag zu steigern.

In einer ergodischen Welt sind alle zukünftigen Ereignisse schon vorherbestimmt und können nicht durch menschliches Handeln verändert werden. In einer nicht-ergodischen Welt dagegen kann menschliches Handeln die Zukunft gestalten. Das hat Folgen für die Rolle der Regierung in einer Volkswirtschaft. Wenn man annimmt, dass Ökonomie ein ergodischer Prozess ist, kommt einer Regierung nicht die Rolle zu, die Zukunft zu beeinflussen, da diese ja schon feststeht. Wenn die Ökonomie eine ergodische Wissenschaft wie die Astronomie ist, dann muss die Regierung eine Laissez-faire-

Haltung gegenüber dem Wirtschaftsgeschehen einnehmen. Wenn es sich aber bei der Ökonomie um eine nicht-ergodische Wissenschaft handelt, dann kann ein angemessenes Eingreifen einer Regierung die wirtschaftliche Zukunft so gestalten, dass die Menschen bessere Lebensbedingungen vorfinden als unter einem Laissez-faire-System.

Sparen als Ausweg aus der Verschuldung?

Menschen wissen aus Erfahrung, dass man die Zukunft nicht kennen kann. Wie können sich private Haushalte und Unternehmen dann vor dem Eintritt ungünstiger Ereignisse schützen, die ihre Einkünfte und damit ihren Lebensstandard und Lebensgrundlage in der Zukunft beeinträchtigen?

Unsere moderne kapitalistische Gesellschaft hat versucht, den Menschen durch gewisse Regeln eine teilweise Kontrolle über ihre unsichere wirtschaftliche Zukunft zu verschaffen. In kapitalistischen Wirtschaftssystemen dienen das Geld und auf Geld lautende, rechtlich bindende Verträge dazu, den Produktionsprozess und den Handel mit Gütern und Dienstleistungen auf dem Markt zu organisieren. Dieses System erlaubt es einzelnen Haushalten und Unternehmen, zukünftige Zu- und Abflüsse finanzieller Mittel und damit auch ihr Geldeinkommen und ihre Ausgaben in der Zukunft in gewissem Umfang zu kontrollieren.

So schließen private Haushalte auf Geld lautende Verträge, mit denen sie sich auf Mietzahlungen oder die Bedienung von Hypothekendarlehen auf ihr Wohneigentum festlegen, und sie unterschreiben Verträge, die sie zu Zahlungen an Unternehmen als Gegenleistung für die Versorgung mit Gas, Strom und Kommunikationsdienstleistungen verpflichten. Durch diese Verträge erhalten die Haushalte eine gewisse Sicherheit in Bezug auf die Kosten in wichtigen Bereichen ihrer Lebenshaltung zum gegenwärtigen Zeitpunkt, aber auch auf Monate und vielleicht Jahre hinaus. Zugleich erhalten die Vertragspartner (die Unternehmen) rechtlich bindende Zusagen auf gegenwärtige und zukünftige Geldzuflüsse; die Unternehmen können damit ihre heutigen und die erwarteten zukünftigen Produktionskosten decken und aus der Lieferung der Güter oder Dienstleistungen einen Gewinn erzielen. Auf Geld lautende Arbeitsverträge verschaffen den Firmen Kontrolle über die gegenwärtigen und zukünftigen Arbeitskosten ihrer Produktion, während sie den Arbeitnehmern zumindest eine teilweise Kontrolle über ihre gegenwärtigen und zukünftigen Einkommen erlauben.

Einzelpersonen, private Haushalte und Firmen gehen freiwillig solche Verträge ein, denn jede Partei glaubt, dass es in ihrem eigenen Interesse ist, die sich aus den Bedingungen der vertraglichen Übereinkunft ergebenden Verpflichtungen zu erfüllen. Indem sie eine vertragliche Vereinbarung eingehen, verschaffen sich die Menschen auch in einer Welt der Unsicherheit ein gewisses Maß an Vorhersagbarkeit im Hinblick auf ihre vertraglich festgelegten finanziellen Zu- und Abflüsse.

Bei Entscheidungen, die große Geldausgaben zur Folge haben könnten, »wissen« die Leute, dass sie nicht wissen, wie die Zukunft sein wird. Sie wissen allerdings, dass es bei solchen Entscheidungen sehr kostspielig werden kann, wenn man die Zukunft falsch einschätzt. Folglich kommen sie zu der Einsicht, dass es sinnvoll ist, einen Teil des laufenden Einkommens zu sparen anstatt es vollständig auszugeben.

Wenn die Menschen nicht ihr gesamtes laufendes Einkommen für neue Produkte und Dienstleistungen ausgeben, sparen sie einen Teil dieses Einkommens in Form von liquiden Vermögenswerten. Dieses Sparen betrachtet man als Schutz gegen unvorhersehbare widrige Ereignisse im Arbeitsleben und/oder als Vorsorge, um auch im Ruhestand noch über Kaufkraft zu verfügen. In dem Umfang, in dem ein Teil des laufenden Einkommens nicht unmittelbar für Konsumzwecke verwendet, also gespart, wird, kommt es allerdings zu einem Rückgang der Marktnachfrage nach Gütern und Dienstleistungen. Damit verringern sich wiederum die Gewinnaussichten der Unternehmen im Vergleich zu einer Situation, in der sich die Menschen entschieden hätten, ihr gesamtes heutiges Einkommen für Güter auszugeben, die in der Wirtschaft produziert werden.

Der Teil des Einkommens, der gespart wird, fließt in den Kauf von liquiden Finanzanlagen, das heißt Vermögenstiteln, die leicht wieder verkauft werden können, wenn man Geld braucht, um in der Zukunft vertragliche Verpflichtungen einzulösen, die unerwartet auftauchen können. Liquide Finanzanlagen sind im Grunde »Zeitmaschinen«, die es ihrem Besitzer erlauben, Kaufkraft im Hinblick auf eine möglicherweise notwendig werdende Erfüllung von Verträgen zu »parken« und damit in eine unbestimmte Zukunft zu übertragen. Die Zeitmaschine der liquiden Finanzanlagen wird nicht durch Arbeit hergestellt (so wie produzierbare Güter und Dienstleistungen), deshalb schafft die Verwendung eines Teils des laufenden Einkommens für den Erwerb dieser liquiden Zeitmaschine keine Nachfrage nach Arbeitskräften, die Güter und Dienstleistungen produzieren. Demzufolge vermindert das Sparen immer auch die gegenwärtige Marktnachfrage nach Arbeit, im Vergleich zu der Marktnachfrage, zu der es gekommen wäre, hätten die Sparer ihr gesamtes Einkommen für in der Wirtschaft hergestellte Produkte ausgegeben.

Damit auch bei positiver volkswirtschaftlicher Ersparnis die Marktnachfrage nach Gütern und Dienstleistungen hoch bleibt und damit weiterhin ein hoher Beschäftigungsstand gewährleistet ist, muss es andere Wirtschaftssubjekte geben, die mehr Geld als ihr gegenwärtiges Einkommen ausgeben wollen und damit zusätzliche Nachfrage nach Arbeit schaffen, sodass der durch die Sparer verursachte Beschäftigungsrückgang ausgeglichen wird. Diejenigen, die mehr als ihr laufendes Einkommen ausgeben, kommen an das Geld für ihre zusätzlichen Ausgaben, indem sie es sich leihen, also indem sie sich verschulden.

Wer sind nun diejenigen, die bereit sein könnten, sich zusätzlich zu verschulden und damit den durch die Sparer verursachten Nachfrageausfall in jeder Kalenderperiode auszugleichen? Die Ökonomen glauben (hoffen?), dass es die privaten Unternehmer sein werden, die, von ihrem Instinkt (»animal spirits«) geleitet, bereit sind, Kredite aufzunehmen und damit neue Anlage- und Ausrüstungsgüter zu kaufen. Das ist dann der Fall, wenn dieser Instinkt manche Unternehmer zu der Erwartung bringt, dass neue Investitionen produktiv sind und einen zusätzlichen Geldzufluss bewirken, der ausreicht, um die Betriebskosten des Unternehmens zu bezahlen und einen Gewinn zu erwirtschaften. Außerdem muss ein Unternehmer erwarten, dass die durch eine Investition bewirkten zusätzlichen Einnahmen die aus der zusätzlichen Kreditaufnahme resultierenden laufenden Schuldendienstverpflichtungen decken, sodass ein Großteil der Schulden im Laufe der Lebensdauer der neuen Ausrüstung abbezahlt werden kann. Es mag zwar wünschenswert sein, dass sich Investoren für den Kauf neuer Sachanlagen und Ausrüstungen verschulden, aber damit ist in einer unsicheren Welt nicht immer zu rechnen, und zwar dann nicht, wenn Unternehmer nicht die richtigen »animal spirits« haben und eben nicht damit rechnen, dass ihre Träume von der Rentabilität neuer Investitionen wahr werden.

Angenommen, private Investoren sehen sich nicht in der Lage, sich in ausreichendem Maße für den Kauf neuer Sachanlagen und Ausrüstungsgüter zu verschulden, damit das Vollbeschäftigungsniveau nahezu erhalten bleibt. Gibt es dann andere Wirtschaftssubjekte, die bereit sind, sich zu verschulden und damit einen hohen Beschäftigungsgrad sichern?

Wenn die Regierung entscheidet, mehr auszugeben, dann werden schuldenfinanzierte Staatsausgaben für gesellschaftlich nützliche Zwecke wie Infrastruktur neue Arbeitsplätze schaffen. Es gehört zur Verantwortung eines Staates, den Wohlstand der Menschen zu erhalten, indem er alles tut, was möglich ist, um sicherzustellen, dass es genügend Gewinnmöglichkeiten für die Unternehmen des Landes und Beschäftigungsmöglichkeiten für seine Bewohner gibt. Daraus folgt, dass die Regierung schuldenfinanzierte Staatsausgaben zur Stimulierung der Wirtschaft und zum Erreichen oder Erhalten der Vollbeschäftigung immer dann einsetzen sollte, wenn das geplante Sparen im privaten Sektor höher ist als die Kreditnachfrage privater Unternehmen für die Anschaffung neuer produktiver Sachanlagen und Ausrüstungsgüter (siehe dazu den Beitrag von Richard Koo in diesem Buch).[17] (Wenn andererseits die Ausgaben des privaten Sektors bereits ausreichen, um Vollbeschäftigung zu erhalten, dann sind schuldenfinanzierte Staatsausgaben weder notwendig noch wünschenswert.)

In der realen Welt jedoch erkennen die privaten Haushalte bei hoher oder steigender Arbeitslosigkeit, dass die Zukunft weniger sicher ist, und sie werden versuchen, ihre Geldabflüsse vorsichtshalber zu reduzieren, um sich gegen mögliches wirtschaftliches Unheil zu schützen. Wenn jedoch durch die Stimulierungsmaßnahmen der Regierung den Unternehmen profitablere Geldverträge für die Herstellung ihrer Waren und Dienstleistungen angeboten werden, dann werden diese Unternehmen, ausgestattet mit diesen vertraglich festgelegten Verpflichtungen, die ihnen Geldzuflüsse zusichern, ohne Furcht vor einer unsicheren Zukunft ihre Produktion ausweiten und mehr Arbeiter einstellen.

Um die Rolle schuldenfinanzierter Staatsausgaben als Mittel zur Schaffung von Arbeitsplätzen und Einkommen zu verstehen, muss man sich eine einfache Tatsache der doppelten Buchhaltung vor Augen halten: Für jeden Sparer muss es einen Schuldner geben, also jemanden, der sich per Saldo Geld leiht. Daraus folgt, dass das Sparen im privaten Bereich (also bei den privaten Haushalten und einigen Unternehmen) nicht funktionieren kann, wenn nicht andere Investoren oder der Staat sich verschulden, um die gewünschte Zunahme des privaten Sparens auszugleichen und so das Produktions- und Beschäftigungsniveau zu erhalten.

In einer offenen, globalen Wirtschaft kann ein Land hoffen, dass seine Handelspartner sich verschulden, um mehr Exporte dieses Landes zu kaufen, als dessen Bewohner für Importe ausgeben. Mit anderen Worten, ein Exportüberschuss stellt für jede Volkswirtschaft, deren Arbeitskräfte sonst unterbeschäftigt und deren Produktionskapazitäten nicht voll ausgelastet wären, einen Stimulus für das Einkommen und den Wohlstand ihrer Bewohner dar. Unglücklicherweise können aber nicht alle Nationen gleichzeitig Exportüberschüsse erzielen (siehe dazu die Beiträge von Richard Koo und von Heiner Flassbeck in diesem Buch).

Eine Lösung für »überschuldete« Kreditnehmer

Nun kann es irgendwann vorkommen, dass Sparer sich fragen, ob die Schuldner – seien dies Private oder der Staat – in der Lage sind, die bestehenden Schulden weiterhin zu bedienen oder ob sich ihre Schuldenverpflichtungen nicht vielmehr in Zukunft vergrößern werden. Wenn der Eindruck besteht, Kreditnehmer seien überschuldet, werden die Sparer nicht freiwillig mit ihren Ersparnissen auf dem Markt neue, zusätzliche Schuldenkontrakte kaufen, die von den vermeintlich überschuldeten Kreditnehmern angeboten werden.

Wenn der überschuldete Kreditnehmer ein privater Haushalt ist, dann sagt der gesunde Menschenverstand, dass dieser Haushalt ein Sparprogramm in Angriff nehmen muss. Er muss seine Ausgaben für Güter und Dienstleistungen deutlich reduzieren und mit dem gesparten Geld (bei angenommen unveränderten Einkommen) seine Schulden bedienen und abzahlen. Natürlich wird ein einzelner Haushalt mit einem solchen Sparprogramm tendenziell auch die Einkommen der Unternehmen reduzieren, die nun nicht mehr mit dem verschuldeten Haushalt als Kunden rechnen können. Der Einkommensrückgang dieser Unternehmen und ihrer Beschäftigten ist jedoch im Vergleich zur Höhe des volkswirtschaftlichen Gesamteinkommens sehr gering und wird deshalb keine Rückwirkungen auf das Einkommensniveau des verschuldeten und nun verstärkt sparenden Haushalts selbst haben.

Eine Alternative zum Sparen bestünde für diesen verschuldeten Haushalt dann, wenn er über bisher ungenutzte Ressourcen verfügt, zum Beispiel einen Zweitverdiener im Haushalt oder ungenutzte Zeit des Hauptverdieners, die es ihm/ihr erlaubt, einen zweiten Job anzunehmen oder anderen Verdienstmöglichkeiten nachzugehen. Wenn solche brachliegenden Ressourcen aktiviert werden, kann das zusätzlich verdiente Einkommen dazu verwendet werden, bestehenden monetären Verbindlichkeiten ohne gleichzeitige Einschränkung der laufenden Käufe von Gütern und Dienstleistungen nachzukommen. Dies wäre eine für alle Beteiligten günstige Lösung: eine Win-win-Situation.

Wenn man eine Regierung für »überschuldet« hält, sagt der gesunde Menschenverstand, dass genauso wie bei einem verschuldeten privaten Haushalt oder Unternehmen ein Sparprogramm erforderlich ist. Man verlangt also von der

Regierung ebenfalls eine Senkung der Ausgaben und eine Erhöhung der Steuern, um einen Haushaltsüberschuss oder wenigstens einen ausgeglichenen Haushalt zu erreichen. Ein solches Sparprogramm des Staates hat jedoch ganz andere Rückwirkungen auf die Volkswirtschaft und auf den Schuldner, also den Staat, selbst. Der Staatshaushalt ist im Verhältnis zur nationalen Volkswirtschaft so groß, dass ein Zurückfahren der Staatsausgaben für Güter und Dienstleistungen und/oder eine Erhöhung der Einkommensteuer einen deutlichen Rückgang der Einkommen und einen erheblichen Anstieg der Arbeitslosigkeit in den Produktionsbereichen nach sich zieht, für deren Güter der Staat und die nun mit höheren Steuern belasteten Bürger sonst Geld ausgegeben hätten.

Der Einkommensrückgang in den betroffenen Sektoren wird zu einem weiteren Rückgang der privaten Ausgaben für Güter und Dienstleistungen auch in anderen Sektoren führen. Die Folge ist ein Teufelskreis von höherer Arbeitslosigkeit und reduzierten Gewinnen der Unternehmen. Dies wird schließlich zu geringeren Steuereinnahmen des Staates führen. Wenn man folglich einem Land, dessen Regierung für überschuldet gehalten wird, ein Sparprogramm verordnet, so wird dies mit großer Wahrscheinlichkeit nicht zu einem Abbau der Staatsschulden führen. Es wird in erster Linie dazu führen, dass die Einkommen und die Beschäftigung in der betreffenden Volkswirtschaft reduziert werden.[18]

Staatliche Sparprogramme bergen für eine Volkswirtschaft die Gefahr höherer Arbeitslosigkeit. Sie können sogar die Fähigkeit des Staates beeinträchtigen, seine bestehenden Schulden zu bedienen. Der Staat kann mit höheren Steuereinnahmen zur Bedienung seiner ausstehenden Schulden nur dann rechnen, wenn es zu einer Steigerung der Einkommen in der Volkswirtschaft kommt.

In einer offenen globalen Wirtschaft gibt es unter Handelspartnern oft ein Ungleichgewicht zwischen dem Wert der Exporte und dem Wert der Importe in einer bestimmten Periode. Ein Land mit einem Exportüberschuss gibt weniger für die Produkte seiner Handelspartner aus, als dem Einkommen entspricht, das es selbst durch den internationalen Handel erzielt. Mit anderen Worten, die Nation spart einen Teil des Einkommens aus dem internationalen Handel, und diese gesparten Handelsüberschüsse schlagen sich nieder in der Höhe der liquiden Mittel – auch Währungsreserven genannt –, die das Land ansammelt.

Wenn ein Land einen Überschuss im Außenhandel erzielt, so müssen ein oder mehrere Handelspartner ein Handelsdefizit aufweisen, das entweder durch Kredite der Überschussnation oder den Verkauf von Währungsreserven finanziert wird. Es ist offensichtlich, dass im Fall eines längeren Anhaltens dieser Situation der Defizitnation die Reserven früher oder später ausgehen werden und/oder die Kreditgeber in der Überschussnation nicht länger bereit sein werden, den Importüberschuss der Defizitnation zu finanzieren. Jeder Versuch, dem Defizitland ein Sparprogramm aufzuerlegen, wird sich, wenn er Erfolg hat, negativ auf die Exporte des Überschusslandes auswirken. Das Ergebnis kann ein Zusammenbruch des globalen Wachstums und des Welthandels sein.

Wie in dem in der Konferenz von Bretton Woods vorgelegten Keynes-Plan besteht die bessere Lösung darin, einen Mechanismus zu schaffen, der Überschussnationen dazu bringt, mehr für die Exportprodukte jener Volkswirtschaften auszugeben, die ein Handelsdefizit ausweisen und sich daher im Ausland verschulden müssen. Solange diese Schuldnernationen über ungenutzte Ressourcen verfügen, schafft dies dort zusätzliches Einkommen, und damit wird den Defizitnationen ermöglicht, ihre Auslandsschulden abzubauen. Zugleich wird so die globale Rezessionsgefahr gebannt. Dies ist ein Win-win-Ergebnis für die Weltwirtschaft.

James K. Galbraith

Neues Denken und ein strategisches Grundsatzprogramm

Eine Krise der Ideen

Es ist richtig, wie zahlreiche Beobachter festgestellt haben, dass die Finanzkrise eine große Lücke im ökonomischen Denken zu Fragen der Wohlstandssicherung, der Stabilität von Märkten und des wirtschaftlichen Wachstums offenbart hat. Die allgemein akzeptierte, konventionelle Ansicht vor der Krise war, dass Wirtschaftspolitik idealerweise nur vorsichtig und so wenig wie möglich in den Wirtschaftsprozess eingreifen solle. So bleibe es den Märkten überlassen, das Verhältnis aller Teilnehmer am Wirtschaftsgeschehen zueinander in ein stabiles »Gleichgewicht« zu bringen und jedem eine Belohnung proportional zu seinem Einsatz zu sichern. Auf nationaler Ebene bedeutete dies für die Wirtschaftspolitik, dass Privatisierung, Deregulierung und einheitlichen Steuern Vorrang eingeräumt wurde. Auf internationaler Ebene lag die Priorität beim Freihandel, freien Kapitalströmen und kontinentalen Wirtschaftsunionen. Für den Finanzbereich galt die »Hypothese der effizienten Märkte«, der zufolge die Preise von Vermögenstiteln die besten den Marktteilnehmern zur Verfügung stehenden Informationen widerspiegeln, eine Doktrin, die impliziert, dass größere Krisen von Natur aus unvorhersehbar sind.

Zugleich sah man das entscheidende Merkmal unserer Epoche im technologischen Fortschritt, der allen und überall wirtschaftlichen Fortschritt und höheren Lebensstandard bringt. Die Zunahme der wirtschaftlichen Ungleichheit wurde größtenteils als notwendige Anpassung an die Anwendung neuer Technologien betrachtet und war deshalb, wenn überhaupt, nur von zweitrangiger Bedeutung. Tatsächlich ging man davon aus, dass es bei der technologischen Revolution nur wenige Verlierer geben würde und dass allenfalls entstehende Probleme durch bessere Ausbildung und Trainingsprogramme gelöst werden könnten. Auch in der Finanzwirtschaft wurden Innovationen begrüßt, besonders deshalb, weil man annahm, dass sie eine bessere Streuung von Risiken ermöglichten.

Zu dieser Vorstellung von der Welt gehörte auch, dass größere Flexibilität des Arbeitsmarkts und der Löhne für erhöhte Effizienz sorgen und vor allem neue Arbeitsplätze schaffen würde. Man glaubte, dass verbesserte Bildungsmöglichkeiten und Ausbildungsprogramme eine Zunahme der Einkommensungleichheit verhindern könnten. Markttransparenz und das Bemühen aller Marktteilnehmer um ihren guten Ruf hielt man für ausreichende Bedingungen, um sicherzustellen, dass die Marktprozesse reibungslos und effizient ablaufen. Vorschriften bezüglich der Kapitalausstattung sollten die Banken stabilisieren und schützen. Obergrenzen für staatliche Haushaltsdefizite und Staatsschulden sollten im Verein mit einem glaubwürdigen Inflationsziel der Zentralbank die makroökonomische Stabilität gewährleisten und » die große Mäßigung« fortsetzen. Besonders in Entwicklungsländern sollten durch Privatisierung, Deregulierung und die Abschaffung von Subventionen der schädliche Einfluss des Staates verringert, die Bildung »richtiger« Preise sichergestellt und eine effizientere Allokation der Ressourcen erreicht werden. Man glaubte, dass auf diese Weise das Wirtschaftswachstum beschleunigt werden könnte. Mithilfe allgemeiner Gleichgewichtsmodelle wurden die Einkommensgewinne berechnet, die erzielt werden könnten, wenn die Preise sich ohne staatliche Eingriffe am freien Markt bilden würden.

Diese Ideen und Maßnahmen bildeten ein umfassendes Lehrgebäude und wurden weithin akzeptiert. Im inneren Kreis der akademischen Ökonomie und in der Finanzpresse waren sie weitgehend unumstritten. Man dachte, wenn diese Lehre erst einmal von allen übernommen und vollständig in die Praxis umgesetzt würde und wenn der Widerstand jener, die diesem vermeintlichen Fortschritt im ökonomischen Denken im Wege standen, erst einmal überwunden sei, dann würde die Wirtschaftspolitik keine große Herausforderung mehr darstellen; die Hauptprobleme wären dann gelöst.

Die große Finanzkrise und ihre Nachwirkungen, einschließlich der Krise in der Eurozone, entlarven dies alles nun als Illusion. Angesichts des ungeheuren Ausmaßes dieses Debakels und der riesigen Gewinne, die einige wenige in Voraussicht dessen, was kommen würde, dabei gemacht haben, kann es heute nicht mehr nur darum gehen, einige Teile dieser Weltanschauung, wie zum Beispiel die Hypothese der effizienten Märkte, zu revidieren. Vielmehr ist das gesamte Theoriegebäude und damit die Grundlage für die orthodoxe Wirtschaftspolitik hinfällig geworden. Und so stellt sich die Frage, was (wenn überhaupt) diesen Platz einnehmen kann.

Glücklicherweise, so könnte man fast sagen, ist es nicht das erste Mal, dass ein dominantes Paradigma zusammenbricht. Innerhalb eines Jahrhunderts ist dies nun schon dreimal vorgekommen. Da der Zusammenbruch des ersten dieser Paradigmen im Zuge der Weltwirtschaftskrise relativ gut bekannt ist, werden wir uns zunächst dem zweiten dieser Paradigmen zuwenden, dessen Scheitern vergleichsweise wenig Beachtung findet, obwohl es noch gar nicht so weit zurückliegt.

Die vergessenen 1970er Jahre und das Rohstoffproblem

Die Geschichte der Ökonomie des 20. Jahrhunderts wurde wesentlich geprägt vom Zusammenbruch des *Laissez-faire* in der Weltwirtschaftskrise und von der Entstehung eines gemischten Wirtschaftssystems in der Zeit nach dem Zweiten Weltkrieg. Letzteres sah eine starke Rolle für den öffentlichen Sektor bei der Stabilisierung der gesamtwirtschaftlichen Nachfrage vor. Im Amerika der Nachkriegsjahre – und später in Europa und anderen Teilen der Welt – entwickelte sich eine Synthese aus neoklassischer und keynesianischer Ökonomie. In den 1960er Jahren wurde diese Synthese um die Theorie der Phillipskurve erweitert. Gute Wirtschaftspolitik vorausgesetzt, ergab sich daraus die Verheißung von Vollbeschäftigung, unbegrenztem, stetigem Wirtschaftswachstum und sogar die Überwindung des Konjunkturzyklus, allenfalls getrübt durch geringe Inflation. Dementsprechend waren die 1950er und 1960er Jahre eine Zeit des intellektuellen Optimismus, zunächst in der akademischen Ökonomie und später auch bei den Regierungen, in denen Wirtschaftswissenschaftler vertreten waren.

Mit der Ausbreitung der Demokratie bei allgemein guter Wirtschaftsentwicklung fanden es sowohl die politisch Verantwortlichen als auch die Wählerschaft selbstverständlich, dass die Regierung die Verantwortung für den wirtschaftlichen Erfolg übernahm. Die Rollenverteilung zwischen dem öffentlichen und dem privaten Sektor wurde ein Hauptthema, das von Politikern der Mitte (von Christdemokraten bis zu Sozialdemokraten in Europa und von Eisenhower-Republikanern bis zu Johnson-Demokraten in den USA) diskutiert wurde. Die Frage war, wo die Trennlinie gezogen werden sollte zwischen zwei gleichermaßen wichtigen Komponenten einer erfolgreichen Volkswirtschaft, einem öffentlichen Sektor, der verwalten und kontrollieren sollte, und einem privaten Sektor, der zuverlässig die Details regelte. Diejenigen, die argumentierten, man könne entweder auf das eine oder das andere ganz verzichten (die Positionen von Mao und von Mises, sozusagen) waren Randerscheinungen.

In den 1970er Jahren wurde dieser Konsens jedoch von einem heftigen Schock getroffen. Es begann damit, dass die Aufmerksamkeit auf etwas gelenkt wurde, das von den westlichen Industrieländern offenbar nicht kontrolliert werden konnte: die Kosten der Rohstoffe und besonders die Ölpreise.

Als die Stagflation die industrialisierte Welt zunächst 1973 und dann wieder 1979 traf, waren – und darüber gab es kaum Meinungsverschiedenheiten – in erster Linie Ölschocks die Ursache. Diese waren zwar nicht Ausdruck einer weltweiten Ölknappheit, aber sie spiegelten zwei Sachverhalte wieder, nämlich einerseits den Rückgang der Ölproduktion in den USA nach 1970 und andererseits die Tatsache, dass Kontinentaleuropa und Japan kein eigenes Erdöl fördern konnten. Die Kontrolle über den Ölpreis verlagerte sich so von Texas (wo der Orientierungspreis von der Texas Railroad Commission bestimmt worden war) zur OPEC. Die Ölschocks hatten zwar politische Gründe, nämlich den Jom-Kippur-Krieg und die Iranische Revolution, aber ihre tiefere Ursache lag in der veränderten geophysischen Realität, und dies wurde zu jener Zeit sehr wohl verstanden.

Die Erfahrung dieses Angebotsschocks war mit dem bis dahin dominierenden Konzept der Nachfragesteuerung nicht zu vereinbaren. Wie sollte die angemessene wirtschaftspolitische Reaktion auf so einen Schock aussehen? Einige Ökonomen argumentierten, der gestiegene Ölpreis sei im Grunde genommen eine Steuer, die man ausgleichen könne, indem man andere Steuern senkte oder die Staatsausgaben erhöhte, um die Vollbeschäftigung zu erhalten. In diesem Fall könnten Preiseffekte des Schocks durch Angebotsmanagement und Einkommenspolitik unter Kontrolle gebracht werden. Andere sahen in dem Angebotsschock einfach einen Inflationsauslöser, der durch zu lockere Geldpolitik verursacht worden war und dem mit einer restriktiven Geldpolitik begegnet werden müsse. In diesem Fall seien Anpassungen in Form von Produktionsrückgängen und Arbeitsplatzverlusten zwar nicht zu vermeiden, aber, so wurde argumentiert, diese Kosten seien langfristig niedriger, wenn sie sofort akzeptiert und eingegangen werden, weil man dann eine Inflationsspirale verhindern könne.

Diese Auseinandersetzung hielt über mehrere Rezessionen hinweg an, und es wurden während dieser Zeit verschiedene Varianten der Inflationsbekämpfung ausprobiert. Die Thatcher-Reagan-Revolution von 1979 bis 1981 beendete die Auseinandersetzung dann zugunsten des letzteren Ansatzes: Die Geldpolitik unterdrückte fortan die Kosteninflation; Steuersenkungen stellten anschließend die Kaufkraft wieder her. Diese Kombination von Maßnahmen beendete brutal alle Bemühungen, die Angebotsschocks mit energie- oder industriepolitischen Maßnahmen zu bekämpfen; sie bedeutete auch das Ende von Lohn- und Preisrichtlinien und der Einkommenspolitik. All dies wurde begleitet von einer Neuinterpretation der Geschichte und des Wirtschaftsgeschehens, die die Ressourcenfrage weit in den Hintergrund rückte.

Nach der neuen herrschenden Meinung war eine verfehlte Geldpolitik die Ursache für die unbefriedigende Wirtschaftsleistung in den 1970er Jahren. Es wurde behauptet, die Wirtschaftspolitiker hätten die Phillipskurve falsch verstanden, und zwar als einen statischen *Trade-off* zwischen Inflation und Arbeitslosigkeit. Dieser Ansicht nach resultierte die Inflation von fehlgeleiteten Bemühungen der Zentralbanken, selbst bei hoher Inflation die Vollbeschäftigung zu erhalten. Es gebe eine »natürliche Arbeitslosenquote«, und wenn diese unterschritten werde, sei eine Beschleunigung der Inflation unvermeidlich. Die richtige Politik wurde demzufolge darin gesehen, dass die Zentralbank ein Inflationsziel nahe null verfolgte, während die Höhe der Arbeitslosenquote den Marktkräften überlassen werden sollte. Das war nun genau das Gegenteil der früheren Auffassung. Die neue Sicht der Dinge triumphierte gerade zur Zeit der Ausarbeitung des Maastricht-Vertrags, der die Möglichkeit einer expansiven Fiskalpolitik stark beschneidet, und der Gestaltung der Europäischen Zentralbank, die zur Verfolgung der Preisstabilität unter Hintanstellung aller anderen Zielen verpflichtet wurde.[1] Für die Stärkung des Wachstums und die Schaffung von Arbeitsplätzen verließ man sich voll und ganz auf die Kräfte des Marktes: Deregulierung, Privatisierung und die Beseitigung von Verzerrungen durch das Steuersystem.

Ebenso wie die Entwicklung in den USA in den 1960er Jahren scheinbar die 1960 formulierte Phillipskurve bestätigte, so schien auch die Wachstumsbeschleunigung in den 1980er und 1990er Jahren in den reichen Ländern den neuen wirtschaftspolitischen Konsens zu bestätigen. Ein neuer Begriff, »Great Moderation« – die große Mäßigung –, wurde erfunden, um den vermeintlichen Erfolg zu beschreiben. Und vieles davon wurde – logisch sehr locker – der neuen Ideologie und ihrer praktischen Umsetzung durch die Zentralbanken zugeschrieben. Vor allem wurde auf die angeblich gestärkte »Glaubwürdigkeit« der Zentralbanken verwiesen, die durch eine neue »Transparenz« geschaffen und in den »Erwartungen« der Öffentlichkeit verankert worden sei. Die Wirklichkeit sah jedoch anders aus.

Was sich außerhalb der reichen Staaten ereignete – die Schuldenkrisen der Entwicklungsländer und für die wirtschaftliche Entwicklung verlorene Jahrzehnte –, blieb außerhalb des Blickfelds oder wurde nur beiläufig als Spätfolge vorangegangener staatlicher Wirtschaftslenkung (beziehungsweise »importsubstituierender Industrialisierung«) wahrgenommen, die inzwischen in Misskredit geraten war. Als dann Mitte der 1980er Jahre die Rohstoffpreise zusammenbrachen, verschwand das Ressourcenthema wieder aus dem Bewusstsein. Deshalb fanden die Rohstoffkosten nie Eingang in das ökonomische Denken, und darin hat sich bis heute nichts geändert. Dabei muss der Preis für Energie heute zweifellos wieder eine Hauptrolle spielen bei der Erklärung der wirtschaftlichen Instabilität, der geringen Rentabilität der Privatwirtschaft und der schlechten Wachstumsaussichten der reichen ölverbrauchenden Länder.

Die Globalisierung und das (vorläufige) Ende der Inflation

Was passierte wirklich in den 1980er Jahren? Der herrschenden Meinung nach wurde die Inflation durch eine strikte und glaubwürdige Geldpolitik gebändigt, und zwar zu weitaus geringeren Kosten als zuvor erwartet, und dies führte zu einem neuen goldenen Zeitalter stabilen Wirtschaftswachstums, eben der »Großen Mäßigung«. In Wirklichkeit war diese Politik sehr schmerzvoll und mit enormen Kosten verbunden. Diese mussten in den Industrieländern zum großen Teil von den Arbeitnehmern getragen werden, besonders in den frühen 1980er Jahren in den USA und Großbritannien. Aber sie lasteten auch schwer auf dem Rest der Welt, auf Ländern, die von Rohstoffexporten abhängig waren oder bei Geschäftsbanken in der Kreide standen.

In den USA wurde durch eine aggressive, arbeitnehmerfeindliche Wirtschaftspolitik, den Zusammenbruch der Exportmärkte und hohe Arbeitslosigkeit den Gewerkschaften das Rückgrat gebrochen und die Flexibilisierung der Löhne vorangetrieben. In Großbritannien hatte eine ähnliche Wirtschaftspolitik ähnliche Auswirkungen, im übrigen Europa weniger. Noch schlimmer waren jedoch die Auswirkungen der Schuldenkrise in Lateinamerika, Afrika und in Teilen Asiens. Und als die Rohstoffpreise weltweit fielen, geschah dies zum Teil unter dem Druck einer globalen Konjunkturabschwächung, die durch die Schuldenkrise hervorgerufen worden war. Dann eröffnete das Ende der Sowjetunion die Möglichkeit, zu günstigen Bedingungen an neue Rohstoffquellen zu gelangen, während die postsowjetischen Staaten eine Bevölkerungsimplosion durchmachten. Schließlich stieg China auf dem Weltmarkt zum Hauptlieferanten von Billiglohngütern auf – teilweise als Reaktion auf stark gestiegene Produktionskosten in den Industrieländern. Diese Faktoren, die zusammengenommen als *Globalisierung* bezeichnet werden, trugen dazu bei, dass in den Industriestaaten 30 Jahre lang geringe Inflation herrschte.

Die Inflation ging weltweit zurück. Es ist unglaubwürdig, wenn man den Grund dafür hauptsächlich in der Ankündigung von Inflationszielen des Federal Reserve sieht – ein Vorgang, der außerhalb der USA nicht zur Kenntnis genommen wurde – und dabei außer Acht lässt, dass auch andere Faktoren die weltweiten Konsumgüterpreise maßgeblich beeinflusst haben, nämlich die Schulden-Deflation in Entwicklungsländern, die Weltrezession, der Zusammenbruch der Industrie in der Sowjetunion und in Osteuropa sowie der Aufstieg der chinesischen Leichtindustrie. Die Geldpolitik in den USA spielte bei dieser Entwicklung durchaus eine Rolle, einerseits, weil der Realwert der auf US-Dollar lautenden Schulden zunahm, und andererseits, weil der Wert des US-Dollars und damit die amerikanischen Importe stiegen. Die Inflationsbekämpfung funktionierte nicht, wie gern unterstellt wird, auf die leichte und schmerzlose Art, indem man einfach die den Lohnverhandlungen zugrundeliegenden Inflationserwartungen gering hielt. Die geringere Inflation war auch Folge eines langsameren Anstiegs der Nachfrage nach Rohstoffen; wenn diese weiter in gleichem Maße wie zuvor gestiegen wäre, hätte der Inflationsrückgang nicht stattfinden können.

Mit dem Ende der Inflation zog das Wachstum in den USA an. Wie? Insgesamt kann man sagen, dass die Schwächung der Gewerkschaften (bei gleichzeitigem Rückgang des realen Mindestlohns) sowohl in Amerika als auch in Europa das Ende des lohngetriebenen Wachstums bedeutete. Das Wachstum wurde auch nicht mehr durch die öffentlichen Investitionen getrieben; in den USA wurde die Höhe der Infrastrukturinvestitionen im Wesentlichen von einigen wenigen, großen Staaten bestimmt, allen voran New York und Kalifornien, die überproportional zu den Gesamtinvestitionen der USA beitrugen. Dies änderte sich jedoch mit der Haushaltskrise von New York im Jahr 1975 und der Steuerrevolte in Kalifornien im Jahr 1978. Und so wurde das Nachfragewachstum in den USA der 1980er und 1990er Jahre (wie auch in anderen Industrieländern) weitgehend durch Kreditexpansion angetrieben. Der Kreditzyklus kam zurück. Dies war in den 1920er und 1930er Jahren ein bekanntes Phänomen, das aber nach dem Krieg weitgehend in Vergessenheit geriet. Und von der steigenden Kreditvergabe profitierten solche Sektoren, die geringe variable Kosten, aber hohe fixe Kosten hatten, angefangen beim Technologiesektor bis hin zu Hypotheken. Dies war eine entscheidende Anpassung an die inzwischen hohen und unsicheren realen Rohstoffkosten, von der zunächst kaum Notiz genommen wurde.

Wachsende Bedeutung des Finanzsektors, der Informationstechnologie und der Hypothekarverschuldung

In der globalisierten Welt mit niedriger Inflation, wie sie aus der Schuldenkrise der Entwicklungsländer in den 1980er Jahren hervorgegangen war, übernahmen die internationalen Finanzinstitutionen eine führende Rolle. Sie taten dies sowohl direkt als Kreditgeber als auch indirekt, indem sie eine allgemeine wirtschaftspolitische Ausrichtung – den »Washington Consensus« – den meisten Ländern aufdrängten und diejenigen, die ihre Kooperationsbereitschaft bekundeten, mit Krediten belohnten. Zur gleichen Zeit gaben die Regierungen die Schalthebel in der Finanzwirtschaft an das Topmanagement der Banken ab, was man noch heute an der weltweiten Verflechtung von Regierungen mit einer Handvoll wichtiger Finanzkonzerne erkennen kann.

Als Folge der neoliberalen Wirtschaftspolitik kam es zu einem Anstieg der Ungleichheit. Eine wichtige Rolle spielte dabei der wachsende Anteil des Finanzsektors am Gesamteinkommen. Dies galt in besonderem Maße für Länder wie Argentinien und Brasilien, in denen die Liberalisierung am schnellsten voranschritt; das gleiche Muster kann auch im postsowjetischen Russland, in Indien und China, aber auch in Europa beobachtet werden. In den USA stieg der Anteil der Gewinne im Finanzsektor auf ungefähr 40 Prozent der Gesamtgewinne, und der Anteil der Gehälter im Finanzsektor auf rund 10 Prozent der gesamten Lohnsumme. Mit zunehmendem Reichtum kam zunehmende Macht, und die Banken übten – letztendlich erfolgreich – Druck aus, um eine Deregulierung ihrer Aktivitäten zu bewirken. Die wichtigsten gesetzgeberischen Schritte in dieser Richtung waren die Aufhebung des »Glass-Steagall«-Gesetzes im

Jahr 1999 und des »Commodity Futures Modernization«-Gesetzes im Jahr 2000, das die Regulierung von außerbörslich gehandelten Finanzderivaten unterband. Der Deregulierung folgte nach 2000 ein Abbau der Überwachung, und die Regulierungsbehörden in den USA entschieden sich damit bewusst dafür, die Praktiken des Finanzsektors nicht zu untersuchen.

In den Vereinigten Staaten heizten die Finanzmärkte den Boom in der Informationstechnologie an, der eine Periode der Vollbeschäftigung in den letzten drei Jahren des 20. Jahrhunderts einleitete. Die Branchen, die so gefördert wurden, hatten hohe fixe und niedrige variable Kosten, auch dies eine vorhersagbare Folge des veränderten Umfeldes im Rohstoffbereich. Das Zeitalter der Schwerindustrie in den reichen Ländern war jetzt vorüber. Bei geringer Nachfrage nach Rohstoffen gab es keinen Anstieg der Inflation. Diese Erfahrung zeigte, dass die Hypothese von einer »natürlichen Arbeitslosenquote« nicht richtig sein konnte, und so wurde diese Hypothese von den meisten Ökonomen aufgegeben. (Allerdings lebt sie zu Unrecht in zahlreichen Modellen weiter.) Vollbeschäftigung war möglich, solange das Wachstum der globalisierten Wirtschaft ohne schnellen Anstieg der Rohstoffpreise verlief.

Fast die gesamte Zunahme der Einkommensunterschiede in den USA in den 1990er Jahren lässt sich mit dem starken Anstieg der Einkommen und der Höherbewertung von Kapitalanlagen im Technologiesektor erklären, der in einer kleinen Region in den Vereinigten Staaten angesiedelt ist. Die Ungleichheit der Einkommen erreichte in den USA und weltweit im Jahr 2000 ihren Höhepunkt. Als der Boom der Informationstechnologie zu Ende ging, begannen sich die Verhältnisse zu ändern. Eine derart starke von Krediten und Beteiligungsfinanzierung getragene Expansion sollte es nicht nochmals geben, weder in den USA noch anderswo.

Nachdem der Informationstechnologieboom beendet war, sah sich eine neue amerikanische Regierung vor der Herausforderung, unter sehr viel schwierigeren Bedingungen wieder ein stabiles Wirtschaftswachstum herzustellen. Die Rohstoffpreise hatten begonnen zu steigen, und die Ereignisse des 11. September schockierten und verunsicherten das Geschäftsklima. Die Zinsen wurden drastisch gesenkt, ebenso die Steuern. Die Militärausgaben stiegen, besonders nachdem die USA im März 2003 in den Irak einmarschiert waren. Zwar stabilisierte diese Politik die Gesamtnachfrage und die Beschäftigung, aber sie konnte die Vollbeschäftigung in den USA nicht wiederherstellen. Überdies drohte sie die Kostenstruktur zu destabilisieren. Es waren daher zusätzliche Impulse nötig, um die Wirtschaftstätigkeit zu stärken.

Diese ergaben sich aus der gewaltigen Expansion der Hypothekardarlehen im Jahr 2006 und Anfang 2007. Diese Kredite trieben ebenfalls die Wirtschaftstätigkeit in Bereichen mit hohen Fixkosten und niedrigen variablen Kosten an, ohne dass zugleich die Nachfrage nach Rohstoffen stieg. Deshalb funktionierte die Strategie, zumindest für eine gewisse Zeit, und die Beschäftigung stieg, ohne dass sich die Inflation wesentlich beschleunigte. Aber diese Entwicklung hatte gewaltige Implikationen für die Zukunft der globalen Finanzwirtschaft, ja sogar für die Zukunft des finanzgetriebenen Kapitalismus in Nordamerika und auch in Europa.

Gegen Ende der 1990er Jahre war der Markt für Hypothekarkredite in den USA bereits voll entwickelt. Er konnte deshalb auf der Basis der zuvor eingeführten Standards nicht schnell weiter wachsen. Diejenigen, die Hypothekardarlehen aufnehmen wollten und die Voraussetzungen dafür erfüllten, hatten meistens schon derartige Kredite. Das Wachstum, das durch eine Expansion dieses Marktes erreicht werden konnte, war deshalb durch die Größe der Bevölkerung und das Einkommenswachstum in der Wirtschaft insgesamt begrenzt.

Zusätzliches Wachstum des Marktes für Hypothekarkredite war deshalb nur durch eine Senkung der Risikostandards zu erreichen. Zu diesem Zweck wurde ein deutliches Signal an die Hypothekenbanken gegeben, und zwar in dem Sinne, dass die Einhaltung bestehender Regeln nicht so genau genommen werden sollte.[2] In der Folge wuchs der Anteil von »Subprime«- und »Alt-A«-Hypotheken – auch »liar loans« oder Schwindelkredite genannt – an der Gesamtvergabe neuer Hypotheken rapide. Ebenso stieg der Anteil von Krediten mit »Lockzinsen« und von Hauskrediten, deren Höhe über dem Marktwert der Häuser lag. Überall kam es zu Betrügereien und Missbrauch; oft wurden Kredite ohne die eigentlich erforderlichen Dokumente vergeben. Um faule Kredite an Investoren zu verkaufen, wurden komplexe Sicherheiten konstruiert, und es wurden Ratingagenturen angeworben, die ihnen Anlagequalität bescheinigten. Viele dieser Hypotheken wurden dann außerhalb der Vereinigten Staaten verkauft, an Finanzinstitute, von denen man annahm, dass sie der Reputation ihrer US-Geschäftspartner vertrauten und die Qualität der zugrundeliegenden Kredite nicht selbst überprüften.

Auf diese Weise unterstützte die Expansion der Hypothekardarlehen ein Wirtschaftswachstum, bei dem die Nachfrage nach Ressourcen nicht wesentlich stieg. Unterdessen wurden neue quantitative Techniken angewendet, um hypothekarisch besicherte Wertpapiere und ihre Derivate in leicht handelbare Produkte zu verwandeln. Diese Instrumente versprachen hohe Renditen bei hoher Sicherheit, und die Nachfrage danach war sehr stark. Aber sie waren in sehr beträchtlichem Umfang betrügerisch: Ausfälle waren unvermeidlich und große Verluste musste der letzte Investor tragen. Dies alles trat durch offizielle Untersuchungen zutage, die von der Untersuchungskommission zur Finanzkrise (»Financial Crisis Inquiry Commission«) und anderen von Parlament oder Regierung eingesetzten Kommissionen durchgeführt wurden.[3] Die enge Beziehung zwischen Hypothekenbetrügereien und politischer Macht in den USA wird vielleicht am deutlichsten dadurch illustriert, dass Roland Arnall, der CEO von *Ameriquest*, einer der aggressivsten Gesellschaften im Handel mit faulen Hypotheken, seine Karriere als Botschafter der USA in den Niederlanden beenden konnte.

Die fragwürdige Konstruktion Europas

Teilweise als Antwort auf den Wiederaufstieg der USA und ihre Dominanz im Finanzsektor schuf Europa zusätzlich zu der bereits bestehenden Zollunion einen Binnenmarkt für Güter und Dienstleistungen, einen integrierten Kapitalmarkt und eine Währungsunion. Die geographische Mobilität der Arbeitnehmer zwischen den Mitgliedsländern der Europäischen Union wurde gesetzlich erleichtert; gleichwohl blieb sie in der Praxis schwierig. Die EU und die Europäische Währungsunion erfüllten den lange gehegten Traum, die Möglichkeit eines größeren Krieges in Europa auszuschließen und einen Kontinent zu einen, der durch den Kalten Krieg gespalten worden war.

Die ökonomische Integration erfolgte allerdings nach einem Muster, das sich aus den damals herrschenden ökonomischen Vorstellungen ableitete. Dementsprechend glaubte man, dass nicht die Stärkung von Institutionen, sondern gemeinsame Regeln für die Wirtschaftspolitik die Voraussetzung für die Stabilität der europäischen Wirtschaft und die Liquidität seiner Finanzmärkte seien. Institutionen (die zu Marktrigiditäten führen) lehnte man ab in der Überzeugung, dass sie Innovation und die Schaffung von Arbeitsplätzen behindern. Europa sollte sich stattdessen unter der Vision eines freien Marktes vereinen, und dabei sollten alle wichtigen Lehren der neoliberalen Doktrin übernommen werden, einschließlich Deregulierung, Privatisierung und Abbau des Wohlfahrtsstaats.

Folglich nahm die EU die Maastricht-Kriterien für die Staatsverschuldung und Budgetdefizite, die Basel-Regeln für das Bankenwesen und die Inflationsziel-Charta der Europäischen Zentralbank an und Europa damit auf kontinentaler Ebene die wirtschaftspolitische Option aus der Hand, mithilfe der Besteuerung und einer Variation der Staatsausgaben die Nachfrage zu stabilisieren und das Wachstum zu fördern. Außerdem wurde es der Europäischen Zentralbank (zumindest im Prinzip) untersagt, für die Mitgliedsländer der Währungsunion als formaler »lender of last resort« (Kreditgeber der letzten Instanz) zu fungieren. Abgesehen von der Kreditvergabe der Europäischen Investitionsbank, mangelt es Europa an Integration im Bereich der Finanz- und Haushaltspolitik, an regionalen, automatischen Stabilisatoren und einem Mechanismus für die Finanzierung öffentlicher Investitionen. Außerdem gibt es keine gemeinschaftlichen Lohnstandards, und europaweite Einrichtungen im Bereich der Sozialversicherung fehlen ebenfalls. Im Gegensatz dazu wurde alle dies seit den 1930er Jahren in das amerikanische Wirtschaftssystem eingebaut.

Europa erfand also die *Konföderation* neu – eine Regierungsform, die in Nordamerika zweimal erprobt und zweimal wieder abgeschafft worden war, zuletzt beim Zusammenbruch der Konföderierten Staaten von Amerika im Jahre 1865. Europa tat den Schritt in Richtung einer Konföderation gerade zu einer Zeit, in der sich das Umfeld für große, integrierte soziale Gemeinwesen mit hohen Fixkosten verschlechterte. In der weiteren Entwicklung machte dies Europa für Störungen von außen anfällig, wie sie durch Veränderungen der Rohstoffpreise oder Entwicklungen im internationalen Finanzsystem entstehen können. Tatsächlich wurde Europa durch Störungen aus diesen beiden Quellen zugleich getroffen.

Die große Krise in den USA und Europa

Die große Krise des Jahres 2008 entstand aus dem Zusammentreffen von drei Ereignissen in den ersten Jahren des 21. Jahrhunderts. Das war einmal das Ende des Booms in der Informationstechnologie Ende der 1990er Jahre, dann der Wiederanstieg der Rohstoffpreise und schließlich die Zunahme und anschließende Aufdeckung betrügerischer Machenschaften im Finanzsektor. Letztere geschahen insbesondere im Zusammenhang mit Hypothekarkrediten und im Bereich durch Wohnbauhypotheken besicherter Wertpapiere (»residential-mortgage-backed securities«) sowie darauf basierender Derivate, zu denen auch die Kreditausfallversicherungen (»credit default swaps«) gehören.

Mit dem Zusammenbruch des Informationstechnologiebooms endete auch die Euphorie bezüglich der amerikanischen Wachstumsaussichten. Auf die üppigen 1990er Jahre folgten die mühsamen Jahre nach 2000. Steigende Energiepreise übten in den energieimportierenden Ländern mit hohen Fixkosten einen wachsenden Druck auf die Rentabilität der Unternehmen aus. Den Exporteuren von Energierohstoffen bescherten sie eine Dekade relativer Prosperität, die sich nach den Ereignissen des 11. September durch den starken Rückgang der Zinsen, die schnell steigende Nachfrage Chinas nach Rohstoffen und eine zunehmende Ablehnung des »Washington Consensus« noch verstärkte. Dann wurden die Energiepreise durch Spekulation noch weiter in die Höhe getrieben, bis auf einen Höchststand im Jahre 2008. Zudem begünstigten, wie wir gesehen haben, die Machenschaften im Finanzsektor das anhaltende Wirtschaftswachstum. Aber dies war zwangsläufig nur vorübergehend. Mit den Worten von Hyman Minsky: »Wenn die Ponzi-Phase einer Kreditexpansion offenbar wird, muss sie enden.« Als klar wurde, dass viele amerikanische Hypothekarkredite und ihre Derivate faul waren, fror der Interbankenmarkt ein, die Investmentbanken gingen dem Bankrott entgegen und der Finanzsektor brach in wesentlichen Teilen zusammen.

Der amerikanische Finanzschock wurde dann auf ein leicht verwundbares Europa übertragen, weil der europäische Finanzsektor dem Risiko »verseuchter« US-Aktiva und einem Ansturm auf Liquidität ausgesetzt war, der dem Zusammenbruch des Interbankenmarktes 2007 und der Investmentbanken 2008 folgte. Es ist wichtig zu begreifen, dass diese Entwicklungen eng miteinander verflochten sind. Diese Zusammenhänge werden oft durch die gängige Terminologie verdunkelt. Natürlich hatte jedes der Länder an der europäischen Peripherie seine spezifischen Probleme. Aber das haushaltspolitische Missmanagement in Griechenland, die Exzesse im Markt für kommerzielle Immobilen in Irland, die Blase bei den Wohnimmobilien in Spanien und ähnliche Probleme wurden nicht plötzlich zur gleichen Zeit und unabhängig voneinander entdeckt. Im Gegenteil, sie waren jedem kompetenten Beobachter bereits bekannt. All diese Entwicklungen wurden jedoch durch die allgemeine Expansion *erleichtert*. Es liegt in der Natur eines Kreditbooms, dass schwachen Schuldnern Kredite gewährt werden, die sie sonst nicht bekommen würden.

In einer Wirtschaftskrise kommt es dann nicht nur zu einer Umkehrung der Entwicklung, sondern auch zu einem »Überschießen«. Kredite, die zuvor leicht erhältlich waren, werden nun nicht mehr gewährt. Das auslösende Ereignis ist nicht die Entdeckung neuer Fakten; es ist die Erkenntnis, dass das

Spiel vorbei ist und dass sich jeder aus dem Staub macht. Wenn die Verluste in einem Teil eines Anlageportefeuilles offenbar werden, dann ist die rationale Reaktion, einen Schnitt zu machen und andere schwache Aktiva abzustoßen. Dieser Vorgang bietet die alleinige Erklärung dafür, dass es zu einer allgemeinen und gleichzeitigen Flucht aus allen schwachen Staatsanleihen der Eurozone hin zu den sicheren Anleihen der USA, Großbritanniens und Deutschlands kam, nachdem das Ausmaß des amerikanischen Hypothekendebakels offensichtlich geworden war.

Die Krise, die Portugal, Irland, Griechenland und Spanien gepackt hat, und die auch Italien und vielleicht bald auch Frankreich bedroht, ist deshalb nicht nur eine nationale Krise jedes einzelnen dieser Länder. Es handelt sich gleichzeitig um eine Krise des europäischen Bankensystems, das in hohem Grade fremdfinanziert und deshalb bei Verlusten leicht verwundbar ist. Wir haben es zu tun mit einer Krise der europäischen Institutionen, die, anders als jene der USA, nicht als Reaktion auf frühere Finanzkrisen (1907 und 1930) geschaffen wurden und die schlecht gerüstet waren, um mit einer Situation umzugehen, in der das gesamte Finanzsystem unter Stress gerät. Und es war eine weltweite Krise, in der sich die katastrophalen globalen Konsequenzen von Missmanagement im Finanzbereich und Innovation um jeden Preis ebenso niederschlugen wie die Auswirkungen der Deregulierung des US-Bankensystems. All dies führte zu einer Flucht in sichere Anlagen, der Abkehr von risikobehafteten Aktiva und einem Rückgang der Investitionen, der Millionen Arbeitsplätze gekostet hat und der sich auch vier Jahre nach Ausbruch der Krise noch fortsetzt, die Rezession in Europa vertieft und das Wachstum in den Vereinigten Staaten hemmt.

Die Reaktion auf die Krise und ihre Auswirkungen

In der Anfangsphase der Krise fokussierte sich die Wirtschaftspolitik darauf, die Ordnung auf den Finanzmärkten wiederherzustellen und deren weiteres Funktionieren sicherzustellen. Dies erwies sich jedoch als unmöglich, denn diese Märkte waren nicht einfach nur »illiquide«. Tatsächlich waren sie durch die Krise zerstört worden. Dies galt für die USA, wo die Anbieter von Hypothekarkrediten bankrottgingen, Investmentbanken und Brokerfirmen von Geschäftsbanken aufgekauft wurden, wo AIG, Fannie Mae und Freddie Mac vom Staat übernommen wurden und wo Ratingagenturen weitgehend in Verruf gerieten. Und es galt auch für Europa, wo die Märkte für Staatsanleihen zwar weiterhin bestanden, aber nur dem Namen nach. Die ursprüngliche Unabhängigkeit dieser Märkte von einer impliziten Garantie der Europäischen Zentralbank für Staatsanleihen der Euroländer wurde aufgegeben; dies einzugestehen fiel den Verantwortlichen allerdings nicht leicht.

Um nach der Lehman-Pleite auf Nummer sicher zu gehen, konzentrierten sich die Zentralbanken weitgehend darauf, weitere Insolvenzen wichtiger Banken und Finanzierungsgesellschaften zu verhindern und die Liquidität der Geldmärkte sicherzustellen. Damit konnten große Finanzinstitute formal am Leben gehalten werden. Sie konnten Verluste auf den öffentlichen Sektor abwälzen, notleidende Aktiva bei der Zentralbank loswerden und ihr Gewinnniveau durch Zinsarbitragegeschäfte und Eigenhandelsaktivitäten langsam wiederherstellen. Was sie nicht taten und nicht tun werden, ist, in großem Umfang zum altmodischen und normalen Geschäft der Übernahme von kommerziellen und industriellen Risiken zurückzukehren. Dafür ist eine ganz andere Art von Bankensektor erforderlich, als er gegenwärtig existiert beziehungsweise in einer Welt der Rohstoffknappheit existieren kann. Der heutige Bankensektor wird beherrscht von Bankenkolossen, die darauf aus sind, schnelle Gewinne zu machen und sehr hohe Kapitalrenditen zu erzielen (oder jedenfalls solche auszuweisen).

In Europa stießen die Anleger Schuldpapiere der kleineren Staaten an der Peripherie ab oder kauften darauf bezogene »Credit Default Swaps«, während die Medien die Probleme der Wirtschaftspolitik und der Korruption in diesen Staaten anprangerten. Die politischen Entscheidungsträger betonten wieder einmal, wie wichtig es sei, »das Vertrauen der Märkte wiederherzustellen«, und kündigten Maßnahmen an, die Schuldnern in Schwierigkeiten wieder den Zugang zum Kreditmarkt ermöglichen sollten. Aber diese Hoffnungen wurden mit der Zeit enttäuscht. Nur durch eine weltweite, das gesamte System umfassende Lösung wäre die Wirtschaftskrise zu bewältigen und die Panikstimmung so weit zu beschwichtigen gewesen, dass Spanien oder Irland – von Griechenland ganz zu schweigen – wieder für Kreditgeber interessant geworden wären; aber natürlich trat so ein Wunder nicht ein. Die Regierungen der krisengeschüttelten Länder an der europäischen Peripherie kürzten ihre Staatshaushalte, erhöhten die Steuern und unternahmen die wirtschaftspolitischen Reformen, die in einer derartigen Stresssituation möglich waren. Aber das konnte natürlich nicht ausreichen, da das Verhalten der Finanzmarktteilnehmer von einem anderen Faktor bestimmt wurde, nämlich von einem überwältigenden Bedürfnis nach Sicherheit: »*safety first*«.

An der finanzpolitischen Front wurden die automatischen Stabilisatoren zunächst durch »Konjunkturprogramme« ergänzt. Bei den Wachstumsprognosen folgte man allerdings der gängigen Praxis, eine schnelle Erholung vorherzusagen, und diese Prognosen gingen dann in die Planungen der Staatshaushalte ein. Bei der Gestaltung der Konjunkturprogramme ging man davon aus, dass die Wachstumsschwäche nur vorübergehend sei und dass es auf jeden Fall eine vollständige Erholung geben würde, sobald die »Ankurbelungs«-Programme beschlossen waren. Dies erwies sich als großer Irrtum. Die Programme zur Wachstumsstimulierung waren zu klein, sie endeten zu schnell, und wenn sie nicht die vorhergesagten Ergebnisse brachten, wurden sie als nutzlos verspottet.

Trotz dieser Erfahrungen kam es nur sehr langsam zu einem Umdenken. Einige Kommentatoren orientierten sich weiterhin an den optimistischen Vorhersagen, und aus der Beobachtung, dass das tatsächliche Wachstum hinter den Prognosen zurückblieb, folgerten sie, dass quantitative Lockerung, Konjunkturprogramme und andere wirtschaftspolitische Maßnahmen die Erholung nur verzögert hätten. Das spielte all jenen in die Hände, die die Idee einer interventionistischen Wirtschaftspolitik schon immer abgelehnt hatten.

In Europa und in einigen internationalen Organisationen (einschließlich der Europäischen Zentralbank) kam die Doktrin der »expansiven Haushaltskonsolidierung« oder »expansiven Sparpolitik« in Mode. Damit war gemeint, dass Kürzungen der öffentlichen Ausgaben die Wirtschaftstätigkeit steigern würden, weil sie sich günstig auf das Vertrauen der Privatwirtschaft und die Gewinnerwartungen der Unternehmen auswirken. Dabei wurde gerne auf Länder wie Kanada und Australien oder Lettland verwiesen. Dies alles sind Länder, die einen schnell wachsenden Handelspartner und eine breite Basis an natürlichen Ressourcen haben. Der Versuch, diese Theorie der expansiven Austerität auf Großbritannien oder andere große Volkswirtschaften anzuwenden, ist gescheitert. Am 25. April 2012 meldete die BBC, dass sich Großbritannien offiziell in einer »double-dip«-Rezession befindet. In Spanien erreichte die Arbeitslosenquote die 25-Prozent-Marke.

So ergab sich in Europa eine Abwärtsspirale bis hin zu einer geregelten Insolvenz Griechenlands. Eine drohende Panik konnte schließlich nur durch die Zusage der Europäischen Zentralbank verhindert werden, notfalls unbegrenzte Mengen von italienischen und spanischen Anleihen zu kaufen. In der Zwischenzeit stabilisierte sich die US-Wirtschaft scheinbar auf einem niedrigen Wachstumsniveau mit einem sehr langsamen Abbau der Arbeitslosigkeit, aber dies war weitgehend auf eine länger anhaltende expansive Finanzpolitik, den Rückzug vieler arbeitender Amerikaner vom Arbeitsmarkt und langsame Fortschritte bei der Rückzahlung von Hypothekarkrediten und anderen Schulden zurückzuführen.

Inzwischen haben sich diese wenig ermutigenden Strukturen in der Weltwirtschaft festgesetzt. Es kann daher nicht überraschen, dass die Hoffnungen, die auf die orthodoxe Wirtschaftspolitik gesetzt wurden, langsam schwinden. Es macht sich die Einsicht breit, dass diejenigen, die von Anfang an sagten, es gebe »kein Zurück zur Normalität«, die Lage durchschauten und richtig erkannten, dass das System in strategisch wichtigen Sektoren versagt hatte. Der ökonomische Mainstream wollte dies jedoch nicht wahrhaben. Mit der Zeit wurde jedoch der Ruf nach einer »Wachstumsstrategie«, die sich von der gegenwärtigen Austeritätspolitik stark unterscheidet, immer lauter. Dies äußert sich in Forderungen nach einer expansiven Ausrichtung der Geld- und Finanzpolitik,[4] aber diese Forderungen lassen sich nicht vereinbaren mit den gestiegenen Rohstoffkosten und der Unsicherheit, die durch Spekulation und starke Preisschwankungen an den Rohstoffmärkten hervorgerufen wird. Deshalb sind diese Vorschläge für sich genommen wenig überzeugend. Sie müssten in einen neuen *strategischen* Ansatz integriert werden.

Fixkosten, Rohstoffpreise und die Hindernisse für eine Überwindung der Krise

In der gegenwärtigen Situation muss man sich klarmachen, dass es in den reichen Ländern mehrere Hindernisse für einen Wiederaufschwung gibt. Diese ergeben sich aus spezifischen Problemen, die durch ein Bündel von Maßnahmen institutioneller, wirtschaftspolitischer, gesetzgeberischer und in einigen Fällen auch wissenschaftlicher und technischer Art gelöst werden müssen. Zu diesen Problemen gehören die hohen Fixkosten im gegenwärtigen Wirtschaftssystem, die in Relation zu diesen Fixkosten steigenden Rohstoffpreise, die Höhe der Abzinsungsfaktoren sowie die allgemeine Unsicherheit über die Zukunftsaussichten. Dafür gibt es eine präzise analytische Theorie.[5]

Fixkosten sind zunächst die Folge von in der Vergangenheit getätigten Investitionen, die eine gewisse Lebensdauer haben. Unter volkswirtschaftlichen Fixkosten verstehen wir hier aber auch die Kosten öffentlicher Institutionen sowie die Kosten, die gewisse Bereiche der Privatwirtschaft dadurch verursachen, dass sie bei Bedarf auf staatliche Ressourcen zurückgreifen können und sich so zulasten der Endverbraucher am Leben halten, und zwar auch dann, wenn sie nur wenige (oder gar keine) von privaten Haushalten oder Unternehmen nachgefragte Güter oder Dienstleistungen liefern. Fixkosten sind notwendig, um Rohstoffe effizient zu gewinnen und zu nutzen, aber sie engen auch die mögliche Rentabilität privatwirtschaftlicher Projekte ein. Wenn Fixkosten in Relation zu den Rohstoffkosten zu hoch sind, werden die Gewinne gedrückt und es kann sogar zu Verlusten und damit zum Verzicht auf andernfalls von den Unternehmen getätigte Investitionen kommen.

Einige Belastungen durch Fixkosten sind wohlbekannt, besonders solche, die durch den Staat verursacht werden,[6] wie zum Beispiel Ineffizienz im Militärbereich oder in der Bürokratie. Dies war in der Vergangenheit oft ein Problem in europäischen Monarchien. Andere Belastungen entstehen, wenn lebenswichtige Infrastruktur, wie beispielsweise im Verkehrssystem, im Gesundheitssystem oder im Bildungssystem, veraltet ist oder zu teuer wird; neben der Belastung des Staatshaushalts durch Militärausgaben war dies einer der Faktoren, die zum wirtschaftlichen Zusammenbruch der Sowjetunion beitrugen. Wieder andere Belastungen können entstehen, wenn ein vorgeblich privater Sektor, der Zwischenprodukte oder Unternehmensdienstleistungen anbietet, die Endproduzenten zu stark belastet. Dies liegt beim Finanzsektor in den heutigen Industriestaaten vor.

Ein erstes Hindernis für den Wiederaufschwung in den reichen Ländern besteht also darin, dass die Last des Finanzsektors zu groß ist. Dieses Hindernis hat vier Aspekte:

Zunächst bürden Finanzinstitute anderen Unternehmen große Fixkosten auf. Die Gewinne, die sie erzielen, stellen eine direkte Belastung der Gewinne dar, die außerhalb des Finanzsektors erwirtschaftet werden können. Bei einem unter den jeweils herrschenden makroökonomischen Bedingungen gegebenen Gesamtvolumen möglicher Gewinne ist deren Aufteilung zwischen dem Finanzsektor und den anderen Sektoren der Volkswirtschaft ein Nullsummenspiel.[7] Infolge der Krise sind die Finanzinstitute nicht bereit, neue Kredite für Handel und Industrie zu günstigen Bedingungen anzubieten, denn sie erachten die Risiken einer Expansion in diesen Sektoren als zu hoch. Dies wiederum liegt teilweise darin begründet, dass Finanz-»Dienstleistungen« zu teuer sind.

Zweitens leiden die privaten Haushalte in den USA und in den Staaten an Europas Peripherie unter unbezahlbaren Schulden. Im Fall der USA kommt noch hinzu, dass diese Schulden sehr schlecht besichert sind, da die Preise für

Wohnimmobilien stark gefallen sind. In Europa sind die Kreditmärkte kleineren Ländern inzwischen verschlossen, möglicherweise auf Dauer. Eine solche Situation hat es seit den 1930er Jahren weder in den USA noch in Europa gegeben, und eine dauerhafte Lösung für dieses Problem ist bislang nicht in Sicht.

Drittens sind die von den Banken geschaffenen Märkte für neuartige Wertpapiere wegen der fragwürdigen Geschäftspraktiken der Banken und der Unglaubwürdigkeit der Ratingagenturen in Verruf geraten. Dadurch fehlt es diesen Märkten an Liquidität und es ist nicht auszuschließen, dass sie ihrer früheren Funktion nie mehr werden nachkommen können. In diesem Fall wird man neue Wege der Finanzierung der Wirtschaftstätigkeit finden müssen.

Schließlich fehlt es in den wohlhabenden Ländern an Alternativen für eine kostengünstige Finanzierung der Unternehmen. Institutionen für diesen Zweck existierten zum Beispiel in Frankreich in der Nachkriegszeit, diese wurden aber in den 1980er Jahren abgeschafft oder ihr Aktionsradius wurde erheblich eingeschränkt. In den USA besteht zwar weiterhin ein Sekundärmarkt für Hypothekarkredite unter maßgeblicher Beteiligung der öffentlichen Finanzinstitutionen Fannie Mae und Freddie Mac; deren Handlungsspielraum wurde aber ebenfalls stark eingeschränkt, sodass ihnen bei der Lösung der durch Zwangsvollstreckungen ausgelösten Krise die Hände gebunden waren. Außerdem sind sie in der Finanzierung des privaten Wohnungsbaus tätig, dem Bereich des Kreditwesens, der am wenigsten zu einer Wiederbelebung des Kreditwachstums beitragen kann. Staatliche Institutionen wie jene, die in den 1930er Jahren in den USA eingerichtet wurden, um dem seinerzeitigen Kreditkollaps zu begegnen, von der »Reconstruction Finance Corporation« bis zur »Home Owner Loan Corporation«, suchen im heutigen wirtschaftspolitischen Klima noch Nachahmer.

Im Zusammenhang mit weiterhin hohen fixen Finanzierungskosten ist das zweite Hindernis, dass steigende Rohstoffpreise das Wachstum abwürgen. Dies gilt besonders, wenn unterregulierte Finanzmärkte einen stark spekulativen Einfluss auf die Energiepreise ausüben können. Damit wird die Unsicherheit über Angebot und Nachfrage in der Zukunft auf die Gegenwart übertragen. Sobald die Nachfrage steigt, auch wenn dies von einem niedrigen Ausgangsniveau her geschieht, kommt es zu einer Instabilität der Energiepreise, die durch eine Kombination aus Anbieterstrategien und offensichtlicher Manipulation durch Spekulanten hervorgerufen wird.

Ein Anstieg der Endverbraucherpreise für Energie vermindert direkt die Unternehmensgewinne und schwächt so die Investitionsbereitschaft. Darüber hinaus vergrößert *Instabilität* der Energiekosten (wie auch der Kosten anderer Rohstoffe) die *Unsicherheit* hinsichtlich der weiteren Konjunkturerholung. Um dem so entstandenen erhöhten Risiko Rechnung zu tragen, werden die *Gewinnerwartungen* reduziert. Die Befürchtung, dass die Preise weiter steigen, steht Investitionen vor allem in solchen Sektoren entgegen, die einen relativ hohen Energieverbrauch aufweisen. Andererseits steht die Befürchtung, dass die Energiepreise zusammenbrechen könnten, anhaltenden Investitionen in erneuerbare Energien oder andere Alternativen für fossile Brennstoffe entgegen. Beide Effekte führen zu einer Verlangsamung des Wachstums im privaten Sektor. Hinzu kommt noch die Unsicherheit über möglicherweise notwendig werdende Einschränkungen des Energieverbrauchs aufgrund des Klimawandels.

Daraus folgt, dass eine stabile Erholung der privaten Wirtschaftstätigkeit nur durch gemeinsame Anstrengungen zur Zähmung des Energiemarktes erreicht werden kann. Hohe Preise, die langfristig stabil sind und im Einklang mit dem öffentlichen Interesse stehen, sind besser als hohe und instabile Preise, denn sie verringern mit der Zeit die Unsicherheit hinsichtlich des Geschäftsklimas.

Ein drittes Hindernis für eine nachhaltige konjunkturelle Erholung sind die von den Regierungen selbst zu verantwortenden Einschnitte in die Staatshaushalte, die öffentlichen Institutionen wie dem Gesundheits-, Bildungs- oder Transportsystem erheblichen Schaden zufügen. Infolge dieser Einschnitte sinkt das Interesse an neuen Investitionen, auch Auslandsinvestitionen, während der inländische private Sektor nicht effektiv entlastet wird. Höhere Steuern führen zum Versickern von Kaufkraft. Zudem erleiden Länder, in denen es verstärkt zu Auswanderung kommt, erhebliche Verluste an mobilen, gebildeten und begabten Arbeitskräften.

Zusammengefasst lässt sich sagen, dass die Fixkosten reduziert werden müssen. Das Wirtschaftssystem muss effizienter gemacht werden. Die Frage lautet: wie und auf wessen Kosten?

Die gegenwärtige Debatte über Prioritäten bei der Gestaltung der öffentlichen Haushalte ist im Kern eine Auseinandersetzung darüber, wie man die Belastung durch Fixkosten vermindern kann – und wer die Last solcher Kürzungen tragen sollte. Diejenigen, die direkt staatliche Leistungen empfangen, sei es in Form von Löhnen und Gehältern oder in Form von Sozialleistungen und Leistungen des staatlichen Bildungssystems, weigern sich zu Recht, die gesamte Last auf sich zu nehmen. Die Kosten in diesen Bereichen fallen auch dann an, wenn sie nicht vom Staat getragen werden; sie müssten teilweise privat übernommen werden, und die Gesamtbelastung durch Fixkosten könnte dadurch noch steigen. Die Eltern müssten für die Erziehung und Ausbildung ihrer Kinder und die Kinder für die spätere Versorgung ihrer Eltern aufkommen, teilweise durch private Versicherungen. Diese Lösung ist jedoch weniger effizient und hätte natürlich schlimme Folgen für diejenigen, die nicht auf solche Unterstützung zählen können.

Die Zuordnung des Finanzwesens zum Privatsektor verschleiert die enge Verbindung zwischen Finanzwirtschaft und staatlicher Macht. Der Zugriff des Finanzsektors auf die öffentlichen Ressourcen ist temporär. Der Sektor erscheint so lange profitabel, bis er zusammenbricht, und nur dann wird er auf Kosten der Allgemeinheit gerettet. Ob eine solche Rettung erfolgreich ist, hängt davon ab, ob sie zu einem Anstieg der privaten Investitionen führt und die Kosten des Finanzsektors unter Kontrolle gebracht werden, sodass sich die Gewinne in den anderen Sektoren wieder erholen und Arbeitsplätze geschaffen werden. Wenn das Ziel der Wirtschaftspolitik allein darin besteht, die existierenden Banken am Leben zu erhalten, ist dieser Test gescheitert.

Alles dies macht deutlich, dass weder Marktfundamentalismus noch traditioneller Keynesianismus die Lösung sein kann. Dazu ist ein breiterer, tiefergehender und sorgfältig überlegter Ansatz erforderlich. Die Fixkosten müssen zu sozial akzeptablen und fairen Bedingungen reduziert werden. Dabei gilt es, die Erwartungen hinsichtlich des langfristigen Investitionsklimas zu stabilisieren, vor dem Hintergrund eines realistischen Bilds der zukünftigen Rohstoffpreise und der umweltbedingten Einschränkungen. Dieser Herausforderung müssen sich die Entscheidungsträger in den reichen Ländern stellen.

Die Notwendigkeit einer strategischen Richtung im Finanzwesen und in der Energieversorgung

Was wir brauchen, ist eine neue *strategische Richtung*, das heißt ein klares und langfristig angelegtes wirtschaftspolitisches Konzept, das von geeigneten Institutionen unterstützt wird. Ein solches Konzept muss zwei Komponenten haben:

die Umstrukturierung des Finanzsektors und erhöhte Aufmerksamkeit für das Rohstoffproblem und den Klimawandel. Beide Komponenten würden Arbeitsplätze schaffen und ein Wachstum fördern, von dem alle profitieren.

Der Finanzsektor sollte verkleinert und der Wettbewerb innerhalb des Finanzwesens erhöht werden. Die für gesetzeswidrige Finanzgeschäfte Verantwortlichen sollten vor Gericht gebracht werden. Den Verbindungen des Finanzsektors zur politischen Macht – in Form von Parteienfinanzierung, Lobbyismus und dem Pendeln von Führungskräften zwischen Finanzwirtschaft und Regierungsapparat – sollte ein Riegel vorgeschoben werden. Dafür gibt es Präzedenzfälle, das Problem ist nicht neu. Reformen, vergleichbar mit denen, die in den 1930er Jahren in den USA und nach dem Zweiten Weltkrieg in Europa durchgeführt wurden, sind jetzt wieder dringend notwendig. Dies ist einer der wichtigsten Aspekte der politischen Ökonomie: Die heutige Größe der Banken und die Konzentration im Bankensektor gehen unweigerlich einher mit der Konzentration von Macht, und das bedeutet die Aushöhlung des demokratischen Staates. Schon Adam Smith schrieb: »Reichtum ist Macht, wie Mr. Hobbes sagt.«

Eine andere Herausforderung besteht darin, die komplexe und undurchsichtige Welt der Finanzderivate, die im Informationszeitalter extrem schwer zu regulieren ist, unter Kontrolle zu bringen. Es ist offensichtlich, dass man diese Art von Finanzinstrumenten nicht braucht. Die Welt kam bis vor 20 Jahren auch ohne sie gut zurecht. Außerdem lässt sich leicht nachweisen, dass sie nicht das tun, was ihre Befürworter behaupten, und dass sie die Gesellschaft als Ganzes mehr kosten, als sie wert sind. Wie Minsky hervorgehoben hat, liegt der Hauptgrund für Finanzinnovationen im Bemühen, die Regulierung zu umgehen. Daher muss es Aufgabe des Staates sein, die Regulierung der Finanzmärkte immer weiter zu verbessern.

Für dieses Problem muss dringend eine Lösung gefunden werden. Vielleicht besteht der richtige Ansatz einfach darin, bei der Durchführung von Wetten mit Finanzderivaten keinen staatlichen Rechtsschutz mehr zu gewähren. Sobald die Gerichte sich weigern, bei der Durchsetzung von Forderungen aus solchen Geschäften zu helfen, könnte der Markt sich auflösen.

Der Umgang mit Energie und der Schutz der natürlichen Umwelt sind weitere fundamentale Herausforderungen dieser Epoche. Da Alternativen zur Energiegewinnung begrenzt sind und da eine Ausweitung von Energiequellen mit hoher Kohlenstoffemission ohnehin langfristig untragbar ist, geht es hier in erster Linie um Energieeinsparung und Abfallvermeidung. In diesem Bereich gibt es einen großen Handlungsspielraum. Energiepolitik ist aber auch eine Frage der Regulierung und Überwachung der Märkte für Termingeschäfte mit Rohstoffen (»commodity futures«) sowie der Preisstabilisierung durch Ausgleichslager; beides würde erheblich zur Stabilisierung des Wirtschaftsklimas beitragen. Um die dafür erforderliche politische Akzeptanz zu erreichen, sind Investitionen erforderlich, die das Energiesparen erleichtern, ohne den erreichten Lebensstandard wesentlich einzuschränken.

Jede Volkswirtschaft, die sich dieser Herausforderung stellt, steht vor einem komplexen Abstimmungsproblem, das einen unabhängigen, sorgfältigen Planungsprozess und umfangreiche Infrastrukturinvestitionen erfordert. Auf internationaler Ebene und im Verhältnis zwischen Industrie- und Entwicklungsländern ist diplomatisches Geschick gefragt. Internationale Verhandlungen zu diesen Themen erfordern gegenseitiges Verständnis und Vertrauen. Natürlich bleibt offen, ob solche Verhandlungen den erhofften Erfolg bringen, aber es wäre bereits ein Hoffnungsschimmer, wenn sich internationale Organisationen wie die OECD von überkommenen Vorstellungen lösen und einen unvoreingenommenen Blick auf die neue Herausforderung werfen würden.

Und wie steht es um die öffentlichen Defizite und die Staatsverschuldung? Hier besteht die Aufgabe darin, ein grundsätzliches Umdenken einzuleiten. Für einen Politiker sind öffentliche Schulden und Defizite ein echtes Problem: jeder, der mit Politik zu tun hat, sei es in den USA auf lokaler oder bundesstaatlicher Ebene oder im Europa der Maastricht-Verträge, »weiß«, dass Staatshaushalte ausgeglichen zu sein haben und dass öffentliche Schulden innerhalb enger Grenzen zu halten sind. Man glaubt das zu »wissen«, weil es eine Tatsache der verfassungsgemäßen Ordnung und des politischen Lebens ist. Dieses Wissen wird dadurch gestärkt, dass es von vielen Wirtschaftsexperten wiederholt wird, was aber keineswegs bedeutet, dass es richtig ist.

Die Bedingungen, unter denen öffentliche Verschuldung tragbar (oder wie auch oft gesagt wird: »nachhaltig«) ist oder nicht, ist ein Thema für ein anderes Papier.[8] Die Antwort hängt nicht nur, aber vor allem, von den institutionellen Gegebenheiten ab: Schulden sind in der Regel tragbar, wenn sie von einem Staat in seiner eigenen Währung ausgegeben werden; eine Gefahr besteht allerdings dann, wenn sie von einem Staat in einer fremden Währung oder in einer Währung, die er nicht kontrollieren kann, ausgegeben werden. Der erste Fall erklärt, warum die langfristigen Zinsen in Japan, den USA und anderen großen Ländern auf solch ein extrem niedriges Niveau gefallen sind. Der zweite erklärt, warum die Staaten in Lateinamerika dazu übergegangen sind, Schulden in Fremdwährungen zu vermeiden; und der dritte Fall ist die Essenz der Eurokrise.

Um eine neue strategische Vision umsetzen zu können, muss der Welt also zunächst einmal klargemacht werden, dass es einen Unterschied gibt zwischen *materieller Nachhaltigkeit*, deren Erreichen eine dringende Herausforderung ist, und der Idee der *Nachhaltigkeit der öffentlichen Verschuldung*, die (im Kern) eine Verschleierung und ein Ablenkungsmanöver ist.

Für ein besseres Leben

Eine drängende Frage bleibt: Wie kann man in schwierigen Zeiten die Lebensbedingungen der Menschen verbessern? Die Krise hat stattgefunden; man kann sie nicht ungeschehen machen. In der Folge sind nun Reformen, Anpassungen und eine Reduktion fixer Kosten – im öffentlichen und im privaten Sektor – unumgänglich. Angesichts der Auswirkungen der Krise sollten die Industrieländer aktiv daran gehen, sich an die Welt anzupassen, wie sie wirklich ist. Aber es gibt Hoffnung: die *menschliche Komponente*. Dabei steht die Verbesserung der Lebensperspektiven derer im Vordergrund, die am stärksten von der Krise betroffen sind, vor allem ältere Arbeitnehmer, die ohne Beschäftigung sind oder vor dem Ausscheiden aus dem Berufsleben stehen, und jugendliche Arbeitslose. Die Stärkung der öffentlichen Sozialversicherungen, die es in den Industrieländern bereits gibt, eine Verbesserung des Schutzes für Familien und des Zugangs zu guter Bildung sowie eine Anhebung der Löhne im Niedriglohnbereich, dies alles wäre nützlich, um das Ziel zu erreichen. Weil die für diese Bereiche zuständigen Institutionen relativ effizient sind, würden diese Maßnahmen die materiellen fixen Lebenshaltungskosten nicht erhöhen und könnten sie sogar senken. Weil sie Schlüsselelemente eines fairen und akzeptablen Sozialpakts sind, können sie darüber hinaus den notwendigen Ausgleich liefern für Einschränkungen des laufenden Konsums, die sich zwangsläufig aus der Verlagerung von Ressourcen auf Investitionen und Bemühungen um den Umweltschutz ergeben. Mit anderen Worten: Die Industrieländer können ihrer Bevölkerung Stabilität und Sicherheit als Ausgleich für Veränderungen im materiellen Bereich bieten, und sie sollten es auch tun. Das ist genau das Gegenteil der Wirtschaftspolitik der letzten 30 Jahre, die darauf hinauslief, die Hinnahme von Instabilität und Unsicherheit mit wachsendem Konsum zu belohnen.[9]

Ein ähnliches Argument zielt ganz allgemein auf eine Verbesserung der Einkommensverteilung. Es lässt sich zeigen, dass sich eine gleichmäßigere Einkommensstruktur (bis zu einem gewissen Punkt) günstig auf die Beschäftigung auswirkt,[10] das heißt, eine Verringerung der Ungleichheit in der Lohnstruktur kann zu höherer ökonomischer Effizienz (durch bessere Nutzung menschlicher Ressourcen) und auch zur Wettbewerbsfähigkeit beitragen. In den skandinavischen Ländern wurde dies bereits verstanden; seit Jahrzehnten baut die wirtschaftliche Entwicklung dieser Länder auf dieser Erkenntnis auf. In Europa besteht die Herausforderung darin, gesamtwirtschaftlich sinnvolle egalitäre Strukturen von der nationalen auf die Ebene der EU auszudehnen und so die riesigen Ungleichheiten, die zwischen den europäischen Volkswirtschaften bestehen, langsam zu verringern.

In den USA sind interregionale Ungleichheiten in den letzten 70 Jahren durch institutionalisierte Programme wie *New Deal* und *Great Society* stark reduziert worden. Heute geht es dort darum, effektive und kostengünstige Wege zu finden, um gesellschaftlichen Stress abzubauen und sich an die Realitäten einer Welt nach der Krise anzupassen. Dazu beitragen könnten Maßnahmen wie das »right-to-rent«, das heißt das Recht, in seinem Haus (oder seiner Wohnung) nach einer Zwangsvollstreckung weiter zur Miete zu wohnen, und eine Erhöhung des Mindestlohns.[11] Das Gleiche gilt für die Schaffung der Möglichkeit einer Frühverrentung und des Zugangs zur allgemeinen Krankenversicherung für die heutige Generation älterer Arbeiter, die so Arbeitsplätze für jüngere Arbeiter frei machen könnten. Analoge Maßnahmen in Europa wären die Einführung einer Arbeitslosenversicherung auf EU-Ebene, die Schaffung eines gemeinschaftlichen Rentensystems (das heißt eines Systems, das europaweit einen gemeinsamen Mindeststandard für den Ruhestand sichert) und ein gemeinschaftliches System von Lohnsubventionen nach dem Vorbild des »Earned Income Tax Credit« in den USA.

In einer unsicheren Welt mit hohen Rohstoffkosten sind Anpassungen unvermeidlich. Aber wer der Ansicht ist, dass die Anpassungskosten hauptsächlich von den unteren und mittleren Einkommensschichten getragen werden sollten (durch Einschnitte bei den Renten, in der Gesundheitsversorgung, im Bildungssystem und bei der öffentlichen Infrastruktur), der muss erkennen, dass die Betroffenen früher oder später reagieren werden. Sozialer Aufruhr ist möglich. Aber ein Rückgang der Geburtenrate ist sicher. Dies ist bei weitem der einfachste Weg, um den Lebensstandard bei steigenden Lebenshaltungskosten zu halten. In vielen Ländern mit hohem Energieverbrauch hat der Übergang von einer hohen Geburtenrate zu Zeiten niedriger Lebenshaltungskosten (in den 1950er und 1960er Jahren) zu einer niedrigen Geburtenrate in einer Zeit hoher Lebenshaltungskosten (nach den 1970er Jahren) bereits stattgefunden. Diese Entwicklung wird sich verstärkt fortsetzen, wenn und in dem Maße wie die soziale Sicherung gekürzt wird.

Die hier vorgetragenen Ideen sind unkonventionell, aber darum genau geht es. Sie stehen im Einklang mit einer konsistenten Denkweise – einem Paradigma, das den Strom von Ressourcen, umweltbedingte Einschränkungen und die Vertrauenswürdigkeit der Institutionen in die Wirtschaftspolitik integriert und deren Implikationen für den Normalbürger, der das letzte Wort haben wird, berücksichtigt. Diese Dimension ist im ökonomischen Denken bisher zu kurz gekommen; sie muss aber unbedingt die notwendige Beachtung finden, wenn wir wieder nachhaltigen Wohlstand für alle sichern wollen.

Heiner Flassbeck

Der Arbeitsmarkt und die wirtschaftliche Entwicklung

»Autoren in der klassischen Tradition kommen auf der Basis ihrer Annahmen unvermeidlich zu der perfekt logischen Schlussfolgerung, dass Arbeitslosigkeit … im Grunde der Weigerung der Arbeitslosen zuzuschreiben ist, eine Entlohnung zu akzeptieren, die ihrer marginalen Produktivität entspricht. Sie übersehen, dass ihrer Theorie spezielle Annahmen zugrunde liegen. Ein klassischer Ökonom mag mit der Arbeitnehmerschaft sympathisieren, wenn diese sich weigert, eine, wenn auch nur temporäre, Kürzung ihrer Entlohnung zu akzeptieren, und er wird zugeben, dass es vielleicht nicht klug ist, wenn man die Arbeitnehmer dazu bringt, dies zu akzeptieren. Die wissenschaftliche Integrität zwingt ihn indes, deutlich zu machen, dass diese Weigerung gleichwohl die Wurzel des Übels ist.«

(J. M. Keynes, *Allgemeine Theorie*, meine Übersetzung)

Einleitung[1]

»Flexibilität des Arbeitsmarktes« ist der Kern des Glaubens an die »strukturellen Anpassungen«, der nach der Finanzkrise von 2008 den Ländern, die in Schwierigkeiten geraten sind, gepredigt wird. Flexibilität des Arbeitsmarktes war auch die Kernbotschaft der neoliberalen Revolution, die den Wohlfahrtsstaat und gleichzeitig auch den Keynesianismus beiseitefegte, als die Arbeitslosigkeit während der 1970er Jahre des letzten Jahrhunderts anstieg. Manchmal wird sogar explizit argumentiert, dass die Globalisierung oder die technologische Entwicklung eine größere Flexibilität der Löhne erfordere, da die Arbeitnehmer in den industrialisierten Ländern durch niedrigere Löhne in Entwicklungsländern oder durch arbeitssparende Technologien unter Druck geraten.

Sieht man jedoch näher hin, zeigt sich, dass es weder eine allgemeine Erklärung wie mangelnde Flexibilität für hohe Arbeitslosigkeit gibt, noch dass internationale oder strukturelle Veränderungen systematisch eine Umverteilung des Einkommens zugunsten der Reichen erfordern. Es gibt weder natürliche noch unvermeidliche Kräfte, die eine moderne Gesellschaft dazu zwingen könnten, eine durch zunehmende »Flexibilität auf dem Arbeitsmarkt« verursachte zunehmende Ungleichheit in der Einkommensverteilung zu tolerieren. Der Glaube, nur ein extrem ungleiches Ergebnis des Marktprozesses sei in einer Welt mit hoher Arbeitslosigkeit und rasantem Strukturwandel ein effizientes Ergebnis, ist die Folge einer Missinterpretation des Prozesses in Marktwirtschaften, der Entwicklung hervorbringt. Es ist eine bestimmte ökonomische Theorie, die man den neoliberalen oder neoklassischen Mainstream nennt, aber nicht eine gegebene ökonomische Realität, die »Flexibilität und steigende Ungleichheit« zu einer »normalen« Folge der Produktion unseres Einkommens mit immer mehr Kapital macht. Auch gibt es keine »normalen« oder »natürlichen« Folgen der Globalisierung, die diese Art von Anpassung der Arbeitnehmer erzwingen würden. Nur ein besseres Verständnis davon, wie sich Marktwirtschaft in der Zeit entwickelt, kann helfen, die Konflikte aufzuheben und den Weg frei zu machen für eine wirtschaftliche Entwicklung, die mehr Gleichheit und mehr Effizienz ohne Konflikte ermöglicht.

Man darf die Wirkung jahrzehntelanger Beeinflussung durch die herrschende Lehre nicht unterschätzen. Der ökonomische Mainstream hat sich tief in unser Verständnis von Entwicklung eingegraben. Das zeigt beispielsweise die Tatsache, dass es zwar einerseits mehr und mehr kritische Diskussionen über die zunehmende Ungleichheit gibt, andererseits aber die »strukturellen Anpassungen«, die vom Mainstream vorgeschlagen und durchgesetzt werden, um Finanzkrisen zu überwinden, wieder auf Lohnkürzungen basieren und damit auf der Vorstellung, man könne die Investitionstätigkeit einer Volkswirtschaft durch steigende Ungleichheit fördern. Dieses Handlungsmuster war dominierend für die wirtschaftliche Entwicklung in den letzten drei Jahrzehnten und es erklärt einen Großteil der Ungleichheit und der Arbeitslosigkeit. Die gegen die Arbeitslosigkeit verschriebene und verabreichte Medizin der »Flexibilität« hat die Krankheit der Ungleichheit verschlimmert, ohne die Arbeitslosigkeit heilen zu können. Deshalb reicht es nicht aus, alte Theorien wieder neu aufzupolieren. Nur ein neuer theoretischer Ansatz und eine vollständig andere Therapie können eine wirkliche Besserung bringen.

Eine einfache Geschichte von Angebot und Nachfrage

Stellen wir uns einen Markt vor, wo eines Tages kein den Markt räumender Preis gefunden wird und stattdessen am Ende des Handelstags ein riesiger Angebotsüberschuss übrigbleibt. Ohne weitere Informationen würde ein gut ausgebildeter Ökonom folgern, dass aufgrund eines bestimmten Schocks die Preise am Vortag gestiegen waren, sodass es zu den gestiegenen Preisen nicht genug Nachfrage gab, um das Angebot voll aufzubrauchen. Ausgestattet mit der Information, dass an all den Tagen vor dem Schock die Preise tatsächlich sanken, würde der Ökonom folgern, dass etwas Ungewöhnliches passiert sei: Aus irgendeinem Grund war das Angebot gestiegen oder die Nachfrage nach dem Gut an jenem Tag zusammengebrochen, und die Preise waren nicht flexibel genug, um dies auszugleichen. Welche Kräfte können das Angebot von einem Tag auf den andern nach oben oder die Nachfrage nach unten getrieben haben? Wenn man herausfindet, dass das Angebot sich auf diesem Markt kaum verändert hat, würde der Ökonom folgern, dass nur ein plötzlicher Einbruch der Nachfrage den Angebotsüberschuss hervorgerufen haben kann. Es würde folgern, dass der Rückgang der Nachfrage exogene Gründe haben muss, was bedeutet, dass die Gründe außerhalb des Marktes selbst liegen, wenn die Preise auf diesem spezifischen Markt in den Tagen vor dem Nachfrageschock nie zu hoch waren, um Gleichgewicht zu verhindern. Trotzdem wäre der Ökonom zuversichtlich, dass ein weiteres Sinken der Preise den Markt wieder ins Gleichgewicht bringen würde, auch wenn er zugeben müsste, dass die Produzenten auf dem Markt für ein Ereignis leiden mussten, das sie nicht zu verantworten hatten.

Nehmen wir an, um die Geschichte etwas lebendiger zu machen, dass es hier nur um zwei Märkte geht, dem für Brot und dem für Fleisch, wobei sich der Schock auf dem Fleischmarkt ereignet. Nehmen wir weiterhin an, der Ausfall der Nachfrage nach Fleisch sei ausgelöst worden durch ein Gerücht in den Reihen der Bäcker, das Fleisch der Metzger sei mit Bakterien belastet, mit der Folge, dass sie ihren Fleischkonsum drastisch drosseln. Wenn nun die Marktkräfte wirken und der Preis für Fleisch deutlich unter das Niveau, das es vorher hatte, sinkt, wird sich die Nachfrage nach Fleisch nicht unmittelbar erholen, sondern es wird sich zunächst das Einkommen der Metzger vermindern. In der Folge müssen die Fleischproduzenten ihre Nachfrage nach Gütern von anderen Märkten einschränken. Wenn Brot ihr wichtigstes Konsumgut ist, werden sie ihre Nachfrage nach Brot am nächsten Tag reduzieren. Bei flexiblen Preisen wird der Preis für Brot auf ein Niveau fallen, wo die Nachfrage der Metzger wiederhergestellt ist. Die Bäcker werden nun ein geringeres Einkommen haben als vorher, sodass sie gezwungen sind, weniger Fleisch zu kaufen als vor dem Schock, selbst wenn sich das Gerücht über die Bakterien im Fleisch als haltlos erweist. Zweifellos werden beide, Bäcker und Metzger, ein neues Gleichgewicht finden, aber das wird auf einem viel niedrigeren Produktionsniveau liegen und sie werden ein viel geringeres Einkommen als vorher haben. Wenn es keinen neuen Schock in die Gegenrichtung gibt oder keine Intervention von außerhalb des Marktes, werden sie auf diesem niedrigen Niveau verharren, selbst wenn sie mit der Zeit verstehen, was passiert ist.

Ein gut ausgebildeter Ökonom versteht sofort, was an dieser Geschichte falsch ist. Er wird auf die Tatsache hinweisen, dass in der realen Welt die Metzger, wenn sie die Preise senken, normalerweise schnell andere Kunden finden, die bereit sind, bei dem niedrigen Preis mehr Fleisch zu kaufen und zu essen. Bei Preiselastizität der Nachfrage von etwa eins würden sie den Absturz der Preise voll kompensieren durch einen Anstieg der Menge, die sie produzieren und verkaufen, wobei ihr Umsatz und vermutlich auch ihr Einkommen unverändert bliebe. Wenn dann die Bäcker als Kunden auf den Markt zurückkehren, würde sich schließlich das alte Gleichgewicht bei höheren Preisen und geringeren Mengen wieder einstellen. Der Ökonom würde argumentieren, dass der traditionelle Angebots- und Nachfrageapparat nur dann erfolgreich angewendet werden kann, wenn Nachfrage- und Angebotskurven für jedes Produkt unabhängig sind. Er würde daher darauf beharren, dass dieser Fall die reale Welt mit vielen Marktteilnehmern viel besser repräsentiert als das obige Beispiel, wo das Angebot beider Produzenten nicht unabhängig ist von der Nachfrage. Dass die Bäcker weniger Fleisch nachfragen und die Metzger, konfrontiert mit fallenden Einkommen, geringere Mengen Brot von den Bäckereien nachfragen, ist ein Spezialfall, der nicht den Bedingungen in der Gesamtwirtschaft entspricht.

Das ist vollkommen richtig. Nur wenn wir ein einzelnes Produkt finden würden, dessen Angebots- und Nachfragekurven nicht unabhängig voneinander wären, wo also ein Preisrückgang für dieses Produkt die Nachfrage nach allen anderen Güter zur selben Zeit beeinträchtigte, könnten wir berechtigterweise annehmen, dass die Gesamtwirtschaft durch flexible Preise bei diesem Produkt destabilisiert werden kann, weil Angebots- und Nachfrageapparat nicht wie üblicherweise erwartet funktionieren können.

Und in der Tat, dieses Produkt existiert. Es gibt dieses eine Produkt, das bei der Produktion aller Güter einer Volkswirtschaft nachgefragt wird und dessen Einkommen die Nachfrage nach jedem anderen Gut oder jeder Dienstleistung in einer modernen Gesellschaft beeinflusst. Dieses Produkt ist Arbeit. Arbeit wird nachgefragt, um jede Art von Angebot in der Gesamtwirtschaft zu produzieren, und die Nachfrage von Arbeit wird gebraucht, um das Angebot zu verkaufen und den ganzen Vorgang ökonomisch durchführbar zu machen. Der Preis, den Arbeit (in Form von Löhnen und Gehältern) als Produktionsfaktor erhält, ist nicht unabhängig vom Einkommen der Arbeiter, also deren finanziellen Möglichkeiten, die Ergebnisse des Produktionsprozesses zu kaufen, der aus der Kombination von Arbeit und Kapital entstanden ist.

Stellen wir uns eine Welt vor, in der wegen eines Schocks, der seinen Ursprung nicht auf dem Arbeitsmarkt hat, die Arbeitslosigkeit steigt. Der Angebotsüberschuss an Arbeit würde einen Druck nach unten auf den Preis für Arbeit ausüben und würde es den Unternehmen ermöglichen, die Löhne und Gehälter zu senken. Bei fallenden Löhnen, aber hoher Arbeitslosigkeit würde die Nachfrage nach den meisten Produkten dieser Wirtschaft sofort fallen und dies würde weiter die Bereitschaft der Unternehmen senken, Arbeitnehmer – trotz niedriger oder fallender Löhne – einzustellen. Das traditionelle Rezept, dass Arbeitnehmer versuchen, sich über den Preis wieder zurück in den Markt zu bringen (to price themselves back into the market), indem sie also Lohnsenkungen akzeptieren, kann nicht funktionieren, wenn niedrigere Löhne die Gesamtnachfrage vermindern. Nur wenn die Gesamtnachfrage durch die Fiskalpolitik (oder andere exogene Faktoren) steigt, gibt es bei einer Lohnsenkungsoperation vielleicht die Chance, eine Destabilisierung der Gesamtwirtschaft zu vermeiden.

Man kann nun argumentieren, dass die Wahrscheinlichkeit eines globalen Schocks, der die Arbeitslosigkeit auch bei niedrigen Löhnen signifikant erhöht, äußerst gering ist. Nun, das mag höchst unwahrscheinlich sein, aber es ist genau das, was in den Industrieländern als Auswirkung der Großen Rezession nach der Finanzkrise 2008 eingetreten ist. Trotz des niedrigsten Anteils der Löhne im BIP seit dem Zweiten Weltkrieg in allen Industrieländern ist die Arbeitslosigkeit nach der Finanzkrise 2008/2009 auf 9 Prozent hochgeschnellt, das ist das höchste Niveau in der Geschichte der letzten 60 Jahre.

Seit Beginn der »Großen Rezession« im Jahr 2009 ist die Arbeitslosigkeit wieder das vordringlichste wirtschaftliche Problem für die Weltwirtschaft geworden. Ginge es nach der neoklassischen Theorie, hätte das niemals passieren dürfen.

Schaubild 1 **Zu hohe Löhne als Ursache der aktuellen Arbeitslosigkeit in den Industrieländern?**[1]

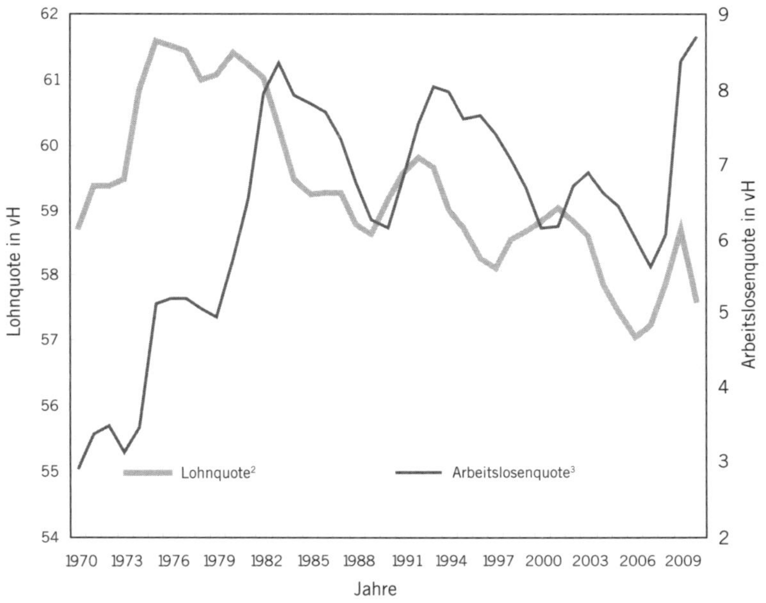

1 ohne osteuropäische Länder

2 Arbeitseinkommen der abhängig Beschäftigten in vH des Bruttoinlandsprodukts

3 Zahl der Arbeitslosen in vH der Erwerbspesonen

Quelle: Berechnungen der UNCTAD auf Basis der Daten von OECD, EU-Kommission, Bureau of Labour Statistics und ILO; vgl. Trade and Development Report 2012, Chart 6.1

Die Tatsache, dass unmittelbar vor dem neuen sprunghaften Anstieg der Arbeitslosigkeit der Lohnanteil am BIP (die Lohnquote) extrem gering war, widerlegt eindrucksvoll die Vorstellung, dass Löhne ausschließlich der Preis auf dem Arbeitsmarkt sind, der Preis also, der Angebot und Nachfrage an diesem Markt im Gleichgewicht hält. Wenn die Arbeitslosigkeit auf ein höheres Niveau steigt als in allen anderen Rezessionen in den letzten 30 Jahren, obwohl die Löhne niedriger sind als jemals zuvor in diesem Zeitraum, dann beweist dies, dass mit der zugrundeliegenden Theorie etwas falsch sein muss.

Reallöhne determinieren nicht die Beschäftigung

Mit dem starken Anstieg der Lohnquote in den 1970er Jahren bei gleichzeitig fallender Beschäftigung und hochschnellender Arbeitslosigkeit war wieder ein ökonomisches Modell populär geworden, das bereits in den Jahren nach 1920 »Mainstream« war. In diesem Modell ist die Weigerung der Arbeitnehmer, sinkende Löhne bei veränderten Bedingungen für die Unternehmen zu akzeptieren, das Grundübel des marktwirtschaftlichen Systems und die entscheidende Ursache für Arbeitslosigkeit. Demzufolge wurde der zu geringen Ungleichheit und dem Widerstand der Gewerkschaften gegen Lohnsenkungen die Hauptschuld an dem neuen und anhaltenden Problem der Arbeitslosigkeit zugeschoben.

Unter den internationalen Institutionen war es in erster Linie die OECD, die den neuen (alten) Ansatz favorisierte. In der berühmten *Jobs Study* von 1994 beschreibt die Organisation den Mechanismus, der zu besseren Resultaten auf dem Arbeitsmarkt führen soll, wie folgt: »Der Anpassungsprozess selbst hängt ab vom Zusammenspiel der unternehmerischen Nachfrage nach Arbeit, die in einer negativen Beziehung zum Niveau der Reallöhne steht, und dem Wunsch nach Beschäftigung, der in einer positiven Beziehung zum Niveau der Reallöhne steht. Im Prinzip gibt es ein Reallohnniveau … das sicherstellt, dass alle, die zu diesem

Lohn arbeiten wollen, auch Beschäftigung finden.« Und an anderer Stelle heißt es: »Gleichgewicht auf dem Arbeitsmarkt erfordert zusätzlich zu einer negativen Relation zwischen Arbeits-Nachfrage und Arbeits-Kosten, dass die Löhne auf Marktbedingungen reagieren: eine Flaute auf dem Arbeitsmarkt übt einen Druck nach unten auf die Reallöhne aus und umgekehrt.« (Teil II, S. 3)

Letzteres ist ein entscheidender Punkt: Welche Gründe es auch immer für einen Anstieg der Arbeitslosigkeit gibt, es kann keinen Zweifel daran geben, dass eine große Zahl arbeitsloser Arbeitnehmer einen enormen Druck auf die Löhne ausübt, denn die Machtbalance bei den Verhandlungen verschiebt sich zugunsten der Arbeitgeber. Von Arbeitslosigkeit bedrohte Arbeitnehmer sind normalerweise bereit, ihren Anteil an der Produktivitätssteigerung zu opfern oder sogar auf ein Teil ihres vorher erzielten Einkommens zu verzichten. Auf diese Weise versuchen sie, ihre Arbeitsplätze zu sichern. Was nach dem traditionellen Ansatz als Bestätigung für das gute Funktionieren der Marktkräfte erscheint, ist jedoch ein destabilisierender Faktor für die Gesamtwirtschaft. Während man bei jedem normalen Markt erwarten kann, dass ein Angebotsüberschuss ein Sinken der Preise und eine Belebung der Nachfrage zur Folge hat, schafft der Preissturz beim Arbeitsmarkt ein neues Problem.

Nehmen wir das Beispiel der USA. Dort sind die Löhne vor der Krise viele Jahre lang hinter der Produktivität zurückgeblieben und der mittlere Lohn für Arbeitnehmer hat sich über Jahrzehnte hinweg nicht erhöht. In den Krisenjahren 2008 und 2009 stieg die Arbeitslosigkeit mindestens so stark an wie in früheren Rezessionen und sie scheint nach dem Erreichen der Talsohle der Rezession hartnäckiger anzudauern als je zuvor. Wenn aber Arbeitslosigkeit so stark ansteigen kann, obwohl die Reallöhne jahrelang hinter der Produktivität zurückgeblieben sind, ist der einfache Marktzusammenhang zwischen Reallöhnen und Beschäftigung schlichtweg nicht gegeben. Das bedeutet, es ist nicht gewährleistet, dass niedrigere Löhne zu höherer Beschäftigung und geringerer Arbeitslosigkeit führen. Heute gibt es weitverbreitete Zweifel daran, ob in Ländern mit schwacher Erholung wie den USA Lohnkürzungen die Situation verbessern könnten oder ob sie nicht vielmehr kontraproduktiv wären. Würden Unternehmen nicht ihre Produktion weiter nach unten anpassen, wenn der erste Effekt eines Absenkens der Nominallöhne zu einem Nachfragerückgang der meisten privaten Haushalte führen und ein Rückgang der Nachfrage der Privathaushalte eine Verminderung ihrer Kapazitätsauslastung bedeuten würde?

Der entscheidende Punkt ist die Abfolge der Ereignisse. Ökonomen neigen dazu, das Ergebnis einer Lohnanpassung nach unten in einer Rezession unter dem Aspekt von gegebenen Angebots- und Nachfragekurven mit normaler Preiselastizität zu betrachten. In der Tat, der feste Glaube an die Logik von normalen Angebots- und Nachfragekurven ist die Basis für die Beurteilung der Arbeitsmärkte und für die Entscheidung in der vitalen Frage, ob ein Arbeitsmarkt flexibel ist oder nicht. In einer Wirtschaft jedoch, die sich in der Zeit unter Bedingungen objektiver Unsicherheit entwickelt (der Zustand der nicht-ergodischen Entwicklung, den Paul Davidson in seinem Beitrag beschreibt), besitzt kein einzelner Spieler Meta-Informationen über den Ausgang von komplexen Prozessen, die es ihm erlauben würden, im Fall von externen oder exogenen Schocks anders zu reagieren als die anderen.

Betrachten wir das Beispiel einer allgemeinen Verringerung der Nominallöhne, die durch eine Rezession und steigende Arbeitslosigkeit ausgelöst wurde. Da private Haushalte dann auch ein Absenken ihrer Realeinkommen erwarten, würden sie sofort dazu übergehen, ihren Konsum einzuschränken, um so eine Verschlechterung ihrer wirtschaftlichen Lage zu vermeiden. Für Arbeitgeber bringen fallende Löhne auf den ersten Blick eine Verbesserung der Situation, weil die Kosten sinken. Wenn aber die sinkende Nachfrage der privaten Haushalte ihre Nachfrage belastet und dadurch zusätzlicher Druck auf die Preise ausgeübt wird, dann sehen sie diese Entspannung mit gemischten Gefühlen. Angesichts des Drucks auf die Preise (was ja wieder steigende Reallöhne bedeuten würde) und sinkender Nachfrage in der Rezession, wird ein normales Unternehmen sich mit strategischen Entscheidungen bezüglich der weiteren Verwendung von Arbeit und Kapital zurückhalten. Zu erwarten, dass ein normales Unternehmen in dieser Situation einen Restrukturierungsprozess in Angriff nimmt, bei dem Arbeit den Vorzug vor Kapital erhält, so wie es der neoklassische Ansatz der Beschäftigungstheorie vorsieht, ist, gelinde gesagt, naiv.

Dass sinkende Nominallöhne für jedes einzelne Unternehmen ein dauerhaftes Sinken der Reallöhne anzeigen und damit eine dauerhafte Veränderung der relativen Preise von Arbeit und Kapital bedeuten, die die Unternehmen dazu bewegen würde, im Produktionsprozess Kapital vermehrt durch Arbeit zu ersetzen, ist eine reine Fiktion. Dieser Prozess müsste extrem schnell ablaufen und auch noch von allen Firmen zur gleichen Zeit vollzogen werden. Nur ein mehr oder weniger zeitloser Übergang von einer kapitalintensiven zu einer arbeitsintensiven Produktionsstruktur könnte verhindern, dass die Gesamtnachfrage fällt. Sinkende Nachfrage ändert jedoch fundamental die Bedingungen, unter denen die Unternehmen sich an die Änderung der relativen Preise der Produktionsfaktoren anpassen. Wenn die Löhne pro Stunde sinken und die Anzahl der gearbeiteten Stunden nicht genau in dem Maß steigt, wie die Löhne sinken, wird die Lohnsumme für die Wirtschaft sinken und, mit sehr hoher Wahrscheinlichkeit, auch fallende Nachfrage mit sich bringen.

Ein ähnliches Argument gilt im Hinblick auf andere, noch weniger durchdachte theoretische Ideen. So wird oft unterstellt, dass bei sinkenden Löhnen einfach eine Verlagerung des Einkommens von den Löhnen hin zu den Gewinnen stattfindet. Eine solche Verlagerung als Folge sinkender Nominallöhne kann jedoch nur unter der Annahme eintreten, dass die Gesamtnachfrage unverändert bleibt. Aber das wird nicht der Fall sein. Wiederum ist die Abfolge der Ereignisse entscheidend. Wenn die Nachfrage unmittelbar nach der Lohnsenkung fällt, ist die erwartete Substitution der sinkenden Löhne durch höhere Profite unmöglich, da das Einkommen sinkt. Nur ein Rückgang der Sparquote der Arbeitnehmer, der privaten Haushalte im Allgemeinen oder größere Defizite des Staates können einen unmittelbaren Nachfragerückgang und den daraus folgenden Absturz der Gewinne verhindern. Diese Analyse gilt offensichtlich nur für geschlossene Ökonomien; sie scheint weniger eindeutig für offene Ökonomien mit einem hohen Exportanteil in der Gesamtnachfrage zu sein.

Tatsächlich könnten die Exporte unter bestimmten Umständen als Reaktion auf Lohnsenkungen steigen und den heimischen Nachfragerückgang ausgleichen. Wenn die Löhne nur in einem Land gesenkt werden, wenn die Produktivitätsentwicklung in diesem Land unverändert ist und wenn es nicht zu einer Aufwertung der Währung dieses Landes kommt, dann kann der Export zulegen. Die Auswirkung auf die Nachfrage insgesamt hängt zwar vom relativen Gewicht der Binnennachfrage im Verhältnis zu den Exporten ab, für sehr offene Volkswirtschaften können die Nettoeffekte aber positiv sein. Die verbesserte Wettbewerbsfähigkeit kann darüber hinaus einen andauernden Effekt auf die Exportnachfrage haben, weil das Land Marktanteile gewinnt und so vom globalen Nachfragewachstum überproportional profitiert. Andererseits kann fortgesetzte reale Abwertung durch Lohnkürzungen den internationalen Handel massiv verzerren und große Zahlungsungleichgewichte schaffen, da sich die Auswirkungen auf die Wettbewerbsfähigkeit akkumulieren und mit der Zeit einen gewaltigen absoluten Wettbewerbsvorteil schaffen.

Je größer jedoch das Land ist und je wichtiger seine Exporte und Importe für die globale Wirtschaft sind, desto weniger wird es eine Politik durchhalten können, bei der Marktanteile durch Lohndumping oder Abwertung gewonnen wurden. Seine Handelspartner werden anfangen zurückzuschlagen, indem auch sie die Löhne kürzen oder eine Abwertung ihrer Wechselkurse erzwingen oder indem sie protektionistische Handelsbarrieren errichten.

Box 1: Das deutsche Wunder

Innerhalb der Europäischen Währungsunion (EWU) hat Deutschland, das größte Land und seit vielen Jahrzehnten die europäische Hochburg für interne und externe Stabilität, den Weg einer isolierten Lohnsenkung gewählt, um die hohe und andauernde Arbeitslosigkeit zu bekämpfen. Nachdem Programme zur Arbeitszeitverkürzung und andere Maßnahmen gescheitert waren und auf diese Weise die Arbeitslosigkeit nicht abgebaut werden konnte, kamen Politiker, Arbeitgeber und Gewerkschaftsführer 1999 zu einer Übereinkunft darüber, die traditionelle Formel, nach der die Nominallöhne wachsen sollten wie das Produktivitätswachstum plus Inflationsziel, aufzugeben. Die Idee war, das Produktivitätswachstum der Wirtschaft »für das Beschäftigungswachstum zu reservieren«.

Die neue deutsche Arbeitsmarktstrategie fiel zeitlich zusammen mit dem Start der EWU und führte innerhalb der ersten Dekade der Währungsunion zu einer gewaltigen Divergenz des Lohnstückkostenwachstums zwischen deren Mitgliedern. Der Anstieg der Lohnstückkosten und Preise in Deutschland blieb in fast allen Jahren unterhalb des gemeinsam vereinbarten Inflationsziels von 2 Prozent. Auf der anderen Seite überstieg in den meisten Ländern Südeuropas das Wachstum der Nominallöhne den Anstieg der nationalen Produktivität und das Inflationsziel der EWU um einen niedrigen, aber stabilen Wert. Frankreich war das einzige Land, das sich perfekt auf dem vereinbarten Pfad für das Ansteigen der Nominallöhne hielt. Die kleine, jährliche Divergenz bei Preisen und Lohnwachstum akkumulierte mit der Zeit zu einer riesigen Lücke bei der Wettbewerbsfähigkeit. Am Ende des ersten Jahrzehnts der EWU war die Kosten- und Preislücke zwischen Deutschland und Südeuropa auf 25 Prozent angewachsen und zwischen Deutschland und Frankreich auf 15 Prozent. Mit anderen Worten, Deutschlands realer Wechselkurs wertete signifikant ab, obwohl es keine nationalen Währungen mehr gab.

Dies hatte eine enorme Auswirkung auf die Handelsströme. Der deutsche Export florierte und die Importe verringerten sich. Südeuropa und Frankreich mussten ein immer größer werdendes Handels- und Leistungsbilanzdefizit hinnehmen. Während der Handel zu Beginn der Währungsunion und in den vielen Jahren zuvor ziemlich ausgeglichen war, markierte die erste Dekade des EWU-Marktes eine Periode dramatisch steigender Ungleichgewichte. Sogar nach dem Schock der Finanzkrise und ihren verheerenden Auswirkungen auf den Welthandel, wovon Deutschland mehr als andere betroffen war, kletterte der globale deutsche Überschuss schnell wieder zurück auf über 170 Milliarden Euro pro Jahr und 80 Milliarden gegenüber den anderen EWU-Ländern.

Andererseits führen die tiefe Rezession und die Sparprogramme in den Defizitländern mittlerweile dazu, die sichtbaren Defizite zu reduzieren. Das Problem ist, dass sie nicht schnell zu einer fundamentalen Umkehr der Wettbewerbsfähigkeit führen und dass in den Ländern gleichzeitig die Stimuli fehlen, um das Wachstum wiederzubeleben. Die Lektion ist einfach: Absolute und sich aufkumulierende Vorteile eines Landes gegen eine Gruppe ähnlicher Länder sind unhaltbar. Eine riesige Lücke der Wettbewerbsfähigkeit muss früher oder später geschlossen werden. Bleibt eine solche Lücke bestehen, entsteht früher oder später Unsicherheit aufseiten der Kreditgeber und das endet mit einem Ansteigen der Zinsen. Da die Rückzahlung von Schulden in letzter Konsequenz immer eine Rückzahlung in Form von Gütern sein muss, ist eine Situation, in der es keine Perspektive dazu gibt, vollkommen unhaltbar. Folglich muss der Schuldner die Chance haben, Leistungsbilanzüberschüsse zu erzielen. Wenn die Gläubiger ihre Überschusspositionen mit allen Mitteln verteidigen, ist die Zahlungsunfähigkeit der Schuldner unvermeidlich.

Das Muster, das Deutschland in seiner Strategie nutzte, war an das Wettbewerbsverhalten zwischen Unternehmen angelehnt. Das aber führt in die Irre. Die Bedingungen für einen Wettbewerb zwischen Unternehmen sind völlig andere als die zwischen Ländern. Insbesondere gilt das für Länder mit unabhängigen Währungen. Unternehmen, die höhere Produktivität durch Innovationen und neue Produkte erzielen können, produzieren in der Regel zu niedrigeren Lohnstückkosten als ihre Konkurrenten und können deswegen die Preise relativ senken.

Auf der Ebene von Ländern kann man diesen Mechanismus allerdings nicht anwenden, denn die Löhne werden normalerweise innerhalb der Landesgrenzen festgelegt. In einer Welt mit nationalen Währungen und nationaler Geldpolitik würde ein Land, das seine Güter zu einem viel niedrigeren Preis anbietet, Marktanteile gewinnen und riesige Handels- und Leistungsbilanzüberschüsse anhäufen. Der politische Druck zur Anpassung der Löhne und Preise in internationaler Währung würde steigen, und früher oder später wäre das Land also gezwungen, seine Löhne, gemessen in internationaler Währung, durch eine Aufwertung seiner Währung anzupassen.

In einer Währungsunion legen die Mitgliedsländer explizit oder implizit fest, dass sie nicht den Weg der Deflation oder der Inflation (Nominallohnwachstum über/unter nationaler Produktivität plus das gemeinsam vereinbarte Inflationsziel) gehen werden. Bei einem Inflationsziel nahe 2 Prozent (wie in der EWU durch einen Beschluss der EZB festgelegt) bedeutete das implizit die Festlegung, dass Nominallöhne nicht mehr steigen sollten als die nationale Produktivität plus 2 Prozent. Dies bedeutet, dass von jedem Land erwartet wurde, dass es seine Produktivitätssteigerung tatsächlich verbraucht –

seien es 1 Prozent wie in Deutschland oder 2 Prozent wie in Griechenland –, nämlich in Form von Reallohnsteigerung oder kürzerer Arbeitszeit oder beidem. Wenn ein Mitglied davon nach oben oder unten abweicht, schafft das eine unhaltbare Situation.

Eines ist sicher, der deutsche Versuch, sich durch niedrige Lohnsteigerungen eine günstige Wettbewerbsposition zu verschaffen, war insgesamt gesehen nicht erfolgreich. In Deutschland zerstörte es die Dynamik des Binnenmarktes und in Europa provozierte es eine Spaltung des Binnenmarktes. Die Handelspartner müssen sich gegenüber Deutschland zur Wehr setzen, wenn sie wirtschaftlich überleben wollen. Während die deutschen Exporte kurze Zeit nach dem Beginn der EWU explodierten, blieb die Binnennachfrage genauso flach wie die Reallohnentwicklung. Letzteres zeigt vollkommen klar, dass der neoklassische Zusammenhang, der auf der Substitution des Kapitals durch Arbeit und steigende Beschäftigung basiert, falsch ist. Hätte dieser Nexus Gültigkeit, dann hätte die Lohnsumme der Arbeitnehmer in gleichem Maße wie die Produktivität steigen müssen. Die Tatsache, dass die Reallöhne und die Einkommen der Arbeitnehmer seit Beginn des Experiments mehr oder weniger konstant geblieben sind, beweist klar, dass der Substitutionsmechanismus niemals funktionierte, sondern dass der temporäre Erfolg des Experiments nur in der einmaligen historischen Situation einer Währungsunion möglich war und wegen der Ignoranz der Partner im ersten Jahrzehnt der EWU.

Insgesamt gesehen war das Ergebnis des deutschen Experiments katastrophal für Südeuropa und Frankreich, denn sie verloren internationale Marktanteile, ohne eine Chance zu haben, den deutschen Angriff abzuwehren. Solange sich die deutschen Wirtschaftspolitiker weigern, die Mechanismen umzukehren, also für Deutschland in Richtung wesentlich höherer Löhne zu gehen, sind die Defizitländer gezwungen, die Löhne in großem Stil zu kürzen, um ihre Wettbewerbsfähigkeit zurückzuerlangen. Da aber sinkende Löhne auch sinkende Binnennachfrage bedeuten und damit tiefe Rezession in Ländern wie Italien und Spanien, die einen relativ geringen Exportanteil von ca. 25 Prozent des BIP haben, führt dieser Weg, wie das Beispiel Griechenland zeigt, in ein politisches Desaster.

Der entscheidende Zusammenhang für dauerhaften Erfolg in offenen und geschlossenen Volkswirtschaften besteht zwischen Geldlöhnen (Nominallöhnen) und Beschäftigung. Nur wenn die Nominallöhne stetig und im gleichen Maß wie die Produktivitätsentwicklung plus das Inflationsziel steigen, ist sichergestellt, dass die Volkswirtschaft als Ganzes einen ausreichend großen Zuwachs an Nachfrage schafft, um ihre Arbeitskräfte und ihre technischen Kapazitäten voll zu beschäftigen. Zweifellos bleibt bei einem solchen Ansatz die Lohnquote konstant und die Lohnzurückhaltung der Vergangenheit kann nicht korrigiert werden.

Während dies offensichtlich ist, haben negative Angebotsschocks, auch wenn sie gesamtwirtschaftlich gesehen ziemlich selten sind, ihre eigene Logik. Das in der Vergangenheit am häufigsten zitierte Beispiel waren die Ölschocks, die die Weltwirtschaft Mitte der 1970er und Anfang der 1980er Jahre trafen. Zur Überraschung der herrschenden ökonomischen Theorie waren Länder mit ziemlich rigiden Löhnen und Lohnstrukturen wie Deutschland zu jener Zeit relativ erfolgreich bei dem Versuch, eine Beschleunigung der Inflation als Folge des ursprünglichen Inflationsschocks zu verhindern und zugleich die Beschäftigung zu stabilisieren. Der Grund dafür ist einfach: Rigide Löhne, das heißt rigide Nominallöhne, implizieren eine gewisse Flexibilität der Reallöhne.

Gerade umgekehrt ist es in Ländern mit flexiblen Nominallöhnen: Dort überträgt sich der einmalige Preisschock auf dem Gütermarkt in höhere Inflation (das heißt in ein permanent stärkeres Wachstum des Preisniveaus), da der Funke der Inflation von den Importen und den Gütermärkten auf den Arbeitsmarkt überspringt. Wenn zum Beispiel Nominallöhne an die Inflation der Vergangenheit indexiert sind, wie es in vielen Ländern mit sogenannter »backward looking indexation« (rückgewandter Indexierung) der Fall war, werden zwar die Arbeitnehmer vor einer Umverteilung des Einkommens geschützt. Wenn aber das Ereignis, das einen Anstieg der Reallöhne auslöst, eine untypische Inflationsbeschleunigung darstellt, nämlich eine Umverteilung zugunsten einer dritten Partei, in diesem Fall der Ölproduzenten, entsteht eine höhere Inflation. Die heimischen Produzenten tragen zunächst den Hauptteil der Kosten des Angebotsschocks, geben dann in der zweiten Runde aber die gestiegenen Löhne über die Preise weiter und verwandeln so einen einmaligen Preisschock in eine permanent höhere Inflationsrate. Das wiederum führt zu einem restriktiven Eingreifen der Zentralbank und in dessen Folge, also in der Folge eines Nachfrageschocks, zu einem Sinken der Beschäftigung und einem Anstieg der Arbeitslosigkeit.

Rigide Nominallöhne sind bei der Anpassung an Angebotsschocks folglich flexibler, denn sie stellen die Flexibilität der Reallöhne sicher, die man braucht, um permanent höhere Inflation als Folge einer inflatorischen Attacke zu vermeiden. Das wiederum hilft, einen zusätzlichen Nachfrageschock bei restriktiver Geldpolitik zu verhindern. Weil solche rigiden

Nominallöhne, das heißt eine Anpassung an ein Inflationsziel und die Produktivitätsentwicklung, die beste Variante auch im Fall von Nachfrageschocks sind, ist die gesamtwirtschaftliche Logik von Löhnen und Arbeitsmarkt klar und eindeutig.

Wachstum determiniert die Beschäftigung, nicht der Reallohn

Die Konsequenzen dieser Analyse sind von großer Bedeutung für die Wirtschaftspolitik. Weil der einfache Angebots-Nachfrage-Apparat auf den Arbeitsmarkt einer Wirtschaft insgesamt nicht angewandt werden kann, kann im Falle eines Nachfrageschocks ein Ansteigen der Arbeitslosigkeit durch flexible Löhne nicht vermieden werden. Tatsächlich ist die Schaffung neuer Arbeitsplätze eine positive Funktion des Wachstums, aber nicht fallender Löhne und einer Verschlechterung der Lohnquote. Es führt in die Irre, den Arbeitsmarkt isoliert zu betrachten, anstatt ihn zur Entwicklung des Gesamteinkommens in Beziehung zu setzen. In den meisten Ländern der Welt, und besonders in den Industrieländern, ist, wie UNCTAD mehrfach gezeigt hat, der Beschäftigungszyklus sehr eng mit dem Wachstumszyklus gekoppelt.

Eine nachhaltige Erholung der Wirtschaft ist nach einer Rezession und einem Anstieg der Arbeitslosigkeit unumgänglich, um die Arbeitslosigkeit wieder zu senken. Auf der anderen Seite zerstört ein Abschwung wie die Große Rezession von 2008 und 2009 Beschäftigung auch in Ländern mit hoher Lohnflexibilität und bei sehr niedrigen Lohnquoten. Die Tatsache, dass die makroökonomischen Entwicklungen von Ländern unterschiedlich sind, liegt eher an unterschiedlichen makroökonomischen und wirtschaftspolitischen Ansätzen als an unterschiedlichen Graden der Lohnflexibilität. Es kann keinen Zweifel daran geben, dass die Jahre mit ziemlich hohem Beschäftigungswachstum in den 1970er und 1980er Jahren genau die Jahre waren, in denen viel weniger Lohnzurückhaltung geübt wurde als in den letzten beiden Dekaden. Letztere haben jedoch im Vergleich zu den vorherigen nur magere Resultate im Hinblick auf Beschäftigung aufzuweisen.

Noch verblüffender ist jedoch – angesichts des von der neoklassischen Theorie unterstellten Zusammenhangs von Lohnanpassung und Beschäftigung – die starke positive Korrelation zwischen Investitionen in Sachanlagen und der Schaffung von Arbeitsplätzen. Anstatt einer Substitution der Produktionsfaktoren ist zu beobachten, dass die Unternehmen gleichzeitig in Arbeit und in Kapital investieren beziehungsweise deinvestieren und nicht in Arbeit oder in Kapital. Das widerlegt direkt die Substitutionsthese und damit auch die Rolle der relativen Preise. Kapital und Arbeit sind komplementäre Faktoren, die kombiniert werden, um einen bestimmten Output zu erzielen, der ist jedoch unabhängig von den relativen Preisen zwischen den beiden Produktionsfaktoren.

Es ist klar, dass die Elastizität der Beschäftigung in Relation zum Wachstum von Land zu Land und von Periode zu Periode verschieden ist, aber die enge Verbindung zwischen Wachstum, Beschäftigung und Investitionen widerlegt eindrucksvoll die Vorstellung, eine signifikante Anzahl von neuen Jobs könne geschaffen werden, ohne eine ausreichende Investitions- und Produktionsdynamik. Ist nicht der relative Preis von Arbeit und Kapital, sondern das Tempo des Produktionswachstums die entscheidende Determinante für das Beschäftigungsniveau, müssen Investitionen in reale Produktionskapazität und die Nachfrageexpansion, die solche Investitionen anregen, die Hauptantriebsquellen für die

Einkommenssteigerung als auch für die Schaffung von Beschäftigung sein.

Das Wachstum der Gesamtnachfrage, das ausreicht, um für alle Menschen, die arbeiten wollen, Beschäftigung zu schaffen, hängt bei einem gegebenen Produktivitätsfortschritt von der Verteilung der Erträge aus dem Produktivitätswachstum ab. Die Wirtschaftspolitik der letzten 25 Jahre versuchte hauptsächlich, die Löhne niedrig zu halten, und trug damit dazu bei, dass Produktivitätsgewinne entweder in höheres Kapitaleinkommen oder niedrigere Output-Preise übertragen wurden. Wie aber oben gezeigt wurde, ist der Versuch, Löhne zu drücken, um höhere Profite zu erzielen, selbstzerstörerisch: Ohne steigende Kaufkraft der Lohnempfänger gibt es nicht das Nachfragewachstum, das man braucht, um bestehende Kapazitäten zu nutzen.

Der einzige Ausweg, die Stimulierung der Auslandsnachfrage durch sinkende Löhne und eine Verbesserung der Wettbewerbsfähigkeit, führt in eine logische Falle. Wettbewerbsfähigkeit ist ein relatives Konzept: Nicht alle Länder können ihre Wettbewerbsfähigkeit zur selben Zeit verbessern. Das Schaffen von Beschäftigung auf Kosten von Wachstum und Beschäftigung in anderen Ländern führt zu einer unhaltbaren Akkumulation von Schulden in den Defizitländern. Für die Welt als Ganzes – wie auch auf die mittlere Frist für jedes einzelne große Land – müssen die Reallöhne im Gleichschritt mit der Produktivität steigen, um eine ausreichend große effektive Binnennachfrage zu schaffen.

Wenn die falsche Flexibilität der Nominallöhne auf der Ebene der gesamten Volkswirtschaft vermieden wird und die Nominallöhne in allen Ländern der oben beschriebenen goldenen Wachstumsregel folgen (Anstieg der Nominallöhne wie das durchschnittliche Produktivitätswachstum plus Inflationsziel), bleiben die Lohnquoten konstant und die meisten gesellschaftlichen Gruppen können voll am Fortschritt der Gesellschaft teilhaben. In diesem Fall ist der gesamte Anstieg der nominalen Lohnstückkosten gleich der Inflationsrate. Bei den Industrieländern trifft dies für lange Perioden ihrer Geschichte zu und insbesondere für solche Perioden, in denen ausreichend Jobs geschaffen wurden und die Arbeitslosigkeit zurückging.

Die Teilhabe der Mehrheit der Menschen ist entscheidend für den gesamtwirtschaftlichen Erfolg, denn ihr wachsendes Einkommen ist die Hauptquelle für den Konsum von heimischen Gütern und Dienstleistungen. Nur wenn die Erträge aller wirtschaftlicher Aktivitäten durch die Taschen aller Einkommensgruppen geleitet werden, kann eine Gesellschaft als Ganzes eine Investitionsdynamik in großem Umfang erwarten und langfristig das Entstehen einer vielschichtigen und diversifizierten Wirtschaft. Zweifellos hängen erfolgreiche Strategien für einen Einkommenszuwachs aller und für Beschäftigung von Investitionen in Ausrüstungen und Anlagen ab. In Volkswirtschaften mit einem dominanten privaten Sektor sind solche Investitionen aber die Folge des Anstiegs der Nachfrage nach Gütern und Dienstleistungen und von den Bedingungen, zu denen man die Investitionen finanzieren kann. Die Wirtschaftspolitik muss die Investitionstätigkeit auf beiden Seiten unterstützen.

Die Aufgabe der Geld-, Finanz- und Fiskalpolitik, Beschäftigungswachstum zu erhalten und anzuregen, wird erheblich erleichtert, wenn zusätzlich zu den klassischen Politikbereichen auch eine Einkommenspolitik zum Zuge kommt, die dafür sorgt, dass die Masseneinkommen dem Tempo der wachsenden Wirtschaft folgen. Die Einführung einer Einkommenspolitik erfordert einen institutionellen Rahmen, der an die wirtschaftlichen Strukturen angepasst ist und die historischen Eigenheiten jedes Landes berücksichtigt. Ein solcher institutioneller Rahmen ist umso wichtiger, da Einkommenspolitik nicht nur als ein Instrument zur Schaffung von Beschäftigung dient, sondern auch als Mittel zur Inflationskontrolle. Lohnsteigerungen, die auf der goldenen Regel basieren, tragen direkt zu niedriger und gleichbleibender Inflation bei und verhindern das Entstehen von Inflationspotential auf der Nachfrage- und auf der Kostenseite.

Wirtschaftspolitik ist der Schlüssel zum Beschäftigungswachstum

Die Flexibilität des Arbeitsmarktes, das Mantra der neoliberalen Konterrevolution der letzten Jahrzehnte, gründet auf ein Wirtschaftsmodell, das der Welt, in der wir leben, nicht ähnelt. In Wirklichkeit gibt es kein statisches Gleichgewicht auf dem Arbeitsmarkt, das sich nach einem Schock mittels flexibler Löhne leicht wieder einstellt. Effiziente, dynamische Anpassung an Schocks in einer Wirtschaft, die den Bedingungen einer objektiven Unsicherheit unterliegt, ist eine völlig andere Sichtweise. Man muss zur Kenntnis nehmen, dass das Einkommen der Mehrheit der Bevölkerung nicht nur das wichtigste Ziel des marktwirtschaftlichen Systems ist, sondern auch wichtigster Antreiber seiner Dynamik. Bei einer solchen Sichtweise verliert der Flexibilitätsbegriff seine ganze Faszination.

Auf makroökonomischer Ebene sind flexible Löhne und größere Ungleichheit als Heilmittel gegen Arbeitslosigkeit definitiv unwirksam, wenn die Wirtschaft dem häufigsten Schock, nämlich dem Nachfrageschock ausgesetzt ist. Während große, makroökonomisch relevante Angebotsschocks wie der Ölpreisschock eine Art passive Flexibilität aufseiten der Arbeitnehmer erfordern, ist die traditionell propagierte Mikro- oder Sektorflexibilität der Löhne und die damit verbundene Umverteilung wirkungslos. Flexible Gewinne statt flexible Löhne machen die Dynamik eines modernen marktwirtschaftlichen Systems aus. In der realen Welt werden Schocks hauptsächlich durch Gewinne, nicht durch Löhne abgefangen, und das gilt für alle Arten von Schocks, einschließlich solcher aus dem Außenhandel. Durch sich verändernde Gewinne wird der Wirtschaft die Richtung gegeben, die sie braucht, um sich der nächsten Herausforderung zu stellen. Das statische, neoklassische Modell mit separaten Arbeitsmärkten und flexiblen Löhnen dagegen versucht im Strukturwandel, das Unwiederbringliche wiederherzustellen. Der Glaube, dass bei der Anpassung an Schocks – seien sie internationaler oder intertemporaler Art – regelmäßig Ungleichheit entstehen muss, ist nicht relevant und sollte die Wirtschaftspolitik in keiner Phase der Entwicklung leiten.

Der internationale Rahmen für effektive Lohnanpassung

Es kann keinen Zweifel geben: Um effizient zu sein, muss der Anpassungsprozess an Veränderungen im Strukturwandel in Industrie- und Entwicklungsländern gleichermaßen in ein rationales globales oder regionales Währungssystem eingebettet sein. Dies ist entscheidend, denn anderenfalls bedrohen externe, makroökonomische Schocks die oben beschriebene sanfte Anpassung. Um makroökonomische Schocks abzufedern, müssen die nominalen Wechselkurse strikt den Fundamentaldaten der jeweiligen Länder folgen, das heißt den Inflations- oder Lohnstückkostendifferenzen. Nur auf diese Art können Lohnstückkosten, die auf nationaler Ebene festgelegt worden sind, in internationaler Währung ausgeglichen werden. Dies ist das wirkungsvollste Instrument gegen gewaltige makroökonomische Schocks wie den Verlust von Wettbewerbsfähigkeit durch Überbewertung.

Unglücklicherweise funktionieren Systeme flexibler Wechselkurse, also Systeme, die die Bewertung von Währungen den Märkten überlassen, sehr schlecht. Daher ist es für die internationale Gemeinschaft unabdingbar, so wie in Flassbeck (2000) oder UNCTAD (2011) beschrieben, die Wechselkurse der Währungen in gesteuerten Systemen festzulegen. Das System von Bretton Woods war hier ein Beispiel, ebenso wie die Vorläufer der Europäischen Währungsunion. Man kann aber Lösungen finden, die die spezifischen Nachteile dieser Systeme vermeiden und doch den Ausgleich der Lohnstückkosten relativ reibungslos bewerkstelligen.

Die Rolle der nationalen Wirtschaftspolitik und die Flexibilität des Arbeitsmarktes

Für die Wirtschaftspolitik und die Strukturpolitik auf nationaler Ebene ergeben sich aus dieser Analyse des Arbeitsmarktes eine Reihe von institutionellen Vorkehrungen, die die anzustrebende Rigidität der Nominallöhne ermöglichen. Am wichtigsten ist eine staatliche Unterstützung bei der Schaffung und Stärkung von Gewerkschaften mit nationalem Mandat. Das entscheidende Prinzip der gleichen Bezahlung für die gleiche Arbeit muss vom Staat in den verschiedenen Segmenten des Arbeitsmarktes unterstützt werden. Nur starke Gewerkschaften mit einem umfassenden Mandat können in Volkswirtschaften mit einer ziemlich geringen Mobilität von Arbeit dieses zentrale marktwirtschaftliche Prinzip durchsetzen.

Für eine erfolgreiche Anpassung ist es ebenso wichtig, die Arbeitnehmer gegen den permanenten Druck, »sich selbst in den Markt zurückzupreisen«, wie die OECD es genannt hat, zu schützen. Sicher, die vielzitierte soziale Komponente, die helfen soll, die Arbeitnehmer gegen längere Phasen der Arbeitslosigkeit zu schützen, sollte nicht unterschätzt werden, aber die ökonomischen Aspekte sind noch wichtiger. Um ein »Durchreichen« hoher Arbeitslosigkeit als Folge von Schocks auf dem Güter- oder Finanzmarkt auf die Löhne zu verhindern, ist ein enges Sicherungsnetz notwendig, das den vorübergehend arbeitslosen Arbeitnehmern erlaubt, nach Jobs zu suchen, die anderswo in der Wirtschaft entstehen, ohne dass tiefere Einschnitte in ihren Lebensstandard drohen.

Regierungen, die schnell und aggressiv bei steigender Arbeitslosigkeit reagieren, verkürzen die Periode der Unsicherheit und der Bedrohung für die Arbeitnehmer und vermindern so die Gefahr, dass es zu einem zweiten Abschwung infolge des Drucks der ursprünglichen Arbeitslosigkeit auf die Löhne und die Binnennachfrage kommt. So wurde tatsächlich die aggressivere Haltung der Wirtschaftspolitik in den USA lange Zeit verstanden als eine Art Ersatz für das fortschrittlichere Netz der sozialen Absicherung in Europa und die dort weiter entwickelte Arbeitslosenversicherung.

Allgemein gesagt, da Lohnkürzungen und steigende Ungleichheit keine effizienten Instrumente zur Bekämpfung steigender Arbeitslosigkeit sind, gewinnt die Rolle der Regierung bei der Stabilisierung der Gesamtwirtschaft ungeheuer an Bedeutung. Der Staat kann gewaltige, zusätzliche Kosten vermeiden, die auftreten würden, wenn man zuließe, dass der Druck auf die Löhne, der von der hohen Arbeitslosigkeit kommt, die ganze Wirtschaft durchdringen würde. Die negativen Zweitrundeneffekte sinkender Löhne auf die Binnennachfrage können und sollten auf alle Fälle vermieden werden.

Dieses Ergebnis muss überraschend für diejenigen klingen, die mit der traditionellen Sichtweise groß geworden sind, die auf normalen Angebots- und Nachfragekurven für den Arbeitsmarkt basierte. Aber selbst für diejenigen, die an die Logik eines solchen Marktes glauben, sollte die Tatsache, dass in letzter Zeit Arbeitslosigkeit überall in der entwickelten Welt gestiegen ist, ohne dass es einen Anstieg bei den Lohnquoten gab oder die Lohnquoten sogar gesunken sind, Grund genug sein, ihre Position zu überdenken. Wenn der Arbeitsmarkt so leicht aus dem »Gleichgewicht« zu bringen ist, ohne dass die Marktpreise eine Rolle spielen, kann man nicht folgern, dass ein Weg zurück zum Gleichgewicht möglich wäre durch einen weiteren Druck auf die Löhne. Die eindrucksvollsten Fälle findet man heute in der Eurozone. In Südeuropa explodierte die Arbeitslosigkeit trotz enormer Einschnitte bei den Löhnen. Die Schlussfolgerung, dass die Länder mehr Arbeitsflexibilität brauchten, ist lediglich ein Reflex der alten statischen Ansicht, die man überwinden muss, um überzeugende Lösungen für eine Welt des Wandels und der Entwicklung zu finden.

Box 2: Warum Mindestlöhne unverzichtbar sind

Von der Regierung festgelegte Mindestlöhne sind in der Wirtschaft der meisten Industrie- und Entwicklungsländer eine Tatsache. Besonders Länder, die nicht über ein eng geknüpftes, soziales Sicherheitsnetz verfügen, haben häufig und bereits seit langem das Instrument gesetzlicher Mindestlöhne gewählt, um gering qualifizierte Arbeitskräfte vor der Ausbeutung durch mächtige Arbeitgeber in Zeiten lang andauernder und hoher Arbeitslosigkeit zu schützen. Trotz einer Vielzahl empirischer Beweise, die zeigen, dass Mindestlöhne nur geringe oder keine Auswirkungen auf Arbeitslosigkeit haben, stehen sie immer noch unter der kritischen Beobachtung der Mainstream-Ökonomen. Für sie stellt die Festlegung eines Lohns durch die Regierung eine Intervention in einen effizienten Markt dar und – entsprechend einem Modell mit normal verlaufenden Angebots- und Nachfragekurven – deshalb einen Eingriff, der ein großes Risiko in sich birgt. Da der Preis, den die Regierung festsetzt, den Gleichgewichtspreis übersteigen könne – der in der neoklassischen Welt durch die Grenzproduktivität der Arbeitnehmer mit dieser Qualifikation festgelegt wird –, setze dies die gering qualifizierten Beschäftigten, die eigentlich geschützt werden sollten, einem viel höheren Risiko der Arbeitslosigkeit aus.

Grenzproduktivität ist jedoch ein theoretisches Konzept, das auf der Vorstellung basiert, dass beispielsweise der Beitrag einer Arbeitsstunde eines bestimmten Arbeitnehmers messbar und klar identifizierbar sei. Wenn das Gesetz des einheitlichen Preises für dieses Segment des Arbeitsmarktes gilt, müssen alle Arbeitnehmer eine Lohnkürzung akzeptieren, wenn dem Arbeitsprozess eine zusätzliche Stunde zugefügt wird, weil man unterstellt, dass unter der Bedingung sinkender Skalenerträge gearbeitet wird, was bedeutet, dass der Produktionsertrag bei jeder zusätzlichen Stunde sinkt. Dieses Konzept wäre nur dann gültig, wenn der Input vieler verschiedener Beschäftigter in einem Produktionsprozess extrem standardisiert wäre und klar identifiziert und gemessen werden könnte. Das ist jedoch in den meisten modernen Produktionsstätten überhaupt nicht der Fall.

Die große Mehrheit der Beschäftigten arbeitet in einem Umfeld, in dem weder die Grenzproduktivität der einzelnen Mitglieder eines Produktionsteams noch ihr relativer Beitrag bekannt sind oder überhaupt gemessen werden können. Wie hoch ist die Grenzproduktivität einer Krankenschwester in einem Krankenhaus und was ist ihr relativer Beitrag zu dem Gesamtergebnis verglichen mit dem der Chefärztin oder des Verwaltungspersonals? Weil dies unbekannt ist, bekommen die meisten Arbeitnehmer in der modernen Gesellschaft eine Entlohnung, die grob der Knappheit und der Verfügbarkeit von Menschen mit ähnlicher Qualifikation entspricht, nicht aber ihrer individuellen Grenzproduktivität.

Das kann man leicht beweisen. Eine Zunahme der Produktivität, besonders bei einem Produktionsprozess, der die Gesamtproduktivität einer Wirtschaft erhöht, wird sich unter normalen Umständen in sinkenden Preisen für Güter des erfolgreichen Produktionsprozesses niederschlagen. Wer unveränderte Nominallöhne unterstellt, muss erwarten, dass sich im Zuge des Produktivitätswachstums eine geringere Inflationsrate als erwartet (oder höhere Nominallöhne als erwartet bei unveränderter Inflation, was auf das Gleiche herauskäme) einstellt. Die würde jedoch die Reallöhne aller Beschäftigten erhöhen, ohne dass es eine individuelle Verbesserung der Produktivität für jeden Einzelnen gegeben haben muss. Es ist das Team – und in dieser extremen Version das Team der Gesamtwirtschaft –, das belohnt wird durch den Fortschritt des Teams als Ganzes, ohne die individuelle Verbesserung der Produktivität im Prozess zu berücksichtigen.

Nehmen wir das Beispiel einer Lehrkraft an einer Grundschule, die 40 Jahre lang immer genau das Gleiche unterrichtet hat, ohne Innovationen und ohne Zunahme ihrer individuellen Produktivität und ohne eine Veränderung des nominalen Gehalts, das sie bekommt. Mit steigender Gesamtproduktivität wird die Lehrkraft trotzdem an dem Erfolg der Gesellschaft teilhaben, wenn man zulässt, dass sich der Produktivitätsfortschritt in der Form eines fallenden Preisniveaus über die Wirtschaft ausbreitet. Wenn die Wirtschaft ein explizites Inflationsziel hat, müssen alle Nominallöhne um dieses Ziel steigen plus die Wachstumsrate der Produktivität, aber das ist nur ein technische Frage und ändert nicht die Substanz des Anpassungsprozesses.

Deshalb hat jede Gesellschaft eine große Bandbreite, einen Mindestlohn festzulegen, ohne dass irgendwelche Gesetze des Marktes oder das Prinzip von Angebot und Nachfrage verletzt würden. Wenn es zum Beispiel eine Regel gäbe, dass der Mindestlohn immer die Hälfte des Durchschnittslohns der betreffenden Volkswirtschaft betragen solle, ist nicht zu sehen, dass ein solches Arrangement das Risiko, arbeitslos zu werden, bei einigen gesellschaftlichen Gruppen erhöhen würde. Einige arbeitsintensive Güter oder Dienstleistungen würden teurer werden, aber die Kaufkraft einer großen Gruppe von Beschäftigten würde steigen und die Zusammensetzung und das Niveau der Nachfrage verändern und damit die Produktion zugunsten von solchen Produkten, die sie bevorzugen.

Wie sich in einer Reihe von Ländern zeigt, können Mindestlöhne und ihre regelmäßige Anpassung wichtige Hinweise für die Lohnverhandlungen im privaten

Sektor liefern. Ein Mindestlohn, der an die Produktivitätsentwicklung und ein Inflationsziel gekoppelt ist, kann als Stabilisator von Einkommenserwartungen der Mehrheit der abhängig Beschäftigten dienen, was wiederum die Wachstumsentwicklung stabilisiert. Teilhabe der Arbeitnehmer statt Flexibilität des Arbeitsmarktes lautet die Erfolgsformel der Zukunft.

Schlussfolgerungen

Die Erfahrungen mit den neoliberalen Reformprogrammen der 1980er und 1990er Jahre haben gezeigt, dass Kapitalakkumulation, Produktivitätswachstum und die Schaffung von Arbeitsplätzen sich nicht automatisch ergeben, wenn ein marktdominierter Prozess kombiniert wird mit einer Politik, welche die Marktkräfte fördert. Effiziente Allokation von Ressourcen durch flexible Märkte und flexible Marktpreise, die das Herz der Mainstream-Theorie ausmachen, spielen nur eine untergeordnete Rolle in der Dynamik einer effizienten Marktwirtschaft. Viel wichtiger als statische Allokationen sind solche Maßnahmen, die es innovativen Investoren erlauben, die Wirtschaft in Richtung einer höheren Ebene der Aktivität und zu neuen Strukturen zu steuern.

Der Arbeitsmarkt beeinflusst diese Maßnahmen auf mehrfache Weise. Die wichtigste ist die Regelung, dass die Wachstumsrate der durchschnittlichen Reallöhne im Gleichschritt bleibt mit der Gesamtentwicklung in einer Volkswirtschaft, nämlich dem Wachstum der Arbeitsproduktivität, denn das ist der wichtigste Stabilisator der Gesamtnachfrage. Vereinbarungen, die zusätzlich ein Inflationsziel beim Anstieg der durchschnittlichen Nominallöhne berücksichtigen, stabilisieren die Inflationsrate und erlauben der Geldpolitik, für steigende Investitionen zu sorgen. Übereinkünfte, die das gleiche Lohnniveau für gleiche Qualifikationen garantieren, ergänzen das makroökonomische Maßnahmenpaket und setzen die richtigen sektoralen Anreize für die Investoren.

Dies alles steht in starkem Kontrast zu dem »Flexibilitäts-Hype«, der – trotz des Scheiterns des vorherigen – nach dem neuerlichen Anstieg der Arbeitslosigkeit in der Folge der Finanzkrise wieder aufgetaucht ist. Aber das offensichtliche Scheitern des Versuchs, die globale Wirtschaft nach 2008 wieder auf einen anhaltenden Wachstumspfad zurückzuführen, und besonders das Scheitern des Versuchs, die Binnennachfrage in den Industrieländern zu beleben, sollte ein Alarmsignal sein. Wenn die Masse der Menschen den Glauben an die Bereitschaft der Unternehmen und der Regierung verliert, ihnen einen fairen Anteil an dem gemeinsam produzierten Einkommen zukommen zu lassen, wird das Einkommen selbst drastisch in Mitleidenschaft gezogen werden. Offensichtlich müssen wir ein paar alte Lektionen über Fairness und Teilhabe wieder erlernen, um die Krise zu überwinden und zu anhaltender wirtschaftlicher Entwicklung zurückzukehren.

Richard Koo

Bilanzrezessionen und die globale Wirtschaftskrise

Unter Ökonomen in den USA, Europa und Japan gehen die Ansichten darüber stark auseinander, wie nun die korrekte wirtschaftspolitische Antwort auf die Wirtschaftskrise lauten soll. Die unterschiedlichen Sichtweisen sind darauf zurückzuführen, dass diese Volkswirtschaften an einem seltenen Typ von Rezession leiden, der bislang von den Wirtschaftswissenschaftlern weitgehend übersehen wurde. Ökonomen haben aufwendige Theorien konstruiert, die auf der Annahme basieren, dass der private Sektor immer versucht, seine Profite zu maximieren; sie haben aber nie die Möglichkeit in Betracht gezogen, dass es Situationen geben kann, in denen der private Sektor versucht, seine Schulden zu minimieren. Wenn aber eine schuldenfinanzierte Blase bei Vermögenswerten platzt, bleibt der private Sektor auf einem gewaltigen Schuldenberg sitzen. In einer Situation, in der der private Sektor als Ganzes Schulden abbaut, verliert die Wirtschaft kontinuierlich an gesamtwirtschaftlicher Nachfrage, und zwar entsprechend dem gesparten und nicht ausgeliehenen Betrag. Diese Situation bezeichnet man als »Bilanzrezession«.

Rezession durch Schuldenabbau führt zu anhaltender Wirtschaftskrise

In den westlichen Volkswirtschaften wird immer wieder die Befürchtung geäußert, dass man sich auf dem Weg in eine verlorene Dekade befindet, so wie sie Japan in den 1990er Jahren erlebte. In vier Jahren mit Zinssätzen nahe null und erheblicher quantitativer Lockerung der Geldpolitik ist es nicht gelungen, die Wirtschaft wieder auf die Beine zu bringen, und das hat in der wirtschaftspolitischen Debatte zu Befürchtungen und Konfusion geführt. Das verwirrende Angebot an oft widersprüchlichen Vorschlägen bekannter Ökonomen ist vergleichbar mit einer Diskussion unter Ärzten über die Behandlung eines Patienten, der nicht auf eine konventionelle Therapie anspricht. Angesichts so vieler unterschiedlicher Expertenmeinungen kann die Verwirrung der politisch Verantwortlichen auf beiden Seiten des Atlantiks nicht überraschen.

Für die Volkswirtschaften der westlichen Welt ist es ein glücklicher Umstand, dass die gleiche wirtschaftspolitische Debatte sich vor mehr als zehn Jahren schon einmal in Japan abspielte und damals zu ähnlichen Animositäten und Konfusion führte. Nach vielen Jahren teilweise erbittert geführter Debatte stellte sich schließlich heraus, dass es sich bei der Rezession in Japan nicht um eine normale Rezession handelte und dass eine ganz andere wirtschaftspolitische Antwort notwendig war, um sie zu überwinden.

Der entscheidende Unterschied zwischen einer normalen Rezession und einer Rezession jenes Typs, der, wie seinerzeit in Japan, zu einer verlorene Dekade führen kann, besteht darin, dass im Fall der Letzteren ein großer Teil des privaten Sektors versucht, die durch das Platzen einer Vermögensblase entstandene Überschuldung abzubauen. Die Akteure im privaten Sektor minimieren ihre Schulden, anstatt die Profite zu maximieren. Wenn ihnen das Wasser bis zum Hals steht, haben die Unternehmen und privaten Haushalte keine andere Wahl, als ihre Schulden zu verringern, unabhängig von der aktuellen Höhe der Zinsen. Wenn der private Sektor aber selbst bei einem Zinsniveau von null Schulden abbaut, gerät die Wirtschaft in eine Deflationsspirale: Weil niemand mehr Kredite aufnimmt und damit Nachfrage nach Gütern und Dienstleistungen entfaltet, verliert die Wirtschaft kontinuierlich an Nachfrage in Höhe der nicht verwendeten Ersparnisse.

Um sich das klarzumachen, muss man sich eine Welt vorstellen, in der ein Haushalt ein Einkommen von 1000 US-Dollar und eine Sparquote von 10 Prozent hat. Dieser Haushalt würde dann 900 US-Dollar ausgeben und 100 US-Dollar sparen. Wenn es wie im Lehrbuch abläuft, werden die gesparten 100 US-Dollar vom Finanzsektor aufgenommen und an den Kreditnehmer ausgeliehen, der diese Mittel ökonomisch am effizientesten verwendet. Wenn dieser Kreditnehmer die 100 US-Dollar ausgibt, belaufen sich die Gesamtausgaben auf 1000 US-Dollar (900 US-Dollar plus 100 US-Dollar), entsprechen also dem ursprünglichen Einkommen, sodass die Wirtschaft läuft. Wenn es aber keine Kreditnachfrage für die gesparten 100 US-Dollar gibt, dann sinken die Zinsen. Dies führt dann theoretisch dazu, dass sich ein Kreditnehmer findet, der die verbleibende Summe aufnimmt. Wenn die Kreditnachfrage über diese 100 US-Dollar hinausgeht, so steigen die Zinsen und die Kreditnachfrage wird zurückgehen.

In einer Welt, in der der private Sektor versucht, seine Schulden zu minimieren, gibt es jedoch keine Kreditnehmer für die gesparten 100 US-Dollar, selbst wenn der Zins auf null sinkt, und so bleibt es bei Ausgaben in Höhe von 900 US-Dollar. Diese 900 US-Dollar an Ausgaben stellen für andere

Wirtschaftseinheiten Einkommen dar, und wenn diese Einkommensbezieher wiederum 10 Prozent ihres Einkommens sparen, werden nur noch 810 US-Dollar ausgegeben. Da sich die Sanierung der Bilanzen nach einer größeren Blase normalerweise über Jahre hinzieht – im Fall Japans hat dies 15 Jahre gedauert –, werden diese 90 US-Dollar nicht aufgenommen, und die Nachfrage schrumpft auf 810 US-Dollar, in der nächsten Runde dann auf 730 US-Dollar und so weiter. Dieser Prozess dauert so lange an, bis der private Sektor entweder seine Bilanzen vollständig bereinigt hat oder die Einkommen so stark gesunken sind, dass überhaupt nicht mehr gespart werden kann (das heißt, die Wirtschaft gerät in eine Depression).

Eine durch Schuldenrückzahlung ausgelöste Deflationsspirale gab es auch in den USA während der Weltwirtschaftskrise in den 1920er Jahren. Dabei handelte es sich um eine Bilanzrezession in ihrer reinsten Form, das heißt sie wurde nicht durch ein Eingreifen der Regierung abgemildert. Der gesamte private Sektor in den USA versuchte gleichzeitig, seine Schulden nach dem Platzen der schuldenfinanzierten Börsenblase im Oktober 1929 so schnell wie möglich abzuzahlen. Da zugleich niemand bereit war, neue Kredite aufzunehmen, gerieten die USA in die oben beschriebene Deflationsspirale. Dabei gingen in den vier Jahren von 1929 bis 1933 46 Prozent des BIP verloren.

Bilanzrezessionen sind, ebenso wie die ihnen vorausgehenden, landesweiten und schuldenfinanzierten Blasen, sehr selten. Wenn sie jedoch einmal eintreten, können sie in eine Depression führen, wenn man ihnen nicht angemessen entgegentritt.

Die Welt in einer Bilanzrezession

In den USA, Großbritannien, Spanien und Irland (aber nicht in Griechenland) unternimmt der private Sektor gewaltige Anstrengungen zum Schuldenabbau als Antwort auf den Zusammenbruch der Immobilienpreise, und dies obwohl sich die Zinsen auf einem Tiefststand befinden. Mit anderen Worten: Alle diese Länder befinden sich in einer schweren Bi-

Schaubild 1 **Bilanzrezession in den westlichen Industrieländern: Starker Anstieg des privaten Sparens nach der Vermögensblase**

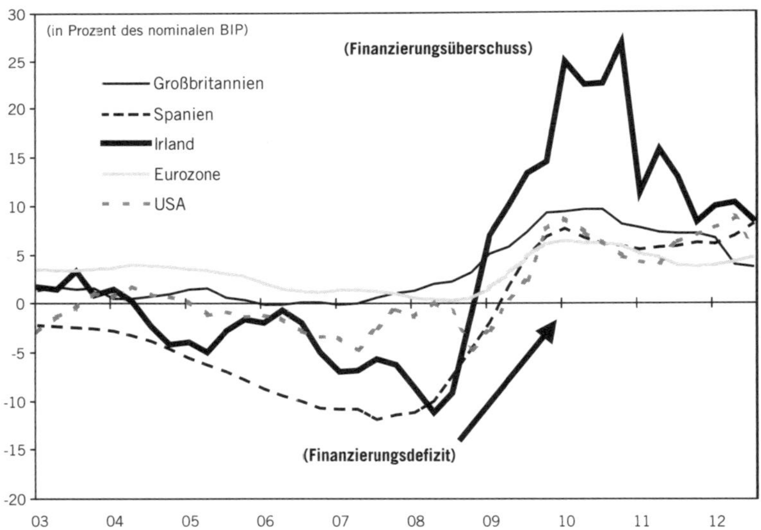

Anm.: Der Sektor besteht aus den privaten Haushalten, den nichtfinanziellen privaten Unternehmen und dem Finanzsektor. Alle Werte sind gleitende 4-Monatsdurchschnitte (bis 3. Quartal 2012).
Quellen: Office for National Statistics (Großbritannien); Banco de España und Instituto Nacional de Estadistica (Spanien); Central Bank of Ireland (Irland); EZB, Eurostat; Federal Reserve Board und US Department of Commerce (USA)

lanzrezession. Auch in Japan und Deutschland ist die Kreditnachfrage seitens der Unternehmen und privaten Haushalte gering. Da überall private Kreditnehmer fehlen, kann es nicht verwundern, dass es in der Wirtschaft überall so schlecht läuft, obwohl sich die Zinsen nun schon seit fast vier Jahren auf so niedrigem Niveau befinden und die Zentralbanken massiv Liquidität in die Wirtschaft gepumpt haben.

US-Daten über die Finanzströme (Schaubild 1) zeigen, dass im privaten Sektor seit dem Platzen der Immobilienblase im Jahr 2007 eine massive Verlagerung von der Verschuldung hin zum Sparen stattgefunden hat. Die Nettoverschuldung der privaten Haushalte und Unternehmen in den USA entsprach 2007 noch 5 Prozent des BIP, aber im Jahr 2010 hatte sich dies in ein Nettosparen von 8 Prozent des BIP umgekehrt. Mit anderen Worten, in den USA ging die private Nachfrage in einem Zeitraum von nur drei Jahren um 13 Prozent des BIP zurück. Die Tatsache, dass der private Sektor in den USA jetzt trotz eines Zinsniveaus von null über 5 Prozent des BIP spart, ist ein klares Indiz dafür, dass sich die USA in einer ausgewachsenen, schweren Bilanzrezession befinden.

Auch für Großbritannien zeigen die Daten, dass sich der private Sektor finanziell im Überschuss befindet und damit Nettosparer ist. Aus der Tatsache, dass der private Sektor dort über 3,8 Prozent des BIP spart, obwohl sich das Zinsniveau auf dem niedrigsten Niveau der modernen britischen Geschichte befindet, lässt sich schließen, dass wir es auch in Großbritannien mit einer Bilanzrezession zu tun haben. Das gleiche Muster kann man in der Eurozone seit 2008 beobachten.

Auch Japan geriet im Jahr 1990 in eine Bilanzrezession, nachdem dort die Börsen- und Immobilienblase geplatzt war (Schaubild 2). Während der Entstehung dieser Blase hatten japanische Unternehmen Kredite für Investitionen in Höhe von ungefähr 12 Prozent des BIP aufgenommen. Aber im

Schaubild 2 **Bilanzrezession in Japan: Wiederanstieg des privaten Sparens im Unternehmenssektor nach der Lehman-Pleite**

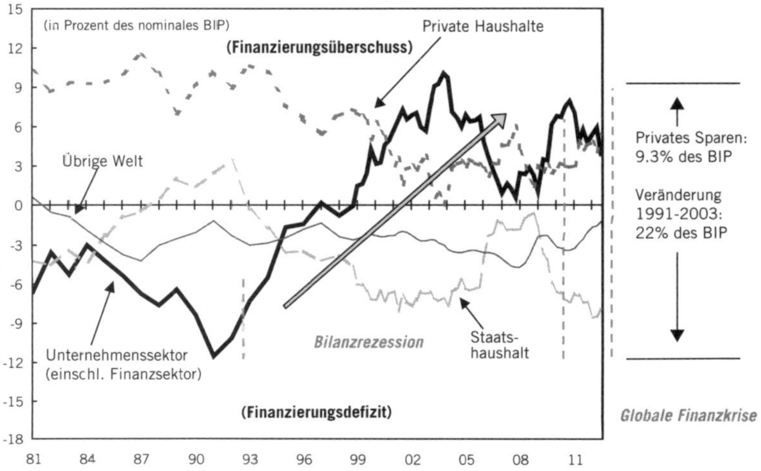

Anm.: Alle Werte sind gleitende 4-Monatsdurchschnitte (bis 2. Quartal 2012). Die Daten für den Staatshaushalt umfassen sämtliche Gebietskörperschaften.
Quellen: Bank of Japan, Flow of Funds Accounts, und Volkwirtschaftliche Gesamtrechnung für Japan

Jahr 2003 bauten sie als Reaktion auf einen landesweiten Einbruch der Immobilienpreise um 87 Prozent ihre Verschuldung um etwa 10 Prozent des BIP ab. Infolge dieses Schuldenabbaus der Unternehmen kam es zu einem Rückgang der Inlandsnachfrage nach Gütern und Dienstleistungen in Höhe von 22 Prozent des BIP. Dieser weitreichende Prozess des Schuldenabbaus dauerte zunächst bis 2005 und setzte sich ab 2008 im Zuge der globalen Finanzkrise – trotz Nullzinsen – weiter fort.

Aus historischer Perspektive ist es nicht ungewöhnlich, dass sowohl die privaten Haushalte als auch der Unternehmenssektor sich in einer finanziellen Überschussposition befinden. Dies ist aber in der Regel dann der Fall, wenn die Zentralbanken versuchen, die Wirtschaft mit höheren Zinsen zu zügeln. Die Tatsache, dass solche Überschüsse nun aber in einer Situation auftreten, in der die Zinsen nahe null sind, ist höchst ungewöhnlich und besorgniserregend. Es ist eben diese Kombination, die die 1990er Jahre für Japan zu einem »verlorenen Jahrzehnt« machten.

Die Geldpolitik verliert ihre Wirkung, wenn es keine Kreditnehmer gibt

Unter der beschriebenen Wende zur Schuldenminimierung leidet zunächst die Geldpolitik, die normalerweise als Mittel gegen die Rezession eingesetzt wird. Wirtschaftssubjekte mit negativem Eigenkapital haben kein Interesse daran, sich noch weiter zu verschulden, ganz gleich wie niedrig die Zinsen sind. Auch ist es für diejenigen, deren Bilanz sich in Schieflage befindet, nicht einfach, Kreditgeber zu finden. Dies gilt besonders dann, wenn die potentiellen Kreditgeber selbst Bilanzprobleme haben. Und wenn der private Sektor insgesamt seine Bankeinlagen abbaut, um Schulden zurückzuzahlen, wird der Geldmengenmultiplikator negativ, das heißt die Geldmenge – die in erster Linie aus Bankeinlagen besteht – nimmt ab. Die Zentralbank kann das Bankensystem dann mit immer neuen Liquiditätsspritzen versorgen, aber es wird ihr damit nicht gelingen, das Schrumpfen der Geldmenge aufzuhalten: Wenn es niemanden gibt, der bereit ist, sich zu verschulden, verbleibt die von der Zentralbank zur Verfügung gestellte Liquidität innerhalb des Bankensystems.

Schaubild 3 zeigt, dass es weder dem amerikanischen Federal Reserve noch der Bank of England seit 2008 gelungen

Schaubild 3 **Westliche Industrieländer: Kein Anstieg der Kreditvergabe trotz stark expansiver Geldpolitik**

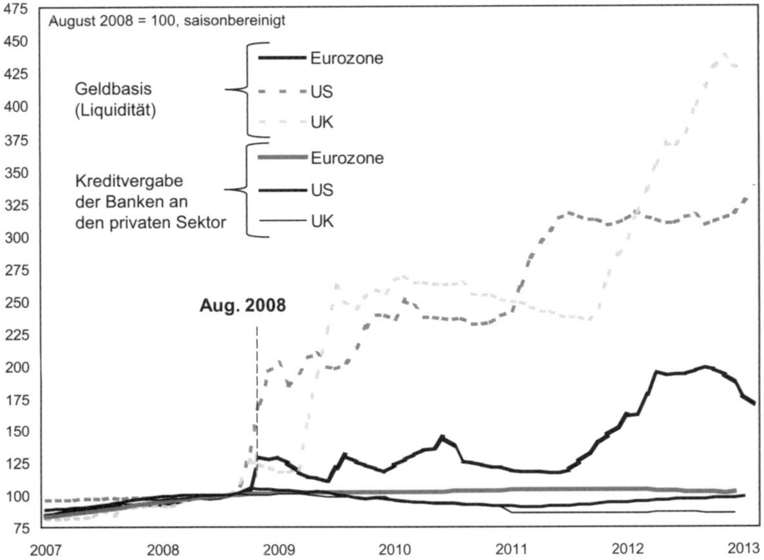

Anm.: Kreditvergabe der Banken für Großbritannien ohne Kredite an zwischengeschaltete Finanzinstitutionen

Quelle: Berechnungen des Nomura Research Institute auf Grundlage von Daten der EZB, des US Federal Reserve Board und der Bank of England

ist, mit ihren massiven Liquiditätsspritzen einen Rückgang der Kreditvergabe an den privaten Sektor zu verhindern. Auch die geldpolitische Lockerung seitens der Europäischen Zentralbank (EZB) führte nur zu einer minimalen Zunahme der Kredite. Desgleichen ist in Japan der Versuch der Zentralbank gescheitert, durch eine Verdreifachung der Geldbasis nach 1990 die Kreditaufnahme im Privatsektor zu steigern; diese verharrt weiter auf dem Stand von vor 22 Jahren (Schaubild 4). Das Ausbleiben der Kreditaufnahme trotz eines Niedrigzinsrekords in die-

Schaubild 4 **Japan: Kein Anstieg der Geldmenge trotz massiver Liquiditätsspritzen**

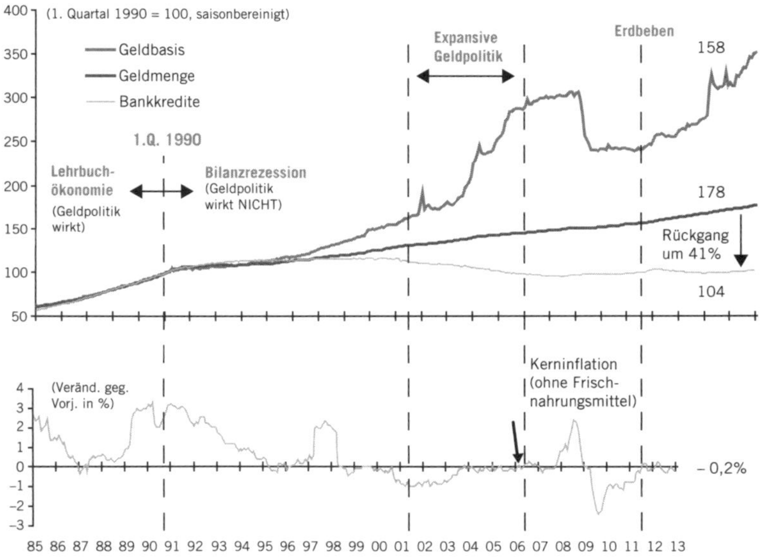

Anm.: Saisonbereinigung durch Nomura Research Institute
Quelle: Bank of Japan

sen Ländern zeigt, dass die Geldpolitik weitgehend ihre Wirksamkeit eingebüßt hat.

In allen diesen Ländern hat man argumentiert, dass das langsame Kreditwachstum den Banken anzulasten sei; diese seien mit faulen Krediten belastet, was sie davon abhält, neue Kredite zu vergeben. Dieses Argument der »Kreditklemme« wurde von den Medien weit verbreitet, denn Banken, die nicht zur Vergabe neuer Kredite bereit sind, geben eine hervorragende Zielscheibe für Leitartikelschreiber und Politiker ab.

Diesem Argument müssen jedoch die empirischen Fakten entgegengehalten werden. Die japanische Zentralbank befragt seit vielen Jahrzehnten regelmäßig mehr als 10 000 Unternehmen, wie sie die Bereitschaft der Banken zur Kreditvergabe einschätzen. Die Antworten auf diese im Rahmen des Tankan Survey (Schaubild 5) gestellte Frage zeigen, dass die Banken mit Ausnahme der Jahre 1997, 2002 und 2008 durchaus bereit waren, Kredite zu vergeben. Dagegen waren die Unternehmen nicht bereit, sich neu zu verschulden, und dies trotz des niedrigsten Zinsniveaus aller Zeiten. Dies zeigt, dass entgegen der allgemeinen Wahrnehmung mangelnde Kreditnachfrage ein weitaus größeres Problem darstellt als unzureichendes Kreditangebot.

Schaubild 5 **Banken sind bereit zur Kreditvergabe, aber es fehlt an Bereitschaft zur Kreditaufnahme**

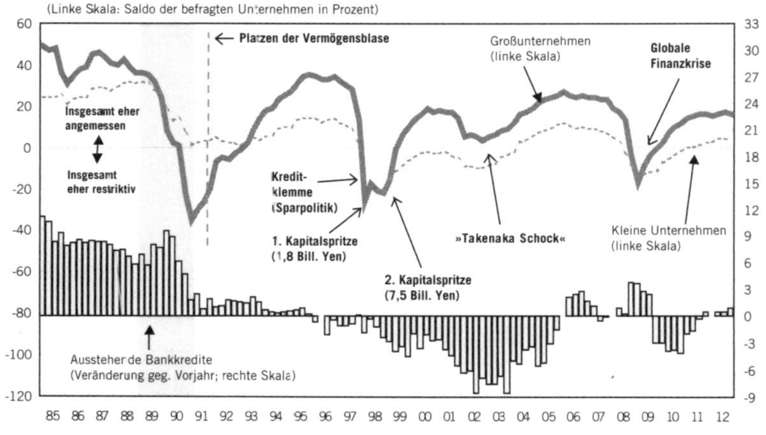

Anm.: An der linken Skala wird der Saldo der befragten Unternehmen gemessen, die die Kreditvergabe der Banken als »angemessen« betrachten, abzüglich derer, die diese als »restriktiv« wahrnehmen, in Prozent aller befragten Unternehmen. Ein positiver Wert besagt, dass die Mehrheit der befragten Unternehmen die Kreditvergabe als »angemessen«, ein negativer Wert, dass die Mehrheit diese als »restriktiv« ansieht. Der grau unterlegte Bereich bezeichnet eine Phase restriktiver Geldpolitik.
Quelle: Bank of Japan, *Tankan Survey*

Ein ähnliches Ergebnis hatte auch im Jahre 1932 eine vom amerikanischen National Industrial Conference Board im Auftrage des US-Kongresses mitten in der Großen Depression durchgeführte Studie erbracht. Sie zeigte, dass 86 Prozent der Befragten keine Probleme mit ihren Banken hatten. Dieses Ergebnis schockierte seinerzeit die Politiker, die die Studie in Auftrag gegeben hatten, weil es so weit von der allgemeinen Wahrnehmung abwich.

Bedeutsamer war jedoch, dass zwar 14 Prozent der Befragten angaben, Probleme bei der Kreditaufnahme gehabt zu haben, die Kreditvergabe im gleichen Zeitraum jedoch um 47 Prozent zurückgegangen war. Aus dieser Diskrepanz lässt sich schließen, dass der Rückgang bei den Krediten nicht darauf zurückzuführen war, dass die Kreditgeber ausstehende Darlehen einforderten, sondern darauf, dass die Schuldner darum bemüht waren, ihre Kreditverbindlichkeiten zu minimieren.

In einer Situation, in der Kreditnehmer ihre Kredite zurückzahlten und niemand mehr neue Kredite aufnahm, wurde der US-Geldmultiplikator negativ und die Geldmenge in den USA schrumpfte zwischen 1929 und 1933 um mehr als 30 Prozent. Das trug zur Deflation bei, und viele Kommentatoren erkannten hierin später die Hauptursache für die lang andauernde wirtschaftliche Schwäche in den USA der 1930er Jahre. Die gleichen Kommentatoren waren dann aber der Auffassung, dass eine weitere Lockerung der japanischen Geldpolitik unter Einhaltung eines Inflationsziels ausreichen würde, um die Krise der japanischen Wirtschaft in den 1990er Jahre zu überwinden.

Was diese Kommentatoren nicht zur Kenntnis nahmen, war, dass die Rückzahlung der Kredite nicht als Reaktion auf einen Rückgang der Verbraucherpreise, sondern auf einen Absturz der Vermögenspreise erfolgte. Solange die Vermögenspreise nicht wieder auf ihr Niveau während des Bestehens der Blase zurückkehren und sich dort halten, was fast unmöglich ist, gibt es keinen Grund für den privaten Sektor, mit dem Schuldenabbau aufzuhören, selbst dann nicht, wenn die Inflation der Verbraucherpreise wieder in den positiven Bereich gestiegen ist.

Einen Beweis dafür kann man in der Tatsache sehen, dass eine Inflation der Verbraucherpreise von mehr als 2 Prozent weder in den USA noch in Großbritannien den Prozess des Schuldenabbaus gestoppt hat. Unternehmen und private Haushalte in den USA und in Großbritannien fahren mit dem Schuldenabbau selbst in einer Zeit negativer Realzinsen fort, und beiden Volkswirtschaften ergeht es nicht besser als der japanischen Wirtschaft mit einer Inflationsrate von null. Dies macht deutlich, dass positive Inflationsraten und negative Realzinsen nicht ausreichen, um den privaten Sektor vom Schuldenabbau abzubringen, wenn er Bilanzprobleme hat.

Man sollte auch zur Kenntnis nehmen, dass der Geldmultiplikator negativ bleiben wird, solange der private Sektor insgesamt Schulden abbaut, denn der Zentralbank ist dadurch die Möglichkeit des Geldmengenwachstums zur Anhebung der Inflationsrate genommen.

Von Japan lernen

In Japan kam es zu einer Bilanzrezession, nachdem in den 1990er Jahren eine Vermögensblase platzte und die Preise für gewerbliche Immobilien landesweit um 87 Prozent fielen. Der daraus resultierende Wertverlust allein des in Form von Aktien und Immobilien gehaltenen Volksvermögens belief sich auf 1500 Billionen Yen, was dem Dreifachen des BIP von 1989 entspricht. Im Vergleich dazu entsprach der Verlust an Volksvermögen in den USA während der Weltwirtschaftskrise »nur« dem einfachen Wert des BIP von 1929. Japans Unternehmenssektor reagierte auf diesen enormen Vermögensverlust damit, dass er seine traditionell wichtige Rolle als Nettokreditnehmer aufgab und stattdessen, wie bereits erwähnt, damit begann, in großem Umfang Schulden zurückzuzahlen.

Trotz des gewaltigen Verlusts an Vermögenswert und des massiven Schuldenabbaus im privaten Sektor gelang es Japan, sein BIP nach 1990 über dem Niveau zu halten, das es am Höhepunkt der Vermögensblase erreicht hatte (Schaubild 6). Die Arbeitslosenquote stieg nie über 5,5 Prozent. Japan konnte eine Depression vermeiden, weil sich der Staat jedes Jahr die im obigen Beispiel erwähnten 100 US-Dollar lieh und in gleichem Umfang seine Ausgaben erhöhte. So gelang es, die gesamtwirtschaftlichen Ausgaben bei 1000 US-Dollar zu halten (900 US-Dollar Ausgaben von Seiten des privaten Sektors plus 100 US-Dollar Staatsausgaben).

Schaubild 6 **Japan: Wachstum trotz großer Vermögensverluste und Bilanzbereinigung im privaten Sektor**

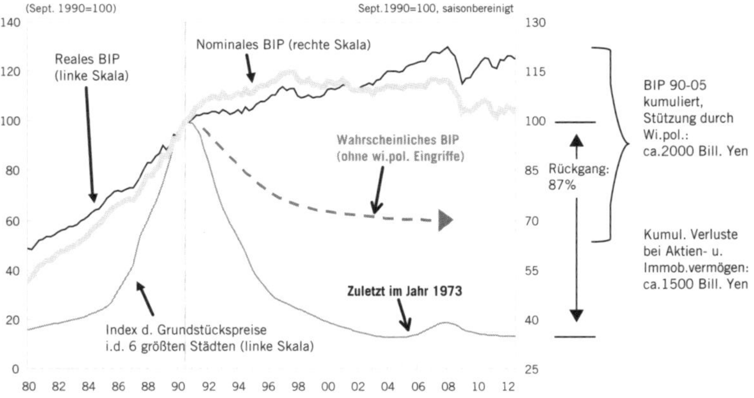

Quellen: Japanische Staatskanzlei, Japanisches Real Estate Institute

Dieses Vorgehen der Regierung stützte die Einkommen im privaten Sektor und ermöglichte so, dass die Unternehmen und Haushalte weiter Schulden abbauen konnten. Im Jahr 2005 hatte der private Sektor die Sanierung seiner Bilanzen abgeschlossen. Da inzwischen die Hälfte der börsennotierten Unternehmen Japans effektiv überhaupt keine Schulden mehr haben (das heißt ihre Guthaben übersteigen ihre finanziellen Verbindlichkeiten), hat Japan heute wahrscheinlich die saubersten Unternehmensbilanzen der Welt.

Die Staatsverschuldung nahm aufgrund dieser Finanzpolitik in der Zeit von 1990 bis 2005 um 460 Trillionen Yen oder 92 Prozent des BIP zu. Das ist erheblich. Weitaus höher war jedoch der Produktionswert, der erhalten werde konnte im Vergleich zu einer Depression, die ohne diese Finanzpolitik nicht zu vermeiden gewesen wäre. Unter der (recht optimistischen) Annahme, dass das japanische BIP ohne das Eingreifen der Regierung auf das Niveau von 1985, also vor Entstehung der Blase, gefallen wäre (die gestrichelte Linie in Schaubild 6), errechnet sich ein Unterschied zwischen diesem hypothetischen Niveau und dem tatsächlichen BIP über einen Zeitraum von 15 Jahren von mehr als 2000 Billionen Yen. Der japanische Staat wendete also 460 Billionen Yen auf, um 2000 Billionen BIP »zu kaufen« – ein ausgezeichnetes Geschäft. Und weil der private Sektor während des gesamten Zeitraums seine Verschuldung abbaute, verdrängten die durch Kreditaufnahme finanzierten zusätzlichen Staatsausgaben auch keine privaten Investitionen und führten weder zu Inflation noch zu einem sprunghaften Anstieg des Zinsniveaus.

Japan konnte in dieser Zeit trotz des massiven Schuldenabbaus des privaten Sektors außerdem eine Schrumpfung der Geldmenge vermeiden, weil die Regierung mit der Aufnahme der überschüssigen privaten Ersparnisse Investitionen finanzierte und eine Verringerung der Bankenaktiva

Schaubild 7 **Expansive Geldpolitik kann finanzpolitische Nachfragestimulierung nicht ersetzen (I): Aggregierte Bilanz des japanischen Bankensystems**

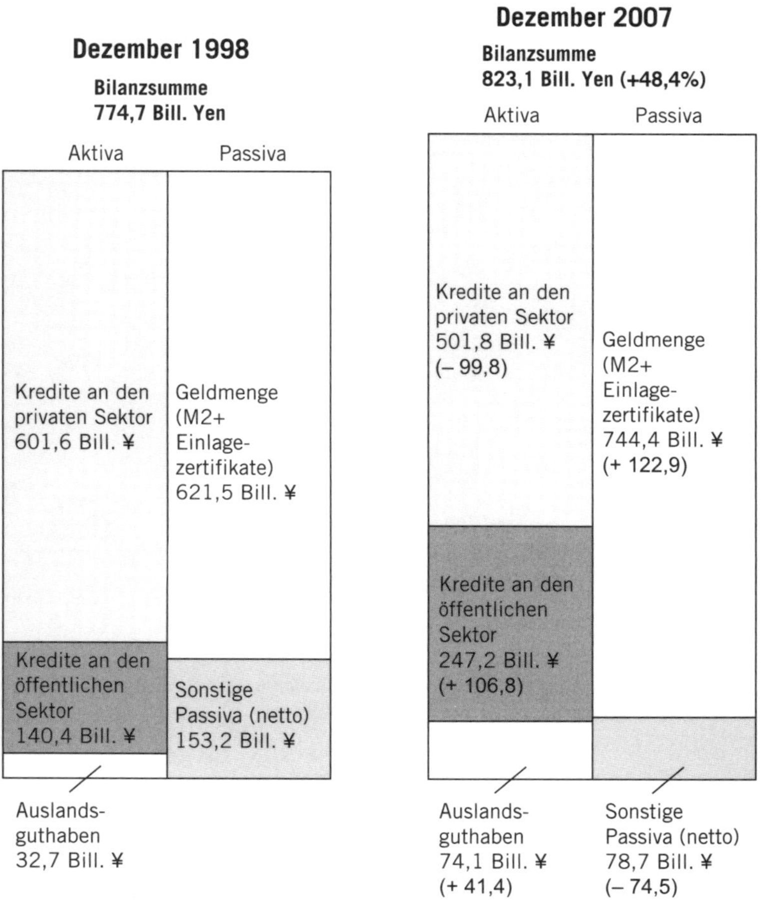

Quelle: Bank of Japan, *Monetary Survey*

verhinderte (Schaubild 7). Auch in den USA war nach 1933 die Geldmenge wieder gewachsen, weil die Roosevelt-Regierung in großem Umfang Kredite zur Finanzierung ihrer New-Deal-Programme aufnahm (Schaubild 8).

Schaubild 8 **Expansive Geldpolitik kann finanzpolitische Nachfragestimulierung nicht ersetzen (II): Aggregierte Bilanz aller Geschäftsbanken des Federal Reserve Systems**

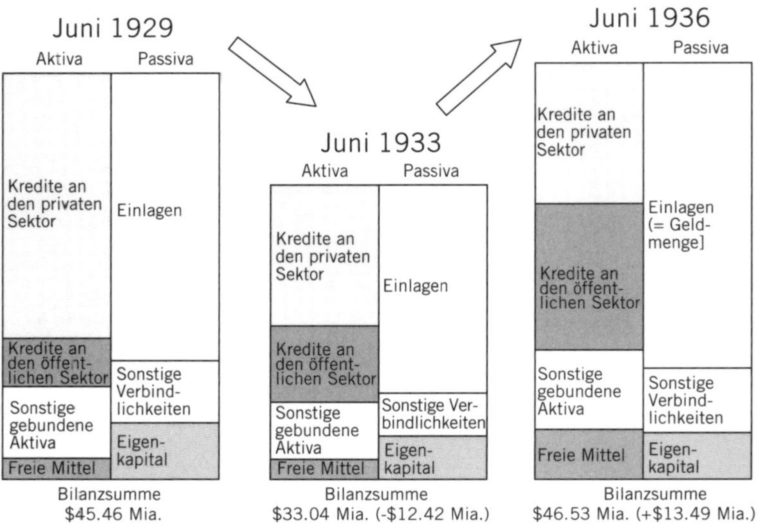

Quelle: Board of Governors of the Federal Reserve System (1976), *Banking and Monetary Statistics 1914–1941*, pp. 72–79

In den vergangenen 30 Jahren haben viele Autoren immer wieder argumentiert, es sei der Wechsel in der Geldpolitik gewesen, der in den USA schließlich zu einer Erholung von der Großen Depression führte. Tatsächlich stieg die Geldmenge, die eine Verbindlichkeit des Bankensystems darstellt, nach 1933 schnell an. Aber keiner dieser Autoren hat sich die Mühe gemacht nachzuschauen, wie es auf der Aktivseite der Bankenbilanzen aussah. Zwischen 1933 und 1936 wuchs die

Geldmenge in den USA einzig und allein deswegen, weil der Staat sich zusätzlich verschuldete; die Kreditvergabe an den privaten Sektor erhöhte sich überhaupt nicht. Und die Kreditvergabe an den Staat nahm zu, weil die Regierung die New-Deal-Programme finanzieren musste. Die Beispiele von Japan nach 1990 und den USA nach 1929 zeigen, dass ein anhaltender finanzpolitischer Stimulus unerlässlich ist, um zu vermeiden, dass in einer Bilanzrezession weder das BIP, noch die Geldmenge schrumpfen.

Schaubild 9 **Verfrühte Reformen der Staatsfinanzen 1997 und 2001 in Japan: Schwaches Wachstum, Verringerung der Steuereinnahmen und Anstieg des Staatsdefizits**

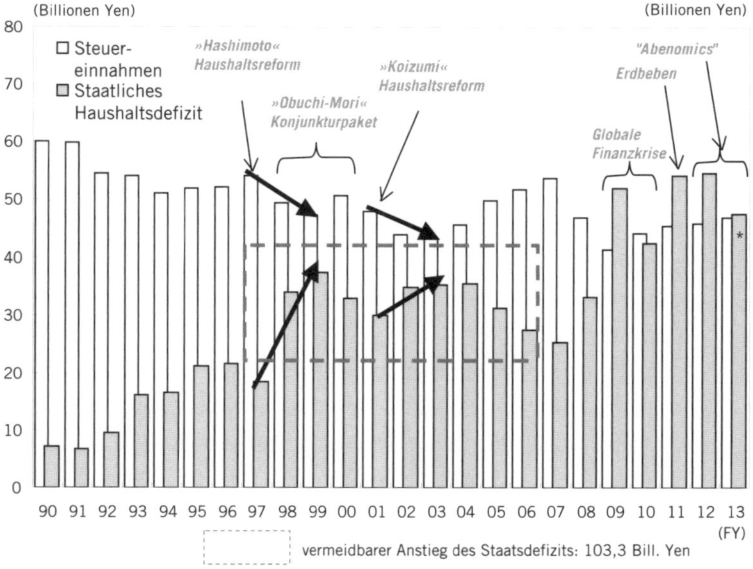

Anm.: *= Schätzung. Ab 2012 enthalten die Werte Einnahmen aus der »Wiederaufbausteuer« und Kreditaufnahme in Form von »Wiederaufbauanleihen«.
Quelle: Japanisches Finanzministerium

Leider schauen die Befürworter einer Konsolidierung der Staatshaushalte in den westlichen Volkswirtschaften heute nur auf die Höhe der Staatsdefizite und ignorieren die Zunahme des privaten Sparens. Dies läuft auf eine Wiederholung des katastrophalen Experiments Japans in den Jahren 1997 und 2001 hinaus. Seinerzeit wurde in Japan mit dem Versuch einer voreiligen Konsolidierung des Staatshaushalts eine Deflationsspirale ausgelöst, durch die sich das Staatdefizit schließlich noch weiter erhöhte (Schaubild 9).

Das Sparprogramm von 1997, bei dem auf Drängen des IWF und anderer orthodoxer Berater die Steuern erhöht und die Staatsausgaben gekürzt wurden, führte dazu, dass die japanische Wirtschaft während fünf Quartalen negative Wachstumsraten verzeichnete und dass das japanische Budgetdefizit um 68 Prozent anstieg, von 22 Billionen Yen 1996 auf 38 Billionen Yen 1999. Es dauerte zehn Jahre, bis das Land aus diesem Loch wieder herauskam, in das es aufgrund des wirtschaftspolitischen Irrtums gerutscht war. Japan hätte seine Bilanzrezession viel schneller überwunden, wenn die Regierung nicht zweimal auf einen Sparkurs umgeschwenkt hätte, und die Kosten wären wesentlich geringer gewesen als die oben erwähnten 460 Billionen Yen. Die USA machten 1937 den gleichen Fehler, ebenfalls mit verheerenden Folgen.

Wenn man von einigen Ländern der Eurozone absieht, auf die wir später noch ausführlicher zurückkommen, gibt es keinen Grund, warum eine Regierung während einer Bilanzrezession Finanzierungsprobleme haben sollte, denn die Kredite, die sie aufnehmen und wieder ausgeben muss, um eine Deflationsspirale zu vermeiden, entsprechen in der Höhe genau den nicht wieder ausgeliehenen und nicht für Investitionen verwendeten privaten Ersparnissen (die oben erwähnten 100 US-Dollar), die sonst irgendwo im Finanzsystem des Landes herumdümpeln.

In einer Situation, in der der private Sektor als Ganzes sich nicht neu verschuldet, müssen die Banken die zurückgezahlten Kredite und die neuen Ersparnisse anderweitig anlegen. Da sie aber prinzipiell nicht zu hohe Kursrisiken eingehen können (das heißt, sie können nicht das ganze Geld in Aktien anlegen) und auch Wechselkursrisiken zu vermeiden suchen, bleibt ihnen nichts anderes übrig, als Staatsanleihen zu kaufen. Deshalb sinken während einer Bilanzrezession die Renditen für Staatsanleihen auf ein ungewöhnlich niedriges Niveau.

Die niedrigen Renditen auf Staatsanleihen während einer solchen Rezession sind keine Blase: Sie sind durchaus zu erwarten, wenn der Staat zum letzten verbleibenden Kreditnehmer wird. Diese niedrigen Renditen sind auch eine Botschaft des Marktes an die Politik, dass jetzt nicht der richtige Zeitpunkt zum Abbau von Staatsdefiziten ist. Ein finanzpolitischer Impuls während einer Bilanzrezession verhindert nicht nur eine Implosion der Wirtschaft und der Geldmenge, sondern ermöglicht es der Regierung zugleich, notwendige öffentliche Investitionen zu geringstmöglichen Kosten für die gegenwärtigen und zukünftigen Steuerzahler durchzuführen.

Auch kann man die Gefahr einer Fehlallokation von Ressourcen oder einer Verdrängung privater Investitionen ausschließen, denn der Staat nimmt ja lediglich die überschüssigen Ersparnisse des privaten Sektors auf. Wenn diese Mittel nicht zur Anregung der Wirtschaftstätigkeit eingesetzt werden, bleiben sie einfach ohne jede Verwendung, was die schlimmste Form der Ressourcenallokation wäre.

Diejenigen, die auf eine rasche Konsolidierung der Staathaushalte drängen, verweisen oft auf die »Wächter des Anleihemarktes«. Aber eine große Anzahl der Anleger am Anleihemarkt in Japan, den USA und in Großbritannien kennen bereits das Konzept der Bilanzrezession und beschreiben mit diesem Begriff den Zustand ihrer Volkswirtschaft. Das ist konsistent mit der Tatsache, dass für Anleihen mit einer Laufzeit von zehn Jahren die Renditen in den drei Ländern auf dem tiefsten Niveau aller Zeiten sind, während die Defizite der Staatshaushalte gleichzeitig höher sind als je zuvor. Die Teilnehmer am Anleihemarkt sind tatsächlich normalerweise die ersten, die einen starken Abbau der Verschuldung des privaten Sektors bemerken, denn ihr Job ist es, die steigenden privaten Ersparnisse wieder anzulegen, genau dann, wenn die Nachfrage nach Krediten durch die traditionellen Kreditnehmer des privaten Sektors nachlässt.

Gründe für die Schuldenkrise in der Eurozone

Während Portfoliomanager in den USA, Großbritannien und Japan zunehmend das Wesen von Bilanzrezessionen erkennen und die Renditen auf historische Tiefstände sinken, bleiben die Zinsen für Anleihen in Ländern der Eurozone wie Spanien und Irland hoch, und in einigen Fällen steigen sie sogar noch weiter. Das hat Befürchtungen über eine Staatsschuldenkrise und einen Zusammenbruch der Eurozone aufkommen lassen. Beides hätte tatsächlich verheerende Folgen für die Weltwirtschaft.

Dieses Phänomen hat seine Wurzeln in einer Besonderheit der Eurozone. Die Portfoliomanager in der Eurozone können nämlich Anleihen anderer Mitgliedsstaaten der Währungsunion kaufen, ohne dabei irgendein Wechselkursrisiko einzugehen. Wenn sie die Lage der Staatsfinanzen im eigenen Land beunruhigt, können sie einfach Staatspapiere anderer Länder der Eurozone kaufen. Dies führt zu einer Art Kapitalflucht innerhalb des Markts für Staatsanleihen, wie sie nur innerhalb einer Währungsunion möglich ist.

Spanien und Irland befinden sich zum Beispiel beide inmitten einer schweren Bilanzrezession. In Spanien entspricht die Höhe der privaten Nettoersparnisse 8,1 Prozent des BIP, in Irland 8,6 Prozent des BIP (siehe Schaubild 1 oben), und dies obwohl die Zinsen extrem niedrig sind. In diesen Ländern stehen also private Ersparnisse in großem Umfang zur Verfügung, aber die Portfoliomanager in Spanien und Irland sind an den Staatspapieren ihres eigenen Landes nicht interessiert und kaufen stattdessen deutsche Staatsanleihen.

Die schlimmsten Befürchtungen des Autors wurden auf einer Reise nach Madrid im November 2011 bestätigt, als er merkte, dass alle Portfoliomanager, die sein Seminar besuchten, spanisches Kapital in Deutschland anlegten. Durch eine solche Kapitalflucht wird den Regierungen von Spanien und Irland die Möglichkeit genommen, die überschüssigen privaten Ersparnisse ihrer eigenen Volkswirtschaften zur Bekämpfung der Bilanzrezession anzuzapfen. Mithin sind die Regierungen dieser Länder gezwungen, Sparprogramme durchzuführen, und die Renditen der einheimischen Staatsanleihen steigen statt zu sinken. Das hat zur Folge, dass die zuvor erwähnten 100 US-Dollar aus dem Einkommenskreislauf herausfallen, mit der Folge einer Deflationsspirale. Tatsächlich werden diese Regierungen gezwungen, den Fehler Japans von 1997 zu wiederholen. Das Ergebnis ist ein Teufelskreis, denn die Deflationsspirale schreckt Anleger noch zusätzlich ab und bringt sie dazu, noch mehr Geld im Ausland anzulegen. Es kann daher nicht überraschen, dass die spanischen Anleihezinsen so hoch sind und dass die Arbeitslosenquote in Spanien bei 26 Prozent liegt.

Der Zusammenbruch der japanischen Wirtschaft im Jahr 1997 verursachte eine schwere Bankenkrise und Kreditklemme (siehe Schaubild 5 oben). Einige japanische Banken, die sechs Jahre lang mit dem Schock der zerplatzten Blase gelebt hatten, konnten den durch die Austeritätspolitik ausgelösten »double-dip« im Jahr 1997 nicht mehr bewältigen.

Ein ähnlicher Verlauf lässt sich in Spanien beobachten, wo die Banken den ursprünglichen globalen Finanzschock zwar einigermaßen gut überstanden, in der Folge aber von der Deflation getroffen wurden, die durch die staatliche Sparpolitik ausgelöst wurde. Dies ließ die Arbeitslosenquote von 12,3 Prozent zum Zeitpunkt des Zusammenbruchs von Lehman Brothers auf heute 26,1 Prozent hochschnellen.

Wenn die Regierungen der Länder am anderen Ende dieser Kapitalfluchtbewegung, vor allem Deutschland, das Geld aus Spanien und Irland aufnehmen und nachfragewirksam verwenden würden, könnte das Wachstum in der Eurozone insgesamt gestärkt werden. Dies hätte wahrscheinlich auch positive Rückwirkungen auf Spanien und Irland. Da sich aber die deutsche Arbeitslosenquote auf dem niedrigsten Stand seit 20 Jahren befindet, sieht die deutsche Regierung keine Notwendigkeit für expansive finanzpolitische Maßnahmen. Ihr ist es wichtig, die im Maastrichter Vertrag festgelegte Schuldengrenze von 3 Prozent des BIP einzuhalten. Aber wenn die spanischen Ersparnisse, die nach Deutschland flüchten, nicht aufgenommen und investiert werden, wird das Ergebnis eine wirtschaftliche Schrumpfung in der ganzen Eurozone sein.

Bis vor wenigen Jahren flossen die Kapitalströme innerhalb der Eurozone in der entgegengesetzten Richtung. Deutsche Banken, die nach dem Zusammenbruch der Telekom-Blase im Jahr 2000 in eine Bilanzrezession geraten waren, kauften in großem Umfang Staatsanleihen südeuropäischer Länder, denn diese Anleihen lauteten auf dieselbe Währung, boten aber höhere Renditen als einheimische Staatspapiere. Der daraus resultierende Kapitalstrom aus Deutschland trug zur Vergrößerung der Immobilienblase in diesen Ländern bei. Auf diesen Punkt werden wir später nochmals zurückkommen. Als dann aber die Blase platzte, drehte sich der Kapitalstrom um und löste die beschriebene Kapitalflucht aus.

Das Problem dieser abrupten Umkehrung der Kapitalströme besteht darin, dass sie in hohem Maße prozyklisch und destabilisierend wirkt. Länder, die sich mitten in einer Blase befinden und gar keine zusätzlichen Gelder brauchen oder wollen, sehen sich mit einem massiven Zufluss an Kapital konfrontiert. Andererseits müssen die Regierungen der Länder, die eine Bilanzrezession durchmachen und Kapital dringend brauchen, zusehen, wie Ersparnisse abfließen und ihnen so die Möglichkeit genommen wird, ihre Wirtschaft durch zusätzliche, schuldenfinanzierte Staatsausgaben zu stimulieren.

Eine Lösung für die Eurozone: Staatsanleihen nur für Staatsbürger

Ein Ausweg aus dieser Krise wäre die Ankündigung, dass nach einer Übergangsperiode von vielleicht fünf bis zehn Jahren die Mitgliedsländer die 3-Prozent-Defizitregel durch eine neue Regel ersetzen, die den Verkauf einheimischer Staatsanleihen an Anleger aus anderen Staaten verbietet. So dürften zum Beispiel griechische Staatsanleihen nur an griechische Anleger ausgegeben werden.

Durch eine solche Regel würden die nationalen Regierungen in die Lage versetzt, sowohl fiskalische Disziplin als auch fiskalische Flexibilität zu erreichen. Eine Wiederholung der heutigen Probleme könnte dann vermieden werden. Die Anwendung dieser Regel würde wieder zu größerer Haushaltsdisziplin führen, denn die Regierungen könnten nicht höhere Defizite anhäufen, als ihre Bürger tolerieren. Sie würde aber auch wieder zu größerer fiskalischer Flexibilität führen, denn die Staaten könnten sich mit mehr als 3 Prozent des BIP verschulden, sofern sie ihre Bürger davon überzeugen können, dass diese Defizite im Interesse einer Stabilisierung der einheimischen Wirtschaft notwendig sind. Dies ist in einer Bilanzrezession von entscheidender Bedeutung, denn gerade in einer solchen Situation kann ein höheres Defizit erforderlich sein, um die Wirtschaft zu stabilisieren.

Das Wichtigste aber ist, dass durch diese Regel destabilisierende Kapitalströme verhindert würden, weil beispielsweise spanische Anleger nicht mehr in deutsche Staatsanleihen flüchten könnten. Im Kern stellt diese Regel Portfoliomanager der Eurozone gleich mit Portfoliomanagern anderswo, sodass destabilisierende Ströme auf Märkten für Staatspapiere unter Kontrolle gehalten werden. Betrachtet man die hohen Überschüsse an privaten Ersparnissen in Spanien, dann würde diese Regel allein ausreichen, um die Zinsen für spanische Staatsanleihen auf ein Niveau herunterzubringen, das mit dem in Ländern außerhalb der Eurozone, die wie Großbritannien und die USA ebenfalls unter einer Bilanzrezession leiden, vergleichbar ist. Niemand würde von einer Staatsschuldenkrise in Spanien reden, wenn die Zinsen für Staatsanleihen dort auf einem historischen Tiefstand wären. Das Gleiche gilt für Irland.

Die genannte Regel würde auch verhindern, dass sich Probleme mit den öffentlichen Finanzen und politische Veränderungen in einem Land auf das gesamte Währungsgebiet auswirken, da die Finanzpolitik wieder zu einem internen nationalen Thema würde. Wenn zum Beispiel der griechische Staat zahlungsunfähig würde, wäre dies nur ein Problem für die Griechen und könnte unabhängig vom Zustand der Eurozone als Ganzes betrachtet werden. Es würde auch die EZB von der Aufgabe befreien, sich mit den Budgetproblemen in den Mitgliedsländern der Eurozone zu befassen; stattdessen könnte sie sich auf ihre eigentlichen geldpolitischen Aufgaben konzentrieren.

Darüber hinaus würde die Anwendung dieser Regel den Tenor der nationalen politischen Debatte verändern. Die Protestierenden auf den Straßen verschiedener Hauptstädte könnten nicht länger Bürokraten in Brüssel, Banken in Paris oder Politiker in Berlin für alles verantwortlich machen. Sie müssten stattdessen versuchen, ihre Verwandten und Freunde davon zu überzeugen, vermehrt Staatsanleihen der eigenen Regierung zu erwerben.

Man könnte in dieser Regel eine Art Kapitalverkehrskontrolle sehen, aber die Restriktion, dass Staatsanleihen nur von Anlegern aus dem eigenen Land erworben werden dürfen, stellt nur eine minimale Einschränkung des freien Kapitalverkehrs dar. Alle Bürger in der Eurozone könnten nach wie vor Wertpapiere des privaten Sektors anderer Mitgliedsländer erwerben, und gerade in diesem Bereich schlägt sich die effizienzsteigernde Wirkung einer Währungsunion wirklich nieder. Es ist schwer einzusehen, was für eine Art von Effizienzsteigerung vorliegen soll, wenn man deutschen Banken erlaubt, griechische Staatsanleihen zu kaufen. Im Gegenteil, wenn eine deutsche Bank griechische Staatsanleihen erwirbt, so erlaubt das den Griechen eine leichtsinnige Haushaltspolitik, die am Ende die wirtschaftlichen Vorteile aus der Währungsunion für alle Beteiligten verringert. Da Staatsanleihen ohnehin immer die im Vergleich zu anderen Anlageformen niedrigsten Renditen abwerfen, wird es kein großer Verlust für die Anleger aus der Eurozone sein, wenn sie nicht mehr die Staatsanleihen anderer Mitgliedsländer kaufen können.

Für einen integrierten Finanzmarkt wie Europa wäre es natürlich nicht ganz einfach, Kapitalkontrollen wasserdicht zu gestalten, selbst wenn die Strafen bei Verstößen sehr hart wären. Aber wenn genügend Anleger sich regelkonform verhalten, würden die Zinsen für spanische und irische Anleihen deutlich sinken, und das würde nicht nur den betreffenden Ländern helfen, sondern auch jenen Anlegern, die sich an die Regel halten. Im Sinne dieser Regel sollten Finanzinstitutionen, die intern überwacht werden, als einheimische Institutionen angesehen werden, damit die zuständigen Behörden sicherstellen können, dass dort nicht Staatsanleihen im Auftrag von Ausländern gekauft werden.

Diese Regel würde auch die finanzpolitische Souveränität der einzelnen Länder sicherstellen, anstatt sie den Launen der Bürokraten in Brüssel oder der Politiker in Berlin zu unterwerfen. So ist es heute tatsächlich eine Herausforderung für die Demokratie in der Eurozone, den Bürgern das Gefühl zu vermitteln, dass sie über ihr eigenes Schicksal entscheiden können, ohne dabei die Glaubwürdigkeit des Euro als gemeinsame Währung aufs Spiel zu setzen. Eine Regel, die die Ausgabe von Staatsanleihen auf die Bürger jeweils des Landes beschränkt, in dem sie emittiert werden, würde dieser Herausforderung entgegenkommen; sie gibt den Mitgliedsstaaten komplette Freiheit bei der Gestaltung ihrer Staatfinanzen, solange sie ihre Staatspapiere nicht an Ausländer verkaufen.

Um das künstliche Gebilde namens »Eurozone« zu erhalten, wird man ohne künstliche Beschränkungen nicht auskommen. Die Festschreibung einer Obergrenze für Haushaltsdefizite im Vertrag vom Maastricht stellte einen ersten Versuch einer solchen Beschränkung dar. Aber die gegenwärtige Krise macht deutlich, dass damit destabilisierende Kapitalströme oder Bilanzrezessionen nicht in den Griff zu bekommen sind.

In Spanien spart der private Sektor heute zum Beispiel über 8 Prozent des BIP trotz Zinsen, die nahe null liegen. Wenn der spanische Staat sich nur in Höhe von maximal 3 Prozent des BIP verschulden kann, versickern die verbleibenden 5 Prozent privater Ersparnisse, und das jährliche Wachstum der spanischen Wirtschaft fällt um 5 Prozent niedriger aus. Eine solche Situation ist im Maastricht-Vertrag nicht vorgesehen, denn die konventionelle Ökonomie hat nie die Möglichkeit in Erwägung gezogen, dass der private Sektor bei extrem niedrigen Zinsen so viel spart. Wenn man den 3-Prozent-Deckel ersetzt durch die Regel, den Verkauf von Staatsanleihen an ausländische Anleger zu verbieten, würde die Haushaltsdisziplin in diesen Ländern wiederhergestellt und es wäre den zuständigen Behörden trotzdem möglich, angemessen auf die Bilanzrezession zu reagieren.

In der Rückschau wird klar, dass eine solche Regel eigentlich bereits seit der Einführung des Euro hätte gelten sollen. Wäre dies der Fall gewesen, hätte es keines der Probleme gegeben, mit denen sich die Eurozone heute konfrontiert sieht. Unglücklicherweise operierte die Europäische Währungsunion mehr als zehn Jahre lang ohne diese Regel, mit der Folge massiver Ungleichgewichte zwischen den Mitgliedsländern. Es wird viele Jahre dauern, bis dieser Schaden behoben ist. Deshalb ist eine Übergangsperiode erforderlich.

Während dieser Übergangsperiode sollte eine differenzierte Risikogewichtung für einheimische und ausländische Staatsanleihen in den Portefeuilles der Banken und institutionellen Anleger in der Eurozone eingeführt werden. Dabei wäre das Risiko einheimischer Staatspapiere geringer zu gewichten als das ausländischer Staatsanleihen, da einheimische Anleger die Regierung ihres jeweiligen Landes und damit auch die Qualität der von ihr ausgegebenen Staatspapiere in der Regel besser beurteilen können als ausländische Anleger. Wenn durch die Anwendung dieser Regel erreicht wird, dass einheimisches Kapital in ausreichendem Umfang im Lande bleibt, dürften sich die Instabilität und die Spannungen am Kapitalmarkt, die wir heute erleben, weitgehend legen. Da die erwähnte Risikogewichtung keine Kapitalverkehrskontrolle darstellt, dürfte ihre Einführung nicht auf allzu große Widerstände stoßen.

Um die Krise der Eurozone zu beenden, wird ein zweigleisiger Ansatz notwendig sein. Für Irland, Spanien und andere Staaten mit einer Bilanzrezession sollten die EU und die EZB eine neue Diagnose erstellen. Sie sollten anerkennen, dass die massive Entschuldung des privaten Sektors zu einer Zeit des Niedrigzinsrekords diese Länder in eine Bilanzrezession gestürzt hat, und sie sollten diese Länder veranlassen, ihre Wirtschaft durch finanzpolitische Stimuli zu stabilisieren. Sie sollten auch klarmachen, dass sie bereit sind, die betreffenden Länder bei dieser Aufgabe zu unterstützen. Diese Absegnung durch supranationale Institutionen ist absolut unerlässlich; andernfalls würde sich die Kapitalflucht nur beschleunigen. Die betroffenen Länder sollten mit der Haushaltskonsolidierung erst dann fortfahren, wenn sichergestellt ist, dass der private Sektor insgesamt seine Bilanzen vollständig bereinigt hat und wieder zu höherer Kreditaufnahme bereit ist.

Griechenland befindet sich nicht in einer Bilanzrezession, und hier sind fiskalische Sparmaßnahmen entscheidend. Das Land wird auch eine Überbrückungsfinanzierung benötigen, bis die Regierung wieder auf ausreichende inländische Spareinlagen zurückgreifen kann.

Die Regierungen der Mitgliedsländer der Eurozone sollten außerdem gemeinsam erklären, dass sie in zehn Jahren aufhören, Staatspapiere an Nicht-Staatsangehörige zu verkaufen. Falls dies auf politische Widerstände stößt, sollten die Regierungen, wie bereits erwähnt, Maßnahmen ergreifen, um sicherzustellen, dass das Risiko ihre eigenen Staatsanleihen in den Portefeuilles der großen Anleger geringer gewichtet wird als das Risiko ausländischer Staatspapiere. Jedenfalls ist die Verpflichtung zu einer endgültigen Lösung innerhalb eines zeitlichen Limits unbedingt erforderlich, um den Anlegern und Steuerzahlern in den Gläubigerstaaten, deren Hilfe in der Übergangsperiode notwendig sein wird, die Gewissheit zu geben, dass sich die gegenwärtigen Probleme nicht wiederholen werden. Wenn die Anleger sicher sein können, dass der durch die staatliche Sparpolitik ausgelöste Teufelskreis durchbrochen wird, und wenn das zeitliche Limit glaubhaft vertreten wird, dürften sie die gegenwärtigen Renditen der Staatsanleihen in der Eurozone durchaus attraktiv finden.

Deutschlands Bilanzrezession nach 2000 und das »Wettbewerbsproblem«

Viele in Europa beharren weiterhin darauf, dass die Länder Südeuropas den Euro aufgeben und zu ihren eigenen (schwächeren) Währungen zurückkehren sollten, weil ihre Wirtschaft nicht wettbewerbsfähig sei. Die großen Handelsdefizite dieser Länder scheinen dieses Argument zu untermauern. Allerdings ist die zugrundeliegende Annahme problematisch, dass der Verlust an Wettbewerbsfähigkeit allein auf fehlerhafte wirtschaftspolitische Entscheidungen in diesen Ländern selbst zurückzuführen ist.

Wenn in einem Land Inflation herrscht und die Zentralbank keine restriktive Geldpolitik betreibt, steigen die Löhne und die internationale Wettbewerbsfähigkeit seiner Produzenten leidet. Das Land muss dann seine Wettbewerbsfähigkeit wiedererlangen, indem es seine Währung abwertet, was in den Ländern Südeuropas in der Zeit vor dem Euro häufig vorkam. Heute ist es jedoch einem einzelnen Mitgliedsland der Eurozone nicht möglich, die geldpolitischen Zügel unilateral anzuziehen, da alle Länder in der Eurozone der gleichen Geldpolitik der EZB unterliegen. Das führt zunächst zu der Frage, wie sich eine solch große Lücke in der Wettbewerbsfähigkeit trotz einer gemeinsamen Geldpolitik überhaupt auftun konnte.

Die Antwort der Deutschen lautet, dass sie durch schmerzhafte strukturelle Reformen, die auf eine Flexibilisierung des Arbeitsmarkts und eine Stärkung des Pensionssystems ausgerichtet waren, in den Jahren nach 2000 ihre Wettbewerbsfähigkeit zurückgewonnen haben. Deutschland vertritt sogar die Position, dass es den Ländern Südeuropas so lange keine finanzielle Hilfe mehr gewähren will, bis diese ähnliche Strukturreformen durchführen. Die in Deutschland 1999 getroffene Übereinkunft zwischen der Regierung und den Vertretern der Arbeitnehmer und der Arbeitgeber mit dem Ziel, die Lohnzuwächse unter den Produktivitätszuwächsen zu halten, trug, wie Heiner Flassbeck in diesem Buch hervorhebt, ganz erheblich zur Verbesserung der deutschen Wettbewerbsfähigkeit bei.

Diese Übereinkunft war für die Erhöhung der Wettbewerbsfähigkeit der deutschen Wirtschaft zwar von großer Bedeutung, sie war jedoch nicht der einzige Grund: Im gleichen Zeitraum wuchs die Geldmenge in Deutschland erheblich langsamer als in anderen Ländern der Eurozone. Wie Schaubild 10 zeigt, erhöhte sich die Geldmenge in Deutschland zwischen dem 1. Quartal 2000 und dem 3. Quartal 2008 nur um 56 Prozent, während sie in Griechenland um 102 Prozent zunahm. Dieser Unterschied von 46 Prozentpunkten führte natürlich zu einem signifikanten Auseinanderdriften der Preisentwicklung und damit der Wettbewerbsfähigkeit zwischen diesen beiden Ländern. (Das Geldmengenwachstum in der Eurozone ohne Deutschland betrug während dieses Zeitraums 109 Prozent.)

In dem betrachteten Zeitraum stiegen die Lohnstückkosten in Griechenland um 33,7 Prozent, in Deutschland dagegen nur um 0,6 Prozent. Wenn wir eine ähnliche Relation in Deutschland zwischen Lohnstückkosten und Geldmenge unterstellen wie in Griechenland, dann hätten die deutschen Lohnstückkosten in dieser Periode um 18 Prozent steigen müssen. Mit anderen Worten, wenn Deutschland sich ge-

Schaubild 10 **Ursachen für das Auseinanderdriften der Wettbewerbsfähigkeit zwischen Griechenland und Deutschland**

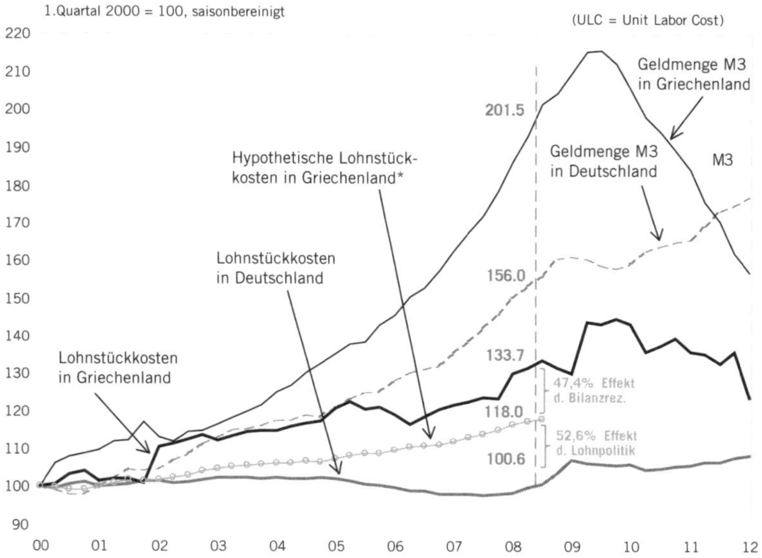

Anm.: * Lohnstückkosten unter Annahme eines gleich hohen Geldmengenwachstums wie in Deutschland
Quellen: Berechnungen des Nomura Research Institute auf Grundlage von Daten der EZB, der Deutschen Bundesbank und der Bank von Griechenland

nauso wie Griechenland verhalten und keine Arbeitsmarktreformen durchgeführt oder Lohnzurückhaltung geübt hätte, würde alleine das geringere Geldmengenwachstum in Deutschland 15,7 von 33,1 Prozentpunkten oder 47 Prozent der Differenz bei den Lohnstückkosten zwischen den beiden Ländern im 3. Quartal 2008 erklären. Dies legt auch nahe, dass die Lohnzurückhaltung, deren Bedeutung von Heiner Flassbeck deutlich gemacht wird, und andere strukturelle Reformen in Deutschland die Erklärung für die verbleibenden 53 Prozent der Lücke bieten (Schaubild 10).

Schaubild 11 **Bilanzrezession nach der Telekom-Blase von 1999–2000 in Deutschland: Finanzierungssalden der Wirtschaftssektoren**

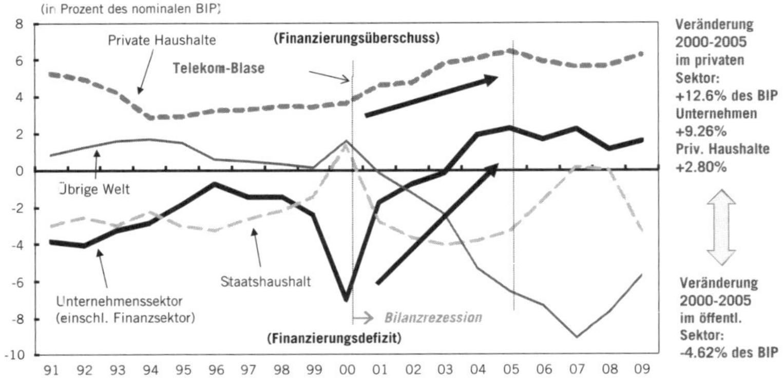

Anm.: Die Übernahme der Schulden der Treuhandanstalt durch den Erblastentilgungsfonds im Jahr 1995 ist berücksichtigt.
Quellen: Deutsche Bundesbank; Statistisches Bundesamt

Das Auseinanderdriften des Geldmengenwachstums kann man zurückverfolgen bis zum Platzen der deutschen Telekom-Blase im Jahr 2000, die das Land seinerzeit in eine schwere Bilanzrezession stürzte. Der Neue Markt, eine deutsche Version des Nasdaq, verlor 96 Prozent gegenüber seinem Spitzenwert und musste schließlich geschlossen werden. Die Bilanzen des privaten Sektors wurden hart getroffen, was dazu führte, dass die privaten Haushalte und Unternehmen in Deutschland ab dem Jahr 2000 ihre Ersparnisse drastisch erhöhten und Schulden zurückzahlten, wie aus Schaubild 11 hervorgeht. Das ganze Ausmaß der Veränderung im Verhalten der deutschen privaten Haushalte nach 2000 wird aus Schaubild 12 ersichtlich: Sie verzichteten vollkommen darauf, sich zu verschulden. Der Umschwung von der Profitmaximierung zur Schuldenminimierung im privaten Sektor

Schaubild 12 **Deutschland: Keine Verschuldung der privaten Haushalte nach der IT-Blase**

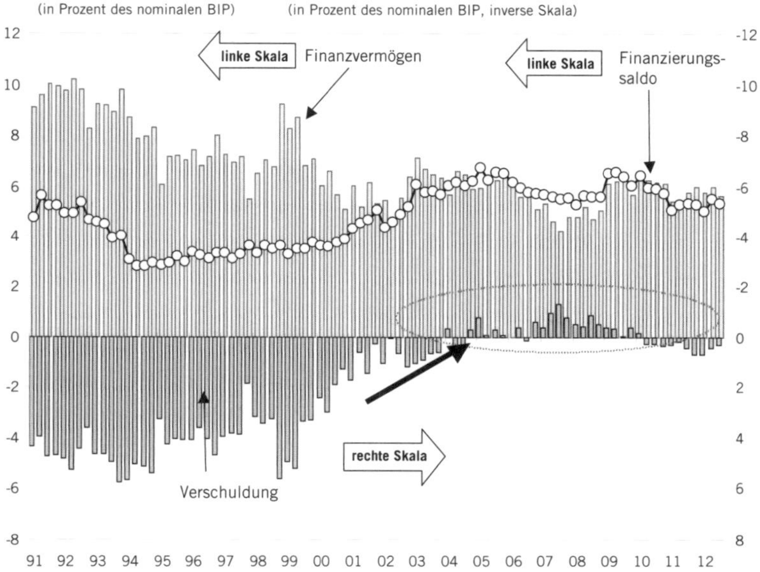

Anm.: Saisonbereinigte Daten. Letzte Daten für das 3. Quartal 2012
Quelle: Berechnungen des Nomura Research Institute auf der Grundlage von Daten der Bundesbank und Eurostat.

belief sich insgesamt auf 12,6 Prozent des deutschen BIP von 2000 bis 2005. Dies schwächte natürlich die Binnennachfrage ganz erheblich und stürzte die Wirtschaft in eine tiefe Rezession.

Wir haben bereits gesehen, dass die Geldpolitik machtlos wird, wenn der private Sektor seine Verschuldung minimiert. Deshalb wäre ein starker finanzpolitischer Impuls nötig gewesen, um die deutsche Wirtschaft zu stabilisieren. Aber Deutschland konnte die Finanzpolitik aufgrund der im Vertrag von Maastricht festgelegten 3-Prozent-Obergrenze für das staatliche Haushaltsdefizit nicht zu diesem Zweck einsetzen. Das tatsächliche Haushaltsdefizit Deutschlands überschritt zwar mehrfach geringfügig diese Grenze, aber die daraus resultierende Anregung der Nachfrage reichte bei weitem nicht aus, um das Wirtschaftswachstum zu stabilisieren.

Schließlich versuchte die EZB, die größte Volkswirtschaft in der Eurozone dadurch zu stützen, dass sie ihren Leitzins von 4,75 Prozent im Jahr 2001 auf einen Nachkriegs-Tiefststand von 2,0 Prozent im Jahr 2003 zurücknahm. Diese starke Zinssenkung hatte jedoch nur geringe Auswirkungen auf die deutsche Wirtschaft, da Bilanzprobleme die Unternehmen und privaten Haushalte dazu zwangen, ihre Verschuldung zu minimieren. Die Geldmenge wuchs sehr langsam, und da die privaten Haushalte praktisch keine neuen Kredite mehr aufnahmen, fiel der Index der Immobilienpreise von 100 im Jahr 2000 auf 92 im Jahr 2005, obgleich die niedrigsten Zinsen der gesamten Nachkriegszeit herrschten. Natürlich war die Inflation bei Löhnen oder Preisen sehr gering.

Zugleich erfreuten sich die Länder in Südeuropa, die an der IT-Blase nicht beteiligt gewesen waren, einer boomenden Wirtschaft und einer robusten Kreditnachfrage des privaten Sektors. Der Leitzins der EZB von 2,0 Prozent führte dort zu einem rapiden Anstieg der Kreditvergabe und der Geldmenge, was nicht nur das Wachstum, sondern auch die Immobilienblase anheizte. So schoss der Immobilienpreisindex in Spanien von 100 im Jahr 2000 auf 207 im Jahr 2005. Im gleichen Zeitraum kletterte dieser Index in Irland auf 176 und in Griechenland auf 166. Auch die Löhne und Preise stiegen rapide an, was dazu führte, dass diese Länder im Vergleich zu Deutschland an Wettbewerbsfähigkeit verloren.

Kurz gesagt, der ultraniedrige Leitzins der EZB hatte einerseits nur sehr geringe Auswirkungen auf die deutsche Wirtschaft, die unter einer Bilanzrezession litt, wirkte andererseits jedoch zu expansiv für andere Volkswirtschaften der Eurozone. Das Ergebnis waren weit auseinanderlaufende Inflationsraten.

Da sich die deutschen privaten Haushalte und Unternehmen insgesamt nicht neu verschuldeten und stattdessen im Jahr 2004 zusammen sogar 8 Prozent des BIP sparten (Schaubild 11) und die deutsche Regierung sich zur gleichen Zeit gezwungen sah, ihr Haushaltsdefizit nicht über 3 Prozent des BIP anwachsen zu lassen, hatten die deutschen Finanzinstitute keine andere Wahl, als die überschüssigen Ersparnisse ausländischen Kreditnehmern zu leihen. Dies führte zu einem Kapitalabfluss aus Deutschland, der wie bereits erwähnt, die Entstehung der Vermögensblasen in Südeuropa förderte. Ein Teil der Kapitalabflüsse trug auch zur Immobilienblase in den USA bei, da die deutschen Banken in erheblichem Umfang amerikanische Subprime Papers kauften.

Durch die gegenüber den boomenden Wirtschaften in Südeuropa zunehmende Wettbewerbsfähigkeit der deutschen Wirtschaft stiegen die Exporte aus Deutschland stark an und das Land wurde aus der Rezession gezogen. Bald überholte Deutschland Japan und China und verbuchte den höchsten Handelsüberschuss der Welt. Der größte Anteil am Anwachsen des Handelsüberschusses entfiel auf Exporte in andere europäische Länder, nicht nach Asien oder Nordamerika (Schaubild 13). Dies legt nahe, dass die intraeuropäischen Inflationsunterschiede der Hauptgrund für die Entstehung des großen Wettbewerbsvorteils der deutschen Wirtschaft waren. Mit anderen Worten: Hätte die EZB anderen Volkswirtschaften der Eurozone nicht in dem Ausmaß eine Beschleunigung der Inflation erlaubt, wie sie es tat, wäre der deutsche Handelsüberschuss wesentlich geringer ausgefallen.

Noch wichtiger ist jedoch, dass eine solch dramatische geldpolitische Lockerung, wie sie die EZB zwischen 2000

Schaubild 13 **Deutsche Handelsbilanz: Aufschwung nach der Telekom-Blase durch Exporte in die Eurozone**

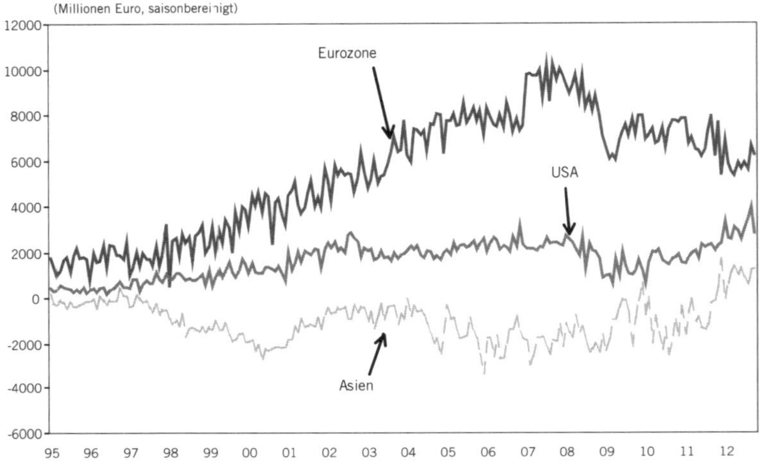

Quelle: Deutsche Bundesbank

und 2005 vornahm, nicht notwendig und das starke Auseinanderdriften der Wettbewerbsfähigkeit vermeidbar gewesen wäre, wenn Deutschland eine expansivere Finanzpolitik betrieben hätte, um die Bilanzrezession nach 2000 zu bekämpfen. Die deutschen Banken hätten auch weniger Staatsanleihen der südeuropäischen Länder und weniger Subprime Papers in den USA gekauft, wenn sie zu Hause in stärkerem Maße in Bundesanleihen hätten investieren können. Unglücklicherweise haben die Verfasser des Vertrags von Maastricht es versäumt, Vorkehrungen für Bilanzrezessionen zu treffen. Ein erheblicher Anteil der heute durch das Auseinanderdriften der Wettbewerbsfähigkeit verursachten Probleme ist der Begrenzung der Haushaltsdefizite durch diesen Vertrag zuschreiben, weil diese zu einer unvernünftigen Überbelastung der Geldpolitik der EZB führt.

Die griechische Regierung hat zweifellos Schuld an der Fehlentwicklung ihrer Staatsfinanzen in der Vergangenheit. Aber der Verlust an Wettbewerbsfähigkeit, unter der Griechenland und andere Volkswirtschaften der Eurozone gegenwärtig leiden, ist nicht die Schuld ihrer Regierungen.

Spanien und Irland befinden sich in schweren Bilanzrezessionen, und eine weitere Verlangsamung des Geldmengenwachstums in diesen Ländern dürfte weiteren Druck auf Preise und Löhne verursachen. Die griechische Geldmenge schrumpft bereits rapide, da Kapital das Land fluchtartig verlässt. Auf der anderen Seite hat die deutsche Wirtschaft die Bilanzrezession nach 2000 überwunden und der Wirtschaftsmotor brummt. Dennoch hat die EZB den Leitzins auf 0,75 Prozent gesenkt mit dem Ziel, jene Volkswirtschaften anzukurbeln, die gerade eine Bilanzrezession durchmachen.

Ein Leitzins von 0,75 Prozent wird Spanien und Irland in dieser Situation aber wenig helfen. Zugleich sind dieser Leitzins und eine Rendite von weniger als 1,5 Prozent auf Bundesanleihen mit zehnjähriger Laufzeit eindeutig zu niedrig für Deutschlands boomende Wirtschaft. Dort ist es bereits zum ersten Mal seit mehr als 15 Jahren zu einem Anstieg der Immobilienpreise gekommen. Die Beobachtung, dass die deutschen privaten Haushalte sich endlich wieder verschulden und Immobilien kaufen, lässt eine Beschleunigung des Geldmengenwachstums erwarten. Auch werden Preise und Löhne in Deutschland wahrscheinlich weiter steigen.

Wir beobachten zurzeit also das genaue Gegenteil der Ereignisse nach dem Platzen der IT-Blase, als die Volkswirtschaften in Südeuropa gesund waren und Deutschland hinkte. Irgendwann werden sich die Pfade des Geldmengenwachstums und der Lohnkosten in Deutschland (zunehmend) und im Rest der Eurozone (verlangsamend und abnehmend) kreuzen, sodass sich die Lücke bei der Wettbewerbsfähigkeit schließt.

Schaubild 14 zeigt die unterschiedlichen Trends der Lohnstückkosten in den letzten beiden Jahren und verlängert sie in die Zukunft. Die Trendlinien von Deutschland einerseits und von Spanien, Irland, Griechenland und Portugal andererseits lassen vermuten, dass die Pfade sich zwischen 2015 und 2018 kreuzen werden. Wenn sich die Entwicklung der letzten zwölf Monate fortsetzt, könnte dies sogar noch früher geschehen. Das Geldmengenwachstum ist in Griechenland geringer als in Deutschland, wo auch langsam bemerkt wird, dass die griechischen Löhne und die Preise griechischer Produkte wieder wettbewerbsfähiger werden.

Schaubild 14 **Erwartete Konvergenz der Lohnstückkosten in der Eurozone**

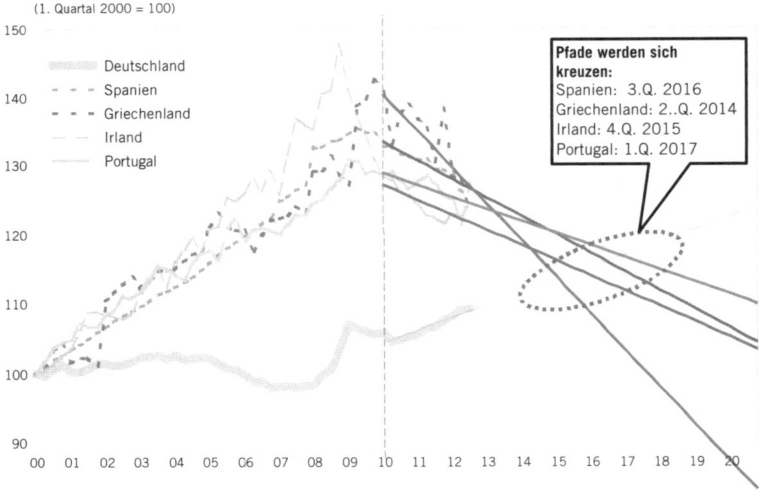

Anm.: Saisonbereinigte Daten. Die Entwicklung der Lohnstückkosten wurde auf der Basis der Trends vom 1. Quartal 2010 bis zum 3. Quartal 2012 geschätzt.
Quelle: Berechnungen des Nomura Research Institute auf der Grundlage von Daten der EZB

Es gibt für Griechenland keinen Grund, die Eurozone aus Gründen der Wettbewerbsfähigkeit zu verlassen, da die griechischen Löhne und Preise innerhalb der nächsten zwei oder drei Jahre wieder an Wettbewerbsfähigkeit gewinnen werden. Dagegen würde die Erholung vom Schock eines Ausstiegs aus dem Euro leicht fünf oder zehn Jahre dauern, wenn man die Erfahrungen Argentiniens nach 2001 als Orientierungshilfe nimmt. Wenn die Gewerkschaften in Ländern mit hoher Arbeitslosigkeit wie Spanien und Griechenland Lohnkürzungen im Austausch gegen Jobsicherheit akzeptieren würden, ließe sich das Problem der Wettbewerbsfähigkeit sogar noch schneller lösen. Wenn die Deutschen sich überdies darauf einigen könnten, ihre Löhne im gleichen Maß wie die Produktivität steigen zu lassen, wie Heiner Flassbeck es fordert, würde sich die Anpassungszeit sogar noch weiter verkürzen.

Dieses Hin und Her zwischen Deflation (wie in Deutschland nach 2000 und in Südeuropa und Irland nach 2008) und Inflation (wie in Südeuropa und Irland nach 2000 und in Deutschland nach 2010) ist alles andere als ideal. Diese Divergenzen und Fluktuationen auf der makroökonomischen Ebene werden die Eurozone aber auch weiterhin belasten, solange einige Mitgliedsländer sich in Bilanzrezessionen befinden und andere nicht. Der einzige Weg, dieses Problem zu beseitigen, besteht darin, von den Ländern, die sich in einer Bilanzrezession befinden, zu verlangen, dass sie einen für die Erholung der Nachfrage notwendigen expansiven finanzpolitischen Kurs einschlagen, damit die Geldpolitik der EZB beim Versuch, dieser Rezession zu begegnen, nicht in unangemessener Weise verzerrt wird.

Leider ist vielen europäischen Politikern noch nicht bewusst, dass es eine ökonomische Krankheit gibt, die man Bilanzrezession nennt. Ihr Ruf nach größeren Sparanstrengungen bei den öffentlichen Finanzen und einem weiteren

Ausbau der europäischen Fiskalunion ist in dieser Hinsicht nicht hilfreich, denn damit würde allen Ländern die gleiche Fiskalpolitik aufgezwungen, ganz gleich, ob sich ein Land in einer Bilanzrezession befindet oder nicht. Viele Europäer haben angesichts der Probleme der Staatsverschuldung und der vom Maastricht-Vertrag auferlegten Restriktionen die Möglichkeit einer expansiveren Finanzpolitik bereits ganz abgeschrieben.

Aber bis die Politiker ihren Wählern erklären, dass sie gegenwärtig mit einer Rezession besonderer Art konfrontiert sind, die eine besondere Art von Wirtschaftspolitik erfordert, wird sich die Situation in Europa wahrscheinlich noch weiter verschlechtern, denn der private und der öffentliche Sektor bauen zur gleichen Zeit Schulden ab. Es gibt wahrscheinlich nichts, was den Teufelskreis mehr beschleunigt als eine Haushaltskonsolidierung während einer Bilanzrezession. Sobald aber eine andere Diagnose gestellt, eine Frist für eine grundsätzliche Reform gesetzt und der Finanzmarkt davon überzeugt wird, dass sich die gegenwärtigen Probleme nicht wiederholen, wird sich das Interesse der Investoren an Staatsanleihen wiederbeleben, denn sie können sicher sein, dass der Teufelskreis zu Ende geht.

Die Schwierigkeit einer finanzpolitischen Stimulierung in einer Demokratie

In den Vereinigten Staaten hat der Chef der amerikanischen Notenbank, Ben Bernanke, verstanden, welche Risiken von einer Bilanzrezession ausgehen. Seit Anfang 2010 hat er immer wieder davor gewarnt, dass jetzt nicht der richtige Zeitpunkt sei, um die Konsolidierung der Staatsfinanzen voranzutreiben. Dies betonte er auch im Rahmen einer Pressekonferenz am 25. April 2012; seinerzeit antwortete er auf die Frage nach einer möglichen Reaktion des Fed, falls sich der Kongress im Streit um die sogenannte »Fiskalklippe« nicht einigen werde: »Die Fiskalklippe ist so hoch, dass es für das Federal Reserve absolut keine Möglichkeit gibt, auf irgendeine Weise die damit verbundenen Auswirkungen auf die Wirtschaft zu kompensieren.« Damit räumte er ein, dass die geldpolitische Lockerung in der gegenwärtigen Rezession kein Ersatz sein kann für eine Stärkung der Nachfrage durch eine expansive Finanzpolitik.

In Großbritannien, wo es selbst mit der stärksten quantitativen Lockerung in der Geschichte nicht gelang, die vorhergesagte wirtschaftliche Erholung zu erreichen, und auch eine erneute »double-dip«-Rezession nicht verhindert werden konnte, umschreiben viele Politiker und Beobachter die schlechte Wirtschaftslage inzwischen mit dem Begriff Bilanzrezession.

Leider bemühen sich die Politiker in den USA und in Großbritannien nicht, ihre Einsichten und Bedenken der breiten Öffentlichkeit zu vermitteln, die deshalb weiterhin nicht verstehen kann, warum es dem Staat erlaubt sein sollte, sich weiter zu verschulden, wenn dies nicht für die privaten Haushalte und Unternehmen gilt. Folglich sind viele einfache Bürger dieser beiden Länder immer noch der Meinung, dass eine Konsolidierung der Staatsfinanzen wichtiger sei als eine Anregung der Wirtschaftstätigkeit durch expansive Finanzpolitik. Das Gleiche gilt für Japan.

Ganz allgemein gesagt haben die Bemühungen um eine Konsolidierung der Staatsfinanzen nach 2010 in all diesen Ländern erneut gezeigt, dass es extrem schwierig ist, in einer Demokratie in Friedenszeiten eine auf Nachfragestimulierung ausgerichtete Finanzpolitik lange genug durchzuhalten. Das ist ein zentrales Problem während einer Bilanzrezession, denn die fiskalische Stimulierung muss so lange fortgesetzt werden, wie der Prozess des Schuldenabbaus im privaten Sektor andauert. Nur so können die Länge der Rezession abgekürzt und die fiskalischen Kosten ihrer Bekämpfung begrenzt werden. In den meisten Demokratien sind jedoch unglücklicherweise diejenigen in der Mehrheit, die ein Ende der finanzpolitischen Maßnahmen zur Stimulierung der Nachfrage fordern, sobald in der Wirtschaft wieder erste Lebenszeichen erkennbar sind.

Dementsprechend lässt man die finanzpolitischen Stimulierungsmaßnahmen, die 2009 als Antwort auf die globale Finanzkrise eingesetzt wurden, nun auslaufen. Dagegen setzt sich der Schuldenabbau im privaten Sektor dieser Volkswirtschaften weiterhin unvermindert auf alarmierend hohem Niveau fort, mit dem Ergebnis, dass die Einkommen stagnieren oder sogar schrumpfen.

Wenn die Schrumpfung schmerzhaft genug wird, werden die Regierungen wahrscheinlich eine neue Runde fiskalischer Stimulierung einläuten, um dann wieder zur Haushaltskonsolidierung gezwungen zu werden, sobald diese Maßnahmen der Wirtschaft neues Leben eingehaucht haben. Diese Unstetigkeit in der Finanzpolitik führte in Japan dazu, dass das Land 15 Jahre brauchte, um die Bilanzrezession zu überwinden. Dieses Zickzack in der Wirtschaftspolitik, und besonders die staatlichen Sparinitiativen von 1997 und 2001, verlängerte die japanische Rezession um mindestens fünf Jahre und erhöhte den öffentlichen Schuldenbestand unnötigerweise um mindestens 1 Billion Dollar (siehe Schaubild 9). Der gleiche wirtschaftspolitische Fehler hatte 1937 einen katastrophalen Kollaps der US-Wirtschaft verursacht. Nur zu Kriegszeiten, wenn sowohl die Notwendigkeit zusätzlicher Staatsausgaben als auch die Art der erforderlichen Ausgaben für jedermann offensichtlich sind, lässt sich in demokratischen Staaten eine ausreichende fiskalische Stimulierung durchsetzen und lange genug aufrechterhalten, um eine Bilanzrezession in möglichst kurzer Zeit zu überwinden.

Auch die Regierungen, denen es mithilfe finanzpolitischer Stimulierungsmaßnahmen vor einer Krise gelingt, einen starken Einbruch der Wirtschaftstätigkeit zu vermeiden, werden von der Öffentlichkeit dafür wahrscheinlich eher Kritik als Zustimmung erfahren. Das ist damit zu erklären, dass die meisten Leute nie etwas von Bilanzrezession gehört haben, und dass sie sich nicht vorstellen können, was passiert wäre hätte es den fiskalischen Stimulus nicht gegeben. Da nur ein steigendes Defizit, aber keine Krise wahrzunehmen ist, wird angenommen, das Geld sei für nutzlose Projekte verschwendet worden.

Aus diesem Grund hat die Liberaldemokratische Partei in Japan 2009 die Macht verloren, und auch der frühere britische Premierminister Gordon Brown scheiterte deshalb im Jahr 2010. Aus dem gleichen Grund erlitten Präsident Barack Obamas Demokraten bei den Zwischenwahlen 2010 erhebliche Verluste. Obwohl sie durch ihre Politik die Wirtschaft vor einer verheerenden Deflationsspirale nach dem Zusammenbruch von Lehman Brothers bewahrt hatten, wurden sie von einer Öffentlichkeit attackiert, die sich nicht vorstellen konnte, was ohne diese Maßnahmen geschehen wäre. Diejenigen, die eine Krise verhindern, werden nie zu Helden. Wie Hollywoodfilme uns zeigen, kann es keinen Helden ohne Krise geben.

In letzter Zeit wird in bestimmten Kreisen gerne über die Notwendigkeit einer mittelfristigen Haushaltskonsolidierung geredet, während man zur gleichen Zeit für kurzfristige fiskalische Stimulierung der Nachfrage eintritt. Das mag zwar verantwortungsbewusst erscheinen, ist in Wirklichkeit aber völlig unverantwortlich. Wenn der private Sektor trotz eines Zinsniveaus von praktisch null seine Schulden abbaut – ein Vorgang, der, wie gesagt, in den ökonomischen Lehrbüchern nicht vorgesehen ist –, kann man sicher davon ausgehen, dass die finanzielle Gesundheit des privaten Sektors ernsthaft gestört ist. In dieser Situation über mittelfristige Haushaltskonsolidierung zu reden, ist gerade so, wie einen Schwerverletzten, der gerade ins Krankenhaus gebracht wurde, zu fragen, ob er die teure Behandlung, die er jetzt braucht, überhaupt bezahlen kann. Wenn man ihm diese Frage oft genug stellt, kann der Patient so depressiv werden, dass sich sein Zustand immer weiter verschlechtert, was dann am Ende zu einer noch größeren Krankenhausrechnung führt.

Es wird zuletzt auch mehr und mehr über die Wirkung einer Ankündigung der beabsichtigten Dauer geldpolitischer Maßnahmen geredet. Die Ankündigung des Fed im Juli 2011, dass die Zinsen bis 2013 nicht angehoben werden sollen (die Frist wurde später sogar noch bis ins Jahr 2015 verlängert), war ein Paradebeispiel dafür, wie eine solche Ankündigung eingesetzt wird. Aus bestimmten Gründen spricht jedoch niemand über die mögliche Wirkung einer solchen Ankündigung im Bereich der Finanzpolitik. Jede Diskussion über mittelfristig zu erwartende staatliche Sparmaßnahmen minimiert die Wirkung finanzpolitischer Impulse, wenn Unternehmen und private Haushalte den Eindruck haben, dass sie ihre Bilanzen bis dahin nicht bereinigen können.

Angesichts des geringen verfügbaren Datenmaterials über den Zeitraum, der für eine Bereinigung der Bilanzen des privaten Sektors in einer Bilanzrezession erforderlich ist, dürften sich die Vorhersagen der Regierung in der Regel als deutlich zu optimistisch erweisen. Zum Beispiel waren die von der amerikanischen Regierung gesetzten finanzpolitischen Impulse absolut notwendig. Kontraproduktiv war dagegen das Versprechen Präsident Obamas zu Beginn seiner Amtszeit, das staatliche Haushaltsdefizit bis zum Ende seiner vierjährigen Amtsperiode zu halbieren, wie die späteren Entwicklungen gezeigt haben.

Da der Tod des Patienten keine Lösung sein kann, muss die Regierung alles daran setzen, die Wirkung ihrer finanzpolitischen Maßnahmen über einen längeren Zeitraum hinweg zu maximieren. Das gilt in gleicher Weise für die Finanz- wie für die Geldpolitik. Nur so lassen sich die »Behandlungskosten« minimieren. Es ist nie eine gute Idee, gleichzeitig auf Bremse und Gaspedal zu treten.

Das »Ausstiegsproblem« bei Bilanzrezessionen

Die Überwindung einer Bilanzrezession in einer Demokratie erfordert deshalb viel Zeit, weil der private Sektor seine Verschuldung bei stagnierenden oder sinkenden Einkommen abbauen muss. Die Erfahrung einer solchen Leidensperiode dürfte bei vielen verschuldeten privaten Haushalten und Unternehmen ein Trauma erzeugen, das sie noch lange nach Abschluss der Bilanzbereinigung davon abhalten wird, sich in größerem Umfang neu zu verschulden. Die Überwindung dieses Traumas kann Jahre, wenn nicht sogar Jahrzehnte dauern. Aber bis der private Sektor wieder willens und in der Lage ist, neue Kredite aufzunehmen, wird die Wirtschaft ihr Wachstumspotential nicht voll ausschöpfen und wird ständig durch finanzpolitische Maßnahmen gestützt werden müssen. Das Hauptproblem besteht also darin, die Aversion gegen neue Verschuldung zu überwinden. Man kann dies als das »Exit-Problem« bei Bilanzrezessionen bezeichnen.

In Japan führte die bittere Erfahrung des Schuldenabbaus von 1990 bis 2005 im privaten Sektor zu extremer Zurückhaltung bei der Aufnahme neuer Kredite. Die Unternehmen weigern sich, trotz eines ausreichenden Kreditangebots und des niedrigsten Zinsniveaus aller Zeiten, neue Kredite aufzunehmen. Der private Sektor in Japan spart selbst in dieser Situation noch 10 Prozent des BIP, was der Rekordmarke am Tiefpunkt der Bilanzrezession von 2003 entspricht (siehe Schaubild 2 oben). Japanische Staatsanleihen mit zehnjähriger Laufzeit werden mit weniger als 1 Prozent verzinst, obwohl die Staatsverschuldung 200 Prozent des BIP übersteigt.

Die Erfahrungen in den USA nach der Weltwirtschaftskrise waren sehr ähnlich. Dort bewirkte die verheerende Erfahrung des Schuldenabbaus während der Großen Depression eine so starke Abneigung gegenüber dem Schuldenmachen, dass die Zinsen bis zum Jahr 1959, also 30 Jahre lang, auf einem sehr niedrigen Niveau blieben (Schaubild 15). Die Tatsache, dass es in den USA drei Jahrzehnte dauerte, bis die Zinsen wieder auf 4,1 Prozent anstiegen, obwohl es die massive fiskalische Stimulierung durch den New Deal gegeben hatte und riesige Militärausgaben während des Zweiten Weltkriegs finanziert werden mussten, unterstreicht die Schwere dieses Traumas. Man könnte sogar behaupten, dass es noch länger gedauert hätte, bis die Zinsen wieder auf ein normales Niveau zurückkehrten, wenn die Japaner nicht Pearl Harbor angegriffen hätten. Tatsächlich haben viele Amerikaner, die während der Depression gezwungen waren, ihre Schulden zurückzuzahlen, sich danach nie wieder neu verschuldet.

Vor dem Hintergrund der Erfahrungen der USA nach 1929 und Japans nach 1990 ist zu erwarten, dass die Zinsen für einen sehr langen Zeitraum niedrig bleiben werden, auch dann, wenn die Bilanzen des privaten Sektors wieder in Ordnung gebracht sind. Die Regierungen der Länder, die ein solches Exit-Problem haben, sollten deshalb den Unternehmen Anreize zur Neuverschuldung geben. Solche Anreize, zum Beispiel in Form von Steuererleichterungen für Investitionen oder Abschreibungsvergünstigungen, sollten besonders großzügig bemessen sein, damit möglichst viele Unterneh-

Schaubild 15 **Das Ausstiegsproblem: Erst 30 Jahre nach der Krise von 1929 stellte sich in den USA wieder ein normales Zinsniveau ein**

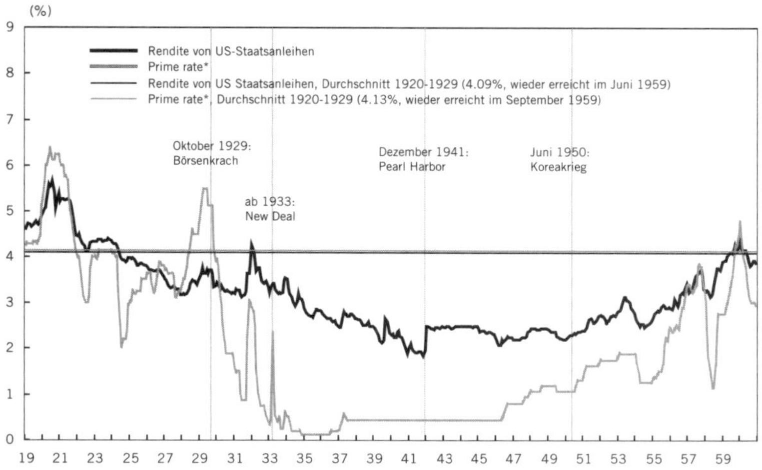

Anm.: * Kreditzins für erstklassige Schuldner (Kred. mit 90 Tagen Laufzeit)
Quelle: Federal Reserve Board, *Banking and Monetary Statistics 1914–1970*

men davon Gebrauch machen. Je schneller das Trauma überwunden wird, desto schneller kann die Regierung zur Konsolidierung der Staatsfinanzen übergehen. Diese Großzügigkeit wird sich mehr als auszahlen, wenn die Schuldenaversion erst einmal überwunden ist.

Jedenfalls sollte eine Konsolidierung des Staatshaushalts erst dann in Betracht gezogen werden, wenn der private Sektor wieder zur Verschuldung bereit ist, wie sich in Japan 1997 und in den USA 1937 gezeigt hat. Bis dahin sollten alle wirtschaftspolitischen Anstrengungen darauf ausgerichtet sein, die Bilanzrezessionen so schnell wie möglich zu beenden. Dazu ist eine kräftige und anhaltende finanzpolitische Stimulierung erforderlich, und zwar so lange, bis die Bilanzbereinigung im privaten Sektor abgeschlossen ist. Im Anschluss daran müssen für den privaten Sektor großzügige Anreize zur Neuverschuldung gesetzt werden. Wenn nur halbherzige und unzureichende finanzpolitische Maßnahmen in dieser Richtung getroffen werden, weil es Bedenken wegen der Höhe des dadurch entstehenden Staatsdefizits gibt, wird damit nur Zeit und Geld verschwendet, da sich die Rezession verlängert und die Kosten der Behandlung dieser ungewöhnlichen Krankheit sich letztlich erhöhen.

Es bleibt später genügend Zeit, die angehäuften öffentlichen Schulden abzutragen, denn die nächste Bilanzrezession vergleichbarer Größenordnung ist wahrscheinlich Generationen weit entfernt. Jedenfalls werden diejenigen, die in der gegenwärtigen Episode bittere Erfahrungen machen, den gleichen Fehler nicht wiederholen. Eine Vermögensblase und eine Bilanzrezession dieses Ausmaßes wird es erst dann wieder geben, wenn diejenigen, die sich an die Ereignisse der jüngeren Vergangenheit erinnern, nicht mehr unter uns sind.

Die Unterscheidung zwischen Problemen der Kreditgeber und der Kreditnehmer

Von großer Bedeutung ist die Unterscheidung zwischen Bilanzrezessionen und Finanzkrisen. Zwar entstehen beide in der Regel nach dem Platzen einer Vermögensblase, eine Bilanzrezession ergibt sich jedoch aus Problemen aufseiten der Kreditnehmer, während eine Finanzkrise ein Problem der Kreditgeber ist. Diese Unterscheidung ist deshalb wichtig, weil jeweils unterschiedliche wirtschaftspolitische Antworten verlangt sind. Während in einer Bilanzrezession die Geldpolitik weitgehend wirkungslos ist, kann und muss sie bei einer Finanzkrise voll eingesetzt werden. Zu den Instrumenten, die der Geldpolitik zur Verfügung stehen, gehören die Bereitstellung zusätzlicher Liquidität, Kapitalspritzen, explizite und implizite Garantien, niedrigere Zinsen und der Kauf von Wertpapieren durch die Zentralbank.

Der Zusammenbruch von Lehman Brothers entfachte eine globale Finanzkrise, weil die amerikanische Regierung den Fehler machte, die Verbindlichkeiten eines der großen Finanzinstitute nicht abzusichern, als sich alle anderen Finanzinstitute mit ähnlichen Problemen konfrontiert sahen. Die daraus resultierende Panik schwächte die Wirtschaft weitaus stärker und schneller, als es aufgrund der vorliegenden Bilanzprobleme zu erwarten gewesen wäre. Deshalb ebbte die Panik ab, als die Regierung dazu überging, Verbindlichkeiten der Finanzinstitute abzusichern. Zahlen des IWF zufolge stellte das Fed zusammen mit Regierungen und Zentralbanken auf der ganzen Welt nach der Lehman-Pleite ungefähr 8,9 Billionen US-Dollar an Liquidität und Garantien bereit. Die Erholung der Aktienkurse und der Industrieproduktion, die ab Frühjahr 2009 während einiger Quartale zu beobachten war, war zum großen Teil eine Erholung von der Finanzkrise.

Die Panik an den Finanzmärkten hat inzwischen nachgelassen, aber die Bilanzprobleme, die auf die Zeit vor der Lehman-Pleite zurückgehen, bestehen nach wie vor. Der seitdem andauernde Verfall der Immobilienpreise dürfte diese Probleme noch verschlimmert haben. Es sind vor allem Bilanzprobleme, die heute die westlichen Volkswirtschaften belasten. Die Bewältigung der Finanzkrise war die leichtere Aufgabe; die harte Arbeit, Millionen von Bilanzen mit wertgeminderten Aktiva im privaten Sektor wieder ins Lot zu bringen, fängt gerade erst an.

Die längerfristigen Refinanzierungsgeschäfte der EZB im Dezember 2011 und Februar 2012 (»LRG I und II«) trugen wesentlich zur Stärkung des europäischen Bankensystems bei. Weil die meisten europäischen Banken sich zur gleichen Zeit mit dem gleichen Problem konfrontiert sahen, herrschte ein großes Maß an gegenseitigem Misstrauen, so wie in den USA nach dem Lehman-Zusammenbruch. Die Bereitstellung zusätzlicher Liquidität durch LRG I und II war absolut notwendig, um das europäische Bankensystem vor dem Zusammenbruch zu bewahren. Diese geldpolitischen Maßnahmen führten jedoch nicht zu einem Anstieg der Geldmenge und bewirkten auch keinen Aufschwung in den europäischen Volkswirtschaften, denn diese litten, zusätzlich zu der oben erwähnten Kapitalflucht, auch unter Problemen aufseiten der Kreditnehmer, eben einer Bilanzrezession.

Schlussfolgerungen

Es ist zu begrüßen, wenn Regierungen Haushaltsdisziplin üben und darum bemüht sind, die Eigenständigkeit des privaten Sektors zu wahren. Aber alle paar Jahrzehnte kann es vorkommen, dass der private Sektor im Zuge der Entstehung einer Vermögensblase nicht mehr zur Selbstkontrolle in der Lage ist und durch das Platzen dieser Blase finanziell angeschlagen wird. Unternehmen und private Haushalte sehen sich dann gezwungen, selbst bei einem Zinsniveau von null ihre Schulden abzubauen. Dadurch wird eine deflatorische Spirale in Gang gesetzt. In dieser Situation, und nur in dieser Situation, muss sich der Staat zusätzlich verschulden, um die überschüssigen Ersparnisse des privaten Sektors aufzunehmen und diese nachfragewirksam zu verwenden. Dies ist nicht nur erforderlich, um das Wachstum des BIP zu stabilisieren und eine Implosion der Geldmenge zu verhindern, sondern auch, um sicherzustellen, dass der private Sektor ausreichende Einkommen erwirtschaftet, die es ihm erlauben, seine Bilanzen wieder in Ordnung zu bringen.

Die wirtschaftspolitischen Entscheidungsträger mögen zwar das Ziel einer Haushaltskonsolidierung durch Steuererhöhungen oder eine Verringerung der Staatsausgaben verfolgen, aber ob es gelingt, das Haushaltsdefizit mit solchen Maßnahmen tatsächlich zu reduzieren, ist eine andere Frage. Wenn der private Sektor sowohl willens und in der Lage ist, sich zu verschulden, wird dies gelingen und die Wirtschaft wird stärker wachsen, da Ressourcen für effizientere Verwendung im privaten Sektor frei werden. Wenn aber die finanzielle Gesundheit des privaten Sektors selbst so stark beeinträchtigt ist, dass dieser sich gezwungen sieht, trotz extrem niedriger Zinsen Schulden abzubauen, so wird ein verfrühtes Auslaufen nachfragestärkender finanzpolitischer Maßnahmen das Defizit sogar erhöhen und die Wirtschaft zusätzlich schwächen. Die Hauptunterschiede zwischen der Welt, wie sie im Lehrbuch steht, und der realen Welt der Bilanzrezession sind in der nachstehenden Übersichtstabelle zusammengefasst.

Eine Phase extensiver Entschuldung des privaten Sektors, wie wir sie zurzeit trotz historisch niedriger Zinsen auf beiden Seiten des Atlantiks erleben, ist gewiss kein geeigneter Zeitpunkt für staatliche Sparprogramme. Solche Programme müssen so lange aufgeschoben werden, bis sichergestellt ist, dass der private Sektor seine Entschuldung abgeschlossen hat und wieder bereit ist, neue Kredite aufzunehmen.

Bis jetzt haben Ökonomen immer implizit angenommen, dass es nur eine Art von Rezession gebe und dass eine Depression nur eine extreme Form der Rezession darstelle. Die Erfahrungen in Japan nach 1990 und in den westlichen Volkswirtschaften seit 2008 zeigen jedoch, dass es zwei Arten von Rezession gibt: diejenige, die im Rahmen des norma-

Übersicht: Lehrbuchökonomie und Realität einer Bilanzrezession im Vergleich

		Welt der Lehrbuchökonomie	Realität einer Bilanzrezession
Triebkraft des Wirtschaftsgeschehens		Adam Smiths »unsichtbare Hand«	Trugschluss (»fallacy of composition«): Einzelwirtschaftliches Verhalten wird auf die Gesamtwirtschaft übertragen
Finanzlage der Unternehmen		Vermögen ist größer als die Schulden	Schulden sind größer als das Vermögen
Verhaltensprinzip		Profitmaximierung	Schuldenminimierung
Ergebnis		Größter Nutzen für größte Anzahl von Wirtschaftssubjekten	Depression (wenn die Wirtschaftspolitik nicht handelt)
Geldpolitik		wirkt	wirkt nicht (Liquiditätsfalle)
Finanzpolitik		kontraproduktiv: öffentliche Investitionen verdrängen private Investitionen	effektiv: öffentliche Investitionen erhöhen die Gesamtnachfrage
Preisentwicklung		inflationär	deflationär
Zinsniveau		normal	sehr niedrig
Sparen		Tugend	Laster (Sparparadoxon)
»Heilung« der Bankenkrise	Räumlich begrenzte Krise	Schnelle Beseitigung der Problemkredite (ohne Berücksichtigung des Einkommenswachstums)	Normale Beseitigung der Problemkredite (durch Förderung Einkommenswachstums)
	Systemkrise	Langsame Beseitigung der Problemkredite (ohne staatliche Hilfe)	Langsame Beseitigung der Problemkredite (mit Hilfe staatlicher Kapitalspritzen)

Quelle: R. Koo, *The Holy Grail of Macroeconomics: Lessons from Japan's Great Recession*, Singapur 2008

len Konjunkturzyklus entsteht, und eine andere, die durch Bilanzprobleme hervorgerufen wird. Bei der Ersteren bleiben die Bilanzen des privaten Sektors im Grunde intakt und monetäre Lockerung ist die richtige wirtschaftspolitische Antwort. Dagegen müssen bei der zweiten Art von Rezession die stark beschädigten Bilanzen des privaten Sektors wieder ins Lot gebracht werden: In diesem Falle sind finanzpolitische Maßnahmen zur Stimulierung der Wirtschaftstätigkeit unabdinglich.

Wenn John Maynard Keynes 1936 geschrieben hätte, dass fiskalische Stimulierungsmaßnahmen nur dann eingesetzt werden sollten, wenn der private Sektor bei sehr niedrigen Zinsen seine Verschuldung minimiert, wären seine wirtschaftspolitischen Empfehlungen nicht während der 1950er und 1960er Jahre missbraucht worden und seine Theorien wären nicht in Misskredit geraten. Ähnliches gilt für Milton Friedman und seine Anhänger. Hätten sie erkannt, dass die von ihnen beschriebene enge Beziehung zwischen Geldpolitik und Wirtschaftstätigkeit nur dann gilt, wenn der private Sektor saubere Bilanzen hat und seine Profite maximiert, dann hätten viele Länder, die in Bilanzrezessionen geraten sind, nicht wertvolle Zeit mit geldpolitischen Anstrengungen in Phasen verloren, in denen eigentlich eine expansive Finanzpolitik erforderlich war.

Wenn die Lehrbücher der Ökonomie endlich dahin kommen, eine Unterscheidung zwischen diesen beiden Arten von Rezession zu treffen, werden sich die Politiker nicht mehr mit widersprüchlichen wirtschaftspolitischen Empfehlungen herumschlagen müssen, wie das heute der Fall ist. Eine breite Öffentlichkeit wird dann verstehen, dass stimulierende finanzpolitische Maßnahmen unabdinglich sind, wenn der private Sektor trotz extrem niedriger Zinsen seine Verschuldung massiv zurückfährt. Bis dahin müssen sich die Politiker jedoch erst einmal gegen die Orthodoxie durchsetzen, um die notwendigen finanzpolitischen Maßnahmen zu treffen und an diesen so lange festzuhalten, wie es die Entwicklung der Wirtschaftslage erfordert. Gleichzeitig müssen sie der Öffentlichkeit klarmachen, dass die Wirtschaft unter einer anderen Krankheit als einer normalen Rezession leidet und deshalb eine andere Art von Behandlung benötigt.

Jayati Ghosh

Wirtschaftliche Integration und globale Krise aus der Perspektive der Entwicklungsländer

Entkopplung des Südens?

Jedermann weiß, dass sich die weltweiten Produktions- und Handelsstrukturen durch zunehmende weltwirtschaftliche Integration in den vergangenen Jahrzehnten und besonders nach der Jahrtausendwende entscheidend verändert haben. In den beiden letzten Jahrzehnten sind einige Entwicklungsländer nicht nur zu wichtigen Exporteuren und Importeuren »aufgestiegen«, sie sind auch eine neue Quelle von Kapitalströmen geworden. Dies hat nach allgemeiner Ansicht signifikante Auswirkungen nicht nur auf die Struktur des internationalen Handels, sondern auch auf die globale Verteilung der Wirtschaftsmacht, die auf verschiedene Weise zum Ausdruck kommt.

Gemäß Daten der Vereinten Nationen betrug zum Beispiel im Jahr 2000 der gemeinsame Anteil von Westeuropa und Nordamerika am globalen BIP (gemessen in nominalen Wechselkursen) noch 64 Prozent. Bis 2011 war dieser Anteil auf weniger als 57 Prozent gefallen. Dieser Wandel wurde hauptsächlich durch den wachsenden Anteil der Länder Ostasiens und der Pazifikregion bewirkt, die 2011 fast ein Viertel des globalen BIP produzierten. Auch Südasien, also der indische Subkontinent, vergrößerte seinen Anteil; allerdings ist dieser mit weniger als 4 Prozent noch immer ziemlich klein.

Bei der industriellen Wertschöpfung fiel die Veränderung noch deutlicher aus: der Anteil Nordamerikas und Westeuropas zusammen fiel von 60 Prozent auf deutlich unter die Hälfte (47 Prozent) im Jahr 2011, während der Anteil Ostasiens und der Pazifikregion im gleichen Zeitraum von 24 auf 36 Prozent zunahm. Im Dienstleistungssektor veränderte sich die Verteilung der Wertschöpfung weniger stark; hier sind die Industrieländer des Nordens mit 64 Prozent im Jahr 2011 weiterhin dominant. Südasien konnte seinen Anteil an den globalen Dienstleistungen in diesem Zeitraum zwar fast verdoppeln, aber er betrug 2011 immer noch weniger als 3 Prozent.

Zahlen der Welthandelsorganisation zeigen, wie sich diese Verlagerung der globalen Produktion in der Struktur des internationalen Güterhandels niederschlägt. Wie bekannt, ist China der große Gewinner bei diesem Wandel, der sich seit 2000 deutlich beschleunigt hat. Zwischen 2000 und 2011 wuchs der Anteil Chinas an den globalen Güterexporten von 3,9 auf 10,4 Prozent. Lässt man die Rohstoffexporte außer Acht, so hat sich der chinesische Anteil am Welthandel bei einem Anstieg von 4,7 Prozent auf 15,4 Prozent mehr als verdreifacht und ist damit fast doppelt so hoch wie der Anteil der USA (8,4 Prozent im Jahr 2011).

Vor dem Hintergrund dieser Verschiebungen wurde von verschiedenen Ökonomen eine Zeit lang die Ansicht vertreten, dass sich einige wichtige Entwicklungsländer in ihrer wirtschaftlichen Entwicklung von den Industrieländern »abkoppeln« können, in denen Stagnation oder sogar Rezession herrscht. Diese Erwartungen wurden dann allerdings während der großen Rezession von 2008/2009 enttäuscht. Das Ausmaß, in dem sich die ökonomische Situation in fast allen Entwicklungsländern verschlechterte, überraschte all jene, die der Ansicht waren, dass einige dieser Länder – vor allem die aufstrebenden Volkswirtschaften in Asien und hier besonders China – nicht nur die schädlichen Auswirkungen der

Krise vermeiden, sondern sogar zu einem neuen Wachstumsmotor für die Weltwirtschaft werden könnten. Rückläufige Exporte und eine dramatische Umkehr der Kapitalströme brachten selbst die stärksten dieser Volkswirtschaften in eine wirtschaftliche Notlage. Sogar in Ländern wie China, die zuvor als relativ immun galten, konnte das Wirtschaftswachstum nur dadurch wieder in Gang gebracht werden, dass die Regierungen finanzpolitische Stimulierungspakete schnürten und die Geldpolitik und Kreditbedingungen erheblich lockerten.

Trotz dieser Erfahrungen taucht die Idee einer Entkopplung immer wieder auf. Es ist sicher richtig, dass sich die Wirtschaft einiger Entwicklungsländer in verschiedenen Teilen der Welt schneller erholt hat als die industrialisierten Volkswirtschaften im Norden. In China und Indien zum Beispiel hat sich das Wirtschaftswachstum zwar etwas verlangsamt, aber die Dynamik dieser Volkswirtschaften ist ungebrochen. Deshalb wurde auch 2012 wieder behauptet, dass sich der Wachstumsmotor in diesen großen aufstrebenden Volkswirtschaften und einigen anderen Entwicklungsländern von der stotternden und schwachen Erholung der Industrieländer im Norden abkoppeln könne.

Die Aussichten für die Industrieländer bleiben trübe, da ihnen eine fehlgeleitete Wirtschaftspolitik zu schaffen macht. Die wirtschaftliche Erholung der USA wird weiter durch politisch motivierte Beschränkungen im Bereich der Finanzpolitik beeinträchtigt, und die Krise der Eurozone entwickelt sich zu einer chronischen wirtschaftlichen Schwäche und möglicherweise zu einem Desaster für Europa. Ein positiver Stimulus für die Weltwirtschaft ist aus keiner dieser beiden Regionen zu erwarten. Auf der Suche nach anderen Zugpferden für das Wachstum der Weltwirtschaft richtet sich der Blick deshalb immer mehr auf die Gruppe der sogenannten BRIC-Staaten (Brasilien, Russland, Indien und China) und die rapide wachsende asiatische Region.

In welchem Ausmaß sind die in diese Länder gesetzten Hoffnungen berechtigt? Schauen wir uns die Wachstumstrends der letzten Jahre näher an: In den aufstrebenden Volkswirtschaften waren die Wachstumsraten des BIP zwar weiterhin fast immer höher als in den Industrieländern, aber auch hier fielen sie im letzten Quartal 2008 und im ersten Quartal 2009 in den negativen Bereich. Auch die gegenwärtige Konjunkturkrise geht an den aufstrebenden Volkswirtschaften nicht vorbei. Veränderungen des Wachstumstempos in diesen Ländern verlaufen nach wie vor fast immer synchron mit dem Konjunkturverlauf in den Industrieländern (Schaubild 1). Außerdem war der Unterschied in den vierteljährlichen Wachstumsraten zwischen beiden Gruppen Ende 2012 wesentlich geringer als auf der Höhe des globalen Booms im Jahr 2007. Noch bedeutsamer ist jedoch, dass die Richtung der Veränderung in beiden Ländergruppen die

***Schaubild 1* Vierteljährliche Wachstumsraten des BIP – Industrieländer und aufstrebende Volkswirtschaften im Vergleich**

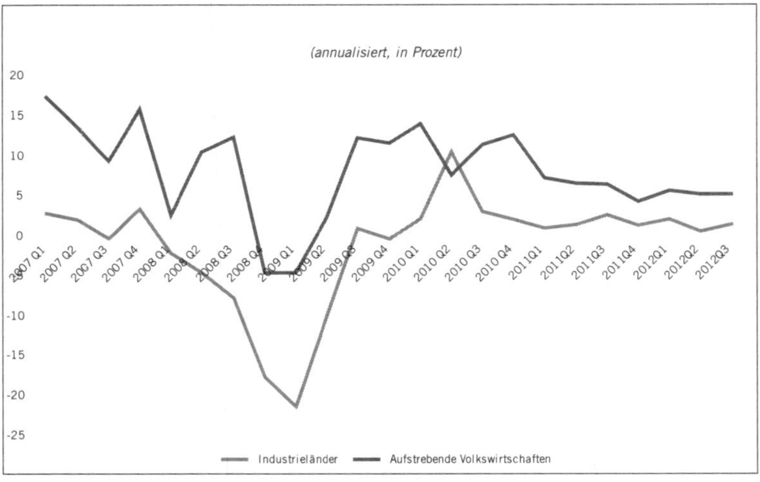

Quelle: Internationaler Währungsfonds, *World Economic Outlook* Update

Schaubild 2 **Exportvolumen an Gütern und Dienstleistungen – Industrieländer und aufstrebende Volkswirtschaften im Vergleich**

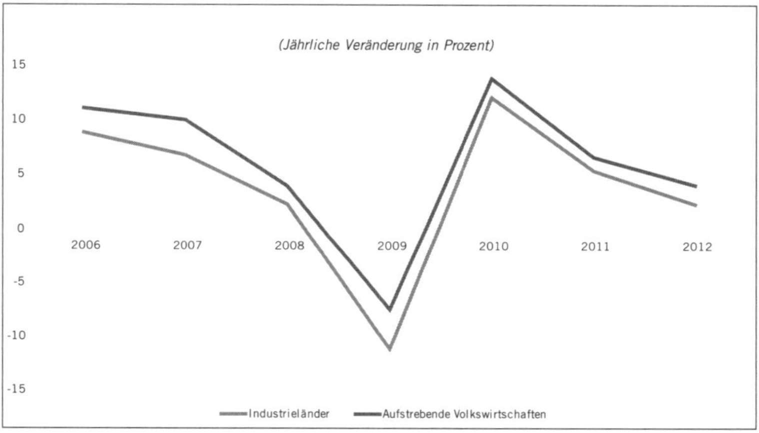

Internationaler Währungsfonds, *World Economic Outlook* database, 19. Februar 2013

gleiche ist. Daraus lässt sich schließen, dass der Wachstumsverlauf in den Entwicklungsländern insgesamt immer noch weitgehend von der konjunkturellen Entwicklung in den Volkswirtschaften der Industrieländer abhängt.

Das liegt vor allem daran, dass sich das schwache Wachstum in den USA und in Europa auf die Exporte der Entwicklungsländer auswirkt. Die Wachstumsraten der Exporte der Industrie- und Entwicklungsländer bewegen sich im Gleichschritt (Schaubild 2). Die wirtschaftlichen Indikatoren aus jüngster Zeit lassen bei einigen wichtigen aufstrebenden Volkswirtschaften wie China, Brasilien und Indien sogar eine noch deutlichere Abschwächung erkennen. Da so viele Entwicklungsländer in starkem Maße vom Außenhandel abhängig sind und eine Strategie des exportgetriebenen Wachstums verfolgen (auf die später noch näher eingegangen wird), beeinflusst die Abschwächung der Exporte notwenderweise auch den Grad der Wirtschaftsdynamik, der Beschäftigung und der Investitionstätigkeit.

Die Entwicklungsländer sind also trotz der Verlagerung eines zunehmenden Teils der weltweiten Industrieproduktion weiterhin stark abhängig von den Märkten der traditionellen Industrieländer. Dies spiegelt sich im Muster der internationalen wirtschaftlichen Integration der letzten Jahre wider. Ein wichtiger Grund für den schnellen Anstieg des intra-regionalen Handels in Asien, der dynamischsten Region der Welt im letzten Jahrzehnt, war zum Beispiel der Aufbau internationaler Produktionsnetze, die mehrere Standorte und mehrere Länder umfassen. Dabei entwickelten sich verschiedene Länder der Region zunehmend als Zulieferer für China, wo dann die Endverarbeitung stattfindet. Mehr als die Hälfte der Exporte der aufstrebenden Länder Asiens bleiben in der Region, aber vier Fünftel davon sind Zwischenprodukte, die für die Weiterverarbeitung und nicht für den Endverbrauch bestimmt sind. Dieser Endverbrauch erfolgt weiterhin hauptsächlich in den traditionellen Industrieländern.

Der Handel mit Zwischenprodukten ist natürlich eng mit der Nachfrageentwicklung in den Exportmärkten für die Endprodukte verknüpft, die immer noch überwiegend in den nördlichen Industrieländern liegen, auch wenn sich in letzter Zeit die Richtung des internationalen Handels teilweise geändert hat. So gehen zum Beispiel knapp 40 Prozent der chinesischen Gesamtexporte in die USA und die Europäische Union; bei den Exporten von Fertigprodukten ist dieser Anteil sogar noch höher. Ein Rückgang der Gesamtnachfrage in diesen Wirtschaftsräumen führt unweigerlich zu einem Rückgang der Nachfrage nach Rohstoffen und Zwischenprodukten. Deshalb ist es übertrieben optimistisch oder sogar falsch, wenn die Entwicklungsländer und aufstrebenden Volkswirtschaften in Asien und der übrigen Welt erwarten, dass sie die Wirtschaftskrise unbeeinträchtigt überstehen könnten.

Zweifellos befindet sich die Weltwirtschaft zurzeit im Umbruch und an die Stelle der alten Ungleichgewichte in der wirtschaftlichen Machtverteilung treten neue und komplexere Strukturen. Aber es wäre ungerechtfertigt und sogar ein Zeichen von Selbstüberschätzung, wenn die »aufstrebenden« Volkswirtschaften diese Tendenz nun voreilig feiern würden, ohne die Realität und die Grenzen dieses Prozesses zur Kenntnis zu nehmen. Hinzu kommt, dass die Erwartungen bezüglich des zukünftigen Wachstums weiterhin auf einem ökonomischen Modell aufbauen, das in der Zukunft wahrscheinlich nicht zu nachhaltigem Wachstum führen kann. Die zurzeit verfolgte Strategie kann (selbst in den »erfolgreichen« Entwicklungsländern) in Zukunft kaum beibehalten werden, erstens wegen der Folgen der Liberalisierung der Finanzmärkte, zweitens wegen der merkantilistischen Fokussierung auf exportorientiertes Wachstum, das negative Verteilungswirkungen hat, und drittens wegen der mangelnden Berücksichtigung ökologischer Ungleichgewichte, die schon offensichtlich sind und die sich aus der materiellen Expansion ergeben.

Die Folgen der Liberalisierung der Finanzmärkte

Es ist inzwischen hinlänglich bekannt, dass die Liberalisierung der Finanzmärkte zu größerer Labilität des Finanzwesens in den Entwicklungsländern geführt und ihre Anfälligkeit für wiederkehrende Finanz- und Währungskrisen erhöht hat. Dabei spielt nicht nur die Finanzmarktliberalisierung auf nationaler Ebene, sondern auch die Liberalisierung der internationalen Kapitalströme eine Rolle. Die zunehmende Krisenanfälligkeit entsteht aus einer Dynamik, in deren Folge das Finanzsystem eine schwach regulierte, oligopolistische Struktur erhält. Größere Freiheit bei Anlageentscheidungen, auch in spekulationsanfälligen Immobilien- und Aktienmärkten, wachsendes Gefährdungspotential durch einzelne Sektoren oder einzelne Kunden, zunehmende Nachlässigkeit bei der Regulierung – alles dies führt immer häufiger zu gravierenden Fehlentwicklungen im Finanzsektor. Zusätzlich wird mit dem Aufkommen von Universalbanken oder »Finanzsupermärkten« die Verflechtung verschiedener Teilbereiche des Finanzsystems immer enger, und damit steigt die Gefahr, dass einzelne Bankenpleiten Dominoeffekte für das gesamte System nach sich ziehen.

Wenn die Finanzmärkte sich selbst überlassen bleiben, werden sie anfällig für Störungen, weil die Informationen, die Akteure sich aneignen und verarbeiten müssen, die Charakteristika eines öffentlichen Gutes haben. Einzelne Anleger scheuen die Zeit und das Geld, die nötig wären, um selbst an Informationen zu gelangen, zum Beispiel die Unternehmen betreffend, deren Aktien sie erwerben wollen. Sie hoffen, dass andere dies tun, von deren gesammelten Informationen alle profitieren, auch sie selbst. Damit erhöht sich jedoch die Wahrscheinlichkeit, dass bei der Zusammenstellung von Anlageportefeuilles unbekannte Risiken eingegangen oder Fehlentscheidungen getroffen werden. Finanzinstitute, die die Kosten für die Prüfung und Kontrolle von Finanzanlagen reduzieren oder vermeiden wollen, werden einfach anderen, wahrscheinlich größeren Finanzinstituten bei ihren Investitionsentscheidungen folgen. Dies führt zu dem sogenannten »Herdentrieb«, der für das Verhalten an den Finanzmärkten typisch ist. Als Folge davon werden die Finanzierungsmöglichkeiten zahlreicher Akteure begrenzt, während es zu exzessiver Kreditvergabe an andere Schuldner kommt, deren Zusammenbruch dann das gesamte System in Mitleidenschaft ziehen kann. Der Einfluss solcher externer Effekte im Bereich der Information kann auch noch andere Probleme schaffen. Wenn fehlerhafte Entscheidungen oder betrügerisches Verhalten zum Zusammenbruch einer einzelnen Bank führen, kann dies Unruhe bei den Kunden anderer Banken auslösen und sie zu einem Run auf ihre Einlagen veranlassen.

Systemstörungen können auch auftreten, weil die erwartete private Rendite einer Finanzanlage oft weit höher liegt als die gesamtwirtschaftlich tatsächlich mögliche Rendite. Das kann dazu führen, dass Marktteilnehmer bei dem Versuch, besonders hohe Erträge zu erzielen, aus gesamtwirtschaftlicher Sicht unnötige Risiken eingehen. Ein typisches Beispiel ist die Kreditfinanzierung von Aktien- und Immobilienkäufen. Solche Kredite können mit sehr hohen Zinsen verbunden sein, denn die Renditen in diesen Bereichen schwanken sehr stark und können vorübergehend ein extrem hohes Niveau erreichen. Da Banken Immobilien oder andere Vermögenswerte als Sicherheiten akzeptieren, kann die Kreditfinanzierung spekulativer Aktien- oder Immobilienkäufe zu einer Spirale führen, in der die steigende Nachfrage nach solchen Vermögenswerten deren Preise und damit ihren Wert als Sicherheit für Kredite in Höhe treibt, was eine weitere Verschuldung zum selben Zeck erleichtert, und so weiter. Solche Praktiken sind weit verbreitet, weil die Spekulanten glauben, mögliche zukünftige Verluste auf die Kreditgeber abwälzen zu können, während Letztere selbst damit rechnen, dass sie im Fall einer Krise auf staatliche Unterstützung zählen können. Dadurch wird eine spekulative Spirale in Gang gesetzt, die nach einiger Zeit zum Platzen der entstandenen Vermögensblasen und zu Bankenpleiten führen kann.

Andererseits bleiben die von der Finanzmarktliberalisierung erwarteten Effizienzgewinne sehr oft aus. In den Entwicklungsländern ist der Markt für die Emission neuer Aktien entweder unbedeutend oder gar nicht existent, außer in

Phasen, in denen die Spekulation boomt. Durch die Deregulierung der Kreditvergabe werden tendenziell riskante Finanzanlagen mit hoher Rendite bevorzugt, zulasten der Finanzierung von Sachinvestitionen in produktiven Sektoren, wie der verarbeitenden Industrie und der Landwirtschaft. Im Immobiliensektor oder bei reinen Finanzanlagen entsteht auf diese Weise ein Boom, der in vielerlei Hinsicht die Krisenanfälligkeit des Systems vergrößert.

Ein weiteres Ergebnis der Liberalisierung im Finanzbereich ist die Stärkung von Oligopolmacht durch die enge Verbindung zwischen Finanzintermediären und Unternehmen außerhalb des Finanzsektors. Finanzintermediäre sind oft sogar Teil von Wirtschaftskonglomeraten, und als solche begünstigen sie bei der Kreditzuteilung die Firmen, die zur gleichen Gruppe gehören. Die Kreditzuteilung erfolgt also nicht primär unter dem Gesichtspunkt der Effizienz beziehungsweise der ertragreichsten Verwendung der Kredite. Insofern führt die Kreditvergabe durch solche Banken oder Finanzierungsgesellschaften gesamtwirtschaftlich also keineswegs zu höherer Effizienz als eine Wirtschaftspolitik, bei der der Staat die Kreditzuteilung beeinflusst.

Im Übrigen ermöglicht die Liberalisierung der Finanzmärkte zwar die Erfindung neuer Anlageformen, aber die Summe der inländischen Ersparnisse erhöht sich dadurch in der Regel nicht. Wenn es zu einer Erhöhung der den Finanzintermediären für die Kreditvergabe zur Verfügung stehenden Mittel kommt, ergibt sich diese oft aus einem Zufluss ausländischen Kapitals. Auch verbessert die Liberalisierung kaum die Möglichkeiten einer langfristigen Finanzierung, da die Bankeinlagen und die vergebenen Kredite überwiegend eine kurze Laufzeit von weniger als sechs Monaten haben. Auch in Situationen, in denen die Aktienmärkte für eine kurze Zeit boomen, wird relativ wenig zusätzliches Kapital für bestehende Unternehmen oder Kapital für neue Unternehmensprojekte im produktiven Sektor zur Verfügung gestellt. Hinzu kommt, dass sich kleinere Anleger oft wieder vom Kapitalmarkt zurückziehen, wenn Gerüchte über Manipulation oder Betrug aufkommen und wenn es immer weniger Möglichkeiten einer langfristigen Kapitalanlage gibt, die zuvor staatlich gefördert wurde. Es kann daher auch nicht überraschen, dass die produktiven Unternehmensinvestitionen in Entwicklungsländern nach der Liberalisierung der Finanzmärkte kaum zugenommen oder an Effizienz gewonnen haben.

Die externe Liberalisierung, also die Liberalisierung der Finanztransaktionen mit dem Ausland, und der damit verbundene Anstieg des Zuflusses von ausländischem Kapital verschlimmern die Folgen der Liberalisierung der einheimischen Finanzmärkte noch. Betrachtet man den Anstieg der Kapitalzuflüsse und die nachfolgenden Krisen, so deutet alles darauf hin, dass sich die Finanzmärkte einen aufstrebenden Markt als attraktives Ziel »aussuchen« und damit einen Prozess in Gang setzen, der mit großer Wahrscheinlichkeit in einer Krise endet. Ausschlaggebend hierfür sind die Auswirkungen eines zeitweisen starken Anstiegs der Kapitalzuflüsse auf die Wechselkurse (außer wenn die Kapitalzuflüsse für eine Erhöhung der staatlichen Währungsreserven verwendet werden).

Eine Aufwertung der Währung bringt in der Regel eine Verlagerung der Investitionstätigkeit in solche Sektoren mit sich, die Güter produzieren, welche nicht international gehandelt werden. Dazu gehören vor allem auch Bauinvestitionen. Aber auch die Anlagen in inländische Vermögenswerte nehmen zu. Gleichzeitig schreckt der Anstieg des Wechselkurses Unternehmen davon ab, Sachinvestitionen für die Produktion international gehandelter Güter vorzunehmen, und trägt so zu zur Schrumpfung des realwirtschaftlichen Sektors bei. In vielen Entwicklungsländern hat dies sogar zu einer Entindustrialisierung geführt.

Angesichts der Zinsdifferenz zwischen den einheimischen und den ausländischen Finanzmärkten und der mangelnden Vernunft der internationalen Kreditgeber und Anleger können sich einheimische Akteure in großem Umfang im Ausland verschulden, um direkt oder indirekt in einheimische Immobilien und Wertpapiere zu investieren. Folglich war es kein Zufall, dass alle aufstrebenden Volkswirtschaften, die einen erheblichen Anstieg ausländischer Kapitalzuflüsse verzeichneten, gleichzeitig einen Boom im Immobiliensektor und am Wertpapiermarkt erlebten, obwohl die Realwirtschaft in vielen Fällen stagnierte oder sogar schrumpfte. Dieser Boom sorgte wiederum für Einkommen, mit denen die Binnennachfrage und das Wachstum in bestimmten Sektoren auf ein relativ hohes Niveau ansteigen konnten. Doch schon bald zeigten sich Zeichen eines makroökonomischen Ungleichgewichts, nicht in Form eines anwachsenden Defizits im Staatshaushalt, sondern in Form eines Leistungsbilanzdefizits, das die Folgen der schuldenfinanzierten privaten Verschwendung widerspiegelte.

Sobald ein Land einmal gegenüber dem Zufluss international mobilen Finanzkapitals anfällig geworden ist, kann jedes Indiz, das möglicherweise auf einen wirtschaftlichen Rückschlag hindeutet, auch wenn es für sich genommen nur relativ unbedeutend und vorübergehend ist, einen Kapitalabfluss auslösen. Und die Leistungsbilanzdefizite, die notwendigerweise mit den Überschüssen der Kapitalbilanz verbunden sind (es sei denn, die Währungsreserven steigen stark an), werden von den Finanzmarktteilnehmern dann dahingehend interpretiert, dass eine Fortsetzung der bisherigen Trends unmöglich ist.

Seit der Finanzkrise in Asien Ende der 1990er Jahre wurde häufig die Bedeutung einer »vernünftigen« makroökonomischen Wirtschaftspolitik betont. Es wurde behauptet, viele aufstrebende Länder hätten Probleme, weil sie eine übermäßige Zunahme ihrer Leistungsbilanzdefizite zulassen, und diese Zunahme sei darauf zurückzuführen, dass die privaten Investitionen das private Sparen übersteigen. Diese späte Erkenntnis trat zum Teil an die Stelle der weitverbreiteten Obsession, die Staatsschulden seien das einzige makroökonomische Ungleichgewicht, das einer Korrektur bedürfe. Aber der Hinweis auf die Bedeutung des Leistungsbilanzdefizits trifft immer noch nicht den entscheidenden Punkt. Dieser ist nämlich, dass es bei vollkommen ungezügelten Kapitalströmen für ein Land nicht länger möglich ist, die Menge der Kapitalzuflüsse und -abflüsse unter Kontrolle zu halten, und Kapitalbewegungen in beide Richtungen können unerwünschte negative Folgen haben. Wenn ein Land zum Beispiel plötzlich zum Ziel ausländischer Anleger wird, die kurzfristiges Kapital ins Land schleusen, kann dies zu gewaltigen Zuströmen führen, die einen Anstieg des Wechselkurses mit den oben beschriebenen Folgen für die reale Investitionstätigkeit bewirken. Zusammen mit dem Anstieg des Wechselkurses verändert die Verschiebung von Investitionen aus Sektoren, die international gehandelte Güter produzieren, zu Sektoren, die nicht-handelbare Güter herstellen, die relativen Preise im Inland und legt so den Grundstein für Leistungsbilanzdefizite.

Ein hohes Leistungsbilanzdefizit ist deshalb eine unvermeidliche Nebenwirkung eines rapiden Anstiegs der Kapitalzuflüsse. Hierin besteht das grundlegende makroökonomische Problem. Jedes Land, das keine Kontrolle über private Kapitalzuflüsse ausübt oder zumindest mäßigend darauf einwirkt, kann unter einen solchen Druck geraten. Die privaten Kapitalzuflüsse schaffen so auch die Bedingungen für ihre eigene Umkehr, wenn die Leistungsbilanzdefizite plötzlich als unhaltbar angesehen werden. Mit anderen Worten, sobald es vollkommen freie Kapitalströme gibt und vollkommen freien Zugang zu ausländischen Krediten für private Schuldner im Inland, kann es keine »vernünftige« makroökonomische Wirtschaftspolitik mehr geben. Alle inländischen Marktgleichgewichte oder -ungleichgewichte werden sich infolge der Kapitalströme verschieben, deren Verursacher wiederum selbst auf die Wirtschaftsdynamik reagieren, die sie selbst ausgelöst haben. Es ist also müßig zu glauben, dass bei einer Liberalisierung von privaten Finanztransaktionen mit dem Ausland eine bessere Aufsicht über das einheimische Bankensystem ausreicht, extreme Berg- und Talfahrten auf den Finanzmärkten zu verhindern.

Die Finanzliberalisierung erhöht nicht nur die Gefahr einer Krise, sondern sie ruft auch eine starke Tendenz zu einer restriktiven und wachstumsverlangsamenden Wirtschaftspolitik hervor. Der Staat ist zu einer solchen Ausrichtung seiner Geld- und Finanzpolitik gezwungen, um den Interessen der Finanzwelt entgegenzukommen. Die Notwendigkeit, zur weiteren Finanzierung eines einmal entstandenen Leistungsbilanzdefizits einen weiteren Zustrom von international mobilem Kapital anzuziehen, hat zur Folge, dass der Besteuerung, insbesondere von Kapitalanlagen und daraus resultierenden Erträgen, Grenzen gesetzt sind. In den meisten Entwicklungsländern, die ihre Finanztransaktionen mit dem Ausland liberalisiert haben, sind die Einnahmen des Staates aus Steuern (und Zöllen) bereits als Folge einer vorausgehenden oder gleichzeitigen Liberalisierung des Außenhandels zurückgegangen. Dies wiederum begrenzt die Höhe der möglichen Staatsausgaben, denn das Finanzkapital hält hohe Defizite im Staatshaushalt (zu Unrecht, wie an anderer Stelle dieses Buches deutlich gezeigt wird) grundsätzlich für schädlich. Auf diese Weise wird nicht nur der Spielraum für eine antizyklische Finanzpolitik beeinträchtigt, sondern der Staat hat auch wesentlich weniger Möglichkeiten, das Wachstum und die wirtschaftliche Entwicklung mit langfristig angelegten Maßnahmen zu fördern.

Aus einer Reihe von Gründen liegt es nicht im Interesse des Finanzsektors, wenn der Staat einen Teil seiner Ausgaben über Verschuldung finanziert. Zunächst einmal wird geglaubt, dass eine Defizitfinanzierung möglicherweise einen Anstieg der Inflation zur Folge hat. Inflation ist ein Gräuel für die Finanzwelt, denn sie höhlt den realen Wert von Finanzanlagen aus.

Zweitens ist die Verschuldung zur Finanzierung von Staatsausgaben gleichbedeutend mit der Einführung eines mächtigen zusätzlichen Spielers am Finanzmarkt, der nicht von Profitmotiven angetrieben wird und dessen Aktivitäten zu Zinsdifferenzen führen können, die die Finanzprofite in stärkerem Maße unvorhersehbar machen. Wenn kreditfinanzierte Staatsausgaben zu einer substanziellen Vergrößerung der Staatsschulden und damit zu höheren Zinsbelastungen des laufenden Staatshaushaltes führen, kann der Staat möglicherweise in die Finanzmärkte eingreifen, um die Zinsen zu senken, was wiederum Auswirkungen auf die künftigen Gewinne der privaten Finanzmarktteilnehmer hat. Vor dieser Möglichkeit will sich der Finanzsektor schützen. Die Finanzwelt legt deshalb außerordentlich großen Wert auf die Rolle der Märkte und sieht in jeder Art regulierenden Eingreifens durch den Staat eine Beschränkung der Rolle der Finanzmärkte. Dies ist ein weiterer Grund, warum die Finanzmärkte es lieber sehen, wenn die staatlichen Defizite und staatliche Kontrolle so gering wie möglich sind.

Diese Tendenzen wirken sich doppelt auf die realen Investitionen aus. Einerseits üben Spekulationsblasen, die zu Finanzkrisen führen, einen Druck auf die Liquidität aus und erhöhen die Kosten der laufenden Transaktionen; das führt zu Notverkäufen von Vermögenswerten und Deflation, mit weiteren negativen Folgen für die Beschäftigung und den Lebensstandard. Andererseits ist der mögliche Ertrag produktiver Investitionen in der Landwirtschaft oder im verarbeitenden Gewerbe begrenzt und dementsprechend können Firmen in diesen Sektoren Finanzierungskosten für solche Investitionen nur bis zu einer bestimmten Höhe tragen. Obwohl die Erträge aus solchen Investitionen in Produktivkapital für die Gesellschaft insgesamt höher sind als die von Wertpapieren oder Immobilien, und trotz des Beitrags, der damit für das Wachstum und zur Bekämpfung der Armut geleistet wird, sind Kredite für solche Investitionen oft nicht im benötigten Umfang verfügbar.

Inzwischen wird in zunehmendem Maße zur Kenntnis genommen, dass durch die Liberalisierung genau die Finanzmarktstrukturen zunichtegemacht wurden, die für das Wachstum einer Volkswirtschaft entscheidend sind. Die Beziehungen zwischen Finanzmarktstruktur, Expansion des Finanzsektors und der Entwicklung einer Volkswirtschaft insgesamt sind komplex. Jedenfalls ist die zentrale Frage im Zusammengang mit der Finanzierung gesamtwirtschaftlicher Entwicklungsprozesse, welchen Beitrag der Finanzsektor dazu leistet, reale Ressourcen nutzbringend einzusetzen oder solche Ressourcen zu erzeugen.

In der älteren Literatur zur Entwicklungstheorie und -politik spielten Fragen der Finanzierung nur insoweit eine Rolle, als es um die Fähigkeit des Staates ging, einen Teil des gesamtwirtschaftlichen Einkommens durch Steuern abzuschöpfen, um Ausgaben für die Entwicklung zu finanzieren. Mit der Problematik der Kreditfinanzierung von Staatsausgaben befasste man sich lediglich unter dem Aspekt der Inflationsgefahr, die sich dann ergeben kann, wenn die Produktion nicht mit dem Anstieg der Staatsausgaben Schritt halten kann. Im Großen und Ganzen ging man davon aus, dass sich der Finanzsektor an die Bedürfnisse des realen Sektors anpasst.

In der schönen neuen, deregulierten Finanzwelt bestimmen die Marktsignale die Allokation der investierbaren Ressourcen und damit auch die Nachfrage nach und die Verteilung von Ersparnissen, die den Banken oder anderen Finanzunternehmen zur Kreditvergabe zur Verfügung stehen. Das kann zu Problemen führen, weil nicht der gesamtgesellschaftliche Ertrag der Verwendung von Ersparnissen die Selektion der zu finanzierenden Investitionen bestimmt, sondern allein die privatwirtschaftliche Rendite der einzelnen Finanzierungs- oder Investitionsprojekte. Tendenziell lenken nichtregulierte und ungesteuerte Finanzmärkte Kredite in Verwendungen, die zwar einzelwirtschaftlich profitabler sein mögen, gesamtwirtschaftlich aber weniger wichtig und importintensiv sind. Außerdem leiten sie die für Investitionen zur Verfügung stehenden Mittel vor allem an wenige große Marktteilnehmer und in die bereits relativ gut entwickelten Wirtschaftszentren der Entwicklungsländer.

Die gesamtwirtschaftlich wichtige Funktion der Finanzintermediation wird durch die Deregulierung beeinträchtigt, und darunter leiden insbesondere beschäftigungsintensive Sektoren wie zum Beispiel die Landwirtschaft und kleinere Unternehmen, wo die mit einer Kreditgewährung verbundenen Transaktionskosten und Risiken normalerweise relativ hoch sind und Sicherheiten nicht ohne weiteres zur Verfügung stehen. Die Agrarkrise in den meisten Entwicklungsländern steht zumindest teilweise damit in Zusammenhang, dass der Zugang zu Finanzinstitutionen für Landwirte, vor allem Kleinbauern, als direkte Folge der Finanzmarktliberalisierung wesentlich schwieriger geworden ist. Reformmaßnahmen brachten oft eine Verringerung der gezielten Vergabe von Krediten an Landwirte und kleine Produktionsbetriebe mit sich. Dies trug zu einem Anstieg ihrer Finanzierungskosten bei und erschwerte ihnen überhaupt den Zugang zu dem für den Anbau und die Ausübung anderer Tätigkeiten erforderlichen Umlaufkapital. Infolgedessen sank die Rentabilität dieser Agrar- und Kleingewerbebetriebe und die ländliche Bevölkerung geriet immer häufiger in Notlagen.

In Indien deutet zum Beispiel vieles darauf hin, dass die große Krise in der landwirtschaftlichen Wertschöpfung erheblich zu einer massiven Abwanderung der Landbevölkerung und sogar zu einer deutlichen Zunahme der Selbstmorde unter den Bauern beigetragen hat. Es sind sogar Menschen in verschiedenen ländlichen Regionen Indiens verhungert, und auch dies hat mit dem Rückgang der institutionellen Kreditmöglichkeiten zu tun, da die Bauern gezwungen waren, sich an private Geldverleiher zu wenden, die sie dann in Transaktionen verstrickten, welche ihnen erheblichen Schaden zufügten.

Diese Liberalisierung und Deregulierung des Finanzwesens in Entwicklungsländern hatte auch negative Auswirkungen auf die Umsetzung mittelfristig angelegter entwicklungspolitischer Strategien, die auf eine Steigerung des Wachstums in bestimmten Sektoren durch eine staatliche Lenkung der Kreditvergabe abzielten. Solche Strategien haben im 20. Jahrhundert den Industrialisierungsprozess in vielen Ländern maßgeblich beeinflusst. In der Vergangenheit wurde beim Aufbau einer nationalen Finanzstruktur bedacht, dass diese ein wichtiges Instrument für die wirtschaftliche Entwicklung darstellt. Deshalb wurden die Finanzstrukturen so gestaltet, dass sie der besonderen Situation der Entwicklungsländer, insbesondere den mit dem relativ späten Beginn der Industrialisierung verbundenen Schwierigkeiten, Rechnung trugen: Der Kapitalbedarf war in den meisten Bereichen hoch, denn das verarbeitende Gewerbe hatte sich von der relativ primitiven Ebene der ersten industriellen Revolution inzwischen erheblich weiterentwickelt und war wesentlich technologie- und kapitalintensiver geworden. Da sich im internationalen Wettbewerb Produzenten aus den Industrieländern bereits etabliert hatten, mussten sich die Firmen in Entwicklungsländern auf die Produktion für den (zunächst noch) geschützten Binnenmarkt verlegen, oder sie brauchten finanzielle Unterstützung, um sich mittelfristig auf dem Weltmarkt durchsetzen zu können. In den meisten der spät in den Industrialisierungsprozess eingetretenen Länder wurde deshalb ein stark regulierter und häufig sogar staatlich kontrollierter Finanzmarkt geschaffen, der darauf ausgerichtet war, Ersparnisse in investive Verwendungen zu lenken und die Funktion der Banken als Finanzintermediäre zu nutzen, um die Höhe und die Struktur von Investitionen in Produktivkapital zu beeinflussen. Dazu gehörte eine Politik der gelenkten Kreditvergabe und der Zinsdifferenzierung unter dem Aspekt des gesamtwirtschaftlichen Nutzens der Kreditverwendung, ebenso wie die Förderung von Investitionen in der noch in der Entstehung begriffenen Industrie durch die Bereitstellung von Eigenkapital und zinsgünstigen Krediten durch den Staat. Im Zuge der Liberalisierung des Finanzsektors wurden diese Strukturen aufgelöst, sodass ein wichtiges wirtschaftspolitisches Instrument wegfiel, mit dem zuvor das Wachstum und die Diversifikation von Produktionsstrukturen in den Entwicklungsländern gefördert werden konnten.

Diese Entwicklung ist von umso größerer Bedeutung, als der weltweite Prozess der Liberalisierung der Finanzmärkte nicht den von ihren Befürwortern erhofften Anstieg der langfristigen Netto-Kapitalzuflüsse in die Entwicklungsländer gebracht hat. Vielmehr hat es in den vergangenen Jahren einen Netto-Kapitalstrom in die umgekehrte Richtung gegeben, nämlich einen Abfluss von Kapital aus den Entwicklungsländern insgesamt in die Industrieländer. Auch in denjenigen aufstrebenden Volkswirtschaften, die lange Zeit Empfänger erheblicher Kapitalzuflüsse waren, wurden diese Zuflüsse nicht für eine Erhöhung der Investitionen in die Produktionskapazität, sondern vor allem für die Ansammlung von Devisenreserven verwendet. Dies war nur zum Teil eine Vorsichtsmaßnahme der Regierungen und Zentralbanken, um gegen mögliche Finanzkrisen gewappnet zu sein; es ist auch ein Indiz für einen Überschuss der einheimischen Ersparnisse über die einheimischen Investitionen, der sich aus der tendenziell restriktiven Ausrichtung der Wirtschaftspolitik ergeben hat.

Die seltsame Funktionsweise der internationalen Finanzmärkte hat zu der paradoxen Situation beigetragen, dass die Entwicklungsländer (besonders in Asien) durch die Anlage ihrer Währungsreserven in Staatsanleihen der USA (und sicheren Staatspapieren anderer Länder) dazu beitragen, dass die Wirtschaft der USA weiterhin den Großteil der Ersparnisse der Welt absorbiert. Gleichzeitig ist die Ansammlung von Währungsreserven für die Entwicklungsländer insofern mit Kosten verbunden, als sie diese Reserven normalerweise in sehr »sicheren« Staatspapieren mit sehr geringen Renditen anlegen, während auf die Kapitalzuflüsse sehr viel höhere Zinsen an die ausländischen Anleger gezahlt werden müssen. Diese inverse und unerwünschte Form der Finanzierung ist ebenfalls eine direkte Folge der Liberalisierung der Finanzmärkte.

Eine weitere – und potentiell noch schädlichere – Implikation der Liberalisierung betrifft die Auswirkungen der Spekulation an den Rohstoffmärkten, die zu einer signifikanten Zunahme der Preisschwankungen für wichtige Güter wie Nahrungsmittel oder Treibstoff geführt hat.

Grenzen des herrschenden Entwicklungsmodells

Sowohl der Boom vor der gegenwärtigen Krise als auch die Entwicklung der Krise selbst stehen in enger Beziehung zu einem starken Anstieg der Ungleichheit zwischen Ländern, aber auch innerhalb vieler Länder.

In den vergangenen Jahrzehnten ist das Wirtschaftswachstum (auf nationaler wie auf internationaler Ebene) immer stärker von der zunehmenden Macht des Kapitals abhängig geworden. Ein Indiz dafür ist der gestiegene Anteil der Gewinne und Zinseinkommen an den Gesamteinkommen. Die Regierungen geben Lohnsteigerungen, dem Abbau der Arbeitslosigkeit und besseren Arbeitsbedingungen nicht mehr den Vorrang in der Wirtschaftspolitik, sondern sehen darin eher zufällige Nebenprodukte im Wachstumsprozess. Leider geht in vielen Volkswirtschaften das Einkommenswachstum jedoch nicht einher mit der Schaffung stabiler und angemessen bezahlter Arbeitsplätze. Auch ist dieses profitgetriebene Wachstum auf Dauer nicht tragfähig, wie sich seit einigen Jahren immer deutlicher zeigt.

Die Ergebnisse dieses Wachstums für die Beschäftigung (einschließlich des starken Anstiegs der Arbeitslosigkeit in der Krise) waren Folge einer restriktiv ausgerichteten Wirtschaftspolitik in vielen Entwicklungsländern, die im Kern auf eine Begrenzung des Konsum- und Investitionswachstums im Inland ausgerichtet war. Die »Sparüberschüsse«, die in der Folge erzielt wurden, wurden dann als Fremdwährungsreserven gelagert, teilweise als Absicherung gegen zukünftige Krisen, teilweise, um eine Aufwertung der Währung zu verhindern, die das Modell des exportgetriebenen Wachstums gefährden würde. Die Folgen für das Niveau der Wirtschaftstätigkeit blieben nicht aus: Das tatsächliche Wachstum blieb hinter dem Wachstumspotential zurück, und die Wachstumsaussichten für die Zukunft werden durch unzureichende Investitionen in die Infrastruktur beeinträchtigt.

Das exportgetriebene Wachstumsmodell wird als die erfolgreichste Strategie angesehen, wobei auf die Erfolge Chinas und Deutschlands verwiesen wird. Ein wichtiger Aspekt dieser Strategie, der fast alle Entwicklungsländer nacheifern, ist der Druck auf die Lohnkosten (und damit den Massenkonsum) im Inland, mit dem Ziel, international wettbewerbsfähig zu bleiben und die Marktanteile auf dem Weltmarkt zu vergrößern. Ein zentrales Element dieser Strategie besteht darin, die Wechselkurse trotz Leistungsbilanzüberschüssen oder Kapitalzustrom »wettbewerbsfähig« zu halten. In vielen Entwicklungsländern war mit dieser Politik ein Anstieg der Sparquote und ein Rückgang der Investitionsquote verbunden, während die mit den Leistungsbilanzüberschüssen verbundenen Devisenzuflüsse wiederum zu einer Erhöhung der Währungsreserven genutzt wurden, die in sicheren Anlagen im Ausland platziert wurden. Dies macht das klassische Dilemma einer merkantilistischen Strategie deutlich: Volkswirtschaften, die eine solche Strategie verfolgen, sind gezwungen, die Defizite jener Länder zu finanzieren, die ihre Produkte kaufen. Die mit der Anlage von Währungsreserven verbundenen Kapitalabflüsse stützen die ausländische Nachfrage nach ihren Exportprodukten, auch die Nachfrage aus jenen Ländern, die ein wesentlich höheres Pro-Kopf-Einkommen haben als sie selbst.

Die exportorientierte Wachstumsstrategie schaffte in den Entwicklungsländern auch weniger Arbeitsplätze, als es bei einer höheren Produktion für den Binnenmarkt, die in der Regel arbeitsintensiver ist als die Exportproduktion, der Fall gewesen wäre. Dazu hätte es allerdings eines stärkeren Anstiegs der Binnennachfrage aufgrund stärkerer Lohnsteigerungen bedurft. So nahm die Beschäftigung trotz eines oft dramatischen Anstiegs der gesamtwirtschaftlichen Produktion nur relativ langsam zu. Der Boom vor der Krise war so mit einer »Subventionierung« des Nordens durch den Süden verbunden: durch billigere Exporte von Gütern und Dienstleistungen, durch Nettokapitalströme von den Entwicklungsländern, besonders in die USA, und durch die Abwanderung billiger Arbeit in Form von Kurzzeit-Migration. Obwohl sich inzwischen eine leichte Erholung eingestellt hat, kann eine solche Strategie nicht längerfristig durchgehalten werden. Das gilt vor allem dann, wenn mehrere relativ große Volkswirtschaften sie zur gleichen Zeit verfolgen.

Während des Booms vor der Krise wurde die Binnennachfrage vor allem vom Wachstum der Gewinne getragen; sie fußte auf einem hohen und wachsenden Anteil der Gewinne am Gesamteinkommen und einer signifikanten Zunahme der Einkommen und des Konsums der neuen »globalisierten« Mittelklasse in den Entwicklungsländern. Dies führte zu einem Anstieg der Nachfrage nach importierten Luxusgütern und finanziellen Vermögenswerten sowie zu verstärkten Investitionen in Sektoren, die nicht-handelbare Güter und Dienstleistungen produzieren. Das ermöglichte es diesen Volkswirtschaften, weiter zu wachsen, obwohl die Landwirtschaft sich in einer Krise befand und die Beschäftigung insgesamt nicht genügend zunahm, um das wachsende Angebot an Arbeitskräften zu absorbieren.

Die Produktionsweise und das Konsumverhalten, das sich dabei herausbildete, brachten auch eine starke Zunahme der Umweltbelastung mit sich. Die Kosten dieses Wachstums – extreme Verkehrsbelastung, Umweltverschmutzung und eine Verschlechterung der ökologischen Bedingungen – werden in den meisten Entwicklungsländern immer deutlicher, von den weiteren Auswirkungen des Klimawandels ganz zu schweigen. Die ökologischen Grenzen eines solchen Wachstums können Menschen auch in den Regionen spüren, die bisher am wenigsten vom allgemeinen Anstieg der Einkommen profitiert haben.

Es gibt jedoch auch noch andere negative Erscheinungen, die mit diesem Wachstumsmuster verbunden sind. In den aufstrebenden Volkswirtschaften Asiens ist es zu einem internen »brain drain« (der Abwanderung qualifizierter Arbeitskräfte) gekommen, der das Innovations- und Wachstumspotential in der Zukunft zweifellos beeinträchtigen wird. Die verzerrten Anreize, die durch das explosive Wachstum des Finanzsektors ausgelöst wurden, motivierten die besten und begabtesten jungen Leute zu beruflichen Karrieren, die schnelle Belohnung und große materielle Vorteile versprechen, anstatt sich mit mühevoller, für den Fortschritt der Gesamtwirtschaft aber unbedingt notwendiger Forschung und Grundlagenwissenschaft abzugeben. Die Verlagerung von Teilen der Produktion aus den Industrie- in die Entwicklungsländer erhöhte den Bedarf an qualifizierten und angelernten Arbeitskräften und verbesserte deren Berufsaussichten. Sie führte aber auch dazu, dass begabte junge Leute lediglich mechanische Arbeiten übernahmen, die nicht viel Kreativität erfordern und ihnen keine Möglichkeit geben, ihre Fähigkeiten zu entwickeln.

Zugleich werden viele für eine Volkswirtschaft wichtige Tätigkeiten nur unangemessen entlohnt. Besonders die Tätigkeit in der Landwirtschaft ist zunehmend mit Einkommensrisiken verbunden und stellt sich oft als nicht lohnend heraus. Die anderen Sektoren expandieren selbst in den am kräftigsten wachsenden Volkswirtschaften der Region nicht schnell genug zu, um die in der Landwirtschaft freigesetzten Arbeitskräfte zu absorbieren.

Die auf Exportorientierung und Liberalisierung basierende Entwicklungsstrategie hat die globale Ungleichheit verstärkt, und sie legt sowohl aus externen als auch aus internen Gründen die Saat für ihr eigenes Scheitern. Extern wird sie dazu führen, dass Länder, die ein Handelsdefizit aufweisen, dieses Defizit durch verschiedene, zum Teil auch protektionistische Maßnahmen reduzieren werden, entweder aus eigenem Antrieb oder weil sie aus Mangel an weiteren Möglichkeiten, dieses Defizit zu finanzieren, dazu gezwungen sind. Intern wird der Druck auf die Löhne und den heimischen Konsum zunehmend auf politischen Widerstand stoßen. In jedem Fall ist es dringend notwendig, eine tragfähigere Basis für das Wirtschaftswachstum zu finden. Die einzelnen Länder müssen die Quellen ihres Wachstums diversifizieren und sich um andere als die herkömmlichen Exportmärkte, vor allem aber um die

Stärkung interner Wachstumskräfte bemühen; dazu gehört eine gezielte Förderung der Binnennachfrage durch erhöhte Lohnzuwächse in allen Bereichen der Wirtschaft.

Wirtschaftspolitische Antworten auf die globale Krise

Zwei große wirtschaftspolitische Fehler haben zur Verstärkung der gegenwärtigen Krise der Weltwirtschaft beigetragen. Da ist erstens die Auffassung, dass die Reduzierung der öffentlichen Schulden und der Defizite im Staatshaushalt immer oberste Priorität haben sollte. Tatsächlich war die Zunahme der Haushaltsdefizite in den meisten Volkswirtschaften das Ergebnis der Finanzkrise von 2008 und nicht deren Ursache. Die Erhöhung der Defizite kam vor allem durch die Wirkung der automatischen Stabilisatoren in der Rezession und die notwendigen finanzpolitischen Konjunkturprogramme zustande. Schon jetzt ist klar, dass die staatliche Sparpolitik in den krisengeschüttelten Volkswirtschaften das gesetzte Ziel, eine Verringerung des Defizits, nicht erreichen kann. In einer Situation, in der das Wachstum des Sozialprodukts und damit die Steuereinnahmen rückläufig sind, können nicht gleichzeitig die Staatsfinanzen konsolidiert werden. Es ist außerdem schwer, wenn nicht sogar unmöglich, die staatlichen Schulden im Verhältnis zum BIP zurückzufahren, solange der auf die Schulden zu zahlende Zins die nominale Wachstumsrate bei weitem übersteigt (wie dies zurzeit in den südeuropäischen Krisenländern der Fall ist). Die Tatsache, dass derzeit auch die Länder mit Leistungsbilanzüberschüssen nicht bereit sind, durch eine unter internationalen Gesichtspunkten wünschenswerte Erhöhung der Staatsausgaben ihre Überschüsse im

Staatshaushalt abzubauen oder die Defizite steigen zu lassen, lässt nichts Gutes für die weiteren globalen Wachstumsaussichten erwarten. Wer oder was soll das Wachstum auf nationaler und globaler Ebene antreiben, wenn die Regierungen weiter auf der Durchführung von Sparprogrammen beharren, die die Einkommen und die Nachfrage nach Gütern und Dienstleistungen verringern?

Das zweite entscheidende Missverständnis der Wirtschaftspolitik ist die übertrieben optimistische Einschätzung der selbstkorrigierenden Kräfte der Finanzmärkte. Bisher waren alle Versuche einer Re-Regulierung der Finanzmärkte zu zögerlich und von begrenztem Erfolg. Die vorhergegangene Deregulierung der Finanzmärkte hat ein großes, undurchsichtiges und unterkapitalisiertes »Schattenbankensystem« entstehen lassen. Außerdem nahm die Konzentration im traditionellen Bankensektor deutlich zu, sodass Banken entstanden, deren Zusammenbruch das gesamte System in Mitleidenschaft ziehen würde – sie wurden »too big to fail«, zu groß, als dass man ihre Pleite zulassen dürfte. Die staatlichen Stützungsmaßnahmen für die Banken im Anschluss an die Krise schlossen auch das Schattenbankensystem mit ein und haben das »moralische« Risiko (nämlich, dass sich die Finanzinstitute auch zukünftig auf staatliche Rettungsmaßnahmen verlassen) massiv verstärkt.

Auch die globalen Rohstoffmärkte wurden von der Finanzspekulation getroffen, sodass die Preise für Nahrungsmittel und Energierohstoffe nach oben kletterten, mit schlimmen Auswirkungen für viele Menschen auf der ganzen Welt. Diese Zusammenhänge machen eine starke Re-Regulierung des Finanzwesens dringend erforderlich. Die Kontrollen müssen bei den »too-big-to-fail«-Instituten strenger sein als bei anderen; sie müssen auch die »Schattenbanken« erfassen, um zu vermeiden, dass sich Finanzinstitute durch Gründung und Ausweitung solcher Firmen für einen großen Teil ihrer Aktivitäten der staatlichen Aufsicht entziehen; und sie müssen eine makro-prudentielle Dimension einbeziehen, das heißt Vorkehrungen, die sich nicht auf jedes einzelne Finanzinstitut, sondern das System als Ganzes beziehen, zum Beispiel Kapitalverkehrskontrollen und eine antizyklische Anpassung der Eigenkapitalvorschriften.

Aber Re-Regulierung alleine kann nicht sicherstellen, dass das Kapital wieder hauptsächlich in reale, produktive Investitionen gelenkt und in größerem Umfang kleinen und mittleren Unternehmen zur Verfügung gestellt wird. Deshalb müssen die Finanzsektoren umstrukturiert und riesige Banken verkleinert werden. Die Aktivitäten von Geschäftsbanken und Investmentbanken müssen klar voneinander abgegrenzt und getrennt werden, um das Risiko einer Ansteckung zu reduzieren. Das Ziel muss ein diversifiziertes, aufgefächertes Finanzsystem sein, in dem öffentliche und kooperative Institutionen eine größere Rolle spielen.

Die Rohstoffmärkte, die durch Herdenverhalten und Spekulation wilden Preisschwankungen ausgesetzt sind, müssen transparenter werden, und die rein finanzwirtschaftlich motivierten Aktivitäten auf diesen Märkten müssen kontrolliert und eingeschränkt werden. Dabei darf die Möglichkeit, notfalls auch durch direkte staatliche Eingriffe spekulativen Preisblasen vorzubeugen und dramatische Abstürze der Preise zu verhindern, nicht ausgeschlossen werden.

Es ist jedoch nicht nur die gegenwärtige Krise, die mit Nachdruck deutlich macht, dass eine Veränderung der ökonomischen Strategie dringend notwendig ist. Auch die Erfahrung des vorhergegangenen Booms und die über einen größeren Zeitraum hinweg gemachten wirtschaftspolitischen Erfahrungen einer Reihe »erfolgreicher« Volkswirtschaften geben Anlass zu einem grundsätzlichen Umdenken bei der Gestaltung und Umsetzung makroökonomischer und entwicklungspolitischer Strategien.

Es gibt das Klischee, dass jede Krise auch neue Möglichkeiten eröffnet. Natürlich sieht man bei der weiterhin andauernden globalen Finanzkrise, die auch einen Rückgang der realen Wirtschaftstätigkeit bewirkt hat, zunächst nur die Schattenseiten: Arbeitsplätze gehen verloren, der Wert der Ersparnisse von Arbeitnehmern löst sich auf und materielle Unsicherheit greift um sich. Aber diese globale Krise eröffnet den Menschen in den Entwicklungsländern und ihren Regierungen seit einiger Zeit tatsächlich wieder bessere Aussichten auf eine demokratischere und tragfähigere Gestaltung der internationalen Wirtschaftsbeziehungen.

Eine solche Neugestaltung beinhaltet verschiedene wichtige Elemente. Da ist zunächst die Notwendigkeit, das internationale Finanzsystem zu reformieren. Diese Notwendigkeit wird inzwischen überall auf der Welt erkannt, denn das bisherige System hat in zweierlei Hinsicht eindeutig versagt: Weder hat es eine Zunahme der Instabilität und der Häufigkeit von Krisen verhindern können, noch hat es einen angemessenen Transfer von Ressourcen von den reicheren zu den ärmeren Volkswirtschaften zustande gebracht. Die wirtschaftliche und finanzielle Instabilität und die Anfälligkeit für Finanzkrisen haben in den aufstrebenden Volkswirtschaften und nun auch in den Industrieländern stark zugenommen. Außerdem beruhte die wirtschaftliche Expansion vor der Krise zum Teil darauf, dass die Armen die Reichen subventionierten. Auf nationaler Ebene hat dieses System prozyklisches Verhalten verstärkt; es hat nationale Finanzsysteme undurchsichtig und weitgehend unregulierbar gemacht; es hat spekulative Gier und die Entstehung von Finanzblasen gefördert statt die realen, produktiven Investitionen für zukünftiges Produktions- und Beschäftigungswachstum; es hat die Ausbreitung von Schein- und Schattentransaktionen dadurch begünstigt, dass es Steuerparadiese und unzureichende Aufsichtssysteme auf Länderebene toleriert hat; und es hat die Möglichkeit staatlicher Direktkredite für entwicklungsstrategisch bedeutsame private Projekte reduziert.

Angesichts all dieser Unzulänglichkeiten gibt es keine Alternative zu einer systematischen staatlichen Regulierung und einer verstärkten Kontrolle des Finanzsektors. Da private Marktteilnehmer unweigerlich versuchen werden, die Regulierung zu umgehen, muss der Kern des Finanzsystems, das Bankwesen, geschützt werden, und dies ist nur möglich durch gemeinwirtschaftliches Eigentum. Deshalb ist ein gewisses Maß an Sozialisierung des Bankenwesens unvermeidlich (und nicht nur eine Sozialisierung der Risiken, wie bisher). Auch in Entwicklungsländern ist dies von großer Bedeutung, ermöglicht es doch eine öffentliche Kontrolle über das Kreditwesen und eine gezielte Lenkung der Kreditvergabe, ohne die noch kein Land industrialisiert worden ist.

Zweitens muss die Fixierung auf das exportorientierte Modell, das die Wachstumsstrategien der Entwicklungsländer in den letzten Jahrzehnten dominiert hat, neu überdacht werden. Eine Neuorientierung dieser Strategien ist schon deshalb erforderlich, weil die USA in naher Zukunft nicht mehr durch ihre Importnachfrage die Zugmaschine für das globale Wachstum sein können. Deshalb wären die Entwicklungsländer insgesamt, vor allem aber die aufstrebenden Volkswirtschaften Asiens, für die die USA und die Europäische Union die wichtigsten Exportmärkte sind, gut beraten, ihre Exporte auf andere Länder neu auszurichten, und vor allem in ihren Volkswirtschaften selbst die Binnennachfrage durch beschleunigtes Lohnwachstum zu stärken. Letzteres ist besonders in den Ländern wichtig, deren Volkswirtschaften groß genug sind, um die einheimische Industrialisierung auch ohne ständige Exportsteigerung voranzutreiben. Zu erreichen ist dies nicht nur durch eine aktive Umverteilungspolitik, sondern auch durch höhere öffentliche Ausgaben für die Bereitstellung elementarer Güter und Dienstleistungen.

Drittens müssen die Finanzpolitik und die öffentlichen Ausgaben wieder in den Mittelpunkt gerückt werden. Finanzpolitische Maßnahmen zur Anregung der Nachfrage und der Investitionen sind sowohl in Industrie- als auch in Entwicklungsländern von entscheidender Bedeutung, um die negativen Auswirkungen der gegenwärtigen Krise auf die Realwirtschaft in den Griff zu bekommen und einer weiteren Schwächung der Wirtschaftsdynamik und einer Zunahme der Arbeitslosigkeit zuvorzukommen. Auch müssen Ausgaben getätigt werden, um solche staatlichen Investitionen durchzuführen und private zu fördern, die den Folgen des Klimawandels entgegenwirken und umweltverträglichere Technologien beinhalten. Schließlich sind öffentliche Ausgaben auch von entscheidender Bedeutung, um die Entwicklungsziele im Süden voranzubringen und das Versprechen zu erfüllen, dass für jeden Menschen eines Entwicklungslandes ein minimaler, akzeptabler Lebensstandard erreicht werden soll. Eine Verbesserung der Sozialpolitik – die öffentliche Verantwortung für die Sicherung der sozialen und wirtschaftlichen Rechte der Bürger – ist nicht nur ein wünschenswertes Ziel an sich, sondern kann bei richtiger Ausgestaltung auch zur wirtschaftlichen Entwicklung beitragen.

Viertens müssen die Bemühungen um eine Verringerung der wirtschaftlichen Ungleichheiten – sowohl auf globaler als auch auf nationaler Ebene – fortgesetzt werden. Die Grenzen dessen, was als »akzeptable« Ungleichheit betrachtet werden kann, sind in den meisten Gesellschaften eindeutig überschritten und die zukünftige Wirtschaftspolitik wird diesen Trend umkehren müssen. Dabei ist auch der Ungleichheit beim Verbrauch natürlicher Ressourcen Beachtung zu schenken. Das ist deswegen besonders kompliziert, weil sich umweltbelastende Verhaltensmuster bei Produktion und

Konsum in den reichen Ländern tief eingeprägt haben und in den Entwicklungsländern diesem Muster nachgeeifert wird. Aber das Leben vieler Millionen Menschen in den Entwicklungsländern leidet unter einem Mangel an Grundversorgung mit physischer Infrastruktur, wie Elektrizitäts- und Wasserversorgung, Transport- und Kommunikationsverbindungen und Kanalisation, sowie unter unzureichender Versorgung mit Gesundheitsdienstleistungen, ausreichender und gesunder Ernährung und Bildung. Der Zugang aller Menschen zu diesen Möglichkeiten wird unweigerlich einen größeren Pro-Kopf-Verbrauch an natürlichen Ressourcen und einen höheren CO_2-Ausstoß mit sich bringen. Sowohl aus Gründen der Nachhaltigkeit als auch der Fairness ist daher eine Reduzierung des exzessiven Ressourcenverbrauchs in den reichen Ländern, aber auch bei den Eliten der Entwicklungsländer, notwendig. Wirtschaftspolitische Maßnahmen zur Umverteilung sollten deshalb speziell auf den Abbau der globalen und nationalen Ungleichheiten beim Ressourcenverbrauch ausgerichtet werden. Zum Beispiel könnten dringend erforderliche Ausgaben für soziale und entwicklungsfördernde Projekte dadurch finanziert werden, dass man die Verschwendung von Ressourcen durch entsprechende Steuern bestraft.

Fünftens ist die Entwicklung neuer Methoden zur Messung von echtem sozialem und wirtschaftlichem Fortschritt und von Veränderungen der Lebensqualität von großer Bedeutung. An quantitativen Indikatoren wie dem BIP orientierte Wachstumsziele, die immer noch das Denken von Politikern dominieren, lenken nicht nur von diesen wichtigen qualitativen Zielen ab, sie können sogar kontraproduktiv sein. Ein chaotisches, umweltbelastendes städtisches Transportsystem, bei dem viele Privatfahrzeuge die Straßen verstopfen, erbringt in der traditionellen Messung ein größeres BIP als ein sicheres, effizientes und preiswertes öffentliches

Transportsystem, das einer Überlastung des Verkehrsnetzes vorbeugt und ein angenehmeres Lebens- und Arbeitsumfeld schafft. Deshalb reicht es nicht aus, über »saubere, umweltfreundliche Technologien« zu reden, wenn mit diesen Technologien Güter produziert werden, die dann in unverantwortlicher, umweltschädlicher Weise konsumiert werden. Wir müssen stattdessen über den Konsum selbst kreativ nachdenken und herausfinden, welche Güter und Dienstleistungen für unsere Gesellschaft am sinnvollsten sind.

Sechstens kann die Veränderung des Produktions- und Konsumverhaltens nicht den Marktkräften überlassen werden. Die Macht der Märkte, einschließlich der Macht der Werbung, wird weiterhin unerwünschte Bedürfnisse wecken und zu umweltschädlichem Produktions- und Konsumverhalten verleiten. Aber staatliche Eingriffe in den Markt können keine reflexartige Antwort auf ständig sich verändernde, kurzfristige Bedingungen sein. Deshalb ist vorausschauende Planung enorm wichtig – nicht im Sinne einer Planung der Produktion bis ins letzte Detail, die das System der staatlichen Planwirtschaften in Verruf gebracht hat, sondern im Sinne eines strategischen Nachdenkens über die gesellschaftspolitischen Erfordernisse und Ziele für die Zukunft. Wirtschaftspolitische Maßnahmen müssen in einer Weise gestaltet werden, dass sie Konsum- und Produktionsentscheidungen auf diese gesellschaftlichen Ziele hinlenken und das Wirtschaftsleben fairer und umweltfreundlicher gestalten.

Dies ist besonders wichtig für die Lebensqualität in städtischen Gebieten, denn in vielen bevölkerungsreichen Ländern lebt bereits mehr als die Hälfte der Bevölkerung in städtischen Agglomerationen. Aber systematische Planung für die Zukunft, um die Städte für die meisten Bewohner angenehmer und lebenswerter zu machen, ist immer noch so selten, dass weiterhin urbane Ungeheuer voller Verkehrsüberlastung, Ungleichheit und Unsicherheit entstehen.

Siebtens muss darüber nachgedacht werden, wie gebotene staatliche Einflussnahme demokratischer und berechenbarer gemacht und auch international umgesetzt werden kann. Es werden große Summen öffentlichen Geldes für staatliche Rettungsmaßnahmen und für finanzpolitische Stimulierungsprogramme benötigt werden, und die Finanzierung solcher Maßnahmen hat gewaltige Folgen für die Einkommensverteilung. Deshalb ist es unerlässlich, die Elemente demokratischer Kontrolle in der Architektur der Weltwirtschaft zu stärken. Noch wichtiger ist, dass die Staaten auf der ganzen Welt offener und aufgeschlossener gegenüber den Bedürfnissen ihrer Bürger sind, wenn sie die Wirtschaftspolitik formulieren und umsetzen.

Schließlich brauchen wir einen internationalen wirtschaftlichen und institutionellen Rahmen, der diesen Wandel unterstützt. Die multilateralen Institutionen, die den organisatorischen Rahmen für den internationalen Handel, die Kapital- und Investitionsflüsse und die immer enger werdenden Produktionsnetze bilden, müssen entsprechend reformiert und nicht nur in der Struktur demokratischer werden, sondern auch demokratischer im Sinne einer größeren Nähe zu den Menschen, in deren Interesse sie handeln sollen, und demokratischer in der Formulierung ihrer Ziele. Die globalen Wirtschaftsinstitutionen können nicht weiterhin auf der Grundlage eines völlig überholten und unausgewogenen Wirtschaftsmodells operieren. Die Finanzierung der wirtschaftlichen und sozialen Entwicklung in den ärmeren Ländern und die Bewahrung der globalen Ressourcen müssen für sie zu obersten Prioritäten werden.

Handelt jetzt! Das Manifest

Dieses Buch hat fünf Autoren, aber eine klare Botschaft an die Politik:

Handelt jetzt! Ergreift Maßnahmen zur Belebung der Weltkonjunktur. Der Neoliberalismus ist gescheitert. Verhindert den Rückfall in Nationalismus und Kampf der Nationen. Eine ernsthafte internationale Kooperation und eine sofortige Beendigung der Austeritätspolitik sind das Gebot der Stunde.

1. Die Weltwirtschaft befindet sich in der schwierigsten Lage seit den 1930er Jahren.

- Die Wirtschaften der USA, Japans und Europas sind in einer tiefen Krise. Fast fünf Jahre nach Ausbruch der Finanzkrise ist kein Aufschwung in Sicht. Zunehmende Armut und hohe Arbeitslosigkeit zeigen, dass die neoliberale Agenda fundamental versagt hat. Der Versuch, die Arbeitsmärkte global zu flexibilisieren und die Wettbewerbsfähigkeit der Volkswirtschaften zu verbessern, hat zu einem Unterbietungswettlauf geführt, in dem die Ungleichheit extrem zugenommen hat und sich die Perspektiven einer ganzen Generation verdüstert haben. Jugendarbeitslosigkeit und der Verlust des Glaubens an faire Bedingungen für einen sozialen Aufstieg schaffen den Nährboden für politischen Extremismus, der unsere Demokratie bedroht.

- Die Finanzkrise des Jahres 2008 war Ausdruck einer Deregulierung, die viel zu weit ging und auf zu vielen Finanzmärkten ein Kasino hat entstehen lassen, das gewaltige Risiken für die Weltwirtschaft barg. Als der Prozess des Schuldenabbaus (des sogenannten »deleveraging«) begann, mussten die Regierungen einspringen und die überschuldeten globalen Spieler durch direkte Hilfen retten, mit dem Ergebnis eines rapiden Anstiegs der Staatsverschuldung. Die unmittelbaren Folgen der Finanzkrise für die Realwirtschaft wurden in einer kurzen Phase unmittelbar nach der Krise von 2008 von der Wirtschaftspolitik abgepuffert. Mittlerweile aber bedroht eine falsche finanzpolitische Austeritätspolitik große Teile der Weltwirtschaft in einer Weise, dass ein Rückfall in eine tiefe Rezession oder gar eine Depression nicht mehr ausgeschlossen werden kann.
- Die Entwicklungsländer und auch die Wirtschaften der großen sogenannten Emerging Markets sind noch nicht stark genug, um sich über längere Zeit von den Industrieländern abkoppeln zu können. Zwar gibt es Ansätze zu einer eigenständigen und wegweisenden Wirtschaftspolitik in einigen Ländern. Ungleichheit und die Machtverhältnisse erlauben es aber auch hier nur in Ausnahmefällen, dass die Weichen für längere Zeit richtig gestellt werden. China, das Land mit der erfolgreichsten Wirtschaftsentwicklung der letzten Jahrzehnte, bildet einen Sonderfall, weil die Regierung erkannt hat, dass die Wirtschaftsdynamik nur bei geringerer Ungleichheit und einer Partizipation der Arbeitnehmer an den Früchten des Wirtschaftswachstums aufrechtzuerhalten ist. Beachtlichen Zuwächse bei den Reallöhnen in den letzten zehn Jahren haben dafür gesorgt, dass der Binnenkonsum angeregt und die außenwirtschaftliche Schieflage weitgehend beseitigt wurde.

- Bedauerlicherweise sind die meisten kleineren und ärmeren Entwicklungsländer noch immer so stark vom Norden und von Rohstoffen abhängig, dass es ihnen kaum gelungen ist, eigene nationale Kompetenz in der Wirtschaftspolitik aufzubauen. Auch eigenständige Konzepte für erfolgreiche Entwicklung auf der Mikro- und auf der Makroebene sind Mangelware. Soweit diese Länder abhängig von internationalen Geldgebern sind, sind sie gelähmt von falschen neoklassischen Rezepten, die sie vom Norden übernommen haben. Das gilt insbesondere für den Arbeitsmarkt, wo die Bedeutung von Partizipation aller Menschen und des Abbaus von Ungleichheit als entscheidender Faktor für wirtschaftliche Prosperität noch nicht verstanden wird.

2. **Die Finanzkrise wie die sich nun anbahnende Krise in der Realwirtschaft sind keine Naturereignisse. Sie sind von Menschen gemacht. Sie sind die mittelbare und unmittelbare Folge von ökonomischen Irrlehren, die in den letzten 30 Jahren wiederbelebt wurden, während die wichtigen Lehren aus der großen Depression vergessen und verdrängt wurden. Unverstanden ist vor allem, wie Paul Davidson in diesem Buch zeigt, welche Bedeutung objektive Unsicherheit hat und wie groß infolgedessen die Rolle des Staates sein muss. Die Kernpunkte dieser Irrlehre sind leicht zu benennen:**

- Finanzmärkte seien effizient und wenn man ihnen weitgehende Freiheiten einräumt, könnten sie ihre Effizienz ausspielen und sorgten für eine optimale wirtschaftliche Entwicklung. Alle vorhandenen Informationen würden nur so rational verwendet und die Märkte fänden sehr rasch und sehr stabil die Gleichgewichtspreise.

- Der Arbeitsmarkt arbeite wie jeder andere normale Gütermarkt und müsse infolgedessen nicht auf sich änderrnde Machtverhältnisse durch lang anhaltende Arbeitslosigkeit angepasst werden. Lediglich flexible Arbeitsverhältnisse und flexible Löhne seien notwendig zum Abbau der Arbeitslosigkeit und seien folglich auch das Beste für die Arbeitnehmer. Lohnsenkung sei für die reichen Länder ein wichtiges Instrument, um auf die Herausforderungen der Weltwirtschaft zu reagieren und um im Innern die Bereitschaft der Arbeitgeber zur Schaffung von Arbeitsplätzen zu erhalten.
- Die Geldpolitik sei in der Lage, jede Krise effektiv und flexibel zu bekämpfen und zu überwinden, wenn sie nur völlig unabhängig von der Politik gemacht werde. Politisch unabhängige Zentralbanken seien der Garant für Preisstabilität, weil sie die Geldversorgung den objektiven Bedürfnissen der Wirtschaft anpassen würden, ohne eine politisch gewollte Inflationierung der Wirtschaft zur Verringerung hoher staatlicher Schulden zu erlauben.
- Aktive Finanzpolitik per se sei gefährlich, weil sie die optimale Allokation der Ressourcen stören und Ineffizienzen im System schaffen würde. Der Staat verfüge einfach nicht über die Kompetenz und die Informationen, die notwendig seien, um einen komplexen Prozess wie die Preisfindung zu verbessern. Selbst Infrastrukturinvestitionen könnten von privaten Investoren besser und effizienter durchgeführt werden. Die Privatisierung fast aller Lebensbereiche führe zu einer optimalen Ordnung zwischen Staat und Markt. Die staatliche Drohung mit hohen Steuern sei Gift für die Wirtschaft, weil sie die Leistungsbereitschaft der Investoren und Unternehmer zerstöre und damit den Prozess der Einkommensentstehung behindere, bevor diese Steuern überhaupt erhoben werden könnten. Staatliche Eingriffe hätten grundsätzlich negative Wirkun-

gen. Staatliche Schulden müssten auf jeden Fall verhindert werden, weil sie private Investoren an den Kapitalmärkten verdrängen und damit suboptimale Ergebnisse hervorbringen.

3. **Das alles wurde überzeugend und unterstützt von viel Geld vorgetragen, es erweist sich aber bei genauerer Prüfung als grundlegend falsch, denn:**

- Liberalisierte Finanzmärkte sind instabil und führen zu massiver Fehlallokation der Ressourcen. Die Finanzkrise von 2008 hat in aller Klarheit gezeigt, dass Finanzmärkte zum Überschießen neigen und systematisch falsche Preise hervorbringen. Weil an diesen Märkten Herdenverhalten an der Tagesordnung ist, können sie gerade nicht die komplexen Informationsaufgaben bewältigen, die ihnen der Neoliberalismus zuweist. Die Blase am amerikanischen Hypothekenmarkt mit all ihren Verästelungen und Nebenprodukten hat jedem vernünftigen Betrachter vor Augen geführt, dass solche Märkte sich total von der Wirklichkeit entkoppeln und auf Preiserwartungen setzen, die weit überzogen sind, mit fatalen wirtschaftspolitischen Folgen, wie James Galbraith hier zeigt. Das gilt in gleicher Weise für andere Märkte. Die empirische Evidenz aus den letzten Jahren zeigt unmissverständlich, dass Währungsmärkte instabil sind und dazu tendieren, die Wechselkurse gegen die Fundamentaldaten zu treiben, weil zinsdifferenzbasierte Spekulation (»carry trade«) die Währungen von Hochzins- und Hochinflationsländern aufwerten. Die seit einem Jahrzehnt zu beobachtende Finanzialisierung der Rohstoffmärkte hat dazu geführt, dass Rohstoffpreise sich wie reine Finanzpreise verhalten. Sind die Preise aber von physischem Angebot und der Nachfrage entkoppelt, richten sie enormen Schaden an, weil weder Verbraucher noch Produzenten rational disponieren können.

- Arbeitsmärkte sind, wie der Beitrag von Heiner Flassbeck klarstellt, instabil. Die Tatsache, dass nach der Finanzkrise trotz des niedrigsten Lohnniveaus der Nachkriegsgeschichte (der niedrigsten Lohnquote, »wage share«) in den entwickelten Ländern die Arbeitslosigkeit auf den höchsten Wert seit über 50 Jahren gestiegen ist, belegt das ohne jeden Zweifel. Wäre die neoklassische Beschäftigungstheorie auch nur im Ansatz richtig, hätte das nicht passieren dürfen. Der entscheidende Zusammenhang ist leicht zu verstehen: Sinkende Löhne bedeuten unmittelbar sinkende Nachfrage nach Konsumgütern. Bevor theoretische Effekte wie die Substitution von Kapital durch Arbeit überhaupt greifen können, hat sich durch die Lohnsenkung das wirtschaftliche Umfeld für die Unternehmen schon so fundamental verschlechtert, dass der neoklassische Nexus nicht zum Zuge kommen kann. Die Entwicklung in Südeuropa belegt das derzeit in eindrucksvoller Weise. Nicht alle Länder der Welt können durch Lohnsenkung ihre Wettbewerbsfähigkeit verbessern. Daher ist der negative Nachfrageeffekt von Lohnsenkung auf den Konsum der entscheidende »missing link« in der herrschenden Theorie. Wer dennoch auf Lohnsenkung oder kompetitive Abwertung seiner Währung setzt, riskiert eine Deflations- und Depressionsspirale, die die ganze Welt erfassen kann. Ohne die konsequente Partizipation der Arbeitnehmer an den Erfolgen der wirtschaftlichen Entwicklung, also eine Lohnpolitik, die Nominallohnwachstum am Produktivitätserfolg plus dem Inflationsziel ausrichtet, gibt es keine Rückkehr zu normalen zyklischen Mustern. Der Aufschwung ist so schnell zu Ende gegangen, weil zu viele Menschen bei hoher Arbeitslosigkeit und extrem niedrigen Löhnen keine positive Einkommenserwartung haben und deswegen auch ihren Konsum nicht erhöhen können.

- Die Geldpolitik ist derzeit alleine nicht in der Lage, die Weltwirtschaft anzuregen, weil die Einkommenserwartungen der Bürger negativ sind, die Konsumnachfrage nicht anspringt und die Unternehmen bei sinkender Kapazitätsauslastung trotz zum Teil hoher Gewinnmargen nicht investieren. Die Geldpolitik kann die Zinsen nicht systematisch unter null senken. Die Notenbanken der großen Industriestaaten haben in der anhaltenden Krise und bei unverminderter Deflationsgefahr ihr Instrumentarium sehr weit ausgereizt, ohne dass der Durchbruch zu einer neuen konjunkturellen Dynamik gelingt. Selbst die Festlegung auf extrem niedrige Zinsen für einige Jahre in der Zukunft reicht nicht aus, um den privaten Haushalten und Unternehmen das für stetig steigende Ausgaben nötige Vertrauen zurückzugeben.
- Aktive und expansive Finanzpolitik ist, wie Richard Koo belegt, absolut unumgänglich, wenn alle anderen Sektoren versuchen, ihre finanzielle Situation zu verbessern, also versuchen zu sparen. Die Finanzpolitik muss die Rolle eines Stabilisators (Konsumenten und/oder Investors der letzten Instanz) schon deswegen wahrnehmen, weil sie sonst ihre eigenen Ziele nicht erreichen kann. Weder kann sie die Staatsschulden zurückfahren, noch kann sie ihren Anteil an der Wirtschaftstätigkeit verringern, wenn die Privaten versuchen, sich zu entschulden oder mehr zu sparen. Das gilt unabhängig von der Höhe der Staatsschulden. Es ist ein schwerer, gerade in Europa und in den USA drohender Fehler, die konkrete Politik des Staates von dem – durch welche Umstände auch immer zustande gekommenen – Niveau der Staatsschulden abhängig zu machen. Ganz gleich, wie hoch die Staatsschulden absolut sind, der Versuch, sie ohne Rücksicht auf die Pläne der Privaten zurückzufahren, muss in großen weitgehend geschlossenen Volkswirtschaften scheitern. Japan, das die höchsten

Staatsschulden aller Länder ausweist, zeigt mit seiner expansiven Politik gerade, dass es diese Lektion verstanden hat.

4. In allen vier angesprochenen Bereichen muss schnell eine radikal andere Wirtschaftspolitik umgesetzt werden:

- Die Politik muss die Macht der Finanzmärkte drastisch einschränken. Sie muss viel konsequenter als bisher die Aktivitäten der Finanzmärkte hinterfragen und Aktivitäten, die aufgrund ihres Wettcharakters keinen gesellschaftlichen Ertrag versprechen, aber hohe Risiken bergen, beenden. Der Finanzmarkt ist ein zu sensibles System, als dass man erlauben könnte, dass reine Kasinospiele seine Fragilität weiter vergrößern. »Re-Regulierung« ist ein breiter Begriff, reicht aber in den meisten Fällen nicht aus, Transparenz bei den gesellschaftlichen Erträgen zu schaffen und gefährliche Produkte ganz vom Markt zu nehmen. Nicht anders als bei potentiell gefährlichen Arzneien muss der Staat eine Zulassungsstelle einrichten, die vor der Markteinführung eines neuen »Finanzproduktes« prüft, ob es die Kriterien gesellschaftlichen Nutzens und leicht beherrschbarer Risiken erfüllt.
- Die Arbeitsmärkte der westlichen Welt müssen nicht weiter flexibilisiert, sondern auf stabile Erträge für die Menschen ausgerichtet werden. Da der Markt für Arbeit instabil ist, muss der Staat in Fällen drohender Destabilisierung wie derzeit weiteren Lohndruck durch gestiegene Arbeitslosigkeit (die eine unmittelbare Folge der Finanzkrise war, aber nicht durch gestiegene Löhne verursacht worden war) auf jeden Fall verhindern. Dazu kann er beispielsweise die Lohnentwicklung im Rahmen von Ab-

sprachen zwischen den Arbeitnehmern und den Unternehmen mit beeinflussen oder direkt Vorgaben hinsichtlich der Koppelung der Nominallöhne an die gesamtwirtschaftlichen Ziele (Produktivitätszuwachs und Inflationsziele) machen. Wo man dies aus institutionellen oder politischen Gründen nicht für möglich hält, muss man sich im Klaren darüber sein, dass direkte Intervention am Arbeitsmarkt bei negativen Einkommenserwartungen der Arbeitnehmer nur von unglaublich starken fiskalpolitischen Impulsen ersetzt werden kann, die ihrerseits höchst umstritten sind.

- Die Geldpolitik muss in der Krise mit allen ihr zur Verfügung stehenden Mitteln vor allem die Deflationsgefahr bekämpfen. In vielen Ländern, insbesondere in Europa, muss aber über eine grundlegende Neubestimmung der Rolle der Geldpolitik nachgedacht werden. Die Geldpolitik muss auch direkt für Investitionen und Beschäftigung verantwortlich gemacht werden, soll sie eine produktive Rolle in Zusammenarbeit mit den anderen Politiksektoren spielen. Ist zum Beispiel gewährleistet, dass die Lohnpolitik in etwa der oben dargelegten Leitlinie folgt, besteht aufgrund des engen Zusammenhangs von Lohnstückkostenzuwachs und Inflationsraten keine unmittelbare Inflationsgefahr mehr und die Geldpolitik muss vor allem zur Förderung der Investitionstätigkeit mithilfe ihres zinspolitischen Instrumentariums eingesetzt werden. Die alleinige Konzentration auf das Ziel der Inflation, wie derzeit in Europa praktiziert, hat sich als unzureichend erwiesen.
- Die Finanzpolitik in der industrialisierten Welt muss jetzt einer neuen Rezession gegensteuern. Das geht nur mit neuen kreditfinanzierten Maßnahmen, wie sie in Japan gerade ins Auge gefasst worden sind. Um das durchsetzen zu können, müssen die Politik und die Volkswirtschafts-

lehre gemeinsam dafür sorgen, dass öffentliche Schulden enttabuisiert werden. Öffentliche Defizite genauso wie Leistungsbilanzdefizite müssen im Gesamtzusammenhang der volkswirtschaftlichen Spar- und Investitionsvorgänge betrachtet werden. Jede Anlehnung an einzelwirtschaftliche Betrachtungen nach Art der »Schwäbischen Hausfrau«, die in Deutschland gerne als Referenz genommen wird, geht am Kern der Sache vorbei. Solange die privaten Haushalte sparen, können hohe und steigende öffentliche Schulden nur vermieden werden, wenn man die Unternehmen systematisch wieder in die Rolle des Schuldners drängt. Auf Bergen von Bargeld und Guthaben sitzende Unternehmen, die so wenig investieren, dass sie per Saldo sparen, deuten auf eine gravierende Fehlentwicklung in der Marktwirtschaft hin. Entweder funktioniert der Wettbewerb nicht, was ebenfalls ein Eingreifen des Staates verlangt, oder die Machtverhältnisse am Arbeitsmarkt begünstigen eine Verteilung der Einkommen, die nicht ausreichend Druck für die Unternehmen erzeugt. Auch dies erfordert, wie oben dargelegt, ein Eingreifen des Staates. Internationale Kooperation ist auch hier unumgänglich. Der von einigen Ländern gewählte Weg, Leistungsbilanzüberschüsse zu bilden und damit eigene Ersparnisse systematisch im Ausland anzulegen, muss durch ein neues Weltwährungssystem, bei dem die Wechselkurse tatsächlich die Fundamentaldaten widerspiegeln, unterbunden werden. In der jetzigen Situation ist fiskalische Expansion in Ländern mit hohen Leistungsbilanzüberschüssen das Gebot der Stunde. Europa muss die Austeritäts- und Lohnsenkungspolitik in den Defizitländern der Eurozone sofort beenden.

5. **Die globale Wirtschaftspolitik muss auf allen Ebenen und schnell die Konsequenzen aus dem Scheitern des Neoliberalismus ziehen. Gelingt ihr das nicht, ist mehr als nur Einkommenswachstum und einige Arbeitsplätze gefährdet; der über Jahrzehnte aufgebaute Wohlstand ist dann gefährdet und mit ihm die demokratische Ordnung unserer Staaten.**

- Insbesondere junge Menschen brauchen konstruktive Perspektiven für ihre Ausbildung und ihr berufliches Leben. Hohe Jugendarbeitslosigkeit führt zu hoher Frustration und begünstigt die Hinwendung junger Menschen zu radikalen unreflektierten Ideen, die die Demokratie gefährden können. Das, was in dieser Hinsicht schon in einigen Ländern Südeuropas infolge des anhaltenden Drucks der Gläubigerstaaten auf diese Länder passiert, ist vollkommen inakzeptabel und darf nicht länger hingenommen werden. Jugendarbeitslosigkeit in der Größenordnung von 50 Prozent in reichen Gesellschaften belegt das Versagen des gesamten europäischen Systems.
- Wohlstand für alle ist nicht nur möglich, sondern in einer funktionierenden Wirtschaft notwendig. Die Marktwirtschaft kann ihre Überlegenheit im Bereich technologischer Entwicklung nur ausspielen, wenn alle Bevölkerungsgruppen an den von Kapital und Arbeit gemeinsam erarbeiteten Ergebnissen beteiligt werden. Das ist nicht nur eine berechtigte soziale Forderung, sondern es ist eine wirtschaftliche Notwendigkeit. Die Wirtschaft kann nur stetig wachsen, wenn die Erträge (die Produktivitätserfolge), die alle gemeinsam erwirtschaften, auch allen beim Zuwachs ihrer Einkommen (die natürlich unterschiedlich sind) in gleicher Weise zugutekommen.
- Demokratie funktioniert nur bei einer angemessenen Machtverteilung. Das gilt für die Politik, das gilt aber auch

für die Wirtschaft. Zu große wirtschaftliche Macht neigt dazu, die Demokratie über Lobbyismus und andere Mechanismen auszuhebeln. Deswegen muss Vollbeschäftigung ein Ziel der Politik bleiben, das ohne Kompromisse angestrebt wird. Nur bei Vollbeschäftigung kann die Machtbalance am wichtigsten Markt, dem Arbeitsmarkt, gewährt bleiben. Nur Vollbeschäftigung und staatliche Umverteilungspolitik können verhindern, dass wirtschaftliche Macht ausufert und zur Verfälschung der demokratischen Ergebnisse im Sinne der Mächtigen eingesetzt wird.

- Bei all dem sind selbstverständlich die ökologischen Grenzen der wirtschaftlichen Entwicklung zu beachten und zu respektieren. Der ökologische Umbau der Wirtschaft gerade in den Staaten, die in der Vergangenheit am weitesten in das natürliche System eingegriffen haben, verlangt aber wiederum einen kompetenten Staat. Ein schwacher Staat kann auch diese Aufgabe nicht meistern. Er muss nämlich den Mut haben, über lange Zeiträume in die Preisbildung an Märkten und damit in die Marktprozesse direkt und indirekt einzugreifen. Er muss Ressourcen dauerhaft so umlenken, dass die natürliche Umwelt geschont wird und die Menschen dennoch optimistisch in die Zukunft schauen. Umlenkung bedeutet keineswegs das Ende der Entwicklung. Es bedeutet aber, dass eine ganz andere Richtung der Entwicklung eingeschlagen wird. Dass dabei den Entwicklungsländern geholfen werden muss, ihre Entwicklungspotentiale zu erhalten, sollte selbstverständlich sein.

Schlusswort

In den vergangenen 30 Jahren ist eine globalisierte Wirtschaft entstanden, die enger als jemals zuvor fast alle Regionen der Welt einbindet. Allerdings hat die Weltgemeinschaft es versäumt, der globalen Wirtschaft effektive globale Regeln zu geben. Wirtschaft kann aber ebenso wenig wie ein Fußballspiel ohne Regeln vernünftig funktionieren. Die Abstinenz von staatlicher Regulierung hat die Dominanz wirtschaftlicher Macht gefördert und die normalen Bürger immer mehr an den Rand gedrängt. Auf diese Weise unterhöhlt die Abwesenheit des Staates auf globaler Ebene die Grundfesten der Demokratie in den Nationalstaaten. Wettbewerb von Staaten überlagert den Wettbewerb der Unternehmen und fördert wiederum nur das Recht des Stärkeren, nicht aber gleiche Rechte für alle Staaten.

Für die Schaffung eines legalen globalen Rahmens sind mehr internationale Koordination der Politik und die Übertragung von Kompetenzen an neue multilaterale Organisationen unumgänglich. Möglich wäre es, die G20 mit rotierender Mitgliedschaft zu einem wirksamen Instrument internationale Kooperation umzubauen oder einen effektiven globalen Wirtschaftsrat zu schaffen. Das alles setzt aber den Willen zur Kooperation in einem Maße voraus, den es heute nicht gibt. Die nationalen Regierungen verstehen nicht, dass ihr staatlicher Egoismus nicht ihre eigene Macht erhält und vergrößert, sondern dass das Vakuum, das sie hinterlassen, die wirtschaftliche Macht in den Händen weniger in einer Weise vergrößert, dass es früher oder später die Demokratie infrage stellen muss.

Die Autoren

Paul Davidson ist Emeritus des *Holly Chair of Excellence in Political Economy* an der Universität von Tennessee. Er ist Gastwissenschaftler am *Schwartz Center for Economic Policy Analysis* an der *New School* in New York City. Zuvor lehrte er Wirtschaftswissenschaften an der Universität von Pennsylvania, an der *Rutgers University*, und an den Universitäten Bristol und Cambridge. Er ist Mitbegründer und Mitherausgeber des *Journal of Post Keynesian Economics*, Mitglied des Beirats des *Institute for New Economic Thinking* und Ehrenmitglied der *Professional Risk Managers International Association*. Im Laufe seiner Karriere war Paul Davidson stellvertretender Direktor der wirtschaftswissenschaftlichen Abteilung der *Continental Oil Company*, Mitglied des *Brookings Economic Panel* und hat als Berater für zahlreiche Unternehmen und öffentliche Institutionen gewirkt, unter anderen für die *Western Union Telegraph Company*, die *Federal Trade Commission* der Vereinigten Staaten, das *Joint Economic Committee* des amerikanischen Kongresses, das kanadische *Department of Consumer and Corporate Affairs*, die Zentralbanken von Ecuador, Venezuela und Uruguay sowie für die Verbraucherschutzorganisation des Staates New York. Er ist Verfasser oder Mitverfasser von 22 Büchern und hat mehr als 210 wissenschaftliche Aufsätze publiziert.

James K. Galbraith ist Inhaber des Lloyd M. Bentsen Jr. Lehrstuhls für *Government/Business Relations* an der *Lyndon B. Johnson School of Public Affairs* an der *University of Texas at Austin* und Professor für Politik und öffentliche Verwaltung an derselben Hochschule. Er ist als *Senior Scholar* mit dem *Levy Economics Institute of Bard College* im Staat New York assoziiert und ist Vorsitzender des *Board of Economists for Peace and Security*, einer weltweiten Vereinigung von Wirtschaftswissenschaftlern. Im Jahr 2012 war er Vorsitzender der *Association for Evolutionary Economics*. Im Verlauf seiner Karriere arbeitete er in verschiedenen Stabsfunktionen für den Kongress der Vereinigten Staaten und war dort zeitweise Exekutivdirektor des *Joint Economic Committee*. James K. Galbraith hat zahlreiche Bücher und wissenschaftliche Aufsätze publiziert und schreibt häufig für Tageszeitungen und Nachrichtenmagazine. Sein letztes Buch mit dem *Titel Inequality and Instability: A Study of the World Economy Just Before the Great Crisis* erschien 2012. Er studierte an den Universitäten Harvard und Yale, wo er 1981 in Wirtschaftswissenschaften promoviert wurde. Er ist Mitglied der *Accademia dei Lincei*, der ältesten wissenschaftlichen Vereinigung der Welt.

Heiner Flassbeck ist seit März 2013 Direktor von Flassbeck-Economics (Flassbeck-Economics.de), eines Unternehmens, das sich der wirtschaftspolitischen Beratung widmet, und seit 2005 Honorarprofessor an der Universität Hamburg. Zuvor arbeitete er von 1976 bis 1980 im Stab des Sachverständigenrates zur Begutachtung der gesamtwirtschaftlichen Entwicklung in Wiesbaden. Es folgten sechs Jahre in verschiedenen Referaten des Bundesministeriums für Wirtschaft in Bonn, bevor er in das Deutsche Institut für Wirtschaftsforschung (DIW) in Berlin eintrat, wo er 1988 Leiter der Abteilung Konjunktur wurde. Im Jahre 1998 wurde Heiner Flassbeck zum Staatssekretär im Bundesministerium der Finanzen ernannt. Im Jahr

2000 wechselte er zum Sekretariat der Konferenz der Vereinten Nationen für Handel und Entwicklung (UNCTAD) in Genf und leitete dort von August 2003 bis Dezember 2012 die Abteilung für Globalisierung und Entwicklungsstrategien. Als Chef-Volkswirt der UNCTAD war er unter anderem leitender Autor des jährlichen *Trade and Development Report* und verantwortlich für die Beiträge des UNCTAD-Sekretariats zur Arbeit der G 20. Heiner Flassbeck ist Autor von Büchern und zahlreichen Aufsätzen zur Wirtschaftspolitik. Er studierte Volkswirtschaftslehre an der Universität Saarbrücken und wurde im Jahre 1987 mit einer Arbeit zur internationalen Währungsordnung promoviert.

Richard C. Koo ist Chefökonom des *Nomura Research Institute* in Tokio. Zuvor arbeitete er in den Vereinigten Staaten im wissenschaftlichen Stab des *Board of Governors* des *Federal Reserve System* (1979–81) und als Wirtschaftsforscher bei der *Federal Reserve Bank of New York* (1981–84). Sein Spezialgebiet ist die Finanzmarktforschung. Er hat mehrere japanische Ministerpräsidenten in Wirtschafts- und Finanzfragen und bei der Lösung von Problemen im japanischen Bankensystem beraten. Gegenwärtig fungiert er auch als Berater des *Center for Strategic and International Studies* (Washington) und als Mitglied des Beirats des *Institute for New Economic Thinking* (New York). Dr. Koo hat zahlreiche Bücher über die japanische Wirtschaft verfasst. Sein letztes, 2008 erschienenes Buch *The Holy Grail of Macroeconomics – Lessons from Japan's Great Recession* wurde in vier Sprachen übersetzt. Er erwarb einen BA in Politologie und Volkswirtschaft an der *University of California at Berkeley* (1976) und einen MA in Volkswirtschaft an der *Johns Hopkins University* (1979). Von 1988 bis 2010 lehrte er als Gastprofessor an der Waseda-Universität in Tokio.

Jayati Ghosh ist Professorin für Wirtschaftswissenschaften am *Centre for Economic Studies and Planning* der *School of Social Sciences* an der Jawaharlal Nehru Universität in Neu-Delhi. Im Jahr 2004 war sie Vorsitzende der von der Staatsregierung von Andhra Pradesh in Indien einberufenen *Commission on Farmers' Welfare* und von 2005 bis 2009 Mitglied der *National Knowledge Commission*, die den indischen Premierminister berät. Sie ist Exekutivsekretärin der Vereinigung *International Development Economics Associates* (networkideas.org) und berät zahlreiche internationale Organisationen wie das Entwicklungsprogramm der Vereinten Nationen (UNDP), die Konferenz der Vereinten Nationen für Handel und Entwicklung (UNCTAD), die Abteilung für wirtschaftliche und soziale Angelegenheiten der Vereinten Nationen (UN-DESA) und die Internationale Arbeitsorganisation (ILO). Jayati Ghosh hat mehrere Bücher und über 130 wissenschaftliche Aufsätze verfasst und schreibt als reguläre Kolumnistin für verschiedene Zeitungen und Zeitschriften. Im Jahr 2010 erhielt sie den *Premio Internazionale NordSud* für Sozialwissenschaften der *Fondazione Pescarabruzzo* und den *ILO Decent Work Research Prize*. Sie war die Hauptverfasserin des *West Bengal Human Development Report 2004*, der 2005 mit dem *UNDP Award for Excellence in Analysis* ausgezeichnet wurde. Professor Ghosh studierte an der *Delhi University*, der Jawaharlal Nehru Universität und an der Universität Cambridge.

Anmerkungen

Anmerkungen Paul Davidson

Die in diesem Text enthaltenen Zitate von John Maynard Keynes wurden von den Übersetzern dieses Textes ins Deutsche übertragen und entsprechen nicht unbedingt dem Originaltext der deutschen Ausgabe der *Allgemeinen Theorie*.

1 Das heißt, es wird unterstellt, dass die ökonomische Entwicklung mit dem gleichen Maß an Genauigkeit berechnet werden kann, wie es mit versicherungsmathematischen Methoden bei der Berechnung von Versicherungsrisiken und -prämien erreicht wird.
2 Die Institutionen, die notwendig sind, um einen gut organisierten und geordneten Markt zu gewährleisten, werden im meinem Buch *The Keynes Solution: The Path To Global Economic Prosperity* diskutiert.
3 J. M. Keynes, *The General Theory of Employment, Interest and Money*, S. 161.
4 So Keynes in seiner *General Theory* (S. 160f.).
5 »Panglossianisch« ist die Auffassung, dass in dieser besten aller möglichen Welten alles zum Besten gestellt ist.
6 Greenspan erklärte außerdem: »Diese Krise hat sich als viel größer erwiesen als alles, was ich mir vorstellen konnte … In den vergangenen Jahrzehnten wurde ein gewaltiges System für das Risikomanagement und die Bestimmung der Preise von Finanzinstrumenten entwickelt. Dabei wurden die neuesten Erkenntnisse von Mathematikern und Finanzexperten miteinander zusammengeführt und wesentliche Fortschritte im Bereich der Computer- und Kommunikationstechnologie genutzt. Es wurde sogar ein Nobelpreis für die Entwicklung eines Systems zur Bewertung von Finanzderivaten [auf freien Märkten] vergeben, das erheblich zur Weiterentwicklung dieser Märkte beigetragen hat. Dieses moderne Risikomanagement-Paradigma galt jahrzehntelang unangefochten. Doch nun ist das ganze intellektuelle Gebäude zusammengebrochen.«
7 J. M. Keynes, *The General Theory of Employment, Interest and Money*, S. 192.

8 Vergleiche hierzu das im Literaturverzeichnis angegebene Buch von Lucas und Sargent und den Artikel von Machina.

9 J. M. Keynes, *The General Theory of Employment, Interest and Money*, S.3.

10 Siehe P. Samuelson, »Classical and Neoclassical Monetary Theory«.

11 T. Sargent, *Bounded Rationality in Macroeconomics*, S.3.

12 Vergleiche F. M. Knight, Risk, *Uncertainty and Profits*.

13 Vergleiche Keynes' 1937 im *Quarterly Journal of Economics* veröffentlichten Aufsatz »The General Theory of Employment«.

14 In seiner Kritik an Tinbergens Verwendung der ökonometrischen Analyse argumentierte Keynes im Jahre 1939, dass Tinbergens Methode auf ökonomische Daten nicht anwendbar sei, weil »das wirtschaftliche Umfeld ist nicht homogen in der Zeit« sei. Diese Kritik ist gleichbedeutend mit der Feststellung, dass ökonomische Zeitreihen nicht stationär sind, und Nicht-Stationarität ist eine hinreichende Bedingung für Nicht-Ergodizität.

15 J. M. Keynes, *The General Theory of Employment, Interest and Money*, S. 137.

16 J. R. Hicks, *Economic Perspectives: Further Essays on Money and Growth*, S. vii.

17 Diejenigen, die auf keinen Fall wollen, dass der Staat sich verschuldet, berufen sich oft auf den sogenannten »Ricardianischen Äquivalenzeffekt«: Sie argumentieren, dass die privaten Haushalte mit Sicherheit ihre zukünftigen Steuerverpflichtungen kennen. Sie »wissen«, dass der heutige, schuldenfinanzierte Staatshaushalt es in der Zukunft erforderlich machen wird, dass der Staat die Steuern erhöht, um aus den höheren Steuereinnahmen die zusätzlichen Schulden zurückzuzahlen. Dementsprechend reagieren diese allwissenden privaten Haushalte auf die Erhöhung der Staatsausgaben unmittelbar mit zusätzlichem Sparen, um vorbereitet zu sein, wenn die zu erwartenden höheren Steuern bezahlt werden müssen. Mit anderen Worten, die Verfechter der Ricardianischen Äquivalenztheorie behaupten – ohne jeden Beweis –, dass jede Erhöhung der Staatsausgaben sich unmittelbar in einem Rückgang der Ausgaben für Güter und Dienstleistungen im privaten Sektor niederschlägt. Natürlich werden die privaten Haushalte so viel wie möglich von ihrem laufenden Einkommen sparen, wenn die Zukunft sehr unsicher ist (wie zurzeit in der Eurozone). Mit diesen Ersparnissen werden liquide Anlagen gekauft (vielleicht sogar auf US-Dollar lautende Anlagen). Wenn also eine Regierung in der Eurozone ein Stimulierungsprogramm initiieren würde, um zusätzliche Marktnachfrage und Arbeitsplätze zu schaffen, würden die Anhänger der Ricardianischen Äquivalenztheorie behaupten, dass ebendies nicht erreicht werden kann. Warum? Die Steuerzahler würden sofort ihr Sparen aus dem laufenden Einkommen erhöhen, um die in Zukunft erwarteten höheren Steuern bezahlen zu können, die für den aufgrund der zusätzlichen kreditfinanzierten Staatsausgaben steigenden staatlichen Schuldendienst gebraucht werden. Mit anderen Worten: Der Ricardianische Äquivalenzeffekt führt zu einem Anstieg des laufenden Sparens der Steuerzahler, der bewirkt, dass die private Nachfrage genau in dem Umfang sinkt wie die staatliche Nachfrage im Zuge des Stimulierungsprogramms steigt. Per Saldo würden demnach also weder zusätzliche

Marktnachfrage noch zusätzliche Arbeitsplätze geschaffen. Diese Vorstellung ist ganz offensichtlich falsch, naiv und dumm in einer Welt nicht-ergodischer Unsicherheit.

18 Es wird manchmal argumentiert, dass dieser Anstieg der Arbeitslosigkeit in der Schuldnernation gut ist in dem Sinne, dass dadurch das Lohnniveau (direkt und/oder indirekt durch die Abwertung der Währung) gesenkt wird und die Exportindustrie des Schuldnerlandes ihre Wettbewerbsfähigkeit auf dem Weltmarkt somit verbessert. Wenn es jedoch nicht zur gleichen Zeit zufällig einen Anstieg der globalen Gesamtnachfrage gibt, exportiert diese »wettbewerbsfähigere« Industrie leider nur die Arbeitslosigkeit in andere Länder.

Anmerkungen James K. Galbraith

Der Autor dankt Jing Chen für hilfreiche Kommentare und Natica Smith für Unterstützung bei Recherchen zu diesem Aufsatz.

1 Die Vereinigten Staaten wählten einen theoretisch anderen Weg mit dem »Humphrey-Hawkins Full Employment and Balance Growth Act« im Jahr 1978. Dieses Gesetz legte »Vollbeschäftigung, ausgewogenes Wachstum ... und vernünftige Preisstabilität« als Ziele der Wirtschaftspolitik fest, einschließlich der Geldpolitik des Federal Reserve. (Der Autor dieses Beitrags verfasste seinerzeit den Entwurf der für das Federal Reserve relevanten Bestimmungen jenes Gesetzes.) Die praktischen Auswirkungen dieser Gesetzgebung waren jedoch sehr gering.

2 Dazu gehörte auch die berüchtigte Pressekonferenz, bei der James Gilleran, Direktor des *Office of Thrift Supervision* (Sparkassenaufsicht), mit einem Papierstapel staatlicher Regulierungen und einer Kettensäge auftrat. Seine Kollegen aus der Aufsichtsbehörde hatten Baumscheren dabei.

3 Dazu gehörten zum Beispiel das *Senate Permanent Committee on Investigations*, das *Congressional Oversight Panel* und der *Special Inspector General for the Troubled Asset Relief Program*.

4 Nobelpreisträger Paul Krugman fordert monetäre Expansion; Lawrence Summers, der Direktor des wirtschaftspolitischen Beraterstabes des amerikanischen Präsidenten (*National Economic Council*), schloss sich kürzlich den Forderungen nach einer expansiven Finanzpolitik an.

5 Auf nähere Ausführungen hierzu wird an dieser Stelle verzichtet, da dies ist kein Beitrag zur formalen Ökonomie ist. Leser, die an einer knappen und systematischen Darstellung des zugrunde liegenden analytischen Rahmens interessiert sind, seien auf die im Literaturverzeichnis angegebenen Beiträge von Chen und Galbraith verwiesen.

6 In seinem berühmten Werk *The Wealth of Nations* (»Der Wohlstand der Nationen«) beschreibt Adam Smith diesen Sachverhalt wie folgt:

»Große Nationen verarmen niemals durch die Verschwendung und Unklugheit privater Wirtschaftseinheiten, wohl aber zuweilen durch öffentliche Verschwendung und Unklugheit des Staates. Die gesamten oder fast die gesamten Staatseinnahmen werden in den meisten Ländern dazu verwendet, unproduktive Menschen zu unterhalten. Dazu gehören ein umfangreicher und glänzender Hofstaat, eine große Geistlichkeit sowie große Flotten und Armeen, die in Friedenszeiten nichts produzieren und in Kriegszeiten nichts erwerben, was die Kosten ihres Unterhalts selbst während der Dauer des Krieges decken würde« (2. Buch, Kapitel III, Absatz 30). (Das Zitat von Adam Smith wurde von den Übersetzern dieses Textes ins Deutsche übertragen und entspricht nicht unbedingt dem Wortlaut in deutschsprachigen Ausgaben dieses Werkes.)

7 Die Kalecki-Levy-Gleichung beschreibt formal, wie die Bruttogewinne in einer Volkswirtschaft makroökonomisch bestimmt werden. Die Rolle des Finanzsektors und die Belastung, die er für die übrige Wirtschaft darstellt, hängt davon ab, in welchem Ausmaß neue kreditfinanzierte Investitionen die Erlöse übersteigen, die gebraucht werden, um den Finanzsektor am Leben zu erhalten.

8 Vgl. hierzu mein im Literaturverzeichnis angegebenes Papier »Is the Federal Debt Unsustainable?«.

9 Die vorgeschlagene Politik dürfte *ex ante* politisch nicht sehr attraktiv sein, denn es ist schwer, die Aussicht auf eine Verbesserung der materiellen Lebensverhältnisse aufzugeben; sie ist aber sehr attraktiv *ex post*, denn sie wird viele vor Armut bewahren. Und nur in der Rückschau sehen die meisten Leute ein, dass die Chancen auf einen Lotteriegewinn äußerst gering sind.

10 Für eine ausführliche Diskussion dieses Themas siehe den im Literaturverzeichnis angegebenen Artikel von Galbraith und Garcilazo.

11 Eine Anhebung des Mindestlohnes stand in den USA nach der Krise zunächst nicht auf der Tagesordnung, aber sie hat in letzter Zeit zunehmend die Aufmerksamkeit zahlreicher, sehr unterschiedlich orientierter Beobachter erfahren. Dazu gehören auch der Herausgeber von *The American Conservative*, der Leitartikelautor der Nachrichtenagentur Bloomberg und ein Autor des konservativen Wochenmagazins *The Weekly Standard*.

Anmerkungen Heiner Flassbeck

1 Dieses Papier basiert auf dem V. Kapitel des *Trade and Development Report* der UNCTAD von 2012, dessen Autor Heiner Flassbeck war.

Literatur

Literatur Paul Davidson

Paul Davidson, *The Keynes Solution: The Path to Global Economic Prosperity.* New York and London, 2009.
John R. Hicks, *Economic Perspectives: Further Essays on Money and Growth.* Oxford, 1977.
John M. Keynes, *The General Theory of Employment, Interest and Money.* London and Basingstoke, 1936. (Deutsche Ausgabe: *Allgemeine Theorie der Beschäftigung, des Zinses und des Geldes*, Berlin, 2006).
John M. Keynes, »The General Theory of Employment«, *The Quarterly Journal of Economics*, Bd. 51, Heft 2 (1937), S. 209–223.
John M. Keynes, »Professor Tinbergen's Method«, The Economic Journal, Bd. 49, Heft 195 (1939), S. 558–577.
Frank H. Knight, Risk, *Uncertainty and Profits.* New York, 1921.
Robert Lucas und Thomas J. Sargent, *Rational Expectations of Econometric Practicies*. Minneapolis, 1981.
Mark J. Machina, »Choice Under Uncertainty: Problems Solved and Unsolved«, The Journal of Economic Perspectives, Bd. 1, Heft 1 (1987), S. 121–154.
David Ricardo, *On the Principles of Political Economy and Taxation.* London, 1917.
Thomas J. Sargent, *Bounded Rationality in Macroeconomics.* Oxford, 1993.
Paul A. Samuelson, »Classical and Neoclassical Monetary Theory«. In: R. W. Clower (Hrsg.), *Monetary Theory: Selected Readings.* Harmondsworth, 1969.

Literatur James K. Galbraith

Jing Chen and James Galbraith, »A Common Framework for Evolutionary and Institutional Economics«, *Journal of Economic Issues,* Bd. 46, Heft 2 (2012), S.419–428.

Jing Chen and James Galbraith, »Austerity and Fraud under Different Structures of Technology and Resource Abundance«, *Cambridge Journal of Economics*, Bd. 36, Heft 1 (2012), S.335–343.
Jing Chen and James Galbraith, »Institutional Structures and Policies in an Environment of Increasingly Scarce and Expensive Resources: A Fixed Cost Perspective«, *Journal of Economic Issues*, Bd. 45, Heft (2011), S.301–309.
Jing Chen and James Galbraith, »A Biophysical Approach to Production Theory«, *UTIP Working Paper* No. 55, Februar 2009 (http://utip.gov.utexas.edu/papers/utip_55.pdf).
James K. Galbraith, »Is the Federal Debt Unsustainable?« Levy Economics Institute of Bard College, *Policy Note* 2011/2 (http://www.levyinstitute.org/pubs/pn_11_02.pdf).
James K. Galbraith, *Inequality and Instability: A Study of the World Economy Just Before the Great Crisis*. New York, 2012.
James K. Galbraith, »Maastricht 2042 and the Fate of Europe: Toward Convergence and Full Employment«, *Levy Economics Institute Public Policy Brief*, No. 87, November 2006. Gleichfalls veröffentlicht von der Friedrich-Ebert-Stiftung, International Policy Analysis Unit, März 2007.
James K. Galbraith and Enrique Garcilazo, »Unemployment, Inequality and the Policy of Europe, 1984–2000«, *Banca Nazionale del Lavoro Quarterly Review*, Bd. 57, Heft 228 (2004), S. 3-28. Wiederabgedruckt in Richard P. F. Holt and Steven Pressman (Hrsg.), *Empirical Post Keynesian Economics: Looking at the Real World*, Armonk, 2007, S.44–69.
Adam Smith (1776), *An Inquiry into the Nature and Causes of the Wealth of Nations*. London: Methuen & Co. (Deutsche Ausgabe: *Der Wohlstand der Nationen: Eine Untersuchung seiner Natur und seiner Ursachen*; herausgegeben von H. C. Recktenwald, München, 1983)

Literatur Heiner Flassbeck

John M. Keynes, *The General Theory of Employment, Interest and Money*. London and Basingstoke, 1936.
UNCTAD, *Trade and Development Report*, 2011.
UNCTAD, *Trade and Development Report*, 2012.

320 Seiten
ISBN 978-3-86489-022-2
€ 21.99

Kapitalismus außer Kontrolle

Die internationalen Kapitalmärkte haben ganze Staaten ins Visier genommen und verfolgen ihre Strategien der Gewinnmaximierung mit fast kriegswissenschaftlicher Präzision. Dabei nehmen sie das Risiko in Kauf, dass sich die friedensstiftende Ordnung der Nachkriegszeit allmählich auflöst. Lässt sich diese explosive Situation wieder in den Griff bekommen? Wolfgang Hetzer klärt auf.

256 Seiten
ISBN 978-3-86489-036-9
€ 19.99

Vom großen Geld zum großen Alptraum

Die Bilanz von drei Jahrzehnten Finanzmarktkapitalismus fällt katastrophal aus. Von der großen Geldparty haben nur wenige profitiert, während die Mehrheit der Steuerzahler die Zeche bezahlen muss. Thomas Fricke, Chefökonom der Gruner + Jahr-Wirtschaftsmedien, fordert ein Ende dieser hochspekulativen Finanzgeschäfte und einen Ausstieg aus dem Bankensystem, wie wir es heute kennen.

288 Seiten
ISBN 978-3-86489-023-9
€ 19.99

Schützenhilfe für die 99 Prozent

Hans-Jürgen Krysmanski gewährt in seinem Buch Einblicke in die Welt der Superreichen und zeigt, wie ultimative Geldmacht ganz normale Ansichten, Lebensentwürfe und Verhaltensweisen zutiefst verändert. Was bedeutet die Konzentration ultimativer Geldmacht? Wer sind diese Superreichen? Wie leben sie? Krysmanski geht diesen und der alles entscheidenden Frage nach: Was macht unbegrenzter Reichtum aus den Superreichen, aus uns und unserem demokratischen Gemeinwesen?

CHRISTMAS 1972 (AUSTR
PETER & LILIAN

AUSTRALIAN WOMEN'S WEEKLY
COOKBOOK

Golden Press
Sydney

The Australian Women's Weekly presents this book for your pleasure and practical use.

Here you will find many favourite recipes from our weekly features, as well as new and exciting dishes.

Our Leila Howard Test Kitchen has been proud to help readers not only with planning important family occasions, but also with preparing the daily meal; we are proud that our recipes have become so much a part of Australian home life.

In this cook book, we believe you will find something of interest on every page—dishes you will love to make over and over again.

Ellen Sinclair
Food Editor
The Australian Women's Weekly

First published 1970
by Golden Press Pty Ltd
10–16 Dowling Street,
Potts Point, Sydney, Australia
Set and designed in Australia
Printed in Hong Kong

ISBN 0 85558 200 6

Pictures in this book by staff photographers: Kevin Brown, Bill Payne, Ron Berg, Keith Barlow, Bob Clark.
Designed with line drawings by John Sayers

Jacket Illustration
Savoury Lamb. See recipe on page 62.

Rear Jacket Illustration
Mocha Torte. See recipe on page 155.

Frontispiece Apple Charlotte. See recipe on page 215. Apple Pie (at rear). See recipe on page 212.

CONTENTS

APPETISERS

In this section we give a tempting selection of hors d'oeuvre, canapes, savouries and dips.

Hors d'oeuvre make a tasty, colourful meal beginning. They should have a distinct, sharp taste to clear the palate for the next course. They should be light, so that the appetite for the next course is not dulled.

Canapes are savoury pieces, generally bite-sized, to offer with drinks. They are small rounds, squares, triangles or fingers of fresh bread, toast or crisply fried bread, or savoury biscuits. They're topped, simply, with a pate or spread, or they can have an irresistible selection of good things to top them. The word 'canapes' is derived from the French, meaning 'sofa'; it was considered the small bases acted as a 'seat' for the delicacies which topped them.

Savouries are another popular accompaniment to party drinks; these are savoury bites such as Angels on Horseback

Hors d'Oeuvre

A selection of any of the following would look appetising and colourful.

- □ Sliced continental sausages: salami, cabanossi, etc.
- □ Vegetables, both fresh and canned: artichoke hearts, kidney beans, asparagus, tiny champignons (mushrooms), mixed vegetables, cauliflower, carrot, broccoli, beetroot, etc. When using fresh vegetables, cook them lightly, drain well, toss in a little french dressing.
- □ Fish of all types: smoked salmon, herrings made into roll mops, oysters—fresh and smoked—crab, prawns, lobster, etc.
- □ Salads of various types: potato, mushroom, etc.

Chicken Liver Pâté

¾ cup chicken stock
1½ teaspoons gelatine
2 tablespoons cold water
2 tablespoons brandy
1 lb. chicken livers
2 oz. butter
4 rashers bacon
2 small onions
¼ teaspoon thyme
1 bayleaf
2 tablespoons dry sherry
4 tablespoons cream
2 tablespoons chopped parsley
salt, pepper
3 oz. butter, extra

Soften gelatine in cold water, add to boiling stock, stir until dissolved. Pour into base of greased mould, refrigerate until set.

Chop chicken livers roughly, place in basin with brandy and marinate 1½ hours. Drain livers, heat 1 oz. butter in frying pan, add livers and saute just long enough to brown on all sides.

In separate pan, melt remaining 1 oz. butter and cook the combined chopped onion, chopped bacon, thyme, and bayleaf. Add the semi-cooked chicken livers, cook further 5 minutes. Remove from heat, remove bayleaf.

Blend mixture until smooth in electric blender or pound to a paste, then push through sieve. Stir in sherry, cream, parsley, and salt and pepper to taste. Melt extra butter and fold through. Spread over gelatine in mould, pressing mixture in gently and evenly; refrigerate until firm. Unmould on to serving plate. Serve with triangles of toast.

For a large-size party pate, as shown in picture, quantities can be doubled.

Smoked Haddock Pâté

¼ lb. cooked smoked haddock
4 oz. butter
1 teaspoon lemon juice
¼ teaspoon freshly ground pepper
¼ teaspoon curry powder
1½ tablespoons finely chopped onions or shallots
chopped parsley

Skin and bone fish. Pound butter and fish together until well blended. Add onions or shallots, pepper, lemon juice and seasoning, beat well. Sprinkle with a little chopped parsley.

Makes approx. 1¼ cups

This superb Chicken Liver Pâté makes the perfect first-course for a dinner party; or use it as a spread, on small toast squares, to serve with drinks

Brandied Liver Pâté

1 lb. liverwurst	pinch nutmeg
2 oz. butter	2 teaspoons grated onion
¼ cup chopped parsley	2 tablespoons cream
½ teaspoon dried thyme	2 tablespoons brandy

Beat together butter and liverwurst until smooth. Add remaining ingredients, beat again. Place in a greased mould, refrigerate several hours or overnight.

Makes approx. 1½ cups

Indonesian Prawn Puffs

1 lb. prawns	2 tablespoons chopped celery
1 small onion	salt, pepper
1 clove garlic	1 egg, separated
1 cup instant potato flakes	oil for frying
1 tablespoon cornflour	

Peanut Butter Sauce

5 tablespoons peanut butter	1 dessertspoon brown sugar
1 clove garlic	1 tablespoon lemon juice
1 cup coconut milk	pinch salt

Make up potato according to directions on packet, omitting milk. Stir in chopped prawns, chopped onion, crushed garlic, cornflour, celery, salt, pepper and egg-yolk; mix thoroughly. Form into small balls. Beat egg-white lightly, coat prawn balls thoroughly with egg-white; fry in deep hot oil until golden. Drain on absorbent paper. Serve with Peanut Butter Sauce.

Peanut Butter Sauce Combine in saucepan the peanut butter, crushed garlic, brown sugar, coconut milk, lemon juice and salt. Bring to boil, reduce heat, simmer 2 minutes.

To Make Coconut Milk: Combine 1 cup water and ¼ cup coconut in saucepan; bring slowly to boil. Remove from heat, allow to stand 10 minutes. Then strain, pushing coconut with a spoon to get as much flavour as possible into the coconut milk.

Savoury Pancakes

2 cups plain flour	2 eggs
salt, pepper	approx. 1 pint milk
1 oz. butter	1½ cups grated cheese
1 teaspoon dry mustard	parsley

Separate eggs, melt butter. Sift together dry ingredients. Make well in centre, add egg-yolks and melted butter to flour mixture. Gradually add milk, stirring constantly until mixture is smooth. Lastly fold in stiffly beaten egg-whites.

Heat and lightly oil frying pan. Pour sufficient batter into frying pan to make thin pancakes, cook over medium heat until lightly browned, turn and cook other side. While hot, spread desired filling evenly over pancakes. Roll each up separately, place on entree dish. Sprinkle with cheese, grill or bake in moderately hot oven until cheese melts or browns. Serve on individual dishes garnished with parsley.

Makes 10 to 12 pancakes.

A choice of 3 fillings is given below. If the main course is to be fish, meat, or poultry, you can choose a filling for the pancake entree that will contrast with the main dish.

Red Salmon

8 oz. can red salmon	1 teaspoon curry powder
2 dessertspoons chopped mint	½ teaspoon sugar
4 oz. cream cheese	2 dessertspoons lemon juice
2 oz. cheese	salt, pepper

Drain salmon and remove bones. Combine salmon with remaining ingredients; mix well. Season to taste with salt and pepper.

Asparagus

2 oz. butter	2 egg-yolks
½ cup flour	⅔ cup finely chopped celery
1 lb. can green asparagus tips	4 rashers bacon
2 oz. cheese	salt, pepper

Drain asparagus, make liquid up to ¾ pint with water. Melt butter in saucepan, stir in flour, cook few minutes. Gradually add reserved liquid. Bring to boil, stirring; simmer 3 minutes. Remove from heat, add egg-yolks, celery, grated cheese and asparagus.

Chop bacon, cook in frying pan until crisp, add to asparagus mixture. Season to taste.

Chicken

2 cups cooked chicken	2 egg-yolks
1 stick celery	1½ teaspoons salt
2 medium potatoes	2 teaspoons curry powder
½ cup milk	pinch pepper
1 oz. butter	½ teaspoon nutmeg
3 oz. mushrooms	2 tablespoons port wine
2 chopped shallots	

Finely chop chicken meat, mushrooms and celery. Push peeled boiled potatoes through sieve.

Melt butter in saucepan, saute mushrooms until soft. Add sieved potato and milk, stir over low heat until mixture is heated and thoroughly combined. Remove from heat, add chopped shallots, celery, egg-yolks and chicken. Stir in curry powder and wine. Season to taste with salt, pepper and nutmeg; mix well.

Dutch Bitterballs

1 oz. butter
1 teaspoon gelatine
1 oz. cheese
2 tablespoons flour
3 oz. chopped raw veal
3 oz. chopped ham
1 teaspoon chopped parsley
salt, pepper
nutmeg
1 egg
oil
dried breadcrumbs

Cover veal with water and simmer until tender. Drain, reserve ½ pint stock. Dissolve gelatine in hot veal stock.

Melt butter, add flour, cook 1 minute. Remove from heat. Gradually add stock. Return to heat, bring to boil, simmer until smooth and thickened, stirring constantly. Add chopped veal and ham, grated cheese, and parsley. Season well, turn into bowl, refrigerate overnight.

Using teaspoon, form mixture into small balls. Roll in dried breadcrumbs, dip in beaten egg, roll again in breadcrumbs to give firm coating. Deep fry in hot oil until golden, drain on absorbent paper.

These are the famous Dutch savoury snack and drink accompaniment. They are traditionally served with a mild mustard, into which the balls are dipped before eating. It is the mustard accompaniment which gives them their name.

Makes approx. 2 dozen

Grilled Chicken Livers

1 lb. chicken livers
2 oz. butter
⅔ cup fine dry breadcrumbs

Sauce

1 oz. butter
1 tablespoon prepared mustard
2 tablespoons tomato paste
2 tablespoons water
1 dessertspoon grated onion
pinch cayenne
2 teaspoons worcestershire sauce

Melt butter, dip cleaned chicken livers into butter, then coat firmly with breadcrumbs. Thread on to 3 or 4 skewers. Place on greased grilling tray and grill about 3 minutes on each side or until chicken livers are tender. Serve with sauce for spooning over or dipping.

Serves 3 to 4.

Sauce Melt butter in saucepan, add remaining ingredients, stir over heat until boiling.

NOTE: In their uncooked state, chicken livers are very tender; if too thick skewers are used, the livers may break. The fine bamboo skewers are ideal. They can be bought in some specialty shops, or shops which sell oriental goods.

Crunchy Cheese Croutons

2 oz. cheddar cheese
¼ cup chopped parsley
1½ oz. butter
salt, pepper
french bread

Combine butter, grated cheese and parsley in bowl; blend well until creamy and smooth. Season to taste Place slices of french bread on baking tray; cover surface with cheese mixture. Bake in very hot oven 8 to 10 minutes or until lightly golden brown and crisp.

Sufficient covering for approx. 12 slices of french bread.

NOTE: For a more crunchy top, press tops of croutons in finely chopped nuts before baking.

These are a quick-and-easy, delightfully savoury snack to eat just as they are, hot from the oven. Or serve them as an accompaniment to soup or grills.

Cheese Twists

4 oz. butter
1½ cups plain flour
7 oz. grated cheddar cheese
1 egg
salt

Rub butter into sifted flour. Add 5 oz. grated cheese, stir in egg; mix well. Roll out dough to ⅛ in. thickness on floured board. Cut out ¼ in. x 4½ in. strips. Twist 2 strips together, place on greased oven tray, sprinkle with remaining cheese. Bake in hot oven 10 to 12 minutes or until golden brown. Sprinkle with salt while still hot. Loosen and allow to cool on trays.

Makes approx. 5 dozen

Savoury Bread Cases

sliced bread
melted butter

To Make Cases Remove crust from bread slices. If using one-day-old bread, brush slices lightly with melted butter; for fresh bread, this is not necessary. Press into deep, greased patty pans. Bake in moderate oven approximately 20 minutes or until golden and crisp.

Spoon hot filling in just before serving, or they can be filled 30 minutes ahead, then reheated in moderate oven 5 to 7 minutes; they can also be made days ahead and stored, unfilled, in air-tight tin.

Fillings

Basic Sauce

1 oz. butter
2 tablespoons flour
½ pint milk
salt, pepper

Melt butter in saucepan, stir in flour, cook 1 minute. Remove from heat, gradually add milk, blend well. Return to heat, bring to boil, reduce heat, simmer until smooth and thickened, stirring constantly. Season well.

Canned salmon, seasoned with lemon juice, with chopped parsley added, can be mixed into the basic sauce; or stir in drained asparagus pieces with chopped hard-boiled eggs and a little curry powder; or drained whole kernel corn, little grated cheese, chopped parsley makes a good combination.

Makes enough filling for approx. 12

Ham Savouries

2 oz. butter
½ cup flour
½ pint milk
8 oz. cooked ham
1½ tablespoons chopped parsley
3 teaspoons gelatine
1½ tablespoons water
salt, pepper
pinch nutmeg
pinch dry mustard
beaten egg
breadcrumbs

Soften gelatine in the water. Mince or chop ham finely. Melt butter, add flour and cook, stirring, 1 minute. Remove from heat, gradually add milk. Return to heat, cook until thickened, stirring constantly.

Dissolve gelatine over hot water. Add ham, parsley and gelatine to sauce, add mustard and nutmeg; season to taste. Spread on tray, refrigerate until set.

Form into balls, about the size of large walnut. Dip in beaten egg, then in breadcrumbs; do this twice. Deep fry until golden brown.

Makes approx. 3½ dozen

Little Italian Pizzas

Quick Pizza Dough

2 cups self-raising flour
pinch salt
¾ cup milk
1 oz. butter
oil

Sift dry ingredients into basin, rub in butter. Add liquid nearly all at once, keeping a little back to be used only if dough seems too dry. Knead lightly on floured board and roll out thinly. Cut into squares or rounds, place on oiled tray. Brush dough over lightly with oil. Bake in hot oven 5 to 8 minutes. Remove from oven.

Arrange toppings on partly cooked scone dough, return to oven and continue cooking until golden brown (approximately further 10 to 15 minutes). For flavour and colour sprinkle a little chopped parsley on top of each pizza after cooking.

Ideas for Toppings

1. Rounds of salami, slices of tomato, salt, pepper, cheese slices, and, if desired, sliced stuffed olives.
2. Bacon and onion chopped finely and cooked lightly, slices of tomato, salt, pepper, grated cheese.

Stuffed Eggs

Eggs, hard-boiled and halved, with yolks removed and combined with savoury ingredients, make a delicious hot weather snack. Serve on a bed of crisp lettuce, or with sticks of young celery or asparagus spears.

To make stuffed eggs, hard-boil eggs, cool and shell. Cut in halves length wise, remove yolks. Rub yolks through sieve, using wooden spoon, then mix in any of the following well-blended combinations and spoon or pipe back into egg-halves. Quantities given are sufficient for 6 eggs.

- ☐ 1 small jar black caviar, ½ cup cream, salt, pepper, juice ½ lemon.
- ☐ 2 tablespoons finely chopped ham, 2 chopped gherkins, salt, pepper. Add sufficient mayonnaise to make a creamy mixture.
- ☐ 2 tablespoons pate, 1 tablespoon chopped parsley, salt and pepper.
- ☐ 2 tablespoons cream cheese, 1 teaspoon anchovy paste, salt, and pepper. Add mayonnaise to make a creamy mixture.
- ☐ ¼ cup canned tuna, 1 teaspoon prepared mustard, salt and pepper, mayonnaise to bind. Decorate platter with black olives.
- ☐ 1 small can anchovies. Chop finely, add to eggs with sufficient mayonnaise to bind.

A tempting selection of canapés; use any of these toppings: smoked salmon with scrambled eggs; lettuce, camembert cheese, sliced radish; asparagus and rare roast beef; prawns, lettuce, mayonnaise; lettuce, sardines, lemon; creamed blue cheese with stuffed olives; smoked salmon, asparagus, cucumber; liver pâté, beetroot, gherkins; egg slices with anchovies; cucumber, prawns, mayonnaise; black caviar, lemon; cucumber, rare roast beef, cocktail onions

Devils on Horseback

- prunes
- port wine
- short ends of bacon rashers
- small rounds of bread
- oil

Stone prunes, soak overnight in port wine. Prunes can be stuffed with a little chutney. Roll each prune in slice of bacon, secure with small wooden stick. Grill gently, turning once. Serve on round of bread which has been fried in oil or hot bacon fat until crisp.

Angels on Horseback: Substitute plump oysters, dipped in lemon juice, for prunes; wrap and grill.

Hot Crab Savouries

- ½ oz. butter
- 1½ tablespoons flour
- ½ cup chicken stock
- 6¾ oz. can crab meat
- 2 tablespoons chopped mushrooms
- ¼ cup mayonnaise
- ¼ cup cream
- 1 dessertspoon chopped parsley
- salt, pepper
- seasoned flour
- oil for deep frying

Melt butter, blend in flour, cook 1 minute. Remove from heat, blend in chicken stock; return to heat and cook, stirring, until sauce boils and thickens. Drain crab well, saute mushrooms in a little butter, add to sauce with mayonnaise, cream, parsley, salt and pepper. Refrigerate mixture until firm; roll into balls, toss in seasoned flour.

Fry in hot deep oil until golden brown.

Makes approx. 1½ dozen

Hot Steak Titbits

- 1 lb. rump steak
- ½ cup oil
- ½ cup wine vinegar or white vinegar
- 1 cup water
- 1 onion
- 2 cloves garlic
- 1 green pepper
- 1 cup red wine
- 1 teaspoon salt
- ½ teaspoon mixed spice
- 2 oz. butter

Cut steak into 1 in. squares. Combine in a bowl sliced pepper and onion, and crushed garlic with remaining ingredients, except butter. Marinate steak in mixture. Leave in refrigerator several hours or overnight. Drain, reserve liquid and vegetables.

Melt butter in frying pan, add meat. Saute quickly until well done. Add onions, green pepper, and ½ cup of reserved liquid. Saute further 2 to 3 minutes.

Serve hot, in a bowl, accompanied by cocktail sticks and toast squares.

Garlic Crisps

- 12 slices bread
- 3 oz. butter
- 2 cloves garlic
- 3 to 4 oz. grated parmesan cheese

Place butter and crushed garlic in saucepan; heat gently, stirring, until butter has melted. Remove from heat, let stand several hours so butter absorbs the full garlic flavour. Remove crusts from bread. Brush bread slices generously with garlic butter on one side, sprinkle generously with grated cheese. Cut bread into fingers or triangles (or, with sharp cutter, cut out 2 in. rounds of bread before brushing with butter). Place on lightly greased baking tray, bake in moderate oven 15 to 20 minutes.

Makes approx. 12 circles or approx. 4 dozen triangles or fingers.

Savoury Celery Sticks

- celery sticks, approx. 2½ in. long
- 4 oz. packet cream cheese
- salt, pepper
- 1 tablespoon chopped gherkin
- 2 slices ham (about 3 oz.)

Wash celery sticks, cut into required length. Beat cheese in bowl until smooth. Stir in chopped gherkin and finely chopped ham; blend well. Season to taste with salt and pepper. Fill cheese mixture into celery sticks.

Two ounces blue cheese can replace 2 oz. of the cream cheese in above ingredients.

Crab Tartlets

- 8 oz. shortcrust pastry
- 2 oz. gruyere cheese
- 4 oz. can crab meat
- ½ cup sour cream
- 1 tablespoon mayonnaise
- approx. ½ cup cream
- 1 egg
- 1 tablespoon finely chopped parsley
- ½ teaspoon salt
- pepper

Roll out pastry to ¼ in. thickness, cut into rounds with 2½ in. cutter; line 24 tartlet tins. Dice cheese very finely, flake crab meat. Put into pastry cases.

Combine sour cream with mayonnaise, add cream to measure 1 cup of liquid. Blend in lightly beaten egg, chopped parsley and seasoning. Pour into pastry shells. Bake in moderately hot oven 25 minutes.

Makes 2 dozen tartlets

Dips

Creamy mixtures, almost endless in their variety. Serve them with a surround of small cracker biscuits; or have crisp sticks of celery or young carrot, or potato chips for dunking. Dips can also be used as savoury spreads for canapes

French Onion Dip

8 oz. packet cream cheese
½ cup water
1 packet french onion soup

Soften cream cheese in a bowl; gradually beat in water. Add onion soup, beat well. (Best if made the day before for full flavour).

Makes approx. $1\frac{1}{2}$ cups.

For another delicious onion dip, blend 1 packet of french onion soup into 1 cup of sour cream.

Asparagus Dip

4 oz. packet cream cheese
salt, pepper
1 small can asparagus pieces
lemon juice

Drain asparagus, reserve liquid, mash asparagus pieces with a fork. Place cream cheese in a basin, beat until smooth and softened, then gradually beat in asparagus pulp, mixing to a soft consistency; add a little asparagus liquid, if necessary. Season with salt, pepper, flavour with lemon juice.

Makes approx. 1 cup

Brandied Blue Dip

4 oz. blue cheese
½ oz. butter
2 tablespoons mayonnaise
1 egg-yolk
1 tablespoon brandy
1 tablespoon cream or milk
½ clove garlic

Cream cheese and butter in bowl until smooth. Add mayonnaise, egg-yolk, brandy and cream or milk. Blend well to make a soft consistency. Add crushed garlic.

Makes approx. $1\frac{1}{2}$ cups

Devilled Ham Dip

1 teaspoon gelatine
½ cup tomato juice
6 oz. liverwurst
1 small can devilled ham paste
1 very small onion
1 teaspoon lemon juice
salt, pepper

Soften gelatine in tomato juice, stir over very low heat until gelatine dissolves. Blend liverwurst, ham paste, finely chopped onion, lemon juice, salt and pepper together in a basin; gradually stir in tomato juice mixture. Spoon into small bowl, refrigerate until required.

Serve with triangles of toast.

Makes approx. $1\frac{1}{2}$ cups

Tuna Dip

7 oz. can tuna
2 hard boiled eggs
2 oz. softened butter
1 dessertspoon chopped parsley
1 teaspoon chopped chives or shallots
salt, pepper
lemon juice

Drain tuna, push through fine sieve or blend in electric blender with eggs until well combined and smooth. Add softened butter, chives or shallots, and parsley, blend on low speed or mix until well combined. Season to taste with salt, pepper and a little lemon juice.

Makes approx. 1 cup

Cheese and Cucumber Dip

4 oz. packet cream cheese
1½ tablespoons sour cream
1½ tablespoons grated onion
3 tablespoons finely chopped cucumber
¼ teaspoon salt
pinch pepper

Blend all ingredients in a small bowl.

Makes approx. $1\frac{1}{2}$ cups

Avocado dip

1 large, ripe avocado
4 oz. packaged cream cheese
1 tablespoon lemon juice
1 tablespoon mayonnaise
salt, pepper
1 teaspoon grated onion

Cut avocado in half, remove stone, scoop all the flesh into a bowl, add the softened cheese and mayonnaise. Blend together well. Add lemon juice, salt, pepper and grated onion, mix well. Use as a dip or savoury spread for toast and biscuits.

SOUPS

Hot Sou

The family l hurry these hot, hearty soups. A small bowl or cup of soup is a good start to a meal; a ug of soup, served with hot cheese or bacon sandwiches, is a satisfying meal in lf

French Onion Soup

1 oz. butter
2 large onions
pinch sugar
1 dessertspoon flour
3 pints
chicken s
salt, pepp

Peel onions, cut into thick slices. Heat butter in pan (you may need a little more butter); add onions and sugar and cook, stirring, until golden and transparent; they should not be dark in colour. Stir in flour, gradually stir in stock. Season to taste with salt and pepper. Cover, cook gently 20 minutes. Spoon into hot bowls.

Take some slices of french bread, toast them, and sprinkle well with grated cheese. Place under griller until cheese melts and is golden. Put one toasted cheese slice on top of each bowl of steaming soup.

Or place a toasted round of french bread in base of soup plate, sprinkle with grated cheese, and gradually pour in soup. As toast floats to top, sprinkle with extra grated cheese.

(For easier eating, some people prefer to cut the crusts from toast before putting into bowl.)

On a cold winter's night, put 1 dessertspoon of brandy into each bowl before pouring in the hot onion soup.

Serves 6 to 8

Scotch Broth

1½ lb. neck of mutton
2 carrots
2 onions
2 leeks
3 sticks celery
4 oz. barley
salt, pepper
bouquet garni
2 quarts water or stock
chopped parsley

Prepare vegetables, chop finely. Wash barley, put into pot with vegetables, bouquet garni, meat, and stock or water. Bring slowly to the boil, skim well, then reduce heat, simmer, covered, 2 to 3 hours. Remove bones from meat, chop meat, return t aucepan, add chopped parsley; season to taste.

Serves 8

y Soup with Rice

butter
nely c ed
ce
2 tablespoons rice
3 pints water
4 chicken stock cubes
salt, pepper
chopped parsley

Cut ham s, ely chop onion. Melt butter fry ham and c Add celery and rice fry further 2 water, crumbled stock cubes and s Cover, cook approximately 20 mi , asionally Serve sprinkled with c

Serves 6 to 8.

Lentil Soup

6 oz. dried lentils
2½ pints beef stock
ham or bacon bones
2 potatoes
oz.
1 tablespoon
freshly ground black pepper

Wash lentils and drain. Cover with cold water a leave to stand at least 2 hours. Strain. Place in a lar saucepan, with stock and bones, cover, bring to bo reduce heat and simmer for half an hour, or un lentils are tender. Add potatoes and simmer further 20 minutes. Cream together butter and fl and gradually mix into soup, then cook for a f minutes longer. Add pepper to taste. Serve w lots of hot buttered toast, or hot rolls.

Serves 6

French Onion Soup—so easy to make, so very good to eat, cheese-toast can top each serving

Pea Soup

½ lb. split peas
1 chopped onion
1 carrot
few bacon pieces and bones
2½ pints stock or water
salt, pepper

Wash peas well. Put into saucepan with onion, carrot, bacon bones and pieces and stock or water. Bring slowly to boil, skim well. Cover, cook gently until peas are tender (about 2 hours). Push through coarse sieve, return to saucepan; taste, and season if necessary. A little finely chopped mint can be added to the soup before serving.

Top with small croutons or sippets made by sauteing small cubes of bread in bacon fat, butter or hot oil until golden; drain well before using.

Serves 6

Curried Pea Soup

1 lb. quick-frozen peas
hot water
2 oz. butter
2 tablespoons flour
3 chicken stock cubes
2 pints water
1 to 2 dessertspoons curry powder
1 cup milk
salt, pepper

Cover peas with hot water, bring to boil, boil until tender. Drain. Push through a fine sieve or puree in electric blender.

Melt butter in saucepan, stir in flour, mix well. Cook over low heat 2 minutes. Remove from heat, gradually add chicken stock (made with stock cubes and water). Return to heat, simmer 2 minutes, stirring constantly.

Stir pureed peas, curry powder, and milk into sauce. Season with salt and pepper. Bring to boil, stirring, reduce heat, simmer 2 minutes.

Serves 6 to 8

Minestrone

½ lb. haricot beans
1 dessertspoon oil
1 clove garlic
1 onion
1 teaspoon chopped parsley
¾ teaspoon basil
6 shallots
1 tablespoon tomato paste
3 tomatoes
3 sticks celery
2 carrots
2 potatoes
2 pints chicken stock
salt, pepper
1 cup elbow macaroni
extra parsley
grated parmesan cheese

Soak beans overnight in cold water; drain. Boil in salted water about 1 hour or until tender; drain and reserve.

Prepare vegetables: crush garlic, chop onion and shallots, peel, seed, and chop tomatoes, chop celery and 1 carrot, slice the other carrot, peel and chop potatoes.

Heat oil in large saucepan, saute garlic, onion, shallots, parsley and basil until lightly browned. Add tomato paste and cook, stirring, 5 minutes. Add tomatoes, celery, carrots, potatoes and stock. Bring to the boil; reduce heat, simmer gently 45 minutes to 1 hour or until vegetables are tender; add the beans. Add macaroni and cook 10 minutes or until tender.

Season to taste with salt and pepper. Serve sprinkled with chopped parsley and grated parmesan.

Serves 6 to 8

Chinese Long Soup

½ lb. lean pork
8 shallots
¼ head cabbage
1 tablespoon oil
3 pints chicken stock
1½ tablespoons soy sauce
salt
4 oz. egg noodles
½ cup finely chopped shallots

Cut pork in shreds. Wash shallots and cabbage, slice finely. Heat oil in large saucepan, add pork and cabbage, fry quickly a few minutes, stirring constantly. Add stock and seasonings. Bring slowly to boil, reduce heat, add shallots, simmer 10 to 15 minutes.

Meanwhile, cook noodles until tender in boiling salted water (5 to 6 minutes); drain well. To serve, place a spoonful of noodles in the base of each soup bowl. Pour over the hot soup, sprinkle a few extra chopped shallots on top.

Serves 8

Cream of Cauliflower Soup

¼ cauliflower
2¼ cups milk
2¼ cups water
2 oz. butter
⅓ cup flour
1 chicken stock cube
½ teaspoon nutmeg
salt, pepper
¼ cup cream

Trim cauliflower, cut into large flowerets. Wash well. Place in saucepan with milk and water. Bring to boil, reduce heat, simmer slowly, covered, until just tender. Remove from heat; drain, reserve liquid. Melt butter in saucepan, stir in flour, cook 1 minute. Remove from heat, gradually stir in reserved liquid. Return to heat, bring to boil, stirring; stir until smooth and thickened. Reduce heat, stir in crumbled stock cube, nutmeg, and salt and pepper to taste. Stir in cream. Cut cauliflower into small flowerets, return to soup. Heat through gently.

Serves 4 to 6

Crab Chowder

1 pint fish or chicken stock
8 oz. can crab meat
½ pint milk
½ oz. butter
1 large chopped onion
2 oz. bacon
1 large potato
1½ tablespoons flour
1 teaspoon worcestershire sauce
salt, pepper
½ pint cream
3 oz. grated cheese
chopped parsley

Combine in saucepan the stock, juice from can of crab, and milk. Bring to boil; remove from heat. Melt butter in separate saucepan; add onion and chopped bacon, brown lightly. Stir in flour, cook 1 minute. Gradually add hot stock. Bring to boil, stirring; simmer 5 minutes. Add potato, cut into small cubes; cover and simmer further 20 minutes.

Season to taste with worcestershire sauce, salt and pepper. Add crab meat, flaked into large pieces. Just before serving, pour in cream, heat through gently. Top each serving with grated cheese and parsley.

Serves 4 to 6

Cream of Asparagus

2 oz. butter
1 medium onion
2 sticks celery
⅓ cup flour
4 cups boiling water
3 chicken stock cubes
1 lb. can asparagus spears
salt, pepper
¼ pint cream

Melt butter in pan, fry chopped onion and celery until soft but not brown. Stir in flour, cook 1 minute. Remove from heat, gradually stir in water, in which stock cubes have been dissolved. Return to heat, bring to boil, stirring. Add asparagus and juice from can. Simmer for 30 to 40 minutes.

Puree in blender or rub through a sieve, return to pan, reheat gently. Add cream; season with salt and pepper, if necessary.

Serves 4 to 6

Avgolemono (Egg-Lemon Soup)

3 pints chicken stock
⅓ cup rice
2 eggs
juice 1 lemon
salt, pepper

Put the stock in saucepan, add the washed rice, boil ten to 15 minutes until rice is cooked. In basin, beat the eggs and add the lemon juice. Add boiling broth to eggs in basin, spoon by spoon, stirring constantly. Return mixture to saucepan and stir a few minutes over very low heat; season to taste.

Serves 6 to 8

Mulligatawny Soup

3 oz. butter
1 onion
2 teaspoons garam masala
2 cloves
2 bayleaves
2 teaspoons curry powder
1 lb. uncooked chicken
4 oz. lentils
2 tablespoons flour
½ cup tomato purée
4 pints stock
1 cup cooked rice

Melt butter, fry chopped onion until golden, add spices and cook 1 minute. Add chicken, fry 5 minutes. Add remaining ingredients, bring to boil, reduce heat and simmer, covered $1\frac{1}{2}$ to 2 hours. After 30 minutes of cooking remove chicken, allow to cool, cut meat into dice. Set aside.

At serving time, strain soup through a sieve, reheat. Put a little diced chicken and a little boiled rice in base of each serving dish, pour over the hot soup.

Serves 6

Oyster Soup

2 to 3 dozen oysters
2½ cups milk
1 cup cream
2 oz. butter
½ cup plain flour
salt, pepper
chopped parsley
paprika

Melt butter in pan, add flour; cook, stirring, 1 minute. Remove from heat, gradually stir in milk and any oyster liquor. Return to heat, cook, stirring constantly until mixture boils and thickens. Add cream and oysters, heat through but do not allow to boil. Add salt and pepper. Serve sprinkled with chopped parsley and paprika.

Serves 6 to 8

Potato and Marjoram Soup

2 potatoes
½ pint water
½ pint milk
1 oz. butter
1 tablespoon flour
salt
chopped marjoram
¼ pint water, extra
¼ pint milk, extra

Peel potatoes, cut into small pieces. Simmer uncovered in combined water and milk until soft. When completely soft, puree or rub through a sieve with the liquid.

In another pan, melt butter, stir in flour, cook 1 minute. Remove from heat. Gradually add $\frac{1}{4}$ pint milk and $\frac{1}{4}$ pint water. Return to heat. Bring to boil, simmer until smooth and thickened, stirring constantly. Add potato puree and finely chopped marjoram. Reheat gently.

Serves 4

Cold Soups

These are superb soups you'll be proud to serve. They're light, subtly flavoured—the perfect start to a summer meal.

Tomato Soup

16 oz. can condensed tomato soup
1½ cups chicken stock
1 medium onion
pinch of dill or oregano
1 dessertspoon tomato paste
¼ pint cream
chopped parsley

Place tomato soup, chicken stock, chopped onion, dill and tomato paste into saucepan, heat gently, stirring constantly, until soup begins to boil; remove from heat, strain through sieve; stir in cream. Refrigerate. Serve garnished with chopped parsley.

Serves 4 to 6

Cold Pumpkin Soup

2 lb. pumpkin
1½ lb. tomatoes
1 lb. onions
pepper and salt
water
2 chicken stock cubes

Peel pumpkin and cut into pieces; skin tomatoes; peel and chop onions. Put all vegetables in pan. Add water to cover, stir in crumbled stock cubes.

Bring to boil; reduce heat, simmer until pumpkin is tender. Puree or rub through a sieve. Season to taste. Refrigerate. Garnish with a little sour cream and chopped chives.

Serves 6 to 8

Cold Curry Soup

6 shallots
1 oz. butter
2 teaspoons curry powder
2 tablespoons flour
2 pints vegetable or chicken stock
1 piece lemon rind
1 egg-yolk
2 tablespoons cream
salt, pepper
chopped chives

Chop shallots, cook gently in butter until golden brown; add curry powder, cook another 5 minutes. Stir in flour; add stock and lemon rind. Bring to the boil, reduce heat, simmer 15 minutes, stirring occasionally.

Puree or rub through a sieve. Return to saucepan, season to taste. Add 2 tablespoons of hot soup to egg-yolk and cream combined, then add this slowly to the soup, beating constantly. Reheat without boiling until soup thickens. Cool, then refrigerate. Serve topped with chopped chives.

Serves 4

Iced Avocado Soup

2 large ripe avocados
little lemon juice
2 large cans beef consommé or consommé madrilene
1 cup sour cream
salt, pepper
1 teaspoon grated onion
chopped parsley

Halve avocados, scoop out flesh. Mash with lemon juice, or puree in electric blender approximately 12 seconds on low speed. Warm soup slightly, remove from heat, combine with avocado and sour cream. Season with salt, pepper, and onion; refrigerate.

Top each serving with a little parsley.

Serves 6 to 8

Cream of Carrot Soup

4 carrots
1 onion
1 stick celery
4 cups chicken stock
salt, pepper
½ cup cooked rice
¼ pint cream

Slice carrots, onion and celery; place in saucepan with 2 cups of stock. Bring to boil; reduce heat, cover, simmer 15 minutes. Remove from heat, add salt, pepper, and rice. Puree in electric blender or rub through a fine sieve. Beat in remaining stock and cream; chill. Garnish each serving with a little chopped parsley.

Serves 4 to 6

Cold Borsch

1 lb. fresh beetroot
1 small onion
4 cups chicken stock
1 tablespoon sugar
1 teaspoon salt
1 tablespoon lemon juice
sour cream

Peel beetroot and onion, cut into ½ in. dice; cover and cook in chicken stock until tender. Drain the vegetables, reserving the liquid. Cool a little. Place vegetables with a little liquid into electric blender, or rub through a fine sieve. Add remaining liquid, sugar, salt and lemon juice to the vegetable puree. Refrigerate until well chilled. Top each serving with a spoonful of sour cream.

Serves 6 to 8

Superbly flavoured cold soups for hot days. 1, Tomato Soup; 2, Borsch; 3, Vichyssoise; 4, Cream of Broccoli (also in tureen); 5, Pumpkin; 6, Curry

3
5
2
4
6
1

Iced Cucumber Soup

- 3 cucumbers
- 1 oz. butter
- 1 leek (white part only)
- 1 bayleaf
- 1 dessertspoon flour
- 1 teaspoon salt
- 2 cups chicken stock
- 1 cup cream
- juice ½ lemon
- 1 teaspoon finely chopped mint
- salt, pepper

Peel and halve 2 cucumbers, remove seeds, cut into ½in. dice, slice leek. Melt butter in saucepan, add cucumber, leek, and bayleaf; saute 10 minutes until tender but not brown. Stir in flour, cook over low heat 1 minute; gradually add chicken stock. Cook, stirring constantly until thickened. Add salt, simmer gently 30 minutes. Remove from heat, cool.

Push through fine sieve or blend in electric blender; refrigerate. Peel, seed and grate remaining cucumber, add to soup with cream and lemon juice, mix well. Adjust seasoning with salt and pepper, stir in mint; refrigerate. Serve icy cold, topped with a spoonful of sour cream or whipped cream.

Serves 6 to 8

Consommé with Caviar

- 2 cans consommé madrilene or beef consommé
- 1 cup sour cream
- two 3½ oz. jars black caviar

Chill 4 soup bowls well. Place ½ can well-chilled consomme into each bowl. Place 1 or 2 tablespoons of sour cream on top of each, cover this with a generous tablespoon of caviar.

Serves 4

Vichyssoise

- 4 leeks
- 1 medium onion
- 2 oz. butter
- 5 medium potatoes
- 2 pints chicken stock
- 1 tablespoon salt
- 2 cups milk
- ½ pint cream

Slice leeks and onions and fry in butter until just turning golden. Add sliced potatoes, chicken stock and salt. Bring to boil; reduce heat, cook 35 to 40 minutes; cool. Place about half the cooled mixture in blender, blend on high speed 1 minute, repeat with remaining half. Pour mixture back into saucepan, add milk and ¼ pint cream.

Season to taste, bring to boil; cool. Put quarter of mixture into blender. Blend on high speed 30 seconds. Repeat until all mixture is blended. When cold, stir in remaining ¼ pint cream; refrigerate.

Serve sprinkled with chopped chives or parsley.

Serves 8

Green Vichyssoise

- 1 cup chopped raw potato
- 4 chopped shallots (green tops included)
- 2 cups chicken stock
- ½ cup fresh or frozen green peas
- salt
- 1 cup cream
- extra cream for topping

Simmer vegetables with stock and salt for 10 minutes, or until barely tender. Rub through sieve or puree in electric blender. Return to saucepan, add cream, heat gently without boiling. Cool, then refrigerate. Top each serving with a spoonful of whipped cream.

Serves 4

Gazpacho

- ¾ lb. ripe tomatoes
- 1 small cucumber
- 1 small onion
- ½ green pepper
- 2 sticks celery
- 1 small clove garlic
- 1½ cups tomato juice
- 2½ tablespoons oil
- 1½ tablespoons wine vinegar
- salt, pepper
- few drops tabasco sauce

Peel and coarsely cube all vegetables; reserve about ¼ of vegetable mixture to use for garnish. Place remaining vegetables in blender with tomato juice, oil, vinegar, salt, pepper and tabasco sauce; blend 40 seconds on high speed. Pour into bowl, refrigerate. Place vegetable mixture reserved for garnish into blender. Blend 10 seconds on low speed. Spoon into soup bowls, pour chilled pureed mixture on top.

Serves 6

Cream of Broccoli Soup

- 1 onion
- 1 carrot
- 1 stick celery
- 1 clove garlic
- boiling water
- 10 oz. packet frozen broccoli
- salt, pepper
- 1 cup chicken stock
- ¼ pint cream

Peel and chop onion, carrot and celery, place in small saucepan, add ½ cup boiling water and a good pinch of salt. Cover, cook until tender; set aside. Cook frozen broccoli in boiling water until tender. Drain and cool.

Puree drained broccoli with vegetables and liquid in which vegetables were cooked, crushed garlic and chicken stock in electric blender, or rub through a fine sieve. Stir in cream, season to taste. Refrigerate until well chilled. If desired, top each serving with a little whipped cream.

Serves 6

EGGS

Eggs are one of the few foods we can eat, in one form or the other, each day—and enjoy them every time. Omelets, souffles, vegetarian curries—eggs play an essential part in all types of sweet and savoury dishes

When buying eggs it is obviously wise to obtain the freshest possible. The water trial is a reliable test for freshness. To make this test, place the egg in sufficient cold water to cover it. Fresh eggs will lie flat in water. Slightly stale eggs will tilt a little. They can be used for frying or scrambling without ill effect. Stale eggs will sit upright in water.

Eggs should be stored in refrigerator or cool cupboard, with ends pointing down; when the yolk rises, the air space protects it from touching the shell. If storing in cupboard, ensure there is good circulation of air. Eggshells are porous and should not be washed before storing, because this removes the fine covering film. They tend to absorb strong odours, and should not be stored near strong-smelling foods.

Storage of left-over eggs

Yolks Store in refrigerator, covered with cold water.

Whites or *Whole Eggs out of shell* Store in covered container in refrigerator.

Basic Cooking Methods

Eggs are coagulated by heat, and are best cooked slowly at low temperature. High cooking temperatures toughen coagulated protein contained in eggs, and over-cooking results in a tough, dry dish or, if any liquid has been added, curdling.

There are five basic ways of cooking eggs—boiling, poaching, steaming, baking, frying.

Boiled Eggs

There are several methods of boiling eggs—we set them out below. You might like to try each method to see which one gives the best result for your family's taste.

In each case, choose a saucepan of suitable size. Don't have a big saucepan if you're cooking only one or two eggs, don't overcrowd a number of eggs into a small saucepan.

1 Place eggs in saucepan, add cold water to cover them by 1 in. Bring rapidly to boil. Start timing from when water boils. (Cooking times are given below.) Once water boils, reduce heat to simmering, cook for required time.

2 Bring to the boil sufficient water to cover eggs. Gently spoon eggs into saucepan. Keep at full heat until water boils again and start timing from this moment. Reduce heat to simmering for rest of cooking.

For this method it is important the eggs should be at room temperature before lowering into water, otherwise the shell could crack. A simple way to bring them quickly to room temperature is to hold eggs for a few minutes under warm running water.

3 For hard-boiled eggs use Methods 1 or 2. Cook eggs for 8 to 10 minutes. Do not over-cook eggs or the smell can be unpleasant. When eggs are cooked, run cold water over them. Crack each shell gently. Eggs will shell easier if cracked and peeled from broad end.

Cooking Times

Times given are for a standard-sized 2 to $2\frac{1}{2}$ oz. egg. Adjust cooking times slightly for smaller or larger eggs.
Soft—3 minutes.
Medium—4 minutes.
Hard—8 to 10 minutes.

Coddled Eggs

This cooks the eggs with a soft white, and is the method recommended for young children or invalids. Lower eggs into boiling water, as for Boiled Eggs, Method 2. Remove saucepan from heat, cover, and allow eggs to stand in hot water for 8 to 10 minutes. If a slightly firmer white is required, let egg boil for 1 minute only before removing from heat and covering to let stand.

Fried Eggs

Butter or bacon fat adds a rich flavour when used to fry eggs, or they can be cooked without fat in non-stick pans. Here's how to get best results from both methods.

1 Melt small amount of butter or bacon fat in frying pan. Break eggs into pan one at a time—or break into saucer first, then slip into the melted butter. Cook slowly, basting yolk occasionally with the butter. Remove from pan with egg-slice.

If you like fried eggs to be perfectly round use egg-rings. These are quite cheap from hardware stores or kitchen sections of departmental stores.

Place egg-rings in hot butter, then turn over so that both sides are well greased—this will keep eggs from sticking to the rings. Use tongs or a fork for turning rings. Or use rings with non-stick coating.

Break an egg carefully into each ring. Baste the yolk occasionally until cooked. Remove rings before lifting eggs from pan with egg-slice. If rings stick, run a knife carefully around inside of ring to separate it from egg.

2 For health reasons—or because it saves time in the busy breakfast period—many people prefer to fry eggs in a non-stick pan, without butter. Just brushing the pan with butter will make all the difference to flavour and finished result. Without butter the white is apt to cook long before the yolk, and the white of the finished egg can be tough and somewhat indigestible.

However, if you prefer to fry eggs without fat, here's how to get the best results. Break eggs into pan, then quickly sprinkle about 3 tablespoons of hot water around eggs. Cover with lid. Cook gently about 3 minutes. This will partially steam the egg-yolk and hasten cooking time.

Poached Eggs

Place approximately 1 in. of water in frying pan of suitable size. Add ½ teaspoon salt or 1 dessertspoon lemon juice to help eggs set and add flavour. Bring water to simmering point only; fast-boiling water tends to break up egg-whites.

Gently break in eggs. Hold eggs as close as possible to surface of water; this will help prevent them breaking, as they might if dropped from a height of a few inches. Occasionally, spoon some of the hot water over yolks. Simmer gently until cooked.

Cooking time will vary according to whether you like a soft or firmly poached egg, but it is around 3 to 5 minutes. Lift egg carefully with egg-slice, hold above pan for a few seconds to drain well.

Steamed Eggs This is a variation of the poached egg. Take a shallow pan with lid. Half-fill it with water, bring to the boil. Break eggs into the boiling water. Then place close-fitting lid on top, remove pan from heat. Let stand for 3½ to 4 minutes.

Baked Eggs

Also known as 'Eggs en Cocotte'. Grease one small ramekin or 'cocotte' dish per person. Break an egg into each dish, season with salt and pepper; spoon cream over to cover egg. Bake in moderate oven 15 minutes, or until egg has set.

Some finely chopped cheese can be sprinkled into the dish before adding the egg and cream, and extra grated cheese sprinkled on the cream before baking.

Scrambled Eggs

Allow 2 to 3 eggs per person. Add 1 tablespoon of water or milk or cream for each egg; water will make the scrambled eggs lighter in texture but milk or cream gives more flavour. Season with salt and pepper. Beat together lightly.

Melt ½ oz. butter in pan, add egg mixture; cook, stirring, until eggs are just set; don't have the heat too high, or eggs will be tough. Spoon on to hot toast.

Some grated cheese, chopped chives or shallots, curry powder, chopped parsley, canned whole kernel corn can be mixed in with the beaten eggs.

Creamy Scrambled Eggs

2 oz. packaged cream cheese
1 oz. butter
⅓ cup cream
3 eggs
salt, pepper
½ cup finely chopped shallots

Combine cream cheese, butter and cream in frying pan, stir over low heat until creamy. Break eggs into mixture, cook gently until egg whites are barely set, add salt, pepper and shallots, stir mixture well with a fork until eggs are cooked. Serve on hot buttered toast.

Serves 2

Omelets — mixed and cooked in minutes — make a delicious, light meal

Citron = Omelette

Omelets

An omelet is quick to make, inexpensive, and most versatile. Plain, or with varying fillings, it can be served for breakfast, lunch, or a light main course for dinner. And sweet dessert omelets make a perfect light ending to a meal.

Flavourings, such as those for scrambled eggs, can be mixed into the savoury omelet. Asparagus; chopped, cooked bacon; fried tomato slices; chopped, cooked chicken; sauteed mushrooms, are other popular fillings or additions.

Serve omelets as soon as they are made; if left to stand, they become hard and tough.

The Omelet Pan

It is best to keep a special pan just for omelets. A new omelet pan should be 'seasoned' before use. To do this, pour oil into the pan to cover the base and come a little way up sides. Warm this slowly over heat, and turn or gently shake pan occasionally so that the oil coats the sides. When the pan and oil are hot, remove from heat and allow to cool. Do this once more, and let the oil stand in the pan overnight. Next day, warm the pan and oil again, pour off the oil and wipe the pan dry. The pan is now ready for the cooking of omelets.

If possible, do not wash the omelet pan after use. Simply rub it clean with paper towelling or a clean cloth. This helps prevent omelets sticking to the pan. If you have to wash the pan, then season it again with oil, as above, before using it again.

Types of Omelet

There are three basic types of omelets—the classic French omelet, the Spanish omelet and the Souffle, or 'puffy' omelet.

French Omelet

3 eggs
salt, pepper
1 dessertspoon water
½ oz. butter

Break eggs into bowl, season with salt and pepper; add water. Beat eggs briskly with fork until well mixed. Heat pan, add butter; it should sizzle and foam almost immediately. Pour in egg mixture, and, using a fork, draw the eggs from the side of the pan into the centre; do this quickly, shaking the pan constantly. Continue lifting the eggs with a fork until all the liquid is cooked. With spatula or fork fold omelet and roll on to warmed serving plate. Serve immediately.

Serves 1

Spanish Omelet

Unlike the French or Souffle omelet, the Spanish omelet is not folded or rolled, but is served flat. When the omelet is golden brown underneath, turn with spatula and cook the other side until just set, or place under griller to set the top; do not over-cook, or the omelet will toughen.

4 eggs
½ cup finely diced mixed vegetables
2 oz. butter
salt, pepper

Heat 1 oz. butter in saucepan, add vegetables, saute over gentle heat until tender but not brown. Break eggs into bowl, beat lightly with fork, season with salt and pepper, add cooked vegetables. Melt remaining butter in large omelet pan, when sizzling pour in egg mixture. Stir gently to distribute mixture evenly, then allow to set over low heat. When golden underneath, turn with spatula and allow to set on other side, or place under griller to set top. Serve immediately.

Serves 2.

Vegetables can include chopped onions, tomatoes; a light touch of crushed garlic and chopped parsley can also be added.

Soufflé Omelet

The souffle (or 'puffy') omelet, as its name indicates, puffs up like a small souffle while cooking. After base of omelet is cooked, the pan is placed under griller or into moderate oven for a few minutes to set top lightly.

4 eggs
½ teaspoon salt
pinch pepper
1 tablespoon milk
½ oz. butter

Separate eggs, beat yolks until thick. Add salt, pepper and milk. Beat egg-whites until soft peaks form. Fold whites into yolks.

Heat pan, add butter, turn pan to allow butter to flow evenly over base and around sides of pan. Spread egg mixture evenly into pan, cook over medium heat until omelet puffs and under-part is lightly golden. Bake in moderate oven 5 minutes, or place under hot griller until top is firm and springs back when pressed lightly with fingertips. Fold over, serve immediately.

Serves 2.

For a savoury topping, sprinkle finely grated cheese over before placing under griller.

Dessert Omelets

These are a version of the souffle omelet; omit salt and pepper from the souffle omelet recipe, add $\frac{1}{4}$ teaspoon sugar per egg before mixing omelet.

Individual dessert omelets can be made with 2 eggs in 6 in. pan.

Here are some suggested fillings:

Apricot: Spoon hot, sieved apricot jam over half of omelet, turn on to warm serving plate. A spoonful of rum can be added to the jam when heating, or a little rum can be warmed in a separate saucepan, poured over the omelet and set aflame. Serve a bowl of whipped cream separately.

Strawberries and Cream: Sweeten sliced fresh strawberries to taste, or use warmed canned strawberries. Fill omelet with 1 dessertspoon berries for each egg used. Fold over, decorate with whole fresh strawberries, or another spoonful of the canned strawberries. Serve with cream.

Caramel Cream: Do not fold omelet. Spread with fresh or canned peach slices marinaded in brandy or rum. Spread sour cream over, sprinkle with castor sugar. Place, unfolded, under griller just long enough to set cream and lightly caramelise the sugar.

Sweet French Omelet: For a sweet French omelet, add a small pinch salt and 1 dessertspoon sugar to the eggs before beating together; omit the pepper. Make the omelet, and after folding sprinkle with an extra dessertspoon of sugar; place under very hot griller for a few minutes or until sugar melts and glazes the omelet. Place on warmed serving plate. Or fill with a sweet filling as for Souffle Omelet.

Egg and Bacon Pie

Cheese Pastry

1½ cups plain flour
½ teaspoon salt
1 teaspoon baking powder
3 oz. butter
3 oz. tasty cheese
approx. 1 tablespoon water

Filling

1 oz. butter
3 onions
4 to 6 rashers bacon
1 teaspoon salt
¼ teaspoon pepper
½ teaspoon dry mustard
3 eggs
1 pint milk
1 dessertspoon chopped parsley

Pastry: Sift flour, salt and baking powder into basin. Rub in butter, add grated cheese. Mix to dry dough with a little water. Knead lightly on floured board. Roll pastry out to line base and sides of 11 in. x 7 in. or deep 8 in. pie plate.

Filling Melt butter in saucepan, add sliced onions and chopped bacon; fry 4 minutes. Add salt, pepper and mustard, mix thoroughly. Beat eggs in basin, add warmed milk, drained onion-and-bacon mixture, and parsley. Spoon mixture into pastry case. Bake in moderate oven 35 to 40 minutes or until pie has set and browned.
Serves 6

Quiche Lorraine

Pastry

4 oz. butter
4 oz. packaged cream cheese
1 cup plain flour

Filling

6 oz. gruyere cheese
4 rashers bacon
3 eggs
¾ cup cream
1 small onion
¼ teaspoon nutmeg
salt, pepper

Pastry Cream butter and cheese together. Add sifted flour, and blend with a fork. Wrap in waxed paper, refrigerate for 1 hour. Roll out to fit 8 or 9 in. pie plate. Refrigerate while preparing filling.

Filling Slice cheese thinly (or use packaged cheese slices), cut into 2 in. strips. Cut bacon into small pieces, fry until crisp, drain. Arrange alternate layers of bacon and cheese in pie case; sprinkle with chopped onion. Beat eggs lightly, combine with cream and seasonings, pour over bacon and cheese.

Bake in hot oven for 10 minutes, reduce heat to moderate, cook further 30 minutes or until set.
Serves 6

Malayan Egg Curry

1½ lb. onions
1 or 2 small green chillies
1 clove garlic
2 cups chicken stock
2 teaspoons turmeric
1 tablespoon curry powder
1 teaspoon salt
6 hard boiled eggs

Slice onions, green chillies and garlic. Combine all ingredients except salt and eggs in saucepan, simmer uncovered 30 minutes. Halve eggs, add with salt to curry mixture, heat well, serve over hot boiled rice.
Serves 4.

NOTE: ½ cup coconut may be added with all ingredients, increase stock to 1½ cups.

Indian Egg Curry

4 medium onions
2 cloves garlic
4 medium tomatoes
4 oz. butter
2 teaspoons coriander
1 teaspoon turmeric
1 teaspoon ground ginger
2 teaspoons cumin
2 teaspoons paprika
1 teaspoon salt
¼ teaspoon chilli powder
2 teaspoons garam masala
6 hard boiled eggs

Slice two onions, finely chop remaining onions and garlic. Peel and chop tomatoes. Heat butter in a saucepan, add sliced onion, saute until golden brown, add remaining onion, garlic and tomatoes, saute 3 minutes. Add remaining ingredients, except garam masala and eggs, simmer uncovered, until some of the liquid has evaporated (approximately 30 minutes), stir occasionally.

Halve eggs, add with garam masala to curry mixture, heat well, serve over hot boiled rice.
Serves 4

Eggs Benedict

Saute a slice of ham in butter until hot. Lift on to hot buttered toast, top with a poached egg. Spoon over hollandaise sauce.

For a quick hollandaise, warm ½ cup mayonnaise in top of double saucepan over hot water, combine with ½ cup whipped cream.

Egg Nog

1 egg
1 tablespoon sugar
1 tablespoon brandy
1 tablespoon rum
½ pint milk
grated nutmeg

Whisk all ingredients together, except nutmeg, until well blended. Pour into glass and sprinkle top with nutmeg. Serves 1

Cheese Soufflé — tall, tempting, feather-light in texture. The soufflé mixture can be refrigerated — even frozen — in advance

Soufflés

In the past, souffles have been temperamental—you had to mix, cook, serve them without a moment's delay. But these special recipes allow you to prepare the mixture well ahead of time, refrigerate it overnight—or even freeze it for up to five days—and when baked it will rise as tall and as tempting as ever before

Preparing the Dish

Each recipe in this section will make one large or four individual souffles. For large souffle, 7 in. (approximately $2\frac{1}{2}$ pint capacity) souffle dish is used; individual souffle dishes have about $\frac{1}{2}$ pint capacity. Grease dish or dishes; tie collar of greased greaseproof paper or aluminium foil round top of dish; this will help souffle to rise straight.

Cheese Soufflé

4 eggs
4 oz. butter
4 tablespoons plain flour
1 teaspoon salt
pepper
¼ teaspoon dry mustard
1 cup milk
4 oz. cheddar cheese

Separate eggs; allow to stand, covered, while preparing sauce. Melt butter in top part of double saucepan over hot water; remove from heat, stir in flour and seasonings, stirring until smooth and free from lumps. Stir in milk all at once, return to heat; stir over hot water until smooth and thick. Remove from heat; stir in grated cheese while still hot, stirring until melted. Allow to cool slightly. Beat egg-yolks until pale and fluffy, gradually stir into cheese mixture, using thin-edged metal spoon or rubber spatula.

Using clean bowl and beaters, beat egg-whites until short, moist peaks form. Add half the whites to sauce, folding through carefully with flat spatula; then fold in remaining whites. (Adding whites in two portions like this makes it easier to fold them through the mixture; it also makes sure you do not over-beat mixture, thus breaking down the aeration). Pour souffle mixture over back of spoon or over spatula into prepared dish. This prevents mixture dropping hard on to base of dish, so bursting some of the air bubbles. Fill souffle dish to within $\frac{1}{2}$ in. of top. Place on oven tray.

Serve cooked souffle with a green salad.

Directions for Baking

To Bake at Once Bake in moderate oven. Allow 40 to 45 minutes for one large souffle; 25 to 30 minutes for individual souffles.

To Refrigerate Overnight (or up to 24 hours) Refrigerate uncovered. Next day, place in moderate oven. Allow 55 to 60 minutes cooking time for large souffle; 30 minutes for individual souffles.

To Freeze Cover top of souffle dish, or dishes, with plastic food wrap or aluminium foil; this will prevent hard skin forming on top of mixture during freezing time. When ready to bake, remove plastic wrap or foil. Souffles can go direct from freezer to oven; do it this way. Place souffles in cold, unlit oven; then light oven and set temperature at moderate. Allow approximately 60 minutes cooking time for large souffles; approximately 40 minutes cooking time for individual souffles.

Crab and Chive Soufflé

4 eggs
4 oz. butter
4 tablespoons plain flour
1 teaspoon salt
¼ teaspoon mustard
1 cup milk
8 oz. can crab meat
½ cup chopped chives or shallots (including green tops)

Separate eggs; allow to stand, covered, while preparing sauce. Melt butter in top part of double saucepan over hot water; remove from heat, stir in flour and seasonings, stirring until smooth and free from lumps. Stir in milk all at once, return to heat; stir over hot water until smooth and thick. Remove from heat; stir in crab and chives. Allow to cool slightly.

Then proceed as for Cheese Souffle. Baking times are the same as for Cheese Souffle.

Vanilla Soufflé

4 eggs
4 oz. butter
4 tablespoons plain flour
1 tablespoon castor sugar
½ teaspoon salt
1 cup milk
1 teaspoon vanilla

Separate eggs, allow to stand, covered, while preparing sauce. Melt butter in top part of double saucepan over hot water; remove from heat, stir in flour and salt, stirring until smooth and free from lumps. Stir in milk, all at once, add sugar; return to heat; stir over hot water until smooth and thick. Remove from heat, allow to cool slightly, stir in vanilla.

Then proceed as for Cheese Souffle. Baking times are the same as for Cheese Souffle.

Chocolate Soufflé

4 eggs
4 oz. butter
4 tablespoons plain flour
½ teaspoon salt
1 cup milk
¼ cup castor sugar
6 oz. dark chocolate

Separate eggs; allow to stand, covered, while preparing sauce. Melt butter in top part of double saucepan over hot water; remove from heat, stir in flour and salt, stirring until smooth and free from lumps. Stir in milk all at once, return to heat; stir over hot water until smooth and thick. Remove from heat; stir in grated chocolate and sugar while still hot, stirring until dissolved.

Then proceed as for Cheese Souffle. Baking times are the same as for Cheese Souffle.

Other Hot Soufflés

The following two souffles—Chestnut and Apricot cannot be refrigerated or frozen. They should be mixed, baked and served at once.

Apricot Soufflé

4 egg-whites
¼ cup castor sugar
4 oz. dried apricots
extra castor sugar

Place apricots in bowl, cover with hot water, leave until well plumped; then puree in electric blender or rub through sieve. Place egg-whites and 1 tablespoon of the sugar in large mixing bowl, beat until thick and of meringue consistency. Gradually beat in remaining sugar and apricot puree. Grease souffle or ovenproof dish, dust lightly with extra castor sugar. Pour in souffle mixture gently so air bubbles will not be broken down (a good way to do this is to pour it over back of spoon). Bake in moderate oven 30 minutes.

Chestnut Soufflé

1 lb. can unsweetened chestnut pureé
6 oz. butter
⅔ cup castor sugar
1 teaspoon vanilla
8 egg-yolks
6 egg-whites
extra castor sugar

Prepare 8 in. souffle dish, by greasing and dusting lightly with extra castor sugar; place a greased paper collar around top edge of dish, secure firmly with string.

Rub chestnut puree through sieve, place in saucepan with butter and sugar. Stir constantly over low heat until butter is melted and sugar dissolved; add vanilla. Remove from heat, cool slightly. Beat egg-yolks until thick and creamy, gradually add chestnut mixture, beating constantly. Beat egg-whites until soft peaks form. Lightly fold half the egg-whites into chestnut mixture, then remaining egg-whites. Pour mixture carefully into prepared dish, sprinkle top lightly with extra castor sugar. Bake in moderate oven 50 to 60 minutes. Serve at once with cream.

NOTE: There are two types of canned chestnuts; one is pureed chestnuts flavoured with sugar, glucose and vanilla. The other is pure chestnuts pureed; this is the type to use for this recipe. Check ingredients on can.

Cold Soufflés

The cold souffle can be made in endless variations. Simply prepared, it stands above the rim of the dish in distinguished imitation of the baked souffle.

Lemon Soufflé

½ cup castor sugar
3 eggs
1½ dessertspoons gelatine
½ pint cream
grated rind and juice 3 lemons
⅓ cup water

Prepare a 6 in. souffle dish or straight-sided container, by tying double band of greased greaseproof paper round dish on the outside with string, extending paper 2 in. above the edge.

Separate eggs. Place yolks, sugar, lemon juice and rind in the top of double saucepan, cook over hot water, stirring constantly, until mixture thickens slightly, approximately 10 minutes.

Soak gelatine in the ⅓ cup water, dissolve over hot water, add to slightly cooled custard mixture. Allow to cool, stirring occasionally to prevent mixture setting at the bottom. When mixture is beginning to set, fold in gently the whipped cream and stiffly beaten egg-whites. Pour into prepared souffle dish, refrigerate until set. Decorate with whipped cream and a sprinkling of grated lemon rind.

Orange Soufflé

As for Lemon Souffle, but substitute the grated rind of 2 oranges and the juice of 1 orange for the lemon rind and juice.

CHEESE

There are so many varieties in cheeses, it is difficult to imagine that they all begin in much the same fashion. Most cheese is made from cows' milk, although cheese can be made from the milk of any milk-giving animal. Simply defined, cheese is the solid portion of milk separated from the whey. The many different cheeses which result from this similar beginning are the product of variations in the manufacture and curing of each variety

Almost all countries produce an individual type of cheese. Previously, it was not possible in Australia to taste all these international cheeses because they were not imported; cheese is a perishable food, and many varieties do not travel well.

But almost all famous cheese types are now produced in Australia. All the characteristics of the individual cheeses have been retained with the flavour that made them famous, and, because they are now locally produced, they come to us beautifully fresh—we can enjoy them at their best.

Cheese can be broadly divided into these categories: firm cheeses (such as Cheddar); semi-soft (such as Mozzarella); soft-ripening (such as Camembert or Brie); blue-veined cheese; hard, grating cheeses (such as Parmesan); cream types (such as cream, cottage, or Ricotta).

In addition to these, there is the wide range of processed cheeses. These are natural cheeses, and the flavour and texture remain uniform. They are pasteurised to give excellent keeping qualities in all conditions; there is no rind and no wastage.

Below is a list of the popular cheeses now produced in Australia. The original country of origin of each cheese type is indicated.

Blue Vein (France) Available in bulk, or in 4 oz. wedges. Has distinctive blue marbling; excellent dessert cheese.

Cheddar (England) Almost 70 types of natural cheddar are manufactured in Australia.

Cheshire (England) Available in 6 oz. packaged form.

Cream, Cottage, and Creamed Cottage (Most countries have these cheeses, although the Creamed Cottage Cheese is American in origin) Available in bulk. Cream cheese also available in 4 oz. and 8 oz. packets.

Edam (Holland) Mild flavour, excellent dessert cheese; has distinctive red rind.

Feta (Greece) Moist, white, traditionally made from ewes' or goats' milk. Good for snacks with brown bread, black olives.

Gouda (Holland) Rather similar to Cheddar.

Gruyere (Switzerland) Available in 8 oz. packets. Small quantity of bulk type also manufactured, but not available in all States. Has characteristic holes; sweet, nutlike flavour.

Mozzarella (Italy) Mild flavour, usually sold in pear shapes. Soft-melting cheese, good topping for pizzas, etc.

Parmesan (Italy) Available in bulk, also grated, in 4 oz. and 2 oz. packs. Age is determined by colour; the more mature, the whiter it becomes. Add to soups, pastas, etc.

Pecorino Romano (Italy) A good grating cheese.

Pepato (Italy) Pepato is Italian for pepper. The black peppercorns dispersed throughout the cheese impart spicy flavour.

Provolone (Italy) Robust, flavour good for canapes. When more matured, good for grating.

Ricotta (Italy) Fine curded cream cheese; the only cream cheese made from whey.

Romano (Italy) Also available, grated, in 8 oz. packs. Milder flavour than Parmesan.

Neapolitan Pizza has a topping of quick-melting Mozzarella cheese; it's an excellent supper dish, and popular with all teen-agers

Samsoe (Denmark) Sweet, nutty flavour, similar to Gruyere.

Swiss (Switzerland) Available in bulk, or sliced and packaged; 8 oz. packs and 4 oz. packs. Similar to Gruyere.

Some cheeses are still imported from Europe. These include English Wensleydale (mild, with white, creamy texture) and the famous English Stilton; Danish Port Salut; Dutch smoked cheese; Brie and Camembert, from France or Denmark; and others.

So there's a wide and wonderful world of cheese from which to choose—for good cooking, for excellent eating.

Cooking with Cheese

When cheese is to be melted during the cooking process, make sure it is grated, or the pieces cut in similar size, so they will melt evenly at the same time. In all cheese cookery, it is important to remember cheese must be cooked slowly, over gentle heat. If cooked too quickly, the protein in cheese toughens, and the cheese becomes stringy.

Keeping Qualities and Storage

The moisture content of cheese—whether it is a hard cheese or soft—is a guide to its keeping quality. Very hard cheeses, such as parmesan or romano, have excellent keeping quality. Parmesan can be bought grated in packets. If this is to be kept, once the packet has been opened, transfer it to a screw-top jar; this will ensure that it keeps fresh and retains its flavour. Wrap firm cheeses, such as cheddar, in plastic food wrap or aluminium foil, and store in a cool place, or refrigerate. For best flavour, let cheese return to room temperature before using.

Soft cheeses, such as cream or cottage cheese, have a high moisture content. Wrap them well in plastic food wrap or aluminium foil, or place in plastic food container, and keep refrigerated. They should be used within three or four days of purchase.

Welsh Rarebit

½ oz. butter
8 oz. cheddar cheese
1 egg
2 tablespoons beer or milk
1 teaspoon dry mustard
½ teaspoon worcestershire sauce
½ teaspoon salt
4 slices hot buttered toast
pepper

Melt butter in top of double saucepan or in basin over hot water. Stir in the grated cheese until melted and smooth.

Beat the egg and beer together with fork and add slowly to the cheese, stirring constantly over low heat. Add dry mustard, worcestershire sauce and salt and mix well. Serve on hot buttered toast. Sprinkle with pepper. Serves 4

Swiss Cheese Tart

Pastry

1¾ cups plain flour
4 oz. grated cheese (preferably parmesan and gruyere mixed)
pinch salt
pinch paprika
5 oz. butter
1 egg
egg-white for glazing

Filling

1 cup milk
½ cup sour cream
1 teaspoon cornflour
1 teaspoon flour
2 egg-yolks
4 oz. grated cheese (preferably parmesan and gruyere mixed)
salt
paprika

Pastry: Sift dry ingredients, rub in the butter. Add grated cheese, mix to a dry dough with beaten egg; chill 30 minutes.

Roll out, line 8 in. pie plate. Brush surface of pastry with a little beaten egg-white.

Filling: Blend flours with cold milk. Add cheese, egg-yolks, cream, salt and paprika. Beat together, spoon into pie case. Bake in moderate oven 40 to 50 minutes.

Cheese-Topped Vegetable Pie

Rice Pie Shell

1 oz. butter
1 small onion
2 cups cooked rice
1 egg

Filling

1 oz. butter
4 small zucchini
2 onions
3 sticks celery
¼ lb. mushrooms
1 carrot
1 teaspoon salt
¼ teaspoon pepper
1 teaspoon curry powder

Cheese Sauce

2 oz. butter
4 tablespoons flour
½ teaspoon salt
pinch pepper
½ teaspoon dry mustard
1 cup milk
4 oz. tasty cheese
2 tablespoons cream
1 dessertspoon chopped parsley

Pie Case: Melt butter in saucepan, saute chopped onion. Add to rice; mix well. Beat egg, stir into rice mixture. Press into 8 in. pie plate, covering base and sides.

Filling: Melt butter in saucepan, add sliced zucchini,

chopped onion, sliced celery, halved mushrooms and thinly sliced carrot; saute 3 minutes. Add salt, pepper and curry powder; mix thoroughly. Place vegetables into rice case. Pour sauce over vegetables, bake in moderate oven 35 to 40 minutes.

Cheese Sauce: Melt butter in saucepan, stir in flour, and cook 1 minute; remove from heat. Add salt, pepper, mustard and milk; blend well. Return to heat, stirring constantly until mixture boils and thickens. Stir in grated cheese, cream and parsley.

Ham and Cheese Squares

Pastry

2 cups self-raising flour
½ teaspoon salt
2 oz. butter
½ cup milk
¼ cup mayonnaise

Filling

½ lb. smoked ham sausage
1 cup chopped onion
4 oz. grated cheddar cheese
salt, pepper
¼ teaspoon dry mustard
2 tablespoons chopped parsley
milk
extra grated cheese

Sift flour and salt into basin, rub in butter. Combine milk and mayonnaise, cut into dry ingredients with knife until all liquid is absorbed. Turn on to floured board and knead lightly. Divide in half, roll out one portion to fit base of greased 11 in. x 7 in. lamington tin.

Sprinkle over chopped ham sausage. Combine onion, cheese, mustard, and parsley, season to taste and sprinkle over ham. Roll out remaining pastry and place over filling. Glaze with milk and sprinkle with extra grated cheese. Bake in very hot oven 20 minutes. Cut into squares while still warm.

Makes approx. 15 squares

Neapolitan Pizza

Yeast Dough

½ oz. compressed yeast
¼ cup milk
1 egg
1½ cups plain flour
½ teaspoon salt
½ teaspoon sugar
1 oz. butter

Filling

15 oz. can tomatoes
1 dessertspoon oil
1 clove garlic
5 oz. can tomato paste
1 teaspoon sugar
salt, pepper
2 oz. salami
8 oz. Mozzarella cheese
sliced olives
1 teaspoon basil or oregano
chopped parsley

Yeast Dough: Warm milk, add crumbled yeast, stir until dissolved, add beaten egg. Add yeast mixture to well in centre of sifted dry ingredients, blend well. Cream butter, work into the dough. Cover bowl, stand in warm place 40 minutes, or until doubled in bulk.

Press dough into oiled 9 in. pie plate, or pizza pan, brush dough lightly with oil. Arrange filling ingredients except olives over dough, and bake in hot oven 15 to 20 minutes, or until golden brown. Sprinkle with sliced black or green olives.

Filling: Heat oil in saucepan, add undrained can of tomatoes, crushed garlic, tomato paste, sugar, salt and pepper, simmer uncovered until mixture is thick, and some of the liquid has evaporated; cool.

Spread tomato paste over dough, top with slices of salami and Mozzarella cheese. Sprinkle with basil or oregano.

Wine and Cheese Party

A wine and cheese party is elegant, and easy on the hostess. It needs very little pre-planning; just a prettily decorated table with a selection of wine, cheese and simple foods.

Good, crusty breads are best with cheese. Buy several varieties—the long French loaf, the well-crusted Italian loaf, golden twists—there are so many delicious breads available. Include breadsticks of the Italian grissini type.

Also add some small biscuits. Don't choose biscuits with cheese flavours; the plain cracker-type of biscuit is best.

Have small bowls of savoury nibbles, such as olives, gherkins, celery curls, radishes, cucumber chunks, small pickled onions. Savoury dips, with small biscuits or crisp potato chips to use as 'dunkers' are also good.

The Cheese: Have at least four types of cheese available; a firm cheese, such as gruyere, edam, cheddar; a soft cheese, such as camembert or brie; a blue cheese; some cream cheese. Add any other favourite or unusual cheeses. Allow approximately 6 to 8 oz. cheese for each guest.

The Wine: Have an assortment of red wines and white. Allow approximately ½ bottle—or more—per guest.

FISH

There's a wonderful variety of local fish available to us, and some of the best shell fish in the world.
Fish should be a permanent part of the weekly family menu, not only for its high protein value, but for its good taste and the interesting variety it can add to family and party meals

Sole Véronique

1½ to 2 lb. sole or flounder fillets
½ small onion
1 bayleaf
few peppercorns
juice ½ lemon
water
½ lb. white grapes
1½ oz. butter
⅓ cup flour
1 pint milk
salt, pepper

Fold fillets or roll up and secure with small wooden sticks. Place fillets in greased ovenproof dish. Put in sliced onion, bayleaf, peppercorns and lemon juice, add sufficient water to half-cover fillets. Cover with greased paper, poach in moderate oven 15 to 20 minutes or until cooked.

Transfer fish to hot serving dish; keep warm. Reserve ½ cup liquid in which fish was cooked. Melt butter in saucepan, add flour, cook 1 minute. Remove from heat, gradually add milk and reserved liquid which has been reduced to ¼ cup by fast boiling. Return to heat, bring to boil, simmer until smooth and thickened, stirring constantly. Season to taste with salt and pepper; spoon over fish. Simmer peeled grapes in a little boiling water few minutes; drain. Arrange grapes at side of dish. Serve immediately.

Serves 4

Sole and Asparagus with Wine Sauce

1 lb. sole fillets
1 cup white wine
1 small can asparagus tips

Sauce

1½ oz. butter
2 tablespoons flour
¾ cup milk
salt, pepper

Place skinned and boned fillets in ovenproof dish. Pour wine over, poach in moderately hot oven 20 minutes. Drain, reserve liquid for sauce. Place poached fillets on to warm individual dishes, arrange on top few drained asparagus tips, which have heated in their own liquor. Spoon sauce over.

Sauce: Melt butter in saucepan. Stir in flour, cook 1 minute. Remove from heat, gradually add milk and 1 cup of reserved liquid from fish. Return to heat, bring to boil; reduce heat, simmer until smooth and thickened, stirring constantly. Season to taste with salt and pepper.

Serves 4 as an entree

Trout in Butter Sauce with Almonds

4 cleaned trout
salt
flour
4 oz. butter
1 teaspoon lemon juice
freshly ground pepper
⅓ cup toasted almonds
parsley
lemon slices

Select trout from 8 in. to 10 in. long; sprinkle inside and outside with salt, toss in flour. Heat half the butter in heavy frying pan, put in fish, cook until dark brown on both sides.

Transfer to hot serving dish; keep warm. Add remaining butter to pan with lemon juice, pepper and toasted almonds; simmer a few minutes; pour over fish.

Serve immediately, garnished with lemon slices and parsley.

Serves 4

Bream Meunière

1½ lb. bream fillets (or other fillets)
seasoned flour
4 oz. butter
1½ tablespoons lemon juice
chopped parsley

Skin and bone fillets. Cut fillets into serving-size pieces, toss lightly in seasoned flour. Melt 3 oz. butter in pan, fry fillets until brown on both sides; remove. Melt remaining butter in pan; add lemon juice, spoon over fish, sprinkle with parsley.

Serves 4

Trout with Almonds is served with lemon-flavoured hot butter sauce. This method of cooking can also be used for other fish, in place of trout

Bream Bonne Femme

- 1½ lb. bream fillets
- 1 large onion
- 4 oz. mushrooms
- 2 oz. butter
- salt, pepper
- ¼ cup chopped parsley
- 1¼ cups dry white wine

Sauce

- 2 oz. butter
- ¼ cup flour
- 1 egg-yolk
- ½ cup cream
- salt, pepper

Melt butter in shallow pan. Add chopped onion and half the sliced mushrooms. Arrange fish fillets over vegetables, season with salt and pepper. Spread remaining sliced mushrooms over fish, sprinkle with parsley; pour wine over. Cover fillets with piece of greaseproof paper the size of pan, with small hole in centre. Bring to boil, cover pan, reduce heat, simmer 10 to 15 minutes. Using large spatula, remove fish and vegetables to warm serving dish, reserving liquid. Keep fish warm.

Sauce: Melt butter in saucepan. Stir in flour, cook 1 minute. Remove from heat, gradually stir in reserved liquid; return to heat. Bring to boil, stirring; reduce heat, simmer until smooth and thickened, stirring constantly. Combine beaten egg-yolk and cream, stir into sauce; simmer few seconds, stirring, season to taste with salt and pepper, if necessary. Spoon over fish.

Serves 4.

Fish Fillets Florentine

- 1 large bunch spinach
- 1 to 1½ lb. fresh or quick-frozen flounder fillets
- 1 oz. butter
- 2 tablespoons water
- salt, pepper
- nutmeg
- 1 tablespoon lemon juice
- lemon slices
- chopped parsley

Mornay Sauce

- 1 oz. butter
- 2 tablespoons flour
- ½ pint milk
- 2 oz. cheese
- salt, pepper
- nutmeg

Wash spinach, chop, and place in saucepan with butter and water. Steam gently over low heat until spinach is just wilted (approximately 2 minutes). Place drained spinach in greased, shallow oven-proof dish. Arrange thawed fish fillets on top, sprinkle with salt, pepper and nutmeg, pour over lemon juice. Cover with greased aluminium foil and bake in moderate oven 20 to 30 minutes or until fish is tender.

Remove foil and spoon over hot Mornay Sauce. Serve as entree or main course, garnish with lemon slices and chopped parsley.

Mornay Sauce: Melt bu[illegible] cook 1 minute. Remove [illegible] heat [illegible] milk. Return to heat, bring to boi[illegible] until smooth and thickene[illegible] consta[illegible]

Remove from heat, add [illegible] cheese [illegible] seasonings, stir until cheese has comple[illegible]

Serves 4 to 6

Butter-Fried Bream

- 6 bream fillets (or other fish)
- seasoned flour
- butter

Egg Butter

- 3 oz. butter
- 2 hard boiled eggs
- parsley

Lemony Butter

- 3 oz. butter
- lemon juice to taste
- parsley

Skin and bone fillets, dip in seasoned flour. Melt butter in frying pan; fry fillets until cooked on one side, turn and cook on the other side. Serve with Egg Butter or Lemony Butter, or with Sauce Remoulade.

Serves 6.

Egg Butter: Melt butter in pan. Add finely chopped eggs. Pour over fish and garnish with parsley.

Lemony Butter: Melt butter in pan, add lemon juice to taste. Pour over fish, garnish with lemon slices, and fried parsley sprigs. Or lemon slices can be sauteed in the hot butter and used as garnish.

Sautéed Mullet with Capers

- 1 lb. mullet (filleted)
- salt, pepper
- lemon juice
- flour
- 2 oz. butter
- 2 tablespoons capers, drained
- 1 tablespoon lemon juice, extra
- 1 dessertspoon grated lemon rind
- 1 tablespoon chopped parsley

Rub fillets with salt and pepper, sprinkle with lemon juice; roll in flour. Melt half the butter in frying-pan, add fish, fry until golden brown on both sides.

Transfer cooked fillets to hot dish. Wipe out pan, add remaining butter. Cook until light brown, add extra lemon juice and rind, capers and parsley. Pour over fish.

Serves 2

Grilled Mullet

1 medium sized mullet	salt, pepper
1 lemon	1 to 2 oz. melted butter

NOTE: Use this quantity for each serving.

Wash and dry mullet, make several slashes across each side. Rub well with salt and pepper, sprinkle with lemon juice, insert slices of lemon in slashes on one side. Brush with melted butter, cook under pre-heated griller, allowing 7 to 10 minutes for each side, depending on size of fish. Turn fish once, brush liberally with melted butter.

Serve at once with lemon wedges.

Baked Minted Mullet

1 medium sized mullet	1 lemon
2 or 3 sprigs of mint	butter
salt, pepper	lemon juice

NOTE: Use this quantity for each serving.

Wash and dry mullet. Rub body cavity with lemon, sprinkle with salt and pepper; place mint sprigs inside. Cut 3 gashes on each side of fish, insert small slices of lemon. Sprinkle over a little more lemon juice and about 1 teaspoon of grated lemon rind. Sprinkle with salt and pepper, dot with butter, wrap in greased aluminium foil.

Bake in moderate oven 30 minutes; serve with lemon slices.

Sole Bercy

1½ lb. sole fillets (or other fillets)	salt, pepper
½ pint fish stock	juice ½ lemon
½ cup chopped shallots	¼ cup chopped parsley
½ pint white wine	1 cup cream
3 oz. butter	1 tablespoon dry breadcrumbs

Skin and bone fillets. Place fillets in buttered, shallow ovenproof dish, add stock; cover with sheet of greaseproof paper, poach in moderate oven 10 to 15 minutes or until tender. Saute shallots in $\frac{1}{2}$ oz. butter. Add wine, bring to boil; boil over high heat until liquid is reduced by half. Strain liquid from fish into saucepan with shallots and wine; add salt, pepper, lemon juice and chopped parsley. Bring to boil, add remainder of butter, stir until melted.

Remove from heat, stir in cream. Spoon sauce over fish fillets, sprinkle with breadcrumbs. Place under hot griller or in hot oven until top is lightly brown.

Serves 4

Baked Snapper

1 snapper (3½ to 4 lb.)	salt, pepper
1 lemon	butter
1½ cups cooked rice	1 large onion, sliced
1 stick celery, chopped	2 tomatoes, skinned
1 onion	1 tablespoon chopped parsley
½ chopped green pepper	
½ teaspoon sage	

Remove eyes from fish. Rub fish inside and outside with cut lemon. Combine in bowl rice, celery, chopped onion, green pepper, sage, salt and pepper. Mix well. Stuff fish firmly with rice mixture.

Place in greased baking-dish. Brush well with melted butter. Arrange onion and tomato slices alternately over fish, season well. Dot with butter. Bake in moderate oven 40 to 50 minutes. Serve with lemon slices, garnish with chopped parsley.

Serves 4 to 6

Fish Mornay

1 lb. snapper fillets	2 tablespoons flour
½ lb. small prawns	½ cup grated cheese
1 cup milk	salt, pepper
1 cup water	2 tablespoons breadcrumbs
1 small onion	1 oz. butter, extra
1 bayleaf	
1½ oz. butter	

Remove bones and skin from fish. Combine milk, water, bayleaf and half the chopped onion in saucepan. Poach fish in this liquid until tender, drain, reserving liquid. Flake fish coarsely. Remove bayleaf from liquid. Combine fish and peeled prawns.

Melt butter in saucepan, saute remaining chopped onion for 1 minute, stir in flour, cook 1 minute. Remove from heat. Gradually add reserved liquid. Return to heat, stir until sauce boils and thickens; cook 5 minutes, stirring constantly. Season to taste, stir in cheese, leaving approximately 2 tablespoons for topping. Fold in fish mixture, spoon mixture into greased ovenproof dish. Sprinkle with mixture of breadcrumbs and remaining cheese. Dot with extra butter; brown under hot griller or in hot oven. Serve with hot rice.

Serves 6 as an entree or 3 as a main dish.

Salmon Mornay: Make up Mornay Sauce, as for Fish Mornay, omitting the fish and prawns. Add 16 oz. can salmon, with bones removed, to the sauce, stir in 1 teaspoon lemon juice. Then spoon into casserole, top with breadcrumbs and cheese, dot with butter and brown.

Escabache

1½ to 2 lb. fish fillets
seasoned flour
1 egg
2 tablespoons milk
oil for frying

Sauce

⅔ cup dry white wine
⅔ cup white wine vinegar
⅔ cup oil
1 dessertspoon dry mustard
salt, pepper

Vegetable Pickles

½ lb. small carrots
½ lb. turnips or parsnips
½ lb. small onions
1 red pepper
1 green pepper
2 sticks celery
approx. 1½ pints white wine vinegar
¼ cup sugar
1 dessertspoon mustard seeds
1 teaspoon celery seeds

Skin and bone fillets. Toss fillets in seasoned flour, then in combined egg and milk mixture, then in flour again. Fry in hot oil until golden brown on both sides. Drain well on absorbent paper, cool. Break fillets up into large bite-size pieces and place in deep serving dish. Pour over the sauce and vegetables.

This is an excellent hot-weather dish; good, also, on a buffet table.

Sauce: Combine all ingredients, mix well. Add drained pickles.

Vegetable Pickles: Scrape carrots, peel onions. Wash peppers, celery, and turnips. Leave onions whole, cut carrots into 2 in. lengths. Cut celery and turnips into 2 in. lengths; dice peppers, removing pith and seeds.

Place onions, turnips, and carrots in saucepan, add sufficient vinegar to cover. Add mustard and celery seeds and sugar. Bring to boil; reduce heat, simmer 15 minutes. Add remaining vegetables with additional vinegar to cover, cook 3 minutes, drain.

Serves 6

Gefilte Fish

1 lb. jewfish
1 lb. snapper
2 medium onions
3 eggs
2 teaspoons salt
¼ teaspoon white pepper
1 teaspoon sugar
3 tablespoons dry breadcrumbs
4 pints water
1 teaspoon salt, extra
½ teaspoon white pepper, extra
pinch sugar, extra
1 carrot
dill or parsley

Fillet fish, reserving heads, skins and bones. Put fish and 1 onion through mincer twice. Place in wooden bowl, stir in well-beaten eggs, salt, pepper and sugar. Mix well, gradually adding sufficient water, approximately ⅓ cup, to make a soft mixture. Lastly stir in breadcrumbs, mix thoroughly.

Place fish heads, skins and bones in saucepan. Add water and the extra salt, pepper and sugar. Bring to boil, skim well; reduce heat, simmer 20 minutes, strain.

Form fish mixture into balls, the size of small apples, using wet hands. Carefully place fish balls in stock. Add remaining chopped onion, adding more water if necessary to cover the fish balls. Cover, bring to rapid boil. Uncover, reduce heat and simmer gently 2 to 2½ hours or until stock has been reduced by half, add sliced carrot to stock 30 minutes before end of cooking time.

Remove fish balls and place on deep serving dish. Strain stock again and pour over as much as dish will hold. Arrange carrot and dill or parsley around fish as garnish. Cool and refrigerate until stock has jellied. Serve with horseradish sauce.

Serves 4

Salmon Mousse

1 tablespoon gelatine
2 tablespoons water
3 8 oz. cans red salmon
4 oz. softened butter
1 tablespoon lemon juice
1 egg-white
salt, pepper
1 tablespoon french dressing
½ cup diced cucumber
¼ cup finely chopped shallots
¾ cup cream

Cucumber Sauce

2 teaspoons finely chopped chives
¼ cup finely diced cucumber
1 cup sour cream
2 shallots, finely chopped
salt, pepper

Soften gelatine in the water, dissolve over boiling water. Remove skin and bones, place salmon in bowl with liquid from cans, and beat well. Salmon can be beaten on an electric mixer. Gradually beat in softened butter. Then add egg-white, lemon juice, pepper, salt and dressing; beat thoroughly.

Fold in dissolved gelatine, cucumber, and shallots. Whip cream until thick, and fold into salmon mixture. Pour mixture into oiled mould, refrigerate until firm. Unmould; serve with Cucumber Sauce and a green salad.

Serves 6.

Cucumber Sauce: Combine all ingredients, mix thoroughly.

Escabache — golden-fried fish pieces topped with a colourful vegetable pickle — makes an excellent buffet or barbecue dish; nice, too, for a light summer meal

Salmon Croquettes

8 oz. can salmon
1 egg-yolk
1½ cups mashed potato
1 teaspoon curry powder
1 small onion
1 dessertspoon chopped parsley
1 dessertspoon lemon juice
salt, pepper
2 eggs for glazing
dry breadcrumbs
oil for frying

Drain salmon, remove bones and flake; chop onion finely. In a bowl combine salmon, potato, curry powder, onion, parsley and lemon juice; add egg-yolk, salt and pepper, mix thoroughly. Refrigerate until firm. Mould mixture into croquette shapes approximately 1 in. thick by 2 in. long.

Dip in beaten eggs, press breadcrumbs on firmly. Refrigerate 1 hour. Fry in hot oil until golden brown, drain on absorbent paper.

Makes approx. 1 dozen

Grilled Tuna

6 fresh tuna steaks (about 1 in. thick)
salt, pepper
1 onion
few parsley stalks
1 bayleaf
dry white wine
oil

Parsley Butter

2 oz. butter
salt, pepper
squeeze lemon juice
1 tablespoon finely chopped parsley

Wash steaks thoroughly, season with salt and pepper, place in shallow dish. Add chopped onion, parsley stalks and bayleaf. Pour over sufficient white wine to half-cover fish; marinate about 1 hour, turning from time to time. Drain, dry, and brush with oil.

Cook under preheated griller, allowing about 5 minutes cooking time for each side, turning once. Brush several times with oil while cooking. Transfer to hot serving dish, season well with salt and pepper. Top each fish steak with a little parsley butter; serve at once.

Parsley Butter: Soften butter in small bowl, then beat in salt, pepper and parsley. Lastly add lemon juice; refrigerate.

Serves 6

Haddock Kedgeree

1 lb. smoked haddock
2 hard-boiled eggs
½ cup rice
3 oz. butter
salt, pepper
⅓ cup chopped parsley
1 dessertspoon lemon juice

Cook rice in large quantity of boiling water until tender, 12 to 15 minutes; drain. Poach fish until tender. Shell and chop eggs.

Melt butter in saucepan, add boned, flaked fish and rice. Season to taste with salt and pepper. Stir in chopped eggs, heat thoroughly. Add lemon juice and half the parsley; reserve remainder for garnish.

Serves 4 as an entree, or 3 as main dish.

Salmon Kedgeree: Substitute 8 oz. can of salmon for the haddock; drain and add with rice, to melted butter in pan, as above.

Sweet and Sour Fish

2 lb. cod or other thick fish fillets
1 lb. prawns
4 sticks celery
2 onions
1 red pepper
½ bunch shallots
cornflour
oil for frying

Sauce

1 cup chicken stock
1 tablespoon tomato paste
1 tablespoon soy sauce
1 teaspoon ginger
3 tablespoons white wine or water
1 dessertspoon cornflour
salt, pepper

Cut fish into bite-size pieces. Mix together ½ cup stock, tomato paste, soy sauce, wine and ginger. Place fish and shelled prawns in this mixture, marinate 1 hour.

Peel and slice onions. Wash celery and shallots, cut into diagonal pieces. Remove seeds from pepper, cut into thin strips.

Drain fish, reserve marinade, toss fish in cornflour to coat well. Fry in hot oil until golden brown, remove from pan, keep hot. Fry onions in a little hot oil until transparent, add celery, pepper and shallots. Cook further 3 to 4 minutes. Add fish, pour over prepared sauce. Bring to boil, stirring constantly. Serve with hot fluffy rice.

Sauce: Blend 1 dessertspoon cornflour with remaining stock, add to reserved marinade. Place over low heat, bring to boil, stirring. Season to taste.

Serves 6

Indian Curried Fish

2 lb. fish fillets
juice 1 large lemon
salt, pepper
1 teaspoon turmeric
2 teaspoons curry powder
oil for deep frying

Wash fish fillets, dry well. Cut into 2 or 3 pieces, according to size. Sprinkle on both sides with lemon juice, salt and pepper, place into a dish with remaining lemon juice. Allow to stand for a few minutes, then sprinkle with turmeric and curry powder. Move fish around in this mixture to coat well.

Fry in hot, deep oil a few minutes until cooked. Delicious with fried rice.

Serves 4.

Fish Cocktail

1 lb. fish fillets
juice 2 lemons
white vinegar
1 large onion
½ to ¾ cup mayonnaise
salt, pepper
½ cup cooked green peas
¼ red pepper
¼ green pepper

Skin and bone fish, cut into small pieces. Peel onion, cut into thin slices. Put fish and onion into glass or china bowl, pour over enough white vinegar to cover, stir in lemon juice. Cover, let stand to marinate overnight. Next day drain liquid from fish.

Combine fish and onion with peas and enough mayonnaise to hold mixture together; season to taste. Place spoonfuls of fish cocktail into lettuce cups in cocktail glasses. Sprinkle over the finely chopped or sliced peppers.

Serves 4

NOTE: The fish in this cocktail is not actually cooked; the acid action of the vinegar and lemon juice, as the fish stands overnight, simulates the cooking process.

Poisson Cru

4 lb. fish fillets
1 tablespoon salt
1 cup lemon juice
6 small onions
1 cup fresh or desiccated coconut
2 cups boiling water
2 large tomatoes

Remove skin and bones from fillets. Cut fish into bite-size pieces, sprinkle with salt, cover with lemon juice. Cover, and refrigerate at least 4 hours. Drain, add finely chopped onion; mix well. Mix coconut with boiling water, allow to cool, then drain, pressing as much liquid from coconut as possible.

Pour coconut milk over fish; refrigerate. Skin and seed tomatoes, chop flesh into cubes and fold into fish mixture.

Serves 8.

NOTE: This is the authentic Tahitian Poisson Cru. However, for extra flavour, you might like to add a little crushed garlic and some finely chopped cucumber.

Fish Roe

Fish roe, both smoked and fresh, is becoming increasingly popular in Australia. Fresh roe is in season from February until September, and is available at most city fish shops during that time. Most of the roe sold in Australia comes from mullet. Fresh roe is delicious if dipped in egg and breadcrumbs and deep fried. It can also be steamed and served with a melted butter sauce. Smoked roe is available all the year round. Just slice thinly and serve on toast or biscuits. It makes excellent canapes and savouries.

Herring in Sherry Pickle

1½ lb. salted herring
3 onions
dill

Marinade

1 cup dry sherry
½ cup water
¾ cup white vinegar
⅔ cup sugar
½ teaspoon ground allspice

Fillet herring, soak in cold water overnight; drain. Peel onions, slice thinly. Place herring fillets and onions in bowl, pour marinade over; leave 24 hours.

Drain, reserving liquid; cut fillets into 1 in. strips. Arrange in bowl with onions, pour a little of reserved liquid over. Garnish with fresh dill. Delicious as an hors d'oeuvre, or as a savoury snack with fresh bread and butter.

Marinade Combine all ingredients in bowl. Stir until sugar is dissolved.

Ragout of Octopus

1½ lb. octopus
boiling water
3 oz. butter
3 large onions
1 clove garlic
pinch dried thyme
salt, pepper
dry red wine
2 tablespoons tomato paste
chopped parsley

Clean octopus by turning inside out and removing black from suckers on base of tentacles and ink sack. Wash well, beat gently with steak mallet. Cut tentacles and body into even-sized strips; place in boiling water for 3 minutes; drain.

Melt butter in saucepan, add peeled and coarsely chopped onions, and crushed garlic, cook gently until transparent. Add octopus, cook further 5 minutes. Then add thyme, salt, pepper and tomato paste. Lastly add enough red wine to cover. Cover, simmer very gently 1½ hours or until octopus is tender. Sprinkle with parsley, serve with hot rice.

Serves 4

Shellfish

Of all types of food, shellfish is amongst the most popular with Australians. Because of its light, subtle flavour, freshly-caught shellfish is best prepared in the simplest fashion, but shellfish are versatile—they can be prepared in many ways, some are world-renowned classic recipes

To Cook Fresh Lobster

First, drown lobster in the most humane way. Place it in a bucket of fresh water, preferably tepid, as the warmth acts as an anaesthetic. Thirty minutes should be sufficient to drown it, depending on size. Bring a large saucepan of salted water or sea water to the boil, drop lobster in, reduce heat, simmer until cooked. Allow about 20 minutes cooking time, again depending on size. When it is cooked, drop the lobster into cold water immediately to cool quickly and remove any scum on shell.

Lobster Mayonnaise

2 small lobsters, cooked
1½ cups mayonnaise
¼ cup cream
salt, pepper
2 tablespoons finely chopped parsley
juice ½ lemon
lemon wedges

Split lobsters in half. Remove meat from lobster shells, cut in large dice. Combine mayonnaise, whipped cream, salt, pepper, parsley and lemon juice; mix well. Take 1 cup of mayonnaise mixture, combine with the diced lobster. Mix thoroughly, fill into lobster shells. Spoon over remaining mayonnaise mixture. Serve with lemon wedges.

Serves 4

Lobster Thermidor

two 1½ lb. lobsters, cooked
½ pint milk
1 small onion
few cloves
1 bayleaf
1 oz. butter
2 tablespoons plain flour
extra 1 oz. butter
2 shallots
½ cup white wine
½ pint cream
salt, pepper
½ teaspoon prepared mustard
4 oz. gruyere cheese

Cut lobsters in half; remove meat, reserve shells. combine milk with sliced onion, cloves, and bayleaf. Bring to boil; strain, reserve liquid. Melt butter in pan, stir in flour and cook a few minutes without browning. Gradually stir in hot milk. Cook, stirring, until mixture boils and thickens; set aside. Melt extra butter in pan, add shallots, and cook a few minutes. Add wine, reduce over high heat to half quantity; add the white sauce and cream. Season to taste with salt, pepper and mustard. Cook gently, stirring, about 5 to 8 minutes.

Stir in 3 oz. of the grated cheese. Stir until melted, add chopped lobster meat. Fill mixture into lobster shells, sprinkle with remaining cheese, and brown under hot griller, or in hot oven.

Serves 4

Lobster Newburg

two 1½ lb. lobsters, cooked
2 oz. butter
¼ cup brandy
½ cup madeira
¼ pint cream
2 egg-yolks
salt, pepper

Cut lobsters in half; remove flesh, cut into pieces. Melt butter in pan, add lobster meat, and saute a few minutes; add brandy, set alight. Allow flame to die out, add madeira. Simmer a few minutes, then add cream, reserving 2 tablespoons. Simmer until reduced slightly. Season with salt and pepper, remove from heat and add beaten egg-yolks mixed with reserved cream. Heat gently, stirring, until mixture thickens slightly (do not allow to boil). Serve with triangles of hot buttered toast.

Serves 4

Prawn Cocktail

1½ lb. prawns
lettuce
lemon slices

Cocktail Sauce

2 tablespoons tomato sauce
1 dessertspoon worcestershire sauce
1 dessertspoon white vinegar
few drops tabasco sauce
salt to taste
½ teaspoon mustard
2 tablespoons lightly whipped cream

Shell prawns, reserving 6 large ones for garnishing. Shred lettuce; arrange layer of lettuce in each serving dish. Top with prawns, spoon over cocktail sauce. Garnish side of each dish with lemon slice and reserved prawns.

Cocktail Sauce: Combine all ingredients except whipped cream, mix well. Fold in whipped cream.

Serves 6

Prawn Cocktail, topped with a well-seasoned sauce, makes an excellent first course.

To Cook Prawns

Drop green (uncooked) prawns into boiling salted water; they will turn pink and float to the surface when cooked. If catching them fresh, drop into fresh water first for 15 minutes so that all sand in the prawns is disgorged.

Green prawns can also be sauteed, braised, fried, and used in many Chinese or continental recipes.

Curried Prawns

1 lb. prawns
1½ cups chicken stock
½ cup white wine
4 oz. coconut
3 onions
1 apple
4 sticks celery
2 tablespoons oil
½ teaspoon ground ginger
½ teaspoon turmeric
1 tablespoon curry powder
¼ teaspoon cayenne pepper
½ teaspoon salt
pinch cinnamon
3 tomatoes
6 peppercorns
2 bayleaves
juice ½ lemon
1 tablespoon red currant jelly
1 dessertspoon cornflour
3 tablespoons water

Bring stock to boil, pour over coconut, cover, and stand 15 minutes. Then drain, reserving liquid. Slice onions and celery, dice apple, chop tomatoes.

Heat oil, fry onions until lightly brown. Add celery, apple, and tomatoes, cook further 5 minutes. Add curry powder, spices, salt, peppercorns and bayleaves. Pour on reserved coconut stock and wine. Cover, simmer 45 minutes. Sieve curry sauce, pressing as much of the vegetables through as possible. Add lemon juice and red currant jelly.

Blend cornflour with water, add to sauce. Bring to boil, stirring constantly; boil 2 minutes. Add shelled prawns, heat through. Serve with hot rice.

Serves 4

Garlic Prawns

5 green king prawns
4 cloves garlic
1 small chilli
2 tablespoons olive oil or butter

NOTE: Use this quantity for each serving.

Shell prawns and place in small ovenproof dish. Add crushed or chopped garlic, chopped chilli, butter or oil. Bake in moderately hot oven until prawns are cooked. Serve at once.

Oysters Natural

Arrange oysters on the shell on bed of lettuce or ice, with small individual servings of cocktail sauce (see Oyster Cocktail). Serve with lemon wedges and small triangles of buttered brown bread.

Oysters Bordelaise

Moisten the oysters on the half-shell with a little red wine, flavoured with salt, paprika, and chopped shallots. Then sprinkle with fine breadcrumbs and melted butter; bake in hot oven.

Fried Oysters

2 dozen oysters
1 egg
1 dessertspoon milk
breadcrumbs
seasoned flour
oil

Beat egg with milk. Dip oysters in seasoned flour, egg mixture, then in breadcrumbs. Drop into hot oil and cook for few minutes until golden brown; drain well. Garnish with fried parsley and serve with tartare sauce.

Fried Parsley

Choose good-sized sprigs of parsley. Wash and dry thoroughly. (If the parsley is at all damp, the oil will splutter.) Place sprigs in frying-basket, lower slowly into hot oil. When sizzling noise from parsley ceases, remove basket and drain parsley on absorbent paper. If parsley is fried too long it will lose its colour.

Oyster Cocktail

2 dozen oysters
4 tablespoons tomato sauce
1 tablespoon lemon juice
1 dessertspoon worcestershire sauce
1 teaspoon white wine vinegar

Arrange oysters in 4 small, stemmed glasses. Combine all remaining ingredients, spoon over oysters. Serve with lemon wedges.

Oysters Czarina

Top each oyster on the half-shell with a teaspoon of caviar and squeeze of lemon juice. Sprinkle with pepper, garnish with lemon wedges.

Oysters Mornay

Coat oysters on the shell with Mornay Sauce, sprinkle with a little grated cheese and melted butter. Place under griller until cheese browns, or heat in hot oven.

Oysters Rockefeller

Cover oysters on the half-shell with mixture of finely chopped, cooked spinach and onion. Top with fine breadcrumbs and grated cheese. Brown in hot oven.

Oysters Kilpatrick

Season oysters on the half-shell with a little worcestershire sauce, salt and pepper. Cover oysters with 1 or 2 small strips of bacon. Heat in hot oven, or place under griller, until bacon is crisp.

To Cook Scallops

Scallops must never be overcooked. Always dry scallops thoroughly before they are to be sauteed or fried. When frying or sauteing scallops, allow between 3 to 5 minutes. Never boil scallops, but poach them gently in well-flavoured stock for 4 minutes, then use as recipe requires.

Fried Scallops

- ¼ cup lemon juice
- 1 tablespoon oil
- 1 teaspoon salt
- ½ teaspoon paprika
- 2 tablespoons finely chopped parsley
- 1½ lb. scallops
- 2 eggs
- 1 cup dry breadcrumbs
- 2 tablespoons grated parmesan cheese
- oil for frying
- lemon wedges

Combine lemon juice, oil, salt, paprika and parsley in bowl. Add scallops, let stand 1 hour; turn several times while marinating; drain. Beat eggs well. Toss breadcrumbs with grated cheese. Dip each scallop first in beaten eggs, then in crumb mixture. Deep fry in hot oil 4 minutes, or until golden brown. Drain on absorbent paper, serve immediately; garnish with lemon wedges.

Serves 4

Scallops in Cream Sauce

- 1½ lb. scallops
- 1½ cups dry white wine
- 2 oz. butter
- 4 oz. mushrooms
- 6 shallots
- 2 tablespoons flour
- 1 teaspoon curry powder
- 2 teaspoons chopped parsley
- salt, pepper
- ¾ cup cream
- fresh breadcrumbs
- extra butter

Bring wine to boil in saucepan, drop in scallops; reduce heat, simmer 3 minutes. Set aside, reserving liquid. Melt butter in separate saucepan, add chopped shallots and sliced mushrooms; saute 5 minutes. Then add parsley, salt and pepper. Remove from heat, stir in combined curry powder and flour, cook a few minutes; off heat, gradually add 1½ cups of the liquid in which scallops were cooked. Return to heat, stir sauce until it boils and thickens. Add scallops and cream to pan.

Spoon into greased individual dishes. Melt a little butter in saucepan, add breadcrumbs, saute ½ minute. Sprinkle breadcrumbs over filled dishes. Brown 5 to 8 minutes in moderately hot oven or under moderate griller.

Serves 5 to 6

To Cook Mussels

Discard any mussels which have shells open. Scrape mussel shells clean with a knife. Then place on griller rack in pan and cook under a pre-heated griller. Remove mussels from heat as soon as they open. Or place the mussels in water and bring to boil, when shells should open. Use as desired.

Only mussels found at the bottom of the sea are edible, say fish experts. It is not advisable to eat mussels found on wharfs or rocks.

Mussels Marinière

- 24 mussels
- 3 shallots
- 1 cup dry white wine
- 2 oz. butter
- 1½ tablespoons flour
- 1 tablespoon chopped parsley
- salt, pepper
- ¼ cup cream

Scrub mussels well and wash them in running water. Place in saucepan with finely chopped shallots and white wine. Cover, boil gently 5 to 6 minutes or until mussels open; drain, reserving liquid. Remove one shell from each mussel, leaving the meat attached to the other shell. Place mussels on to serving dish.

Reduce liquid in pan by half over high heat. Cream together butter and flour, add to liquid in pan. Simmer until butter has melted, stirring constantly. Add chopped parsley; season to taste with salt and pepper. Stir in cream, heat through. Spoon over mussels.

Serves 3 to 4

To Cook Abalone

Abalone, when removed from its shell, resembles a large oyster. It is very tough and rubbery, and must be thoroughly pounded before cooking. Take a rolling pin, pound around the tough outer edge of abalone. The hard centre core—which resists even the toughest pounding—can be cut out.

Then cut abalone into slices, cook in hot butter about 3 minutes on one side, turn and cook other side for the same time. Add a squeeze of lemon juice to the pan.

MEAT

Beef

Rare, medium or well-done—whichever way you like your beef cooked, there's an art in cooking it to perfection. There are recipes here for many of the classic beef dishes of the world—each with its own individual, superb taste.

Set out below is an informative list of all the beef cuts, with suggested methods of cooking

Cuts of Beef

Aitch-Bone Piece cut from butt or thigh of beef animal. Can be bought pickled or fresh. 3 to 4 lb. Very little fat, full and meaty; if pickled, fresh-cut surface is bright pink. Simmer (if pickled), pot-roast (if fresh), roast (if yearling beef).

Barbecue Steak Good-quality steak cut from middle portion of beef carcass. 2 to 4 slices per lb. Selvedge (edge) fat about $\frac{1}{4}$ in. thick, creamy-yellow colour; specks of fat scattered throughout flesh. Barbecue, grill.

Bladebone Steak Cut from shoulder of beef animal. 2 slices per lb. Meat should be red in colour, with fine grain; fat creamy-white, firm, not oily. Grill, fry (yearling beef), otherwise casserole, braise.

Bolar Blade Piece cut from shoulder of beef animal, sold fresh or pickled. 3 to 4 lb. See Bladebone Steak. Pot-roast (if fresh), simmer (if pickled), roast (yearling beef).

Braising Steak Steaks cut from fore or hind end of beef animal. $1\frac{1}{2}$ to 2 slices per lb. See Bladebone Steak. Braise.

Breakfast Steak (Sold packaged in some States.) Small, thin pieces of steak cut from hind part (rump) of beef animal. 2 to 4 slices per lb. See Barbecue Steak. Fry, grill.

Brisket (corn roll) Breast portion cut from beef animal; usually pickled and rolled. 3 to 4 lb. Outer surface is moist; not too much fat; when freshly cut, meat is bright red. Simmer.

Buttock Cut from thigh of beef animal; sold in the piece or as steaks. 3 to 4 lb. or $1\frac{1}{2}$ to 2 slices per lb. See Bladebone Steak. Fry, barbecue, grill (yearling beef); otherwise braise, casserole; pot-roast (in the piece).

Carpetbag Steak Seen on restaurant menus, is not used in butchers' shops. Can be thick piece of rump, fillet, boned sirloin, or scotch fillet steak, into which pocket is cut; oysters are filled into pocket. Grill or pan-fry.

Chuck Steak Cut from neck of beef animal. 1 to 2 slices per lb. Flesh is firm, with coarse grain; red colour, little fat. Braise, stew.

Club Steak (Sold in some States.) Cut from loin or adjacent ribs of beef animal; may or may not contain bone. 1 lb. each. See Barbecue Steak. Grill.

Corned Beef See Silverside and Brisket.

Corner Cut (topside). Firm, meaty piece cut from thigh of beef animal. 3 to 4 lb. Flesh is firm with coarse grain; some surrounding fat. Roast or pot-roast.

Cross Cut Blade (bone in or bone out) Steak cut from shoulder of beef animal. $1\frac{1}{2}$ to 2 slices per lb. See Bladebone Steak.

Cube Steak Small pieces of steak put through cubing machine; fibres are broken; steak is flattened and made thin. 4 to 6 slices per lb. Should be thin for quick cooking; red colour. Fry, grill.

Entrecote Seen on restaurant menus, is not used in butchers' shops. Entrecote is a boned-out sirloin steak.

Eye Fillet Steak Long thin piece of oval-shaped steak from inside loin of beef animal. 4 slices per lb. Small round slice of meat; little fat; very tender. Grill, pan-fry.

Boeuf à la Bourguignonne — rich-tasting beef casserole with wine and mushrooms.

Fillet (beef) Small, tender piece of meat, generally 2 to $3\frac{1}{2}$ lb. Roast.

Fillet Steak This steak, situated beneath the rump steak, is extension of eye fillet steak. 3 slices per lb. Not so small and round as eye fillet but otherwise similar. Grill, barbecue.

Gravy Beef (shin beef) From fore and hind leg of beef animal. Is rich in gelatine. No fat; flesh dark red, with white fibres. Simmer.

Mignon (or Filet Mignon) Seen on restaurant menus, it is not used in butchers' shops. Is small piece of fillet steak trimmed to round shape.

Minute Steak Any good grilling steak cut thinly or cubed. (See Cube Steak.) 4 to 6 slices per lb. Fry, grill. (Thinly cut, cooks quickly.)

New York Cut (available some States) Rump Steak with tail end trimmed off. Grill or pan-fry.

Oxtail From beef. $1\frac{1}{2}$ to 2 lb. Some fat. Stew.

Oyster Blade Steak Cut from shoulder of beef animal. 2 to 3 slices per lb. See Bladebone Steak. Grill, fry.

Pocket Steak Firm, meaty piece (such as corner topside) cut from fore or hind portions of beef animal; pocket is cut in steak for seasoning. 3 to 4 lb. See Corner Cut.

Porterhouse Steak First three to four cuts from rump end of sirloin, which contains the full eye fillet; steaks are cut very thick. Creamy-white fat; ample meat; flesh red in colour. Grill or pan-fry.

Roast Beef (rolled) Roll of beef from middle portion of carcass; firmly secured with skewers and/or string. Light covering of creamy-coloured fat; specks of fat in the lean of flesh; red colour. Roast. Other Beef Roasts available are:
Wing Rib: Cut from loin of beef, sometimes sold with bone in.
Sirloin Roast: Very tender.
Standing Rib Roast: Meaty piece cut from ribs; has bone in.
Chuck Roast: Boned and rolled piece cut from beneath blade or shoulder of yearling beef animal. 3 to 4 lb. Flesh firm, pinkish colour, very little fat. Pot-roast.

Roll of Blade (or Blade Roll or Shepherd's Tongue) Long narrow, tapered piece of meat cut from shoulder of beef animal. Flesh firm; red colour, no fat. Grill, pan-fry, pot-roast if in the piece.

Round Steak Slices of steak cut from thigh of beef animal. 1 to $1\frac{1}{2}$ slices per lb. Some fat; ample meat; flesh red in colour. See Buttock.

Rump Steak Slices of steak cut from hind part (rump) of beef animal. 1 to $1\frac{1}{2}$ slices per lb. Even selvedge of straw-coloured fat; ample meat. Barbecue, grill, pan-fry.

Scotch Fillet (cube roll) Small oval slices of steak cut from 'eye' of ribs of beef animal. Approximately 2 to 3 slices per lb. No selvedge fat; marbling of fat in flesh. Grill, fry.

Shell Blade Tip of Oyster Blade Steak (see this). 3 to 4 slices per lb. No fat. Grill, fry.

Silverside (corned round) Portion of meat from thigh of beef animal; sold fresh or pickled. 3 to 5 lb. Small amount of fat. Simmer (if pickled); braise, pot-roast (if fresh).

Sirloin Steak Steak cut from loin, with bone in or out; creamy selvedge of fat. Grill, pan-fry. Sirloin roast also obtainable (see Roast Beef).

Skirt Steak (or Flank Steak) Cut from inside fore and hind parts of beef animal. No fat; flesh is firm and fibrous. Stew, casserole.

Steakettes Small pieces of steak put through mincer-type machine which processes and shapes them; seasoning is added. 4 to 6 per lb. Meat reddish colour. Fry.

Stewing Steak Cut from either hind or fore parts of beef animal. 1 to $1\frac{1}{2}$ slices per lb. Very little fat; meat has coarse grain. Stew.

T-Bone Steak Cut from loin of beef, bone in. Selvedge fat is straw-coloured; specks of fat in flesh; flesh red; bone T-shaped. Barbecue, grill, pan-fry. Sometimes sold complete with the fillet.

Thick Flank Steak See Buttock Steak.

Topside Steak Cut from hindquarters of beef. Use in casseroles, braise; if from yearling beef, grill or pan-fry. Also available as Corner Cut. (See this.)

Tournedos Seen on restaurant menus, it is not used in butchers' shops. Is small, thick piece of fillet steak trimmed to round shape.

Tripe (plain, honeycomb). Part of stomach of beef animal, cleaned and par-cooked. Simmer.

Undercut of Fillet Part of the fillet steak situated beneath rump steak. See Fillet Steak.

Undercut of Blade Tender slice of steak cut from beneath bladebone. Grill or pan-fry.

Roast Beef

Remove beef from refrigerator and let it stand at room temperature an hour or two before roasting.

Grind some fresh pepper over top of roast. Dot with about 2 oz. butter. Put into baking dish with 2 oz. butter and 2 tablespoons red wine or water.

Bake in moderately hot oven 15 minutes, reduce temperature to moderate for remainder of cooking time. Turn roast over once during cooking time. Allow approximately 20 to 30 minutes per lb. cooking time, depending on thickness of roast and whether you like beef rare, medium, or well done. When roast is cooked, remove to warm serving plate; let stand 10 minutes to set juices.

Season pan juices with salt and pepper. For a greater amount of gravy, add 1 or 2 tablespoons of red wine and water. Stir over low heat to incorporate all the crusty pieces from the pan. Add the juices which run off the roast while it is standing. Strain, serve over the carved beef slices.

Some cooks add ½ lb. skirt steak, cut very finely, to the baking dish when cooking roast beef. This steak adds excellent flavour to the pan juices.

Horseradish sauce or mustard are traditional accompaniments. So, too, is a light Yorkshire Pudding.

Roast Fillet of Beef

1 whole fillet of beef (2 to 3 lb.)	freshly ground pepper
4 oz. melted butter	salt
	little water

Trim all fat from meat, sprinkle with pepper. Place in baking dish, pour over melted butter. Roast in hot oven until meat is brown and sizzling, then reduce heat to moderate, continue cooking until done to taste. Allow 10 minutes per lb. for rare meat and 20 minutes per lb. for medium; allow a little longer for well done. Remove cooked fillet to serving dish; keep warm. Boil up pan juices, adding little water, salt, and pepper. Slice meat thickly, spoon over pan juices.

Serves 4 to 6

Beef Wellington

2½ lb. fillet of beef	¼ lb. mushrooms
4 oz. butter	1 lb. puff pastry
2 oz. pâté de foie gras	salt, pepper
1 small onion	1 egg-yolk

Spread beef with 1 oz. of the softened butter, bake in hot oven 10 to 15 minutes, or until the fillet is browned well all over. Remove from oven, allow to cool completely; reserve pan juices.

Chop onion finely, slice mushrooms. Saute in 1 oz. butter until tender.

Combine remaining 2 oz. softened butter with the pate, season lightly with salt and pepper. Spread over top of the beef fillet, top with cooled onion and mushroom mixture.

Roll out puff pastry to ⅛ in. thickness. Place beef fillet in centre and wrap pastry round it; press edges neatly and firmly together. Make sure any overlapping edges of pastry are not too thick, or pastry will not rise well and will not cook through. Place pastry-wrapped fillet in baking dish, brush with beaten egg-yolk. Bake in very hot oven 10 minutes; reduce heat to hot, cook further 10 to 15 minutes, or until pastry is rich golden brown.

To the reserved pan juices add 1 cup stock (or 1 cup water and 1 crumbled beef-stock cube) and 1 tablespoon red wine. Cook over high heat until sauce is slightly reduced; strain. Cut fillet into thick slices, spoon sauce over.

NOTE: Pate de foie gras can be bought in small cans, or loose in bulk from delicatessen counters of most large department stores.

Steak with Red Wine

4 thick pieces fillet steak	salt, pepper
butter	extra 2 oz. butter
½ pint red wine	juice ½ lemon
4 shallots	parsley

Saute steaks in hot butter until cooked according to taste. Meanwhile, combine in saucepan the wine and the finely chopped shallots; cook over high heat until reduced by half, add pinch salt, some freshly ground pepper, extra butter, lemon juice, finely chopped parsley, and pan juices from the steaks. Cook over high heat, whisking all the time, until the sauce is hot and bubbling. Arrange steaks on heated serving dish, pour over the wine sauce. Serve with hot baked potato and green salad.

Serves 4

Steak Kebabs

2 lb. rump steak	1 green pepper
2 medium onions	4 medium mushrooms
1 red pepper	marinade

Remove fat from meat, cut into 1½ in. cubes. Combine ingredients for marinade, add steak, and stir until well mixed. Cover and refrigerate overnight; stir occasionally to mix thoroughly.

Peel onions, cut in halves; remove centre portion. Wash peppers, slice in half, remove seeds, and cut flesh into 1½ in. squares. Remove stalks from mushrooms and peel.

Thread vegetables and meat on skewers as follows: First, onion, then meat, green pepper, meat, red pepper, meat. Lastly, top with mushroom cap. Cook under heated griller, turning frequently and brushing with remaining marinade or melted butter until done to taste. Serve on hot Saffron Rice, and accompany with broccoli or other green vegetable.

Serves 4

Soy Sauce Marinade

1 tablespoon oil
3 tablespoons red wine
1 tablespoon lemon juice
1 tablespoon soy sauce
1 clove crushed garlic
pinch mustard
pinch ground thyme
1 small chopped onion
salt, pepper

Combine all ingredients, add the cubed steak, cover, and let stand overnight.

Beef Stroganoff

2 lb. rump or fillet steak
½ lb. mushrooms
1 onion
½ cup sour cream
1 teaspoon salt
pepper
1 oz. butter

Cut meat into thinnest possible strips, about ½ in. by 2 in. Melt butter in pan and fry chopped onion, add meat, and continue to cook until almost done. Add the sliced mushrooms and fry until meat is tender. Pour in sour cream, season to taste, and heat through gently.

Serves 4 to 6

Carpetbag Steak

1 piece rump steak
1½ dozen oysters
salt, pepper
butter

Ask butcher to cut the steak about 2½ in. thick, weighing about 2 lb. Make pocket in steak with sharp knife, dust pocket with salt and pepper. Stuff oysters into the pocket (a little lemon juice can be squeezed over them first, if desired); fasten pocket together with small skewers.

Grill steak to desired doneness, or pan-fry in butter. Cut into serving pieces. Transfer to hot dish, season with salt and pepper, dot with butter.

Serves 4

Steak Diane

8 to 10 oz. fillet steak
3 oz. butter
1 tablespoon worcestershire sauce
freshly ground pepper
little crushed garlic
1 tablespoon chopped parsley

Ask butcher to cut steak 1 in. thick, then pound steak until it is quite thin. Season each side lightly with freshly ground pepper. Put butter into pan; when sizzling, add steak. While cooking on one side, rub garlic into top of steak with wooden spoon; turn steak over. Add worcestershire sauce to pan, swirl steak round in the pan juices. When cooked to desired doneness, sprinkle with chopped parsley, transfer to heated plate.

A tablespoon of cream can be stirred into the sauce to soften the characteristic 'sharpness' of the sauce.

Makes one serving

Steak au Poivre

4 pieces rump, sirloin, or fillet steak
2 tablespoons black peppercorns
2 oz. butter
1 dessertspoon oil
¾ cup dry white wine
1 dessertspoon brandy or sherry
1 dessertspoon butter

Coarsely crush the peppercorns, using rolling pin or mortar and pestle. You may need more peppercorns, depending on size of steaks. Press the crushed pepper into the steak, on both sides, or pound in with flat side of cleaver. Let stand 1 hour to absorb the pepper flavour.

Heat butter and oil in pan, add steaks, cook quickly on both sides to seal in juices. Then cook to desired doneness. Remove steaks to hot serving plates. Stir into pan the wine and brandy. Bring to boil, scraping the pan. Remove from heat, stir in extra butter. Strain over steaks.

Serves 4

Tournedos

Tournedos are small, uniform slices of fillet, about 1 to 1½ in. thick. There are nearly 500 different versions; each is named according to the individual garnishings which accompany it.

Simple rules for cooking tournedos:

□ If necessary, trim or shape tournedos into a round, then tie or secure with small cocktail stick.

□ If they are to be grilled, brush them generously with melted butter or oil.

□ If they are to be sauteed, add enough butter to cover, when melted, the base of a heavy pan; then add 1 tablespoon of oil.

□ Start cooking over high heat, then reduce heat to moderate and cook to desired degree of doneness. ☛

Tournedos are small pieces of fillet steak topped with a rich sauce; shown here are Tournedos Nicoise and, at back, Tournedos Chasseur.

Remove cocktail stick. Serve at once on hot plate, accompanied by the chosen garnishing.

The tournedos is often raised up on the plate by means of a toasted or fried bread round; or hot pilaf rice can be used beneath the steak. These are to absorb the rich steak juices.

Tournedos Chasseur

4 thick slices fillet steak
4 thick slices white bread
oil and butter for frying

Sauce

½ lb. mushrooms
1 oz. butter
1 tablespoon oil
2 to 3 shallots
salt, pepper
¼ pint stock
1 tablespoon tomato paste
2 tablespoons madeira
1 dessertspoon cornflour
1 tablespoon chopped parsley

Trim steaks, remove crusts from bread, and cut into rounds. Heat some oil and butter in pan, fry bread until crisp and lightly browned on both sides. Keep warm in oven.

Saute steaks in oil and butter until brown on both sides, lower heat, and continue cooking until done as desired. Remove steaks from pan, season with salt and pepper. Place on top of fried bread, keep warm in oven until sauce is made.

Pour off excess fat from frying pan, pour in stock and tomato paste. Boil rapidly, stirring in all the brownings and pan juices. In another pan heat butter and oil, saute the sliced mushrooms 5 minutes over low heat. Add finely chopped shallots, season, and cook further 1 minute; set aside. Blend cornflour with madeira, stir into sauce, boil 1 minute. Add mushroom mixture, cook a few minutes more. Taste and adjust seasonings. Pour sauce over tournedos, sprinkle with chopped parsley.

Serves 4

Tournedos Nicoise: Prepare and cook steaks as above, top with Tomato Concasse (see page 112).

Chateaubriand

This is a thick slice of steak cut from choicest part of fillet of beef—the 'eye' of the fillet. It is at its best when underdone, and is cooked in one piece, then sliced for serving.

Here is a simple but delicious way to serve Chateaubriand.

Chateaubriand steak
1 cup dry white wine
2 oz. butter
pepper
Sauce Chateaubriand

Steak should weigh about 1½ to 2 lb. Heat butter in pan. Season meat with pepper, add to pan and brown quickly on all sides. Allow approximately 10 minutes cooking time per pound for rare meat, slightly more for medium-rare. Cooking time, of course, depends on thickness of steak.

When done, remove from pan, keep warm. Drain butter from pan, pour in the wine. Boil rapidly until reduced by two-thirds, stirring to collect any pan juices. Also add any juice which may have run from the fillet while being kept hot. This liquid forms the basis of the Sauce Chateaubriand.

To serve: Slice Chateaubriand thickly, place on hot serving dish. Spoon prepared Sauce Chateaubriand over. Serve with Pommes Parisienne.

Sauce Chateaubriand

2 shallots
1 teaspoon chopped parsley
1 oz. butter
1 teaspoon chopped fresh tarragon
prepared pan juices

Chop shallots finely. Melt half the butter in small saucepan, add shallots. Cook until softened, then add prepared pan juices. Cook few minutes, remove from heat, swirl in remaining butter. Stir gently; as butter melts, the sauce will thicken. Add tarragon and parsley.

Pommes Parisienne

Press potato baller into raw potato, twist, turn, scoop out potato ball. Parboil 3 minutes, drain well. Fry in hot butter, shaking pan occasionally, until golden. Alternatively, the parboiled potato balls can be deep-fried.

Beef Goulash

1½ lb. round steak
1 onion
½ red pepper
3 tomatoes
1 tablespoon oil
½ cup seasoned flour
3 teaspoons paprika
2 cups water
2 beef stock cubes
salt, pepper

Trim meat, cut into 1 in. cubes, chop onion, seed and slice pepper, peel and chop tomatoes.

Heat oil in large saucepan, add onion and pepper, saute until tender, add paprika. Toss meat in seasoned flour, add gradually to pan, cook until well browned. Drain off any surplus fat. Add tomatoes and water in which stock cubes have been dissolved, season with salt and pepper, bring to boil, cover, reduce heat, simmer 1½ hours, or until meat is tender.

Serves 4

Steak Sate

2 lb. rump steak
½ cup oil
¼ cup soy sauce
2 large onions
1 clove garlic
1 dessertspoon lemon juice
1 teaspoon cumin
1 tablespoon sesame seeds

In bowl combine oil, soy sauce, grated onion, crushed garlic, lemon juice and cumin. Cut steak into 1 in. cubes and add to marinade; stir well and marinate approximately 1 hour. Using rolling pin, crush sesame seeds to a pulp; add to meat and marinade, leave to stand further 1 hour. Thread meat on skewers and grill lightly, turning occasionally and brushing with marinade.

Serves 4 to 6

Beef Steak Tartar

4 to 6 oz. fillet steak
1 egg-yolk
1 dessertspoon finely chopped or grated onion
1 dessertspoon capers

Scrape or mince meat, removing any fat. Shape into patty shape, top with egg-yolk. Place onion and capers at side of steak (or they can be mixed into the meat). Have a pepper grinder so that fresh pepper can be ground over the meat. Serve with hot buttered toast or pumpernickel bread.

Gherkins, anchovy fillets, horseradish can be additional seasonings.

Serves 1.

NOTE: Steak Tartar also makes a good, unusual appetiser. Combine all the ingredients, spread on buttered toast, top with a little caviar.

Steak Normandy

2 lb. chuck steak
3 onions
1 clove garlic
2 to 3 rashers bacon
2 tablespoons flour
1 tablespoon worcestershire sauce
1 dessertspoon sugar
2 tablespoons tomato sauce or purée
2 tablespoons vinegar
bouquet garni
½ cup stock
salt, pepper

Cut steak into 1 in. squares, coat with mixture of combined sugar and flour. Line ovenproof dish with 2 of the peeled and sliced onions, sprinkle with finely chopped garlic. Place meat on top, pour sauces, vinegar and stock over. Let stand several hours. Top with bacon strips (with rind removed) and remaining onion cut into rings. Season with salt and pepper, add bouquet garni. Cover, bake in moderate oven 2 to 2½ hours. Remove cover for last 20 minutes of cooking time to crisp bacon and onion topping.

Serves 4 to 6

Boeuf à la Bourguignonne

2 to 3 lb. topside or round steak
2 oz. butter
12 baby onions
2 oz. bacon
¼ lb. mushrooms
pinch sugar
2 teaspoons flour
1 cup dry red wine
stock
salt, freshly ground black pepper
bouquet garni
chopped parsley

Cut meat into large cubes, brown on all sides in heated butter. Remove meat, add onions, diced bacon and quartered mushrooms to remaining fat together with sugar, brown slowly. Remove vegetables and bacon, sprinkle in flour, cook slowly until brown. Pour wine into flour mixture, bring to boil, stirring constantly. Put in browned meat; add sufficient stock to cover. Season to taste, add bouquet garni.

Cover tightly, cook in slow oven or on top of stove approximately 1 hour. Then add onions, mushrooms, and bacon, continue cooking until meat is tender. Thicken, if necessary with a little blended flour. Sprinkle with chopped parsley before serving.

Serves 6 to 8

Steak and Kidney Pie

2 sheep's kidneys or piece of ox kidney
2 lb. round or topside steak
2 onions
1¾ pints beef stock or water
½ bayleaf
1 lb. flaky or puff pastry
egg-yolk for glazing

Skin core, and dice kidneys, cut steak into 1 in. cubes. Put into saucepan. Add stock, bayleaf and chopped onions, and simmer, covered, 1 to 1½ hours or until meat is tender. Adjust seasoning. Thicken with a little blended flour. Pour into pie dish.

If you want a rich dark colour in the gravy, add 1 dessertspoon soy sauce.

Roll out pastry to an oblong just larger than pie dish. Cut thin strips from ends and fit round moistened edge of dish. Brush pastry rim with water and place remaining pastry on top of pie. Press edges together, trim off excess pastry, using sharp knife. Make 2 slits in centre to allow steam to escape. Glaze with beaten egg-yolk. Stand dish on baking tray, bake in hot oven 20 to 25 minutes. Reduce

☛

heat to moderately hot, bake further 25 to 30 minutes or until pastry is golden brown.

Serves 6

Carbonnade of Beef

3 lb. chuck or round steak
2 oz. butter
2 large onions
2 tablespoons flour
1 clove garlic
1 pint beer
1 pint hot water
bouquet garni
salt, pepper
pinch each nutmeg and sugar
6 to 8 pieces bread about 2 in. square (crusts removed) or use slices french bread
french mustard

Cut meat into large cubes, brown in butter. Set aside; brown sliced onions in pan. Add flour, cook slowly until brown; then add crushed garlic, beer and water. Bring to the boil, add seasonings and herbs. Put in meat, turn into ovenproof casserole. Cover, cook in moderate oven until meat is tender, about 2 hours. Skim off surface fat. Spread bread squares lightly with french mustard and place on top of casserole, pushing bread down to ensure it is well soaked with gravy. Return to oven and cook, uncovered, further 10 to 15 minutes or until bread crisps on top.

Serves 6 to 8

Corned Beef

If meat is very salty, wash well, then soak in cold water 2 to 3 hours. Then place in large saucepan with sufficient hot water to cover. Add onion stuck with cloves, few peppercorns, bayleaf, and quartered carrot. A little brown sugar and dash of vinegar can also be added. Bring slowly to boiling point, then reduce heat until liquid is simmering. Skim well, cover, simmer until tender, allowing approximately 40 minutes per lb.

Serve hot with potatoes, baby carrots, and a green vegetable. Spoon Onion or Parsley Sauce over beef slices.

Tangy Sweet Curry

2 lb. chuck steak
2 large carrots
4 sticks celery
1 large onion
1 teaspoon salt
1 dessertspoon curry powder
1 tablespoon golden syrup
juice ½ lemon
2 tablespoons flour
1 cooking apple
10 oz. can tomato soup
1 cup water

Trim steak and cut into 1 in. pieces, place in a large saucepan. Dice celery, peel and chop onion, carrot and apple, add to meat. Blend flour, curry powder and salt with golden syrup and lemon juice. Add to meat and vegetables with tomato soup and water; mix well. Cover, simmer gently 2 hours or until meat is tender. Serve with hot rice.

Serves 6

Easy Sukiyaki

1½ lb. round steak
½ cup beef stock
1 teaspoon sugar
1 tablespoon soy sauce
2 tablespoons sherry
½ teaspoon salt
pepper to taste
2 tablespoons oil
1 onion
4 oz. mushrooms
½ cup sliced beans
½ bunch spinach
3 sticks celery
1 teaspoon arrowroot

Cut steak into very thin strips. In bowl, combine stock, sugar, soy sauce, sherry, salt and pepper, add meat; marinate 1 hour. Drain well, reserving marinade.

Slice beans, mushrooms, celery and spinach. Heat oil in large deep pan, saute meat and sliced onion 10 minutes, stirring occasionally. Add prepared vegetables, cook 5 minutes. Blend arrowroot in a little water; add reserved marinade and arrowroot to meat and vegetables, stir well, bring to boil, cook further 3 minutes.

Serves 4

Kofta Curry

Kofta Meat Balls

1½ lb. lean minced beef
½ cup shredded cabbage
pinch ground ginger
1 large onion
1 clove garlic
pinch ground cloves
1 green pepper
2 teaspoons curry powder
1 teaspoon lemon juice
salt
seasoned flour
oil for frying

Curry

2 oz. butter
2 onions
1 clove garlic
½ teaspoon ground ginger
½ teaspoon turmeric
1 tablespoon curry powder
¼ teaspoon cayenne pepper
pinch cinnamon
2 large tomatoes
1 small potato
15 oz. can pineapple pieces, drained
1½ cups coconut milk (see below)
salt

Meat Balls: Mince or finely chop onion, garlic and

Golden-crusted Steak and Kidney Pie — an old-fashioned favourite, just as popular today.

green pepper. Mix together cabbage, ginger, cloves, curry powder and meat. Season with salt and lemon juice; add minced ingredients. Roll into balls, dust with seasoned flour. Brown balls in hot oil. Drain, put aside.

Curry: Skin tomatoes, slice thickly. Heat butter in pan, add sliced onions and crushed garlic, saute until light brown in colour. Add ginger, turmeric, curry powder, cayenne and cinnamon. Stir well, cook 3 minutes. Add tomatoes, peeled potato and diced pineapple pieces. Cook gently 5 minutes, stirring constantly. Add coconut milk and salt to taste.

Add meat balls to sauce. Cover, simmer gently 15 to 20 minutes. Do not stir but shake pan lightly from time to time. Serve with hot fluffy rice.

Coconut Milk: Combine $\frac{1}{3}$ cup coconut and $1\frac{1}{2}$ cups water in saucepan. Bring slowly to boil. Remove from heat, let stand 10 minutes. Strain; pressing coconut with spoon to get as much flavour as possible into the liquid. Discard coconut.

Stuffed Vine Leaves

- 15 oz. can vine leaves (or use fresh cabbage leaves)
- 1 lb. minced steak
- ½ cup rice
- 2 onions
- ¼ cup chopped parsley
- 2 teaspoons salt
- pepper
- 15 oz. can mushroom soup

Rinse and drain the vine leaves (or blanch the cabbage leaves by cooking gently in boiling water 5 minutes). Combine the meat, rice, parsley, chopped onions, salt and pepper. Place a little in the centre of each leaf and fold into a neat parcel. If the leaves are small, put 2 together.

Arrange in casserole, pour over the mushroom soup. Bake, covered, in moderately slow oven $1\frac{1}{2}$ to 2 hours. Add a little water or stock to casserole, if necessary, during cooking.

Serves 4.

In place of the mushroom soup, a lightly lemon-flavoured tomato sauce can be poured over the stuffed leaves before baking. Then bake, covered, as above.

Lemon-Flavoured Tomato Sauce

- 1 dessertspoon oil
- 1 large onion
- 1 clove garlic
- 3 tomatoes
- salt, pepper
- 2 teaspoons lemon juice
- 1 cup stock

Heat oil, saute chopped onion and crushed garlic. Add skinned, chopped tomatoes, salt, pepper, lemon juice, and stock; simmer gently 10 minutes.

Chilli Con Carne

- 2 tablespoons oil
- 1 large onion
- 1 large clove garlic
- 1 lb. minced steak
- 1 green pepper
- 15 oz. can whole tomatoes
- 2 cups water
- 1 bayleaf
- ½ teaspoon chilli powder
- good pinch ground basil
- 1½ teaspoons salt
- pepper
- 10 oz. can kidney beans

Heat the oil in large saucepan, add chopped onion and crushed garlic, saute until golden brown. Add minced steak and chopped green pepper, continue cooking until meat changes colour. Add tomatoes, water, bayleaf, chilli powder, basil, salt and pepper, bring to boil; reduce heat, and simmer gently, uncovered, until sauce thickens (approximately $1\frac{1}{2}$ hours). Add undrained kidney beans and reheat.

Serves 4.

NOTE: The strength of chilli powders varies greatly. With some brands, $\frac{1}{2}$ teaspoon will be sufficient; with others, which may be milder, slightly more chilli powder can be used. Taste after an hour's cooking; add more chilli powder then, if necessary. Of course, a lot depends on how hot you like your Chilli.

Savoury Meatloaf

- 2 lb. minced hamburger steak
- 2 eggs
- 2 medium onions
- ½ cup tomato sauce
- 1 teaspoon oregano
- 1 tablespoon salt
- ½ teaspoon pepper

Brown Sauce:

- 2 oz. butter
- ¼ cup plain flour
- ¾ pint boiling water
- 1 chicken stock cube
- ¼ cup tomato sauce
- salt, pepper

Combine minced steak, eggs, chopped onions, tomato sauce, oregano, salt and pepper in mixing bowl. Blend well on electric mixer (this gives very fine texture to the meatloaf) or by hand. Form meat mixture into loaf shape. Place in greased shallow baking dish. Bake in moderately hot oven 50 minutes, brushing occasionally with pan drippings. Serve hot, sliced, with brown sauce spooned over.

Serves 6.

Brown Sauce: Melt butter in pan, stir in flour; cook until brown, stirring occasionally; do not allow flour to burn. Remove from heat, add boiling water in which stock cube has been dissolved, blend well. Return to heat, bring to boil, stirring; reduce heat, cook until smooth and thickened, stirring constantly. Stir in tomato sauce; season to taste with salt and pepper.

Indonesian Meatballs

- 1 lb. potatoes
- 1 lb. minced steak
- 1 small onion
- 2 cloves garlic
- 4 shallots
- ¼ teaspoon pepper
- 1 oz. butter
- 2 eggs, separated
- ¼ teaspoon nutmeg
- 1½ teaspoons salt
- oil for deep frying

Cook, drain, and mash potatoes. Melt butter in frying pan. Add finely chopped onion and crushed garlic. Simmer 3 to 4 minutes, then add minced steak, season with salt, pepper and nutmeg. Cook, stirring constantly. When meat is half cooked, add finely chopped shallots, including green tops. Remove from heat when meat is cooked.

In a bowl combine mashed potatoes with meat mixture and egg-yolks. Form mixture into small balls. Refrigerate 1 hour to firm. Beat egg-whites very lightly with fork in small bowl. Dip meat balls one at a time in egg-whites. Deep-fry in hot oil until golden brown. These can be prepared in advance and reheated for 10 minutes in moderate oven.

Makes approx. 4 dozen

Garlic Sausage

- ¼ lb. lean bacon pieces
- ½ lb. minced steak
- ¾ lb. sausage meat
- 2 cloves crushed garlic
- 2 beaten eggs
- 2 cups soft breadcrumbs
- 1 teaspoon salt
- ¼ teaspoon pepper

Put bacon pieces through mincer, or chop finely. Combine with remaining ingredients, mix well. Form mixture into thick sausage roll, approximately 8 in. long. Tie firmly in well-floured pudding cloth. Lower carefully into saucepan of boiling water, making sure sausage is well covered. Boil steadily, covered, 2½ hours. Remove from water, drain, and leave in cloth to cool. Refrigerate several hours or overnight. Remove cloth.

Makes approx. 2 lb. sausage

Savoury-Glazed Meatloaf

- 1½ lb. minced steak
- 1 cup soft breadcrumbs
- 1 teaspoon salt
- pepper
- 1 medium onion, chopped
- 1 egg, beaten
- 1 tablespoon worcestershire sauce
- 2 tablespoons tomato sauce
- 6 oz. can evaporated milk
- 1 dessertspoon dry mustard

Glaze

- ½ teaspoon dry mustard
- ¼ cup tomato sauce
- 1 tablespoon brown sugar

Combine ingredients for glaze, set aside. Mix together all remaining ingredients (mixture will be rather moist); press into greased 8 in. x 4 in. loaf tin, then turn upside down on to aluminium foil-lined oven tray, leaving tin still over loaf. Bake in moderate oven 15 minutes. Remove from oven, remove loaf tin. Brush meat-loaf well with glaze. (Do not replace loaf tin.) Return to oven, cook further 50 to 60 minutes.

Equally nice served hot with vegetables or cold with salads; good for sandwiches, too.

Serves 4

Beef Olives

- 2 lb. skirt steak
- 1 small, finely chopped onion
- 3 oz. butter
- 3 oz. fresh breadcrumbs
- 2 tablespoons chopped parsley
- ½ teaspoon dried thyme
- salt, pepper
- little milk
- 3 diced onions
- 3 diced carrots
- 1 small diced turnip
- 1 diced stick of celery
- ¾ pint beef stock
- bouquet garni
- 1 dessertspoon flour
- 1 dessertspoon butter, extra

Cut steak into thin slices about 2½ in. x 5 in.; mince or finely chop the trimmings. Heat 2 oz. butter in saucepan, saute chopped onions until transparent, without allowing them to brown.

Mix together the breadcrumbs, herbs, seasonings, minced or chopped meat, and sauteed onion, bind with a little milk. Spread layer of this mixture over each slice of meat. Roll up; tie with thin string. Heat 1 oz. butter or substitute in pan, add diced vegetables, cook till golden in colour. Pour over stock; return meat to pan with bouquet garni. Bring to boil, cover. Reduce heat.

Cook gently 1½ to 2 hours or until meat is tender. (Or place in casserole and cook, covered, in moderate oven.) Place meat on serving dish, remove string. Mix flour with the extra butter, pour gravy from pan over this mixture, blend together. Return to pan and bring to the boil, stirring. Adjust seasoning, remove bouquet garni. Pour gravy over meat.

Serves 4

Lamb

We're proud of the quality of our Australian lamb; young, tender, full of flavour. Here we tell you how to roast it to perfection, and use it in many different recipes.

Set out below are the various cuts of lamb

Cuts of Lamb and Veal

Barbecue Chops Thinly cut chops from forequarter of lamb. 3 to 4 chops per lb. Not over-fat; bone has pinkish tinge. Barbecue, grill.

Braising Chops Cut from forequarter or hind end of loin (chump), from young mutton or heavy lamb. 2 to 3 chops per lb. Should not be over-fat; flesh firm and pale red in colour; touch of pink colour in bone. Braise.

Breast or Forequarter Chops Cut from forequarter of lamb or young mutton. 2 to 3 per lb. Very meaty, some white fat, small round bone in each chop. Fry, grill, barbecue (lamb), braise, casserole (mutton).

Chump Chops (lamb, mutton). Cut from leg end of loin. 3 to 4 per lb. Very meaty, flesh pink, fat white and dry, small amount of bone. Grill, fry, barbecue.

Crown Roast Cut from rib ends of loin of lamb; formed into shape like a crown. Roast.

Cutlets (lamb, mutton) Rib chops with rib bones trimmed. 4 to 6 per lb. Bones pink, fat white, flesh red and firm. Grill, fry (after crumbing).

Cutlets (veal) In some States these are thin slices of veal cut from leg or shoulder of calf; no bone. 6 to 8 slices per lb. In other States they are veal chops, trimmed, cut from loin or rib.

Fillet (lamb, mutton, pork, veal) This is a half leg (chump or thick end). Approximate weight: Lamb 2 lb., mutton 3 lb., pork 4 lb., veal 3 lb.

Flap or Breast (lamb, mutton, veal) Piece cut from breast and flank of these carcasses. Roast or stew.

Forequarter (lamb, mutton) Cut from fore part of lamb or mutton. 3 to 5 lb. Flesh firm, bones pink. Can be sold boned and rolled. Roast.

Forequarter Chops (lamb, mutton) Cut from forequarters. 2 to 3 per lb. See Forequarter. Grill, barbecue, fry (lamb); stew, braise, casserole (mutton).

French Cutlets From lamb; all the backbone is removed. 6 per lb. See Cutlets.

Grilling Chops Best chops cut from loin of lamb or young mutton. 4 per lb. Flesh and bone pink in colour; fat firm and white; 'tail' of chop not too long. Grill, barbecue, pan-fry.

Haricot or Scrag Neck Chops Cut from neck of mutton or lamb. Not over-fat; ample meat. Stew.

Knuckle of Veal Part of the leg from forequarter of veal. Flesh pink colour. Simmer.

Lamb's Fry Liver from a lamb. 1 lb. or less. Firm; brown shiny surface. Fry, stew, braise.

Lamb Ham Leg of lamb which has been pickled and smoked. 4 to 5 lb. Not over-fat; brownish-yellow colour; smoky aroma. Simmer.

Leg Chops Large oval chops cut directly from leg (lamb and mutton). 2 per lb. White selvedge fat; meat pink to red in colour; small bone. Grill, fry.

Leg (lamb, mutton, pork, veal) Hind leg from one of these carcasses (for pork) 3 to 9 lb. Plump, little fat (lamb and mutton); no fat (veal); some fat, skin clean (pork). Roast if fresh; simmer if pickled.

Loin (lamb, mutton, pork, veal). This is cut from middle of carcass. (Chops come from here.) Roast.

Neck (lamb, mutton). A neck cut from these carcasses. Some fat; ample meat. Simmer, stew.

Rack of Lamb Two ribs of lamb joined (not cut through centre). Roast.

Rosettes of Lamb Chops cut from full neck of lamb. See Haricot Chops.

Saddle of Lamb Two loins of lamb joined (not cut through centre). Roast.

Shank Part of front leg from lamb or mutton. Simmer, roast.

Side of Lamb or Mutton A full side; two are obtained when carcass is split through backbone. Lamb 15 to 20 lb., mutton 20 to 25 lb. Lamb not over-fat; bones pink and soft. 'Lamb' strip branded down full side. Mutton (young), similar features of quality but not so pronounced; no strip brand.

Stewing Chops Mutton chops cut from forequarter or perhaps leg; ample meat. Stew.

Savoury Lamb — a colourful combination of vegetable and simple but subtle seasonings makes this the perfect family or party casserole.

Roast Lamb

Leg, forequarter, or shoulder of lamb, when roasted, gives substantial helpings for family meals. You can add subtle flavour by scoring the skin lightly in several places and inserting small slivers of garlic, sprigs of rosemary, or pieces of bayleaf. Or rub lamb well, before cooking, with a cut clove of garlic; mix 1 teaspoon of rosemary into 3 tablespoons of softened butter and rub over joint.

To give a delightfully sweet flavour to meat, baste with orange or pineapple juice while cooking—you will need about ½ cup. The Greeks use lemon and marjoram to flavour their lamb dishes.

Moderate heat is best for lamb; it ensures thorough, gentle cooking with a minimum of shrinkage. For joints, allow approximately 25 minutes per lb. Joints which have a stuffing will take a little longer.

Some cooks like to stand lamb on a rack in baking dish to cook; some prefer to put directly into the dish, without a rack. If cooking without the rack, make sure any surplus fat is poured off during the cooking—otherwise the meat will 'stew' in the fat instead of being beautifully crisp-skinned.

When meat is cooked, remove from baking dish; pour off fat, leaving about 2 tablespoons in dish; stir in 1½ tablespoons flour. Cook, stirring, until mixture 'bubbles' and browns—do not let it burn. Gradually stir in 1 pint stock; cook, stirring, until gravy boils and thickens. Season to taste.

Mint Sauce

2 tablespoons chopped fresh mint
1 tablespoon sugar
1 tablespoon boiling water
2 tablespoons vinegar

Wash and dry mint, remove stalks, chop finely. Boil sugar and water 1 minute, add vinegar, pour over mint; stand 15 minutes. Stir well before serving.

Savoury Lamb

2 lb. lean lamb
4 small onions
seasoned flour
3 tablespoons oil
15 oz. can tomato soup
2 cups stock
2 tablespoons sherry
1 tablespoon brown sugar
1 tablespoon lemon juice
1 tablespoon worcestershire sauce
1 dessertspoon dry mustard
salt, pepper
2 carrots
1 swede or turnip
4 sticks celery
1 red pepper
1 green pepper

Trim lamb, cut into large pieces; peel and halve onions. Toss lamb in seasoned flour. Heat oil in large saucepan, gradually add lamb, brown well; add onions, saute until transparent. Add remaining ingredients, except for vegetables; cover, simmer 1 hour.

Peel and slice carrots and swede, chop celery into large pieces, seed peppers, chop into 1 in. squares. Add prepared vegetables to lamb mixture, cover, simmer further ½ to 1 hour, or until lamb and vegetables are tender.

Serves 4

NOTE: 1 cup cooked haricot beans may be added when stew is cooked, if desired.

Crumbed Cutlets

Remove skin and excess fat from each cutlet. Dip in flour, which has been seasoned with salt and pepper; shake off excess flour.

Dip cutlets in egg beaten with a little oil (to help hold crumbs firmly), or brush over with a pastry brush. Then press firmly into breadcrumbs. Repeat process if you like a crisp coating. Refrigerate 1 hour to firm crumbs.

Shallow-fry in hot oil, turning occasionally, until crumbs are golden brown and cutlets cooked through. Make sure oil is hot before adding cutlets, otherwise crumbs will not hold firm but will drop off.

Devilled Wine Chops

1½ lb. best end lamb neck chops
¼ cup finely chopped celery
1 onion
1 dessertspoon prepared mustard
1 tablespoon brown sugar
1 clove garlic
1 tablespoon worcestershire sauce
1 tablespoon lemon juice
2 tablespoons sherry
10 oz. can tomato soup undiluted

Arrange chops in well-greased casserole, cover, and bake ¾ hour in moderate oven. Remove all excess fat. Chop onion finely and crush garlic. Heat together remaining ingredients, add onion and garlic, pour over chops; bake, covered, ¾ hour, basting occasionally.

Serves 4

Mock Ham

1 pumped, corned leg of lamb
2 bacon bones
1 onion studded with cloves
1 dessertspoon brown sugar
few sprigs parsley
1 tablespoon vinegar
½ cup canned pineapple syrup or juice
warm water

Glazing

- ½ cup canned pineapple syrup or juice
- 3 tablespoons brown sugar

Place meat in large saucepan, cover with warm water. Add bacon bones, onion, brown sugar, pineapple syrup, parsley and vinegar. Cover, simmer gently until cooked, allowing approximately 40 minutes per lb. Test through thickest part of leg with fine skewer; allow to cool in the cooking water. Remove from pan, brush generously several times with pineapple glaze.

Pineapple rice salad and salad vegetables are good accompaniments.

Serves 6 to 8

Glaze: Heat pineapple juice and brown sugar in saucepan, bring to the boil; reduce heat, simmer 10 to 15 minutes.

Italian Lamb Shanks

- 6 lamb shanks
- seasoned flour
- 2 tablespoons oil
- 1 clove garlic
- 2 onions
- 1 cup chopped celery
- 1 teaspoon salt
- 1 teaspoon sugar
- ½ pint stock or water
- 1 cup tomato purée
- ¼ pint white wine
- ¼ teaspoon rosemary
- ¼ lb. mushrooms
- parsley

Dredge shank pieces in seasoned flour. Slice onions. Heat oil in pan and saute shanks, crushed garlic, onions and celery until meat is well browned. Add salt, sugar, boiling stock, tomato puree, white wine and rosemary.

Bring to boil, cover, reduce heat, simmer $1\frac{1}{4}$ to $1\frac{1}{2}$ hours or until shanks are tender. Add sliced mushrooms and cook further 10 minutes. Serve hot, sprinkled with chopped parsley.

Serves 6

Delicious Lamb Stew

- 2 lb. lamb neck chops
- seasoned flour
- 2 tablespoons oil
- 2 onions
- 2 carrots
- 1 parsnip
- 1 stick celery
- 1 large cooking apple
- 3 cups stock
- 1 tablespoon plum jam

Dredge chops in flour and brown in heated oil. Chop onions, slice carrots, parsnip, celery and peeled apple. Add vegetables and apple to frying pan and saute a few minutes. Stir in plum jam and stock, bring to boil, reduce heat; simmer for $1\frac{1}{4}$ hours or until tender.

If extra thickening is required, blend a little seasoned flour with water and add to stew, stirring.

Serves 6

Sweet Curry

- 2 lb. boned shoulder of lamb
- 1 cup sour cream
- 2 teaspoons garam masala
- 1 tablespoon curry powder
- 4 oz. butter
- 2 tablespoons slivered blanched almonds
- ¼ cup sultanas
- ½ cup thinly sliced dried apricots
- 4 cloves garlic
- 2 in. piece finely chopped green ginger
- 2 large onions
- salt
- lemon juice

Cut meat into 1 in. cubes. Place in bowl with sour cream, garam masala, curry powder; stir well, leave to marinate several hours.

Heat butter in saucepan, fry almonds until golden, remove, and drain. Fry sultanas and apricots until plumped, remove and drain. Fry sliced garlic, ginger, and sliced onions until golden. Add meat and marinade, cook 5 minutes on medium heat. Add sultanas and apricots, cover, and simmer 45 to 60 minutes, until meat is tender; add salt and lemon juice to taste. Garnish with the almonds.

Serves 4

Shaslik

- 2 lb. lamb leg chops
- 2 small onions
- 1 green pepper
- 2 medium tomatoes
- 8 mushrooms
- bayleaves
- marinade

Marinade

- 1 crushed clove garlic
- ⅓ cup oil
- 2 tablespoons lemon juice
- salt, pepper
- 2 tablespoons finely chopped onion

Remove fat from meat, cut into $1\frac{1}{2}$ in. cubes. Combine ingredients for marinade, add lamb, and stir until well mixed. Cover and refrigerate several hours; stir occasionally to mix.

Peel onions, cut in halves, remove centre portion. Wash pepper, slice in half, remove seeds, and cut flesh in $1\frac{1}{2}$ in. squares. Wash tomatoes and cut in quarters. Remove stalks from mushrooms, if desired, or leave whole.

Thread meat on to skewers, brush with marinade and, if desired, place a bayleaf at end of skewer. Thread alternate vegetables on separate skewers, brush with marinade. Cook under heated griller, turning frequently and brushing with remaining marinade or melted butter until done to taste.

Pilav is a good accompaniment for Shaslik.

Serves 2

Hot Curry

2 lb. boned shoulder of lamb or mutton
1 teaspoon ground coriander
1 teaspoon ground cardamom
1 teaspoon poppy seeds
1 teaspoon ground cinnamon
1 teaspoon ground cloves
1 teaspoon ground black pepper
½ teaspoon salt
2 in. piece green ginger
4 cloves garlic
1 finely chopped onion
½ cup yoghurt
2 oz. butter
1 sliced onion
¼ cup slivered almonds

Cut lamb into 1 in. cubes. Combine all spices, seasonings, finely chopped onion, finely chopped ginger, crushed garlic and yoghurt. Place meat in this marinade, leave several hours.

Heat butter, fry sliced onion until golden; remove, reserve for garnish. Fry almonds, remove, reserve for garnish. Add meat and marinade to pan, stir well. Cover, and simmer 45 minutes or until meat is tender. Garnish with reserved fried onion rings and almonds.

Serves 4

Moussaka

3 medium eggplants
salt
2 lb. lamb leg chops
1 large onion
1 clove garlic, crushed
3 oz. butter
15 oz. can tomatoes
1 cup white wine
½ teaspoon nutmeg
salt, pepper
8 oz. grated cheese
½ cup soft breadcrumbs
melted butter, extra
oil for frying

Sauce

2 oz. butter
⅓ cup flour
½ teaspoon nutmeg
salt, pepper
1 pint milk
1 egg

Cut eggplant into ½ in. slices, sprinkle lightly with salt, stand 20 minutes. Finely chop or mince chops, finely chop onion. Combine cheese with breadcrumbs.

Heat butter, add meat, onion and garlic, saute until meat changes colour; add drained tomatoes, wine, nutmeg, salt and pepper, cover, simmer 15 minutes, or until meat is tender.

Drain eggplant, pat dry with absorbent paper, deep fry in hot oil until golden brown; drain.

Arrange fried eggplant in base of large greased casserole dish, sprinkle with ⅓ of cheese mixture, top with meat sauce, then white sauce. Sprinkle with remaining cheese mixture, drizzle over extra melted butter. Bake in hot oven 20 minutes, or until golden brown.

Serves 4 to 6

Sauce: Melt butter in saucepan, remove from heat, stir in flour, nutmeg, salt and pepper, stir until smooth, return to heat, cook 1 minute. Remove from heat, gradually add milk, return to heat, stir until sauce boils and thickens. Add beaten egg, beat until smooth.

To serve as an entree: Cut 3 small egg plants in half lengthways, scoop out centres, leaving ½ in. shell. Sprinkle inside with salt, stand until liquid appears on surface; drain. Brush egg plants inside and out with melted butter, stand on tray in ½ in. cold water. Bake in moderate oven 8 to 10 minutes.

Layer meat sauce, cheese mixture and white sauce into eggplant shells, finish with cheese mixture, drizzle with extra melted butter. Bake in hot oven 20 minutes, or until golden brown.

Serves 6

Savoury Lamb Stew with Parsley Dumplings

1½ lb. scrag-end neck of lamb
2 pints water
3 carrots
2 onions
4 potatoes
salt, pepper
1 bayleaf
½ cup tomato sauce
1 tablespoon finely chopped parsley
2 tablespoons flour

Parsley Dumplings

1 cup self-raising flour
1 teaspoon butter
½ teaspoon salt
1 tablespoon finely chopped parsley
½ cup milk

Remove meat from bones, cut into approximately 1 in. cubes, discarding any fat. Place in saucepan with bones, cover with water, bring to boil. Reduce heat, cover, and simmer 1 hour. Add peeled and diced carrots and potatoes, chopped onions, salt, pepper, bayleaf, tomato sauce, and parsley. Bring to boil; reduce heat, simmer further 10 minutes. Remove bones, skim off any surplus fat.

Blend flour with little water, add to saucepan, and cook, stirring, until liquid thickens. Drop dumpling dough by heaped dessertspoonfuls on top of hot bubbling stew. Cover tightly; cook 15 to 20 minutes.

Serves 4

Parsley Dumplings: Sift together flour and salt. Rub in butter, stir in parsley. Add milk all at once, stirring quickly to make a soft, sticky dough.

Moussaka can be cooked in a casserole or cooked in the delightfully unusual way shown above, and served as an entrée.

Veal

Veal cooks so quickly, to delicious tenderness, it's a boon to the busy housewife or business woman. And it is versatile—equally good pan-fried, as for schnitzel, or made into a rich-tasting casserole.

Cuts of veal are similar to those of Lamb; see under 'Lamb' for listing of the various veal cuts

Schnitzels

To prepare: Trim schnitzels carefully, then place between several thicknesses of greaseproof paper and pound with a mallet or flat blade of heavy knife. Continue pounding until schnitzels are about $\frac{1}{8}$ in. thick. This breaks down the fibres of the meat, making it deliciously tender. Place schnitzels on flat dish and squeeze over a little lemon juice; let stand about 1 hour, turning frequently. The schnitzels are now ready for cooking.

Schnitzels Naturel

1½ lb. prepared schnitzels
salt, pepper
flour
2 oz. butter
juice ½ lemon

Sprinkle each schnitzel with a little salt and pepper; dip in flour, shake off excess. Saute in heated butter, allowing 4 to 5 minutes for each side, or longer, depending on thickness. Arrange drained schnitzels on hot serving dish. Add lemon juice to remaining butter, spoon over schnitzels.

Serves 4 to 6

Wiener Schnitzel

1½ lb. prepared schnitzels
seasoned flour
beaten egg
fine dry breadcrumbs
2 oz. melted butter
1 tablespoon oil
slices of hard boiled egg
rolled anchovy fillets
lemon wedges

Toss schnitzels in seasoned flour, shake off excess, and dip in beaten egg. Then roll in crumbs, pressing these on firmly; refrigerate 30 minutes to set crumbs.

Heat oil and butter in heavy frying pan, put in schnitzels and cook until golden brown on both sides. Allow 4 to 5 minutes cooking time for each side. Drain schnitzels well, arrange on serving dish. Top each with slice of hardboiled egg and rolled anchovy fillet. Serve with lemon wedges.

Serves 4 to 6

Schnitzels with Cream

1½ lb. prepared schnitzels
seasoned flour
⅔ cup cream
salt, pepper
chopped parsley
2 oz. butter
a little oil

Dip schnitzels in seasoned flour; saute in heated butter and oil, allowing 4 to 5 minutes cooking time for each side. Transfer to serving dish; keep warm.

Add cream to pan juices; simmer until mixture is slightly reduced and well blended. Season with salt and pepper. Spoon over schnitzels; sprinkle with chopped parsley.

Serves 4 to 6

Veal with Blue Cheese

1½ lb. veal steaks (cut thin as for schnitzel)
4 oz. butter
2 oz. blue cheese
seasoned flour
1 egg
soft breadcrumbs
4 tablespoons oil
lemon wedges

Pound veal, if necessary, until very thin. Cream together butter and blue cheese in warmed basin. Spread some of this mixture on one side of each steak; dip steaks in seasoned flour, then beaten egg; press on breadcrumbs. Refrigerate 1 hour.

Heat oil in large frying pan, cook steaks until well browned and cooked through. Dust with chopped parsley, garnish with lemon wedges.

Serves 4 to 6

Dutch Veal Croquettes

1 lb. veal steak
2½ oz. butter
water
¼ cup flour
1 dessertspoon worcestershire sauce
salt
freshly ground pepper
1 egg
breadcrumbs
oil for frying

Cover veal steak with water, add salt, simmer veal until tender. Drain, reserve 1 pint of stock.

Melt butter in saucepan, stir in flour; cook 1 minute. Remove from heat, gradually add reserved stock. Return to heat, bring to boil, simmer until smooth and thickened, stirring constantly; simmer 2 minutes. Remove from heat, add salt, pepper and worcestershire sauce.

Cut veal into $\frac{1}{4}$ in. cubes and mix into sauce; refrigerate. Then form into croquette shapes approximately 3 in. in length, using floured hands.

Dip croquettes in lightly beaten egg, then roll in breadcrumbs. Refrigerate 1 hour. Deep-fry in hot oil. When gold in colour, remove from oil and drain on absorbent paper.

Makes approx. 1 dozen

Veal Parmesan

1½ lb. veal steaks (cut thin as for schnitzel)
1 cup fresh breadcrumbs
¾ cup grated parmesan cheese
seasoned flour
1 egg
2 oz. butter
2 tablespoons oil

Mushroom Sauce

1 tablespoon oil
1 large onion
1½ cups tomato purée
¼ lb. mushrooms
⅓ cup dry sherry
salt, pepper

Combine breadcrumbs, lemon rind and parmesan cheese. Pound steaks, if necessary, until thin. Dip in seasoned flour, then beaten egg; press on crumb mixture. Refrigerate 1 hour.

Heat butter and oil in large frying pan, cook steaks until golden on each side and cooked through. Remove to hot serving plates. Serve Mushroom Sauce separately. Serves 4

Mushroom Sauce: Chop onion and mushrooms, saute in hot oil until tender; add tomato puree, sherry, season with salt and pepper. Simmer, uncovered 5 minutes.

Veal Marengo

2 lb. veal steak
1 oz. butter
1 tablespoon oil
½ cup seasoned flour
1 clove garlic
¼ pint white wine
1 pint boiling water
2 chicken stock cubes
1 tablespoon tomato paste
2 tomatoes
12 small onions
½ lb. button mushrooms
chopped parsley

Trim and cut steak into serving-size pieces, toss in seasoned flour. Heat butter and oil in large frying pan, fry meat until golden; remove, place in casserole. Fry crushed garlic a few minutes, add remaining flour; cook, stirring occasionally, until lightly browned. Gradually add wine and boiling water, in which chicken stock cubes have been dissolved, bring to boil, stirring; add tomato paste. Reduce heat, simmer gently until reduced by half. Pour over meat, cover, bake in moderate oven 1 hour.

Meanwhile, parboil onions 5 minutes; remove skin from tomatoes and chop coarsely. When meat is tender, add onions, sliced mushrooms, and tomatoes; cook further 15 to 20 minutes. Sprinkle with chopped parsley.

Serves 6

Veal and Mushroom Ragout

1½ lb. veal steak
2 onions
2 oz. butter
15 oz. can cream of mushroom or cream of tomato soup
2 cups boiling water
2 chicken stock cubes
1 tablespoon paprika
2 green peppers
4 oz. small mushrooms
salt, pepper

Cut veal into 1 in. cubes. Melt butter in frying pan, saute sliced onions and veal until onions are transparent; stir in paprika.

Combine soup and boiling water, in which chicken stock cubes have been dissolved; stir into veal, season to taste; cover, simmer gently approximately 1 hour or until veal is tender.

Add sliced peppers and whole mushrooms, cook gently until mushrooms are tender, about 7 minutes.

Serves 4

Veal Cordon Bleu

6 veal steaks (cut thin as for schnitzel)
6 thin slices ham
6 thin slices gruyere cheese
seasoned flour
1 egg
fine dry breadcrumbs
2 oz. butter
2 tablespoons oil

Pound steaks, if necessary, until very thin. Top each steak with slice of ham and slice of gruyere cheese. Fold steaks in half, secure with small wooden stick. Dip in seasoned flour and beaten egg, then press on fine dry breadcrumbs. Refrigerate 1 hour.

Heat butter and oil in large frying pan. Cook steaks, turning occasionally, until cooked through. Drain well, remove small wooden sticks.

Serves 3

Gourmet Veal

1½ lb. veal steaks (cut very thin as for schnitzel)
½ lb. mushrooms
6 to 8 shallots
salt, pepper
2 oz. butter
2 tablespoons oil
¼ pint cream
parsley

Pound steaks until very thin, if necessary. Slice mushrooms, chop shallots. Heat butter and oil in large frying pan, fry steaks quickly. Remove from pan and keep warm.

Add mushrooms to pan and saute until tender, add the chopped shallots, cook a few minutes. Add cream and allow to heat through (do not boil). Season to taste. Pour over the cooked veal steaks. Sprinkle with chopped parsley.

Serves 4 to 6

Veal Chops à la Crème

6 veal chops
6 oz. small mushrooms
boiling salted water
4 oz. butter
12 small onions
½ cup cream
1 cup dry white wine
chopped parsley
salt, pepper

Peel the onions, keeping them whole; cook in boiling salted water 10 minutes.

Heat butter in pan, add chops, and cook until golden brown on one side. Turn and cook on other side. When done, remove and keep warm on serving dish. Add the small whole mushrooms and par-boiled onions to pan, season, cook until tender, and golden brown in colour. Stir in white wine, then add cream. Cook a few minutes, stirring frequently (do not allow to boil). Taste, and correct seasonings. Pour sauce over chops, sprinkle with parsley.

Serves 3

Osso Buco

3 or 4 veal shanks sawn into 3 in. pieces
¼ cup oil
¼ pint white wine
¼ pint stock
seasoning
flour
2 carrots
3 onions
3 sticks celery
1 bayleaf
2 cloves garlic
pinch each basil and thyme
piece lemon rind
1 small can tomato paste
2 tablespoons finely chopped celery, extra
1 tablespoon grated lemon rind

Heat oil in pan, fry sliced onions gently until soft and turning golden, place in large saucepan. Gently saute sliced carrots and chopped celery, add to onions. Roll veal shanks in seasoned flour and brown in oil.

Arrange pieces on top of vegetables, standing upright so that marrow won't fall out during cooking. Add bayleaf, crushed garlic, thyme, basil, and lemon rind. Mix tomato paste into combined white wine and stock, add seasonings and pour over. Add more stock, if necessary. Bring to boil, cover, and simmer gently for approximately 4 hours or until meat is almost falling off bones. Ten minutes before serving, sprinkle with finely chopped celery and lemon rind. Serve with risotto.

Serves 4 to 6

Herbed Shoulder of Veal

1 boned shoulder of veal
salt, pepper
1 cup chicken stock
1 oz. butter

Stuffing

3 cups fresh breadcrumbs
2 tablespoons finely chopped parsley
finely grated rind 1 lemon
pinch salt
pepper
1 teaspoon mixed herbs
1 egg
1 oz. butter
1 small onion

Fill shoulder with herbed breadcrumb stuffing; tie firmly into shape. Place in baking dish with stock, salt, pepper, and butter. Bake in moderate oven, basting frequently, allowing 30 minutes per lb.

Serves 6 to 8

Stuffing: Saute chopped onion in melted butter; mix with breadcrumbs, parsley, grated lemon rind, herbs, salt and pepper. Beat egg, add to the mixture, and stir until it binds together.

Caraway Veal Paprika

1 lb. mushrooms
6 medium onions
6 oz. butter
4 lb. veal steak
8 oz. can tomato paste
2 pints water
2 chicken stock cubes
2 tablespoons paprika
2 bayleaves
salt, pepper
1 teaspoon caraway seeds
1 cup sour cream

Cut veal into ¾ in. cubes, slice mushrooms and onions. Heat butter in large saucepan, add mush-rooms and onions, saute 5 minutes. Add veal gradually, brown well. Add tomato paste, bayleaves, water in which stock cubes have been dissolved, and seasonings. Bring to boil, cover, reduce heat, simmer 1½ hours, or until veal is tender. Just before serving, stir in sour cream.

Serves 8

Wiener Schnitzel — golden-crumbed veal slices, seasoned lightly with lemon, are served with traditional topping of egg and anchovy.

Pork, Ham and Bacon

For most families, there's nothing nicer than a roasted leg of pork—the crackling crisp and golden; or slices from a pink, juicy, succulent ham. In this section are the cooking methods and recipes which present pork, in its various forms, at its most appetising best

Cuts of Pork

Bacon Slices cut from side or middle of pork which has been pickled and smoked. ½ lb. and 1 lb. packs, 6 to 8 slices per lb. Not over-fat, smoky aroma. Simmer, grill, fry.

Belly Pork Flap of pork which has been pickled and rolled, sometimes sold fresh. 3 to 4 lb. Skin is white and moist; flesh when cut has pink colour. Simmer (if pickled), roast (if fresh).

Fillet (see Lamb, also Pork Fillet).

Ham Leg of pork which has been trimmed, then pickled and smoked; whole, sliced, or canned. (Canned hams are usually made from shoulder end of loin.) 12 to 15 lb. (whole ham); 1½ lb. to 4 lb. (canned).

Hand of Pork Breast portion and front leg cut from carcass of pork; usually pickled, although sometimes sold fresh. Simmer (if pickled); roast (if fresh).

Hock or Fore-Hock Part of foreleg cut from carcass of pork. 1 to 2 per lb. Simmer.

Leg and Loin (See Lamb.)

Pickled Pork Belly pork or hand of pork which has been pickled. (Legs of pork are occasionally pickled.) 3 to 6 lb. See Belly Pork. Simmer.

Pig's Cheek A pig's head is split into two cheeks; these are usually pickled. Simmer.

Pork Chops Cut from loin or foreloin. Grill or pan-fry. Loin, in one piece, can also be roasted.

Pork Cutlets (Available as pork slices in some States). Thin slices cut from fresh belly of pork. Good distribution of meat. Fry.

Pork Fillet Long, tender portion of meat taken from inside loin of pork. Very little fat. Roast. NOTE: Fillet of Pork is quite different; it is a half-leg of pork, taken from chump end; can be sold with bone in or out.

Pork Sausages Made from fresh pork pieces with cereal and seasoning added. 6 per lb. Pinkish colour; moist, shiny surface. Grill, fry.

Shoulder or Foreloin of Pork Cut taken from shoulder of a pig. 3 to 4 lb. Small amount of fat; skin should be free from blemishes. Roast or cut into foreloin chops.

Spareribs (or Short Ribs). Rib bones (in the piece; meat still between the bones) taken from fresh belly of pork. Braise, simmer.

Trotters Pig's feet. Pickled. Simmer.

Roast Pork

1 small leg of pork or fillet cut from leg (4 to 5 lb.)
salt
ground ginger
oil

Ask your butcher to score the pork rind well. Place roast in well-oiled baking dish. Rub skin with generous amount of salt and a little ground ginger. (The salt will ensure crisp crackling.) Roast in hot oven 20 minutes, then reduce heat to moderate; continue cooking until meat is well browned and tender, allowing 25 to 30 minutes per lb. cooking time. Make a thin gravy from the pan drippings; serve with gravy and baked apples or apple sauce.
Serves 4 to 6

Apple Sauce

Peel, core and slice 3 tart apples. Cook until soft with 1 tablespoon sugar, 2 tablespoons water, pinch salt, squeeze lemon juice and 1 teaspoon of butter. Beat until smooth, serve hot.

Sweet and Sour Pork

1 tablespoon soy sauce
3 dessertspoons sugar
½ teaspoon salt
1 tablespoon dry sherry
1 egg-yolk
2 to 2½ lb. lean pork
2 onions
½ bunch shallots
1 red pepper
4 oz. mushrooms
1 medium cucumber
15 oz. can pineapple pieces
cornflour
¼ cup vinegar
1 dessertspoon tomato sauce
salt, pepper

Mix together sugar, soy sauce, salt, sherry and egg-yolk; stir well. Cut meat into 1 in. cubes, place in soy sauce mixture. Stir until well coated with marinade. Cover, leave 1 hour; stir occasionally.

Drain pineapple, reserve the liquid. Slice onions, chop shallots diagonally. Remove seeds from pepper; cut into thin strips. Slice mushrooms and cucumber into chunky strips. Fry onion in a little hot oil until transparent. Add pepper and shallots, cook further 3 to 4 minutes. Add mushrooms, cook until softened. Stir in pineapple pieces and cucumber. Remove from heat, keep hot.

Drain meat from marinade, reserve liquid. Toss meat lightly in cornflour. Heat oil, cook meat until golden brown and cooked through; drain well. Add meat to vegetables, keep hot.

Blend 1 dessertspoon cornflour with reserved pineapple liquid. Add vinegar and tomato sauce, stir into remaining marinade. Bring to boil, stirring continually; season to taste. Pour sauce over meat and vegetables, stir to coat evenly. Serve with hot boiled rice.

Serves 6

Ginger Pork Spareribs

4 lb. pork spareribs
½ cup soy sauce
¾ cup water
¾ cup orange marmalade
1 clove garlic
pepper
juice ½ lemon
½ teaspoon ground ginger
1 dessertspoon grated fresh ginger

Place spareribs, meaty side down, in well-greased, shallow baking dish. Roast in hot oven 30 minutes. Turn spareribs over, lower temperature to moderate, continue cooking further 30 minutes. Pour off excess fat from pan.

Combine soy sauce, water, marmalade, crushed garlic, lemon juice, pepper and gingers: blend thoroughly. Pour this sauce over spareribs, cook further $\frac{3}{4}$ hour, basting frequently with sauce.

Serves 6

Chinese Barbecued Pork

1 lb. pork fillets or leg chops
1 dessertspoon sugar
1 tablespoon honey
3 tablespoons soy sauce
1 teaspoon oil
2 tablespoons dry sherry
1 clove garlic, crushed
½ teaspoon mixed spice
1 tablespoon Hoy Sin sauce
1 teaspoon salt

Trim pork, removing surplus fat. Combine remaining ingredients in large mixing bowl, mix well. Add pork, allow to marinate a few hours or overnight, turning occasionally. Drain pork, place on wire rack. Stand rack in shallow baking tray. Bake in hot oven approximately 30 minutes or until meat is tender, basting frequently with remaining marinade. Turn pork once during cooking. (Place a small amount of water in baking tray to prevent juices from burning.)

Alternatively, meat can be grilled under hot griller until tender, turning and basting often. Serve either hot or cold, cut into slices.

NOTE: Hoy Sin sauce is available at food halls of large department stores, or at Chinese food stores.

Brawn

½ pig's head
1 lb. lean pork
1 lb. veal shoulder
salt
5 whole allspice
5 peppercorns
2 cloves
1 small onion, sliced
1 bayleaf
1 small carrot

Clean pig's head, soak in cold water 6 to 12 hours; change water once. Place with other meat in large saucepan, cover with boiling water. Bring to boil again, skim well; add remaining ingredients. Reduce heat; simmer covered, $1\frac{1}{2}$ to 2 hours or until meat is very tender. Remove meat from bones, cut into small pieces. Measure liquid, return liquid to saucepan, continue boiling until liquid is reduced to half quantity; strain. Replace strained liquid and meat in saucepan, bring to boil, season to taste.

Pour into lightly oiled 9 x 5 in. loaf tin; cool, then refrigerate until set.

Serves 4 to 6

Chinese Braised Spareribs

2 lb. pork spareribs
1 dessertspoon black beans
1 clove garlic
1 slice green ginger
oil for frying
1 tablespoon dry sherry
1½ tablespoons soy sauce
2 cups water
salt to taste
1 tablespoon cornflour

Chop spareribs into 2 in. pieces. Wash black beans, mash well. Crush garlic, chop ginger finely. Heat approximately 2 tablespoons oil in large saucepan. Add black beans, garlic and ginger: cook, stirring, few seconds. Add pork pieces and cook until brown on all sides. Add sherry, soy sauce and water; bring to boil. Reduce heat, cover, simmer until pork is tender (approximately 1 hour).

Add salt to taste. Mix cornflour to smooth paste with a little cold water. Add to pork; cook, stirring, until mixture boils and thickens slightly. Serve with boiled rice.

Serves 4

Hawaiian Ham

4 thick ham steaks
4 oz. butter
2 tablespoons brown sugar
1 cup pineapple juice

Marinate ham steaks in combined pineapple juice and brown sugar for 3 hours. Drain well. (We found the meatiest ham steaks came from the shoulder. Cut about 1 in. thick, they kept their shape during cooking and remained beautifully moist and juicy.)

Heat butter, fry steaks until golden brown on both sides; turn constantly during cooking. Canned pineapple rings, sauteed in hot butter, can be served as an accompaniment.

Serves 4

Ham-Asparagus Rolls

ham slices
canned asparagus spears
½ pint mornay sauce

Drain asparagus spears well. Take 4 or 5 spears and roll these inside a slice of ham. Arrange neatly on serving plate. Pour sauce over ham-asparagus rolls. Half-pint of sauce will cover approximately 6 ham-asparagus rolls.

Boiled Ham

Soak ham for several hours in cold water, then drain and dry. Place in large vessel with enough tepid water to cover. Add a little parsley and thyme and 4 peppercorns. Bring slowly to boil, taking at least 1½ hours. Simmer gently (never boil) for time required, according to size.

To test whether ham is cooked, pull the small bone at the shank end that lies alongside the large one; when it is loose and slips out easily, then ham is done.

Allow to cool in liquid, then peel off skin, and glaze as desired. If boiled ham is to be eaten cold, remove skin, then return to water in which it was cooked and leave until quite cold. This helps to keep it juicy.

Cooking Time per Pound: Up to 12 lb. 20 minutes.
12 lb. and over 15 minutes.

To Glaze the Ham

If baking a ham that has been already cooked (by boiling), simply peel off skin; score fat into squares or diamonds with sharp knife. Place ham in large baking dish, glaze with any of the following suggested glazes; bake in moderate oven 45 minutes.

- □ Spread 3/4 cup orange marmalade over scored ham. Bake, baste with pan drippings.
- □ Arrange pineapple rings and glace cherries on ham, secure with whole cloves or cocktail sticks. Sprinkle with brown sugar; bake.
- □ Blend together 1 cup brown sugar, 1 tablespoon dry mustard; mix to a thick paste with dry sherry. Spread over scored ham; bake.

Pork Loin with Prunes

4 lb. loin pork, boned
1 large cooking apple
4 oz. prunes
salt, pepper
2 oz. butter

Make a pocket in the loin by cutting, with a sharp knife, to within ½ in. of both ends; sprinkle with salt and pepper. Pit prunes; peel and dice apple, sprinkle with lemon juice. Stuff pocket with prunes and apple. Roll meat firmly around filling, secure with string. Rub scored crackling around loin lightly with salt.

Melt butter in baking dish; add pork. Cook in moderate oven approximately 1½ to 2 hours. Make thin gravy from pan juices. Red cabbage makes a good accompaniment.

Serves 6

Boiled Bacon

Cuts available for boiling are from the shoulder: they are called cushion, blade, and hand of shoulder. The cushion is available in pieces of 3 to 4 lb. and upward; the other cuts weigh from 4 to 5 lb. upward. A 4 lb. piece should serve 6.

Perhaps 'simmering' would be a better word than boiling for this cooking process, because rapid boiling, over a period, will cause shrinkage and will affect the meat texture and the fat structure. Slow, careful cooking is necessary for best results.

Put bacon into saucepan, cover with cold water, and let stand 24 hours; drain. Cover with fresh cold water, bring slowly to boil, then reduce heat until water is just simmering. Cover, cook until bacon is tender. Allow 20 to 25 minutes per lb.

When the bacon has been cooked it can be glazed and baked as a ham. Remove rind while hot, spread with some melted red currant jelly or honey, or spread with a paste of brown sugar, mustard, and sherry. The fat can be cut in criss-cross squares and each square studded with a clove. Bake in moderate oven 20 minutes to melt glaze. Apple sauce, spiced lightly with cinnamon, is a nice accompaniment.

Chinese Sweet and Sour Pork combines — deliciously! — tender pieces of pork with pineapple and a rich sauce.

健何
珠江酒家

The Variety Meats

Simple recipes suit the variety meats best, so that their full, delicate flavour is retained. They are easily prepared and, with just a few exceptions, can be cooked in minutes. Serve them often; in addition to their good taste, they are a rich source of nourishment at a low price

---

Lamb's Fry

To prepare: Soak in cold water at least 1 hour before cooking. Drain well, remove outside skin. Slice fairly thinly for cooking.

Lamb's Fry and Bacon

1 lamb's fry
seasoned flour
butter for frying
4 rashers bacon
1 onion
1 tablespoon flour
1½ cups boiling water
1 chicken or beef stock cube
salt, pepper
chopped parsley

Cut prepared lamb's fry into ½ in. slices; toss in seasoned flour. Heat butter in pan, add thinly sliced onion, saute until lightly golden; remove from pan. Add the lamb's fry, cook for about 3 minutes each side; add extra butter to pan, if necessary. Remove from pan.

Add flour to pan drippings, cook 1 minute, stirring. Stir in boiling water in which stock cube has been dissolved; bring to boil, stirring. Season to taste with salt and pepper; add a few drops of worcestershire sauce, if desired.

Strain sauce into saucepan, add lamb's fry and onions, heat through gently. Top each serving with a rasher of grilled bacon. Sprinkle with parsley.

Serves 4

Savoury Lamb's Fry

1 lamb's fry
juice 2 lemons
cold water
seasoned flour
butter for frying
5 oz. can tomato paste
1½ cups boiling water
1 chicken stock cube
1 cup milk
¼ lb. button mushrooms
salt, pepper

Wash lamb's fry. Place in bowl with lemon juice and sufficient cold water to cover; leave 1 hour. Drain well, remove outside skin. Cut lamb's fry into ½ in. slices, drain. Toss in seasoned flour.

Heat butter in large pan, cook lamb's fry quickly on both sides. Add tomato paste, boiling water, chicken stock cube, mushrooms and milk, blend well. Bring to boil, reduce heat, simmer 15 minutes. Season to taste with salt and pepper.

Serves 4

Brains

To prepare: Soak brains in cold water several hours. Then place in saucepan with 1 dessertspoon vinegar, a little salt, 1 small sliced onion, 1 small bayleaf and water to cover. Bring slowly just to boiling point. Poach gently for 10 minutes, without allowing water to boil. Drain, cover with cold water to firm; remove membranes.

Brains in Cream Sauce

4 sets brains
2 oz. butter
1 small onion
1 tablespoon flour
2 cups boiling water
2 chicken stock cubes
2 egg-yolks
½ green pepper
1 teaspoon lemon juice
1 medium tomato
salt, pepper

Cut prepared brains into slices or cubes. Melt butter in saucepan, add finely chopped onion, cook 1 minute. Stir in flour, cook further 1 minute. Remove from heat, gradually stir in boiling water, in which chicken stock cubes have been dissolved. Return to heat, bring to boil, stirring; reduce heat, simmer until thickened, stirring constantly.

Stir 2 tablespoons of this mixture into beaten egg-yolks, gradually add to remaining sauce, stirring constantly. Simmer 5 minutes without boiling. Add brains, chopped pepper, lemon juice, peeled and chopped tomato, salt and pepper. Place in top of double saucepan over hot water, simmer 15 minutes.

Serves 4

Brains in Black Butter

4 sets brains
seasoned flour
butter for frying
4 oz. butter, extra
juice 1 lemon
1 teaspoon capers
chopped parsley

Toss prepared brains in seasoned flour. Saute in heated butter until golden brown, remove to hot serving dish. Add extra butter to pan, cook until it turns brown. Remove from heat, add lemon juice and capers. Pour the sizzling butter over brains, sprinkle with chopped parsley.

Serves 3 to 4

Sweetbreads

To prepare: Wash sweetbreads well, soak in cold water 3 to 4 hours, changing water several times. Drain, place in saucepan with sufficient cold water to cover. Bring water slowly to boil, simmer 3 to 5 minutes, according to size. Drain, plunge at once into cold water. Remove as much skin and membrane as possible; dry well.

If desired, they can be spread out on a plate and weighed down by pressing another plate on top of them. In this way, they flatten as they cool. The sweetbreads are now ready to cook in a variety of ways. They can be crumbed and fried, or served in a cream sauce.

Sweetbreads à la King

1 lb. sweetbreads
3 oz. butter
4 oz. mushrooms
1 green pepper
1 red pepper
¼ cup dry sherry
1 cup cream
1 tablespoon flour
1 cup milk
salt, pepper
toast slices or pastry-cases

Cut prepared sweetbreads into cubes. Melt half the butter in saucepan, add sliced mushrooms, and diced peppers; cook gently 2 minutes, then add half the sherry and cream. Simmer sauce until reduced by half, then add sweetbreads.

Melt remaining butter in separate saucepan, stir in flour, cook 1 minute. Remove from heat, gradually add milk. Return to heat, bring to boil, stirring; reduce heat, simmer until thick and smooth, stirring constantly. Add sweetbread mixture, season to taste with salt and pepper. Stir in remaining sherry and cream, reheat without boiling. Spoon mixture into heated pastry cases or serve on slices of hot toast.

Serves 4

Tripe

To prepare: Tripe should be absolutely fresh; if possible, cook and serve it on the day it is bought. Although tripe, when bought, has already been par-boiled in processing, a preliminary blanching before cooking is necessary.

Place tripe in large saucepan with sufficient cold water to cover; add squeeze of lemon juice. Bring slowly to the boil, simmer 5 minutes. Drain well, then prepare as desired.

Tripe in Parsley Sauce

1½ lb. tripe
water
2 oz. butter
2 onions
¼ cup flour
1 cup milk
⅓ cup chopped parsley
salt, pepper

Cut blanched tripe into strips. Place in saucepan with sufficient cold water to cover. Bring to boil, cover, simmer approximately 2 hours or until tender; drain, reserving 1½ cups stock.

Melt butter in saucepan, add chopped onions, cook until transparent. Stir in flour, cook 1 minute. Remove from heat, gradually add reserved stock and milk. Return to heat, bring to boil stirring; reduce heat, simmer until thickened, stirring constantly. Add tripe and chopped parsley; heat through. Season to taste with salt and pepper.

Serves 4

Tripe Bordelaise

1½ lb. tripe
2 onions
1 oz. butter
1 clove garlic
3 medium tomatoes
1 tablespoon tomato paste
1½ cups boiling water
2 chicken stock cubes
salt, pepper
bouquet garni
chopped parsley

Cut blanched tripe into strips. Saute chopped onions in butter until golden. Add crushed garlic, peeled and chopped tomatoes, tomato paste, boiling water (in which chicken stock cubes have been dissolved), seasoning and bouquet garni. Bring to boil, add tripe, reduce heat; cover and simmer slowly until tripe is tender, approximately 2 to 2½ hours. Remove bouquet garni. Correct seasonings. Transfer to serving dish, sprinkle with chopped parsley.

Serves 4

Ox Tongue

To prepare: Wash the tongue. If it is highly salted, it should be soaked in water for approximately 24 hours. (If fresh, unsalted tongue is used, add some salt to water when cooking.) Place tongue in large saucepan with sufficient cold water to cover. Add a few peppercorns, 1 bayleaf, 1 sliced onion and 1 small carrot. Bring to boil, cover, reduce heat and simmer approximately 3 hours, depending on size of tongue, allowing 45 to 60 minutes cooking time per lb. Remove skin from tongue while still hot.

Allow pickled tongue, which is served cold, to cool in the cooking liquid.

Glazed Ox Tongue

- 1 cooked ox tongue
- 1 tablespoon gelatine
- 1½ cups cold water
- ¼ cup hot water
- 1 tablespoon white vinegar
- 3 cloves
- 3 thin strips lemon rind
- 1 dessertspoon lemon juice
- 2 thin slices onion
- 2 sprigs parsley
- 1 teaspoon salt

Pack cooked tongue into tongue presser or basin. (If tongue is not too large, ½ gallon ice-cream can makes a good tongue press). Pour in just enough aspic to cover tongue. Place saucer or plate and a weight on top. Leave to cool, then refrigerate overnight.

Aspic Jelly: Soak gelatine in hot water. Place all other ingredients into saucepan, stir lightly with fork until boiling, add soaked gelatine. Cool and strain through fine strainer lined with clean cloth. Pour over tongue (you may not need all the aspic).

Kidneys

To prepare: Wash kidneys, remove skin. Cut lamb's kidneys in half. Remove hard core and any fat or gristle. When frying halved kidneys, place them cut side down in pan and press lightly. This will seal the cut edge, thus retaining all juices.

Ox kidney should not be fried; it needs long, gentle simmering to soften it, as in the filling for Steak and Kidney Pie.

Kidneys Chasseur

- 8 lamb's kidneys
- salt, pepper
- 4 oz. butter
- 1 tablespoon finely chopped shallots
- 1 dessertspoon plain flour
- ½ cup madeira or port wine
- ½ cup dry white wine
- 4 oz. mushrooms
- parsley
- triangles of fried bread

Soak kidneys in salted water for 15 minutes. Remove outer skin and fat from kidneys, cut into slices. Sprinkle with salt and pepper. Melt half the butter in frying pan, add kidneys, cook quickly until just beginning to brown; remove from pan.

Add shallots and flour to pan drippings, cook 2 minutes. Add madeira and white wine; return kidneys. Bring just to boil, simmer 5 minutes. In separate pan, saute sliced mushrooms a few minutes in remaining butter. Spoon kidney mixture on serving dish, top with mushrooms. Serve with triangles of fried bread. Garnish with parsley.

Serves 4

Devilled Kidneys

- 8 lamb's kidneys
- 3 oz. butter
- ½ cup finely chopped parsley
- 1 small onion
- 1 clove garlic
- 1 tablespoon worcestershire sauce
- 1 tablespoon dry sherry
- salt, pepper

Wash kidneys, remove skin, fat and hard core; slice kidneys. Melt butter in pan, add crushed garlic, finely chopped onion, salt and pepper, cook a few minutes. Add kidneys, cook quickly on both sides. Add worcestershire sauce, sherry and parsley to pan, blend well. Spoon on to slices of hot buttered toast—delicious as a supper dish; or serve with hot rice, into which some finely chopped parsley has been tossed.

Serves 4

Oxtail Casserole

- 1 oz. butter
- 2 large onions
- 2 large carrots
- 4 oxtails
- 1 dessertspoon brown sugar
- 4 tablespoons flour
- 6 tomatoes
- 3 cloves garlic, crushed
- few sprigs parsley
- 1 bayleaf
- ½ teaspoon thyme
- 3 pints beef stock
- 1 pint red wine
- salt, pepper
- 1 large can cream of tomato soup
- 4 oz. haricot beans

Slice onions, dice carrots, cut oxtails into 2 in. sections. Heat butter, gradually add onions, carrots and oxtail pieces, saute, stirring constantly until well browned. Drain off any surplus fat during cooking.

Place browned meat and vegetables into a large casserole dish, sprinkle with brown sugar and flour. Peel tomatoes and chop finely, add with remaining ingredients (except haricot beans) to casserole, cover, bake in slow oven 4 hours. Cool, refrigerate overnight.

Cover haricot beans well with water, stand overnight. Next day, drain, place beans in salted water, boil 1 hour, or until tender.

Remove fat from top of casserole, remove bayleaf. Reheat casserole in slow oven for approximately 1 hour; stir in beans during last 15 minutes. Adjust seasoning, serve sprinkled with parsley.

Serves 6 to 8

A wonderful meal for men — subtle blending of hearty flavours makes this Oxtail Casserole the perfect dish for cold-weather entertaining.

POULTRY

Chicken, so easily available at an economical price, is becoming almost a standard feature on weekly menus, either for family meals or for entertaining. Turkey, too, now available in small sizes, from around $4\frac{1}{2}$ lb, gives lots of good eating when you have a number of people to entertain.

In this section are all the basic ways of cooking the various birds, plus a wide selection of the world's most popular ways with poultry, plus stuffings and accompaniments.

Chicken Sizes

Packaged chickens are available in a number of unit sizes, determined by weight. These sizes are given below, and are uniform throughout Australia.

Unit Size	Weight
1	1½ lb.
2	1¾ lb.
3	2 lb.
4	2¼ lb.
5	2½ lb.
6	2¾ lb.
7	3 lb.
8	3¼ lb.
9	3½ lb.
10	3¾ lb.
11	4 lb.

Chicken pieces are a useful buy; they allow you to choose the cut of chicken best suited for any particular dish. Pieces usually available are breasts and half-breasts, cutlets or thighs, Maryland (combination of thigh and leg), legs, breastwing (combination of breast and wings), wings, and backs (good for soup).

Roasting Times for Chicken

Allow approximately 25 minutes per lb. in moderate oven. For the French method of roasting, stock is added and a moderately hot oven is used for cooking.

When cooking chicken pieces, the thicker parts take more time to cook. So that they will all finish cooking at the same time, add them to pan in this order: drumsticks, thighs, wings, breast.

How to Joint a Chicken

Many chicken recipes call for the chicken to be jointed, or cut into sections. Here's how to do it. You'll need a good sharp knife and a pair of poultry shears or a strong pair of kitchen scissors.
A chicken will joint into 8 sections: 2 legs, 2 wings, 2 breast portions, and the backbone, which is split into 2 pieces.

To remove legs Cut through skin connecting leg to body; bend leg out, away from body, find the joint where leg hinges, cut through this (there is no need to cut any bone).

To remove wings Cut a slice of breast meat with the wing to make a better serving portion, then bend wing away from body to find joint where wing joins body; cut through this. Fold wing into a neat shape with breast meat tucked under.

To remove breast Separate breast and back by cutting through rib-bones along each side of body. Cut down centre of breastbone to divide breast in 2; trim away excess skin and fat. (These breast portions, when removed from the bone, are called the supremes).

The backbone Break back in 2 where ribs end. These back portions are generally not considered as individual serving portions, but can be served to accompany another portion such as a wing, or they can be used to make soup, etc.

For many recipes—particularly those to be served with a white or cream sauce—some cooks prefer to remove the skin of the chicken before cooking. However, for those recipes where the chicken pieces are browned before cooking, the skin browns more easily and gives protection to the juicy meat beneath.

Roast Chicken

3 lb. chicken	1 cup chicken stock
prepared stuffing	butter
salt, pepper	

Fill chicken with prepared stuffing; place in baking dish. Rub breast and legs well with butter. Roast in moderate oven 1½ hours or until bird is tender.

When bird is tender, transfer to warm serving dish, keep hot. Remove fat from pan drippings; add stock to baking dish and cook, stirring, 2 to 3 minutes. Season, strain into sauce boat.

Serves 4

To test if chicken is cooked the leg will move easily when moved to and fro gently with the fingers; the skin will start to shrink from the bones slightly; when the chicken leg is pierced with a skewer at the second joint, the juices will be clear, not pink.

French Roast Chicken

1 chicken	4 oz. softened butter
giblets	½ pint stock or water
prepared stuffing	salt, pepper

Fill chicken with prepared stuffing, spread legs and breast with softened butter. Place in baking dish with giblets and stock or water. Roast in moderately hot oven until chicken is well browned and tender, basting and turning frequently, and adding extra water or stock if this reduces too much.

Transfer cooked bird to hot serving platter. Strain pan juices into saucepan, skim well, bring to the boil, cook 1 or 2 minutes, season to taste, strain; serve with chicken.

Serves 4

Accompaniments to Roast Chicken

Bread Sauce Peel an onion and stud with 2 or 3 cloves. Put into saucepan with ½ bayleaf and 2 cups milk. Bring slowly to boil, cover, simmer 5 minutes; strain, retaining liquid and discarding onion. Return liquid to rinsed-out saucepan, add 1½ cups fresh breadcrumbs, season to taste. Simmer, stirring, 2 or 3 minutes. Stir in a little butter or cream before serving.

Giblet Gravy Melt 1 tablespoon butter in small saucepan, stir in 1½ dessertspoons flour; cook, stirring, few minutes. Gradually stir in ½ pint hot giblet stock (made by cooking giblets in water with a little onion and celery) season to taste. A few of the finely chopped giblets can also be added.

Or stir some flour into pan drippings, pour in the strained giblet stock; cook, stirring, until sauce boils and thickens slightly; season.

Chicken in a Basket

This is one of the most popular chicken dishes, particularly for a small, informal party.

Allow one small chicken (about 1½ lb.) for each person; roast in usual way. Serve in small basket, lined with paper napkin. Packaged potato crisps (heat them in oven first) and fried onion rings are the correct accompaniments.

Chicken in the Basket is finger food, so serve finger bowls filled with warm water, with a slice of lemon floating in the water. As the water cools, the lemon can be used to remove any grease from fingers.

There's a correct way to eat this dish: Break off one leg first. Eat this before breaking off any further pieces. In this way the chicken retains its heat.

One hand only should be used to convey the food to the mouth. Rinse fingers often in the finger bowl. Make sure the dinner napkins are a good big size.

Coq au Vin

2 2½ lb. chickens	⅓ cup brandy
2 oz. butter	2 cups dry red wine
¼ lb. lean salt pork	1 cup stock
12 tiny onions	bouquet garni
salt, pepper	1 oz. butter, extra
½ lb. mushrooms	2 tablespoons flour
1 to 2 cloves garlic	

Joint the chickens. Heat butter in heavy saucepan, add diced pork and peeled, blanched, and drained onions. Cook a few minutes, then add chicken joints; brown well, season. Add sliced mushrooms and crushed garlic, cook 5 minutes. Strain off all excess fat, add brandy. Add red wine, stock and bouquet garni.

Transfer to casserole, cover; cook in moderate oven 40 minutes or until chicken is tender. (Or cook in saucepan on top of stove.) Mix extra butter with flour and add gradually to sauce to thicken it. Stir over heat a few minutes. Check seasoning. Serve with hot garlic bread and a tossed green salad.

Serves 6

Chicken Tetrazzini

3 lb. chicken	salt, pepper
1 cup water or chicken stock	2 oz. butter
	3 tablespoons flour
1 cup dry white wine	¾ lb. spaghetti
1 onion	½ lb. mushrooms
1 bayleaf	2 oz. butter, extra
pinch thyme	1 cup cream
a few bacon rinds	1 tablespoon sherry

Gently poach chicken in combined wine and water, with chopped onion, bayleaf, thyme, bacon rinds, salt and pepper. When tender, cool, drain, strain the stock, and reserve.

Remove the flesh from the chicken bones and cut into thin pieces. Melt the butter, stir in the flour, and cook over gentle heat 2 minutes. Gradually add the reserved stock, stirring continually until mixture boils and thickens. Cook a few minutes, then set aside.

Cook spaghetti in plenty of boiling salted water until tender; drain thoroughly, place in deep, hot serving bowl. Finely slice the mushrooms, melt extra butter in frying pan, and saute the mushrooms gently until tender. Drain the mushrooms and add to the sauce with the sliced chicken and seasoning to taste. Reheat until nearly boiling.

Stir in the cream and sherry and stir over heat until heated thoroughly. Pour over spaghetti.

Serves 4 to 6

Chicken Chow Mein

3 lb. chicken	1 teaspoon brandy or dry sherry
½ lb. lean pork	
½ cabbage	1 dessertspoon cornflour
3 shallots	1 clove garlic
2 to 3 sticks celery	4 tablespoons oil
1 green pepper	½ cup water
1½ teaspoons soy sauce	salt, pepper
½ lb. prawns	

Remove meat from uncooked chicken. Cut chicken meat and pork into fine shreds, place in bowl, sprinkle with salt. Add soy sauce, brandy, ½ teaspoon of the cornflour, and 1 teaspoon of oil; mix well.

Wash vegetables, cut into thin strips. Heat remaining oil in pan, add crushed garlic and chicken and pork mixture. Cook quickly 3 minutes, stirring constantly, sprinkle with pepper. Add prepared vegetables, fry until vegetables are tender, but still slightly crisp. Add shelled prawns. Mix remaining cornflour with water, add to pan, bring to boil, stirring gently. Serve on top of crisp fried noodles.

Serves 4 to 6

Crisp Fried Noodles

Drop ½ lb. fine dried egg noodles into large saucepan of rapidly boiling salted water; stir with fork to separate, cook 3 to 4 minutes; drain well. Arrange on a clean teatowel over wire cake cooler, spread noodles over this to drain. Leave at least 6 hours.

When ready to serve, drop noodles, a few at a time, into shallow hot oil. (To ensure thorough cooking, it is best to fry the noodles in 3 or 4 lots.) They cook in seconds; turn once during cooking.

Chicken Paprika

3 lb. chicken pieces	2 tomatoes
lard or oil for frying	salt, pepper
2 onions	1 tablespoon paprika
¾ pint stock	¼ pint sour cream

Heat lard or oil in large frying pan, add chopped onions, saute until tender. Add chicken pieces to pan, cook until brown. Add paprika, then peeled, chopped tomatoes, stock, salt and pepper. Cover, simmer over gentle heat 1 hour or until chicken is tender.

Remove chicken from sauce, stir in sour cream, return chicken; stir over low heat until well blended and hot.

Serves 4

Paella

½ cup oil	salt, pepper
½ lb. onions	2 pints chicken stock
2 red and 2 green peppers	½ teaspoon saffron
1 lb. rice	3 lb. chicken, steamed
2 cloves garlic	1 lb. prawns
1 lb. tomatoes	½ lb. scallops

Heat oil in large pan, add sliced onions, cook slowly until golden. Add sliced peppers and rice, stir until well combined with onions; cook few minutes, stirring. Add crushed garlic, skinned chopped tomatoes, and salt and pepper. Add boiling stock in which saffron has been dissolved. Cook 10 minutes, stirring occasionally.

Cut hot cooked chicken into serving pieces and arrange over top of paella. Add shelled prawns and scallops. Cook a further 10 minutes, or until all liquid is absorbed.

Serves 6

Chicken in a Basket — a good dish for an informal luncheon or dinner. Serve the small, golden chickens with fried onion rings, potato chips

Chicken Casserole

1 onion
4 chicken breasts
1 teaspoon salt
4 oz. butter
2 teaspoons paprika
3 tablespoons flour
½ cup water
1 chicken stock cube
½ cup sour cream
1 cup white wine
14 oz. can artichoke hearts

Chop onion finely, sprinkle chicken breasts with salt. Heat butter in frying pan, add chicken breasts, fry until golden brown; drain on absorbent paper. Add onion and paprika to remaining melted butter, saute until onion is soft. Remove pan from heat, stir in flour, return to heat, cook 1 minute. Gradually add water in which stock cube has been dissolved; stir until mixture boils and thickens. Add cream and wine, stir well, heat gently; do not boil.

Place chicken and drained artichoke hearts in ovenproof dish, top with sauce. Cover, bake in moderate oven 1 hour. If desired, before serving, garnish with crisp fried bacon and toasted slivered almonds.

Serves 4

Burmese Chicken Curry

½ lb. coconut
2 cups chicken stock
3 lb. chicken
2 medium onions
¼ cup oil
3 cloves garlic
1 teaspoon ground ginger
1 dessertspoon curry powder
½ cup boiling water
1 teaspoon salt
2 tablespoons cornflour
3 tablespoons cold water
1 lb. broad noodles, cooked
1 red chilli
2 hard-boiled eggs
3 shallots

Combine coconut and chicken stock in saucepan, bring to the boil, stirring constantly; remove from heat, let stand 15 minutes, stirring occasionally.

Strain mixture, pressing coconut well with wooden spoon, to extract as much flavour as possible. Reserve liquid, discard coconut.

Remove meat from chicken, cut into bite-sized pieces, chop onions.

Heat oil in large saucepan, add onions, crushed garlic and ginger, saute 10 minutes; add curry powder, saute further 2 minutes. Add chicken, cover, simmer 15 minutes. Stir in 1 cup of the coconut liquid, boiling water and salt; simmer, uncovered, 30 minutes.

Blend cornflour with cold water, add to chicken mixture, stir until mixture boils and thickens, add further 1 cup coconut liquid, bring back to boil, remove from heat. Arrange hot noodles on serving plate, sprinkle with finely chopped chilli, chopped eggs and sliced shallots, top with chicken mixture.

Serves 4

Chicken à la King

3 to 4 lb. chicken
1 small green pepper
1 oz. butter
¼ lb. sliced mushrooms
1 dessertspoon grated onion
1 tablespoon flour
salt
½ pint milk or cream
½ pint chicken stock
3 egg-yolks
1 dessertspoon lemon juice
½ teaspoon paprika
½ teaspoon celery salt
2 tablespoons dry sherry

Steam chicken until tender; remove meat from bones and cut into large dice or pieces.

Remove pith and seeds from green pepper; blanch in boiling water 5 minutes. Drain and chop finely.

Heat butter in saucepan, add green pepper, mushrooms and grated onion; saute a few minutes. Sprinkle in flour and salt, cook, stirring, 2 minutes. Gradually blend in milk or cream and stock; add chicken. Stir over gentle heat until sauce thickens, simmer 3 minutes.

Stir a little of sauce into beaten egg-yolks, return to saucepan. Add lemon juice, paprika and celery salt. Reheat very gently, stirring, but do not allow to boil. Just before serving, stir in sherry.

Serves 4 to 6

Chicken Maryland

3 lb. chicken
½ cup seasoned flour
1 egg
1 tablespoon milk
dry breadcrumbs
2 oz. butter
¼ cup oil

Beat egg and milk together. Cut chicken into joints, roll in seasoned flour, dip in the beaten egg, then coat with crumbs. Heat butter and oil in heatproof casserole, add chicken pieces, saute until golden on all sides. Drain off excess oil, cover casserole, cook in moderate oven until tender (about 30 to 45 minutes).

Serve with fried bananas, corn fritters, bacon rolls, and grilled tomato halves.

Serves 4.

Corn Fritters: Sift 1 cup plain flour with 1 teaspoon baking powder and ¾ teaspoon salt. Beat the yolk of 1 egg and ¼ cup of milk; mix with 1 cup canned whole kernel corn, add to dry ingredients; mix thoroughly. Beat egg-white until stiff, fold in. Deep-fry dessertspoonfuls of mixture in hot oil until golden. Drain well.

Fried Bananas: Peel bananas, cut in halves crosswise, dip in beaten egg, then breadcrumbs. Fry in butter until golden. Drain well.

Chicken Fricassée

3 lb. chicken
2 oz. butter
1 clove garlic
1 cup dry white wine
1½ cups chicken stock
3 shallots
salt, pepper
4 oz. mushrooms
1 oz. butter, extra
½ cup milk
2 tablespoons flour
2 tablespoons cream

Cut chicken into serving pieces, season with salt and pepper. Melt butter in large pan, add chicken joints, and cook until a light brown on all sides. Add crushed garlic, wine, chicken stock, chopped shallots, salt and pepper, cover and cook gently until chicken is tender.

Melt extra butter in separate pan and saute sliced mushrooms for 5 minutes, drain.

When chicken is tender, remove joints from pan, blend flour with the milk, add gradually to pan, stir over gentle heat until sauce thickens. Return chicken pieces to pan, add mushrooms, reheat, and adjust seasoning, if necessary. Just before serving, add cream, keep hot but do not boil.

Serves 4

Chicken Croquettes

1 cup milk
few peppercorns
1 onion, sliced
1 carrot, sliced
1½ oz. butter
⅓ cup plain flour
1 lb. chopped cooked chicken
½ lb. mushrooms
2 egg-yolks
salt, pepper
1 egg
dry breadcrumbs
oil for frying

Combine milk, peppercorns, onion and carrot in saucepan. Bring to boil, simmer 5 minutes; strain.

Melt butter in separate saucepan. Stir in flour, cook 1 minute. Remove from heat. Gradually stir in hot milk, blend well. Return to heat. Bring to boil, then reduce heat and simmer until thickened, stirring constantly. Remove from heat.

Add finely chopped chicken, egg-yolks, and finely chopped mushrooms which have been sauteed in a little butter. Season to taste with salt and pepper. Blend well together.

Spread mixture on greased tray, cover with greased paper. Refrigerate until cold and set. Divide mixture into 16 pieces and mould each into croquette shape approximately $2\frac{1}{2}$ in. long. Dip in lightly beaten egg, then in breadcrumbs. Refrigerate 1 hour. Fry in hot oil until brown.

Makes 16 croquettes

Chicken Chausseur

3 lb. chicken
1 oz. butter
3 shallots
½ lb. mushrooms
2 large tomatoes
½ cup dry white wine
1 cup chicken stock
salt, pepper
flour

Joint the chicken, chop the shallots, slice the mushrooms, peel and chop the tomatoes. Dredge the chicken pieces in flour seasoned with salt and pepper. Heat butter in frying pan, saute chicken pieces gently, browning lightly on all sides.

Remove chicken pieces from pan. Add shallots and mushrooms, cook a few minutes, then add tomatoes, wine and stock. Return chicken to the pan, bring to boil, then reduce heat, cover pan, and simmer until chicken is tender. Taste and adjust seasoning.

Serves 4

Chicken Marengo

3 lb. chicken
2 tablespoons oil
2 cloves garlic
2 tablespoons flour
1½ cups dry white wine
1 cup chicken stock
salt, pepper
pinch mixed herbs
½ lb. sliced mushrooms
½ cup chopped shallots
3 tomatoes

Cut chicken into serving pieces. Heat oil in pan, add crushed garlic and chicken pieces, brown chicken on all sides; remove from pan.

Stir flour into oil, cook a few minutes, then add wine and stock gradually, stirring, until mixture boils and thickens. Season with pepper, salt and mixed herbs, add sliced mushrooms, chopped shallots and peeled, chopped tomatoes. Cook about 5 minutes, then return chicken to the pan, cover, and simmer 45 minutes or until chicken is tender.

Serves 4

Chicken Cacciatore

3 lb. chicken
2 tablespoons oil
2 cloves garlic
salt, pepper
½ teaspoon oregano
½ lb. mushrooms
2 large onions
1 lb. tomatoes
½ cup red wine

Cut the chicken into serving pieces. Heat the oil in a pan and add the crushed garlic, sliced onions, and mushrooms; brown lightly. Remove and reserve.

Add the chicken pieces and brown on all sides. Return the onions and mushrooms to the pan. Peel and chop the tomatoes and add with the salt, pepper, and oregano. Pour in the red wine, bring to boil; reduce heat, cover, and simmer for $\frac{1}{2}$ hour.

☛

Uncover and simmer for 15 to 20 minutes longer or until sauce is reduced and chicken very tender. Sprinkle with chopped parsley, if desired.

Serve with noodles or hot fluffy rice.

Serves 4

Chicken in Aspic

3 lb. chicken
1 carrot
1 stick celery
1 medium onion
1 clove garlic
1 bayleaf
piece of lemon rind
salt, pepper
2 dessertspoons gelatine
2 tablespoons chopped parsley

Place chicken in a pan with sliced carrot, sliced celery, sliced onion, crushed garlic, bayleaf, lemon rind and a sprinkling of salt and pepper. Cover with water and bring to the boil; reduce heat and simmer until chicken is cooked.

Lift out chicken, remove meat from bone, return bones and skin to pan and allow to boil a further 10 minutes. Cut meat into small pieces, chop parsley; soften gelatine in a little water.

Strain bones and vegetables from stock, then strain again through muslin.

Take 2 cups of this stock and add the gelatine, add salt to taste. Mix together chicken, parsley and stock, pour into oiled mould. Refrigerate until set, stirring occasionally to distribute meat evenly.

Serves 4

Assamee Chicken Curry

3 lb. chicken
2 oz. butter
salt
1 teaspoon ground black pepper
2 to 3 bayleaves
1 tablespoon turmeric
pinch chilli powder
½ teaspoon cloves
¾ teaspoon cardamom
½ teaspoon cumin
½ teaspoon coriander
¾ teaspoon ground ginger
2 1 in. pieces cinnamon
6 to 8 cloves crushed garlic
1 in. piece green ginger
2 onions
1 cup chicken stock
2 tablespoons cornflour
water

Joint chicken. Heat butter in saucepan, add all ingredients except chicken, chopped onions, cornflour, and stock; fry 5 minutes. Add chicken joints, brown well on all sides. Add chopped onions and cook gently, stirring occasionally, 25 to 30 minutes. Gradually add stock, simmer 1 hour, or until chicken is tender.

Blend cornflour with a little water, add to pan, simmer further 3 minutes. Allow to cool, refrigerate overnight. Remove any excess fat, reheat gently.

Serves 4

Chicken Liver Risotto

1 lb. chicken livers
2 onions
4 oz. butter
1 lb. long grain rice
3 sticks celery
4½ cups chicken stock
salt, pepper
½ cup grated parmesan cheese

Heat half the butter in large saucepan. Add finely chopped onions and sliced celery, saute 10 minutes, stirring occasionally.

Cut cleaned chicken livers into quarters. Add to pan, cook further 5 minutes. Stir in well-rinsed rice and remaining butter, and cook further 5 minutes. Add stock, bring to the boil; reduce heat and simmer, covered, until rice is tender and liquid absorbed (about 20 to 25 minutes). Stir in parmesan cheese, adjust seasoning.

Serves 6

Chicken Chop Suey

3 lb. chicken (or chicken pieces)
1 small green cabbage
16 oz. can bean sprouts
½ small bunch celery
1 onion
¼ lb. carrots
¼ lb. green beans
oil
chicken stock
salt
1 dessertspoon cornflour

Steam chicken until tender, cool; remove meat from bones, cut into large dice.

Shred cabbage, slice celery, carrots, beans diagonally, chop onion. Heat oil in large pan, add vegetables, saute until just tender but still crisp, season with salt. Add chicken pieces and chicken stock to cover, add drained bean sprouts. Reheat gently, then thicken with cornflour which has been blended with a little water; stir until thickened.

Serves 4

Honeyed Chicken

3 lb. chicken
3 oz. butter

Sauce

4 shallots
1 teaspoon finely chopped green ginger
1 tablespoon honey
1 tablespoon soy sauce
½ teaspoon salt
½ cup sherry

Melt butter in baking dish, add chicken, brush well with butter, bake in moderately hot oven 45 minutes; baste frequently with the butter. Pour sauce over chicken, continue cooking for further 30 minutes,

Chicken Casserole combines tender chickens with artichoke hearts, wine, paprika; a perfect dish for a small dinner party

DO NOT LOCK OR CLAMP
THIS HANDLE BUT TURN THE LID

or until tender and golden brown. Baste chicken frequently with sauce during last 30 minutes.

Sauce: Chop shallots finely, combine with remaining ingredients.

Serves 4

Roast Duck

1 duckling
prepared stuffing
melted butter
1 tablespoon flour
½ pint chicken stock
salt, pepper

Fill duck with prepared stuffing; place in baking dish, brush well with melted butter. Roast in hot oven 15 minutes, then reduce heat to moderate and cook until tender. During cooking, baste and turn bird occasionally. Allow 25 to 30 minutes per lb. Remove duck to a warm serving dish, keep hot.

Pour excess fat from baking dish, sprinkle in flour, stir over gentle heat until brown. Stir in stock, simmer, stirring, 3 or 4 minutes. Strain.

Serves 4.

NOTE: If desired, towards end of cooking time duck can be brushed with a little honey; this helps to crisp the skin. Don't use too much or skin will become too brown. For a Chinese flavour, a little crushed green ginger can be mixed into the honey.

Orange Roast Duckling

2 small ducklings
1 stick celery
1 carrot
1 small onion
3 oranges
1 tablespoon sugar
1 dessertspoon vinegar
2 cups chicken stock
1 dessertspoon lemon juice
3 teaspoons arrowroot
½ cup sweet sherry
¼ cup Grand Marnier or other orange liqueur
salt, pepper
2 oz. butter

Remove rind from 2 oranges, cut into thin strips; squeeze juice from the 3 oranges. Set aside for sauce.

Cut ducklings in half lengthwise. Place chopped celery, carrot, and onion into baking dish, add butter; place ducklings on top. Roast in hot oven 15 minutes reduce heat to moderate, continue cooking until ducklings are tender, allowing approximately 20 minutes per lb.; baste occasionally with pan juices. Remove from pan, keep warm.

Orange Sauce: Skim off fat from pan, strain pan juices. Add sugar and vinegar to pan, cook over gentle heat until sugar caramelises slightly. Add strained pan juices, stock, orange juice and rind, and lemon juice. Cook rapidly until sauce is reduced in quantity by half. Blend arrowroot and sherry, stir gradually into sauce; cook, stirring, 6 to 8 minutes over gentle heat; season to taste. Just before serving, stir in orange liqueur.

Spoon the hot Orange Sauce over each serving of duckling, or pass sauce separately.

Serves 4

Chinese Braised Duck

1 plump young duck (3½ to 4 lb.)
6 dried mushrooms
1 dessertspoon soy sauce
1 tablespoon dry sherry
1 teaspoon very finely chopped green ginger
water
1½ dessertspoons cornflour
½ teaspoon sugar
pepper
1 teaspoon soy sauce, extra
1 tablespoon oil
½ teaspoon salt
2 cloves garlic
1 small can bamboo shoots
1 small can water chestnuts
2 cups stock or water

Wash mushrooms, soak in hot water 20 minutes. Rinse, squeeze dry, cut in halves. Wash duck, cut into joints.

Combine dessertspoon of soy sauce, the sherry and ginger; add 1 dessertspoon water. Mix together the cornflour, sugar, pepper and extra soy sauce; stir in ¾ cup water.

Heat oil with salt and crushed garlic, add duck pieces, and fry, stirring until well browned. Add mushrooms, sliced bamboo shoots, and sliced water chestnuts; cook further 2 minutes. Stir in soy sauce mixture; cook 2 minutes, stirring. Add stock, cover, bring to boil. Reduce heat, simmer until duck is tender. Stir in cornflour mixture and cook, stirring, until sauce thickens. Transfer duck to serving dish, spoon sauce over.

Serve with hot, fluffy rice.

Serves 4

Roast Turkey

1 turkey
softened butter
salt, pepper
prepared stuffing
extra butter (melted)
1 pint chicken stock
1 teaspoon flour

Cooking times for turkey

For birds up to 12 lb., allow 25 minutes per lb. For birds over 12 lb., allow 20 minutes per lb.

Method 1: Stuff turkey with desired filling, truss, sprinkle with pepper. Spread the softened butter over breast and legs of bird, then cover it with piece of well-buttered greaseproof paper. Place in baking dish with the stock, cook in moderate oven, basting frequently. Remove paper halfway through cooking to allow bird to brown.

When turkey is thoroughly browned and cooked, transfer to heated serving dish. Strain pan juices into saucepan. Skim off a little of the fat, mix to paste with the flour. Add this gradually to gravy and bring to boil, stirring. Simmer a few minutes, adjust seasoning, and serve with the turkey.

Method 2: (Under a cloth.)
Take large piece of cheesecloth or muslin, dip in mixture of melted butter and water. Fold to double thickness, drape over breast of bird. Baste occasionally, because cloth dries out.

Method 3: (Wrapped in aluminium foil.)
Use heavy foil. Butter turkey and wrap in well-buttered foil. Turn up ends securely to prevent juices escaping. Cook in hot oven for first hour. Reduce to moderate. Thirty minutes before end of cooking time, turn back foil; baste.

Method 4: (In paper bag.)
Rub inside of large, heavy paper bag with softened butter. (You may need to slit one side of bag.) Carefully place turkey inside bag, fold ends up securely. Place in baking dish, brush outside of bag with melted butter or oil. Roast in moderate oven. Thirty minutes before end of cooking time, remove paper to allow bird to brown, baste.

Chickens, ducklings, and geese can also be cooked successfully by methods 3 and 4.

NOTE: Turkey is generally a firm bird with little surplus fat. It needs to be watched carefully through cooking time and basted often (except when cooked in foil).

Allow 1 cup stuffing to every pound of turkey.

Roast Goose

1 goose (9 to 10 lb.)
prepared stuffing
1 cooking apple
flour
melted butter

Stuff goose with prepared stuffing. Place in baking dish with quartered apple, brush with little melted butter. Put little extra melted butter in base of baking dish. Roast in hot oven 15 to 20 minutes, reduce to moderate and allow 20 to 25 minutes per lb. If bird appears to be browning too rapidly, cover with piece of well-greased paper.

When almost cooked, prick skin of bird lightly with fine-pronged fork or skewer; this will allow excess fat to run off. Do not prick flesh of bird, or juices will run out. Dredge breast lightly with flour, baste with hot fat, and continue cooking until tender.

Transfer cooked goose to serving dish, serve with well-seasoned gravy made from pan drippings.

Stuffings for Poultry

Chestnut Stuffing (for Turkey)

16 oz. can unsweetened chestnut purée
4 cups fresh breadcrumbs
1 finely chopped onion
1 tablespoon chopped parsley
1½ oz. melted butter
salt, pepper
beaten egg to bind

Sieve chestnut puree into bowl. Blend with remaining ingredients.

Sage and Onion Stuffing (for Duck and Goose)

2 chopped onions
2 cups fresh breadcrumbs
1½ teaspoons dried sage
1 oz. melted butter
salt, pepper
pinch nutmeg
½ teaspoon sugar

Place onions in saucepan. Add cold water to cover, and salt. Bring to boil; reduce heat and simmer until almost tender. Combine drained onion with remaining ingredients. Add sufficient onion water to bind, about 1 tablespoon.

Simple Herb Stuffing (for Chicken)

2 cups fresh breadcrumbs
1 oz. softened butter
2 tablespoons chopped parsley
1 teaspoon grated lemon rind
1 teaspoon mixed dried herbs
1 small chopped onion
salt, pepper
beaten egg to bind

Mix together all ingredients, except egg. Add sufficient beaten egg to bind.

Forcemeat (for Turkey)

1 small onion
2 oz. ham or bacon
1 oz. butter
½ lb. lean minced veal or sausage mince
3 cups fresh breadcrumbs
pinch grated lemon rind
1 dessertspoon chopped parsley
½ teaspoon mixed herbs
pinch nutmeg
salt, pepper
1 egg
milk

Chop onion and bacon finely, saute in heated butter until onion is transparent. Add minced meat, breadcrumbs and seasonings; bind with beaten egg; add a little milk if mixture seems too dry.

FONDUES

Cheese fondue has been adopted enthusiastically in this country as a different and delightful dish for entertaining. And the other fondues—tomato (a variation of the cheese fondue), beef, fish, and even a dessert fondue—are equally popular.

For cheese fondue, a thick earthenware pot called a 'caquelon' is used; this gives the gentle heat necessary for cheese cookery. If cooked too quickly, or overheated, cheese would become stringy. For Beef Fondue (or Fondue Bourguignonne, as it is sometimes called), a cast-iron (as shown in the picture), copper, or enamel fondue pot is used. Any small heatproof bowl or casserole can be used for the dessert fondue. For all fondues, a spirit lamp with an adjustable flame is necessary. Special fondue forks, with long handles and prongs, are available

Cheese Fondue

- 1 clove garlic
- ¾ lb. gruyere cheese
- ¾ lb. cheddar cheese
- ¾ pint white burgundy
- 2 tablespoons cornflour
- 3 tablespoons kirsch
- crusty french bread

Cut bread into cubes; each cube should have some crust on it. Push the fondue fork through the crust; this will hold the bread firmly on the fork and help prevent it dropping into the fondue.

To prepare the fondue: Rub round inside of fondue dish with cut garlic clove. Add wine, heat to boiling point. Add the grated cheeses gradually, stirring continually, until cheese melts and mixes with wine. Add the kirsch, blended with cornflour. Continue to cook until mixture thickens (about 3 to 4 minutes) stirring all the time in the form of a figure eight.

Some like to add a light sprinkling of nutmeg or paprika, or both, to the fondue; add these with the cheese.

One after another, the guests take up a piece of bread on the prong of the fork and dip it in the thick, creamy fondue.

There's no need for hurry with fondue, but it must be stirred so it remains evenly thick. The swirling of the bread in the fondue is generally sufficient for this.

Slowly, the 'Grillon,' or rich brown crust, forms at the bottom of the fondue dish. Some consider this the best part of fondue; everybody should share in this delicacy.

A crisp green salad is a good accompaniment to cheese fondue. And don't forget to have the pepper mill on the table.

If serving wine, it should be the same as used in the fondue.

NOTE: If kirsch is not available, brandy or gin can be substituted. The fondue will not have the traditional taste, but it will be very good.

There's a traditional forfeit paid by those who drop their bread in the fondue—a kiss, if it's a lady; a bottle of wine, if it's a man.

Tomato Fondue

- 1 clove garlic
- 1⅓ cups white burgundy
- 1½ lb. cheddar cheese
- ⅔ cup tomato purée
- 2 tablespoons cornflour
- salt, pepper
- paprika

Rub round inside of fondue dish with cut garlic clove. Add wine, heat to boiling point. Add grated cheese gradually, stirring constantly until cheese melts and mixes with wine. Add tomato puree blended with cornflour. Continue cooking until mixture thickens, approximately 3 to 4 minutes, stirring constantly. Season to taste with salt, pepper and paprika.

Beef Fondue

Allow about ¾ lb. steak per person. Any tender steak can be used. Remove all fat, cut steak into 1in. cubes. Add equal quantities of oil and butter to fondue pot. The melted butter, combined with the oil, should ☞

Beef Fondue (or Fondue Bourguignonne), wonderful for a party, is served with a variety of sauces and accompaniments. In smaller pictures, popular Cheese Fondue and Chocolate Dessert Fondue

USTARD

fill fondue pot to a depth of 3 ins. A clove of garlic can be added to the oil for flavour.

To save time, the oil and butter mixture can be heated on the stove and transferred to the fondue pot, then placed over spirit lamp.

Each guest spears a morsel of beef on a fondue fork and cooks it in the hot oil and butter, then slides it on to the plate with another fork. (The fork which has been in the fondue pot would be too hot to use for eating.) Another piece of beef can be cooking while the first is being eaten.

Have a selection of sauces and condiments. Offer at least two of the following: Bearnaise sauce, chilli sauce, mustard, bottled horseradish sauce, caper sauce, any savoury steak butter. Accompaniments can be simple—a good green salad, asparagus spears, onion rings, a baked potato or heated potato crisps, etc. Serve with hot crusty bread and a good red wine or beer.

Steaks to use Any tender steak can be used; rump will have best flavour, but there will be less wastage with fillet because of its lack of fat.

Round steak can be used, but will need to be marinated first to make it tender.

Marinade Combine $\frac{1}{4}$ cup salad oil, $\frac{1}{2}$ cup red wine, 1 dessertspoon chopped onion. Let meat pieces marinate in this several hours, turning occasionally. Drain well, pat dry.

Here are two variations of the classic beef fondue.

□ Add other meats—kidney, veal, chicken—to the beef. Put first on the fork or skewer the meat that needs least cooking; put on last the meat that needs the most cooking. If using foregoing combination, you would put the square of kidney on first, then veal, then chicken, and finally the cube of beef, which will be immersed in the hot oil.

□ Use boiling beef bouillon in place of oil in fondue dish. Cut the steak into wafer-thin strips, wrap round the prongs of fondue forks. The steak cooks very quickly in the hot bouillon. And, when the meal is finished, don't discard the bouillon; enriched by the steak cooked in it, it makes an excellent soup for the following day.

Fish Fondue

A fish fondue can be prepared in two ways: with an oil and butter mixture (as for Beef Fondue); for shellfish; or with fish stock to cook fish fillets.

For Shellfish Prepare oil and butter mixture as for Beef Fondue. Prawn Fondue makes an excellent supper dish, but prawns must be green; cooked prawns fried in this way would be very hard and tough.

For Chinese style Prawns Shell prawns, cut deep slit down back of each prawn, taking care not to cut through completely. Coat prawns in cornflour, shaking off excess. Dip in eggs which have been beaten lightly with soy sauce (you will need 2 eggs and 1 teaspoon soy sauce for 2 lb. prawns). Coat prawns well in breadcrumbs, pressing down prawns with palm of hand to flatten.

Prawns can be prepared in this way several hours in advance, and refrigerated until guests arrive. Guests spear a prawn on fondue fork, lower in to the hot oil and butter for few minutes; prawns cook quickly. Serve with Hoi Sin Sauce (obtainable from Chinese food stores) or with Chinese Plum Sauce (see page 147) for dipping.

For Fish Fillets Make a good fish broth. Place fish trimming and bones into saucepan (snapper or flathead give rich flavour), add 1 chopped onion, 1 or 2 chopped sticks celery, 1 chopped carrot, a bayleaf and few parsley sprigs. Add water to cover; about 2 pints water should be sufficient. Bring to boil, skim well, reduce heat, simmer 20 minutes; strain. Add salt and pepper to taste.

Pour this liquid into fondue pot, add 1 cup dry white wine and, if desired, three slices fresh green ginger and 1 or 2 teaspoons soy sauce. Bring to boil.

Have fish cut into 1 or $1\frac{1}{2}$ in. squares. Spear fish on fondue fork, dip into broth; it will cook very quickly. Serve with small dishes of soy sauce and chopped cucumber.

Fish fillets can also be cooked in the butter and oil mixture. Cut fillets into $1\frac{1}{2}$ in. pieces, put piece on fondue fork, and dip into hot oil; it cooks quickly. Serve with mustard or tartare sauce.

Chocolate Dessert Fondue

2 14½ oz. cans evaporated milk
2 teaspoons instant coffee powder
¼ cup sugar
1 dessertspoon rum
8 oz. dark chocolate

Place milk, sugar, grated chocolate, and coffee powder in fondue dish. Heat to boiling point, stirring, then lower heat and simmer gently 5 minutes, stirring constantly. Stir in rum. A small fondue dish is used for this rich dessert sauce. Pineapple, pears, bananas—in fair-sized pieces—go well with the chocolate flavour. Or any other fresh or canned fruits can be used.

RICE

Rice is one of the most versatile of all grains; it can be used for sweet and savoury dishes with equal success.

In this section we give the various methods of cooking rice; all work well, it's just a matter of choosing the method which suits you best

Hints for Cooking Rice

Add a good squeeze of lemon juice to the rice when cooking; this will whiten and flavour the grains. Some cooks also like to throw in the half or quarter of lemon from which the juice was squeezed. For additional flavour, 1 or 2 small stock cubes can be crumbled into the water.

Boiled or steamed rice can have many flavourful additions lightly forked through, such as finely chopped chives, parsley, or mint; grated carrot with finely chopped shallots; raisins, toasted halved or slivered almonds; diced, cooked vegetables; chopped hard boiled eggs. The choice is as wide as the imaginative cook cares to make it.

Rice almost triples in bulk during cooking. Allow approximately $\frac{3}{4}$ cup cooked rice for each main dish serving. In other words, 1 lb. of rice, when cooked, will give 8 to 10 servings.

Fluffy Boiled Rice

Put $3\frac{1}{2}$ pints water into large saucepan, bring water to rapid boil, add 1 dessertspoon salt. Then, gradually letting it dribble through your fingers so the water does not go off the boil, add 1 cup rice. Boil rapidly, uncovered, 12 to 15 minutes. Cooking time depends on the type of rice used and also on the way you like your rice—tender, or still with a slight firmness left in the grain. Start testing at the end of 12 minutes. Lift a few grains from the pan with a fork and bite into the grain. When cooked to your liking, drain at once in a colander.

Steamed 'Pearly' Rice

Put rice into saucepan, add water to come 1 in. above level of rice. Add salt to taste. Bring water rapidly to boil, then cover tightly, reduce heat to the lowest simmer and cook further 20 minutes. For a firmer grain, many cooks prefer to simmer the rice 15 minutes only; then remove from heat, let stand —still tightly covered—for 5 to 10 minutes.

This method applies to any amount of rice.

Oven-Steamed Rice

Place $\frac{1}{2}$ lb. rice into casserole dish, sprinkle lightly with salt. Pour over $2\frac{3}{4}$ cups boiling water, cover tightly. Cook in moderately hot oven 20 to 25 minutes.

Reheating Rice

Rice which you have cooked in advance and stored in the refrigerator can be reheated in any of the following ways:

To reheat with steam Place cooked rice in colander, stand over saucepan of simmering water. Cover colander with lid, steam until rice is heated through. Another method of steaming cooked rice is to pour just enough water into saucepan to cover the base of pan. When boiling, add rice, cover, steam 5 minutes or until water is absorbed and rice is hot. The size of saucepan will depend on the amount of rice to be reheated; use a large saucepan for a large amount of rice so the steam can penetrate the grains.

To reheat in oven Spread rice in greased, shallow ovenproof dish, sprinkle with little water or milk, dot with butter. Cover dish with lid or aluminium foil. Place in moderate oven until heated through.

To reheat in frypan Melt a little butter in frypan, add rice; stir with fork until heated through.

Pilaf

1 tablespoon butter or oil
1 small onion
12 oz. long grain rice
4 cups chicken stock
1 tablespoon melted butter, extra
3 oz. raisins
2 oz. blanched slivered toasted almonds

Heat butter or oil in pan that can be covered tightly. Add finely chopped onion, cook gently until it is soft but not brown. Add rice, stir well over gentle heat a few minutes; add boiling chicken stock.

Cover tightly, cook in moderately hot oven 25 to 30 minutes, or until liquid is absorbed and rice is tender. Turn rice on to heated serving dish, separate grains with fork, stir in melted butter, raisins, and almonds.

Nasi Goreng

½ lb. long grain rice
boiling salted water
½ lb. prawns
1 lb. fillet steak or pork
3 cabbage leaves
2 red peppers
2 medium onions
4 shallots
3 oz. butter
2 cloves garlic, crushed
salt, pepper
2 tablespoons soy sauce
1 small can bean sprouts
1 small cucumber
thin omelets

Add rice gradually to large quantity of boiling salted water, boil rapidly for approximately 15 minutes, or until tender; drain, keep hot. Shell prawns, saute in 1 oz. of the butter, set aside.

Thinly slice steak or pork, cabbage, red peppers and omelets. Chop onions, cut shallots into 1 in. pieces. Peel and thinly slice cucumber.

Heat remaining butter in a large pan, add onion and garlic saute, 1 minute or until onion is transparent. Add steak or pork, saute until tender, season with salt and pepper. Add cabbage, peppers, shallots and hot rice, toss with a fork to mix well; add half the omelet strips, sauteed prawns, soy sauce and bean sprouts. Heat thoroughly, stirring continually.

Add a little more butter if mixture appears too dry; season to taste. Serve on hot platter, garnish with remaining omelet strips and sliced cucumber.

Serves 4 to 6

Thin Omelets

5 eggs
3 tablespoons milk
salt, pepper
butter

Beat eggs lightly with milk, season to taste with salt and pepper. Grease pan with butter, when hot, pour in enough of the egg mixture to make 1 very thin omelet. When cooked, roll, slice into thin strips. Repeat with remaining egg mixture.

Risotto

1 oz. butter
1 onion
12 oz. long grain rice
5 or 6 cups chicken stock
1 dessertspoon melted butter, extra
1 tablespoon grated parmesan cheese

Melt butter in large saucepan, saute finely chopped onion until it starts to turn golden. Add rice, mix well. Gradually add boiling stock, about 1 cup at a time; wait until liquid has been absorbed before adding next cup. Stir at each addition.

Cover pan and cook for remainder of cooking time. The rice should cook about 20 minutes from time first cup of stock is added. The rice should be very tender, liquid all absorbed, and mixture creamy at the end of this time.

Add melted butter and parmesan cheese, mix in carefully with fork. Serve immediately, topped, if desired, with extra parmesan cheese.

Chinese Fried Rice

Among English speaking people, this is one of the most popular of Chinese dishes. Boil or steam rice the day before you want to fry it; it then has time to dry out completely so that it will fry with every grain separate.

Rice is fried in a small quantity of hot oil, and a variety of good tasting, colourful ingredients are added.

1 tablespoon oil
¼ lb. cooked pork
½ lb. long grain rice, cooked
salt
¼ lb. prawns
1 egg
1 teaspoon soy sauce
1 teaspoon water
2 shallots
2 oz. ham

Heat oil in frying pan, add chopped pork. Fry 1 or 2 minutes, then add rice and salt. Cook 10 minutes, stirring to prevent rice sticking, Add shelled prawns, mix well, then clear small space in rice and drop in egg, breaking yolk. When nearly cooked, stir and mix through rice.

Add soy sauce mixed with the water, and finely chopped shallots. Mix well, sprinkle with finely chopped ham.

Fried Rice, traditional accompaniment to many Chinese dishes, is also a colourful, good-tasting dish for a buffet party

PASTAS

Finding your way among the different macaroni foods—or pastas, as they are called—can be a little puzzling at first because of the varying names. But it is a treasure hunt that will reward you with good food for all the family

Many nations have claimed to have invented macaroni (the generic term which is applied to all shapes and flavours of pasta), but it is in Italy that pasta-making was perfected. As a result, most of the macaronis bear Italian names. When these names are translated, they describe the shape or type of pasta.

Spaghetti, the long, tube-like strands, means 'little string,' lasagne means 'broad-leafed,' farfalle is 'butterfly,' and so on.

Macaroni products can be divided into four basic groups—cords, tubes, ribbons, and special shapes such as shells, crests, etc. There is a wide range of sizes and shapes within each of these groups.

Different shapes have evolved for different dishes. Generally, very small shapes—such as alphabet or animal noodles (these are really just for fun, and children love them!) or tubettini—are cooked in clear broths. Cut macaroni or shells are used in heartier soups or in salads. Wide ribbon shapes are for casserole use layered with sauces.

Spaghetti is available in two forms; thin spaghetti and thicker, or 'tubular' spaghetti. Cooking time is approximately the same for both.

Some of the macaronis—spaghetti, shells, elbows, noodles, crests, gnocchi, spirali, alphabets, animals, etc.—are sold in packages and are easily available. For the more unusual types you might need to shop at an Italian or Continental food store.

Green noodles—coloured with spinach juice—can also be purchased.

Oriental noodles, from China or Japan, are much finer than Italian pasta, and they are in plainer form —cords or ribbons of varying degrees of fineness. They are used in three ways: in soup, cooked noodles, drained and mixed with seasonings, or they can be fried.

How To Cook Pasta

Cook all forms of pasta in plenty of boiling water; a gallon of water to 1 lb. of pasta is not too much. Use large saucepan and bring water to a fast, rolling boil; add sprinkling of salt.

Add pasta gradually so water does not go off the boil.

When cooking spaghetti, vermicelli, or any of the 'long goods,' as they are called, hold long strands at one end and place other ends into the boiling water. The pasta will begin to soften in the hot water and it is then simple to lower strands into saucepan, coiling them neatly inside pan.

Approximate Cooking Times

Spaghetti, 12 to 20 minutes; vermicelli (resembles very fine spaghetti), 6 to 10 minutes; macaroni, 12 to 20 minutes; noodles, 10 to 20 minutes, depending on width.

Cooking time of pasta varies according to individual manufacturers; freshness of the product, too, will affect cooking time. Pasta should not be overcooked; it should be tender but firm.

Start testing at the minimum cooking time given above and, when the pasta is cooked just to your liking, add a cup of cold water to the pan to stop the cooking instantly. Pour pasta into colander, drain well. If you wish, mix a knob of butter or a little oil through the pasta to prevent it sticking together.

Provided sufficient water has been used in cooking, there will be no starch adhering to the pasta, so do not rinse it under cold water; this will only cause the tender pasta to become hardened.

Spaghetti and macaroni almost double in volume during cooking; noodles remain the same in volume.

1 Gemelli
2 Spinach Noodles
3 Fine Noodles
4 Medium Noodles
5 Wide Noodles
6 Spirali
7 Farfalle
8 Gnocchi
9 Animals
10 Rigatoni
11 Large Shells
12 Small Shells
13 Alphabets
14 Spaghetti
15 Crests
16 Tubettini
17 Elbows
18 Macaroni
19 Lasagne

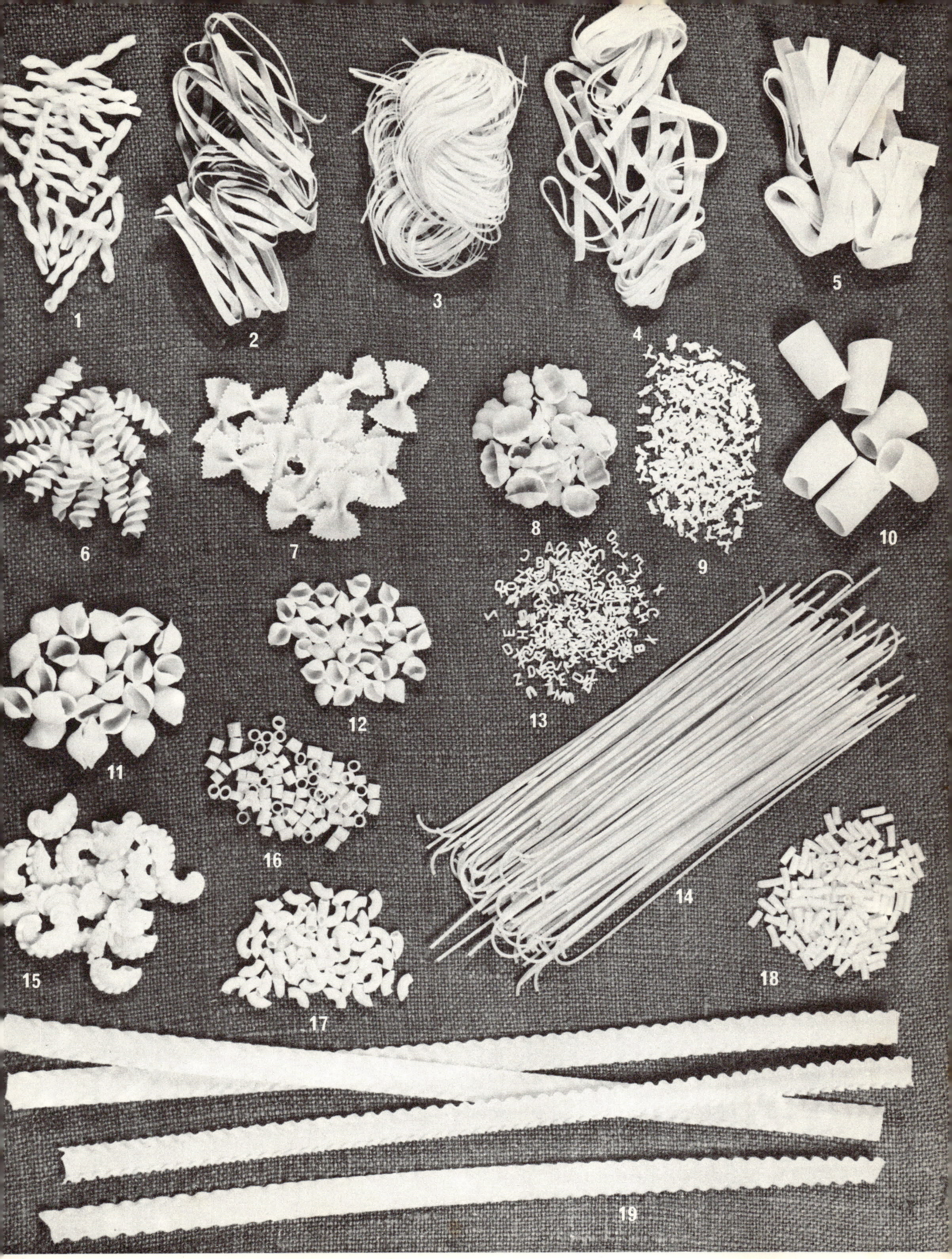
1
2
3
4
5
6
7
8
9
10
11
12
13
14
15
16
17
18
19

Baked Rigatoni

½ lb. rigatoni noodles
grated parmesan cheese

Filling

2 onions, chopped
1 crushed clove garlic
1 tablespoon oil
1½ lb. minced steak
1 cup fresh breadcrumbs
1 egg
1½ teaspoons salt
pepper

Sauce

1 onion, chopped
1 crushed clove garlic
15 oz. can drained, peeled tomatoes
1 cup juice from can (made up to 1 cup with water if necessary)
1 bayleaf
salt, pepper
oil for frying

Cook rigatoni in boiling salted water until just softened (about 5 minutes); drain and, for this dish, rinse under cold water because they must be cool enough to handle immediately.

Filling: Heat oil, brown onions and garlic lightly. Combine with all remaining ingredients.

Using small teaspoon, stuff rigatoni with filling mixture. Arrange stuffed rigatoni in casserole, spoon sauce over. Top with sprinkling of grated parmesan cheese. Bake in moderate oven 30 min.

Sauce: Heat a little oil in saucepan, add onion and garlic; saute until onion is transparent. Add all remaining ingredients (crush tomatoes well), simmer uncovered until sauce has thickened.

Serves 4 to 6

Spaghetti Bolognese

1 large onion
1 lb. minced steak
8 oz. can tomato paste
1 pint water
salt, pepper
2 beef stock cubes
¼ teaspoon oregano
¼ teaspoon thyme
2 tablespoons oil
¾ lb. spaghetti
grated parmesan cheese

Saute the finely chopped onion in the heated oil until golden, add minced steak; cook very well, stirring with fork all the time, until steak browns well. Pour off any surplus fat. Add water, tomato paste, crumbled stock cubes, salt and pepper to taste, and herbs.

When sauce comes to the boil, reduce heat, cook gently 1 to 1½ hours, uncovered, adding a little more water if sauce becomes thick too quickly. The longer this sauce is cooked the better it is.

Arrange hot, well-drained spaghetti in individual bowls, making a slight well in the centre. Spoon in the sauce. Top with grated parmesan cheese.

Serves 4 to 6

Spaghetti alla Carbonara

1 lb. spaghetti
boiling salted water
¾ lb. bacon
½ cup white wine
2 eggs
½ cup grated parmesan cheese
freshly ground pepper
chopped parsley
extra grated parmesan cheese

Cook spaghetti in large saucepan of salted boiling water 10 to 12 minutes or until tender but still firm. While spaghetti is cooking, remove rind from bacon, cut into ½ in. squares. Saute in pan until cooked through but not crisp.

Add wine, simmer gently 3 minutes. Drain spaghetti well, return to saucepan. Immediately add bacon and wine. Blend together, then add well-beaten eggs and cheese. Toss together over low heat. Add a little freshly ground pepper. Make sure spaghetti is well coated with egg-and-cheese mixture. Serve in individual dishes sprinkled with parsley and extra grated cheese.

Serves 6

NOTE: If completed spaghetti is a little dry, add a little extra white wine to moisten.

Meatballs in Tomato Sauce

1 medium onion
1 lb. hamburger mince
1 egg
¼ cup dry breadcrumbs
1½ tablespoons grated parmesan cheese
1 tablespoon chopped parsley
salt, pepper
oil for frying

Tomato Sauce

1 small onion
1½ tablespoons oil
5 oz. can tomato paste
1 pint water
salt, pepper

Finely chop onion, combine with remaining ingredients, mix well. Shape mixture into balls approximately the size of an egg. Fry in hot oil until evenly browned.

Remove from pan, drain well, place in prepared sauce, bring to boil; reduce heat, simmer, uncovered, for approximately 1 hour or until tender. Spoon meatballs and sauce over hot spaghetti.

Serves 4

Tomato Sauce: Finely chop onion, saute in heated oil until soft, add remaining ingredients, stir well to combine. Bring to boil, stirring constantly.

Meatballs in Tomato Sauce have the good, rich flavour of Italian-style cooking. Spoon them over piping hot spaghetti

Spaghetti Marinara

1 dozen oysters
1 lb. prawns
1 lb. scallops
2 oz. butter
1 clove garlic
2 tablespoons finely chopped parsley
6 large tomatoes
salt, pepper
1 lb. spaghetti

Melt butter in saucepan, add crushed garlic, parsley, and peeled, chopped tomatoes. Simmer until mixture is well blended and soft; mix in oysters, shelled prawns, scallops, cook gently 5 to 7 minutes. Season to taste.
Drain hot cooked spaghetti. Return to saucepan, stir the sauce through. Or, alternatively, spoon sauce over individual servings of spaghetti.
Serves 6

Lasagne

¼ lb. lasagne noodles

Meat Sauce

1 lb. minced steak
1 tablespoon oil
1½ lb. tomatoes
6 oz. can tomato juice
1 tablespoon finely chopped onion
3 oz. can mushrooms
½ clove crushed garlic
1 teaspoon oregano
¼ teaspoon basil
¼ teaspoon rosemary
1 teaspoon salt
½ teaspoon sugar

Topping

½ cup grated parmesan cheese
½ cup cream

Cheese Sauce

2 oz. butter
3 tablespoons flour
1 pint milk
4 oz. grated processed cheese

Cook lasagne noodles in boiling, salted water until tender, 15 to 20 minutes. Drain well. Peel and chop tomatoes. Heat oil, add steak, cook, stirring, until browned. Add all other ingredients, cook until meat is tender. Place half the noodles in ovenproof dish, spread with half the meat sauce, then half the cheese sauce. Repeat layers.

Sprinkle top with grated parmesan cheese. Cook in moderate oven 15 minutes. Five minutes before end of cooking time, pour cream over top of cheese.

Cheese Sauce: Melt butter in saucepan, stir in flour, cook gently for 2 minutes. Gradually add milk, stir over low heat until boiling. Stir in grated cheese, stir until cheese has melted.
Serves 4 to 6

Macaroni Cheese

6 oz. macaroni
3 oz. butter
¼ cup flour
salt, pepper
1 teaspoon dry mustard
¼ teaspoon paprika
½ pint milk
6 oz. cheese
10 oz. can tomato soup
¼ lb. bacon
1 onion
1 small green pepper
1 teaspoon worcestershire sauce
extra grated cheese

Cook macaroni in boiling salted water 12 to 15 minutes or until tender; drain.

Melt butter in saucepan, remove from heat, stir in flour and seasonings. Return to heat and cook 1 minute. Add milk gradually, stirring until sauce boils and thickens, remove from heat. Add grated cheese and tomato soup, mix well. Gently heat sauce, do not boil.

Fry lightly, chopped bacon, chopped onion, and chopped pepper, add to sauce. Add macaroni and worcestershire sauce, mix thoroughly. Place mixture into casserole dish, sprinkle with extra grated cheese. Bake in moderate oven 25 to 30 minutes.
Serves 4 to 6

Tuna Spaghetti Casserole

¼ lb. spaghetti
boiling salted water
2 oz. butter
1 small green pepper
1 medium onion
4 oz. mushrooms
⅓ cup flour
1 teaspoon salt
¼ teaspoon pepper
½ teaspoon dry mustard
3 cups milk
6 oz. grated cheese
8 oz. can tuna
extra 1 oz. butter
¾ cup soft breadcrumbs

Add spaghetti gradually to large quantity of boiling salted water, boil rapidly for 15 minutes, or until tender; drain.

Melt butter in saucepan, add sliced green pepper, finely chopped onion and sliced mushrooms, saute 3 to 4 minutes, or until onion is transparent. Remove pan from heat, add flour, salt, pepper and mustard, stir until smooth, cook 2 minutes. Gradually add milk, stir until mixture boils and thickens. Add cheese, stir until melted.

Mix cheese sauce and drained tuna through spaghetti, pour into greased casserole dish. Melt extra butter, add breadcrumbs, cook few minutes; sprinkle over casserole. Bake in moderate oven 20 to 25 minutes or until casserole is well heated and breadcrumbs browned.
Serves 4 to 6

VEGETABLES

Vegetables are an important part of our daily diet. We use them in salads, as colourful, good-tasting accompaniments to main meals, or they can be a complete meal in themselves.

To cover or not to cover vegetables when cooking them on top of the stove is a question often debated; as with most forms of cookery, everybody has a favourite method. But experts agree on this —vegetables should be cooked as quickly as possible, so they are crisp, full of flavour, and retain as much of their vitamin content as possible.

Seasonal times may vary slightly from State to State. Where seasonal times are not indicated, the vegetable is generally available throughout the year

Artichoke

Seasonal: February to July.

There are two types of artichokes—the jerusalem and the globe. Many people consider the globe artichoke to be the most delicately flavoured and refined of all vegetables.

Globe Artichokes: Wash artichokes, then cut off stem at base. Remove any old outside leaves, shorten the tips with scissors. Plunge into large saucepan of boiling salted water; add juice of ½ lemon, cover, and cook 30 to 40 minutes, according to size. Artichokes are cooked when leaves come away easily when pulled gently. Drain well, place on individual serving dishes. Serve with bowl of melted butter, with juice of lemon and salt and pepper added.

Each diner pulls off the leaves, dips them in melted butter, and eats fleshy end. Remove central hairy "choke," when reached, and eat base.

Artichokes cooked in this way can also be served cold, with a vinaigrette sauce.

Jerusalem Artichokes

Seasonal: January to September.

Is not really an artichoke but a member of sunflower family. Does not look or taste like the globe artichoke, but resembles a knotty potato. Has a sweet nutty flavour.

The tubers are small and irregular in size and shape. Scrub them well, soak in slightly salted cold water 30 minutes, then drain and rinse well. Cover with cold salted water, cook 20 to 30 minutes until tender, depending on size.

Some cooks prefer to peel the artichokes before cooking; small, sharp-pointed knife should be used for this.

However, it is much easier to peel the skins off after cooking. They are now ready to be used in a variety of ways, or they can be served topped with butter.

Asparagus

Seasonal: August to November.

Cut off tough ends of asparagus, scrape spears a few inches up from end, tie in a bunch. Stand in deep, tall saucepan (top of double boiler or a billy-can are suitable), and add boiling salted water to come half way up spears. Cover tightly, bring to boil, reduce heat and simmer until asparagus is tender (about 20 minutes, although very young tender asparagus will take only 10 to 15 minutes). Drain asparagus well. Serve with melted butter.

Aubergine

See Eggplant

Beans

There are many varieties of this popular vegetable—some available only when in season at various times of the year. But throughout the year green beans or french beans, as they are sometimes called, are generally procurable.

Broad Beans: Available in eastern States from September to mid December. Very young broad beans (fresh from the garden) can be cooked whole. But usually they should be shelled, as for peas, and the pods discarded. Cook beans in boiling salted water until tender

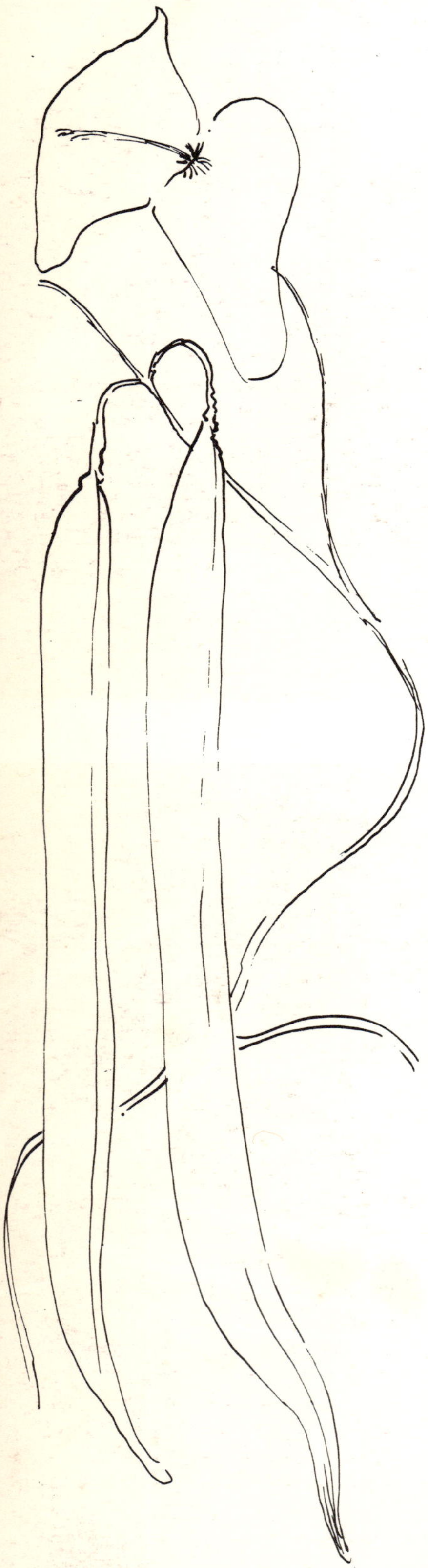

(15 to 20 minutes). Top with butter and sprinkling of finely chopped parsley.

Continental Beans: Available in eastern States from February to March. Have purple-coloured pod, white bean inside.

Shell like broad beans. Cook in small amount of boiling salted water until tender (approximately 20 minutes). Season with salt and pepper, toss in butter.

Another type of Continental bean, available in January and February, has white pods marbled with pink. These are cooked in exactly the same way.

Green or French Beans: Wash beans, then top and tail, remove strings. Young beans can be left whole for cooking, but older beans should be sliced. Cook in small amount of boiling salted water until tender (10 to 15 minutes). Drain well, season with salt and pepper, top with pat of butter. Serve at once.

Snake Beans: Available in eastern States from January to March. A long, slender, green-grey bean. Top and tail, cut in half or into manageable lengths. Cook in boiling salted water until barely tender (approximately 10 minutes). Drain, toss in little butter.

Yellow Wax or Butter Beans: Have yellow pod; available in eastern States from January to March.

Top and tail, as for green beans. They are better if cooked whole; if sliced, are inclined to break up. Cook in boiling salted water approximately 10 to 15 minutes. Have a delightful fresh-bean taste, although they lack the crispness of green beans.

Green Beans Almondine

1 lb. green beans
2 oz. butter
pinch salt
1 oz. blanched slivered almonds
1 dessertspoon lemon juice

Top and tail beans. Cook whole, or sliced, in little boiling salted water until tender; drain. Melt butter over low heat, add almonds, saute a few minutes. Stir in salt and lemon juice. Pour over hot beans.

Serves 6.

Beetroot

Scrub well. Leave on 1 in. or more of stems and root end. If cut too near stem the bright colour will leak into water, leaving cooked beetroot a pale pink instead of its bright natural colour. Cook, covered, in boiling salted water to cover until tender when tested with fork. Small young beetroot will take 30 to 40 minutes, older beetroot up to 1½ hours. When tender, drain and slip off skins, root, and stems.

Broccoli

Seasonal: May to August.

Wash broccoli, trim off ends of stalks and coarse leaves. Cut deep cross in base of extra thick stalks to facilitate cooking. Place in saucepan with small amount of boiling salted water; boil until tender (10 to 15 minutes). Drain, add salt, pepper, pat of butter, and squeeze of lemon juice. Serve at once.

For additional flavour, add ½ clove garlic to cooking water. Remove garlic before serving.

Broccoli with Lemon-Cream Sauce

1 lb. cooked broccoli spears (or use quick-frozen broccoli)
1½ oz. butter
1 dessertspoon flour
salt, pepper
1¼ cups evaporated milk or cream
2 egg-yolks
1½ tablespoons lemon juice
¼ cup blanched, slivered almonds

Melt ½ oz. butter in a saucepan, add flour and seasonings, stir until smooth. Cook 1 minute. Gradually add the evaporated milk. Bring to the boil, stirring constantly. Remove from heat. Beat egg-yolks, slowly beat a little hot sauce into the eggs, return to sauce in the pan, stir in remaining butter and lemon juice carefully.

Place the cooked broccoli spears in a shallow dish, pour over the hot sauce and garnish with almonds.

Serves 4.

Brussels Sprouts

Seasonal: May to September.

Remove any wilted outer leaves from sprouts, remove hard end of stem; cut a cross in base of stems to ensure even cooking. Wash thoroughly. Cook in little boiling salted water until tender (10 to 15 minutes depending on size). Drain well, dot with butter, sprinkle with salt and pepper. Serve at once.

At top, from left, Zucchini, Eggplant. Below, Snake Beans, so easy to cook; just top and tail them; they do not need stringing.

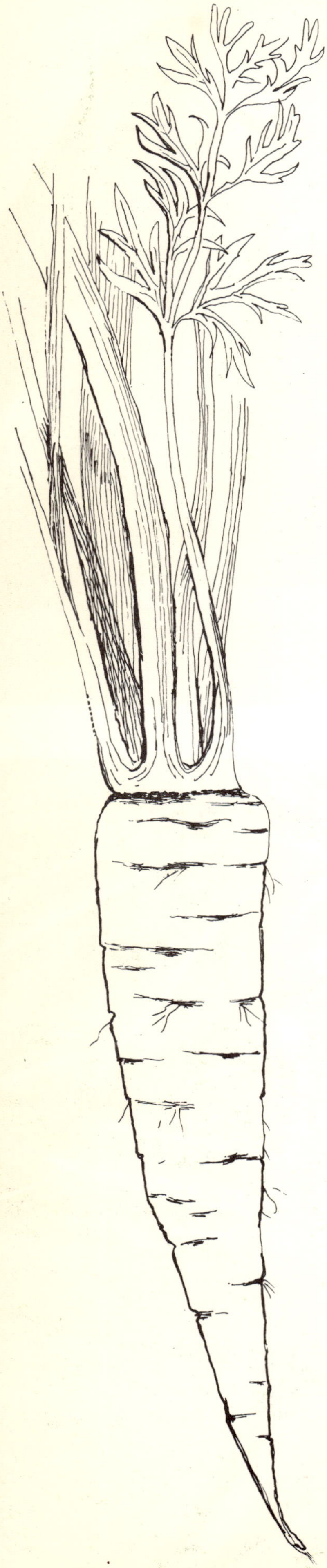

Cabbage

Remove coarse outer leaves from cabbage, cut out hard core. Wash thoroughly, cut into fine shreds. Place in saucepan, add little salt, lump of butter, and squeeze of lemon juice. Add minimum amount of boiling water, let water come again to boil, then stir cabbage well. Boil rapidly, covered, until tender.

Alternatively, put cabbage into saucepan with salt, add boiling water to cover: bring water rapidly again to boil, boil 3 minutes, then drain. Season with freshly ground pepper, top with knob of butter. This gives a very crisp vegetable, in the Chinese style.

Half a cup of chopped celery added to cabbage when cooking gives a new and delightfully fresh flavour.

Red Cabbage: This, unlike green cabbage, is never boiled in water. It should be finely shredded or grated and then cooked slowly, covered, with butter or lard and vinegar; water may then be added. This initial cooking with butter and vinegar ensures a rich purple colour to the cabbage; if cooked with water, the cabbage will "bleed" and become pale pink.

Red Cabbage

½ red cabbage	1 apple
3 tablespoons sugar	¾ cup water
½ cup white vinegar	6 peppercorns
1 medium onion	1 bayleaf
1 oz. lard	4 whole cloves
2 oz. bacon	1 teaspoon salt

Finely shred cabbage, discarding any coarse leaves. Melt lard in large saucepan, add chopped bacon and onion, saute until onion is golden. Add sugar, cook over medium heat 1 minute. Add shredded cabbage, vinegar, peeled and chopped apple; cover, simmer gently 10 minutes, turning occasionally. Stir in water and seasonings, cover; simmer gently further 1½ hours. Serve as accompaniment to any meats.

Serves 4.

Capsicums

See Peppers

Carrots

One of the most popular root vegetables. Their bright colour adds appetite appeal to many dishes, especially when served raw in salads; their sweet fresh taste teams well with many foods. Carrots are rich in vitamins.

Carrots Vichy

1 lb. young carrots
2 oz. butter
1 teaspoon sugar
salt, pepper
water
chopped parsley

Scrape carrots and cut into slices about ½in. thick. Put in pan with the sugar, seasoning, and butter, barely cover with water. Cook quickly, turning occasionally, until all the water has evaporated and the carrots are tender, and lightly coated in butter. Sprinkle with parsley.

Serves 4.

Cauliflower

Seasonal: March to September.

Trim cauliflower, removing outer green leaves and part of core. Make several deep cuts in core to facilitate cooking. Place in saucepan, add boiling water almost to cover cauliflower. Add salt to flavour, and a teaspoon of lemon juice or little milk; this will help keep cauliflower white. Cook gently 20 to 30 minutes or until tender (do not overcook); drain.

Alternatively, the cauliflower can be broken into flowerets and cooked for a shorter time.

Cauliflower au Gratin

1 cauliflower
mornay sauce
grated cheese
fresh breadcrumbs
melted butter

Cook cauliflower until tender, drain well. Spread about 1 cup Mornay Sauce in ovenproof dish, place drained cauliflower on top of this. Spoon over 1 cup of Mornay Sauce, or more, if necessary, to cover. Sprinkle with grated cheese and fine, fresh breadcrumbs. Spoon over little melted butter. Cook in hot oven until top is lightly brown.

Mornay Sauce

2 egg-yolks
1 tablespoon cream
1 pint hot white sauce
1 dessertspoon butter
2 tablespoons finely grated cheese

Mix egg yolks and cream into hot white sauce. Cook, stirring constantly, until mixture just reaches boiling point; remove from heat. Stir in butter and grated cheese.

Cauliflower Polonaise

1 cauliflower
boiling salted water
squeeze of lemon juice
2 oz. butter
1 tablespoon grated onion
1 dessertspoon chopped parsley
2 tablespoons breadcrumbs
salt, pepper
3 hard boiled eggs
pinch nutmeg

Trim cauliflower, cook in boiling salted water, with squeeze of lemon juice added, until just tender. Drain, transfer to serving platter, keep warm.

Melt butter in saucepan, add onion, parsley, crumbs, salt and pepper. Cook slowly until onion is soft, and butter browned. Finally add chopped eggs and nutmeg; mix gently, spoon over cauliflower.

Serves 4 to 6.

Celery

Seasonal: Some celery generally available throughout year in eastern States; local celery from November to March, South Australian celery available in winter months.

Trim heads thoroughly—for best results for cooked celery, only the tender inner stalks should be used. Scrub these, plunge into boiling water; cook 10 minutes. Then drain, dry, and tie tops of heads together; cook as desired.

The simplest way to cook celery is to blanch it as above, then continue cooking in boiling salted water until tender (about 20 minutes). Drain, serve with a well-seasoned white sauce.

Don't throw away the discarded leaves and outer stalks—these are a wonderful addition to the stock or soup pot, and young, fresh celery is delicious, of course, to eat fresh or use as a salad ingredient.

Celery Victor

1 head celery
stock
well-seasoned french dressing
freshly ground black pepper
tomato wedges
few strips anchovy
shredded lettuce
ripe olives

Clean celery, cut head in halves lengthwise. Trim off top and if head is large, cut in half again crosswise. Place in saucepan with hot stock to cover, cook until tender. Drain well, place in shallow dish to cool. Pour over sufficient french dressing to moisten well. Refrigerate, turning pieces occasionally. At serving time, arrange on platter on bed of shredded lettuce. Sprinkle with pepper, lay few strips of anchovy over each piece. Decorate with tomato wedges, black olives.

Serves 4 to 6.

Braised Celery

2 small heads celery
1 cup chicken stock
1 tablespoon butter
1 small onion
1 tablespoon flour
paprika
salt, pepper

Trim and blanch celery as directed, drain and tie up. Place in saucepan with chicken stock, cover, bring to boil; simmer until tender. Drain, remove string, keep warm; reserve cooking liquid. Heat butter in saucepan, add finely chopped onion, saute until golden. Blend in flour, gradually add cooking liquid. Cook, stirring, until mixture boils and thickens, adding little extra stock if sauce seems too thick. Season to taste. Spoon sauce over celery, sprinkle with paprika.

Serves 4.

Chilli

See Peppers

Chokoes

Seasonal: Supplies from Queensland available December to February; local chokoes; February to June in eastern States.

Small, young chokoes can be cooked whole, unpeeled, in boiling salted water until tender; do not overcook. Split them, season with salt and pepper, top with knob of butter. Bigger, older chokoes should be peeled, halved, or quartered, the seeds removed; cook and season as above.

Or they can be topped with well-seasoned white or parsley sauce; cheese sauce is also good. Or simply cook them until tender, drain well, sprinkle generously with grated cheese and put them under griller or into hot oven until cheese has melted.

Chokoes can also be cooked in a sugar syrup for dessert. Cooked this way, they very much resemble pears. Peel, halve, and remove seeds. Put into saucepan with water to cover, add few cloves, sugar to taste, and juice of lemon. Cook until tender, then drain and refrigerate. They can be filled into a baked pie shell and the juice, thickened with little arrowroot, poured over.

Chokoes for dessert can also be cooked in pineapple juice with squeeze of lemon added.

Young chokoes can be served as a most unusual and appetising first course at a dinner-party. Peel, cut into halves or

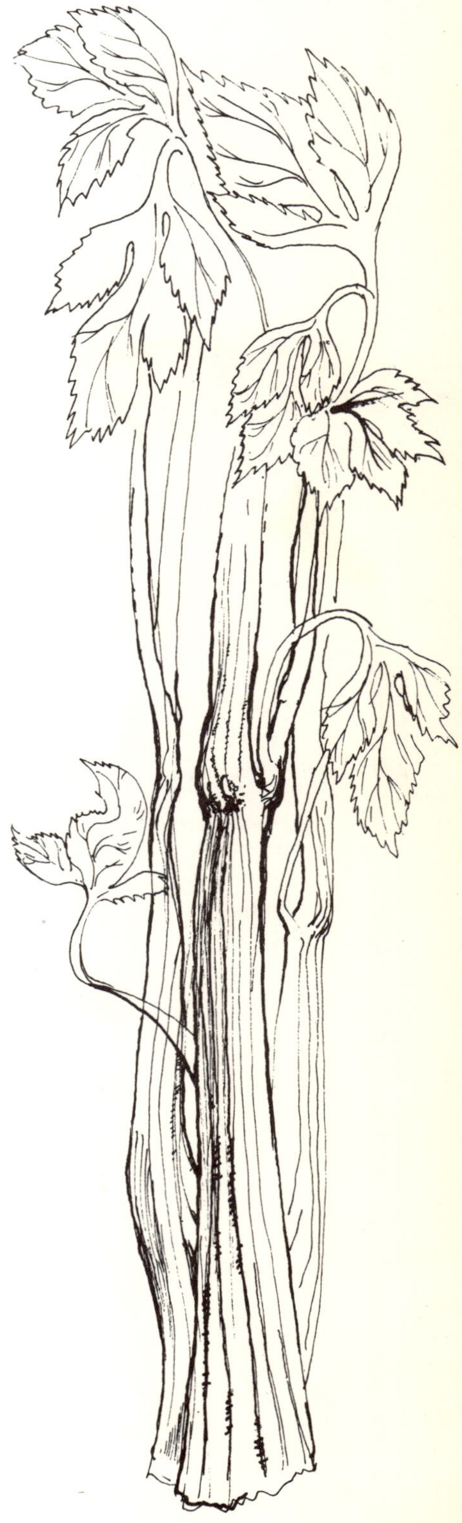

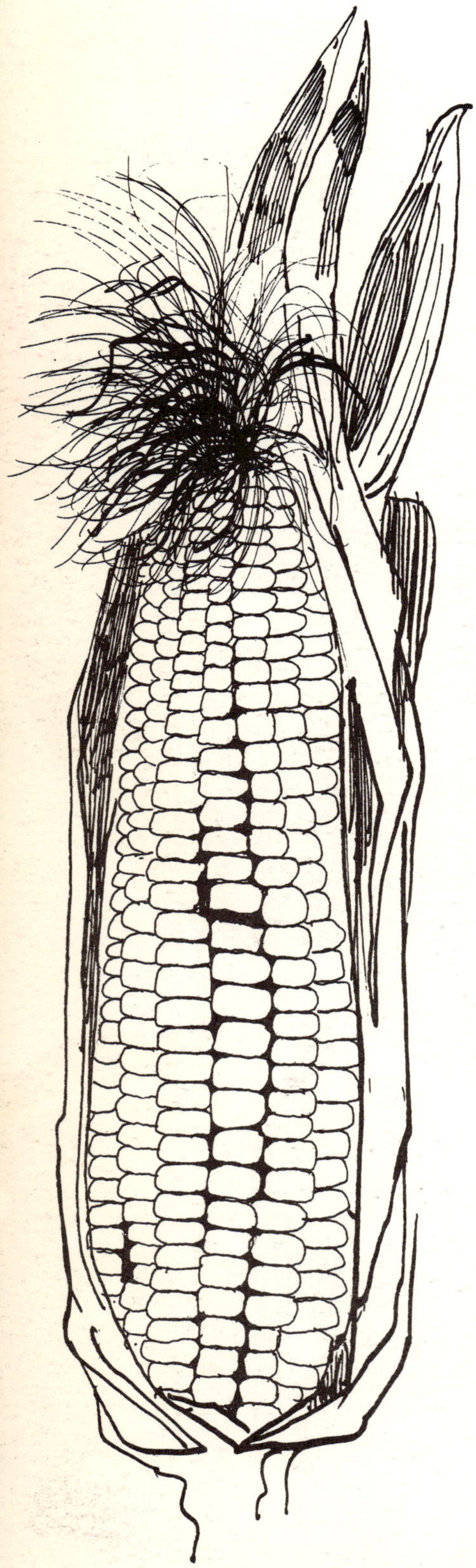

quarters, cook until just tender. Drain, toss in butter, sprinkle with parsley. Serve piping hot.

Or cook as above and, while still hot, toss in well-flavoured french dressing. Cool, then refrigerate. Serve cold, with a little of the dressing spooned over; top with a little finely chopped parsley or chives.

Corn

Seasonal: December to April.

Corn deteriorates more rapidly after picking than any other vegetable. The sugar in the corn rapidly converts to starch. Freshly picked young corn is sweet to taste; corn which has been picked for some time develops a floury taste. Ideally, corn should be cooked as soon as possible after picking. Look for corn with dark green, fresh husks, with plump, well-filled kernels. Fresh corn looks moist and juicy; if you scratched a grain with your fingertips it would be soft. Old corn looks hard and dull. Do not buy corn that has had the husks removed.

Do not remove husks until ready to cook the corn. Have ready a deep saucepan filled with boiling water; water should be deep enough to cover cobs when they are in saucepan. Salt can be added to the water, but some cooks believe this tends to toughen the kernels; instead, they add a little sugar. Remove green leaves and the silky 'hair' from cobs, drop cobs into the boiling water, let water return to the boil, then cook for 20 minutes. Overcooking will toughen the kernels; the corn becomes harder, not softer, through longer boiling.

Lift cobs from water with tongs. Serve with butter and pepper.

Corn is also good for a barbecue. Remove husk and silk from corn. Spread cobs generously with softened butter, season well with salt and pepper. Wrap each cob in a double thickness of aluminium foil, twisting or folding ends to make a seal. Place on grill of barbecue over hot coals. Cook, turning often, 15 to 20 minutes, depending on heat of fire.

Or cobs can be boiled for 10 minutes, removed from the water, and brushed generously with melted butter; then barbecued on grill over hot coals for 10 minutes, and brushed occasionally with melted butter.

Cucumbers

Although generally used as a salad vegetable, cucumbers are excellent when cooked and served hot.

Buttered Cucumbers

2 to 3 cucumbers
boiling salted water
2 tablespoons melted butter
salt, pepper
lemon juice
2 tablespoons chopped parsley

Peel cucumbers, score them with fork. Cut into quarters, lengthwise, or into ½ inch slices. Drop into boiling salted water, simmer 2 minutes, drain.

Melt butter in frying pan, add well-drained cucumber, sprinkle with salt and pepper. Cook, turning once, until cucumbers are lightly golden; do not overcook. Add a good squeeze of lemon juice, stir this lightly through cucumbers. Sprinkle with parsley.

This is a delicious accompaniment to fish.

Cucumbers in Sour Cream

2 medium cucumbers
1 tablespoon salt
1 tablespoon vinegar
1 cup sour cream
2 tablespoons chopped chives
salt, pepper to taste
pinch cayenne

Peel cucumbers and slice thinly. Sprinkle slices with salt and vinegar, let stand 30 minutes. Drain off liquid, and mix cucumber with sour cream, chives and seasonings to taste. Serve well chilled. Excellent as a curry accompaniment.

Serves 4 to 6.

Eggplant

Seasonal: December to June for local product; some supplies from Queensland throughout year.

Also known as aubergine. To prepare for cooking, simply wipe with damp cloth and remove stem and calyx. Can be peeled or left unpeeled. Eggplant is a watery vegetable; if cut into thick slices, salted, and covered with plate with weight on top, some of the excess moisture will drain away.

When frying eggplant, do not cover pan—the slices should be crisp.

Cut unpeeled eggplant crosswise in thin slices. Coat lightly with seasoned flour, fry in hot butter until pale golden brown. Serve piping hot as vegetable accompaniment with meat, fish, etc.

Mild, sweet peppers (or capsicums) come in a variety of plain and variegated colours —red, green, yellow; shown, also, is the rarer creamy-white pepper. Yellow-green Banana Chillies (mild as peppers) and the small, hot red chilli are also shown

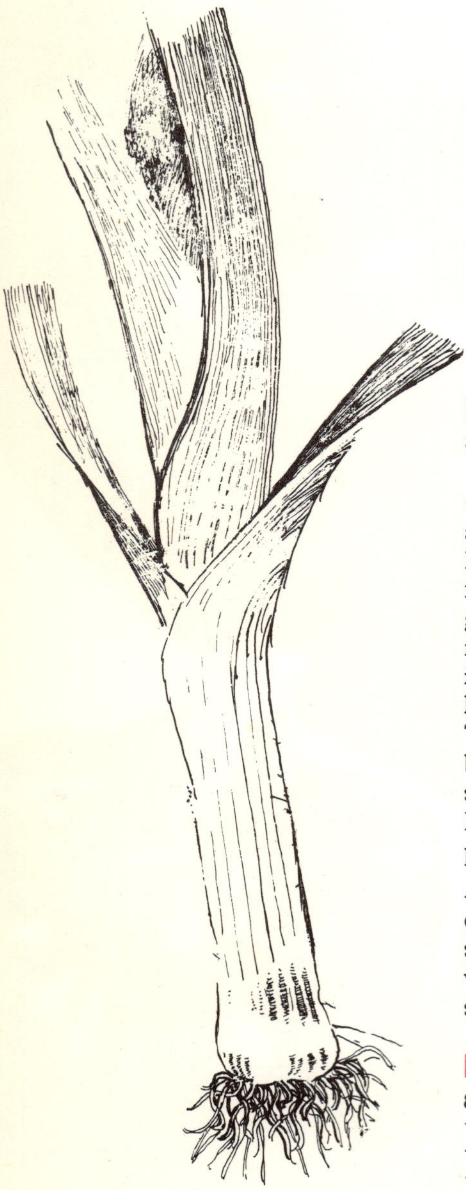

Kale

Seasonal: Available in Eastern States March to May.

This is a vegetable of the cabbage family. The leaves are closely curled, prettily variegated in colours of green, white, and mauve.

Cut leaves from heavy stems, wash well. Cook as for spinach over gentle heat, but allow slightly longer cooking time. Drain, season with a little grated nutmeg, top with butter.

Kale can also be substituted in any recipe that calls for spinach.

Kohlrabi

Seasonal: Winter months, May to August.

Looks like a turnip and has similar taste, but more delicate grain. Actually, is a member of the cabbage family. Select leaves that are pale green and crisp, roots about the size of medium-sized onion. Trim off leaves, peel roots, slice. Cook in boiling salted water to cover until tender, about 25 minutes. Drain, season with salt, pepper, melted butter, or serve with a medium white sauce.

Leeks

Seasonal: January to August.

Cut off roots, trim green tops, leaving about 3 in. of green part. Peel off outside layer, then make 2 cuts, about 2 in. long, first one way and then the other, on top of green parts of leek. This makes it easy to ruffle back the tops when washing. (This is essential because all particles of grit lying between leaves must be removed.) Then place leeks in saucepan with little boiling salted water. Cover, bring to boil, simmer until tender (40 to 50 minutes). Drain well, season with salt and pepepr, pour over little melted butter.

Leeks Vinaigrette: Cook leeks as directed, drain and cool. Serve with vinaigrette sauce (three parts oil mixed with one part vinegar, with salt and pepper to taste), sprinkle with chopped parsley or chives.

Braised Leeks

8 small leeks
1 tablespoon butter
1 small onion
1 cup chicken stock
salt, pepper
slices of buttered toast

Wash leeks thoroughly and trim. Melt butter in wide shallow saucepan, add chopped onion, saute until soft and golden. Add leeks, pour in stock; add salt and pepper. Cover, simmer until leeks are just tender. Serve on slices of buttered toast.

Serves 4.

Lettuce

Widely used as a salad vegetable, lettuce can also be cooked to serve as a green vegetable. Remove wilted leaves, wash lettuce under running water. Cut heads into quarters. Put into saucepan with a little chicken stock (about 2 tablespoons for each medium-size lettuce). Cover, cook until tender, about 5 to 10 minutes. Drain, season with salt and pepper, pour over a little melted butter.

Steamed Lettuce with Blue Cheese

2 small lettuce
3 oz. butter
1½ oz. blue cheese
boiling salted water
salt, pepper

Remove outer leaves and core from lettuce, run water through lettuce until thoroughly washed. Cut in halves, keeping leaves intact. Place in large saucepan with approximately $\frac{1}{2}$ in. boiling salted water. Steam, covered, for 2 minutes. Carefully drain, place on shallow serving plate, keep warm. Melt butter in saucepan, add crumbled cheese, season with pepper. Cook gently just until cheese melts. Add a little salt, if necessary. Pour over lettuce.

Serves 4.

Marrow

Peel marrow, cut into neat pieces, cook in boiling salted water until just tender. Or steam over boiling water. Serve topped with butter or parsley sauce. Marrows can also be filled with a savoury stuffing and baked in the oven.

Stuffed Vegetable Marrow

1 medium vegetable marrow
1½ cups cold cooked meat
¼ cup diced cooked vegetables
1 tomato
1 cup white sauce
salt, pepper
1 dessertspoon chopped parsley
¼ cup grated cheese
¼ cup soft breadcrumbs
1 dessertspoon butter

Cut marrow in half lengthwise, do not

peel, remove seeds. Mince or dice meat finely, skin and chop tomato. Combine meat, vegetables, tomato, white sauce, salt, pepper and parsley; fill into each half of marrow. Sprinkle tops with combined cheese and breadcrumbs, dot with butter. Place marrow in baking dish with small quantity of water in bottom of dish, bake in moderate oven for approximately 45 minutes or until tender.

Serves 4.

Mushrooms

Classified as a fungus rather than a vegetable, but used as a vegetable they are delicious! Two kinds of mushrooms are generally available — the cultivated mushroom, pink-brown underneath with creamy-white top; and the darker, generally larger and more open-capped field mushroom, which grows wild.

Mushrooms should be used when they are fresh. From the time they are picked, they gradually lose weight by dehydration; they contain 75 percent of water.

To help cut down evaporation, if they are to be kept, store in plastic bag, or well wrapped in plastic food wrap or waxed paper, in refrigerator. Don't try to keep them too long—a week is maximum, if they are to have any flavour.

Before cooking, wash mushrooms lightly. Don't let them soak in water, because this dilutes their flavour. For cultivated mushrooms, a wiping with clean, damp cloth is generally sufficient.

To prepare, slice off dry end of stem. It is not necessary to peel the cultivated mushrooms, but you might like to remove darker skin of field mushroom before cooking. They can be sliced, if large, or left whole.

Here is a simple way of cooking mushrooms.

Prepare as directed above. Saute in heated butter until barely tender (about 5 minutes). Add squeeze of lemon juice to pan, with a small clove of crushed garlic, some chopped parsley, salt and pepper. Cook a further moment or two. Nice with grills.

Stuffed Mushrooms

½ lb. small mushrooms
2 oz. butter
1 small clove garlic
salt, pepper
1 dessertspoon chopped parsley
3 shallots
2 tablespoons soft breadcrumbs, approx.
oil

Wash and stem mushrooms; chop stems finely. Melt butter in frying pan, add stems and crushed garlic, saute 2 minutes. Add salt and pepper to taste, parsley, and chopped shallots; cook gently 1 minute. Remove from heat and add enough breadcrumbs to mix to a light stuffing.

Fill mushroom caps with this mixture, spreading evenly. Place in shallow well-greased ovenproof dish, pour 1 teaspoon oil over each mushroom. Bake in moderate oven 10 to 15 minutes. The mushrooms should not be over-cooked.

Serve as a first course or as an accompaniment to meat.

Mushrooms à la Greque

½ cup olive oil
½ cup vinegar
½ lb. mushrooms
salt, pepper
1 bayleaf
2 cloves garlic
chopped parsley

Slice mushrooms thickly, fry in hot oil. Add vinegar and seasonings. Simmer, uncovered, 15 minutes. Cool. Serve as an hors d'oeuvre, with a little of the liquor poured over; sprinkle with chopped parsley.

Okra

Seasonal: Available in eastern States in January and February.

Also known as Gumbo, Ladies' Fingers, or Bunya Bean. A glutinous vegetable, popular in America, okra is said to have been brought in slave boats from the Congo to the West Indies, thence to America.

Select fresh young pods that are crisp to the touch and break easily. Wash, remove stems carefully. Slice ½ in. thick, or leave young pods whole. Cook in boiling salted water just to cover, 15 to 20 minutes, or until tender. Drain; return to saucepan and swirl in knob of butter; season with salt, pepper, squeeze of lemon juice.

Young okra pods can also be steamed. Place in colander over boiling water. Cover, steam until tender. Serve hot with melted butter.

Onions

A versatile vegetable, they adapt themselves well to almost all ways of cooking. Can be sliced and fried to top a succulent grill; baked whole with the joint; boiled and served with parsley sauce; or can be chopped, boiled, and added to a savoury white sauce to top corned beef.

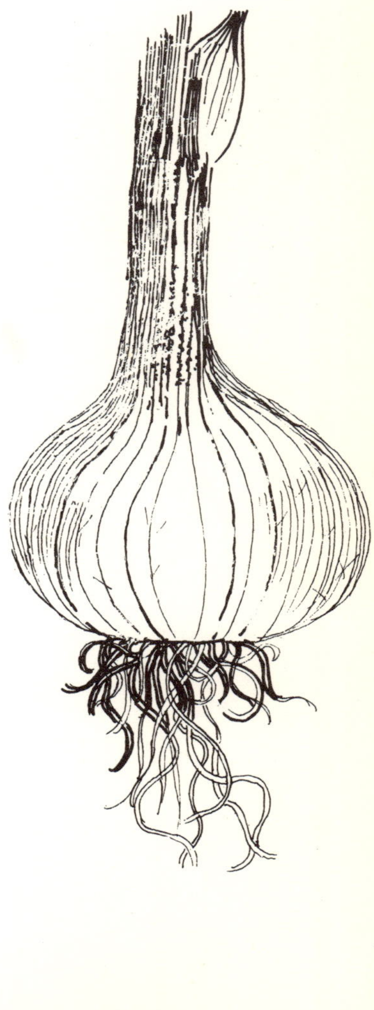

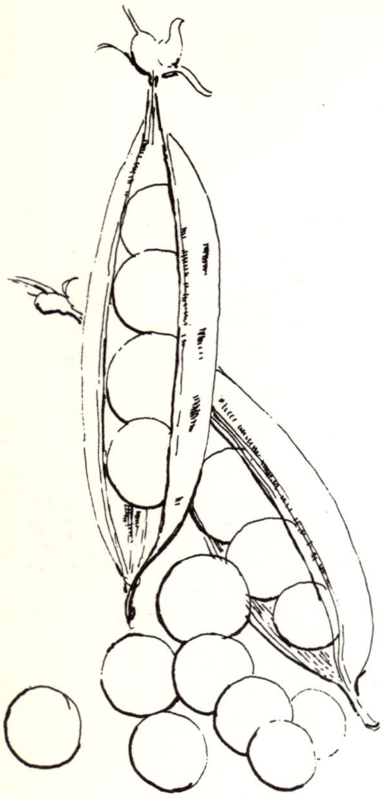

Fried Onion Rings

4 onions
1 cup plain flour
1 cup milk
1 egg
¼ teaspoon salt
oil for frying

Skin onions, slice thinly, separate into rings. Put into bowl, add the milk, let stand 1 hour. Drain, reserve milk. Beat egg well, beat in reserved milk, salt and sifted flour. Dip each onion ring into batter, drop into hot oil a few rings at a time so heat of oil does not decrease. Fry until golden brown. Drain well, sprinkle with salt.

Stuffed Onions

4 large onions
1 clove garlic
1 stick celery
1½ teaspoons oil
1 teaspoon thyme
½ cup dried breadcrumbs
2 tablespoons grated parmesan cheese
salt, pepper
2 tablespoons melted butter

Peel onions, cut off top ¾ of the way up onion. Cut out enough of the inside to leave a shell about ¾ in. thick. Salt the cavities well and let the onions stand while making the stuffing. Chop onion pulp finely with crushed garlic and celery. Fry slowly in oil for 5 minutes, then add thyme, breadcrumbs, cheese, salt and pepper to taste. Mix thoroughly, fill the onions; stand them flat in an ovenproof dish in which there is the melted butter and a little salt and pepper. Cover and bake in moderate oven 1 hour, or until onions are tender.

Spoon over the juices in base of the casserole.

Parsnips

Wash, trim, and peel. Slice, if desired, or leave whole. Cook in small amount of boiling salted water until tender (about 25 to 30 minutes for whole parsnips—sliced parsnips will not take as long). Drain, season with salt and pepper, pour over little melted butter.

Parsnips are also delicious if baked around a roast. Peel parsnips and cut in halves, lengthwise. Place in baking dish with meat, spooning little of hot fat from pan over each. Bake about 45 minutes or until tender and browned.

Parsnip Croquettes

1 lb. parsnips
¾ cup milk
1 oz. butter
2 to 3 tablespoons finely chopped chives or shallots
1 small egg
2 rashers bacon
2 tablespoons plain flour
salt, pepper
seasoned flour
egg glazing
dried breadcrumbs
oil for frying

Remove rind from bacon, cut bacon into small pieces. Fry until crisp, drain, set aside. Peel parsnips, cut into small pieces; put into saucepan with milk. Simmer, covered, until parsnips are tender and liquid is almost absorbed; mash. Add butter, chopped shallots, egg, plain flour, and bacon. Season with salt and pepper, mix well. Drop tablespoonfuls of mixture into seasoned flour, shape into croquettes; roll in flour, dip in beaten egg, toss in dry breadcrumbs. Press crumbs firmly on to croquettes. Refrigerate 1 hour. Deep fry in hot oil until golden brown.

Makes approx. 1½ dozen small croquettes.

Peas

Shell peas just before cooking, place in saucepan with small amount of boiling salted water. Add salt, little sugar, and sprig of mint; cook until peas are tender. Cooking time will depend on age of peas, but is usually from 15 to 20 minutes. Drain, season with salt and pepper; add nut of butter; serve at once.

Peas Bonne Femme

1 heart of lettuce
1½ to 2 lb. peas
1½ oz. butter
2 rashers bacon
6 shallots
1 dessertspoon flour
1½ cups chicken or vegetable stock
bouquet garni
salt, pepper

Shred lettuce finely, shell peas. Melt butter in saucepan, add sliced shallots and chopped bacon, shake over heat until shallots are wilted. Stir in flour, cook 2 to 3 minutes, then add lettuce. Pour on stock, bring mixture to boil, add peas, bouquet garni, salt and pepper. Cover, cook gently 20 to 30 minutes, stirring frequently. Remove bouquet garni.

Serves 6 to 8.

At top, Butter Nut Pumpkin; below, Squash. These are two of the more unusual vegetables which you may not have tried. You'll like their good flavour.

Peppers

Generally available all year round; more expensive in winter months.

Size of pepper usually indicates how to use it in cooking. Small pointed varieties (chillies) are very hot. Like garlic, a small amount goes a long way in seasoning casseroles, pickles, relishes etc. Banana chillies are long, pale greenish-yellow in colour, are mild in flavour, like the big red and green peppers (or capsicums). Peppers can be used in many dishes; they add flavour to casseroles, and are a popular, colourful addition to salads.

To prepare peppers for cooking, remove slice from stalk end, scoop out seeds and membranes. Young, tender peppers can be used fresh, but older peppers should be blanched in hot water for 2 to 3 minutes to soften.

Perhaps the most popular way of using peppers is to stuff them with a savoury mixture and bake them; they make an easy, economical dish.

Stuffed Peppers

4 green peppers	½ cup chopped celery
1 tablespoon oil	1 lb. hamburger mince
2 oz. butter	1 cup cooked rice
salt, pepper	
1 small onion	

Cut tops from peppers, or cut peppers in half lengthwise; remove seeds and membranes. Place peppers in boiling water with oil, boil 5 minutes; drain well. Season inside of peppers with salt and pepper. Heat butter, add finely chopped onion and celery, saute until tender; add meat and rice, season with salt and pepper. Cook, stirring constantly, until meat changes colour.

Place meat mixture into pepper halves, place in shallow baking dish, cover. Bake in moderate oven 30 to 40 minutes, serve at once.

Serves 4.

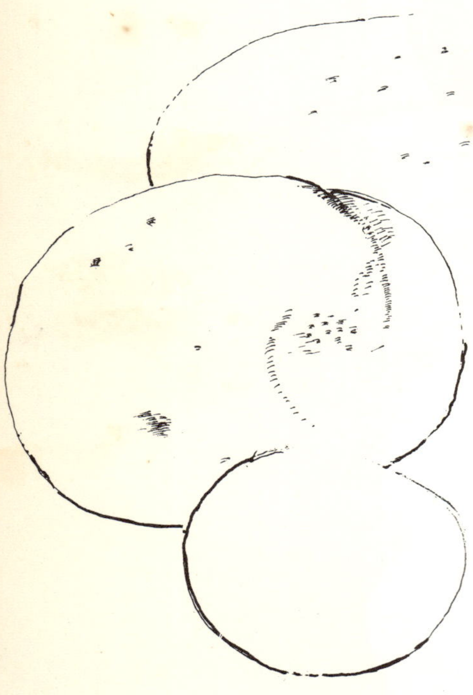

Potatoes

A staple in the diet of most Australians, and a source of substantial nourishment. They are eaten boiled, baked, roasted and fried—there are a hundred different methods of cooking them.

New Potatoes: Scrub well before cooking. Cook in boiling salted water to which a sprig of mint has been added until tender, 15 minutes or a little longer, depending on size. (Don't add too much mint, this darkens the potatoes.) Drain, peel potatoes, return to pan, toss in butter, sprinkle with a little finely chopped mint. Or, as the skins on new potatoes are very thin, some cooks prefer to serve them unpeeled; just cut them in half for serving, top with a little butter and mint.

Baked Potatoes: Choose potatoes of uniform size so they will finish cooking at the same time; scrub skins well, prick several times with a fine-tined fork. Rub over well with oil (this will ensure a crisp skin), sprinkle with salt. Bake in moderately hot oven 45 minutes to one hour, depending on size of potatoes; the skins should be crisply brown.

Remove from oven, make 2 cuts in top of each potato, forming a cross. Press sides of each potato so it opens out. Top each with knob of butter and sprinkling of salt and freshly ground pepper.

If desired, add sprinkling of chopped chives or parsley, spoonful of thick sour cream or sprinkling of grated parmesan cheese.

Alternatively (and this is a delicious first course at a dinner party) scoop out inside of cooked potato carefully, mash well, mix with some caviar and enough sour cream to give a firm but rather creamy consistency. Spoon back into potato jacket.

Pommes Dauphinoise

2 lb. potatoes	few onion slices
salt, pepper	1 cut clove garlic
nutmeg	4 tablespoons grated gruyere cheese
1 egg	butter
1 cup milk	

Peel potatoes, slice thinly. Arrange in ovenproof casserole, sprinkle with salt, pepper, grated nutmeg. Heat milk with onion slices and garlic, strain, combine with beaten egg; pour over potatoes. Sprinkle with cheese, dot with butter. Bake in moderate oven 45 to 50 minutes, or until potatoes are soft when tested with skewer.

Serves 4 to 6.

Paprika Potatoes

3 oz. lard or butter	2 tablespoons milk
3 shallots	1 cup sour cream
2 lb. potatoes	1½ teaspoons paprika
salt, pepper	

Peel and wash potatoes, cut into 1in. cubes. Heat lard in large frying pan, add potatoes; cover and cook over low heat, stirring occasionally, until potatoes are tender and lightly golden brown. Add chopped shallots, cook few minutes longer; season with salt and pepper. Mix together sour cream, milk, and paprika, add to potatoes. Heat slowly over low heat (do not boil). Serve immediately.

Serves 4.

Potato Scallops

1 lb. potatoes	1 egg
boiling water	1 tablespoon oil
2 cups plain flour	1 to 1¼ cups hot water
	½ teaspoon salt

Peel potatoes, wash well. Cut into slices ¼ in. thick. Place in heatproof basin, cover with boiling water, let stand 1 hour.

Meanwhile, prepare batter. Sift flour and salt into basin. Make a well in centre, add beaten egg and oil; beat in enough hot water to make a fairly thick coating batter. Beat until smooth.

Drain potatoes, pat dry. Coat each slice well with batter, deep-fry in hot oil, a few at a time, until batter is golden brown and crisp. Drain on kitchen paper, sprinkle with salt.

Potatoes Anna

2 lb. potatoes
water
salt, pepper
approx. 4 oz. butter
parsley

Peel potatoes, slice as thinly as possible. Drop them into iced water, let them stand 30 minutes. Drain, dry well. Take round mould or small baking dish, butter generously. Place layer of potatoes in base, spread over some softened butter. Repeat layers of potatoes and butter, ending with butter; sprinkle each layer with salt and pepper. Bake in hot oven 45 to 55 minutes, or until potatoes are soft when tested with thin skewer. To serve, invert on to serving dish. Garnish with parsley.

Serves 4.

Brandied Potatoes

1 lb. potatoes	1 large onion
½ cup brandy	chopped parsley
1 teaspoon salt	salt, pepper
2 oz. butter	

Peel potatoes, cut into ¼ in. slices. Place in large frying pan and pour brandy over. Cook over medium heat, uncovered, until all liquid has been absorbed, turning once. Sprinkle with salt, add butter, then saute potatoes until golden brown on both sides. Add chopped onion halfway through the browning process; drain well. Serve seasoned with salt and pepper and topped generously with parsley.

Serves 2 to 3.

Duchesse Potatoes

3 lb. potatoes	salt, pepper
4 egg-yolks	nutmeg
2 oz. butter	melted butter

Peel potatoes, boil in salted water until tender, then drain well, mash or push through strainer. Place in bowl, season with salt, pepper and nutmeg; add yolks and softened butter, work to smooth paste. Place in piping bag with star tube, pipe small pyramids on greased baking sheets. Brush with little melted butter. Bake in hot oven until tipped with brown.

Serves 6 to 8.

Pumpkin

Although pumpkin is readily available in most countries, Australia is one of the few to consider it seriously as a vegetable. Correctly prepared, pumpkin is a perfect accompaniment to roast lamb and other meats.

To save time and effort—as well as to retain nutriment and flavour, cook pumpkin with skin on. Then, before serving, remove the fine green skin layer.

Several varieties of pumpkin are available; one becoming increasingly popular is the Butter Nut or Butter Pumpkin, available around January/February. Peel, cut in half, remove seeds; cut into smaller pieces if the pumpkin is large. Boil or bake in usual way for pumpkin.

Spinach

Should be thoroughly washed before cooking and every speck of dirt removed. Can be cooked in either of the following ways:

Wash spinach thoroughly. One popular variety of spinach has rather coarse white stems; these should be cut out before cooking. Place spinach in saucepan with only the water clinging to leaves. Cover tightly, cook until tender. Drain, pressing out all moisture, return to pan with salt, pepper, and squeeze of lemon juice. Shake over heat 2 or 3 minutes before serving.

Alternative Method:
Wash spinach thoroughly as directed above; remove white stems. Cook in plenty of boiling salted water until tender (10 to 12 minutes). Drain, press out all water, chop finely. Season with salt and pepper, then return to pan, with little butter, shake over heat 2 or 3 minutes.

Unless water is pressed out of spinach after cooking, it will have a dark colour.

Squash

Cook like marrow. Or the round, white-skinned squash can have the centre cut out, filled with savory stuffing, and baked.

Acorn or Baby Squash: A vegetable with delicious fresh flavour, should be more widely enjoyed. Trim stems, do not peel. Cook whole, in boiling salted water to cover, 15 to 20 minutes, depending on size. Split in half if desired or serve whole; season with salt, pepper, top with knob of butter.

Butter Squash: With deep yellow or green or brown striped skin—is cooked in similar way; slightly sweeter in flavour.

Sweet Potato

This is an edible tuber resembling an ordinary potato in appearance but with a sweetish flavour. Sweet potatoes are also known as yams. They can be boiled or baked, and are delicious if simply scrubbed and baked in their jackets; this will take 1 to $1\frac{1}{2}$ hours, depending on size. When cooked, serve them split open and topped with a pat of butter.

They can also be peeled, quartered, or halved and cooked with roast meat in the same way as ordinary potatoes.

Peel them just before cooking; if left to stand after peeling, their colour rapidly darkens.

Tomatoes

Should be washed thoroughly before use. Some recipes require peeled tomatoes. This is quite simple; place tomatoes in bowl, pour over sufficient boiling water to cover. Leave a moment, then drain and plunge into cold water. Skins will slip off easily.

Other recipes require juices and seeds to be discarded and only firm flesh of tomato used. To remove juices and seeds, halve tomatoes, squeeze out seeds and juice into basin. Strain juice, if desired, and use in place of some of liquid in recipe.

Baked Tomatoes

6 large tomatoes
1 onion
salt, pepper
1 teaspoon sugar
2 to 3 tablespoons chopped parsley
soft white breadcrumbs
1 oz. butter

Peel tomatoes, cut into firm slices. Arrange layer of tomatoes in greased ovenproof dish. Sprinkle with salt, pepper, finely chopped or grated onion and parsley. Top with another layer of tomatoes, sprinkle over any remaining onion, parsley etc. Top with layer of breadcrumbs, dot with butter. Bake in moderately hot oven about 20 minutes. Delicious with roast meats.

Serves 4 to 6.

Tomato Concassé

1 lb. tomatoes
2 shallots or
1 small onion
1 clove garlic crushed
butter
salt, pepper

Plunge tomatoes into boiling water, then into cold water. Skin, seed and chop. Chop shallots or onion finely. Saute shallots in little hot butter until softened, but not browned. Add tomatoes, garlic, salt and pepper to taste. Simmer gently, pressing mixture with fork occasionally.

Serve over chops, steaks or sausages; delicious as filling for omelets.

Turnips

Young, small turnips can be washed, peeled, and cooked whole in boiling salted water to cover until soft (about 30 minutes). Bigger turnips can be cut into large dice or halved. Drain them well, toss in a little butter and serve sprinkled with chopped parsley.

Swede Turnips: Peel, dice or cut into quarters and cook as above. They are best served mashed with salt, pepper, and a little butter.

Zucchini

Seasonal: October to May.

Small Italian marrows; French name is courgettes. Delicately and delightfully flavoured. To prepare, trim stems. Young, small zucchini can be cooked whole and unpeeled in boiling salted water until just tender. Serve with butter. Or, when cooked, slice and mix with some finely chopped mushrooms which have been sauteed until tender in a little butter.

Zucchini with Mushrooms

1 lb. zucchini
4 oz. mushrooms
1 large onion
2 tablespoons chopped parsley
1 clove garlic
2 oz. butter
salt, pepper

Cut zucchini diagonally into 1 in. slices, crush garlic, slice mushrooms, chop onion. Melt butter in large frying pan, add vegetables, saute until golden brown and tender. Season with salt and pepper. Sprinkle with chopped parsley and serve

SEASONINGS FOR VEGETABLES

Aubergine	Basil, dill, garlic, marjoram, oregano, rosemary.	**Celery**	Basil, onion, parsley, tarragon.
Beetroot	Celery or caraway seeds, dill, mustard, tarragon, thyme.	**Green Beans**	Basil, chilli powder, garlic, nutmeg, onion, tarragon, thyme.
Broccoli	Basil, garlic, lemon, mustard, nutmeg, onion, oregano.	**Mushrooms**	Basil, chives, garlic, parsley.
Brussels Sprouts	Basil, celery seed, curry powder, lemon, mustard, oregano.	**Peas**	Chives, mint, garlic, onion.
Cabbage	Dill, onion, nutmeg, chives, parsley, tarragon.	**Peppers**	Basil, garlic, onion, oregano.
Carrots	Bayleaf, basil, curry powder, garlic, ginger, mint, nutmeg, onion, parsley, rosemary, thyme.	**Spinach**	Basil, garlic, lemon, nutmeg, onion, rosemary.
Cauliflower	Basil, caraway seed, chives, mace, lemon, oregano, parsley, rosemary.	**Tomatoes**	Celery salt, chives, garlic, onion, oregano, parsley, tarragon, basil.

SALADS

Salads can be a light, colourful accompaniment to a main meal, or substantial enough to be a main meal in themselves. All types of salad recipes are given here—old favourites, such as coleslaw, rice, potato—as well as wonderful new salads. And we've given a selection of good-tasting salad dressings

Classic Green Salad

1 lettuce
salt, pepper
french dressing

Wash lettuce, dry thoroughly; place in plastic bag in refrigerator to crisp. At serving time, tear into small pieces; place in salad bowl. Sprinkle with salt and pepper; pour over sufficient dressing to moisten, then toss lightly.

There should be just enough dressing to lightly coat each leaf.

The classic green salad uses lettuce only; however, other greens—endive, young spinach, etc.—can be added for contrasting colours of green.

Prawn and Rice Salad

2 medium onions
1 oz. butter
4 oz. mushrooms
extra 2 oz. butter
½ lb. long grain rice, cooked
1 cup cooked peas
1 green pepper
2 tablespoons chopped parsley
4 oz. ham
1 lb. prawns
french dressing
shredded lettuce
sliced tomatoes and cucumber

Saute finely chopped onions in heated butter until lightly browned; remove from pan. Add extra butter to pan. Fry sliced mushrooms in this until tender (about 3 minutes). Spoon onion and mushroom mixture into rice, adding pan juices as well. Mix in peas, chopped green pepper, parsley, chopped ham and shelled prawns (reserving about 1 dozen with tails still on for garnishing).

Mix together lightly, pour over enough french dressing to moisten; mix lightly. Arrange rice in ring on large platter. Surround with shredded lettuce and alternate slices of tomato and cucumber. Fill centre of ring with shredded lettuce, arrange reserved prawns in crown shape on top of rice ring.

Serves 4 to 6

Creamy Potato Salad

2 lb. potatoes
¾ cup french dressing
¾ cup sliced celery
few chopped green shallots
1 cup mayonnaise
½ cup sour cream
1½ teaspoons prepared mustard
salt
¾ cup diced cucumber

If using old potatoes, peel and cook until tender but still firm; if new potatoes, cook in their jackets and peel when cooked. Slice potatoes or cut into large dice while still warm. Put into bowl, pour over the french dressing, toss gently to coat potato pieces. Let stand 1 hour. Add celery and shallots. Combine mayonnaise, sour cream, and mustard, blend well; mix into potato, together with salt to taste; refrigerate. Just before serving, mix in the cucumber.

Serves 4 to 6

Indian Curry Salad

½ cup french dressing
½ teaspoon worcestershire sauce
salt, pepper
1½ teaspoons curry powder
1 green pepper
½ small cauliflower
¼ lb. long grain rice, cooked
2 lb. prawns
2 cups sliced celery
2 small onions, finely sliced

In basin combine french dressing, worcestershire sauce, salt, pepper and curry powder. Cut cauliflower into small flowerets (there should be enough to make 2 cups), mix with cooked, drained rice; pour the combined dressing over and marinate 1½ hours, stirring occasionally. Shell prawns, cut into ½ inch pieces. Cut green pepper into thin 2 in. strips. Stir remaining vegetables and prawns into rice. Refrigerate until required.

Serves 6 to 8

Delicious Garden Salad

½ small cauliflower
1 large onion
1 cucumber
1 large green pepper
1 large red pepper
1 teaspoon paprika
2 teaspoons sugar
½ bunch young spinach
1 teaspoon thyme
½ cup french dressing
salt, pepper

Soak cauliflower in salted water 30 minutes, wash, and drain, trim off leaves and stems leaving small flowerets. Dice onion and unpeeled cucumber; cut green and red peppers into thin strips. Wash and dry spinach, remove stalks, roughly chop leaves (this should give 2 cups). Combine prepared vegetables with remaining ingredients, toss lightly with fork. Refrigerate well before serving.

Serves 6 to 8

Haricot Bean Salad

1 lb. haricot beans
boiling salted water
2 oz. green olives
1 clove garlic, crushed
½ cup french dressing
½ cup chopped parsley
salt, pepper
2 oz. black olives

Cover beans well with water, allow to stand overnight. Drain, add to boiling salted water, boil 1 to 1½ hours or until tender, drain well; allow to become cold. Pit and slice green olives, add to beans with garlic, dressing and parsley. Season with salt and pepper, toss lightly to combine. Garnish with black olives. Refrigerate before serving.

Serves 6

Chicken Salad with Lychees

3½ lb. chicken, steamed
1 cup chopped celery
1 cup chopped green pepper
20 oz. can lychee nuts
¾ cup french dressing
salt, pepper
salad greens

Mayonnaise Dressing

¾ cup mayonnaise
¼ cup sour cream
2 teaspoons curry powder
2 tablespoons grated onion
2 tablespoons chopped parsley

Remove meat from chicken, chop into cubes. Add celery and green pepper, season with salt and pepper. Add french dressing, toss until all ingredients are lightly coated. Refrigerate ½ hour, tossing occasionally.

Heap chicken salad on to serving platter. Drain lychees, arrange on top of salad. If desired, some canned mandarin segments can be used for garnish; slip one segment into each lychee nut. Serve with salad greens. Serve the mayonnaise dressing separately to spoon over individual servings.

Mayonnaise Dressing: Blend together all ingredients. Refrigerate until well chilled.

Serves 6

Home-Style Potato Salad

2 lb. potatoes
2 medium carrots
1 dessertspoon finely chopped onion
¾ cup cooked peas
1 teaspoon finely chopped mint
½ cup mayonnaise
pinch cayenne pepper

Peel and dice potatoes and carrots. Cook in boiling salted water until tender; drain and allow to cool. In a basin combine onion, mint, cayenne, and mayonnaise, mix well; fold in potatoes, carrots, and cooked peas. Refrigerate before serving. Spoon servings into crisp lettuce leaves.

Serves 6

Party Chicken Salad

¼ lb. mushrooms
½ cup french dressing
2 small lettuce
1 steamed chicken (3½ lb.)
1 small can artichoke hearts
1 small red pepper
½ lb. sliced cooked green beans
salt, pepper
2 oz. slivered almonds

Slice mushrooms thinly, place in shallow dish. Pour french dressing over, stand 1 hour, stirring occasionally. Wash and drain whole lettuce, discarding outer leaves. Cut each lettuce crossways into 6 wedges, arrange in base of large deep salad bowl. Discard bones and skin of chicken, chop meat roughly. Drain and lightly wash artichoke hearts, slice pepper into thin strips.

In separate basin, combine chicken meat, artichoke hearts, cooked beans, strips of pepper, mushrooms and dressing. Toss lightly, adding salt and pepper to taste. Refrigerate until ready to serve. Toast almond slivers under griller until lightly brown, remove from heat. To serve, spoon chicken mixture over lettuce in large salad bowl, toss lightly. Sprinkle over toasted almonds.

Serves 6

Waldorf Salad

3 red skinned eating apples
juice of 2 lemons
6 sticks celery
2 oz. chopped walnuts
lettuce leaves
mayonnaise

Core and dice unpeeled apples, sprinkle with lemon juice. Add sliced celery and walnuts. Toss together with enough mayonnaise to moisten thoroughly. Pile into salad bowl lined with lettuce leaves.
Serves 4 to 6

Caesar Salad

2 small lettuce
1 oz. butter
1 clove garlic, crushed
2 slices bread
2 rashers bacon
grated parmesan cheese
chopped parsley

Dressing

⅔ cup french dressing
1 teaspoon salt
1 coddled egg
1 teaspoon prepared mustard

Wash lettuce well, discard tough outer leaves. Tear leaves into pieces, mix with dressing. Cut bread into ½ in. cubes. Brown cubes with garlic in hot butter. Cook chopped bacon separately until crisp. Drain on absorbent paper.

Scatter bread croutons over salad with bacon pieces, chopped parsley and grated cheese.

Dressing: To coddle egg, gently lower egg into boiling water, boil 1 minute. Remove egg from shell; combine with remaining ingredients. Blend well.
Serves 4 to 6

Oregano-Tomato Salad

1 lb. firm tomatoes
1 teaspoon ground oregano
1 teaspoon sugar
1 teaspoon salt
freshly ground pepper
2 white onions
2 tablespoons dry white wine
2 tablespoons oil
chopped parsley

Wash, dry and slice tomatoes; peel and thinly slice onions. Layer tomatoes and onions in bowl. In another bowl mix together seasonings, add oil and wine; stir until well mixed. Pour over tomatoes and onions, refrigerate several hours. Serve sprinkled with chopped parsley. Garnish, if desired, with black olives.
Serves 6

Prawn and Green Bean Salad

1 lb. green beans
salted water
2 tablespoons french dressing
½ lb. shelled prawns
little extra french dressing
2 hard-boiled eggs

Top, tail and string beans, cook in boiling salted water until tender. Drain, pour the 2 tablespoons french dressing over. Toss lightly, arrange on platter.

Top with shelled prawns and sprinkle these with a little additional french dressing. Garnish with the eggs cut into quarters.
Serves 6

Ratatouille

2 large onions
2 cloves garlic
⅓ cup oil
2 small eggplants
4 zucchini
2 green peppers
1 small head celery
1 lb. ripe tomatoes
1 teaspoon dried basil
1½ teaspoons salt
pepper

Heat oil in shallow pan, add sliced onions and crushed garlic; cook slowly until soft. Add the eggplant, cut into cubes, sliced zucchini, peppers cut into strips and sliced celery. Mix well, cook quickly 5 minutes. Add peeled, chopped tomatoes and seasonings, cover and simmer about 1 hour, stirring occasionally. Then remove cover and allow mixture to cook down until most of liquid has evaporated and mixture is thick. Serve cold.
Serves 4 to 6

Asparagus Rice Salad

½ lb. long grain rice
boiling salted water
1 large onion
1 oz. butter
10 oz. can asparagus tips
2 tablespoons chopped parsley
2 tablespoons french dressing
salt, pepper

Add rice gradually to large quantity of boiling salted water, boil rapidly 10 minutes or until tender. Drain, allow to cool. Dice onion, saute in butter 2 to 3 minutes until tender (do not brown). Drain asparagus well, discard liquid.

Add onion mixture, asparagus, parsley and french dressing to rice, season with salt and pepper, toss lightly.
Serves 6

Chicken Salad with Lychees—perfect for a summer luncheon, is shown with Oregano-Tomato Salad and classic Green Salad

Almond Coleslaw

½ medium cabbage
2 sticks celery
½ cucumber
½ green pepper
¼ cup toasted flaked almonds
1 large onion
⅔ cup mayonnaise
1 tablespoon vinegar
salt, pepper

Wash cabbage; discard outer leaves and hard central stalk. Shred finely. Chop celery, slice cucumber; thinly slice pepper, finely chop onion. Combine prepared vegetables in bowl.

Mix together mayonnaise and vinegar; season to taste with salt and pepper. Add mayonnaise mixture to vegetables, and mix with two forks until evenly coated. Top salad with almonds.

Serves 4 to 6

Coleslaw

½ medium cabbage
2 carrots
½ bunch shallots
4 sticks celery
1 red skinned apple

Dressing

1 tablespoon lemon juice
¾ cup mayonnaise
½ teaspoon dry mustard
good pinch cayenne
½ teaspoon salt
freshly ground black pepper
3 tablespoons cream

Remove stalk and shred cabbage very finely; grate carrots. Cut celery and shallots, including green parts, into diagonal pieces. Wash, but do not peel apple, core, and cut into dice. Mix together all prepared vegetables and apple and add enough dressing to give even coating. Mix well.

Dressing: Place all dressing ingredients in small basin, mix well.

Serves 4 to 6

Rice Coleslaw

4 cups finely shredded cabbage (about ½ medium cabbage)
¾ cup long grain rice
½ cup chopped red and green peppers
1 cup sliced radishes
1 teaspoon salt
1 medium sized onion
10 oz. can whole kernel corn
½ cup french dressing
½ teaspoon dry mustard
pinch pepper
1 dessertspoon sugar
1 clove garlic, crushed

Cook rice in usual way, drain well. Place cabbage into large bowl. Add rice, red and green peppers, radishes, grated onion and drained corn. Place remaining ingredients into screwtop jar, shake well. Pour over rice and vegetables, toss thoroughly.

Serves 6

Smoked Oyster Salad

½ lb. long grain rice
¾ cup french dressing
1 teaspoon curry powder
4 sticks celery
2 cans smoked oysters
6 shallots
1 red or green pepper

Cook rice in usual way, drain well. Combine french dressing and curry powder in small jar, shake well.

Arrange rice in serving dish, pour dressing over; fork dressing lightly through rice. Cool.

Chop celery, shallots and pepper. Add to rice with the drained smoked oysters, toss lightly.

Serves 4 to 6

Mushroom Salad

1 lb. very fresh mushrooms
salt
garlic
oil
chopped parsley
juice of ½ lemon
freshly ground pepper
lettuce leaves

Wipe mushrooms, slice finely. Place little salt in bowl, rub bowl with garlic. Add mushrooms, pour over sufficient oil to moisten. Mix lightly, set aside until mushrooms have absorbed most of oil (about 5 minutes).

Sprinkle with lots of chopped parsley, add lemon juice and pepper. Taste mixture, add a little more salt, pepper, lemon juice if needed. Serve on lettuce.

Serves 4

Warm Zucchini Salad

6 zucchini
2 oz. butter
4 sticks celery
¼ cup french dressing

Slice unpeeled zucchini thinly, chop celery. Heat butter, add vegetables, and saute 2 minutes. Add french dressing, mix well; serve warm.

Serves 4

Egg and Bacon Salad

1 lettuce
¼ lb. bacon
¼ cup chopped shallots
½ cup sliced celery
2 tomatoes
4 quartered hard boiled eggs
⅓ cup french dressing
1 clove garlic, crushed

Cook bacon until crisp, crumble into pieces. Tear lettuce into bite-sized pieces, place in salad bowl. Add half the crumbled bacon, with shallots and celery. Add garlic to french dressing, shake well, pour over salad. Toss. Garnish with tomatoes and eggs cut into wedges. Top with remaining bacon.

Serves 4

Salad Dressings

A simple salad can become something really special when you add a well-flavoured dressing

Mayonnaise

2 egg-yolks
½ teaspoon salt
½ teaspoon dry mustard
1½ teaspoons vinegar
1 cup olive or salad oil
½ teaspoon lemon juice

Rinse bowl with hot water; dry well. Put in egg-yolks, salt, mustard and 1 teaspoon vinegar. Beat vigorously with beater or at low speed with electric mixer; add oil, drop by drop, until a little more than ¼ cup of oil has been added. Add ½ teaspoon vinegar, still beating, then very slowly pour in remainder of oil in thin stream, beating continually. When all oil has been added, add lemon juice.

Cooked Mayonnaise

2 tablespoons vinegar
2 tablespoons water
2 tablespoons sugar
½ oz. butter
½ teaspoon salt
½ to 1 teaspoon dry mustard
1 beaten egg

Combine all ingredients in saucepan, stir over low heat until butter melts and mixture thickens slightly. Remove from heat, cool.

French Dressing

3 parts olive or salad oil
1 part white vinegar
½ teaspoon salt
½ teaspoon freshly ground pepper

Place all ingredients in screw-top jar, shake thoroughly before pouring over salad.

NOTE: Crushed garlic, dry or prepared mustard or chopped herbs can be added, if desired. The garlic, salt, pepper, and mustard are first mixed with the oil, then the vinegar is added. Herbs are added last.

The above are the classic proportions for french dressing. In other words, if you wanted to make 1 cup of dressing, you would use ⅔ cup of oil, ⅓ cup vinegar, plus seasonings. However, equal parts of oil and vinegar can be used, if you like a less oily dressing.

Russian Dressing (1)

1 cup mayonnaise
1½ tablespoons chilli sauce
1 to 2 teaspoons chopped chives

Blend chilli sauce and chives into mayonnaise; a little chopped red pepper or canned pimento can also be added. Use with egg or vegetable salads or with fish.

NOTE: Strength of chilli sauce varies greatly. With a mild, American chilli sauce, the above quantity is correct. If using a hot chilli sauce, add only ½ teaspoon at first; then taste, and add a little more if desired.

Russian Dressing (2)

1 cup mayonnaise
¼ cup finely chopped cooked beetroot
1 to 2 teaspoons bottled horseradish sauce

Combine mayonnaise and beetroot, blend in bottled horseradish sauce or relish.

Thousand Island Dressing

1 cup mayonnaise
1 tablespoon chilli sauce
1 tablespoon finely chopped green olives
1 dessertspoon finely chopped chives

Combine all ingredients, mix well. Good with meat or fish salads. See Russian Dressing for note on chilli sauce.

Aioli

2 egg-yolks
2 cloves garlic
1 cup oil
3 teaspoons lemon juice
salt, pepper

Beat egg-yolks in bowl with crushed garlic. Add oil, drop by drop. When half the oil has been used, add half the lemon juice, then beat in remaining oil, drop by drop. Season with salt and pepper and add remaining lemon juice.

Green Goddess Dressing

1 clove garlic
½ cup parsley
2 tablespoons chopped chives
1 cup mayonnaise
2 tablespoons cream
3 dessertspoons tarragon vinegar
1 dessertspoon anchovy paste

Crush garlic; finely chop parsley. Combine all ingredients and stir until dressing is smooth. Serve with seafood salads.

INTERNATIONAL COOKERY

Each year, as a nation, our food tastes are changing, becoming enriched by the national cuisine of migrants from other countries who have now settled in Australia.

Restaurants of many nationalities flourish; we've found that Chinese, Italian, Indian dishes—as well as the food of many other countries—each have their own subtle blending of flavours.

Because Australian housewives are always interested in new ways with foods, new, delicious tastes, dinner parties with an international flavour have become popular.

Here we present some of the interesting recipes of other countries; the food of each country can be presented as a complete menu. Quantities given will serve 4 to 6. The Hawaiian menu is suggested as an outdoor party; a wider range of dishes is given and quantities will serve 8

Germany

German cooking varies from district to district and, as with Switzerland, the cooking in the various sections is influenced by the other countries on the borders. Recipes given here are representative of Bavaria, Southern Germany.

German food is hearty, and not highly spiced. Black and rye breads are popular; potato and cabbage are part of every-day meals. Beer, wine and Schnapps are the popular drinks. Kirsch and Kummel are famous German liqueurs

Roast Pork

1 leg or loin of pork
salt, pepper
1 large onion
1 large carrot
approx. 1 pint boiling water

Wipe meat with clean cloth, score skin into small squares with sharp knife (or have butcher do this for you). Sprinkle over plenty of salt and pepper. Place meat skin-side down in large, greased baking dish. Add peeled and sliced onion and carrot, carefully pour over boiling water. Bake in hot oven until meat is tender (allow approximately 30 to 35 minutes per lb.). You may need to add more boiling water during cooking. Halfway through cooking time turn meat so that skin is uppermost.

Serve with potato balls and sauerkraut.

Potato Balls

1 lb. potatoes
2 cups plain flour
1 teaspoon salt
1 large or two small eggs

Steam potatoes in their jackets over boiling water until cooked. Cool, refrigerate overnight. Next day, peel and mash well.

Sift together flour and salt, add alternately to potato with lightly beaten egg. Knead well. Mixture should not be sticky. Roll mixture into small balls, and drop gently into large saucepan of boiling salted water. Boil steadily, uncovered, 15 minutes. Drain, serve immediately.

Sauerkraut

2 15 oz. cans sauerkraut
2 tablespoons oil
6 oz. fat pork in one piece
1 medium onion
½ teaspoon whole peppercorns
1 dessertspoon flour
1 pint water
1 large potato

Drain sauerkraut, wash lightly under cold running water. Heat oil in large saucepan, add pork, cook few minutes on both sides. Add chopped onion; cook, covered, over low heat until soft but not brown. Lightly mix in sauerkraut, peppercorns, and flour; add 1 pint water. Bring to boil; cover, cook ☞

Flamed Caramel Pineapple — delightfully informal dessert; guests cook their own. It's a perfect dessert for a summer barbecue

for 30 minutes, stirring occasionally. Peel potato, grate finely, stir into mixture. Continue cooking, stirring occasionally, further 30 minutes, adding little more water if necessary. Remove pork; discard.

Serve sauerkraut hot or cold.

NOTE: To keep sauerkraut a good colour, place a sheet of plain white paper on top of mixture, under lid, during boiling.

Apple Strudel

Pastry

2 cups plain flour
½ teaspoon salt
2 oz. butter
approx. ¼ pint warm water

Sift flour and salt into bowl, rub in softened butter. Add little warm water gradually, kneading to soft dough. Turn out on lightly floured surface, continue kneading and adding water until mixture is smooth and shiny. This should take about 15 minutes. Hit dough a few times with a heavy wooden spoon during kneading. Form dough into a ball, place in warmed bowl or saucepan. Cover and stand in warm place 1 hour.

Filling

4 or 5 green apples
4 tablespoons sugar
finely grated rind 1 small lemon
2 teaspoons cinnamon
⅓ cup sultanas
extra sugar
extra cinnamon
½ pint sour cream
melted butter
icing sugar

Filling: Peel, core, and slice apples very thinly, stir in sugar, lemon rind, and cinnamon, mix well. Place sultanas in small bowl, add enough hot water to cover, set aside.

Divide pastry into thirds; roll each piece out very thinly on floured surface. Spread ⅓ apple mixture in centre of dough, sprinkle over a little extra sugar and cinnamon. Drain sultanas, pat dry; sprinkle a few over apples. Lightly spread ⅓ of sour cream over mixture. Roll up pastry into a long shape and seal edges.

Prepare remaining two rolls in the same way. Grease a deep 8 in. round tin. Place rolls side by side in tin, curving them carefully to fit. Bake in moderately slow oven approximately 1¾ hours. Brush a little melted butter over strudel several times during cooking.

When golden brown and crisp, remove from oven, glaze again with melted butter. Leave in tin 15 minutes before turning out on to serving plate. Sift over a little icing sugar. Serve warm with whipped cream.

Hawaii

Hawaiian food is very similar to that of other islands of the South Pacific. All types of fish are easily available; pork is popular—particularly for a luau, or feast, when it is cooked in a pit, under the ground. Bananas, baked, are eaten as a vegetable, in addition to sweet potatoes or yams

---

Tropical Dip

¾ cup mayonnaise
½ cup cream
1 tablespoon bottled horseradish relish
1½ teaspoons dry mustard
lemon juice
salt, pepper

Combine whipped cream, mayonnaise, horseradish relish and dry mustard; blend well. Season to taste with lemon juice, salt and pepper. Refrigerate. Place into serving bowl. Place all kinds of interesting titbits in sauce, such as shelled prawns, oysters, ripe olives, water chestnuts, raw vegetables, etc. Each guest arms himself with a cocktail stick and 'fishes' in the sauce.

Makes approx. 1½ cups

Avocado Chicken Salad

3 avocados
juice 1 lemon
3 to 4 lb. steamed chicken
4 sticks celery
1 cucumber
¼ pint cream
2 tablespoons mayonnaise
¼ cup blanched slivered almonds
½ green pepper
1 teaspoon paprika
½ teaspoon nutmeg
1 teaspoon salt
½ teaspoon pepper

Peel, seed and slice avocados. Remove chicken meat from bones. Cut meat into 1 in. cubes. Slice cucumber, celery and green pepper and layer in dish or bowl with toasted almonds, chicken and half the avocado slices.

Blend paprika, nutmeg, salt and pepper with cream, mayonnaise and lemon juice; pour over chicken and vegetables. Decorate with remaining avocado slices, sprinkle with extra paprika.

NOTE: If preparing this dish in advance, dip avocado slices in lemon juice so they will keep their fresh colour.

Baked Honeyed Pork

1 leg pork	2 teaspoons salt
2 tablespoons oil	¼ cup honey
2 teaspoons ground ginger	2 tablespoons grated green ginger

Get the butcher to score the pork thoroughly. Run knife between the skin and meat to form a pocket. Using long-bladed knife, spread grated green ginger into pocket. In basin mix oil, ground ginger and salt. Place pork in baking dish, brush leg with oil and ginger mixture. Bake in moderate oven, allowing 30 minutes per lb.; brush occasionally with remaining oil and ginger mixture. Fifteen minutes before the end of cooking time, brush leg completely with honey. Serve hot or cold.

Hawaiian Chicken

4 lb. chicken pieces	4 oz. butter
¼ cup soy sauce	2 onions
½ cup white wine	seasoned flour
juice 1 lemon	¾ lb. rice
1 clove garlic	30 oz. can pineapple slices
½ teaspoon curry powder	1 oz. butter, extra
½ teaspoon ground ginger	½ cup toasted slivered almonds
¼ teaspoon pepper	1 red pepper

Mix together soy sauce, $\frac{1}{4}$ cup white wine, lemon juice, crushed garlic, curry powder, ginger and pepper. Pour over chicken, marinate several hours, turning occasionally. Melt butter in frying pan, add sliced onions, cook until golden brown, remove onions. Dry chicken, coat with seasoned flour. Cook in frying pan until brown. Add onions and marinade, cover, and simmer gently 45 minutes or until tender, uncovering pan for the last 15 minutes.

Meanwhile, cook and drain rice and keep hot. Cut pineapple slices in half and brown in extra butter, also fry chopped pepper until tender.

To serve, mix rice, toasted almonds, and pepper. Heap on large serving platter, arrange chicken pieces and pineapple slices round edge. Add remaining $\frac{1}{4}$ cup white wine to pan drippings, heat well, and pour over.

Flamed Caramel Pineapple

Take a ripe pineapple, cut into 4 pieces, cutting carefully through the green top. With sharp knife, slice off the hard core. Cut pineapple down into wedges, then run a knife along base of wedges, releasing them from the shell.

(If the pineapples are not too large, allow one pineapple for 4 persons.)

Take another pineapple, cut off top about quarter-way down. Hollow out inside of pineapple to take a small metal bowl. (The hollowed-out pineapple pieces can be reserved and used to replenish the pineapple quarters as they empty.)

Place metal bowl in position. Place hollowed-out pineapple in centre of heat-proof dish (a large wooden plate is good), arrange pineapple quarters decoratively around.

Arrange small bowls of rum or brandy, brown sugar, and whipped cream round dish. Have a small fork and plate for each guest.

When ready to serve the dessert, three-quarters fill metal bowl with methylated spirit and set aflame.

Guests use fork to spear a juicy piece of pineapple, dip it in the rum, roll it in brown sugar, then hold it over the flame until the sugar caramelises—it will take about a second. Then dip in the whipped cream—and eat!

Strawberries are delicious served this way, too, but have more flavour if allowed to stand in rum 10 to 15 minutes. Serve small bowls of rum-soaked strawberries round the pineapple.

NOTE: When lit, methylated spirit will burn for some time. If necessary to use more spirit, put it in another perfectly clean bowl; do not add more spirit to that already burning; do not pour fresh spirit into a hot bowl.

Papaw Ice-Cream

1 small ripe papaw	½ pint cream
½ cup orange juice	½ cup sugar
3 tablespoons lemon juice	

Peel papaw, remove seeds, chop coarsely; blend in blender or push through sieve to make a fine puree. Measure $1\frac{1}{2}$ cups of puree, mix in fruit juices. Combine cream and sugar, refrigerate 15 to 30 minutes, stirring occasionally to dissolve sugar. Gradually stir in fruit mixture. Pour into 2 freezer trays. Freeze until firm.

China

The Oriental, it is said, 'eats with his tongue'—flavour is all-important. And Chinese food, with its subtle, well-balanced blending of flavours, has become Australia's most popular foreign food when eating out or at home.

There are five main schools of Chinese cooking, named after the areas in which they originated. They are:

Canton Has succulent pork, chicken, and duck dishes, delicious soups. Quick-frying is the favourite method of cooking; fried rice and crisp noodles are popular. Cantonese dishes, served with a variety of sauces, are delicately flavoured, not highly seasoned. Because the majority of Chinese restaurants outside China are owned or operated by Southern Chinese, Cantonese food has become better known throughout the world than the other styles of Chinese cooking.

Fukien Sucking pig is a favourite dish; soups of many varieties are served between courses. Popular Spring Roll is from this school.

Szechuen Also famous for soups. Foods, generally, are hot and highly spiced.

Shanghai Concentrates on steamed, rather than fried foods. More highly spiced than Cantonese, but less than Szechuenese.

Peking Peking-Duck is a world-renowned dish; so is Bird's-Nest Soup. Food is well spiced, of great variety.

Crab and Sweet Corn Soup

¼ clove garlic
1 thin slice green ginger
8 oz. can crab meat
1 dessertspoon dry sherry
1 small can cream-style sweet corn
1 dessertspoon oil
3 cups chicken stock
1 egg-white
1 tablespoon cornflour
salt, pepper

Heat oil in large heavy saucepan, add crushed garlic, finely chopped ginger, and crab meat which has been drained and shredded. Fry quickly 1 minute, stirring constantly. Add sherry, corn and stock. Bring to boil, reduce heat and simmer 5 minutes. Whisk egg-white lightly, stir into soup with fork. Mix cornflour with a little cold water; add to soup, stirring constantly until mixture thickens. Add salt and pepper to taste. Mix well, serve immediately.

Prawn Omelets

8 eggs
1 lb. prawns
6 shallots
2 sticks celery
2 oz. mushrooms
10 oz. can bean sprouts
salt, pepper
oil

Sauce

1 cup chicken stock
1 teaspoon sugar
1 tablespoon soy sauce
1 dessertspoon cornflour
¼ cup cold water
salt

Chop mushrooms, cook in a little hot oil until tender; drain, set aside. Chop shallots and celery finely; chop shelled prawns, if large. Beat eggs lightly, as for omelet. Add prawns, shallots, celery, mushrooms, and drained bean sprouts. Add seasonings and mix lightly. Heat a little oil in fry-pan, pour in enough omelet mixture to make small omelets about 5 in. in diameter. (Several can cook at the same time.) When firm on one side, turn, cook other side. Stack on warm plate while cooking remainder of omelets; keep warm. To serve, stack 3 omelets on top of each other; for each serving spoon sauce over.

Sauce: Blend cornflour with cold water. Place remaining ingredients in small saucepan, bring to boil. Stir in blended cornflour. Cook, stirring, until sauce boils and thickens.

Chicken and Almonds

4 chicken breasts
1½ teaspoons salt
1 tablespoon cornflour
1 egg-white
1½ tablespoons sherry
1½ cups oil
4 oz. green beans
2 sticks celery
½ red pepper
4 oz. mushrooms
½ 10 oz. can water chestnuts
2 tablespoons chopped shallots
¼ cup toasted almonds

Sauce

½ pint water
1 tablespoon soy sauce
1 tablespoon cornflour
1 chicken stock cube

Bone chicken breasts, cut meat into $\frac{1}{2}$ in. cubes. Combine chicken pieces, salt, cornflour, egg-white and sherry in bowl. Heat oil in frypan. Deep-fry

Cheeseboard has pride of place on a Smorgasbord. Offer a variety of cheeses. Shown here are, from back, Cheddar, Danish Tilsit, Edam, Blue Cheese

chicken until just changing colour; drain. String beans (or use quick-frozen beans). Cut beans, celery and pepper into 1 in. strips; par-boil 5 minutes. Slice mushrooms. Drain water chestnuts, cut in half. Pour off excess liquid from pan and leave enough to saute all vegetables together. Add prepared vegetables, and return chicken to pan. Season to taste, heat through thoroughly. Pour sauce over chicken mixture. Arrange on warm serving dish, sprinkle with toasted almonds.

Sauce: Combine water, crumbled chicken stock cube, soy sauce and cornflour in saucepan; blend well. Stir over low heat until sauce boils and thickens, simmer 2 minutes.

Almond Junket

1½ dessertspoons gelatine
¾ cup cold water
1¼ cups evaporated milk
½ cup sugar
¾ cup boiling water
few drops almond essence

Soften gelatine in cold water, add sugar. Pour boiling water over and stir until sugar and gelatine have dissolved. Add milk and almond essence, stir well. Pour mixture into four individual serving dishes, set aside until cool, then refrigerate until firm. Top with sliced preserved ginger, with a little of the ginger syrup poured over.

Scandinavia

The smorgasbord—or 'cold table'—is part of the hospitality of all Scandinavian countries. Norway, Denmark, Sweden, all have their own individual versions—but, basically, the cold table of each country offers a selection of hot and cold dishes, as set out below.

Scandinavian cooking is simple. Fish of all types is widely used; potatoes, beetroot, cucumber are favourite vegetables; dill is used often for seasoning

Smorgasbord

The Smorgasbord is said to have originated long ago at Swedish country parties, to which each housewife brought the specialty of her own kitchen. All these dishes were arranged on a long table round which the guests walked, filling their plates several times.

A Smorgasbord can be as comprehensive and varied as desired, with rich and inviting delicacies; or it can be a simple, well-chosen and well-prepared selection, comprising only a few dishes.

There is a definite rule in the procedure of dishes. Fish dishes begin the meal; favourites are pickled herrings, anchovies, herring salad—with them might be served potatoes flavoured with dill. A hot, baked fish dish might also be offered.

Then come the meats; meatballs—very important to a Smorgasbord—smoked sausages, ham, roasted pork with apple sauce and prunes. And so it goes on . . . ending with cheese.

A typical Smorgasbord might comprise a wide variety of fish dishes such as herrings, sardines, anchovies; small meat-balls, sliced ham, pate and other meats; lobster or potato salad, cucumber, radishes, pickled beetroot, mushrooms; egg dishes, tiny omelets with assorted fillings; plain boiled potatoes, cheese, and assorted breads and crisp-breads with butter.

A simple Smorgasbord can be prepared by choosing a selection from any of these dishes.

A whole ham, sliced, or a sliced canned ham; herrings (from the delicatessen) with pickled onion and chopped gherkin; potato salad; smoked oysters; canned salmon with white onion rings, chopped shallots, and a light vinegar dressing; smoked tuna; slices of cold roast beef, pork, lamb, or seasoned veal; sliced pickled beetroot; salami or other Continental sausage; canned sardines; condiments, such as chutney, etc; smoked salmon with scrambled eggs; cheese board.

Lamb in Cabbage

3 lb. leg of lamb
½ large cabbage
2 medium carrots
1 oz. butter
2 teaspoons peppercorns
½ cup flour
salt
1½ pints water or stock
1 tablespoon finely chopped parsley

Trim meat, cut into large cubes; do not remove

bones, these add extra flavour to the stock. Remove coarse outer leaves from cabbage. Cut cabbage into thick segments, removing centre core. Melt butter in large saucepan. Place alternate layers of meat and cabbage in pan, starting with meat and finishing with cabbage. Sprinkle flour, salt and peppercorns between each layer. Place peeled, sliced carrots on top. Pour water or stock down side of saucepan. Bring to boil, cover, reduce heat and simmer 1½ to 2 hours or until meat is tender. Shake pan occasionally; do not stir during cooking to avoid disturbing the arranged layers. Season to taste; sprinkle with chopped parsley. Serve with boiled potatoes.

NOTE: Peppercorns can be tied in muslin bag for easy removal after cooking.

Strawberry Mousse

1 punnet strawberries
1 dessertspoon water
1 teaspoon gelatine
2 egg-whites
½ cup castor sugar
1½ cups cream
1 tablespoon lemon juice

Wash and hull strawberries, mash well, (1 punnet should give approximately 1¼ cups pulp). Add gelatine to water, stand 5 minutes, dissolve over hot water. Beat egg-whites until soft peaks form, gradually add sugar, beating until dissolved. Whip cream until soft peaks form; fold into egg-white mixture. Add strawberries, lemon juice and gelatine, fold in lightly. Pour into wetted mould, or into individual serving dishes. Refrigerate until set.

Italy

Like most European countries, Italy draws heavily on the natural products of her provinces—the luscious fruits and olives, the wonderful seafood which abounds in the waters bordering her shores.

Antipasto—the equivalent of the French hors d'oeuvre—is a pleasant start to any meal and, with a bowl of soup to follow, can be a complete meal in itself. Pasta is used in many forms.

Italian wines are very cheap in their own country, and very pleasant; the Chianti is world-famous. Wine is drunk with all main meals, and the meals are usually preceded by a glass of sweet or dry vermouth or Campari, the latter, a deep red and tangy bitters, and one of the most famous Italian aperitifs

Antipasto

8 oz. can tuna
mayonnaise
1 tablespoon capers
thinly sliced celery
sliced peeled tomatoes
sliced salami
thinly sliced ham
black and green olives
anchovy fillets
quarters of hard boiled eggs
canned artichoke hearts

Arrange drained tuna (in one piece) in centre of large, round platter. Coat with mayonnaise, sprinkle with capers. Arrange remaining ingredients in decorative pattern round tuna.

Cannelloni

Batter

1 cup plain flour
pinch salt
1 egg
½ pint milk

Filling

1 lb. minced steak
1 onion
1 clove garlic
pinch mixed herbs
salt, pepper
½ cup red wine
1 dessertspoon tomato paste
1 tablespoon flour
1 teaspoon paprika
oil for frying

Bechamel Sauce

½ oz. butter
1 tablespoon flour
½ pint milk
1 bayleaf
1 slice onion
4 peppercorns
parsley stalks
sprig thyme or parsley
salt, pepper

Tomato Sauce

1 dessertspoon oil
1 onion
1 clove garlic
2 large ripe tomatoes
2 tablespoons tomato paste
salt, pepper
bayleaf

Batter: Sift flour and salt into bowl. Make well in centre, add egg. Mix with wooden spoon, blending in a little of the flour from the side. When mixture begins to thicken, gradually begin to add the milk, blending thoroughly. Heat a little oil in small frying pan. Pour in enough batter to cover base. Tilt pan until batter spreads. Keep pancake as thin as possible. When cooked on one side, turn and cook the other side. Remove from pan, cook the next pancake, stacking them as you cook.

Filling: Put a little oil in saucepan; when hot gently saute chopped onion and crushed garlic. When tender add the meat, cook until brown, stirring occasionally with fork. Add the flour blended with the wine, stir well. Add remaining ingredients, simmer gently ½ to ¾ hour until liquid is absorbed.

Divide mixture between pancakes, roll up. Arrange in casserole.

Bechamel Sauce: Place bayleaf, parsley stalks, onion slice, peppercorns and thyme in saucepan, add milk. Bring slowly to boiling point, remove from heat, stand 5 minutes. Melt butter in saucepan, remove from heat, add flour, stir until smooth, gradually add strained milk, stirring constantly. Return to heat, stir until sauce boils and thickens. Season to taste with salt and pepper. Pour over pancakes.

Tomato Sauce: Heat oil, fry chopped onion and crushed garlic until tender but not brown. Add skinned, chopped tomatoes, tomato paste, salt, pepper and bayleaf. Simmer gently 20 minutes. Spoon carefully over the white sauce.

If desired, sprinkle with a little grated cheese. Bake pancakes in hot oven 10 to 15 minutes.

Zabaglione

5 egg-yolks
¼ cup sugar
½ cup marsala

Beat egg yolks and sugar in top of double boiler. Add the marsala, and cook, beating constantly, until thick and foamy, approximately 10 minutes. Serve warm. Sponge fingers are a good accompaniment.

India

Through the centuries, Arabia, Persia, Central Asia and Mongolia have all contributed toward the unique cuisine of India. The success of Indian cookery rests on the subtle use of a variety of spices. The art of curry-making lies not in hot spicing but in the delicacy of flavour blending.

In such a vast country, with varying climatic and agricultural conditions, it is natural to expect a great variation in curries, also. In the north, curries are mild—like those of Pakistan. The farther south you travel, the hotter the curries become. In Madras, chillies grow abundantly and are used generously; Madras curries, therefore, are much hotter than those of the north.

Rice is the traditional accompaniment to curry. A choice of side dishes or sambals can also be served; choose from coconut, plumped raisins, crumbled bacon, chopped hard-boiled eggs, cucumber in yoghurt, wedges of lemon, bananas dipped in lemon juice, chopped dried apricots, peanuts

Beef Vindaloo

2 lb. topside or round steak
2 large onions
3 cloves garlic
2 red chillies or ¼ teaspoon cayenne pepper
1 teaspoon turmeric
2 tablespoons curry powder
1 teaspoon ground ginger
¼ teaspoon dry mustard
3 cardamom seeds (crushed)
1 tablespoon vinegar
1 teaspoon chopped mint
salt
1 dessertspoon butter
hot water

Place 1 chopped onion, 1 crushed clove garlic, 1 finely chopped chilli, ginger, 1 tablespoon curry powder, vinegar and salt into a bowl. Mix well together. Cut beef into 1 in. cubes, add to mixture in bowl. Mix thoroughly and allow to stand at least 3 hours.

Melt butter in frying pan and fry the remaining chopped onion, crushed garlic and chopped chilli until light brown. Add turmeric, remaining curry powder, mustard, cardamom, and meat mixture. Cook 5 minutes, reduce heat to simmer, add sufficient hot water just to cover the meat; add salt to taste. Cook gently, covered, until meat is tender, approximately 1 hour 20 minutes; add a little extra water, if necessary, during cooking time. Lastly add mint. Serve with hot rice.

Canneloni — pancakes filled with a savoury mixture, topped with sauces, baked until piping hot

Chicken Tandoori

1 chicken
2 oz. butter

Marinade

1 cup yoghurt
1 teaspoon ground ginger
1 clove garlic
1 teaspoon garam masala
1 teaspoon salt

Crush garlic and mix into the yoghurt with spices and salt. Joint chicken and marinate in yoghurt mixture for 6 hours or overnight. Melt butter in baking dish, add chicken pieces. Bake uncovered in moderate oven 45 minutes to 1 hour, basting frequently.

Serve with chopped onion and lemon wedges.

Fruit Taj

2 large oranges
2 large bananas
lemon juice
1 tablespoon slivered dates
1 egg-yolk
½ cup softened vanilla ice-cream
½ cup whipped cream
½ to 1 tablespoon rum

Peel and section oranges; arrange sections in serving bowls or glasses. Peel and slice bananas and place over oranges, sprinkle with lemon juice. Stir together softened ice-cream, beaten egg-yolk, whipped cream, and rum; spoon over fruit, garnish with dates.

Indonesia

Spices are an integral part of Indonesian cookery, for these are the Spice Islands of history. Many countries have had an effect on the history of Indonesia—India, China, Arabia, Portugal, Holland; the influence of these countries is reflected in Indonesian recipes.

Sambal Oelek, mentioned in some of the recipes on this page, is obtainable in jars from most large food stores; it is made up of finely minced red chillies, seasoned with salt. If unobtainable, use same amount of finely crushed chillies; season well with salt.

See page 92 for Nasi Goreng—Indonesia's famous version of Fried Rice.

Sate Kambing

Cut $1\frac{1}{2}$ lb. lean lamb into $\frac{3}{4}$ in. cubes, thread on to thin bamboo skewers. Place 4 or 6 cubes on each skewer. There should be enough meat cubes for about 15 skewers. Grill until meat is done, turning several times. Serve hot with either of these Sate sauces.

Soy Sauce

4 tablespoons soy sauce
3 shallots
1 teaspoon sambal oelek
2 tablespoons lemon juice

Slice shallots thinly crosswise; combine with remaining ingredients in oblong dish. This shape makes it easy to dip the sate sticks.

Peanut Sauce

¼ cup peanut butter
1 cup water
½ teaspoon sugar
1 tablespoon lemon juice
1 small onion
2 cloves garlic
1 tablespoon butter
1 teaspoon sambal oelek
1½ tablespoons soy sauce

Thinly slice onion. Saute onion and garlic in butter until transparent, add sambal oelek. Reduce heat, stir well. Add water, then peanut butter, bring slowly to boil. Continue stirring until mixture becomes smooth. Season with soy sauce, sugar and lemon. Taste; add a little salt if necessary.

Serundeng

½ lb. desiccated coconut
1 teaspoon sugar
2 teaspoons coriander
1 medium onion
2 cloves garlic
1 bayleaf
¼ cup hot water
1 beef stock cube
salt, pepper
1 cup oil
½ lb. raw peanuts

Wash and dry peanuts, deep-fry in hot oil until crisp. Dissolve beef stock cube in hot water, pour over coconut, season with sugar. Add grated onion, grated garlic, coriander and bayleaf, all of which have been sauteed in little hot butter. Add salt and pepper to taste. Mix thoroughly by hand so all spices blend with the coconut.

Put into small baking dish or ovenproof dish,

pour over the oil. Cook in moderately slow oven, 30 minutes, stirring occasionally to keep from burning. Reduce heat to low, cook until coconut is golden brown. Remove from oven, stir in peanuts. Put in colander to drain and cool.

NOTE: Serundeng will keep in airtight jar about 2 weeks. It is very tasty if sprinkled on individual helpings of vegetables.

Gado-Gado

3 medium potatoes
½ lb. green beans
3 to 4 hard-boiled eggs
2 to 3 carrots
¼ cabbage
2 medium tomatoes
1 tablespoon crisp fried onion flakes
1 lettuce

Boil potatoes in their jackets; skin and dice. Cut beans into thin, diagonal slices; boil and drain. Scrape carrots, cut into matchstick-sized strips; boil and drain. Shred cabbage very finely. Put into boiling water, bring to boil again (don't overcook); drain. Arrange vegetables on a platter as follows:

First, the washed, well-crisped lettuce, then potatoes, cabbage, beans, carrots, sliced or quartered tomatoes, sliced or quartered eggs. This gives a nice contrast of colours.

Pour over the Peanut Sauce just before serving; sprinkle with onion flakes, see Goreng Bawang.

This goes very well with a grill, or serve it as a barbecue salad. For a quick, tasty salad, pour the sauce over hard-boiled eggs, lettuce and tomatoes.

Peanut Sauce

1 medium onion
2 teaspoons sambal oelek
½ cup peanut butter
2 cups water
1 teaspoon sugar
1 tablespoon white vinegar
1 oz. butter
1 teaspoon salt, or to taste

Saute chopped onion in butter until transparent. Add sambal oelek, reduce heat; cook few minutes, stirring constantly. Add water, then peanut butter. Bring to boil on medium heat. Continue stirring until mixture becomes smooth. Season to taste with salt, vinegar and sugar.

This sauce is nice to serve hot in winter and at room temperature in summer.

Goreng Bawang

These fried onion flakes are widely used as a garnish for Indonesian dishes. They also give an interesting flavour when sprinkled over European-style soups just before serving; nice with chicken, beef, or vegetable soups.

Skin, wash, and slice onions; cut them into very thin and even slices. Heat a little oil in frypan, fry the onions, stirring evenly, When partly cooked, reduce heat to very low; turn onions frequently so they become evenly browned without burning. If it seems they might burn, remove from heat before they are fully browned and keep stirring. The heat of the oil should be sufficient to complete the cooking.

When cooked pour onions and oil quickly into strainer over basin. This is to avoid some of the flakes becoming over-brown and ensures the onion flakes will be left crisp and dry.

Sambal Goreng Udang

2 lb. green prawns
1 onion, chopped
2 teaspoons sambal oelek (or 4 or 5 chillies)
1 firm tomato
2 cups coconut milk
1 lb. green beans
1 bunch shallots
2 cloves garlic, crushed
3 or 4 pieces green ginger, about 1 in. thick
1 to 2 tablespoons butter

Heat butter, stir-fry onion and garlic until they change colour. Add shelled, deveined prawns, stir constantly. When half-cooked, add sambal oelek, ginger, and beans, which have been sliced diagonally, thinly, and evenly. Cook about 3 minutes; add coconut milk. Stir continually to avoid curdling; bring to boil. Add peeled, chopped tomato, shallots cut into 2 in. lengths, including green tops. Stir constantly. When beans are tender, remove from heat.

This dish goes very well with Serundeng.

Telur Balado

6 hard-boiled eggs
2 tablespoons sambal oelek
1 medium onion
2 tomatoes
1 chicken stock cube
salt to taste
⅓ cup oil

Fry thinly sliced onion in hot oil. When onion changes colour, reduce heat to low. Add sambal oelek, peeled, chopped tomatoes, crumbled chicken cube, salt to taste; simmer 5 minutes, stirring continuously. Add shelled eggs, simmer another 5 minutes. Turn eggs and chilli occasionally. Remove pan from heat.

Cut the eggs neatly in halves with sharp knife, arrange on platter, pour over the chilli sauce.

BARBECUES

A barbecue is a happy, relaxed way to cook for the family or entertain a crowd, so don't try anything elaborate. Keep the food simple, but have plenty.

A barbecue notebook is very useful to keep a record of recipes, hints and ideas. You'll be surprised how often you'll refer to it during the summer months; and when next year's barbecue time comes round you'll be ready with a file of favourite recipes.

Barbecued Sausages

2 lb. pork sausages
butter
½ cup chopped celery
2 large onions
¼ cup vinegar
¾ cup tomato sauce
¼ cup water
1 dessertspoon brown sugar
1 dessertspoon prepared mustard
1 teaspoon worcestershire sauce

Cook sausages until well browned, pricking several times. (This can be done in pan over barbecue.) Melt a little butter in saucepan, add celery and chopped onions, saute until tender. Add remaining ingredients, stir well; add sausages. Simmer 10 to 15 minutes.

Serves 4 to 6.

NOTE: To hasten cooking time, put sausages into saucepan of cold water, bring slowly to boil, simmer 5 minutes; drain. This can be done some hours beforehand. Then brown or barbecue, and add to sauce, as above.

Barbecued Corn

Remove husk and silk from corn. Spread cobs generously with softened butter, season well with salt and pepper. Wrap each cob in double thickness of aluminium foil, twisting or folding ends to make a seal. Place on grill of barbecue over hot coals. Cook, turning often, 15 to 20 minutes, depending on heat of fire. Or cobs can be boiled for 10 minutes, removed from water, and brushed generously with melted butter, then barbecued on grill over hot coals for 10 minutes, brushing occasionally with melted butter.

NOTE: Quick-frozen corn can be used in either of the above ways, too; because it has gone through preliminary processing, cooking time is much shorter. Specific cooking times are given on packet.

Barbecue Chicken

1 small chicken
oil
salt, pepper

NOTE: This quantity makes 2 servings.

Split chicken in half lengthwise. Break drumstick, wing joints and hip so chicken stays flat during cooking. Brush joints with oil and season well with salt and pepper. Place on grill with bone side nearest fire. When one side is well browned, turn and brown skin side, brushing with oil.

Salad Kebabs

8 oz. processed cheese
4 oz. grapes or pitted black olives
1 bunch radishes
2 slices pineapple
1 small cucumber
lettuce
french dressing

Cut cheese into 1 in. cubes. Wash grapes and radishes, and cut pineapple into pieces. Wash lettuce and place in plastic container in refrigerator until crisp: tear into neat pieces. Cut thick slices of cucumber in half. Thread pieces of cheese alternately with the other ingredients on to individual skewers with lettuce between. Dip each skewer into dressing before serving or serve dressing separately.

Makes 4 to 6

Foil Baked Potatoes

potatoes
oil
salt

Scrub potatoes well, dry. Brush generously with oil, sprinkle with salt; wrap in foil. Roast in the coals 35 to 40 minutes. Or place on barbecue grill; allow about 1 hour for cooking, turning frequently. Split open, top with butter or sour cream.

Well-chilled melon slices make a wonderful dessert at the barbecue.

Seekh Kabab

2 lb. lean minced lamb or beef
1 small onion
2 tablespoons finely chopped spinach
pinch chilli powder
½ teaspoon salt
½ teaspoon cardamom
½ teaspoon cinnamon
½ teaspoon ground cloves

Pound the meat well in a basin and mix it thoroughly with grated onion, spinach, chilli powder and spices. Let stand for 10 minutes. Then lightly grease skewers and form meat firmly around skewers in 3½ in. long kababs. Cook over the barbecue until brown, turning occasionally.

Serves 4 to 6

Hamburgers

3 lb. minced steak
½ cup chopped parsley
1 tablespoon worcestershire sauce
1 teaspoon allspice
1 small onion, finely chopped
salt, pepper

Blend all ingredients together as lightly as possible. Form into flat cakes. The less handling the uncooked mixture receives, the more tender the hamburgers will be. Grill slowly, allowing 5 to 10 minutes for each side.

Makes approx. 1 dozen large hamburgers

Red Cabbage Salad

1 small red cabbage
2 red apples
1 cup white vinegar
½ cup sugar
1 clove garlic
2 bayleaves
1 tablespoon salt
12 peppercorns

Place vinegar, sugar, crushed garlic, bayleaves, salt and peppercorns into saucepan, slowly bring to boil, simmer 5 minutes. In bowl, mix together finely shredded cabbage and unpeeled, grated apples, strain over hot liquid; stir, refrigerate. Can be bottled in sterilised jars and kept 1 to 2 weeks in refrigerator.

Parsley Salad

1 very big bunch parsley
4 shallots
1 lb. tomatoes
leaves from 5 or 6 mint sprigs
1 cucumber
½ lb. bourghol (cracked wheat)
juice 6 large lemons
1 cup oil
pinch chilli powder
salt

Wash parsley, shallots, tomatoes and mint; dry. Chop parsley, shallots (including green tops), and mint very finely. Peel and chop tomatoes and cucumber very finely. Combine prepared vegetables, bourghol, lemon juice, oil, chilli powder and salt in bowl; mix well.

Serve garnished with slices of lemon, cucumber and tomato. A bowl of crisp lettuce leaves is the correct accompaniment to this salad. Some of the salad is spooned into the centre of lettuce leaf, which is rolled round filling and eaten in this way. The crispness of the lettuce makes a good contrast with the flavour of this wonderful salad.

NOTE: Cracked wheat is available at some health-food shops, or at Continental food stores or delicatessens.

Barbecued Fish

1 small whole fish per person
salt, pepper
butter
lemon juice

Mullet, barbecued this way, is delicious. Clean and scale fish; if using mullet, make sure all black lining of fish is removed. Sprinkle inside of fish with salt and pepper and squeeze of lemon juice. Arrange each fish on square of well-greased aluminium foil, sprinkle top of fish with salt and pepper, add small knob of butter. Wrap fish neatly and securely in foil. Place on barbecue; cook, turning occasionally, approximately 20 minutes.

Serve in the foil. Serve with chopped parsley and lemon wedges.

Barbecue Sauce

1 onion
1 tablespoon oil
½ cup tomato purée
¾ cup water
2 tablespoons vinegar
1 tablespoon worcestershire sauce
1 teaspoon salt
1 teaspoon paprika
¼ teaspoon black pepper
1 teaspoon curry powder
1 tablespoon brown sugar

Heat oil in saucepan, add finely chopped onion, and cook until brown. Add remaining ingredients and simmer, stirring for 5 minutes. Strain through fine strainer. Serve with chops, steaks or sausages.

Makes approx. 1½ cups

Garlic Bread

1 long loaf crusty french bread
4 oz. butter
2 cloves garlic
salt, pepper

Slice loaf, cutting just to bottom crust but not right through. Melt butter and add salt, pepper and crushed garlic. Fan slices of bread apart, and pour a little garlic butter between each slice. Brush top with any remaining butter. Wrap in aluminium foil, heat on barbecue.

Or salt, pepper and garlic can be blended into softened butter and spread on the cut slices. Spread any remaining butter over top of loaf before wrapping in foil.

NOTE: If desired, ½ cup chopped parsley and ¼ cup chopped chives, can be added to softened butter and crushed garlic, then spread on both sides of each slice.

Cabbage Relish

1 small cabbage
3 carrots
4 green peppers
1 lb. white onions
¼ cup salt
2¼ cups sugar
1½ dessertspoons mustard seeds
pinch cayenne pepper
4 cups white vinegar
1½ dessertspoons celery seeds
bayleaves

Wash cabbage and shred finely; slice carrots thinly; chop onion and peppers into small dice. Place all vegetables into large earthenware bowl, sprinkle salt over, mix well. Cover, stand overnight.

Next day drain vegetables well, discard liquid. Pack vegetables firmly into hot, sterilised jars, placing a bayleaf in each jar. Combine all remaining ingredients in saucepan, stir over heat until sugar dissolves. Bring to boil, reduce heat, simmer 5 minutes. Cover vegetables with hot vinegar. Seal when cold.

Makes approx. 6 pints.

Delicious with any hot or cold meats served at the barbecue.

Barbecued Mushrooms and Bacon

bacon rashers
mushrooms
chicken livers

Wash, trim and dry chicken livers; cut in half. Cut mushrooms in half or leave button mushrooms whole. Cut bacon rashers into three if large, or two pieces if small. Roll half a mushroom and half a chicken liver into each piece of bacon. Thread bacon rolls on to skewers. Place on barbecue until bacon is crisp, turning occasionally.

Grilled Pineapple

1 large ripe pineapple
melted butter

Cut unpeeled pineapple into 6 or 8 wedges. Remove core from each wedge. Brush generously with melted butter, grill on barbecue until lightly browned. Serve as is, warm, with cream. The skin will come away easily as the slices are eaten.

Melons

On a hot day, there's nothing nicer to serve for a barbecue dessert than a slice of well-chilled melon. Or, for a more formal type of dessert, melons can be cut into balls or dice and refrigerated. At serving time, spoon into individual glasses or serving dishes, spoon over a little well-chilled sweet white wine.

A ripe watermelon can be made into a basket to hold fresh fruit salad. Choose a medium-sized, ripe watermelon, cut 2 sections from the upper half to leave an arched piece resembling handle of a basket. Carefully cut away melon flesh from under handle and from inside of basket; cut into cubes, drain, removing seeds, then refrigerate. Pile the melon back into the shell, together with any other fresh fruit, cut to similar size. Sprinkle with sugar, a little lemon juice and, if desired, some sweet white wine. Decorate basket with grape or other leaves.

There are many varieties of melon to choose from: watermelon, rockmelon, honeydew, the yellow-skinned Casaba melon and the dark green, almost black-skinned Spanish melon. Both the Casaba and Spanish have pale-green flesh, rather similar to a honeydew.

Barbecued Bananas

Choose firm ripe bananas. Place on barbecue, cook until skins turn black, turning occasionally. Remove from heat with tongs, peel back top layer of skin. If serving as an accompaniment to savoury dishes, season with salt and pepper; if serving as a dessert, sprinkle with equal amounts of cinnamon and sugar, serve with whipped cream.

A Dictionary of HERBS & SPICES

The correct use of herbs, spices and aromatic seeds gives flavour and appetising fragrance to even the most simple foods. The herbs and spices listed here are those most commonly used in cookery; many are easy to grow in the home garden

Herbs

Fresh herbs from the home garden or dried herbs bought at a food store add new flavour interest to familiar dishes; if substituting dried herbs for fresh in a recipe, use less of the dried variety.

Herbs should enhance, not dominate, the food's natural flavour

Chives

Balm

Balm, or lemon balm as it is frequently called, is not widely used in the kitchen, although it can be added to salads, mushroom dishes, and sweet jellies. The crushed leaves give off a pleasant lemon scent, and a few, added to a teapot with tealeaves, will produce a refreshing drink. Balm is an important ingredient in potpourri, where its tang helps to offset the sweetness of the flower scents.

Variegated balm is another variety of the plant, but is grown more for ornamental than practical purposes.

Basil

There are more than 40 varieties of this sharp, piquant herb, but the best known are the sweet, bush, and purple basils. Purple basil has deep purple-greenish leaves; its flavour is inferior to the bush and sweet types. Sweet basil is particularly suitable for drying and therefore the easiest to obtain in dried form.

Basil is traditionally teamed with tomatoes, but its flavour also adds interest to pasta dishes, and combines well with rice, liver, kidneys and fish. Try a little in omelets and with scrambled eggs; if available, use the chopped fresh leaves sprinkled on a green salad. Generally, $\frac{1}{4}$ teaspoon of dried basil with eggs, and $\frac{1}{2}$ teaspoon in a meat recipe is quite sufficient.

Bayleaves

The bay tree is a member of the laurel family. Planted in a pot and clipped to a pleasing shape, this tree can be both attractive and useful. Bayleaves are always an ingredient of bouquet garni; they can also be used by themselves to enhance the flavour of soups, stews, stock, fish, meat and poultry. Whether used fresh or dried, bayleaves are strong, and $\frac{1}{2}$ to 1 leaf is ample in most recipes.

Bouquet Garni

A bouquet garni, or faggot as it is sometimes called, generally consists of a bayleaf, a sprig of fresh thyme, and several parsley sprigs. These are tied together at the stems with cotton or thin string to make removal easier at the end of cooking time. When dried herbs are used it is best to tie them in a piece of muslin.

Use a bouquet garni to flavour stock, soups, stews, and fish dishes.

Chervil

Chervil has a serrated and fernlike leaf, with a flavour reminiscent of aniseed. It is difficult to obtain fresh, but fortunately chervil dries most successfully, retaining both its colour and aroma.

Use dried chervil with discretion in soups, stews, sauces, gravies, and with fish and meat. Fresh, the leaves can be chopped and sprinkled fairly liberally on salads and cooked vegetables.

Chives

Chives are easy to grow. Stemming from a small bulb, this member of the lily family seems to thrive in the garden or in

Parsley, sage
rosemary
& thyme
NUTMEG
PEPPER
bouquets

Fennel

Mint

a pot; however, if it is impossible to grow your own, bunches can usually be bought. The onion-like leaves, believed to stimulate the appetite, have a mild onion flavour.

Chopped chives add interest to cream cheese, scrambled egg, and mashed potato. Try them as a garnish for some soups or sprinkled over a green salad.

Dill

Dill—a favourite herb in Scandinavian and Russian cooking—has a flavour reminiscent of fennel, but milder. Either chopped, fresh leaves or seeds can be used.

In dill pickles the herb helps to make the cucumber more digestible. Flavours of fish and dill combine well—add a few dill seeds to the poaching liquid. Try the chopped, fresh leaves in salads, dressings, sauces, or with coleslaw. If fresh dill is difficult to obtain, the dried and powdered variety can be used in recipes where the herb is cooked with other ingredients.

Fennel

Perennial fennel and annual Florence fennel are the two best-known varieties. Seeds of both can be used in cooking, but leaves and stems of Florence fennel have a more pleasant flavour than those of the perennial; leaves, stems, roots, and seeds all have an aniseed taste.

Try the raw stems stuffed with cream cheese and cut into 1in. slices or use to make a delicious salad. Cook the seeds with fish or add to bread and pastries; for a change, use them as a flavouring with apple. Chop the fresh leaves and add to soups and sauces.

Fenugreek

Fenugreek is grown extensively in India, where the leaves are used for fodder. The seeds, which form in long, thin pods, are sold in ground form and are a component of curry powder. Fenugreek can be used in some pickles and with dried beans; also in soups and casseroles.

Fines Herbes

The 'fines herbes' are a combination of parsley, chervil, chives, and tarragon. Finely chopped, their most frequent use is in Omelet Fines Herbes, but this combination is also called for in some French recipes for meat, chicken, and fish.

Garlic

Garlic is the bulb of a plant belonging to the lily family. In appearance it resembles an irregular-shaped white onion. This is composed of several 'cloves' or segments, each one encased in flaky, white skin. Generally a recipe incorporating garlic will specify one clove to be used, but the strength will depend on the age of the root (young garlic is less pungent than an older bulb) and also the method of cooking.

Garlic is used extensively in Spanish, Italian, and French cooking. It can be added to very many savoury dishes, including soups, stews, roasts, poultry, steaks, stuffings, salad dressings and salads, pickles, and chutneys.

Before being added to a dish, the garlic clove is peeled, then chopped or crushed. To peel and crush, bring down the flat side of a knife blade sharply on to the clove—the skin can be lifted off quite easily. Add a little salt to the garlic and mash, again using the flat of a knife. Alternatively, peel garlic and crush in a garlic crusher.

Marjoram

There are many varieties of marjoram. In addition to oregano (wild marjoram), knotted (or sweet) is the type most widely used in cooking. The plant grows to about 2ft. in height and its grey green leaves have a spicy, mint flavour. This herb is sometimes included in a bouquet garni.

Use marjoram mixed with other herbs in stuffings, but try it by itself with eggs, beef, pork, lamb, mutton, and in soups, sauces, cheese and fish dishes. Available in powdered form.

Mint

Fresh mint can usually be bought, but it is easy to grow in the home garden; it prefers a sunny position. The most common variety, also best for drying, is spearmint, but there are many others.

Cook several sprigs of fresh mint, or a teaspoon of dried mint, with vegetables, especially peas and new potatoes. Serve some in iced tea and summer fruit drinks. Mint sauce or mint jelly is, of course, the traditional accompaniment to roast mutton or lamb.

Oregano

Oregano, the wild marjoram of Italy and Spain, is prominent in the cooking of these two countries. Available in powdered form, oregano has a strong, pungent flavour and is one of the ingredients in chilli powder.

This herb gives a piquant flavour to such dishes as pizza and chilli con carne, and combines well with tomatoes. Try a little in scrambled eggs and omelets or with pork, veal, beef, and fish dishes; add a pinch to french dressing.

Parsley

One of the most widely used and versatile of all herbs, parsley is rich in vitamin C and also contains iron, calcium, and vitamin A.

Unlike other herbs, which should be used with discretion, a liberal amount of chopped parsley can be added to many kinds of dishes. Use fresh or fried sprigs as a garnish; add chopped or dried parsley to soups, stews, mashed potatoes, egg dishes, dumplings, sauces.

Pot-Herbs

In cooking terminology pot-herbs are plants, such as celery and watercress, which can be used either as vegetables or flavouring agents.

The plants become pot-herbs when grown in small pots.

Rosemary

The variety of rosemary generally cultivated today grows to about 3 ft. in height and is a straight-branched bush with grey-green, spiny leaves. It is the leaves that are used in cooking—either fresh or dried and crumbled.

Rosemary has a slight pine flavour that is particularly good with lamb, but it can also be combined with chicken, veal, and pork, in soups, sauces, stuffings, or chopped and scattered on salads. Try a little in minestrone or pea soup. Rosemary can often be substituted for thyme in a recipe.

Sage

There are many varieties of this particularly pungent herb, but the grey-leafed type with purple flowers is the most popular and is available whole, crushed, or ground.

Use as a seasoning for rissoles, meat loaves, cheese, and egg dishes or with fish—and, of course, in sage and onion stuffing. Try rubbing a joint with sage before roasting—but remember its strength, so use sparingly.

Savory

The two best known types of savory are the annual summer and perennial winter varieties—they are similar in flavour and resemble a mild form of sage. Winter savory makes an attractive hedge to a herb garden.

Traditionally associated with beans, savory can be used also with lamb, pork, and veal, or combined with other herbs in stuffings, omelets, and salads. It is available in dried, powdered form.

Sage

Tarragon

There are two varieties of tarragon—French and Russian—but the French, with its superior flavour, is used most in cooking.

Tarragon is an essential ingredient in bearnaise sauce. Its sharp taste blends well with fish and shellfish; for an interesting result, try a little in a chicken stuffing. Mayonnaise, hollandaise sauce, and french dressing benefit from a pinch of tarragon and, fresh and chopped, it is delicious sprinkled over salads.

Thyme

Of the many varieties of thyme, lemon-scented and garden thyme are the best known and most often used in the kitchen—both are available in dried-leaf form.

A sprig of thyme is one of the bouquet garni ingredients. Use it also to season meats, soups, stuffings and forcemeat, and vegetables—especially aubergines (eggplants), mushrooms, onions, beetroot, zucchini and marrows.

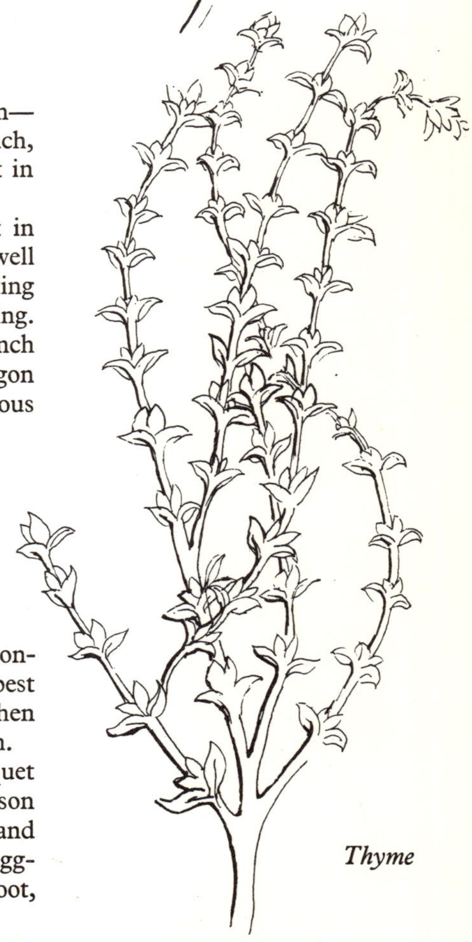

Thyme

Spices

Spices have little or no food value, but the volatile oils which give them their aroma and distinctive flavour help to make simple foods appetising and interesting.

Most spices are imported and therefore are relatively expensive. For home use buy in small quantities and retain maximum freshness and flavour by storing in airtight containers in a dark, dry, cool place

Ginger

Allspice

Allspice (also known as Jamaican Pepper) is the dried fruit of the pimento tree—and no relation to the pepper of that name. It is so named because of its resemblance to the combined flavours of nutmeg, cloves, and cinnamon.

Available whole or ground, allspice is used for pickling, fruit preserving, soups, gravies, cakes, puddings, boiled meats.

Cayenne

Cayenne pepper is made from the ground, brilliant red, whole pods of the chilli or capsicum. The plant is ornamental, and is grown in many parts of the world, but chiefly in the East Indies and Africa. Depending on its country of origin, cayenne varies in pungency, but all types are very hot and should be used with discretion. It is an important ingredient in curry powder.

Add a little cayenne to meat, fish, and egg dishes, to savory batters, sauces, and salad dressings, in cheese dishes and with shellfish.

Cinnamon

The cinnamon tree is an evergreen laurel. The thin bark is peeled from the tree and rolled into sticks as it dries, forming stick cinnamon. True cinnamon grows in Ceylon and India; cassia, a member of the same family, comes from South-East Asia, and is almost identical in flavour. The Saigon variety is recognised as being the best-quality ground cinnamon.

Cinnamon has a mellow, slightly sweet flavour that blends with both sweet and savoury foods. When a recipe calls for stick cinnamon, it will usually give the amount to be used in inches, for example, 'a 2 in. stick cinnamon.'

Use ground cinnamon in cakes, milk, and fruit puddings or with grilled or stewed meats. Add a cinnamon stick to hot drinks such as mulled wine, use in pickles and chutneys with boiled meats and when stewing fruits.

Cloves

Cloves are the buds of an evergreen tree. Used extensively in cookery, they are available whole or ground. Their penetrating, aromatic flavour makes careful use essential—2 or 3 cloves are generally sufficient for most dishes.

Use cloves in some soups, with eggs, fish, meat, stuffings, sauces and gravies, pickles and chutneys. Try a clove-studded orange added to boiling ham or bacon, and an onion stuck with cloves, cooked with boiled chicken. A traditional use is in apple pie; ground cloves are added to cakes and biscuits.

Ginger

Ginger, the root of the plant, can be obtained in four different forms—green (fresh root); ground (dried and powdered root); preserved (cooked in syrup and bottled); crystallised (cooked, drained, and rolled in sugar).

Green ginger is used with savoury foods (if substituting ground ginger, use only $\frac{1}{4}$ amount specified for green ginger in recipe). Ground ginger is used in savoury and sweet recipes. Preserved and crystallised gingers are interchangeable in recipes, but if no sugar is used in the recipe, rinse sugar coating off the crystallised ginger.

Mace

Mace, the fleshy covering of nutmeg, with a similar but stronger flavour, is available in 'blade' and powdered form, although blade mace is more difficult to obtain. Use it in preserving, flavouring fish, fish sauces, and stuffings. Try a pinch of mace on grilled lamb or veal chops. A little added to whipped cream makes an interesting variation—so does a pinch in pie pastry.

Mixed Spice

Mixed spice, as the name implies, is a

blend of certain spices in finely ground form. Generally these will be caraway, allspice, coriander, cumin, nutmeg, and ginger, but other spices, such as cinnamon, may be included.

Mixed spice is used in cakes, puddings, and with fruit.

Nutmeg

From the same tree as mace, nutmeg is the kernel of the fruit; available in whole nut and ground form, the nuts should be grated before use. One nutmeg will generally produce 3 teaspoonfuls when grated, but, for full flavour, prepare only as much as needed at the time, then store remainder of nut until required again.

Although generally included in sweet recipes, nutmeg is also used with meats and poultry, such as chicken, and in sauces.

Paprika

Best quality paprika is made from the dried, ground pods of a variety of sweet red pepper or capsicum imported from Hungary. Has a mild, slightly sweet flavour.

Paprika brightens otherwise insipid-looking dishes when used as a garnish. It can be mixed with breadcrumbs to use as topping for dishes such as macaroni au gratin, or used with breadcrumbs for coating chicken joints for frying.

Pepper

Black and white pepper both come from the berry of a perennial vine. Black pepper is the whole peppercorn, white the inner seed with black outer covering removed. Whole peppercorns keep their flavour better than ground pepper; grind in a peppermill as needed.

Pepper is almost indispensable in savoury cooking. Usually, black is preferable, although it is better to use white in pale coloured foods or cream sauces.

Saffron

Saffron is obtained from the dried stigmas of a type of crocus grown in Europe, mostly in Spain. Since it takes 225,000 stigmas to make one pound of saffron, and each one is hand picked, it is not surprising that this is the world's most expensive spice.

Saffron is used widely in Spanish cooking to impart yellow colour and subtle flavour; available in stigma or powdered form, it should be used very sparingly.

Steep saffron in a little warm water before use. Meat and poultry dishes generally incorporating rice, fish soups such as bouillabaisse, and some traditional breads and cakes include this spice.

Turmeric

Turmeric is the root of a plant of the ginger family. It originated in China and Indonesia, is now produced in India, Haiti, and Jamaica.

Deep yellow in colour, it is often a curry ingredient and is used commercially in mustard, curry powder, and some pickles. At home, use it in sauces and dressings, marinades for chicken and shellfish, and in some pickles and chutneys.

Saffron

Aromatic seeds

The seeds listed below can be used in sweet or savoury dishes; most can be obtained in whole seed or ground form

Anise

Anise is an annual plant growing to 18 in. in height and producing flat-topped bunches of white flowers. The seeds and fresh leaves are used in cooking, and its sharp, distinctive aroma is unmistakable in the liqueur Anisette.

If you have anise in the garden, chop the fresh leaves and sprinkle them over salads. Use the seeds as a flavouring with shellfish, meat, and stuffings. In scones, rolls, bread, and biscuits the seeds can be included in the dough or sprinkled on top.

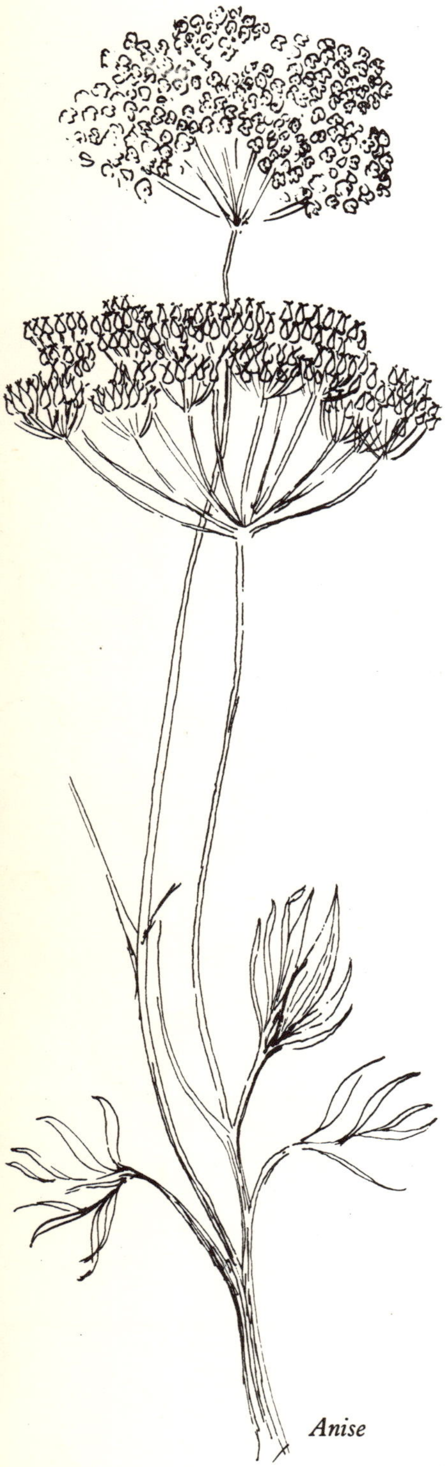
Anise

Caraway

Caraway is the aromatic seed of a biennial member of the parsley family.

Most widely used in seed cake and bread, caraway can be cooked with meat, some vegetables, and cheese. Add a pinch to stews and marinades, sprinkle a little on pork before roasting; use as a flavouring in cheese dishes or crushed with cottage cheese.

Cardamom

Cardamom is an Indian native plant used extensively in Indian cookery. Cardamom pods or the whole or ground seeds can be bought in Australia. The off-white pods are about ½in. in length and contain about 12 to 16 seeds. The seeds are very hard, so they should be crushed before use to release their pungent flavour.

Whole cardamom seeds are used in fruit punches, pickles, and marinades. In their ground form they are included in bread and cakes, meat balls, and roast pork. The flavour of cardamom combines very well with coffee and, in its ground form, is a component of curry powder.

Celery Seed

Celery seeds do not come from the well-known vegetable, but from a plant related to the parsley family. They are available whole or ground. Sprinkle whole seeds on herb breads or include in the dough; scatter on canapes; add to marinades for beef or sprinkle on roast veal; include in pickles.

Use ground celery seeds with eggs, cheese, in salads and salad dressings, and with vegetables such as potatoes, aubergines, tomatoes, peppers.

Coriander

Coriander is available in whole seed or ground form. It is a comparatively mild spice, has a flavour similar to nutmeg. The longer the seeds are kept (they should be stored in a dry place) the more pronounced the flavour becomes. Seeds can be left whole in cooking but it is usual to crush them first.

Use with dried pea and bean soups, spicy sauces, roast or stewed meat, some fish dishes, omelets, baked eggs, and some cakes and pies such as coffee cake, Danish pastries, and apple pie. When using coriander to flavour custards or milk puddings, include a small piece of lemon or orange rind; the two flavours blend well.

Cumin Seed

Cumin, a low-growing annual from the Mediterranean, is used in Near and Middle Eastern cookery, and is a basic ingredient of curries. The dried ripe fruit of the plant forms the spice. With its pungent aroma, cumin is used by the Dutch and Swiss to flavour cheese, by the Germans in sauerkraut, and by the Hebrews in unleavened bread. It is available ground or in whole seed form.

Use cumin in rye bread, pickles, chutney, rice, cabbage and bean dishes with pork and lamb.

Mustard

The hardy annual mustard plant will grow in almost any temperate area of the world. There are two main varieties, both native to Europe and producing seeds that vary in strength and flavour. Ready-mixed mustards are becoming more and more popular.

Use mustard seed in casseroles, pickles, salads, dressings, and vegetable dishes. Prepared mustards, traditional accompaniment of beef, steak, and ham, can be added to cheese dishes, sauces and dressings.

Poppy Seeds

Grown mainly in Holland, poppy seeds are the non-narcotic seeds of the poppy. They can be used whole or ground. For best flavour bake in moderate oven approximately 10 minutes, or toast in dry frying pan over low heat. Sprinkle whole on breads, pastries, salads, pasta, baked or grilled fish, buttered new potatoes, and cauliflower. Use ground in cakes or strudel fillings. Purists, however, believe in using poppy seeds only in sweet foods.

Sesame Seeds

Sesame seeds are small, flat, and round—and light brown, high in mineral and protein content. In many parts of the world, oil extracted from the seeds is used for cooking. The faintly nutty flavour of the seeds is brought out by baking 20 minutes in moderate oven.

Sesame seeds are sprinkled on breads, buns, cakes and pastries. They can also be added to cheese mixtures and fish dishes, sprinkled on canapes, added to salad dressings.

Miscellaneous

Below we list a variety of ingredients which add zest to your cooking.

Capers

The floral bud of the caper bush, that grows along the Mediterranean shores of southern Europe. Once picked, the buds are dried and pickled in vinegar.

Capers add a sharp and piquant flavour to sauces accompanying boiled meat and fish, particularly caper sauce served with boiled mutton. Try them also in salads, or as a garnish.

Curry Powder

Curry powder is a blend of at least 6 spices which may include cumin, coriander, fenugreek, turmeric, ginger, pepper, mace, cardamom and cloves.

In addition to curries, use curry powder with eggs, in marinades, sprinkled on grilled fish, or to flavour sauces and butters. Amount used will vary according to the brand of curry powder and strength desired. Curry powder should be fried at start of making a curry—this releases its full flavour and also cooks the spices.

Garam Masala

Garam Masala is the mixed spice of India; it is a combination of ground coriander seeds, cumin seeds, cloves, cinnamon, peppercorns, nutmeg and cardamom seeds. Unlike curry powder, it should be added to a dish at the end of cooking time so its delicate flavour is retained. The spices included in the mixture and quantities used are variable. Garam Masala is used extensively in Indian cooking.

Horseradish

Horseradish is the root of a perennial plant, a member of the mustard family. It can be bought in jars, blended in a creamy sauce.

Horseradish, the traditional accompaniment to roast beef, can be combined with mayonnaise to give a sharp and piquant dressing. The young and tender leaves of the plant can be chopped and used in salads.

Monosodium Glutamate

Monosodium Glutamate or MSG, as it is commonly known, is widely used in Chinese cookery. It is the sodium salt of glutamic acid present in nearly all animal and vegetable protein, and is used in cookery to give accent to flavour.

It is used in some savoury foods only and should not be added to sweet foods, fruits or dairy products.

Salt

Salt, or sodium chloride as it is scientifically known, is a mineral mined in many parts of the world; it is also contained naturally in most foods. Salt added to food during cooking will help to bring out the flavour, and will also stimulate the appetite. A certain amount of salt in the diet is essential for health, while too much can be harmful. Salt also acts as a preservative.

Vanilla

The vanilla bean is the seed pod of a yellow-flowered orchid native to Central America; the pods are odourless and flavourless. Over a period of six months, they are subjected to alternate heat and darkness to induce fermentation. When almost black in colour, the vanilla bean, as we know it, emerges.

Vanilla extract is produced by steeping the cured pods in a mixture of alcohol and water.

Keep a vanilla bean in a jar containing sugar—the flavour is imparted to the sugar to be used in cakes and custards. Heat the whole pod, or a small piece, in milk for any sweet dish requiring these two ingredients. The bean can be washed and dried afterwards to be stored and used again. An alternative method is to split the bean and remove the seeds. Store the bean in a sugar jar and use the seeds—the part with the strongest flavour—for heating with milk.

Vanilla flavour is popular for many sweet recipes, including custards, ice-cream, cakes, puddings, confectionery.

Nutmeg

SAUCES

Basically, there are two types of savoury sauces—brown and white; nearly all sauces are variations of these. In addition, there are the butter sauces—Hollandaise and Bearnaise, and the compound sauces, Mayonnaise (see page 119) and its variations. All the favourite savoury sauce recipes are given here. See Desserts section, page 220, for a selection of delicious dessert sauces

Basic White Sauce

1 oz. butter
2 tablespoons flour
1 pint hot milk
salt, pepper

Melt butter over low heat, remove from heat, stir in flour, working until smooth. Return to heat, cook few minutes, remove from heat. Gradually stir in heated milk, return to heat; cook, stirring constantly until boiling point is reached. Reduce heat, simmer further 3 minutes, season to taste.

The amount of flour and butter used in sauces depends on the consistency desired.

Thin Sauce: Use 1 oz. butter and 2 tablespoons (approximately 1 oz.) flour to 1 pint liquid.

Medium Sauce: Use $1\frac{1}{2}$ oz. butter and 3 tablespoons (approximately $1\frac{1}{2}$ oz.) to 1 pint liquid.

Thick Sauce: Use 2 oz. butter and 4 tablespoons (approximately 2 oz.) flour to 1 pint liquid.

Parsley Sauce: Stir $\frac{1}{4}$ cup finely chopped parsley and a squeeze of lemon juice into 1 pint medium-thickness white sauce.

Onion Sauce: Chop 2 onions finely, cook in boiling salted water until tender, drain. Add onions, a squeeze of lemon juice and 1 teaspoon finely chopped parsley to 1 pint medium-thickness white sauce. (Cooking liquid from onions can be used as part of liquid in making the white sauce.)

Mornay Sauce: Make up thick white sauce, remove from heat, stir in 4 oz. grated cheese; add a sprinkling of nutmeg. Stir, off heat, until cheese melts completely.

Mushroom Cream Sauce

½ lb. mushrooms
1 oz. butter
1 cup cream
¼ cup medium white sauce
salt, pepper

Chop mushrooms very finely, saute in hot butter until lightly browned. Add cream, cook over low heat 5 minutes. Stir in white sauce, season to taste; heat through gently.

Bechamel Sauce

½ oz. butter
1 tablespoon flour
½ pint milk
bayleaf
slice of onion
4 peppercorns
parsley stalks
sprig thyme
salt, pepper

Place bayleaf, parsley stalks, onion slice, peppercorns and thyme into milk in small saucepan over low heat. Gradually bring to boiling point, remove from heat, let stand 5 minutes. Melt butter in saucepan, add flour, stir until smooth; remove pan from heat, gradually add the strained milk, stirring constantly. When thoroughly blended, return to heat and stir until sauce boils and thickens. Season to taste with salt and pepper.

Brown Sauce

3 tablespoons oil
1 carrot
1 medium onion
1 stick celery
1 clove garlic
2 tablespoons flour
1 pint boiling water
2 beef stock cubes
1 tablespoon tomato puree
bayleaf
parsley stalks
sprig of thyme

Coarsely chop carrot, onion and celery; crush garlic. Heat oil in saucepan. Saute carrot, onion, celery and garlic until lightly browned. Stir in flour and cook until well browned; do not allow to burn. Dissolve stock cubes in boiling water. Add to pan with tomato puree and herbs. Simmer, uncovered, 30 minutes. Strain, adjust seasoning

A well-flavoured sauce can transform simple grilled or roasted meats into gourmet dishes

Quick Sauce Bordelaise

2 small onions
6 mushrooms
butter
1 cup dry white wine
1 cup stock
salt, pepper
1 tablespoon tomato purée or paste

Chop onions very finely, slice mushrooms. Saute in a little butter until lightly browned. Add wine and stock and simmer until reduced to 1¼ cups of liquid. Stir in tomato puree or paste; season to taste.

Oyster Sauce

1 bottle of oysters (10 to 12 oysters)
½ pint milk
¼ pint water
½ carrot
1 slice of onion
few peppercorns
parsley sprig
1 small bayleaf
1 oz. butter
2 tablespoons flour
1 dessertspoon lemon juice
salt, pepper
¼ cup cream

Place milk, water, diced carrot, onion slice, peppercorns, parsley and bayleaf in saucepan. Bring to boil; reduce heat, simmer very slowly, uncovered, 5 minutes. Strain, reserve stock. Melt butter in saucepan, stir in flour, cook 1 minute, remove from heat. Gradually add strained stock. Return to heat, simmer until smooth and thickened, stirring constantly.

Add lemon juice, season to taste. Add drained, chopped oysters, simmer very slowly further 5 minutes. Stir in cream. Reheat gently, do not boil. Serve over grilled steaks or steamed or poached fish (delicious over snapper).

Bercy Sauce

¼ cup very finely chopped shallots
1 cup dry white wine
1½ oz. butter
1 dessertspoon lemon juice
1 tablespoon finely chopped parsley
salt, pepper

Combine shallots and wine, simmer until liquid is reduced to about ½ cup. Remove from heat, stir in butter, lemon juice and parsley; reheat without boiling. Season to taste.

Mustard Sauce

1 oz. butter
1½ tablespoons flour
1 cup stock
salt, pepper
1 teaspoon dry mustard
½ teaspoon vinegar
1 tablespoon cream
1 egg-yolk

Melt butter in saucepan. Stir in flour, cook until lightly brown; remove from heat. Gradually add stock, blend well. Return to heat, bring to boil; reduce heat, simmer until smooth and thickened, stirring constantly. Season to taste with salt and pepper.

Blend mustard and vinegar with a little of the sauce until smooth. Add to sauce, blend well. Remove from heat, stir in cream and beaten egg-yolk.

Stroganoff Sauce

1 oz. butter
1 large onion
½ lb. mushrooms
salt, pepper
½ teaspoon dry mustard
½ pint sour cream

Melt butter in pan, add finely chopped onion, saute gently until onion is tender. Add sliced mushrooms, cook until mushrooms are well softened. Add mustard, salt, pepper to taste, then stir in sour cream; heat together gently, simmer 5 minutes.

This sauce is equally good spooned over grilled or pan-fried steaks, or over thick slices of roasted beef fillet.

Mushroom Sauce

½ oz. butter
2 oz. mushrooms
1 small onion
1 cup milk
¼ cup white wine
1 tablespoon cornflour
salt, pepper
1 to 2 tablespoons cream

Melt butter, fry the chopped onion and sliced mushrooms, but do not brown. Add wine, cook gently for 1 minute. Blend the cornflour with the milk, add to pan. Bring to boil, stirring continually, and cook 1 minute. Remove from heat, season to taste, stir in the cream.

Madeira Sauce

½ oz. butter
3 shallots
1 rasher bacon
1 dessertspoon flour
1 teaspoon tomato paste
4 mushrooms
2 cups boiling water
2 beef stock cubes
salt, pepper
pinch mixed herbs
½ cup madeira

Heat butter in pan, add finely chopped bacon and shallots, cook over low heat until lightly browned. Stir in flour, add paste, finely chopped mushrooms, Gradually stir in boiling water, in which stock cubes have been dissolved. Season, bring to boil. Reduce heat, simmer 20 minutes. Add herbs, bring to boil again further 5 minutes; strain.

Let sauce simmer over low heat until reduced to half quantity. Add madeira, reboil gently until sauce thickens.

Chinese Plum Sauce

3 oz. butter
1 onion
1 cup plum jam
2 tablespoons soy sauce
1 tablespoon wine vinegar
½ teaspoon ginger
¼ teaspoon dry mustard

Melt butter in saucepan and saute chopped onion until tender. Remove pan from heat, add remaining ingredients; heat gently, stirring, until well combined.

Serve with pork or veal

Bearnaise Sauce

4 tablespoons tarragon vinegar
1 shallot
1 bayleaf
6 peppercorns, crushed
3 egg-yolks
4 oz. butter
salt, pepper

Boil vinegar, peppercorns, chopped shallot and bayleaf together until liquid is reduced to 2 tablespoons, strain. Beat egg-yolks lightly in top of double boiler and stir in strained liquid. Gradually beat in cooled melted butter and stir continuously over simmering water until thickened. Season with salt and pepper.

Hollandaise Sauce

3 tablespoons wine vinegar
6 peppercorns
½ bayleaf
2 egg-yolks
4 oz. butter
salt and pepper
few drops lemon juice

Simmer vinegar, peppercorns and bayleaf gently together until liquid is reduced to half the quantity, strain. Work butter until slightly soft. Cream egg-yolks with a little of the butter and a pinch of salt in the top of a double saucepan; stir in strained liquid. Stir over gentle heat until just beginning to thicken. Add remaining butter in small pieces, stirring continually. When all the butter has been added, add lemon juice to taste.

Black Bean Sauce

1 tablespoon black beans
1 slice green ginger
1 small clove garlic
1 dessertspoon dry sherry
½ teaspoon sugar
1 dessertspoon soy sauce
1 cup water
1 dessertspoon cornflour

Wash black beans, mash well; finely chop ginger, crush garlic. Heat pan, add beans, garlic and ginger, fry quickly 1 minute. Add sherry, sugar, soy sauce and water. Mix well, bring to boil. Blend cornflour with a little extra water, add to pan; stir until mixture boils and thickens slightly. Two or three finely chopped shallots can also be added.

This well-flavoured Chinese sauce is delicious spooned over cooked whole fish, or with crab.

The black soy beans can be bought in small cans, or in 1 lb. packets from Chinese food stores. They are salty; wash well before using.

Cucumber-Mayonnaise Sauce

1 large cucumber
½ cup mayonnaise
¼ cup sour cream
1½ tablespoons milk
1½ tablespoons chopped parsley
4 stuffed olives
1 tablespoon lemon juice
salt

Peel, seed, grate and drain cucumber, chop olives. Heat mayonnaise and cucumber in small saucepan over low heat. Combine remaining ingredients in bowl, stir into cucumber mixture. Keep over low heat a few seconds, stirring constantly. Serve with fish.

Tartare Sauce

¾ cup mayonnaise
2 tablespoons capers
2 tablespoons chopped gherkins
½ teaspoon chopped chives
1 tablespoon chopped parsley

In bowl combine mayonnaise, finely chopped capers, gherkins, chives and parsley. Serve with fish.

Sauce Remoulade

1 cup mayonnaise
2 tablespoons finely chopped dill pickle or gherkin
1 dessertspoon finely chopped capers
1 teaspoon prepared mustard
1 dessertspoon finely chopped parsley
dash of worcestershire or anchovy sauce
2 tablespoons whipped cream

Combine all ingredients except cream, mix well. Stir in cream. Serve with any seafood.

Caper Sauce

½ cup mayonnaise
1 tablespoon chopped, drained capers
1 teaspoon vinegar from capers
1 tablespoon finely chopped parsley

Combine all ingredients, mix well to blend.

CAKES

Tea cakes, coffee cakes, small cakes, butter cakes, fruit cakes, a superb torte and gateau—there's an irresistible selection of cakes to choose from, for every occasion

Butterscotch Teacake

4 oz. butter
1 cup brown sugar, lightly packed
2 cups plain flour
3 teaspoons baking powder
1 large egg
½ cup milk

Butterscotch Icing

¾ cup brown sugar, lightly packed
4 dessertspoons milk
pinch salt
1 oz. butter
½ cup icing sugar
chopped almonds

Cream butter and sugar until light and fluffy. Add egg, beat well. Fold in sifted flour and baking powder alternately with the milk. Turn mixture into greased 8 in. sandwich tin. Bake in moderate oven 40 to 45 minutes, or until cake is cooked. Turn cake on to a cake cooler. When cold, top with Butterscotch Icing.

Icing: Place all ingredients except icing sugar in a saucepan and cook, stirring constantly, until mixture begins to boil. Boil steadily, without stirring, 4 to 5 minutes. Allow to cool until warm, beat in sifted icing sugar, adding more icing sugar, if necessary, to give a spreading consistency. Spread over cake, sprinkle with chopped almonds.

Apple Teacake

1½ cups self-raising flour
pinch salt
½ cup castor sugar
2 oz. butter
1 egg
½ cup milk
1 to 2 apples
2 teaspoons cinnamon
extra ¼ cup sugar

Peel and core apples, cut into thin slices, cut each slice in half.

Cream butter, add sugar and beat until light and fluffy; beat in egg. Fold in sifted flour and salt alternately with milk, mix well. Spread mixture into well-greased 8 in. sandwich tin, arrange a whirl of apple slices on top, sprinkle with combined cinnamon and extra sugar. Bake in moderate oven approximately 45 minutes.

Streusel Coffee Cake

6 oz. butter
1 cup sugar
1 teaspoon vanilla
3 eggs
1¼ cups self-raising flour
¾ cup plain flour
3 tablespoons milk

Topping

1 cup plain flour
1 tablespoon cinnamon
½ cup brown sugar, lightly packed
3 oz. butter

Cream together butter and sugar until light and fluffy, add vanilla. Add eggs one at a time, beating well after each addition. Sift flours, add alternately with milk, mix thoroughly. Spread into greased 9 in. square cake tin. Grate topping over cake. Bake in moderately hot oven, 35 to 40 minutes, or until cooked when tested with a skewer.

Topping: Sift together dry ingredients. Rub in butter thoroughly, roll into a ball. Refrigerate until firm.

Orange Loaf Cake

½ cup castor sugar
½ cup milk
4 oz. butter
1 dessertspoon grated orange rind
2 eggs
2 cups self-raising flour

Dissolve sugar in ¼ cup of milk in a small mixing bowl. Add butter and orange rind and cream well. Add beaten eggs a little at a time. Sift flour, fold in alternately with remaining milk. Spoon mixture into greased and lined 9 in. x 5 in. loaf tin. Bake in moderate oven 40 minutes.

Butterscotch Teacake, Chelsea Butter Bun and Almond Meringue Cake—full-of-flavour cakes that go equally well with tea or coffee

Patty Cakes

4 oz. butter	½ cup milk
½ cup castor sugar	½ teaspoon vanilla
2 eggs	2 cups self-raising flour

Cream butter and sugar together until light and fluffy. Add vanilla, then gradually beat in the lightly beaten eggs. Fold in the sifted flour alternately with the milk; mix well. Drop dessertspoonfuls of mixture into well greased, deep patty tins. Bake in moderately hot oven 10 to 15 minutes.

Makes 2 dozen.

Butterfly Cakes: Cut a slice from top of cooled patty cake, then cut this slice in half to form two wings. Pipe or spoon whipped cream across top of cake, set the wings in position. Dust with sifted icing sugar; top, if desired, with a halved strawberry.

Ginger Cake

4 cups (1 lb.) plain flour	1 cup treacle
½ teaspoon salt	6 oz. butter
2 dessertspoons baking powder	2 cups brown sugar, lightly packed
3 dessertspoons ground ginger	1 egg
1 teaspoon bicarbonate of soda	½ pint milk

Lemon Icing

2 cups icing sugar	lemon juice
½ oz. butter	

Sift flour, salt, baking powder, ginger and bicarbonate of soda into a basin. Place treacle, butter and brown sugar into a saucepan, stir over a low heat until sugar dissolves. Cool. Add to dry ingredients; mix in egg and warmed milk. Pour into greased and paper-lined 10 in. square or large oblong cake tin.

Bake in moderately hot oven 1 hour. Cool slightly before turning out on to a cake cooler. When cold, top with lemon icing.

Lemon Icing: Sift icing sugar. Soften butter with a wooden spoon, then gradually add icing sugar, working well in, until the mixture is crumbly. Add sufficient lemon juice, a little at a time, to make a smooth spreading consistency.

Basic Butter Cake

4 oz. butter	2 cups self-raising flour
¾ cup castor sugar	pinch salt
1 teaspoon vanilla	½ cup milk
2 eggs	

Cream butter, sugar and vanilla together until light and fluffy. Add eggs one at a time, beat well. Fold in sifted dry ingredients alternately with the milk. Spoon into a greased and lined 7 in. or 8 in. cake tin. Bake in a moderate oven 50 to 60 minutes.

Variations

Light Fruit Cake

Add 6oz. mixed fruit and ½ teaspoon each of mixed spice, nutmeg, and grated lemon or orange rind.

Marble Cake

Divide mixture into three portions. Colour one portion pink; to second portion add 3 dessertspoons cocoa blended smoothly with 3 dessertspoons warm milk; leave third portion plain. Spoon mixtures into tin in alternate spoonfuls. Cut through two or three times with knife blade or skewer, to give pattern.

Lamingtons

Pour cake mixture into a well-greased 7 in. x 11 in. lamington tin. Bake in moderate oven 30 to 40 minutes. Allow to stand in the tin for a few minutes before turning out on to cake cooler.

It is best to make the cake the day before you want to cut and ice the lamingtons, as fresh cake will usually crumble.

Cut cake into squares. Dip in chocolate icing, then toss in coconut.

Chocolate Icing for Lamingtons: Sift 1 lb. icing sugar and 4 dessertspoons cocoa into a basin. Add 1 dessertspoon melted butter to ½ cup warmed milk. Add sufficient milk mixture to icing sugar mixture to make a smooth coating consistency; beat well.

One-Egg Butter Cake

2 cups plain flour	1 cup castor sugar
pinch salt	1 egg
2½ teaspoons baking powder	1 teaspoon vanilla
3 oz. butter	⅔ cup milk

Sift together flour, salt and baking powder. Cream butter until soft, gradually add sugar and beaten egg, beat well until light and fluffy; add vanilla. Add dry ingredients alternately with the milk. Spoon into a well-greased 7 in. cake tin. Bake in moderate oven, approximately 55 minutes.

Two-Egg Butter Cake

4 oz. butter	4 teaspoons baking powder
1½ cups castor sugar	pinch salt
2 large eggs, or 3 smaller eggs	1 cup milk
3 cups plain flour	1 teaspoon vanilla

Cream butter, add sugar and 1 egg; beat until light and fluffy. Add remaining egg, beat well. Sift together dry ingredients; add alternately with milk to creamed mixture; add vanilla. Pour into well-greased 8 in. cake tin.

Bake in moderately slow oven, approximately $1\frac{1}{4}$ to $1\frac{1}{2}$ hours. Let cake cool in tin 5 to 10 minutes before turning out.

Cherry Cake

4 oz. glacé cherries	¾ cup plain flour
6 oz. butter	¾ cup self-raising flour
¾ cup castor sugar	3 dessertspoons milk
3 eggs	

Snow Glaze

1¼ cups icing sugar	¼ teaspoon vanilla
1 teaspoon softened butter	1 to 2 dessertspoons milk

Cut cherries into thirds. Cream butter and sugar until light and fluffy. Gradually add well-beaten eggs. Fold in sifted flours alternately with milk; lastly fold in cut cherries. Place mixture into a large, well-greased baba mould, or greased 8 in. round cake tin.

Bake in moderate oven approximately 1 hour, or until golden brown and cooked when tested with a skewer. Allow to stand 10 minutes before turning out; cool.

When cold, ice with Snow Glaze and decorate with glace cherry halves, if desired.

Snow Glaze: Combine sifted icing sugar, butter and vanilla in small basin. Gradually beat in milk until mixture is smooth and of a coating consistency; a little more milk may be necessary. Spread over cake; or warm over low heat and allow to trickle over top of cake and down the sides.

Madeira Cake

6 oz. butter	2 cups plain flour
⅔ cup castor sugar	2 teaspoons baking powder
grated rind medium size lemon	candied peel
3 large eggs	

Cream butter until light and fluffy, gradually beat in sugar. Add grated lemon rind, mix well. Beat eggs lightly, add gradually to mixture, beat well. Sift flour with baking powder; lightly fold into beaten mixture. No extra liquid should be added. Turn mixture into greased, lined 7 in. cake tin. Bake in moderate oven approximately 1 hour. Place small pieces of candied peel on top, decoratively, after $\frac{3}{4}$ hour of cooking time.

Apple Shortcake

4 oz. butter	pulp of 1 passionfruit
½ cup castor sugar	3 peeled, coarsely grated apples
1 egg	grated rind and juice ½ lemon
1 cup self-raising flour	extra castor sugar
1 cup plain flour	
¼ teaspoon salt	

Cream butter and sugar lightly, add egg, beat well; mix in sifted flours and salt. Divide mixture into two, roll each piece into a round; place one round in base of 8 in. greased sandwich tin, cover with grated apple, and passionfruit pulp. Sprinkle with grated lemon rind and juice, then with 1 tablespoon extra sugar. Cover with second round of dough, pressing well at sides. Brush with water, sprinkle evenly with extra castor sugar. Bake in moderate oven 35 to 40 minutes.

Chelsea Butter Bun

3 cups self-raising flour	1½ oz. butter
½ teaspoon salt	1 cup milk

Filling

2 oz. butter	2 oz. chopped glacé cherries
⅓ cup brown sugar, lightly packed	2 oz. mixed peel
2 oz. sultanas	1 teaspoon cinnamon
2 oz. currants	

Glaze

2 dessertspoons water	1 teaspoon gelatine
2 dessertspoons sugar	

Sift flour and salt into a basin, rub in butter lightly. Mix to a firm dough with milk. Roll dough into oblong shape, $\frac{1}{4}$ in. in thickness.

Filling: Cream butter and brown sugar together. Spread over dough; sprinkle with fruit and cinnamon. Roll up lengthwise; cut roll into 14 thick slices. Pack into a greased 8 in. sandwich tin, cut side down. Bake in a moderate oven 25 to 30 minutes.

Brush bun with glaze, while still hot.

Glaze: Place ingredients into a small bowl, stir over hot water until gelatine and sugar dissolve.

Festive Fruit Cake

8 oz. dessert dates
8 oz. glacé pineapple
4 oz. glacé apricots
4 oz. green glacé cherries
4 oz. red glacé cherries
8 oz. brazil nuts
2 eggs
½ cup brown sugar, lightly packed
1 teaspoon vanilla
1 tablespoon rum
3 oz. softened butter
½ cup plain flour
½ teaspoon baking powder
pinch salt
1 to 2 tablespoons rum or brandy, extra

Stone dates, chop pineapple and apricots into fairly large pieces (leave remaining fruit and nuts whole); mix well together. Beat eggs until light and fluffy, add sugar, vanilla, rum and softened butter. Continue beating until well blended. Sift flour with baking powder and salt, add to creamed mixture with fruit and nuts. Mix well.

Spoon into greased, lined 9 in. x 5 in. loaf tin. Bake in a slow oven approximately 1½ hours or until cake is firm to touch and a skewer, when inserted in centre, comes out clean; cake may have a surface layer of melted butter; on cooling, this will settle and moisten cake. Remove from oven and, while still hot, pour extra rum or brandy over.

Cool in tin standing on wire rack. This cake keeps well. To store, remove from tin when cold, wrap cake in foil, or a clean teatowel, and store in a reasonably cool place.

Chocolate Fruit Cake

1 lb. sultanas
8 oz. raisins
4 oz. currants
4 oz. glacé cherries
3 oz. mixed peel
2 oz. glacé pineapple
2 oz. glacé apricots
2 oz. glacé figs
2 oz. prunes or dates
1 oz. dried apricots
½ cup brandy
8 oz. butter
1½ cups brown sugar, firmly packed
1 teaspoon grated orange rind
1 teaspoon grated lemon rind
1 teaspoon vanilla
¼ teaspoon almond essence
2 tablespoons marmalade
4 oz. dark chocolate
4 eggs
2½ cups plain flour
1 teaspoon mixed spice
¼ teaspoon nutmeg
1 teaspoon cinnamon
pinch salt

Chop fruit and place in a basin, pour over brandy, mix well, cover and stand overnight. Cream butter with sugar, add grated fruit rinds, essences, marmalade and melted chocolate; mix thoroughly. Drop in the eggs one at a time, beating well after each addition. Fold in sifted dry ingredients alternately with the prepared fruits; mix well. Place mixture into deep 9 in. cake tin, which has been lined with 1 thickness white paper and 2 thicknesses brown paper. Bake in slow oven approximately 4 hours, or until cooked, when a skewer, inserted, comes out clean. Allow to cool completely in tin. Then remove from tin, peel off brown paper layers. Wrap in clean towel or aluminium foil, store in a reasonably cool place until required.

Easy Dundee Cake

8 oz. currants
8 oz. sultanas
8 oz. raisins
2 oz. mixed peel
2 oz. cherries
⅓ cup milk
1 teaspoon baking powder
½ teaspoon mixed spice
2½ cups plain flour
6 oz. softened butter
¾ cup castor sugar
5 eggs
1 oz. blanched almonds

Chop peel and raisins, sift dry ingredients. Place softened butter in a large bowl, add all remaining ingredients with the exception of the almonds; beat together until smooth and thoroughly mixed (this is best done on an electric mixer). Place in an 8 in. round deep cake tin that has been lined with 2 layers of greaseproof paper. Decorate top with almonds and, if desired, glace cherries.

Bake in a moderately slow oven 2½ to 3 hours.

When cake is cooked, cover with a clean teatowel and leave to cool in tin.

Sultana Cake

8 oz. butter
1 cup castor sugar
2½ cups plain flour
¼ cup self-raising flour
5 eggs
1½ lb. sultanas
4 oz. blanched almonds
¼ cup brandy
pinch salt
½ teaspoon vanilla

Cover sultanas with warm water, soak for 2 hours. Drain, let dry at least 24 hours.

Cream butter and sugar together until light and fluffy. Add eggs one at a time, beating well after each addition. If necessary, add a little flour toward the end of the egg additions, to prevent curdling. Add sifted flours and salt alternately with the sultanas, then add almonds, reserving a few almonds to decorate the top of cake. Fold in brandy and vanilla. Place mixture into a greased and paper lined 8 in. or 9 in. square cake tin. Bake in moderately slow oven, approximately 1¾ hours.

At top, from left, Madeira Cake, Chocolate Fruit Cake topped with Marzipan Fruits, Cherry Cake; below, Ginger Cake, Patty Cakes, Easy Dundee Cake

Strawberry Hazelnut Gateau

4 egg whites
pinch salt
1¼ cups castor sugar
4½ oz. ground hazelnuts
1 teaspoon vinegar
½ teaspoon vanilla
4 dessertspoons black coffee

Filling

1 punnet strawberries
1 pint whipped cream
6 oz. dark chocolate
¼ cup water

Beat egg-whites with salt until stiff; gradually add sugar; beat until mixture is of meringue consistency. Fold in remaining ingredients. Spread in 2 greased and floured 8 in. springform pans. Bake in moderate oven approximately 35 minutes; release sides of pans. Cool on base of pan.

Remove from base, place a layer of meringue on serving plate. Spread with thin layer of chocolate, which has been melted with the water. Spread ¾ in. layer of cream over chocolate. Top with layer of sliced strawberries; reserve remainder for decoration.

Spread second layer of meringue with remaining chocolate mixture, place on strawberry layer, chocolate-side up. Cover sides and top with remaining cream.

Refrigerate several hours, or preferably overnight. serve decorated with reserved strawberries.

Chocolate Roll

4 eggs
1 cup castor sugar
4 oz. dark chocolate
3 dessertspoons water
¾ cup cream
½ teaspoon vanilla
2 dessertspoons icing sugar
2 dessertspoons cocoa
little extra cocoa

Separate eggs. Beat yolks and sugar until very pale and fluffy. Melt chopped chocolate with water, stirring with a wooden spoon until chocolate has melted. Cool. Mix gently through the egg-yolk mixture. Beat egg-whites till soft peaks form. Do not overbeat. Fold the chocolate mixture into the egg-white mixture very carefully until evenly distributed.

Grease and line with greased paper a 10½ in. x 12 in. swiss roll tin. Carefully spoon in the mixture, spread evenly. Bake in moderate oven 17 minutes. Remove from oven, cover cake with 2 layers of paper towelling rung out in cold water and 1 layer of dry paper towelling. Refrigerate for 20 minutes.

Peel off paper towels carefully. Loosen cake along the long sides, using a sharp knife. Dust top with sifted cocoa. Carefully tip out on to greased paper. Remove lining paper. Spread cake with cream mixture, roll up, and dust with extra cocoa.

NOTE: This beautifully textured chocolate cake contains no flour.

Cream Mixture: Whip cold cream till thick. Beat in vanilla and icing sugar.

Dark Chocolate Cake

¾ cup hot coffee
½ cup cocoa
1¼ cups sugar
4 oz. butter
3 eggs, separated
1 teaspoon salt
1 teaspoon vanilla
1 teaspoon bicarbonate of soda
½ cup sour cream
2 cups plain flour
½ cup sugar, extra
whipped cream

Sour Cream Frosting

4 oz. dark chocolate
½ cup sour cream
pinch salt
4 dessertspoons icing sugar

Stir hot coffee gradually into cocoa. Combine 1¼ cups sugar with butter, egg yolks, salt, vanilla and half the cocoa mixture. Beat until light and creamy. Mix bicarbonate of soda and sour cream together. To butter and sugar mixture add sour cream and cocoa-coffee alternately with sifted flour. Beat egg whites until stiff, gradually add the ½ cup sugar, beat until meringue stands in stiff peaks. Fold into chocolate mixture. Pour into 9 in. or 10 in. greased and paper-lined deep cake tin. Bake in moderate oven 1 to 1¼ hours.

Cool completely on cake cooler, then cut into 2 layers and join with whipped cream. Spread frosting in a thin layer over top and sides of cake, decorate with walnut halves and cherries if desired.

Refrigerate until Sour Cream Frosting is firm.

Sour Cream Frosting: Melt chopped chocolate over hot water. Remove from heat, allow to cool slightly, then stir in sour cream and salt. Add sifted icing sugar and beat until a spreading consistency.

Pineapple Fruit Cake

1 cup sugar
15 oz. can crushed pineapple
1 lb. mixed fruit
1 teaspoon bicarbonate of soda
1 teaspoon mixed spice
4 oz. butter
1 cup plain flour
1 cup self-raising flour
2 eggs

Place sugar, contents of can of pineapple, chopped mixed fruit, bicarbonate of soda, spice and butter into a saucepan. Bring to boil, boil 3 minutes; remove from heat, cool completely.

Sift flours together, mix into cold fruit mixture with well-beaten eggs. Place mixture into greased and lined 8 in. cake tin.

Bake in moderate oven approximately 1½ hours, reduce heat to moderately slow, bake further 20 to 30 minutes or until a skewer, inserted, comes out clean.

Mocha Torte

6 eggs, separated
½ cup castor sugar
4 oz. dark chocolate
2 dessertspoons plain flour
4 dessertspoons water
1 teaspoon instant coffee powder

Coffee Cream

1 dessertspoon instant coffee powder
½ pint cream
¼ cup castor sugar

Beat egg-yolks and sugar until pale and creamy. Melt chopped chocolate over hot water, allow to cool slightly; add to egg-yolk mixture, mixing well. Stir coffee into water, add to chocolate mixture. Gently fold in sifted flour and lightly beaten egg-whites. It is important not to overmix.

Pour mixture into 3 greased and lined 8 in. sandwich tins, bake in moderately slow oven 30 to 35 minutes; cool on wire rack.

When cold, join together with Coffee Cream. Cover top and sides of cake with remaining Coffee Cream, decorate with toasted almonds; drizzle a little melted chocolate over, if desired. Refrigerate.

Coffee Cream: Combine all ingredients in mixing bowl, refrigerate at least 1 hour. When ready to use, beat until thick.

Orange Date Cake

1 lb. dates
½ cup orange juice
4½ cups self-raising flour
pinch salt
8 oz. butter
2 cups castor sugar
½ cup mixed peel
3 eggs
1½ cups warm milk
½ teaspoon vanilla

Pour orange juice over chopped dates, cover, leave overnight.

Next day sift flour and salt into bowl. Rub in butter until mixture resembles fine breadcrumbs; mix in castor sugar. Add mixed peel, dates and orange juice, rub through lightly, separating the pieces. Make well in centre of dry ingredients. Add beaten eggs alternately with milk to which vanilla has been added, stirring until all dry ingredients are well mixed. Place mixture into greased and paper lined 10 in. square cake tin. Bake in moderate oven 30 minutes, reduce heat to moderately slow, and continue cooking further 1½ hours. Leave in tin on cake cooler to cool.

Pineapple Teacake

1½ cups self-raising flour
½ cup sugar
pinch salt
1 egg
½ cup milk
4 oz. butter
⅓ cup honey
15 oz. can crushed pineapple
¼ cup coconut

Drain pineapple (the juice is not needed for this recipe). Melt 2 oz. butter and allow it to cool slightly.

Sift flour and salt, add sugar. Combine beaten egg, milk and melted butter, add to dry ingredients; mix well. Pour into a greased, deep 8 in. round cake tin, spread pineapple over the batter. Cream remaining butter and honey well, spoon over pineapple; sprinkle with coconut. Bake in moderately hot oven 35 to 40 minutes.

When cool, sprinkle top with sifted icing sugar.

Chocolate Orange Cake

6 oz. butter
¾ cup castor sugar
3 eggs
1½ cups self-raising flour
2 tablespoons milk
grated rind 2 oranges

Chocolate Icing

1 cup icing sugar
½ teaspoon butter
1 tablespoon cocoa
water to mix

Cream butter and sugar until light and fluffy, beat in eggs one at a time, beating well after each addition. Sift flour, fold in alternately with milk; add grated orange rind. Place mixture in greased and paper lined 9 in. x 5 in. loaf tin. Bake in moderate oven approximately 1 hour or until skewer inserted in centre comes out clean. Leave in tin a few minutes before turning out on to cake cooler. When cold, top with chocolate icing.

Chocolate Icing: Sift icing sugar and cocoa into bowl, add butter, then mix to a stiff consistency with a little cold water. Place over hot water and stir until a pouring consistency; this will take only a minute or two. Pour on top of cake and spread with spatula, swirling icing with tip of spatula.

Almond Meringue Cake

4 oz. butter
½ cup castor sugar
pinch salt
4 egg-yolks
1 teaspoon vanilla
⅓ cup milk
1 cup self-raising flour

Topping

4 egg-whites
¾ cup castor sugar
2 dessertspoons castor sugar, extra
½ teaspoon cinnamon
1 oz. blanched, slivered almonds

Cream butter and sugar until light and fluffy. Beat in yolks and vanilla. Sift flour and salt; add alternately with milk. Spread mixture into a greased 8 in. springform pan.

Topping: Beat egg-whites until stiff, gradually add sugar, beating well. Spread this meringue over mixture in pan. Mix together the extra sugar and cinnamon, sprinkle over meringue. Sprinkle with almonds. Bake in moderate oven 60 to 65 minutes, or until cake is cooked when tested with a skewer. Leave in pan 10 minutes before turning out.

Date and Walnut Loaf

1 cup self-raising flour
½ cup sugar
½ teaspoon bicarbonate of soda
2 teaspoons cinnamon
½ cup chopped dates
½ cup chopped walnuts
1 oz. butter
⅔ cup water

Sift flour, sugar, bicarbonate of soda and cinnamon into a basin. Add the chopped dates and walnuts, mix well. Heat butter and water in a saucepan until water just comes to the boil. Make a well in the centre of the dry ingredients, add hot liquid and mix thoroughly. Spoon into greased 10 in. x 3 in. bar tin. Bake in a moderate oven approximately 40 minutes. Serve with butter.

Chocolate Loaf Cake

4 oz. butter
½ cup castor sugar
2 tablespoons sifted cocoa
2 eggs
1¾ cups self-raising flour
2½ tablespoons cornflour
¼ pint milk

Chocolate Icing

1 cup icing sugar
1 dessertspoon cocoa
1 teaspoon softened butter
little warmed milk

Cream butter, gradually add sugar and cocoa; beat well. Add beaten eggs a little at a time, beat well. Stir in sifted flours alternately with the milk. Spoon mixture into greased and lined 9 in. x 5 in. loaf tin. Bake in moderate oven 45 minutes. When cool top with chocolate icing.

Chocolate Icing: Sift icing sugar and cocoa into a basin, add softened butter and mix through icing sugar mixture. Add sufficient warmed milk to mix to a smooth spreading consistency.

Fresh Lemon Loaf

4 oz. butter
1 cup castor sugar
2 eggs
1 cup self-raising flour
½ cup plain flour
½ cup milk
½ teaspoon salt
¼ cup chopped nuts
grated rind and juice 1 large lemon
¼ cup castor sugar, extra

Cream butter well, add sugar and beat again. Add eggs one at a time, beat well after each addition. Sift flour and salt, add alternately with milk. Add nuts and lemon rind. Pour into greased 9 in. x 5 in. loaf tin, bake in moderate oven 40 to 45 minutes.

Mix lemon juice with extra sugar; stir until sugar dissolves. When cake is cooked and hot from oven, pour over the lemon mixture. Leave to cool in tin.

Rock Cakes

2 cups self-raising flour
⅓ cup sugar
3 oz. butter
3 oz. sultanas or currants
1 oz. mixed peel
1 egg
pinch salt
¼ teaspoon cinnamon
⅓ cup milk (approx.)
extra sugar

Sift dry ingredients into a bowl. Add butter, and, using fingertips rub in until mixture resembles fine breadcrumbs. Add fruit and peel, mix well. Beat egg and add to mixture, then add sufficient milk to make a moist but still stiff consistency. If mixture is too soft, cakes will spread widely during cooking instead of retaining shape. Use teaspoons or dessertspoons, depending on size of cake required, to spoon mixture out in rough heaps on to greased trays. Leave space between each to allow for slight spreading. Sprinkle cakes with extra sugar. Bake in a moderately hot oven 10 to 20 minutes, depending on size of cake. Loosen on trays while hot; allow to cool on trays.

Strawberry Hazelnut Gateau—thin wafers of hazelnut cake are sandwiched together with whipped cream and chocolate and red, ripe strawberries in this delicious dessert cake

Slices

Everyone loves the sweet taste of a luscious slice, and there's a wonderful variety of fillings and toppings to choose from.

Fruit Slice

4 oz. butter
1½ cups self-raising flour
⅓ cup ground rice
¼ cup castor sugar
2½ tablespoons cornflour
1 egg

Filling

½ lb. dates
grated rind and juice 1 lemon
4 oz. sultanas
4 oz. raisins
1 oz. mixed peel
2 oz. glacé cherries
1 dessertspoon sugar
1 oz. butter
1 teaspoon mixed spice
¾ cup water
1 tablespoon arrowroot
1 tablespoon rum or orange juice

Sift flour, ground rice, cornflour into basin, rub in butter until mixture resembles fine breadcrumbs. Stir in sugar and beaten egg. Knead lightly on floured board, roll out half the pastry, fit into greased and lined 11 in. x 7 in. lamington tin.

Cover with prepared filling. Roll out remaining pastry; cover filling.

Glaze with little cold water, sprinkle with extra castor sugar. Bake in hot oven 25 to 30 minutes. Cool; cut into slices.

Filling: Place in saucepan chopped fruit and all ingredients except arrowroot and rum; place over low heat, stirring continually, until thick. Blend arrowroot with rum or orange juice, stir into fruit mixture; return to heat, stirring, 3 minutes. Remove, cool completely.

Chocolate Rough Slice

4 oz. butter
⅓rd cup castor sugar
¼ cup coconut
1 cup self-raising flour
1 dessertspoon cocoa
pinch salt

Topping

3 tablespoons condensed milk
1 tablespoon cocoa
1 cup sifted icing sugar
1 oz. butter
1 cup coconut
1 teaspoon vanilla

Sift dry ingredients into basin, add sugar and coconut; stir in melted butter, mixing well. Press into greased and lined 11 in. x 7 in. lamington tin. Bake in moderate oven 25 minutes.

Cool slightly; cover with Chocolate Rough Topping while still warm. Cut into slices when cold.

Chocolate Rough Topping: Combine all ingredients in basin, mix well.

Raspberry Coconut Slice

1 cup self-raising flour
½ cup sugar
1 tablespoon butter
2 eggs
raspberry jam
½ cup castor sugar
1 cup coconut
few drops almond essence
extra coconut

Sift flour and sugar into basin, rub in butter until mixture resembles fine breadcrumbs. Mix to stiff dough with 1 beaten egg. Knead lightly, roll out to 8 in. square. Place on base of greased and lined shallow 8 in. square tin. Spread with little raspberry jam.

Beat remaining egg and castor sugar together until pale and thick, carefully fold in coconut and almond essence; spread over jam. Sprinkle with little extra coconut. Bake in moderate oven 30 to 35 minutes or until golden. Cut into slices while still warm.

Passionfruit Cheese Slice

Crumb Crust

6 oz. coconut biscuits
3 oz. butter

Topping

8 oz. cottage cheese
8 oz. cream cheese
14 oz. can condensed milk
1 dessertspoon gelatine
¼ cup water
4 passionfruit
¼ cup lemon juice
1 teaspoon lemon rind
2 teaspoons vinegar
¾ cup cream

Crumb Crust: Crush biscuits. Combine crumbs with melted butter. Press mixture on to base of 7 in. x 11 in. lamington tin, lined with aluminium foil (lightly grease foil and bring it up and over sides of tin, to enable slice to be removed easily after it has set). Refrigerate until firm.

Topping: Sieve cheeses and beat together until light and creamy. Soften gelatine in water and dissolve over boiling water; allow to cool slightly. Add condensed milk, gelatine, lemon juice, lemon rind and vinegar to cheese mixture. Beat until creamy; fold in whipped cream. Carefully fold in pulp of 2 passionfruit. Pour mixture on to crumb crust, spread smoothly. Spread remaining passionfruit pulp on top. Refrigerate until set. Cut into slices.

Apple Slice

4 oz. butter
½ cup castor sugar
1 egg
1 cup plain flour
1 teaspoon cinnamon
1 teaspoon mixed spice
1½ cups stewed apple, well drained

Cream butter and sugar together until light and fluffy, add egg and beat well. Sift flour with spices, fold lightly into creamed mixture. Spread half mixture on base of a greased 8 in. square cake tin, cover with well drained apples, spread remaining cake mixture on top. Bake in moderate oven approximately 45 minutes, or until golden brown. Serve hot or cold, cut into squares, sprinkled with sifted icing sugar.

Peanut Slice

8 oz. shortcrust pastry
raspberry jam
1 egg white
¾ cup castor sugar
½ cup cake crumbs
1 dessertspoon cocoa
½ teaspoon vanilla
½ lb. roasted peanuts
water

Roll out pastry, line greased 7 in. x 11 in. lamington tin, bake in moderately hot oven 15 minutes; cool. Spread with jam.

Beat egg-white until stiff, gradually beat in sugar. Lightly fold in cake crumbs, cocoa, peanuts; flavour with vanilla. Spread over raspberry jam, brush with water. Bake in moderate oven approximately 25 minutes. Cut into slices.

Vanilla Custard Slice

10 oz. puff pastry
1¾ pints milk
¾ cup sugar
2 oz. butter
½ cup cornflour
4 tablespoons custard powder
¼ pint milk, extra
1 egg
1 dessertspoon vanilla

Roll out pastry thinly, cut out two 10 in. squares; place on ungreased oven tray, bake in very hot oven approximately 15 minutes. Cool, trim to make two 8 in. squares. Place one layer on base of ungreased 8 in. square cake tin.

Place milk, sugar, butter in large saucepan. Blend cornflour and custard powder with extra milk; add to saucepan, bring to boil, stirring until smooth and thick. Remove from heat, beat in vanilla and egg. While still hot, pour over layer of pastry in tin; top with second square of pastry, pressing down firmly. Cool, top with passionfruit icing. Refrigerate until firm; cut into slices.

Spicy Apple Slice

Pastry

1½ cups plain flour
3 oz. butter
¼ cup castor sugar
1 egg-yolk
1 teaspoon water
½ teaspoon baking powder

Filling

4 large apples
½ cup sugar
2 tablespoons water
little lemon rind

Spicy Topping

¾ cup plain flour
3 teaspoons cinnamon
2½ tablespoons sugar
2 oz.butter

Cream butter and sugar until light and fluffy, beat in egg-yolk and water. Knead in sifted dry ingredients until mixture comes together in a ball. Roll out on lightly floured board, line a greased 7 in. x 11 in. lamington tin.

Filling: Peel, core, and slice apples thinly. Place in saucepan with sugar, water and lemon rind, cook gently until apples are tender, cool. Place cold apple mixture in uncooked pastry shell.

Spicy Topping: Sift dry ingredients into bowl, rub in butter using fingertips, shape into a ball, chill until firm. Press ball of topping through colander or grate on to apples.

Bake in moderately hot oven, 35 to 40 minutes. Cool, cut into slices.

Jelly and Pineapple Slice

1 packet plain sponge mix
15 oz. can pineapple pieces
2 packets raspberry jelly crystals
3 cups hot water

Make up sponge according to directions on packet. Pour half of this mixture into a greased and paper lined 7 in. x 11 in. lamington tin; bake in moderate oven approximately 35 minutes or until cooked when tested with a fine skewer. (Bake remainder of mixture in 6 in. square cake tin; use as cake). Remove from tins, allow to cool on wire rack. When cold return large sponge to lamington tin, sprinkle with a little pineapple juice. Cover with drained pineapple pieces. Make up 2 packets of jelly using 3 cups hot water; allow to set until egg-white consistency. Carefully spoon over pineapple pieces.

Refrigerate until set. Cut into slices. Serve with whipped cream.

SPONGE CAKES

Everybody loves the light, airy, melt-in-the-mouth goodness of a sponge cake. Filled with cream and fruit, they make a delicious dessert; and they're ideal for a child's birthday cake. They're not difficult to make; here we give you all the hints you need to turn out perfect sponge cakes

The lightness of a sponge depends upon the amount of air incorporated during the mixing.

□ Sift dry ingredients well so mixture is aerated. Some champion spongemakers sift dry ingredients seven times!

□ Beat eggs with sugar until sugar is dissolved; this could take 10 to 15 minutes. Castor sugar is best to use for sponge cakes; it is finer than ordinary sugar, dissolves more easily, gives a more even texture to finished cake. Some recipes require the eggs to be separated. If so, the whites are whipped until stiff, sugar being added gradually. This is important: if the sugar was added all at once it would deflate the delicate egg-white mixture.

□ Once yolks are added, beat only until mixture is thick and of creamy consistency. Do not over-beat or mixture will become thin; the air beaten into egg-whites would be broken down.

□ Sift dry ingredients evenly over surface of batter and fold in. A large metal spoon is good for this. Dip spoon right to bottom of basin, turn spoon over gently to bring it out, so flour is 'folded' inside egg mixture. Do this lightly, smoothly, until all traces of flour have disappeared.

□ Dissolve the butter in hot water and fold in all at once, carefully and quickly. Hot water is absorbed into mixture more quickly than cold; therefore, less folding-in, which disturbs the air, is necessary.

□ Grease tins lightly; sprinkle lightly with flour or, for a sugary crust, castor sugar. Shake to cover inside surface, turn over, tap out any surplus.

Do not line tins with paper. Sponge cakes do not contain fat in any quantity and, if bottom of tin was protected with paper, the cakes would have a moist, crustless appearance when paper was removed—instead of the delightful, golden colour.

The exception to this is the Swiss Roll, which has the tin lined with greased paper.

□ To test if cake is cooked, press top lightly with fingertip; if no impression is left and cake springs back lightly it is ready to take from oven. It will also shrink away a little from sides of tin.

□ Immediately turn out on to wire cooling tray covered with teatowel; this will prevent wire marking top of cake; carefully invert so top of cake is uppermost. (Be careful not to apply pressure or cake will be squeezed between trays.) Remove top tray and teatowel. Let cake stand until quite cool. Make sure it does not stand in a draught while cooling; this will cause it to shrivel slightly.

Sponge Cake

4 eggs
¾ cup castor sugar
1¼ cups self-raising flour
1 teaspoon butter
3 tablespoons hot water

Beat whole eggs until light. Gradually beat in sugar; continue beating until mixture is thick and sugar is completely dissolved (approximately 10 to 15 minutes). Sift flour several times; melt butter in hot water. Sift dry ingredients over egg mixture, fold in; then, working quickly, fold in the hot water and butter. Pour into greased deep 8 in. cake tin, bake in moderate oven approximately 25 minutes or until cake is elastic to touch and shrinking slightly from sides of tin. Turn out at once on to cake cooler. When quite cold, spread top of cake with lemon butter, spoon over a tablespoon or more of fresh or canned passionfruit pulp. With piping bag and star pipe, decorate round top edge of cake with whipped cream.

Sponge Sandwich

3 large eggs
½ cup castor sugar
1 cup self-raising flour
3 tablespoons hot water
1 teaspoon butter

Separate eggs; beat whites stiffly, gradually beat in sugar, beating well after each addition to dissolve sugar thoroughly. Add yolks all at once, beat only

Deliciously light, delicate in texture, Sponge Cake is everybody's favourite. Filling can be whipped cream, jam, lemon butter

until colour is evenly mixed through. Sift flour several times, then sift over egg mixture; fold in carefully. Combine hot water and butter, stir until butter melts (or heat together a few minutes to dissolve butter); pour all at once into mixture, fold through quickly, thoroughly.

Pour into 2 deep 7 in. greased and lightly floured sandwich tins, bake in moderate oven approximately 20 minutes or until lightly browned and elastic to the touch. Turn immediately on to cake cooler. When cold, join with whipped cream.

Honey Sponge

3 eggs
½ cup castor sugar
½ teaspoon vanilla
¾ cup self-raising flour
3 dessertspoons arrowroot
pinch salt
1 dessertspoon honey
1 dessertspoon butter
3 dessertspoons hot milk

Separate eggs, beat whites stiffly, gradually add sugar, beating well after each addition. Add vanilla, beat well; add yolks all at once, beat again. Sift dry ingredients several times, fold gently into egg mixture. Add honey and the butter, which has been melted in the milk. Pour into 2 greased and lightly floured 7 in. sandwich tins, bake in moderate oven approximately 20 to 25 minutes. When cooked, turn immediately on to cake cooler. When cold, join cakes together with whipped sweetened cream.

Swiss Roll

For Swiss Roll, make up the Sponge Sandwich recipe on page 160 and mix as directed. Pour mixture into greased, greaseproof paper lined swiss roll tin, approximately 10 in. x 14 in.; spread mixture out lightly. Bake in moderate oven approximately 12 to 15 minutes, or until lightly coloured and elastic to touch. Be careful not to over-cook, or sponge will become dry and crack when rolled.

While sponge is cooking, prepare for the rolling. Place sheet of greaseproof paper on slightly dampened teatowel; dust paper with castor sugar.

When sponge is cooked, turn immediately from tin on to greaseproof paper; peel off lining paper; with sharp knife trim off crisp edge from long sides of cake. Gently roll up sponge, rolling the greaseproof inside as you go. Cover sponge with clean teatowel, let stand 1 minute. Unroll, remove paper, re-roll, let stand until quite cold before filling. When cold, gently unroll, spread with jam or whipped cream (or both), roll up again. Dust top with extra castor sugar, if desired.

Chocolate Sponge

4 eggs
1 cup castor sugar
1½ tablespoons butter
2½ tablespoons cocoa
4 tablespoons boiling water
1¼ cups self-raising flour

Beat eggs together in basin, gradually add sugar; beat 15 minutes. Combine butter, cocoa, and boiling water, fold into egg mixture. Sift flour several times, sift over egg mixture, fold in, making sure no streaks of colour remain. Fill into 2 greased 7 in. sandwich tins; bake in moderate oven 20 to 25 minutes, or until elastic to touch and shrinking slightly from sides of tin. Remove from tins, cool. When cold, join together with whipped cream; top, if desired, with chocolate icing.

Ginger Fluff Sponge

4 eggs
½ cup castor sugar
½ cup arrowroot
2 tablespoons plain flour
2 teaspoons ginger
2 teaspoons cinnamon
2 teaspoons cocoa
2 teaspoons cream of tartar
1 teaspoon bicarb. soda
1 dessertspoon golden syrup

Separate eggs; beat whites stiffly, gradually add sugar, beating well after each addition to dissolve sugar thoroughly. Add yolks all at once, beat only until colour is evenly mixed through. Sift dry ingredients at least four times to combine thoroughly. Sift on to egg mixture, fold through gently until colour is even and dry ingredients are mixed in. Pour in warmed golden syrup, fold through gently. Pour into 2 greased deep 7 in. sandwich tins, bake in moderate oven approximately 15 to 20 minutes or until elastic to touch and shrinking slightly from sides of tin. Turn on to cake cooler. When cold, join with whipped cream.

Honey Roll

3 eggs
¼ cup castor sugar
2 tablespoons honey
1 cup plain flour
1 teaspoon cinnamon
½ teaspoon bicarbonate of soda
1 dessertspoon hot water
whipped cream
extra castor sugar

Beat eggs 3 minutes, or until light in colour. Gradually add sugar, beat until dissolved. Add honey, beat until mixture resembles thick cream. Add bicarbonate of soda dissolved in hot water. Lightly fold in sifted flour and cinnamon. Pour mixture into greased paper-lined 12½ in. x 10½ in. swiss roll tin. Bake in moderately hot oven 12 to 15 minutes.

Follow method for Swiss Roll; spread with whipped cream.

CHEESECAKES

Cheesecake is among the most popular of all desserts. It's so rich, so luscious, you need to serve it only in small slices. One cheesecake will go a long way; in an 8 or 9-inch size, it will give up to 12 servings. They're best made the day before they're to be served, so can be made ahead for a party.

Cheesecakes can be baked in the oven, or unbaked (set in the refrigerator); there's a wide variety of both types of recipes here and everyone delicious!

To Make Cheesecakes

When making baked cheesecakes, cooking times should be followed carefully. Don't overcook them. At the end of the specified cooking time, the cheesecake might still appear soft in the centre; but it becomes firmer as it stands.

An overbaked cheesecake develops grainy texture; it is inclined to shrink, crack, and become dry as it cools. If you cool the cheesecake by the following method you'll find there is very little shrinking, and the cheesecake does not fall in the centre.

When baking time is over, turn off the oven heat, leave the oven door ajar, and let the cheesecake stand undisturbed in the oven until it is quite cool. This helps to set the soft centre and prevent it falling. It will not cause overbaking. When the cheesecake is cool, refrigerate until it has set firmly.

Large cheesecakes are best if made the day before they are to be served, then refrigerated overnight; the filling sets firmly and they're easier to cut.

For a crumb crust that will hold its shape without crumbling, and cut well, the ideal proportions are half the amount of butter to the weight of biscuit crumbs. For example, a crumb crust which used 8 oz. biscuit crumbs will hold together well with 4 oz. melted butter.

The exception to this is when a biscuit which has a good proportion of butter added to it during the manufacturing process (such as shortbread biscuits) is used for the crumb crust. This type of crust needs slightly less melted butter added. Specific quantities are given in individual recipes in this book.

The recipes which use a crumb crust specify them in a particular size to hold the quantity of filling: for example, '8 in. crumb crust,' '9 in. crumb crust.'

As a general guide, we give below the various proportions of biscuit crumbs and butter needed for each size. To this can be added a little cinnamon, nutmeg, etc.

For 7 in. sandwich tin with removable base: use 6 oz. plain sweet biscuit crumbs and 3 oz. butter.

For 8 in. springform pan: use 8 oz. plain sweet biscuit crumbs and 4 oz. butter.

For 9 in. springform pan: use 12 oz. plain sweet biscuit crumbs and 6 oz. butter.

For 10 in.–11 in. springform pan: use 1 lb. plain sweet biscuit crumbs and 8 oz. butter.

For 8 in.–9 in. pie plate: use 6 oz. plain sweet biscuit crumbs and 3 oz. butter.

Wonderful Basic Cheesecake

1½ lb. cream cheese
1 teaspoon vanilla
4 eggs
1 cup sugar
grated rind 1 lemon
1 dessertspoon lemon juice
8 in. crumb crust

Press cream cheese through strainer, blend with vanilla. Beat eggs until thick, beat in sugar gradually. Continue beating while adding cheese mixture in small portions, mixing each time until smooth. Mix in lemon rind and juice. Spread into crumb crust, bake in moderate oven 25 to 30 minutes. Cool, then refrigerate. Just before serving, top with whipped cream, sprinkle with cinnamon or nutmeg.

Superb Sour Cream Cheesecake

8 oz. packaged cream cheese
8 oz. cottage cheese
3 eggs
1 cup sugar
4 dessertspoons cornflour
½ cup milk
1 cup sour cream
grated rind 2 lemons
1 teaspoon lemon juice
8 in. crumb crust

Beat cheeses together until smooth. Add eggs, one at a time, beating well after each addition. Add cornflour and sugar, mix well. Blend in milk, sour cream, lemon rind and juice. Pour mixture into crumb crust. Stand pan on oven tray. Bake in moderately slow oven 50 to 60 minutes; cool in oven. Refrigerate several hours before serving.

Minted Cheesecake

Crumb Crust

5 oz. shortbread biscuits
2 oz. butter

Topping

1 dessertspoon gelatine
¼ cup cold water
¼ cup boiling water
8 oz. packaged cream cheese
½ cup sugar
½ teaspoon vanilla
1 teaspoon peppermint essence
2 dessertspoons lemon juice
6 oz. can evaporated milk, chilled

Crumb Crust: Crush biscuits. Combine crumbs and melted butter in a mixing bowl; reserve ¼ cup crumbs for topping. Press remaining mixture on to base of greased 7 in. springform pan. Refrigerate until firm.

Topping: Soak gelatine in cold water 5 minutes, then dissolve in boiling water; cool. Cream together cheese and sugar until smooth and fluffy. Add vanilla, peppermint essence and lemon juice; beat well. Blend in cooled gelatine and chilled evaporated milk; beat well again. Pour cheese mixture onto prepared crumb crust, sprinkle with remaining crumbs. Refrigerate several hours or overnight.

Strawberry-Glazed Cheesecake

Crumb Crust

6 oz. plain sweet biscuits
3 oz. butter

Filling

1½ lb. cream cheese
¼ cup self-raising flour
rind ½ large lemon
¼ pint sour cream
2 eggs
¾ cup sugar
¾ cup milk

Strawberry Glaze

1 punnet strawberries
½ cup water
3 dessertspoons cornflour
¼ cup sugar

Crumb Crust: Crush biscuits finely, add melted butter and combine well. Press over base only of 8 in. springform pan.

Filling: Beat together sieved cream cheese, sifted flour, grated rind, and sour cream. Beat eggs and sugar together until light and fluffy, add milk. Gradually beat into cheese mixture. Pour mixture on to crumb crust. Bake in a moderately slow oven 1½ hours.

Strawberry Glaze: Crush half of the strawberries, add the water and cook 2 minutes; strain. Mix cornflour with sugar, stir into strained strawberry liquid. Cook gently, stirring constantly until liquid is clear, approximately 3 minutes. (A few drops of red colouring can be added.) Cool slightly. Cut remaining strawberries in half and arrange on top of cooled cheesecake; spoon glaze over. Refrigerate.

Luscious Gourmet Cheesecake

1 lb. cream cheese
1 cup castor sugar
2 dessertspoons plain flour
pinch salt
4 eggs, separated
1 whole egg, extra
1 cup sour cream
juice of 1 lemon
2 dessertspoons castor sugar, extra
10 in. crumb crust

Beat cream cheese until softened, combine with sugar, flour and salt, beat well. Beat in the whole egg plus the 4 egg-yolks, sour cream and lemon juice. Beat egg-whites until stiff but not dry, beat in extra sugar, fold into cream cheese mixture. Pour into prepared crumb crust. Bake in a moderately slow oven, 1¼ to 1½ hours. Allow to cool in oven. Refrigerate until firm.

Continental Cream Cheese Slice

Pastry

1½ cups plain flour
½ cup custard powder
4 dessertspoons icing sugar
½ teaspoon baking powder
4 oz. butter
milk

Filling

10 oz. cream cheese
2 oz. butter
2 eggs
¼ cup sugar
2 oz. sultanas
grated rind of 1 lemon
2 dessertspoons lemon juice

Pastry: Sift into basin the flour, custard powder, icing sugar and baking powder. Rub in butter, add sufficient milk to make into a stiff dough (approximately 4 to 6 dessertspoons of milk). Roll out ⅔ of the pastry and line 7 in. x 11 in. greased lamington tin, bringing pastry ½ inch up the sides. Prick base and bake in moderate oven 10 minutes; cool.

Strawberry-Glazed Cheesecake — light, lovely texture and flavour, with a beautiful glaze of crushed fresh strawberries

Step 1
Put biscuits into a plastic bag, crush finely with rolling-pin, then put through fine sieve to separate any large lumps. Larger lumps can be rubbed through sieve with fingers. Or, if using an electric blender, break up biscuits roughly, drop into blender a few at a time

Step 2
Add to crumbs the melted butter, sugar, any flavourings; mix to combine well. Mixture should cling together when pressed between fingers. Grease inside of pan lightly, scatter mixture across base, then press on firmly with dessertspoon

Step by Step to Perfect Crumb Crust

Filling: Cream butter with cream cheese until soft and creamy. Beat eggs and sugar until light and fluffy. Gradually add to cream cheese mixture, beat until smooth. Fold in sultanas, lemon rind and juice. Smooth filling over cooked pastry shell. Cut remaining pastry into long strips and place diagonally over filling in lattice form. Brush pastry with milk. Bake in moderate oven 35 to 45 minutes; while still warm, cut into slices; leave in tin until cool, then refrigerate.

Chocolate-Cream Cheesecake

- 3 oz. dark chocolate
- 3 eggs
- ¾ cup sugar
- 8 oz. cream cheese
- ¾ cup cream
- ⅓ cup plain flour
- pinch bicarbonate of soda
- pinch salt
- 1 teaspoon vanilla
- 2 dessertspoons rum
- extra whipped cream
- extra melted chocolate
- 8 in. crumb crust

Chop chocolate, melt over hot water, set aside. Beat eggs until thick and fluffy. Add sugar gradually, beating well until thick and lemon-coloured. Beat together cream cheese and cream until smooth and thickened. Add melted chocolate, stir until well blended. Fold egg mixture into chocolate cream mixture with rum and vanilla. Sift together flour, salt, and bicarbonate of soda; add to creamed mixture. Pour into crumb crust. Bake in slow oven 55 to 60 minutes. Allow to cool, then refrigerate until well firmed.

Top with whipped sweetened cream, drizzle melted chocolate over.

Strawberry Cheesecake

Filling

- 8 oz. packaged cream cheese
- ½ cup sugar
- 3 egg-yolks
- 3 dessertspoons plain flour
- 1 teaspoon vanilla
- pinch salt
- ½ pint scalded cream
- 2 egg-whites

Topping

- fresh strawberries
- ½ cup red currant jelly
- 3 dessertspoons sweet sherry

Crumb Crust: Crush 4 oz. coconut biscuits and combine with 2 oz. melted butter. Press mixture on to base only of greased 8 in. springform pan. Refrigerate until firm.

Filling: Beat together cheese and sugar until smooth and fluffy, approximately 8 minutes. Add egg-yolks, beat well. Add sifted flour, vanilla and salt, beating continually. Gradually pour in hot

Step 3
Now turn pan on its side and put large spoonfuls of crumbs in place on side; press on with back of spoon. Continue until all sides of pan are coated with a firm, even layer of crumbs. You can relax while doing this. Sit down with the pan on your lap

Step 4
Stand pan firmly on table, take smooth-sided glass or jar, work it smoothly over base and sides of pan until crust is even. Hold thumb on top of crust as you press to keep top even. Refrigerate 1 hour or bake 10 minutes to set crumbs

Step 5
Do not remove filled crumb crust from pan until well refrigerated, preferably overnight. Then release catch at side of pan, loosen gently round top with knife. Stand on top of glass or jar, slide side of pan down; make sure cake doesn't slip off jar

Step 6
When the cheesecake has been removed from the pan, neaten the edge of crumb crust by pressing a sharp knife across, as shown above; work carefully to avoid cracking the crust. Use a pastry brush to brush off gently any crumbs on the top

scalded cream, beating all the time. Lastly fold in stiffly beaten egg-whites. Pour cheese mixture on to crumb crust. Stand pan on oven tray, bake in slow oven $1\frac{1}{2}$ hours. Cool, then refrigerate.

Topping: Place jelly and sherry in a saucepan. Dissolve over low heat, stirring with a wooden spoon. Refrigerate until commencing to set. Decorate cake when cold with strawberries cut into quarters. Spoon jelly mixture over, refrigerate until set.

Cheesecake Squares

1 cup plain flour
1 cup self-raising flour
½ cup cornflour
¼ cup custard powder
¼ cup icing sugar
6 oz. butter
⅓ cup water
1 teaspoon lemon juice
½ cup apricot jam
egg glazing
icing sugar

Filling

3 oz. butter
2 eggs
¼ cup sugar
⅓ cup raisins
½ teaspoon grated lemon rind
10 oz. cottage cheese
¼ cup sour cream

Sift dry ingredients into basin, rub in butter until mixture resembles fine breadcrumbs. Mix to dry dough with water and lemon juice. Turn out on to floured board and knead lightly. Divide in half, roll out one half to fit base of greased lamington tin, spread with apricot jam, then spread cheese filling over evenly.

Filling: Separate eggs. Cream butter, add egg-yolks, sugar, raisins, lemon rind, cottage cheese and sour cream; mix well. Fold in stiffly beaten egg-whites, spread over pastry. Roll out remaining pastry, place on top of cream mixture. Trim edges, brush with beaten egg. Bake in moderate oven 30 to 40 minutes; cool. Cut into squares to serve. Sprinkle with sifted icing sugar.

Chocolate Cheesecake

Crumb Crust

4 oz. plain chocolate biscuits
1½ oz. melted butter

Filling

8 oz. packaged cream cheese
½ cup sugar
1 teaspoon vanilla
2 eggs, separated
1 cup cream
4 oz. dark chocolate
pinch salt
2 dessertspoons finely chopped walnuts

Crumb Crust: Combine crushed biscuit crumbs and melted butter, mix well. Press mixture on to base of 8 in. springform pan. Bake in moderately slow oven 8 minutes; cool.

Filling: Beat cheese until smooth, add $\frac{1}{4}$ cup sugar and the vanilla, beat well. Add lightly beaten egg-yolks and chocolate, which has been melted over hot water. Beat egg-whites and salt until peaks form, gradually beat in remaining sugar; fold into chocolate mixture. Finally, fold through whipped cream and the walnuts. Pour into prepared crumb crust. Refrigerate until set.

To serve, decorate with extra whipped cream and grated chocolate.

Coffee-Cream Cheesecake

4 oz. cottage cheese
12 oz. cream cheese
2 dessertspoons gelatine
4 dessertspoons cold water
4 dessertspoons boiling water
½ pint cream
2 dessertspoons grated lemon rind
2 dessertspoons lemon juice
4 dessertspoons coffee essence
1 egg-white
¾ cup sugar
8 in. crumb crust

Sieve cheeses into a bowl, beat well. Soften gelatine in cold water, add boiling water, stir until dissolved. Add to cheese mixture with lemon rind and juice, continue beating until smooth. Whip cream until stiff, fold in coffee essence. Beat egg-white, gradually add sugar, continue beating until of meringue consistency. Fold whipped cream, then egg-white, carefully into cheese mixture. Pour into prepared crumb crust. Refrigerate several hours or until set. If desired, decorate top, just before serving, with grated chocolate.

Lemon Jelly Cheesecake

½ cup boiling water
1 pkt. lemon jelly crystals
½ cup lemon juice
1 teaspoon lemon rind
14 oz. can condensed milk
8 oz. cream cheese
1 teaspoon vanilla
8 in. crumb crust

Pour boiling water over jelly and stir until dissolved; strain. Add lemon juice and rind; cool. Whip chilled condensed milk until thick. Beat cream cheese until soft, add milk, vanilla and jelly, mix well. Pour into crumb crust, refrigerate until set.

Cheesecake Squares — one of the most popular of all cheese-cakes. A delicious pastry holds a filling of cream cheese, sour cream, raisins, apricot jam

PAVLOVAS

Here are recipes for pavlovas using one, two, three, or four egg-whites; ingredients and method for each are slightly different. It's just a matter of choosing which type you like the best

The ingredients

There are several different types of pavlova: recipes can vary in ingredients and in method. Below are the ingredients used and the reasons for their use.

Egg-whites Eggs a few days old are best for making pavlovas; when very fresh, straight from the nest, the egg-white is thin and does not beat up to great volume. Egg-whites should be firm, jelly-like in consistency; they should be at room temperature before beating.

Frozen egg-whites, brought back to room temperature, can be used.

In methods where whites are beaten first and sugar added gradually, beat whites until firm before adding sugar.

Once meringue is made, quickly add other ingredients; if left to stand, beaten egg-whites will lose their volume as the tiny air-bubbles collapse; once collapsed, they will not beat up again.

For the same reason, when the complete pavlova mixture is made, it should be handled quickly and baked as soon as possible.

Cream of tartar and salt Used to strengthen and stabilise egg-whites, helping them hold their aerated volume.

Sugar In some recipes castor sugar is used for quick dissolving; for others, granulated sugar gives a firmer result.

It is important, when beating sugar into egg-whites, to make sure all sugar is dissolved—otherwise, the undissolved sugar will melt during cooking, and give a 'weepy,' sticky pavlova.

Where sugar is added gradually, make sure each addition of sugar is dissolved before any more sugar is added; otherwise, the weight of undissolved sugar will break down egg-white aeration and mixture will collapse.

To test if sugar is dissolved, rub a little of the mixture between two fingers; any undissolved sugar crystals can be quickly detected.

If using electric mixer, make sure the bowl is continually rotating and evenly dissolving sugar; it may be necessary to assist the bowl gently round with your fingers—mixing may slow down as egg-whites whip up firmly and mixture becomes thick.

Like all rules, there are exceptions to it; the exception to the firm beating of sugar to dissolve all crystals completely, is the Classic Pavlova (see recipe overleaf).

In this recipe, the last quantity of sugar is mixed with cornflour and just lightly folded in at the last minute. The cornflour prevents sugar 'weeping.' This method gives a very characteristic pavlova—crisp and crunchy on outside, with soft, marshmallowy centre.

Cornflour Helps to dry out pavlova; the more cornflour used, the drier will be the pavlova.

Vinegar and lemon juice This combination helps to form the marshmallowy centre; also whitens the pavlova.

The equipment

Bowls A bowl with small rounded base and deep, gently sloping sides is considered best. The small bowl of electric mixer can be used in mixtures with up to 3 egg-whites.

It is most important that all equipment—bowls, beaters, etc.—be clean, dry, free from any dust, moisture, or fat (this includes egg-yolk). These could prevent egg-whites whipping up to good volume.

Preparation of trays

There are several different methods of preparing trays; each is effective, the pavlova does not stick. They are:

Cornfloured Cover that part of baking tray on which you are going to spoon pavlova mixture with a thick, even layer of sifted cornflour. Suitable for large or small pavlovas.

Greased and Cornfloured Brush tray lightly with melted butter, dust with sifted cornflour; shake off excess cornflour. Best suited to small individual pavlovas.

Lined, Greased, and Cornfloured Place sheet of greaseproof paper, trimmed to size of tray, on greased baking tray; brush paper lightly with melted butter, dust with sifted cornflour. Shake off excess cornflour. Suitable for all types of pavlova.

Aluminium Foil Cover tray with layer of aluminium foil—there is no need to grease. Place pavlova mixture directly on foil. When pavlova has cooked and cooled, it is easy to peel off foil gently. Suitable for all types of pavlovas—particularly good for large pavlovas.

Removing from trays

Allow pavlova to cool completely on its tray, then loosen with spatula or broad, flat-bladed knife. Make sure spatula or knife blade is kept flat on tray —do not try to lever pavlova up, or it will break.

If syrup from undissolved sugar has 'weeped' out during cooking, thus making pavlova difficult to remove, place tray over low heat for a second to melt greasing, then loosen again carefully, as above.

How to bake

Baking times and temperatures vary, according to the varying recipes, and also type of oven—gas or electric.

Place baking tray with pavlova in low position in oven, leave for stipulated cooking time, then turn off heat and, if possible, allow pavlova to remain in oven, with door ajar, until it has completely cooled. This dries it out and makes it crisp.

This method has been used for all recipes in this section.

If you are making pavlova in a hurry, and cannot wait for it to cool in oven, allow a little longer cooking time than given in individual recipe. Remove from oven, cool on tray. Pavlovas should be light, dry, pale in colour.

How to store

Provided pavlovas have been cooked to correct dryness, we recommend the following keeping times for recipes in this section. Keep pavlovas in air-tight tin.

One-Egg Pavlova 1 to 2 weeks

Easy Two-Egg Pavlova 2 to 3 weeks

Classic Pavlova 10 days

Stored Heat Pavlova 1 week

Marshmallow Pavlova 2 days

Marshmallow Pavlova is best stored in air-tight tin in refrigerator; the others can be stored in dark cupboard.

The Easy Two-Egg Pavlova, because it is a dry mixture, can be wrapped and frozen; keeps 2 months frozen.

One-Egg Pavlova

1 egg-white
2 tablespoons boiling water
pinch salt
good pinch cream of tartar
⅞ cup granulated sugar

Place all ingredients in small, deep, heat-proof basin. Stand basin over saucepan of boiling water; reduce heat, beat with electric mixer or rotary beater until mixture is stiff and glossy, approximately 7 minutes. (Do not allow water to boil; there should be just enough heat to keep water hot.) Remove immediately from hot water and spread quickly on prepared trays. This mixture makes one 8 in. pavlova or 4 small individual pavlova shells.

Baking in Electric Oven Large pavlova; bake in very slow oven 1½ to 2 hours, cool in oven. Individual pavlovas; bake in very slow oven 30 to 45 minutes, cool in oven.

Baking in Gas Oven Large pavlova; bake in slow oven 1 hour, reduce heat to very slow, bake further 1 hour, cool in oven. Small individual pavlovas; bake in slow oven 45 to 60 minutes, cool in oven.

Easy Two-Egg Pavlova

2 egg-whites
1½ cups castor sugar
½ teaspoon vanilla
1 teaspoon vinegar
1 teaspoon cornflour
4 tablespoons boiling water

Place all ingredients into small bowl of electric mixer, beat on high speed until mixture is very stiff (approximately 15 minutes). Spread on to prepared trays. This mixture makes one 11in. pavlova or 15 small shells.

Baking in Electric Oven Large pavlova; bake in moderate oven 10 minutes, reduce heat to slow, bake further 45 minutes, cool in oven. Small individual pavlovas; bake in moderate oven 10 minutes, reduce heat to slow, bake further 30 minutes, cool in oven.

Baking in Gas Oven Large pavlova; bake in moderate oven 10 minutes, reduce heat to slow, bake further 1 to 1½ hours, cool in oven. Small individual pavlovas, bake in moderate oven 10 minutes, reduce heat to slow, bake further 40 to 50 minutes, cool in oven.

Classic Pavlova

3 egg-whites
pinch salt
¾ cup castor sugar
¼ cup granulated sugar
1 tablespoon cornflour
1 teaspoon lemon juice

Beat egg-whites and salt until stiff and dry; add castor sugar gradually, beating well between each addition. Make sure sugar is completely dissolved. Mix together granulated sugar and cornflour, lightly fold into meringue with lemon juice. This mixture will make one large pavlova. It can also be used for 2 pavlovas, and they can be arranged in tiers, as shown in colour picture. To do this, mark prepared tray with 5 in. circle and another prepared tray with 7 in. circle. Spread approximately $\frac{1}{4}$ in. layer of mixture to fit each circle. With remainder of mixture, pipe or spoon swirls round edges to form shell. Baking times are as for large pavlova (see below).

To assemble the 2-tiered pavlova (as shown in picture), when completely cooled, place larger shell on serving dish. Spread over generous layer of whipped cream, then any fresh fruit or well-drained canned fruit. Place smaller shell on top, fill centre with fresh or canned fruit.

Baking in Electric Oven Large pavlova; bake in slow oven 30 to 40 minutes, cool in oven. Small individual pavlovas; bake as for large pavlova.

Baking in Gas Oven Large pavlova; bake in very slow oven 1 hour or until pavlova is dry to touch, cool in oven. Small individual pavlovas; bake in very slow oven 45 minutes, cool in oven.

Stored heat Pavlova

(Cooks in oven overnight)

4 egg-whites
1¼ cups granulated sugar
½ teaspoon cream of tartar
1 teaspoon lemon juice
1 teaspoon vanilla
¼ teaspoon salt

Beat egg-whites until foamy, add cream of tartar and salt; beat until stiff. Gradually add sugar, a tablespoon at a time, beating well until all sugar is dissolved. Continue beating until all sugar is added and mixture is thick and glossy. Stir in lemon juice and vanilla. Spread or pipe mixture on to prepared trays, making two 8 in. shells, or 15 small individual shells.

Baking in Electric Oven Large pavlova; place in very hot oven, close door, turn off heat, leave in oven overnight. Small individual pavlovas; preheat oven to hot, place pavlovas in oven. Turn off heat, leave pavlovas in oven overnight.

Baking in Gas Oven Large pavlova; preheat oven to very hot, place pavlova in oven, reduce heat to hot, bake 5 minutes. Turn off heat, leave pavlova in oven overnight. Small individual pavlovas; preheat oven to hot, bake 5 minutes. Turn off heat, leave pavlovas in oven overnight.

NOTE: It is important not to open door until it is time to take baked pavlova from oven—otherwise stored heat will be lost and pavlova will not crisp correctly.

Marshmallow Pavlova

4 egg-whites
1 cup castor sugar
1 dessertspoon cornflour
1 teaspoon vinegar

Beat egg-whites, until stiff, add $\frac{1}{2}$ cup castor sugar, beat thoroughly until sugar is dissolved (approx. 5 minutes). Add remaining sugar, a tablespoon at a time, beating well after each addition. Lightly fold in sifted cornflour, then vinegar. Take 30 in. length of aluminium foil, fold in half lengthwise. Make circle of foil and secure. Place on thickly cornfloured tray, fill pavlova mixture into foil; level off top (do not make into a shell). This mixture will make one deep 9 in. pavlova. Do not use this mixture to make small individual pavlovas.

Baking in Electric Oven Preheat oven to moderate, reduce heat to slow, bake $1\frac{1}{4}$ hours, cool in oven.

Baking in Gas Oven Preheat oven to moderate, reduce heat to slow, bake $1\frac{1}{4}$ to $1\frac{1}{2}$ hours, cool in oven.

Be very careful when peeling off collar, so as not to break crisp coating.

NOTE: This is a favourite type of pavlova—with its deep, soft, marshmallowy centre and crisp, slightly chewy coating. It has, when cooked, a rather 'untidy' appearance, compared with other mixtures —but the taste, texture, and flavour are delightful. In the preliminary cooking, this mixture rises very high; toward end of cooking time, the centre falls, leaving a high, crisp shell around. (It will fall a little more as pavlova cools.) The filling or topping is put inside the high, crisp shell.

Fresh fruit salad or strawberries make a colourful topping, spread whipped cream over. Or fill with whipped cream and spread fruit over top. Do this as near to serving time as possible.

Classic Pavlova has the traditional crisp shell with the soft, marshmallow centre. Fill with whipped cream and any fresh or canned fruit; we've used strawberries and colourful Chinese gooseberries

Fillings for Pavlovas

Whipped cream, or ice-cream, with fresh or canned fruit are favourite fillings for pavlovas. But they can be made even more special with any of the luscious fillings given here

Frozen Fruit Cream

20 oz. block vanilla ice-cream
orange segments
grated rind 2 oranges
15 oz. can crushed pineapple
1 tablespoon marsala

Drain pineapple. Mix drained pineapple with grated orange rind and marsala. Fold in vanilla ice-cream, pour into freezer trays, allow to set slightly. Just before serving, arrange layer of orange segments on base of pavlova. Spoon over partially frozen pineapple cream. Decorate with extra orange segments. Serve at once.

Chestnut Cream

½ pint cream
1 tablespoon brandy
9 oz. can cream of chestnuts (in vanilla-flavoured syrup)

Beat chestnuts until soft, add brandy, stir in whipped cream. Fill into 8 in. pavlova shell and refrigerate.

NOTE: There are two types of canned chestnuts; one is pure chestnuts pureed, with no sweetening added. The second has sugar, glucose, and vanilla added; this is the best for above filling. Check ingredients on can.

Brandy Bavarian Cream

2 egg-yolks
¼ cup sugar
½ pint hot milk
1 tablespoon water
1½ teaspoons gelatine
1 tablespoon brandy
½ cup cream

Soften gelatine in cold water. Beat egg-yolks and sugar until thick and light in colour, stir in hot milk gradually. Stir over boiling water until mixture coats back of spoon. Add softened gelatine, stirring until dissolved; cool, stirring occasionally to prevent skin forming. Whip cream and brandy together, fold into cooled custard. Pour into pavlova case, refrigerate until set. Delicious topped with brandied strawberries.

Rich Chocolate Custard

2 egg-yolks
3 tablespoons cocoa
2 tablespoons cornflour
½ cup sugar
2 cups milk
¼ pint cream

Place egg-yolks, cocoa, cornflour and sugar into saucepan; gradually add milk, stirring until well blended. Stir over medium heat until mixture boils and thickens; cool. Whip cream and fold into cooled chocolate custard. Pour into pavlova case, refrigerate. Serve decorated with whipped cream and almond slivers.

Lemon Chiffon

2 eggs, separated
¼ cup castor sugar
¼ pint cream
¼ cup cold water
1 dessertspoon gelatine
juice and rind 2 lemons

Soak gelatine in cold water. Beat egg-yolks, sugar and lemon rind over boiling water until thick, creamy, and pale in colour. Dissolve gelatine over boiling water, add lemon juice. Add gelatine mixture to cooled egg mixture, off heat, and continue beating until mixture begins to thicken. Beat egg-whites until stiff, and whip cream; gently fold into lemon mixture. When starting to set, spoon into pavlova case, refrigerate until firm. Decorate with extra whipped cream.

Mocha Chiffon

1 tablespoon gelatine
½ cup water
½ cup sugar
2 tablespoons cornflour
2 eggs, separated
2 cups milk
2 oz. grated chocolate
1 dessertspoon instant coffee powder
2 tablespoons sugar, extra
¼ teaspoon cream of tartar
vanilla

Soak gelatine in cold water. In saucepan, blend cornflour, egg-yolks and sugar with a little of the milk, add remaining milk, stir over low heat until custard boils and thickens. Flavour with vanilla. Measure out 1 cup of this custard mixture, reserve. To remaining custard add chocolate and instant coffee; stir until melted and well blended. Cool, spread over base of pavlova. Dissolve soaked gelatine over boiling water, stir into reserved custard; cool. Beat egg-whites and cream of tartar until stiff, gradually beat in extra sugar. Lightly whisk in cooled custard. When starting to set, spoon over mocha layer. Refrigerate until firm. Serve topped with whipped cream and chocolate shavings.

WEDDING CAKES

A good, rich fruit cake is the basis for the traditional wedding cake. Fruit cake recipes given on these pages also make excellent Christmas cakes; they have rich flavour, keep well, cut well.

The cakes are named according to the amount of butter and sugar used in each. For example, Quarter-pound Cake uses $\frac{1}{4}$ lb. of butter; Half-pound Cake uses $\frac{1}{2}$ lb., and so on

Method for Fruit Cakes

The method of preparing the four cakes is the same:

NOTE: See the four fruit cake recipes that follow for the quantities of ingredients required.

Prepare fruits by washing, drying, and removing stems. Chop and place in basin, pour over spirits, and mix well. Cover, stand overnight. Cream butter with brown sugar, grated fruit rinds, and essences, add marmalade and caramel or parisian essence. Drop in eggs one at a time, beating well after each addition. Fold in prepared fruit alternately with sifted dry ingredients, mix well.

Fill into lined tin (see page 177), smooth top. Bake as directed in individual recipes. When cooked, cake should feel firm, and a thin-bladed knife, when inserted into centre of cake, should come out clean.

Immediately cake is removed from oven, wrap in clean towel, or aluminium foil, to ensure soft surface on top of cake.

Cake can be stored in tin until required. Store in a reasonably cool place.

Quarter-Pound Cake

- ¾ lb. sultanas
- ¼ lb. raisins
- 2 oz. currants
- 2 oz. glacé cherries
- 2 oz. mixed peel
- ¼ cup rum, brandy, or sherry
- 4 oz. butter
- ¾ cup brown sugar, firmly packed
- ½ teaspoon grated orange rind
- ½ teaspoon grated lemon rind
- few drops almond essence
- ½ teaspoon vanilla
- 1 tablespoon marmalade
- ½ teaspoon caramel or parisian essence
- 2 eggs
- 1¼ cups plain flour
- pinch salt
- ½ teaspoon mixed spice
- ⅛ teaspoon cinnamon
- ⅛ teaspoon nutmeg

Prepare and mix ingredients as directed in Method for Fruit Cakes on this page. Fill into 6 in. round or square cake tin lined with 1 thickness of white paper and 1 thickness of brown paper.

Bake in slow oven approx. 2½ hours.

Half-Pound Cake

- 1½ lb. sultanas
- ½ lb. raisins
- 4 oz. currants
- 4 oz. glacé cherries
- 4 oz. mixed peel
- ½ cup rum, brandy, or sherry
- 8 oz. butter
- 1½ cups brown sugar, firmly packed
- 1 teaspoon grated orange rind
- 1 teaspoon grated lemon rind
- few drops almond essence
- 1 teaspoon vanilla
- 2 tablespoons marmalade
- 1 teaspoon caramel or parisian essence
- 4 eggs
- 2½ cups plain flour
- pinch salt
- 1 teaspoon mixed spice
- ¼ teaspoon cinnamon
- ¼ teaspoon nutmeg

Prepare and mix ingredients as in Method for Fruit Cakes. Fill into 8 in. round or square cake tin lined with 1 thickness white paper and 2 thicknesses brown.

Bake in slow oven approx. 4 hours.

One-Pound Cake

- 3 lb. sultanas
- 1 lb. raisins
- ½ lb. currants
- ½ lb. glacé cherries
- ½ lb. mixed peel
- 1 cup rum, brandy, or sherry
- 1 lb. butter
- 1 lb. brown sugar
- 2 teaspoons grated lemon rind
- ½ teaspoon almond essence
- 2 teaspoons grated orange rind
- 2 teaspoons vanilla
- 4 tablespoons marmalade
- 1 dessertspoon caramel or parisian essence
- 8 eggs
- 5 cups plain flour
- pinch salt
- 2 teaspoons spice
- ½ teaspoon cinnamon
- ½ teaspoon nutmeg

Prepare and mix ingredients as in Method for Fruit

Tins in which rich fruit cakes are to be baked need linings to protect the mixture during the long cooking time. Line tin with two layers of brown paper, then one of greaseproof paper; this is the inside layer next to cake

For square tin: Cut 3 pieces of lining paper the width of tin, and to come 1½ in. higher than the sides. Fit them into tin, overlapping them in opposite directions. Corners must be even

For round tin: Stand tin on paper, trace circle around with pencil, then cut out the circle. Cut out strip 3 in. higher than depth of tin, fold over 1½ in. of strip and cut diagonally into the fold at 1 in. intervals.

Preparing the cake tin

Cakes. Fill into 10 in. cake tin lined with 1 thickness white paper and 2 thicknesses brown.

Bake in slow oven approx. 6 hours.

One-and-a-Half-Pound Cake

- 4½ lb. sultanas
- 1½ lb. raisins
- ¾ lb. currants
- ¾ lb. glacé cherries
- ¾ lb. mixed peel
- 1½ cups rum, brandy, or sherry
- 1½ lb. butter
- 1½ lb. brown sugar
- 3 teaspoons grated lemon rind
- 3 teaspoons grated orange rind
- 1 teaspoon almond essence
- 3 teaspoons vanilla
- 6 tablespoons marmalade
- 1 tablespoon caramel or parisian essence
- 12 eggs
- 7½ cups plain flour (1 lb. 14 oz.)
- ½ teaspoon salt
- 3 teaspoons spice
- ¾ teaspoon cinnamon
- ¾ teaspoon nutmeg

Prepare and mix ingredients according to Method for Fruit Cakes on previous page. Fill mixture into round or square 12 in. cake tin lined with one thickness white paper and two thicknesses brown paper.

Bake in slow oven about 7 to 8 hours.

NOTE: Mixed fruit can be used in place of the sultanas, raisins, currants, cherries, and peel listed in the ingredients in the four cake recipes named according to butter content, which appear above and on previous page.

These substitutions are as follows:

Quarter-Pound Cake: Use 1 lb. 6 oz. mixed fruit.

Half-Pound Cake: Use 2¾ lb. mixed fruit.

One-Pound Cake: Use 5½ lb. mixed fruit.

One-and-a-Half-Pound Cake: Use 8¼ lb. mixed fruit.

Covering the Cakes

Brush cake with lightly beaten egg-white or sieved apricot jam, apply almond paste.

After applying almond paste, let cake stand for at least 24 hours. Then take a little lightly beaten egg white and brush evenly over cake. Now apply the fondant.

Almond Paste

- 2 lb. pure icing sugar
- 8 oz. marzipan meal or ground almonds
- 4 egg-yolks
- good squeeze lemon or orange juice
- almond essence
- 4 tablespoons sherry

Sift icing sugar into basin, add marzipan meal, mix

Fit strips of paper round sides of tin, pressing the cut edges flat at the base of tin. Then take the paper circle previously cut out and fit it into base of tin to cover cut-out side sections; press paper out evenly

Settle mixture into tin by lifting tin up about 12 in. and letting it drop sharply on a firm, hard surface. This ensures that the mixture settles into tin, resulting in a good shape for cake; this also breaks up any air bubbles that may form in mixture.

For smooth top to cake, wet your hand and smooth the surface of the raw mixture before putting cake in oven to cook. This will ensure a flat even top and give a nice gloss to finished cake

well. Beat egg-yolks with sherry and fruit juice, mix into dry ingredients. Turn on to board lightly dusted with extra icing sugar; knead well. Flavour with a little almond essence.

If too dry, add more fruit juice.

Fondant

2 lb. pure icing sugar
2 egg-whites
4 tablespoons liquid glucose
1 tablespoon glycerine

Sift icing sugar into bowl. Remove about 1 cup icing sugar, put aside. Make well in centre of icing sugar in basin, add egg-whites, cover lightly with icing sugar from sides. Add glycerine and warmed glucose, mix well. Sprinkle reserved icing sugar on to board; turn fondant on to this, knead well, working in reserved icing sugar, until mixture is of correct consistency. Extra icing sugar may be needed.

Flavour and colour as desired.

Wedding Cakes

When assembling wedding cakes, it is very important to have good balance in the height of cakes that will form the tiers.

If cake for top tier is deeper than bottom tier, the complete cake will look top-heavy.

Average height for a wedding cake tier is 3 in. to $3\frac{1}{2}$ in. deep.

Tier heights can be graduated; for example, base cake, 4 in. deep; the middle cake, $3\frac{1}{2}$ in. deep; top tier, 3 in. deep.

Wedding-Cake Sizes

Large Wedding Cakes Three-tier, bake base in 12 in. tin; middle cake in 9 in. tin; top cake, 6 in. tin.

Two-tier: Base cake, 12 in. tin; top cake, 6 in. tin.

Small to Average Cakes Three-tier, base cake, 10 in. tin; middle cake, 8 in. tin; top cake, 6 in. tin.

Two-tier: Base cake, 10 in. tin; top cake, 6 in. tin.

Single-tiers Bake in 10 in. or 12 in. tin.

BATTERS

Pancakes, pikelets, waffles, sweet or savoury fritters—these are just some of the good things which can be made with a versatile batter, which can be mixed in minutes.

The basic recipes for many types of batters are given here, together with delightful variations

Pikelets

1 cup self-raising flour
pinch salt
¼ teaspoon bicarbonate of soda
½ cup sour milk
3 tablespoons sugar
1 egg
1 dessertspoon melted butter

NOTE: Fresh milk soured with 1 teaspoon vinegar or lemon juice can be used in place of the ½ cup of sour milk listed above.

Sift dry ingredients, add sugar. Mix to a smooth batter with beaten egg and milk, add melted butter. Heat and grease pan, drop batter by dessertspoonfuls on to pan, cook until bubbly on top, light brown underneath. Turn, cook other side.

Fruit Pikelets Add 2 tablespoons sultanas to batter.

Orange Pikelets

1 cup milk
juice ½ lemon
2 eggs
3 tablespoons sugar
pinch salt
1½ cups self-raising flour
grated rind and juice 1 orange
butter

Combine milk and lemon juice, stand aside in warm place to turn sour. Separate eggs. Place egg-yolks in basin, add 1 tablespoon of the sugar and beat well. Beat egg-whites in separate basin until stiff, gradually beat in remaining sugar. Combine with egg-yolk mixture, and fold in sifted flour and salt, sour milk, juice and rind of orange. Mix to smooth batter. Heat frypan, grease lightly with butter. Drop dessertspoonfuls of batter on to pan, cook until bubbles appear on top of pikelets. Turn and cook other side.

Lemon Pikelets Substitute grated rind and juice of 1 lemon for the orange juice and rind in the above recipe.

Cream Pikelets

1 cup self-raising flour
2½ teaspoons baking powder
½ teaspoon salt
1 egg
1 tablespoon sugar
1 oz. melted butter
½ cup milk
2 tablespoons cream

Sift together flour, baking powder, and salt; stir in sugar. Beat egg lightly, add milk, butter, and cream. Beat liquid into flour mixture until smooth. Heat frying pan or griddle; spoon 1 tablespoon mixture on to greased heated griddle. Cook until bubbly and browned at edges, turn and cook on other side. Serve warm, buttered, with honey or lemon juice.

Makes 1 dozen.

Yoghurt Pikelets

3 eggs
3 dessertspoons sugar
½ cup plain flour
1 tablespoon cornflour
2 teaspoons baking powder
¼ teaspoon salt
½ cup milk
½ cup yoghurt

Separate eggs. Beat together egg-yolks and sugar. Sift flour with cornflour, baking powder and salt. Combine with egg-mixture, then add milk and yoghurt; mix well. Beat egg-whites until stiff and fold into mixture. Drop by dessertspoonfuls on to well-greased frypan, cook until golden brown on both sides, turning once. Serve hot with butter.

NOTE: Sour cream can be substituted for yoghurt in recipe above.

Yorkshire Pudding

1 cup plain flour
pinch salt
½ pint milk
1 egg
1 to 2 tablespoons dripping from roast

Sift flour and salt into basin. Make a well in the centre, add egg. Beat into flour, then gradually add ½ milk, beating constantly and incorporating flour from sides of bowl. When a thick batter consistency has formed, beat well about 5 minutes. Stir in remaining milk, cover, refrigerate 30 minutes. Place the dripping from the roasting meat in small baking dish and heat. When very hot, add the batter and bake in hot oven until well browned (20 to 25 minutes). Serve with roast beef.

Basic Waffles

2 eggs
1 dessertspoon sugar
¾ cup milk
½ cup water
1 teaspoon vanilla
pinch salt
2 cups self-raising flour
2 tablespoons cornflour
4 oz. butter

Separate eggs. Beat egg-yolks and sugar together, add milk, water, vanilla; beat again. Add to sifted dry ingredients. Pour in melted butter; beat well. Finally fold in stiffly beaten egg-whites. Allow batter to stand 10 minutes. Spoon into hot, greased waffle iron, cook approximately 5 minutes or until golden brown and crisp.

Crisp Golden Waffles

1 cup self-raising flour
1 dessertspoon sugar
½ teaspoon salt
2 eggs
1 cup cream
1 tablespoon melted butter

Sift flour, sugar and salt. Separate eggs, beat egg-yolks until thick. Add cream and mix lightly. Stir in sifted dry ingredients all at once, and stir only until smooth. Stir in melted butter. Beat egg-whites until stiff and fold into mixture. Cook in hot, greased waffle iron until golden brown.

Fritter Batter 1

2 cups plain flour
1 teaspoon salt
1 egg
1 tablespoon oil
1 to 1¼ cups hot water

Sift flour and salt into basin. Make a well in centre, add beaten egg and oil. Add enough water to make a coating batter. Beat until smooth. Use to coat fish, meat, etc.

Fritter Batter 2

½ cup plain flour
1 tablespoon oil
1 egg
pinch salt
approx. ⅓ cup tepid water

Separate egg. Mix sifted flour and salt gradually with water. Beat in egg-yolk and oil until batter is smooth. Leave to stand at room temperature 2 hours. Then whisk egg-white and fold into batter. Use to coat fruit, such as apple slices, pineapple, bananas, etc.

Fritter Binding Batter

1¾ cups self-raising flour
½ teaspoon salt
2 eggs
1 cup milk
1 dessertspoon melted butter

Sift flour and salt. Combine lightly beaten eggs, milk, and melted butter, stir into dry ingredients and beat until smooth. Use to bind 1 to 2 cups of filling. Drop by spoonfuls into hot oil, cook until brown all over. Drain well on absorbent paper.

NOTE: Finely chopped, cooked meat, chicken, etc., can be used with this batter; it's an excellent way to use up small quantities of leftover meat or fish.

Brandied Prune Fritters

12 large prunes
1 cup white wine
12 blanched almonds
⅓ cup self-raising flour
pinch salt
1 tablespoon brandy
water
oil for frying
2 oz. grated chocolate
3 tablespoons brown sugar

Place prunes with wine in saucepan, simmer slowly 10 minutes. Drain, cool, stone, and replace each prune stone with an almond. Sift flour, add salt and brandy and a little water to make a smooth batter. Dip prunes in batter, fry until golden in hot oil. Drain and roll in mixed chocolate and brown sugar.

Chinese Fried Prawns

1 lb. prawns, shelled and cleaned
1 tablespoon brandy or lemon juice
oil for deep frying
½ teaspoon soy or worcestershire sauce
mayonnaise seasoned with horseradish or capers

Frying Batter

½ cup plain flour
pinch salt
1 dessertspoon melted butter
1 egg, beaten
½ cup beer
1 egg-white, extra

Marinate prawns in brandy and sauce. Meanwhile, make the frying batter; sift flour and salt into bowl, stir in butter and egg. Add beer gradually, stirring only until mixture is smooth. Let batter stand in warm place for 1 hour, then fold in stiffly beaten egg-white. Drain prawns, then dip into the batter and fry, a few at a time, in deep, hot oil until golden brown. Drain and serve with mayonnaise.

Pancakes

1 cup plain flour
pinch salt
1 egg
½ pint milk

Sift flour and salt into bowl, make well in centre.

Add whole egg, work flour in from sides, add milk a little at a time. Beat well until bubbles rise to surface; stand 1 hour. Heat pan, grease lightly. From small jug pour 2 to 3 tablespoons batter into pan, cook slowly, loosening edges with knife until set and lightly browned underneath. Toss or turn, brown on other side. Lift on to kitchen paper, sprinkle with lemon juice and sugar. Roll up and serve.

French Crêpes

⅓ cup plain flour
1 egg
1 egg-yolk, extra
1 tablespoon oil
pinch salt
1 cup milk

Sift flour into bowl, add egg, egg-yolk, oil, salt and 2 tablespoons milk. Beat until smooth with small whisk. Mix in remainder of milk; refrigerate ½ hour. Heat heavy pan, grease with butter. Pour thin layer of pancake batter into pan, brown on one side. Turn, brown other side. Turn out on to plate. Repeat until all batter is used; keep warm. These can be filled with any savoury or sweet filling; seafood or chicken in a well-flavoured white sauce is good—and, for a sweet filling, try spreading pancakes with warmed apricot jam mixed with a little brandy, roll up, spoon lightly whipped cream over.

Crepes Suzette

2 tablespoons sugar
1 orange
1 lemon
2 oz. butter
⅓ cup Grand Marnier
French Crepes, see above

Squeeze orange and lemon, set aside ½ cup orange juice and 1 dessertspoon lemon juice to add to the sauce. Melt butter in pan, add sugar. Continue cooking over low heat until sugar melts and begins to caramelise. Pour in fruit juices. Cook rapidly over high heat until liquid reduces slightly and the caramelised sugar dissolves. Reduce heat, add the pancakes, one at a time, swirling them around in the sauce. Then, using fork and spoon, fold them in half, then in quarters. Allow pancakes to cook for a few minutes to soak up sauce, turning them once. Pour over the grand marnier; when warm, set aflame. Arrange pancakes on warmed plates (allow 2 to a serving). Spoon the hot sauce over.

Cream Cheese Blintzes

2 cups plain flour
1 tablespoon sugar
3 cups milk
½ teaspoon salt
1 egg
oil for deep frying
sour cream

Cream Cheese Filling

½ lb. cream cheese
½ lb. cottage cheese
yolk of 1 egg
little grated lemon rind
1 tablespoon melted butter
½ cup sugar
pinch salt
½ cup raisins, plumped in warm water
little chopped preserved ginger

Break egg in bowl, add 1 tablespoon of sugar, the salt, 1 cup of milk, and mix. Then gradually stir in the sifted flour and remainder of milk. Heat the pan, grease with butter, pour in just enough batter to cover bottom of pan. As soon as one side is done, take the pancake out and continue to cook remainder. Cook on one side only. (The pancakes must be very thin; add more milk to the batter if necessary.) Put a tablespoon of filling on to cooked side of each pancake, fold into envelope shape, brushing the last fold with some of the batter to hold it. Just before serving, drop pancakes, one or two at a time, into deep, hot oil. Cook a few minutes until crisp and golden; drain well. Serve topped with sour cream.

Filling Sieve the cheeses, add egg-yolk, sugar, salt, lemon rind, butter, and mix thoroughly. Stir in the raisins and ginger.

German Potato Pancakes

¼ cup plain flour
1½ teaspoons salt
¼ teaspoon baking powder
pinch pepper
2 eggs
1 tablespoon chopped onion
1 tablespoon chopped parsley
2 lb. potatoes
2 oz. butter

Sift dry ingredients into bowl. Beat eggs well, add to dry ingredients with chopped onion and parsley; blend well. Wash, peel, and grate potatoes. Place in cloth and squeeze out excess liquid, add potatoes to egg mixture. Beat thoroughly with wooden spoon. Heat 2 oz. butter in frying pan. Spoon about 2 tablespoons batter into pan, flatten slightly with spoon. Cook over medium heat until golden brown and crisp on one side. Turn carefully, brown other side. Drain on absorbent paper. Add more butter to pan for remainder of pancakes, if necessary.

Pikelets are mixed and cooked in minutes. Serve them hot, well-buttered — they're good, light eating at any time

MADE WITHOUT BAKING

There's no need to light the oven in hot weather to make pies, biscuits and cakes. There are recipes for all types — all delicious! — including some special-occasion biscuits to serve with after-dinner coffee

Coffee Cream Roll

½ lb. plain sweet biscuits
¾ cup icing sugar
3 oz. ground almonds
½ cup hot black coffee
½ teaspoon vanilla
extra icing sugar

Butter-Cream Filling

4 oz. butter
¾ cup sugar
⅓ cup water
1 to 2 teaspoons rum

Cream Filling

1 cup cream
¼ cup icing sugar
1 to 2 teaspoons rum

Crush biscuits very finely; place in mixing bowl with sifted icing sugar and ground almonds. Mix well, make a well in centre, stir in coffee and vanilla. Mix together well to form a soft dough. Sift a little extra icing sugar on to a large sheet of greaseproof paper. Roll out mixture on greaseproof paper to rectangular shape approximately 9 in. x 12 in. Spread filling over evenly. Holding paper with both hands, gently roll into swiss roll shape. Roll in greaseproof paper, refrigerate until firm.

We've given a choice of two fillings for the roll— cream or butter-cream. If you want to make the Coffee Cream Roll several days in advance, use the butter-cream filling; the whipped cream filling will soften the biscuit crumbs if kept for more than 1 day. However, if making the roll to use the same day the whipped cream filling is delicious.

Butter-Cream Filling Place sugar and water in saucepan, place over low heat, stirring, until sugar dissolves. Bring to the boil, boil 5 minutes. Remove from heat, cool. Beat butter until creamy, gradually add cold syrup, beating well after each addition. Add rum to taste, beat well.

Cream Filling Beat cream until stiff, gradually adding sifted icing sugar and rum.

Chocolate Caramel Crisps

8 oz. dark chocolate
4 oz. butter
½ cup sugar
1 cup chopped dates
3 cups rice bubbles

Melt half chopped chocolate over hot water, spread over base of well-greased lamington tin; refrigerate.

Put butter, sugar and dates in saucepan; cook, stirring, until dates are soft. Stir in rice bubbles, spread mixture over chilled chocolate.

Melt remaining chocolate, spread over as a topping; refrigerate until firm. Cut into small squares.

Makes approx. 2 dozen

Continental Chocolate Slice

4 oz. butter
½ cup sugar
3 dessertspoons cocoa
1 egg
1 teaspoon vanilla
2 cups crushed wheatmeal biscuits
¾ cup coconut
½ cup chopped walnuts

Topping

2 oz. butter
2 cups icing sugar
2 dessertspoons custard powder
4 dessertspoons hot water
4 oz. dark chocolate

Combine butter, sugar, and cocoa in saucepan. Stir over low heat until well blended. Stir in beaten egg and vanilla. Cook, stirring, 1 minute. Remove from heat, stir in biscuit crumbs, coconut and walnuts, mix well. Press mixture into greased lamington tin, refrigerate until set.

Topping Cream butter well. Sift together icing sugar and custard powder, add to butter alternately with hot water. Beat until light and fluffy. Spread over biscuit base, refrigerate.

Melt chopped chocolate over hot water, spread evenly over topping, refrigerate. Cut into small squares to serve.

Makes approx. 2 dozen

Chocolate Fruit Squares

¼ cup drinking chocolate
1 cup coconut
⅓ cup sultanas
½ cup crushed cornflakes
3 oz. dark chocolate
¼ cup chopped walnuts
1 teaspoon sherry or fruit juice
2 tablespoons crushed sweet biscuit crumbs
4 tablespoons condensed milk

Place all ingredients except chocolate into mixing bowl; mix well together. Press mixture into lightly greased 7 in. square tin, smooth the surface. Melt chocolate over hot water, spread evenly over surface of mixture; mark with fork. Refrigerate; when set and firm, cut into small bars or squares.

Makes approx. 1½ dozen

Mocha Rum Torte

2 lb. stale sponge cake
2 cups milk
4 dessertspoons instant coffee powder
½ cup rum
1¼ cups sugar
8 oz. butter
1 dessertspoon gelatine
4 dessertspoons water

Icing

4 oz. chocolate
½ oz. solid white vegetable shortening
1 teaspoon rum

Rum Balls

chocolate sprinkles
extra cake crumbs
egg-white

Crumble cake into crumbs. Place sugar, butter, and milk in saucepan. Stir over low heat until sugar dissolves and butter melts. Bring to boiling point, stir in instant coffee. Pour on to cake crumbs.

Soak gelatine in water, then place over hot water to dissolve. Stir into cake mixture with rum. Take out 4 tablespoons of mixture and reserve for rum balls.

Turn remaining mixture into a well-greased, 8 in. spring form pan. Refrigerate overnight.

Rum Balls To reserved mixture add enough extra cake crumbs to make firm dough. Roll mixture to make balls the size of golf balls. Refrigerate. Cut firmed balls into halves, brush with lightly beaten egg-white or warmed jam. Toss in chocolate sprinkles.

Icing Mix together chopped chocolate, vegetable shortening and rum. Place over hot water until chocolate melts. Stir well until smooth.

Pour icing over cake while still in tin. Refrigerate at least 2 hours until firm. Before removing cake from tin, slip point of very sharp knife round chocolate to release from tin. (To make icing easier to cut, mark it lightly into wedges with a knife before chocolate is quite set.)

To assemble Place cake on serving dish. Using a little egg-white, press rum balls in position, circling top of cake.

Chocolate Peppermint Squares

Base

4 oz. butter
3 dessertspoons cocoa
½ cup castor sugar
1 egg
few drops vanilla
1 cup coconut
½ cup walnuts
2 cups wheatmeal biscuit crumbs

Filling

1 oz. solid white vegetable shortening
3 dessertspoons milk
1 cup icing sugar
½ teaspoon peppermint essence

Topping

1 oz. butter
6 oz. dark chocolate

Combine butter, cocoa and sugar in saucepan, stir over low heat until well blended. Remove from heat, add beaten egg and vanilla. Stir in coconut, chopped walnuts, and biscuit crumbs; mix well. Press into greased 13 in. x 10 in. slab tin. Refrigerate until set. Spread with peppermint filling and return to refrigerator to firm. Smooth chocolate topping over, refrigerate. When set, cut into squares.

Filling Sift icing sugar, add melted shortening, milk and essence; mix well.

Topping Coarsely chop chocolate, place in basin with butter. Stand basin in saucepan of boiling water until chocolate and butter are melted, stirring occasionally.

Makes approx. 3 dozen

Hazelnut Truffles

1 cup icing sugar
4 oz. ground hazelnuts
12 oz. dark chocolate
1 egg-white
¼ cup cream
1 teaspoon rum
chocolate sprinkles

Sift icing sugar into bowl, mix with hazelnuts. Stir in just enough egg-white to make a firm paste; add cream. Chop chocolate, place in top of double saucepan, stir over hot water until melted. Blend into hazelnut mixture, stirring with wooden spoon; add rum. Turn mixture into shallow tin lined with greased greaseproof paper; refrigerate until set. ☛

When firm, cut into small squares, then roll into balls between palms of hands; roll in sprinkles. Refrigerate.

Makes approx. 2½ dozen

Rum Balls

- 9 oz. (approx. 3 cups) cake crumbs
- 3 tablespoons apricot jam
- 3 tablespoons cocoa
- 1 tablespoon rum
- 2 tablespoons water
- 2 tablespoons apricot jam, extra
- chocolate sprinkles

Mix together cake crumbs, cocoa, 3 tablespoons of sieved apricot jam, and rum until a stiff paste is formed. Make into approximately 24 balls. Warm 2 tablespoons of sieved jam with water; dip the balls in this jam mixture, then coat with chocolate sprinkles. Place in paper patty cases.

Makes approx. 2 dozen

Summer Pies

A simple crumb crust is used in place of pastry base for these pies, and there's a delightful selection of fillings; all can be made without lighting the oven

Crumb Crust

- 8 oz. plain sweet biscuits
- 4 oz. butter
- ½ teaspoon nutmeg

Crush biscuits into fine crumbs, place in bowl with nutmeg. Melt butter, add enough to crumbs so a tablespoon of mixture squeezed in the hand forms firm ball. Press this mixture firmly round sides and base of well-greased 7 in. sandwich tin with removable base or 9 in. pie plate. Refrigerate while preparing filling.

Lemon Cream Pie

- 1 teaspoon gelatine
- ¾ cup lemon spread or lemon butter
- 1 cup cream
- 4 dessertspoons hot water
- crumb crust

Dissolve gelatine in hot water. Add lemon spread or lemon butter, stir until smooth. Fold whipped cream into lemon mixture. Pour into prepared pie case. Refrigerate several hours or, preferably, overnight.

Chocolate Rum Pie

- 1 dessertspoon gelatine
- 2 cups milk
- ½ cup sugar
- 2½ dessertspoons cornflour
- 4 eggs
- 3 dessertspoons rum
- 4 oz. dark chocolate
- ¼ pint cream
- chocolate shavings
- crumb crust

Soften gelatine in ¼ cup of the milk; scald remaining milk. Blend sugar with cornflour, stir in hot milk. Separate eggs. Beat yolks, add cornflour mixture. Cook in top of double saucepan over simmering water, stirring until mixture thickens. Add softened gelatine and chopped chocolate, stir until gelatine dissolves and chocolate melts; add rum. Allow to cool slightly. Beat egg whites until soft peaks form; fold into chocolate mixture. Pour into prepared crumb crust. Refrigerate until set. Whip cream. Sweeten, if desired, with little sugar and vanilla. Spread evenly over chocolate filling. Decorate with chocolate shavings.

Apricot Cheese Pie

- 8 oz. cream cheese
- ½ cup sweetened condensed milk
- 4 dessertspoons lemon juice
- ¼ pint cream
- 9 in. crumb crust

Topping

- 1 cup apricot jam
- 4 dessertspoons sugar
- 4 dessertspoons water
- 1 teaspoon gelatine

Sieve cream cheese, add condensed milk and lemon juice; beat until smooth. Fold in whipped cream. Pour into prepared crumb crust. Refrigerate while preparing topping.

Topping Soften gelatine in 2 dessertspoons of the water. Sieve apricot jam. Add sugar and remaining water. Cook until sugar dissolves, bring up to boil. Boil, without stirring, 2 minutes. Remove from heat, add softened gelatine, stir until dissolved. Allow to cool slightly, spoon over cream cheese filling. Refrigerate well before serving.

Coffee Cream Roll and, at back, Continental Chocolate Slice—two of the delicious cakes and biscuits which can be made without lighting the oven. See page 182

BISCUITS

There are biscuits here to suit every taste, and every occasion—from wholesome biscuits for the children, to pack into their lunches, or for when they come home from school—or just for any time good eating, to luxurious little mouthfuls for special afternoon-teas, or to serve with coffee

Butter Oat Biscuits

4 oz. butter
½ cup castor sugar
1 dessertspoon treacle or golden syrup
1 cup self-raising flour
2 cups rolled oats
1 teaspoon bicarbonate of soda
¼ cup boiling water

Cream butter and sugar, add treacle, and cream well. Blend in sifted flour and oats. Dissolve soda in boiling water and add to mixture while still hot. Mix to a stiff dough. Roll teaspoonfuls of mixture into balls; place on greased slides, allowing room for spreading; press flat. Bake in moderate oven approximately 15 minutes. Cool on slides.

Makes approx. 4 dozen

NOTE: 3 oz. flaked almonds can be added with the oats.

Chocolate Mint Slices

Biscuit Layer

1½ cups self-raising flour
½ cup brown sugar
1 cup desiccated coconut
6 oz. butter

Peppermint Icing

1 cup icing sugar
1 oz. solid white vegetable shortening
3 dessertspoons milk
½ teaspoon peppermint essence

Chocolate Icing

3 oz. solid white vegetable shortening
½ cup drinking chocolate

Biscuit Layer Sift flour, mix dry ingredients together, melt butter and pour over dry ingredients; mix well. Press into greased and lined 12 x 18 in. swiss roll tin, bake in moderate oven 20 minutes. While still warm, top with Peppermint Icing.

Peppermint Icing Melt chopped shortening over gentle heat. Sift icing sugar into basin, add melted shortening, milk, and essence. Mix well, spread over biscuit layer. When cold top with Chocolate Icing.

Chocolate Icing Pour melted white shortening over drinking chocolate and mix well. Cool slightly, then pour evenly on top of Peppermint Icing. Leave to set, then cut into slices to serve.

Makes approx. 3 dozen

Almond Fingers

Pastry

5 oz. butter
⅓ cup sugar
1½ cups plain flour

Filling

½ cup cream
⅓ cup brown sugar
1 egg-yolk
½ cup ground almonds or marzipan meal
1 teaspoon cinnamon

Icing

½ cup icing sugar
lemon juice

Pastry Cream together butter and sugar in bowl until light and fluffy. Stir in sifted flour. Press dough, with lightly floured hand, into greased 11 in. x 7 in. lamington tin. Bake in moderately slow oven 20 minutes. Remove from oven, cool slightly.

Filling Whip the cream and add almonds, sugar and cinnamon. Mix in lightly beaten egg-yolk. Spread cream mixture over cooled pastry. Bake in moderately slow oven further 40 minutes. Remove from oven, cool, then refrigerate several hours. Spread icing over top. Refrigerate until icing is firm. Cut into fingers.

Icing Sift icing sugar into bowl. Add enough lemon juice to make spreading consistency. Blend until smooth; spread evenly over filling.

Makes approx. 2 dozen

Hazelnut Chocolate Biscuits

6 oz. butter
1 cup castor sugar
1 egg
½ teaspoon vanilla
2 cups self-raising flour
2 oz. ground or chopped hazelnuts
2 oz. dark chocolate or chocolate pieces
½ cup desiccated coconut
melted chocolate

Cream together butter and sugar until light and fluffy. Beat in egg and vanilla, beat well. Beat in sifted flour, blending thoroughly. Stir in hazelnuts, chopped chocolate and coconut, mix well. Roll into small balls about the size of a walnut; place on greased oven tray, allowing room to spread. Bake in moderate oven 15 minutes or until golden. Leave plain or dip half the biscuit in melted chocolate or drizzle chocolate over top.

Makes approx. 4½ dozen

Easy Florentines

¾ cup sultanas
2 cups crushed cornflakes
¾ cup raw peanuts
½ cup chopped cherries
½ can condensed milk
3 oz. dark chocolate

Combine all ingredients except chocolate in mixing bowl; mix well. Grease flat baking trays, line with greaseproof paper; grease paper, then dust lightly with cornflour. Shake trays to remove any excess cornflour. Place dessertspoonfuls of mixture in small heaps on trays. Bake in moderate oven 15 to 20 minutes. Leave on trays to cool before lifting off carefully with spatula. Melt chopped chocolate over hot water, remove from heat, and stir until thickened slightly. Spread chocolate over flat side of biscuit, mark with fork. Allow chocolate to set before storing in airtight tins.

Makes approx. 2½ dozen

Lunch-Box Cookies

3 oz. butter
½ cup brown sugar
½ cup castor sugar
1 teaspoon vanilla
1 egg
1½ cups plain flour
½ teaspoon baking powder
½ teaspoon bicarbonate of soda
½ teaspoon salt
½ teaspoon ginger
½ teaspoon cinnamon
1¼ cups rolled oats
¼ cup marmalade
1 cup chopped raisins

Cream butter and sugars, beat in egg and vanilla. Sift dry ingredients together, add to creamed mixture, then fold in oats, marmalade, and raisins. Drop by teaspoonfuls on to greased oven trays. Bake in moderately hot oven approximately 15 minutes or until evenly browned.

Makes approx. 3½ dozen

Anzac Biscuits

1 cup rolled oats
¾ cup desiccated coconut
1 cup plain flour
1½ teaspoons bicarbonate of soda
2 tablespoons boiling water
1 cup sugar
4 oz. butter
1 tablespoon golden syrup

Combine rolled oats, sifted flour, sugar, and coconut. Combine butter and golden syrup, stir over gentle heat until melted. Mix soda with boiling water, add to melted butter mixture, stir into dry ingredients. Spoon dessertspoonfuls of mixture on to greased oven trays; allow room for spreading. Bake in slow oven 20 minutes. Cool on trays.

Makes approx. 3 dozen

Viennese Biscuits

8 oz. butter
¼ cup castor sugar
½ teaspoon vanilla
2 cups plain flour
pinch salt
melted chocolate

Cream together butter and sugar until light and fluffy. Add vanilla and carefully fold in sifted flour and salt. Fill into piping bag fitted with large star pipe. Pipe into finger lengths on lightly greased oven tray. Bake in moderately hot oven 15 to 20 minutes. Cool on tray. Leave plain, or dip one end in melted chocolate for pretty effect.

Makes approx. 3 dozen

Brandy Snaps

2 tablespoons golden syrup
2 oz. butter
⅓ cup brown sugar
½ cup plain flour
2 teaspoons ground ginger
pinch salt

Place syrup, butter and brown sugar into saucepan, heat slowly until butter has melted, stirring occasionally. Sift flour, ginger, and salt into a bowl, stir in syrup and butter mixture; mix well. Drop dessertspoonfuls of mixture on to greased trays, allowing room for spreading. Bake in moderate oven 5 to 7 minutes, or until golden brown. Remove from oven, cool 1 minute. With knife, lift brandy snap from tray. Roll immediately around the handle of a wooden spoon. Allow to firm and cool on spoon handle. Just before serving, fill with whipped cream.

Makes 6 to 8 brandy snaps.

NOTE: Two brandy snaps will fit comfortably on to a baking tray. It is a good idea to bake only two at a time. If they firm up before you have time to mould them into shape, return to the oven for a few minutes to soften again.

Sunflower Honey Chews

4 oz. butter
¾ cup honey
4½ cups cornflakes
⅔ cup sunflower seed kernels
⅓ cup desiccated coconut
2 oz. glacé cherries

Melt butter and honey in saucepan and boil gently 5 minutes. Crush cornflakes, place in large bowl with sunflower seed kernels, coconut, and chopped cherries. Stir in boiling butter and honey mixture, mix well. Press firmly into 11 in. x 7 in. greased lamington tin. Refrigerate until set. Best if left overnight or for a day or two, to allow flavours to blend. Cut into squares or fingers.

Makes approx. 16

Ginger Crunch Biscuits

4 oz. butter
¼ cup sugar
1 cup plain flour
1 teaspoon baking powder
1 teaspoon ground ginger

Topping

⅓ cup icing sugar
2 oz. butter
1 teaspoon ground ginger
3 teaspoons golden syrup

Cream butter and sugar together. Add sifted dry ingredients, mix well until thoroughly absorbed. Spread into greased 11 in. x 7 in. lamington tin and bake in moderate oven until lightly browned, approximately 15 to 20 minutes.

Topping Place all ingredients in saucepan, stir over gentle heat until butter is melted and ingredients well mixed. Pour over biscuit layer while both are still warm. Cut into squares or fingers when cold.

Makes approx. 1½ dozen

Chocolate Cherry Bars

8 oz. dark chocolate
2 small eggs
½ cup castor sugar
1 cup coconut
2 to 3 oz. glacé cherries
icing sugar

Chop chocolate roughly. Place in top of double saucepan over hot water; heat gently, stirring, until melted and smooth. Spread chocolate over base of well greased 11 in. x 7 in. lamington tin. Refrigerate until firm. Beat together eggs and sugar until light and frothy; gently fold in coconut and chopped cherries. Spread over firm chocolate. Bake in moderate oven 10 to 15 minutes until topping is lightly golden and firm to the touch. Cool, then refrigerate. Before serving, sprinkle with sifted icing sugar, cut into small fingers.

Makes approx. 2 dozen

Ginger Nuts

2 cups plain flour
1 cup castor sugar
½ teaspoon bicarbonate of soda
1 teaspoon cinnamon
pinch salt
2 teaspoons ground ginger
4 oz. butter
1 very small egg
1 teaspoon golden syrup

Sift into basin the flour, sugar, soda, cinnamon, salt and ginger. Rub in butter until mixture is of very fine crumb consistency. Beat egg with golden syrup, add to dry ingredients. Work into a firm dough with hands. Roll into small balls about size of half a walnut, place on greased oven slides, about 2 in. apart. Bake in moderately slow oven approximately 15 minutes. Loosen, cool on oven slide.

Makes approx. 3½ dozen

Meringues

2 egg-whites
1½ cups castor sugar
1 teaspoon vinegar
1 teaspoon cornflour
½ teaspoon vanilla
4 tablespoons boiling water

Place all ingredients in basin, beat until mixture is of thick, satiny meringue consistency (10 to 15 minutes). Spoon mixture into piping bag; using large star tube, pipe meringues on to lightly greased baking trays. Bake in moderate oven 10 minutes, then reduce heat to slow, bake further 50 minutes. Allow to cool in oven.

Makes approx. 3 dozen

1 Macaroons
2 Butter Coconut Crisps
3 Almond Bread
4 Butter Oat Biscuits
5 Chocolate Cherry Bars
6 Chocolate Mint Slices
7 Easy Florentines
8 Viennese Biscuits

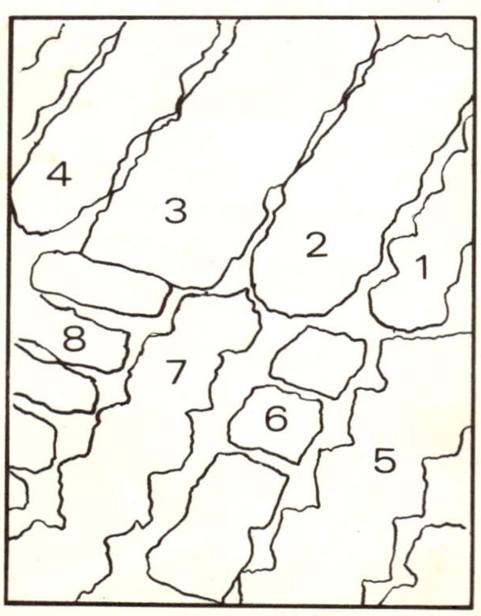

Macaroons

2 egg-whites
¾ cup castor sugar
3½ oz. ground almonds or marzipan meal
grated rind 1 lemon

Beat egg-whites until peaks form. Gradually beat in sugar, beat until sugar is dissolved; mixture should be of meringue consistency. Fold in ground almonds and grated lemon rind. Using 2 teaspoons, spoon mixture on to greased and cornfloured oven trays, allowing room for spreading. Bake in moderate oven approximately 15 to 20 minutes or until firm.

Makes approx. 3 dozen

Butter Coconut Crisps

4 oz. butter
1¼ cups self-raising flour
1 cup sugar
1 egg
desiccated coconut

Melt butter. Sift flour and sugar into bowl, add beaten egg and melted butter, mix thoroughly. Form into small balls the size of a walnut, roll in coconut, and place on greased trays, allowing room to spread. Bake in moderate oven 10 to 15 minutes. Loosen and leave until cold on tray.

Makes approx. 2½ dozen

Crisp Coconut Biscuits

4 oz. butter
1 cup castor sugar
1 egg
2 cups self-raising flour
pinch salt
1 cup desiccated coconut
extra sugar

Cream butter and sugar, beat in egg, add sifted flour, salt and coconut. Roll into balls and press flat between the hands. Dip the top side into extra sugar. Place on greased baking trays, allow for spreading. Bake in moderately hot oven 10 to 15 minutes.

Makes approx. 2 dozen

Shortbread

2 cups plain flour
¼ cup icing sugar
1 tablespoon ground rice
6 oz. butter

Sift flour, sugar and ground rice into bowl. Rub in butter and knead until mixture is smooth. Roll mixture out to ¼ in. thickness on lightly-floured board; cut into 2 in. rounds with cutter. Place on ungreased trays, bake in moderate oven 15 to 20 minutes or until pale golden.

Makes approx. 2½ dozen.

Mixture can also be pressed into ungreased 7 in x 11 in. lamington tin. Cut with knife into finger shapes, bake as above.

Makes approx. 2 dozen

Easy Ratafias

2 egg-whites
pinch salt
1 cup sugar
1 cup desiccated coconut
½ cup instant mashed potato flakes (dry)
few drops almond essence
almond flakes to decorate

Beat egg-whites with salt until very stiff. Gradually add sugar, beat until thick and sugar is dissolved. Fold in potato flakes, coconut, and essence. Place teaspoonfuls of mixture on greased baking tray, top with almond flake. Bake in moderate oven 15 to 20 minutes.

Makes approx. 3 dozen

Peanut Crisps

4 oz. butter
1 cup sugar
1 egg
1 cup plain flour
pinch salt
½ teaspoon bicarbonate soda
½ teaspoon baking powder
1 cup rolled oats
½ cup chopped salted peanuts
1 cup cornflakes

Cream together butter and sugar, add egg; beat well. Fold in sifted flour, salt, bicarbonate soda and baking powder. Work in the rolled oats, peanuts and cornflakes, blend well.

Place teaspoonfuls on greased baking trays, leaving room for spreading. Bake in hot oven 10 minutes. Cool on trays, then store in airtight tins.

Makes approx. 4½ dozen

Caramel Shortbread Squares

1 cup plain flour
pinch salt
½ cup icing sugar
4 oz. butter

Caramel

4 oz. butter
¼ cup golden syrup
½ cup brown sugar
1 teaspoon gelatine
⅔ cup condensed milk

Sift flour, salt and icing sugar into bowl. Rub in butter. Press into greased 8 in. square shallow tin. Bake in moderate oven 20 to 25 minutes. Leave to cool in tin, then pour caramel over. Refrigerate several hours or overnight until topping is quite firm.

Carefully turn biscuit over on to plastic food-wrap and, with biscuit base uppermost, cut into small squares. (It is easier to cut biscuit this way.)

Makes approx. 25.

Caramel Melt butter and syrup in saucepan over low heat; add sugar, gelatine and condensed milk;

beat thoroughly. Continue stirring over low heat until sugar dissolves, then bring to boil and boil 4 minutes, stirring constantly. Remove from heat, beat well with wooden spoon. Pour over biscuit.

Almond Bread

3 egg-whites
½ cup castor sugar
1 cup plain flour
4 oz. whole unblanched almonds

Beat egg-whites until stiff, gradually beat in castor sugar until mixture is of good meringue consistency, forming thick peaks. Fold in sifted flour and whole almonds. Fill into very lightly greased 8 in. x 4 in. loaf tin. Bake in moderate oven 30 to 40 minutes. Leave in tin until completely cold. Wrap in aluminium foil, put aside for one or two days. Using very sharp knife, cut into wafer thin slices. Place slices on oven tray, put into slow oven 45 minutes to dry out completely.

Serve just one slice with after dinner coffee. Or serve as a delightfully crisp biscuit with ice-cream.

Butterscotch Bars

Base:

1 cup plain flour
3 oz. butter
pinch salt
½ cup firmly packed brown sugar

Topping

6 oz. butterscotch toffees
1 tablespoon golden syrup
1 tablespoon water
1 oz. butter
pinch salt
4 oz. walnuts

Base: Combine ingredients in small bowl of electric mixer; blend at low speed until well combined and particles are small (or rub butter into sifted dry ingredients until mixture resembles fine breadcrumbs).

Press mixture into paper-lined 8 in. square shallow tin. Bake in moderately hot oven 10 to 12 minutes. Remove from oven, spread topping over. Return to moderately hot oven 8 to 10 minutes. Cool on wire rack; when cold cut into small squares.

Topping Combine all ingredients except walnuts in small saucepan, stir over low heat until butterscotch has dissolved. Stir in chopped walnuts. Spread evenly over hot partially baked base.

Makes approx. 16

Flaky Cheese Biscuits

2 oz. butter
2 oz. cheddar cheese
½ egg-yolk
salt
good pinch paprika
½ cup plain flour

Beat butter until creamy, gradually add finely grated cheese, egg-yolk, salt and paprika. Work in sifted flour. When well blended, refrigerate 1 hour. Knead lightly, roll out on floured board to $\frac{1}{4}$ in. thickness. Cut out in 1 in. rounds; place on lightly greased oven trays, bake in hot oven 10 minutes.

Make approx. 2½ dozen

Cheese and Sesame Wafers

1 cup plain flour
½ teaspoon salt
pinch cayenne pepper
½ teaspoon dry mustard
½ teaspoon ground ginger
½ teaspoon sugar
2 oz. grated cheese
⅓ cup toasted sesame seeds
1 egg-yolk
2 oz. butter
1 tablespoon water

Sift together dry ingredients into bowl. Stir in cheese and toasted sesame seeds. Combine lightly beaten egg-yolk, melted butter and water. Stir into dry ingredients; form into a ball. Wrap in greaseproof paper; refrigerate 30 minutes. Roll out to $\frac{1}{8}$ in. thickness on lightly floured board. Cut into 1 in. x 2 in. strips or 2 in. squares. Place on ungreased oven tray, bake in moderate oven 15 minutes. Cool on tray.

Makes approx. 4½ dozen.

To toast sesame seeds Place seeds on baking tray, bake in moderate oven 15 minutes, shaking tray occasionally.

Paprika Biscuits

3 oz. butter
3 oz. cheese
1 cup plain flour
1 teaspoon paprika
½ teaspoon salt
½ teaspoon dry mustard
1 dessertspoon poppy seeds

Beat together butter and grated cheese until soft and creamy. Sift together dry ingredients, add to cheese mixture, beat until well blended. Take dessertspoonfuls of mixture and roll into small balls, using floured hands. Place on greased oven tray, flatten slightly, sprinkle poppy seeds lightly over each biscuit. Bake in moderate oven 15 to 20 minutes or until lightly golden brown. Loosen and cool on tray.

Makes approx. 1½ dozen

SCONES

It's easy to whip up a batch of feather-light scones and, in this section, we give a wide variety of recipes for plain and sweet scones.

To make sure they turn out perfect every time, it is important they be mixed and baked correctly—and we show how to do this in step by step pictures.

Here is a list of the basic ingredients used in scone making, and the reasons for their use

Basic Ingredients

Self-raising flour Should be as fresh as possible, to guarantee maximum rising power. Stale flour will give poor results.

Salt Used to accent flavour.

Sugar Small amount used adds flavour, but does not sweeten. For a sweet scone, perhaps with sultanas, use 1 tablespoon sugar.

Butter Scones are best eaten the day they're made. Small amount of butter used does not give keeping quality, but adds flavour and colour.

Milk and water Combination of equal quantities of milk and water will produce a lighter scone than all milk.

Scones

2 cups self-raising flour
½ teaspoon salt
1 teaspoon sugar
1 oz. butter
approx. ¾ cup milk and water

Sift flour and salt into basin, stir in sugar. Rub in butter until mixture resembles fine breadcrumbs. Pour nearly all the liquid in at once and mix to a soft dough. (Flours vary in the way they absorb liquid; if mixture is not soft enough, add remaining liquid.) Place on floured surface and knead lightly. Pat dough out to approximately ¾ in. in thickness, and, using a 2 in. cutter, cut into rounds. Place on to a greased baking tray or into a lightly greased 11 in. x 7 in. lamington tin, glaze with a little milk. Bake in a very hot oven for 10 minutes or until golden brown.

Makes approx. 1 dozen

Cream Scones

2 cups self-raising flour
1 egg
2 dessertspoons sugar
½ cup cream
½ cup milk

Beat egg and sugar together until light and creamy. Add cream and milk, mix thoroughly. Add sifted flour and mix to soft dough. Turn on to floured surface and knead lightly. Pat dough to ¾ inch in thickness, cut into rounds with 2 inch cutter. Place scones into greased lamington tin; glaze with a little milk. Bake in very hot oven 10 to 12 minutes.

Makes 1 dozen

Cheese-Topped Scones

3 cups self-raising flour
½ teaspoon salt
1½ oz. butter
1 cup milk

Cheese Topping

3 oz. butter
3 oz. tasty cheese
pinch pepper
pinch salt
½ teaspoon dry mustard

Sift flour and salt into basin. Rub in butter until mixture resembles fine breadcrumbs. Pour nearly all the milk in at once and mix to a soft dough; add remainder of milk, if necessary. Place dough on a floured surface and knead lightly. Pat out to approximately ¾ in. in thickness, and, using a 2 in. cutter, cut into rounds. Place into greased 11 in x 7 in. lamington tin, place a teaspoon of cheese topping on to each scone. Bake in a very hot oven 10 to 15 minutes, or until golden brown.

Cheese Topping Melt butter in a small saucepan, allow to cool slightly. Add grated cheese, pepper, salt and mustard; mix thoroughly.

Makes approx. 15

So easily and quickly made, scones are everybody's favourite. Serve them hot with strawberry jam or honey

Step 1
Rub in butter correctly: Sift dry ingredients, then rub in butter. Use tips of fingers only for rubbing in; these are the coolest part of the hand, and butter will not be softened or melted during rubbing in process. To rub in, rub thumbs over fingertips in circular motion, lifting hands above bowl so flour falls through fingers to bowl beneath; this aerates and lightens the mixture.

Some prize-winning cooks heat a little of the milk and melt the butter in it before adding it, with the rest of the milk, to the flour mixture. This gives even distribution throughout the scone and prevents any uneven butter-patches

Step 2
Mix lightly: Add the liquid to rubbed in mixture almost all at once (this is important to avoid over mixing), then lightly stir and cut liquid through mixture, adding remainder of liquid, if required. Dough should be soft, sticking to sides of bowl. Use a knife for mixing; it is light, functional, makes it easier to avoid over-mixing dough

Step by Step Perfect Scones

Sultana Scones

3 cups self-raising flour
½ teaspoon salt
2 oz. butter
¼ cup sugar
1 cup sultanas
1 egg
approx. 1 cup milk

Sift flour and salt, rub in butter until mixture resembles fine breadcrumbs. Stir in sugar and sultanas. Beat egg and add to dry ingredients with sufficient milk to give a soft dough. Place on floured surface and knead lightly. Pat out to approximately ¾ in. in thickness, and cut into 2 in. rounds. Place into greased 11 in. x 7 in. lamington tin. Glaze with milk. Bake in a very hot oven 12 to 15 minutes.

Makes approx. 15.

Date Scones

2 cups self-raising flour
½ teaspoon salt
2 oz. butter
¼ cup sugar
¾ cup finely chopped dates
1 egg
approx. ½ cup milk

Sift flour and salt, rub in butter until mixture resembles fine breadcrumbs. Stir in dates and sugar. Beat egg and add to dry ingredients with sufficient milk to give a soft dough. Place on floured surface and knead lightly. Pat out to approximately ½ in. thickness, and, using a 2 in. floured cutter, cut into rounds. Place into a greased 11 in. x 7 in. lamington tin. Glaze tops with milk. Bake in very hot oven 12 to 15 minutes.

Makes approx. 1 dozen.

Feather-Light Scones

1 egg
1 dessertspoon sugar
1 oz. melted butter
¾ cup milk
2 cups self-raising flour
½ teaspoon salt
milk for glazing

Beat egg and sugar together until thick; add melted butter to milk. Sift together flour and salt into a bowl, make a well in centre. Stir in egg mixture, then milk mixture; mix to a soft dough. Turn out on to a floured surface, knead lightly. Pat or roll to ½ in. in thickness, cut out with a floured 2 in. cutter. Place on a lightly greased scone tray, brush tops with a little cold milk. Bake in a hot oven 10 to 12 minutes.

Makes approx. 1 dozen.

Step 3

Knead briefly, gently: Turn mixture out from bowl on to lightly floured board; using fingertips, knead gently by turning outside edge of dough into centre, turning dough round, then turning edges in again. Repeat until dough is smooth, free from creases underneath, elastic to the touch. This kneading should be thorough, but as brief and gentle as possible, otherwise scones will be toughened

Step 4

Cut sharply, evenly: Turn smooth side of dough uppermost, shape into round; using palms of hands, press out lightly to approximately $\frac{3}{4}$ inch high. Use as little flour on board as possible, to avoid floury base on scones. (Rolling pin is not necessary for small amount of scone dough; also, using rolling pin you're inclined to roll out dough too thinly.) Dip plain, sharp-edged cutter in flour; press sharply and evenly into dough, without twisting cutter. (Twisting cutter would retard rising.) One, 2, or $2\frac{1}{2}$ inch diameter cutter can be used, depending on size of scone required

Step 5

Arrange correctly on tray: Cut as many scones as possible from the first rolling; each successive kneading toughens dough. Shake scones out of cutter and, to obtain even cooking, place in centre of prepared tray, close together but not touching. As scones cook and rise they will be close enough to support each other, yet still retain their individual shape. Scones baked in a lamington tin are placed close together, to fit into tin, and cling together as they rise; this gives a softer sided scone. Brush tops of scones lightly with milk; this gives a glossy golden brown finish to cooked scone

Step 6

Bake in hot oven, cool correctly: Bake scones in hot oven 10 to 15 minutes. Scones baked in lamington tin may need longer cooking time. When cooked, they should be golden brown on top, sound hollow when tapped with fingertip. Remove from tray to wire cake cooler. If you prefer scones with firm, crisp top, let them stand, uncovered, on wire tray. If you prefer soft scones, wrap them, as soon as they come from oven, in clean teatowel; the trapped steam will soften the crisp top.

And remember, never cut a scone—break it open with the fingers

Honeyed Banana Scones

1 cup self-raising flour
1 cup wholemeal self-raising flour
½ teaspoon salt
1 oz. butter
2 bananas
2 tablespoons honey
½ cup milk

Sift flours and salt into basin, rub in butter until mixture resembles fine breadcrumbs. Mash bananas; combine milk, honey, and mashed bananas add to dry ingredients and work into soft dough. Turn on to floured surface and knead lightly. Pat out to ¾ inch in thickness, cut with floured 2 in. cutter. Place into greased lamington tin, glaze tops with a little milk. Bake in very hot oven 12 to 15 minutes.

Makes 1 dozen

Caramel Fruit Buns

4 oz. butter
1 cup brown sugar, lightly packed
2 oz. walnuts
3 cups self-raising flour
pinch salt
¼ cup sugar
1½ oz. butter, extra
1 egg
1 cup milk, approx.
¾ cup raisins

Cream together butter and brown sugar until light and creamy. Spread half of this mixture over base of greased and greased paper lined 9 in. square slab tin. Sprinkle chopped walnuts over.

Sift flour, salt and sugar into basin. Rub in extra butter, until mixture resembles fine breadcrumbs. Beat egg lightly and add to flour mixture. Then add enough milk to mix to soft dough. Turn dough out on to floured surface and knead lightly. Roll dough into oblong 14 inches x 9 inches approximately. Spread over remaining creamed mixture, sprinkle with chopped raisins.

Roll up as for swiss roll, cut into 16 even slices. Place slices on top of walnuts, cut side up. Bake in moderately hot oven 30 to 35 minutes.

Milk Scones

2 cups self-raising flour
4 dessertspoons powdered milk
1 teaspoon sugar
pinch salt
1½ oz. butter
¾ cup water

Sift flour, powdered milk, and salt into basin. Add sugar and rub in butter until mixture resembles fine breadcrumbs. Pour nearly all the water in at once and mix to a soft dough; add extra water if necessary. Place on floured surface and knead lightly. Pat dough out to approximately ¾ in. in thickness, and, using a 2 in. cutter, cut into rounds. Place on to a greased baking tray or into a greased 11 in. x 7 in. lamington tin, glaze with a little water or milk. Bake in a very hot oven for 12 to 15 minutes or until golden brown.

Makes approx. 1 dozen

Pumpkin Scones

1 oz. softened butter
¼ cup castor sugar
1 cup cooked, mashed pumpkin (approx. ¾ lb.)
1 egg
2½ cups self-raising flour
pinch salt
½ teaspoon cinnamon
¼ teaspoon nutmeg
¼ to ½ cup milk, depending on dryness of pumpkin

Beat butter and sugar together, add pumpkin; mix well. Add egg and beat well. Fold in sifted dry ingredients alternately with ¼ cup milk. If necessary, add remaining milk to make a soft, but not sticky dough. Turn mixture on to a floured surface and knead lightly. Pat out to ¾ in. thickness, cut out with 2 in. floured cutter.

Place into a greased 11 in. x 7 in. lamington tin. Glaze with a little milk. Bake in hot oven 12 to 15 minutes, or until golden brown.

Makes approx. 1 dozen

Scones in Large Quantity

6 cups (1½ lb.) self-raising flour
2 tablespoons sugar
½ teaspoon salt
3 oz. butter
1 cup milk
1 cup water
milk for glazing

Sift flour, sugar and salt into basin. Rub butter into dry ingredients. Mix to soft dough with combined milk and water, adding extra milk, if necessary. Knead dough, roll out and fit into greased 10 in. x 11 in. baking dish. With sharp knife cut dough into approximately 36 squares. Glaze with milk, bake in hot oven 15 to 20 minutes or until golden brown. Makes approx. 3 dozen

For Sultana Scones: Add 1 cup sultanas to dry ingredients before adding the liquid; increase sugar to half cup.

PASTRY

If you remember the few essentials for making perfect pastry, you will have good results every time you bake. There are just five important rules to follow

Keep everything as cold as possible

Fat should be firm; liquid should be chilled. If time permits, place mixing bowl in refrigerator for an hour before using.

Use only as much liquid as necessary

Too much liquid will result in hard pastry, and will also cause pastry to shrink during baking, as the excess water evaporates in heat of oven.

If insufficient liquid is added, dough will be too crumbly for rolling.

Liquid should be added gradually, until just sufficient has been added to make pastry firm enough to be handled and rolled out without breaking.

Sift the dry ingredients

Sift flour and any other dry ingredients well. This sifting helps to incorporate air into pastry mixture, as well as ensuring flour is fine, without lumps.

Fold in as much air as possible as you mix

With shortcrust pastry, air is incorporated by lifting flour and butter mixture from bowl when rubbing in with fingertips.

With puff pastry, air is incorporated through the process of folding and rolling.

Roll pastry with short, jerky movements; lift rolling pin after each roll. This allows air to move about in dough. Heavy rolling will destroy air bubbles, resulting in heavy pastry.

Handle the pastry lightly

Too much handling will make pastry heavy.

When handling soft pastries, such as biscuit, roll out between lightly floured sheets of grease-proof paper; this makes them easier to handle and avoids over-working the pastry.

Never stretch pastry—it will shrink back when cooking.

When rolling out pastry on a floured board, use only enough flour to prevent pastry sticking to the surface. Excess flour will upset the balance of the ingredients, and could result in tough pastry. For this reason too, never turn pastry over during rolling.

How Much Pastry To Use

When a recipe calls for 8 oz. pastry it means pastry made with 8 oz. (2 cups) flour (plus the corresponding ingredients).

The exception to this is where packaged puff pastry is an ingredient; when a recipe calls for 12 oz. or 1 lb. packaged puff pastry, this is the full weight of the completed pastry in its package.

Basic pastry recipes given in this book can be reduced or increased if necessary; be sure to reduce or increase all other ingredients in proportion.

The list given below is an approximate guide to help you assess the quantity of pastry you may need.

Tarts 6 oz. pastry will line 7 in. pie plate.

8 oz. to 10 oz. pastry will line 8 in. or 9 in. pie plate.

Double-crust Pies 10 oz. pastry will give bottom and top crust for 7 in. pie.

12 oz. to 14 oz. pastry will give bottom and top crust for 8 in. or 9 in. pie.

Small Tartlets 8 oz. pastry will make approximately 2 dozen small tartlet cases.

When large tart cases with a filling require a longer cooking time than approximately 25 minutes, a double edge of pastry will prevent edges of tart case from becoming too crisp. Cut long strips of pastry, the width of the pie plate edge, from rolled out pastry. Place strips around edge of pie plate, brush strips lightly with water, line plate with pastry in usual manner. Press edges together, trim, decorate as desired.

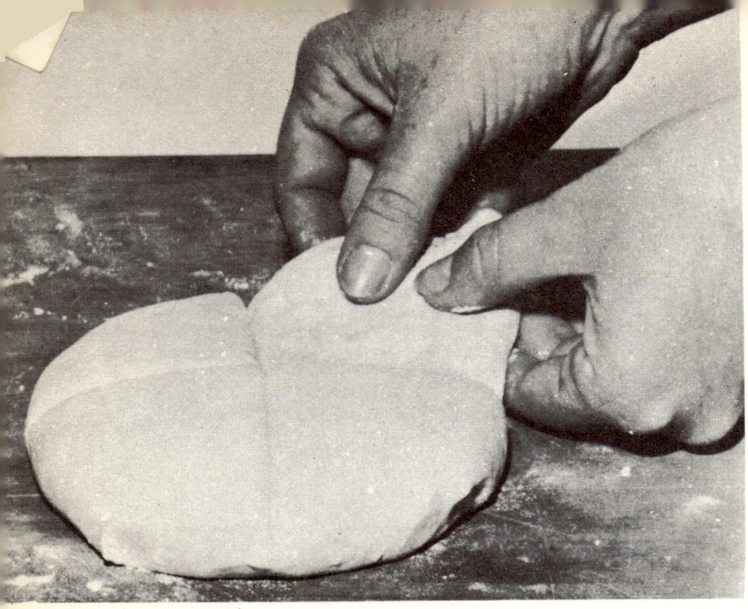

Step 1
Cut four divisions in dough; cut only half-way through, so it is still joined at base. Pull out centre point of each division

Step 2
Leaving uncut base part unrolled, roll out each of the points, as shown in picture above.

Step by Step Puff Pastry

Shortcrust Pastry

Shortcrust is probably the most widely used of all pastries, and is good for pies with sweet or savoury fillings.

Basic shortcrust uses half the amount of shortening (butter, margarine) to flour. For example, shortcrust with 8 oz. flour would use 4 oz. shortening; with 12 oz. flour, 6 oz. shortening, etc.

- 2 cups plain flour
- ½ teaspoon baking powder
- pinch salt
- 4 oz. butter
- 1½ tablespoons water
- 1 teaspoon lemon juice

Sift dry ingredients, rub in butter until mixture resembles dry breadcrumbs. Mix to pliable dry dough with water and lemon juice.

The finished pastry, when it is mixed, should form a smooth ball, leaving the sides of the mixing bowl clean.

Turn on to lightly floured board, knead lightly. Roll to size and shape required.

Sweet Shortcrust: Add 1 dessertspoon castor sugar for every 2 cups flour. Dissolve sugar in the water before adding it to flour, or sift 1 dessertspoon icing sugar with dry ingredients.

Rich Shortcrust Pastry

- 2 cups plain flour
- ½ teaspoon baking powder
- 4-6 oz. butter
- pinch salt
- 1 egg-yolk
- water
- 1 teaspoon lemon juice

Sift dry ingredients, rub in butter until mixture resembles dry breadcrumbs. Using egg-yolk, lemon juice, and little water if necessary, mix into a dry dough. Turn on to lightly floured surface and knead into a smooth round.

Biscuit Pastry

- 3 oz. butter
- ¼ cup sugar
- 1 egg
- 1¼ cups plain flour
- ¼ cup self-raising flour

Beat butter until creamy, add sugar, beat until just combined. Add beaten egg gradually, beating well after each addition. Over-creaming at this stage will make pastry difficult to handle. Work in ⅔ of sifted flours with a wooden spoon, then remaining flour with the hand. Turn on to lightly floured board, knead lightly until smooth. (Heavy handling of pastry will toughen it and make it difficult to roll.) Refrigerate 30 minutes before using.

Custard Tart

- 1 quantity biscuit pastry
- 3 eggs
- 1 teaspoon vanilla
- 2 tablespoons sugar
- 1 pint milk
- nutmeg

Roll pastry on lightly floured board, carefully line a greased 8 in. tart plate. (Any breaks in the pastry could cause custard to seep through.) Pinch edges decoratively.

Beat eggs, vanilla and sugar together; warm milk, gradually stir into egg mixture. Carefully spoon custard into pastry case. Bake in moderate oven 30 to 35 minutes. After 15 minutes cooking time, sprinkle with nutmeg. Do not over-cook; custard will firm as it cools.

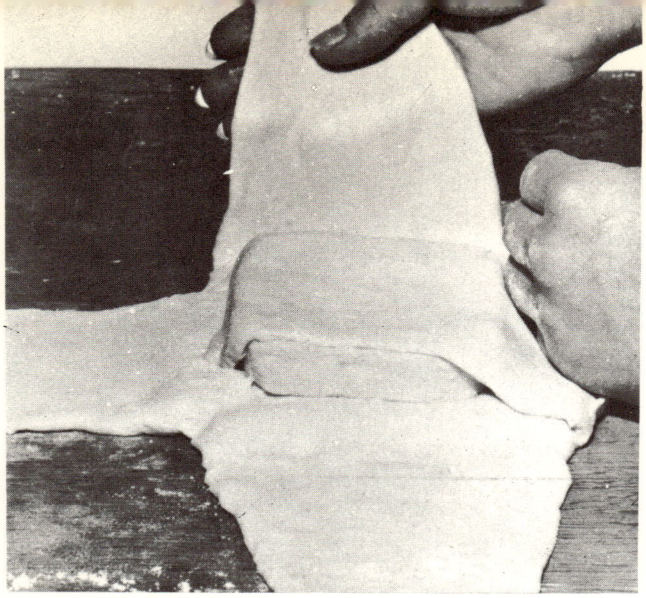

Step 3
Work butter well with spatula until soft, form into block shape. Place butter in centre of pastry. Take each individual long piece of dough, and fold it neatly over the butter

Step 4
With rolling pin, gently press out dough; this will ease the butter through evenly, forming ridges as shown. Butter must be well distributed through dough for successful result

Puff Pastry

Puff pastry is used as a topping for savoury pies, for vol-au-vents and for sweet pastries. Good quality puff pastry can now be bought in packaged form all ready to use—and it certainly saves a lot of time. But many housewives still prefer to make their own.

Full puff pastry uses equal amounts of flour and shortening (that is, 8 oz. butter and 8 oz. flour), but the recipe below, known as three-quarter puff (it uses three-quarters the amount of shortening to flour — 8 oz. flour to 6 oz. butter) is more generally used. When cooked, it is easier to handle, less liable to break.

2 cups plain flour
¼ teaspoon salt
6 oz. butter
approx. ¼ pint iced water

Sift flour and salt. Divide butter equally into 4 portions. Rub one portion into the flour. Mix with enough water to make a soft but pliable dough. Turn on to lightly floured board, knead 1 minute. Shape into a neat square. Put remaining butter on plate, work it well with spatula until it is soft, then shape into a block.

With sharp knife, cut down and across dough to make 4 divisions; cut only half-way through, so dough is still joined at base. Pull out centre point of each division and press down. Leaving uncut base part unrolled, roll out each of the points, as shown in Step 2 of picture.

Place prepared butter in centre of what is now a star shape; fold each of the points over, tuck well round the butter. (At this stage depth of dough at base is approximately equal to quantity folded over top of butter.)

With rolling pin, gently press out dough, easing butter through evenly. Prominent ridges will result. Fold this into three.

Fold up bottom third, fold top third down. Seal and press edges together, give dough a half turn, so fold is on right hand side.

Repeat rolling and folding. Put pastry aside and allow to relax at least 30 minutes before continuing rolling. Roll and fold 6 times in all, with 30 minutes rest between each 2 roll-and-folds. Allow to rest another 30 minutes before using as required. When pastry is rolled and shaped as required, allow to rest another 10 minutes on oven slide before baking.

Puff pastry must always be baked in a very hot oven; baking times vary with individual recipes.

Small items (which cook quickly) cook for the required time in a very hot oven. Larger items (such as toppings for large pies, where cooking time is longer) bake for the first 15 minutes at very hot, then the temperature is reduced to hot or moderate for remainder of cooking time.

NOTE: In puff pastry, it is important to have a similar consistency of dough and shortening. If shortening is too soft, it will ooze out from between layers of dough; if too hard, it will break through when pastry is rolled, thus allowing the air to escape when pastry is cooked; this will prevent correct rising. It will also prevent even layers of shortening through pastry.

When rolling puff pastry, the ends are sealed with a rolling-pin between each rolling so air is trapped in and cannot escape, and shortening is sealed in. By the sequence of rolling and folding, the basic dough is layered with sheets of shortening in between. This process gives the 'puff' to puff pastry.

Correctly rolled and folded puff pastry will have almost 800 layers of shortening!

Dust pastry lightly with flour between each rolling; before folding and proceeding to roll again, brush off flour gently but thoroughly. Extra flour would prevent pastry from rising well.

Rest pastry (preferably in refrigerator) for 30 minutes between each two rollings and for 30 minutes after final rolling. This enables the shortening to become firm again, and allows the pastry to relax so it does not shrink during cooking.

Do not turn pastry over during rolling. By just turning it round on the board each time it is rolled, shortening is evenly distributed throughout dough.

When rolling is completed and pastry is "resting", cover it with a sheet of waxed paper, then a damp cloth. Waxed paper prevents pastry absorbing moisture from cloth.

Puff pastry rises considerably in baking, so roll it thinly; $\frac{1}{4}$ in. to $\frac{1}{2}$ in. is suitable for most purposes, but for large vol-au-vent cases it needs to be thicker —from $\frac{3}{4}$ in. to 1 in.

Rolled in plastic food wrap or aluminium foil, puff pastry will keep up to 4 days in refrigerator.

Flaky Pastry

Flaky pastry is often used in place of puff pastry. It is much easier to make than puff pastry, and is delightfully light.

It is often used for Continental-type pastries—thin layers of pastry sandwiched together with jam and cream.

2 cups plain flour
½ teaspoon salt
6 oz. butter
approx. ¼ pint iced water
1 teaspoon lemon juice

Sift flour and salt. Divide butter into 4 equal portions. Take one portion and rub it into flour with fingertips. Add water and lemon juice, mix to a soft dough.

Turn out on lightly floured board, knead lightly until no cracks appear in surface. Cover, let rest 15 to 20 minutes. Roll out to rectangular shape, about $\frac{1}{4}$ in. thick; shape should be about 3 times as long as it is wide.

Take second portion of butter, dot it in small pieces evenly over top two-thirds of pastry to within $\frac{1}{2}$ in. of edge. Fold up bottom third, fold top third down. Seal open edges with rolling-pin, give dough a half turn so fold is on right-hand side. Rest 10 minutes.

Repeat rolling and dotting-with-butter procedures until all butter is used. Roll dough into rectangular shape after the last of butter has been used, fold into 3, and let rest 30 minutes. Then roll to desired shape.

Rough Puff Pastry

Rolling and folding procedures for rough puff pastry are the same as those for puff and flaky pastries. Rough puff is not as rich as these two pastries and is easier to make.

Because all the shortening is incorporated into the dough, rough puff pastry should be kneaded very lightly.

2 cups plain flour
1 teaspoon baking powder
6 oz. butter
¼ teaspoon salt
approx. ¼ pint iced water
few drops lemon juice

Sift together dry ingredients. Cut cold, firm butter into pieces the size of a small nut and drop into the flour; stir. Mix into a fairly stiff dough with water and lemon juice, using the fingertips. Turn on to floured surface and knead very lightly.

Roll and fold as directed for puff pastry.

Although puff pastry is specified in the following recipes, rough puff or flaky pastry can be substituted with the same excellent results.

Vol-au-Vent

1 lb. puff pastry
1 egg-yolk

Roll out pastry to $\frac{3}{4}$ in. thickness, cut out two 6 in. circles. Brush oven slide with water, lay one circle on it.

Cut 4 in. circle from centre of second round; set this aside.

Moisten edge of pastry on oven slide, place over it the cut-out rim; it should fit exactly. Press rim down lightly on circle. Score rim with a knife at $\frac{1}{2}$ in. intervals in diamond pattern. Refrigerate 15 minutes. Brush top of shell with egg-yolk, beaten with 1 teaspoon of water. Make sure this glaze does not run down sides or it will prevent pastry rising evenly. Bake in very hot oven 10 minutes, reduce heat to moderately hot, bake approximately 30 minutes longer, or until shell is well risen and brown.

Custard Tart with smooth, velvet-textured custard filling; biscuit or shortcrust pastry can be used for the pie shell

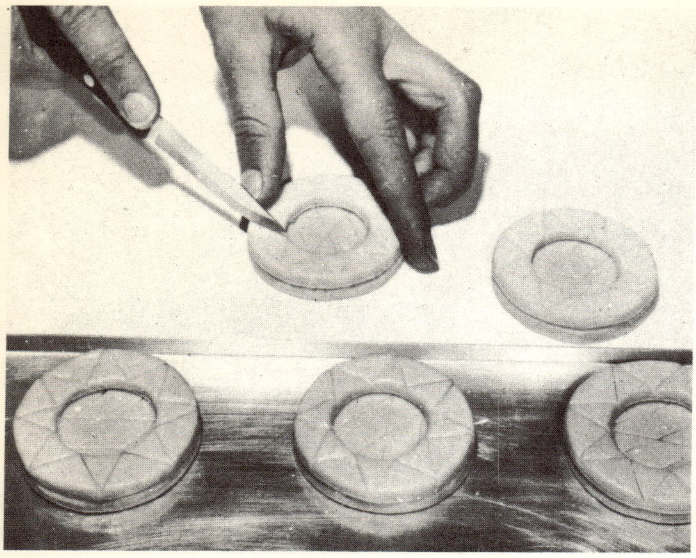

Bouchées with back of small knife, mark top ring of pastry in V-shape, for decorative finish

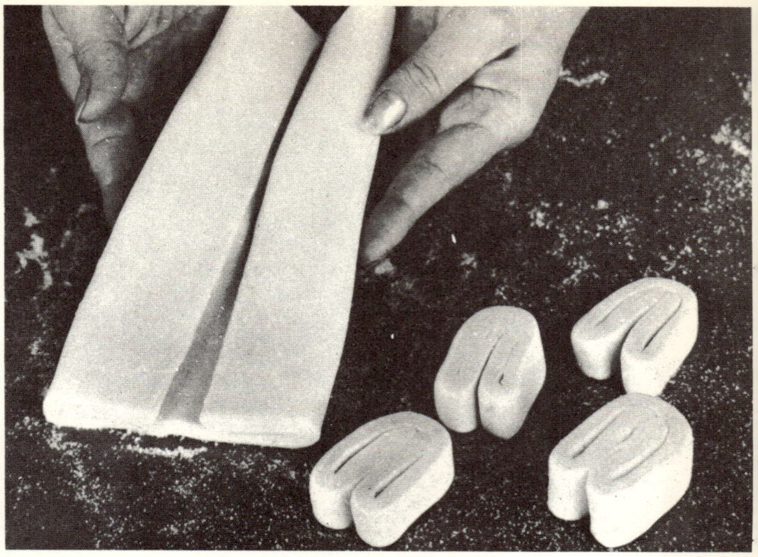

Palmiers fold puff, rough puff or flaky pastry as shown, cut into slices with sharp knife

The cut-out circle, which forms lid of vol-au-vent, should be baked separately, because it cooks much more quickly than the large puff shell. Score the cut-out circle in diamond shapes with sharp knife, brush with egg-glaze. Bake in hot oven approximately 10 to 15 minutes, or until well puffed and brown.

Vol-au-vents can be filled with creamy mixtures of chicken, fish, mushroom, etc.

Bouchées

1 lb. puff pastry — beaten egg for glazing

Roll out pastry to $\frac{1}{4}$ in. thickness. Heat a 2 in. cutter in boiling water, cut four circles. Re-heat cutter as it cools. Using 1 in. cutter, also heated, cut a small round from centre of each alternate circle, thus making rings.

With back of small knife, mark centre of each whole circle with criss-cross pattern. Brush pattern only, with beaten egg. Brush outer rims with water. Carefully place rings into position on top of circles with patterned base. Do not stretch pastry. Press edges firmly without squashing. Again using back of small knife, mark the ring of pastry in V pattern, brush with egg.

Place well apart on oven slide, which has been sprinkled with cold water. Bake in hot oven 5 minutes, cover with brown paper to prevent tops burning, reduce heat to moderately hot, cook further 5 minutes.

The criss-cross part of base will rise through centre ring. When pastry cools, carefully cut out this part with a sharp knife, and use as a lid on filled bouchees.

Fill with desired filling just before serving, heat in a moderate oven until filling is piping hot. Finely chopped chicken, drained flaked salmon, oysters, chopped prawns, lobster or crab, finely chopped mushrooms, or drained chopped asparagus, can all be folded into a well-seasoned white sauce, and used as a filling.

Makes approx. $2\frac{1}{2}$ dozen

Palmiers

On a board lightly dusted with castor sugar, roll out 12 oz. puff pastry into oblong approximately 8 in. by 14 in.; pastry should be about $\frac{1}{8}$ in. in thickness. Sprinkle lightly with castor sugar.

Fold as shown in picture, folding long sides so they meet in the centre, then bring folds over so there are four layers of pastry.

With sharp knife, cut into $\frac{1}{2}$ in. pieces. Brush cut side of each with water, sprinkle with castor sugar. Place on greased oven slide, cut side down; allow room for expanding. Spread them open at folded ends to make a small V. Refrigerate 10 minutes.

Bake in hot oven 15 minutes or until crisp and golden. Halfway through cooking time, turn them to allow second side to crisp and brown; cool.

Serve plain or dust with icing sugar.

For a delicious dessert, join two Palmiers together with whipped cream, top with passionfruit icing.

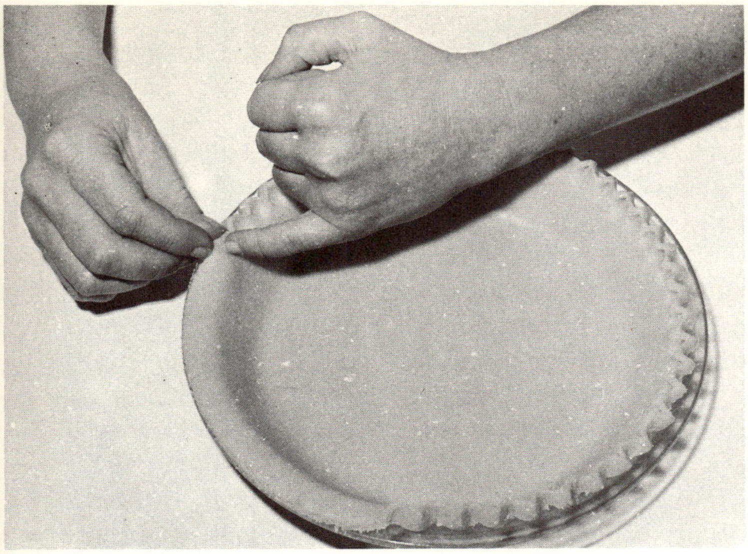

Pie edging pinch pastry between thumb and forefinger of left hand, pushing gently with right forefinger.

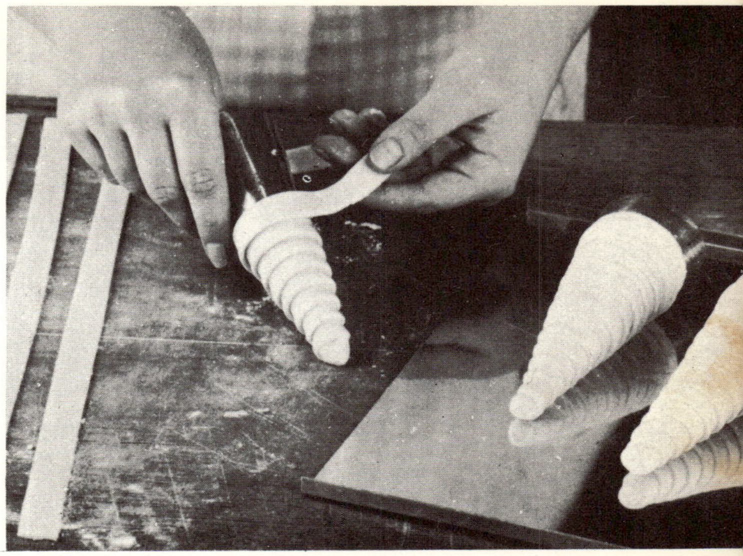

Cream Horns wind pastry round metal horn, overlapping dampened edge

Cream Horns

Roll out puff pastry thinly, cut into strips approximately 18 in. long and $\frac{1}{2}$ in. wide (depending on size of the conical metal moulds). Moisten one side of each pastry strip with cold water.

Start at point of metal cone, wind pastry round, overlapping the dampened edge.

It may be necessary to join one or more strips of pastry, depending on size of horns required. Brush cut ends of pastry with water to join, press firmly with the finger, but do not stretch pastry.

Do not bring pastry up to top end of cone; it will be difficult to remove from cone when baked.

Brush lightly with milk or beaten egg. Place on oven slide, allow room for expanding. Bake in hot oven 5 minutes, reduce heat to moderately hot, cook further 10 to 15 minutes. Halfway through baking time, lift out oven slide, slip the metal moulds from the pastry horn, so pastry dries and cooks through. Cool, fill with whipped cream.

NOTE: 1 lb. puff pastry will make approx. 6 large Cream Horns.

Sausage Rolls

1 lb. puff pastry	egg-yolk for glazing

Filling

1½ lb. sausage meat	water
1 onion	½ teaspoon mixed herbs
salt, pepper	2 thick slices bread

Remove crusts from bread, place into basin, barely cover with hot water. Stand 10 minutes, drain, press out all surplus water. Combine bread, meat, grated onion, salt, pepper and herbs; mix with the hands to combine thoroughly.

Fill mixture into large piping bag, without nozzle. Roll pastry out into a rectangle, approximately 16 in. x 12 in., trim edges; cut lengthwise into three even strips. Pipe the filling lengthwise along each strip, fold one side of pastry over filling, glaze the the other side with egg glazing, fold over. Do not glaze cut edges of pastry as this will prevent pastry rising well. Using back of a knife, mark the roll at $\frac{1}{2}$ in. intervals. Cut rolls into $2\frac{1}{2}$ to 3 in. pieces. Place on to ungreased oven slides, brush with egg glazing. Bake in hot oven 10 minutes, reduce heat to moderate, bake a further 15 to 20 minutes, or until golden brown and crisp.

NOTE: Some sausage mince contains a large amount of fat; it may be necessary to drain surplus fat from the trays half-way during the cooking time, to ensure rolls are crisp on base.

Choux Pastry

No wonder the French chose choux pastry to make many of the delicious pastries for which they are world-famous. It is delicate, crisp, light as a feather in the hand.

Choux pastry is leavened by steam that builds up in the batter under heat.

Once the pastry is in the oven resist the temptation to peep at it. The oven door should not be opened until cooking time is almost completed, otherwise the steam which has built up in the hot oven will escape and the puffs will fall.

To provide more steam, when baking choux puffs, sprinkle puffs and tray very lightly with water before putting into oven; the additional steam will provide bigger puffs.

However, if baking eclairs, do not sprinkle with water; they need a dry heat to preserve their shape.

If pastry shrinks when removed from the oven, generally, the simple explanation is that the pastry has not been cooked long enough.

Once the puffs are cooked and removed from the oven keep them out of draughts; a cold wind on the puffs when they are hot will also cause them to fall.

Choux Pastry

1 cup water
2½ oz. butter
pinch salt
1 cup plain flour
3 large eggs

Place water, butter and salt in saucepan. Bring to boil. Add sifted flour all at once. Stir vigorously with wooden spoon over heat until mixture is thick. When mixture forms a smooth ball and leaves sides of pan remove from heat. Cool slightly. Add beaten eggs a little at a time, beating thoroughly after each addition.

Beat paste well when all egg is added until it is free of lumps. Mixture should be smooth and glossy.

If eggs are only of medium size, it may be necessary to add an extra egg, or portion of egg. Beat the egg and add it gradually to the batter, adding only enough to give you batter of the desired consistency.

Then cook as directed in the individual recipes.

NOTE: If making choux pastry for sweet puffs or eclairs, 1 teaspoon of sugar can be added to the basic recipe; stir it in with the sifted flour.

To Store Choux Pastry: All the soft, uncooked mixture from centre of cooked puffs or eclairs must be removed before storing, otherwise pastries will soften.

Put pastries into plastic bag, fasten loosely at top; keep in refrigerator. Kept this way, pastries will stay crisp for 3 or 4 days.

Pastries may also be stored in an air-tight container.

If pastry does soften during storage, re-crispen in a moderate oven for a few minutes.

Pastries, of course, should not be filled before storing; spoon or pipe in desired filling just before serving.

Cream Puffs

Drop rounded spoonfuls of pastry on to greased oven slide, allowing about 2 in. space between puffs; they will spread during cooking. Bake in hot oven 10 minutes, reduce heat to moderate, bake further 20 to 30 minutes or until puffs are golden and feel light in the hand.

Cooking time will depend on size of puffs. Allow approximate overall cooking time of 25 to 30 minutes for small puffs; approximate overall cooking time of 35 to 40 minutes for large puffs.

When cooked, remove from oven, make small slit in side to allow steam to escape; return to oven a few minutes to dry out.

When cool, puffs can be filled with whipped cream or custard; fill just before serving or the filling will soften the puffs. Sift icing sugar over top of puffs.

If serving cream puffs as dessert, ice-cream makes a delightful filling; spoon it in just before serving. Top with a rich caramel sauce.

Chocolate Eclairs

Take basic choux paste, fill into piping bag fitted with ½ in. plain tube; pipe into 2 in. lengths on very lightly greased oven-slide. Leave about 2 in. between each eclair shape.

Bake in a hot oven 10 minutes, reduce heat to moderate, bake further 20 minutes or until dry.

Slit each eclair open, remove any soft filling with a teaspoon, return to oven for a few minutes to dry out. Cool.

Fill with whipped cream and top with melted chocolate (you will need about 4 oz.).

Savoury Puffs

Savoury puffs are generally made in small size; they are ideal party savouries. However, large-size puffs, filled with a savoury mixture, can also be an unusual first course, or light luncheon or supper dish.

Chicken stock (stock cubes can be used) can be used in place of the water in the basic recipe when making puffs which are to be filled with a savoury mixture.

A creamy, well-seasoned white sauce of fairly thick consistency can be used as a filling for savoury puffs; to this can be added some chopped chicken; smoked oysters; finely chopped shallots; chopped prawns, crab, lobster; mayonnaise or whipped cream; curry powder; etc.

Cream Puffs, light as a feather, make a superb dessert; fill them with cream and sliced strawberries

Hot Water Pastry

Hot-water pastry is used mainly for meat or game pies, such as the traditional favourite, Melton Mowbray Pie, given below. This is a firm, strong dough, prepared in a different way from other pastries. Boiling liquid is added to flour, and dough used while warm.

2½ cups plain flour
½ teaspoon salt
1 egg-yolk
3 oz. lard
¼ pint water

Sift flour and salt into bowl. Make well in centre of flour, drop in egg-yolk, cover with some of the flour. Place lard and water in saucepan. Place over gentle heat until lard melts. Increase heat, bring rapidly to the boil. Pour all boiling liquid into flour.

Water must be boiling, otherwise pastry will be difficult to mould and may crack in cooking.

Mix with wooden spoon until pastry is cool enough to handle. Continue mixing and kneading until all egg streaks are gone and dough is smooth.

This is important; insufficient kneading could cause pastry to crack during cooking.

Cover and rest in warm place 20 to 30 minutes.

Melton Mowbray Pie

1 quantity hot water pastry

Filling

2½ lb. lean boned shoulder of pork
1 chopped knuckle of veal
salt, pepper
1 onion
water
egg glaze

Filling: Reserve bones from pork, and put these into large saucepan with veal knuckle, sliced onion, salt and pepper; add water to cover. Simmer mixture at least 2 hours to make a good stock that jells when cold; set aside.

Cut pork meat into ½ in. pieces, season with salt and pepper. Set aside.

Set aside ¼ of pastry for pie lid. Roll out remainder, line lightly greased 7 in. cake tin with pastry extended ½ in. above top. Place seasoned meat in pie shell, moisten with little stock. Roll out remaining pastry, place on top of pie, trim edges, pressing firmly together. Make rose and leaves from pastry trimmings, place on top of pie. Brush well with egg glaze. Place in hot oven, cook 1 hour. Reduce heat to moderate, cook approximately further 1½ hours. Brush again with glaze during cooking. Cover top with paper if too brown. Leave until cool.

Heat jelly stock. With sharp knife, carefully remove rose from centre of pie. Pour in cooled jelly, using funnel; replace decoration. Refrigerate.

The pie should be made the day before it is to be used, so jellied filling can set completely.

Veal and ham pie: Substitute trimmed stewing veal for pork in recipe above; add ¼ lb. bacon, diced; one or two hard-boiled eggs can be placed in centre of meat mixture before baking.

Suet Pastry

Suet pastry—hearty, substantial, and filling—is ideal for the cold weather. It's used for old-fashioned favourite dishes, both sweet and savoury.

Be sure suet is finely chopped or grated before adding it to flour; if it tends to stick, sprinkle it with some of the measured sifted flour after grating.

Suet pastry is one of the few pastries which uses self-raising flour.

2 cups self-raising flour
3 to 4 oz. finely grated beef suet
½ teaspoon salt
water to mix, approx. ¼ pint

Sift dry ingredients, add prepared suet, and mix well. Mix with sufficient water to give a soft but dry dough. Turn on to lightly floured board and knead well.

Steak and Kidney Pudding

3 cups self-raising flour
1 teaspoon salt
5 oz. suet
water to mix

Filling

2 lb. round steak
8 oz. ox kidney
2 tablespoons flour
2 teaspoons salt
pepper
1 large onion
½ cup stock

Make pastry as for basic recipe.

Dice meat and kidney into 1 in. cubes, discarding any gristle or excess fat. Toss meat in seasoned flour until well coated. Dice onion finely, add to meat.

Use ⅔ of prepared pastry to line 4-pint greased pudding basin, fill with meat; add stock. Roll out remaining pastry to form a lid. Wet edges of pudding, place top in position, sealing edges.

Cover pudding with greased aluminium foil. Steam approximately 6 to 7 hours. After this time of cooking, pudding can be turned out on to serving dish.

Watch water level in saucepan carefully during cooking time; as it evaporates, replace with boiling water.

Tartlets

Small tartlets make good eating at any time. Baked in advance, they can quickly be filled with a variety of fillings and used as a dessert or for afternoon tea. They provide a delicious treat for the family or unexpected visitors.

Biscuit or sweet shortcrust is best for tartlet cases. Four ounces of biscuit or sweet shortcrust will make 1 dozen tartlet cases. Each filling given here makes sufficient for 1 dozen tartlets.

Roll out pastry to $\frac{1}{4}$ in. thickness, cut with 3 in. floured cutter, fit into greased patty tins.

Some tartlets are baked complete with filling; some have the filling spooned into the baked, cooled cases.

When baking tartlet cases 'blind', or without a filling, prick pastry shells well with a fork, bake in moderately hot oven for approximately 10 minutes.

Brandied Custard Tarts

1 egg
1 tablespoon sugar
⅔ cup milk
1 tablespoon brandy
nutmeg
1 dozen unbaked tartlet cases

Beat egg, sugar, milk and brandy together. Strain, spoon carefully into tartlet cases. Sprinkle with a little nutmeg. Bake in moderately hot oven for 20 minutes or until custard is set.

Apricot Cream Tarts

1 egg-yolk
1½ tablespoons castor sugar
½ teaspoon vanilla
1 tablespoon plain flour
¼ pint milk
1 dozen baked tartlet cases

Topping

15 oz. can apricot halves
2 teaspoons arrowroot

Whisk egg yolk, sugar and vanilla until white, stir in flour. Warm milk, stir gradually into egg mixture. Place mixture in saucepan, stir until mixture boils and thickens. When filling is cold, spoon into pastry cases, level tops.

Topping: Drain apricots, reserve $\frac{1}{2}$ cup syrup. Place one apricot half, cut-side down, into each pastry case. Blend arrowroot with the reserved syrup in a saucepan, stir until mixture boils and thickens, spoon over apricot halves.

Mushrooms

1 tablespoon jam
1 oz. butter
1 cup icing sugar
1 tablespoon milk, approx.
½ teaspoon vanilla
cinnamon
1 dozen baked tartlet cases

Retain any left-over pastry to make 'stems' for mushrooms. Bake stems in a moderate oven for approximately 5 minutes or until golden brown.

Place small amount of jam into each tartlet case. Cream butter until soft and white, gradually add sifted icing sugar, and enough milk to give a smooth consistency, flavour with vanilla. Fill tart cases with the butter cream, level the tops, dust with cinnamon, place 'stems' in position.

Butterscotch Meringue Tartlets

⅓ cup brown sugar
¼ cup plain flour
¾ cup milk
1 oz. butter
1 egg-yolk
1 teaspoon instant coffee powder
½ teaspoon vanilla
1 dozen baked tartlet cases

Meringue

1 egg-white
¼ cup sugar

Blend brown sugar and flour with milk in a saucepan, stir until mixture boils and thickens, simmer 1 minute. Beat in butter, egg yolk, coffee and vanilla. When cold, spoon into pastry cases. Pipe or spoon meringue on top of each tartlet, bake in moderate oven for 5 to 10 minutes, or until meringue is set and lightly browned.

Meringue: Beat egg-white until foamy, gradually add sugar, beat until grains are dissolved and mixture is of meringue consistency.

Chocolate Tarts

1 egg, separated
1 oz. dark chocolate
¼ cup cream
1 teaspoon brandy or rum
extra melted chocolate
1 dozen baked tartlet cases

Melt chocolate in top of a double saucepan, remove from heat, blend in egg-yolk, beat until smooth and thick. Whisk cream until soft peaks form, fold into mixture with brandy or rum; lastly fold in well-beaten egg-white.

Spoon mixture into pastry cases, refrigerate until firm. Drizzle with extra melted chocolate.

Pineapple and Cream Cheese Tarts

2 oz. packaged cream cheese
2 teaspoons lemon juice
½ cup drained crushed pineapple
1 dozen baked tartlet cases

Glaze

1 teaspoon arrowroot
½ cup pineapple syrup
few drops yellow food colouring

Beat cream cheese until smooth, beat in lemon juice and pineapple. Spoon mixture into pastry cases, level tops. Spoon slightly cooled glaze over, refrigerate before serving.

Glaze: Blend arrowroot with pineapple juice in a saucepan, stir until mixture boils and thickens. Colour as desired.

Iced Fruit Mince Tarts

1 lb. can fruit mince
2 tablespoons icing sugar
½ egg-white
few drops red food colouring
1 dozen baked tartlet cases

Fill tart cases with fruit mince, making sure the top is level. Sift icing sugar, mix with the egg white, colour pink with few drops of red food colouring. Spread icing thinly over each tartlet. Bake in moderate oven 5 to 10 minutes, or until icing sets.

Honeyed Lemon Cheese Tartlets

2 eggs
½ cup sugar
¼ cup honey
2 oz. butter
1 dessertspoon grated lemon rind
⅓ cup lemon juice
1 dozen baked tartlet cases

Beat eggs, combine with remaining ingredients in top of a double boiler, stir constantly over hot water until thickened. Allow to become cold before spooning into tartlet cases.

Maids of Honour

1 tablespoon raspberry jam
2 oz. butter
½ teaspoon vanilla
¼ cup sugar
1 egg
½ cup self-raising flour
1 dozen unbaked tartlet cases

Place a little jam into each pastry case. Cream butter, vanilla and sugar until light and fluffy. Add beaten egg a little at a time, beat well. Fold in sifted flour. Place a teaspoonful of mixture into each pastry case, top with a pastry cross made from small strips of remaining pastry. Bake in moderate oven for 20 to 25 minutes. When cool, dust tops with icing sugar.

Nougat Tarts

1 tablespoon raspberry jam
1 egg-white
½ cup sugar
2 oz. ground almonds
¾ cup coconut
1 tablespoon milk
few drops almond essence
glacé cherry quarters
1 dozen unbaked tartlet cases

Place a little jam into each pastry case. Whisk egg white stiffly, fold in all remaining ingredients, except cherries. Place a teaspoonful of mixture into each pastry case, top with a piece of glace cherry. Bake in a moderate oven 20 to 25 minutes or until golden brown.

Jam Tartlets

raspberry or other jam
sweetened whipped cream
1 dozen unbaked tartlet cases

Fill each tartlet case with jam, bake in hot oven 10 to 15 minutes. When cold, top with dot of whipped cream.

Tartlet cases may be pricked well with a fork, and baked in a moderately hot oven for 10 to 15 minutes or until crisp, then filled with jam.

Fresh Strawberry Tarts

1 punnet strawberries
2 tablespoons sugar
½ cup water
1 teaspoon arrowroot
1 teaspoon brandy
few drops red food colouring
1 dozen baked tartlet cases

Arrange washed, hulled strawberries in pastry cases. Heat sugar and water over a low heat until sugar dissolves; remove from heat. Blend arrowroot with a little water, stir into syrup, stir over heat until mixture boils and thickens. Add brandy, colour as desired. Cool slightly, spoon over strawberries as a glaze.

Recipes for these attractive little tartlets are given on pages 207 and 208

DESSERTS

Hot Desserts

Here's a choice of steamed or baked puddings; some are hearty winter foods, many are light enough to serve throughout the year. And there's a selection of other popular hot puddings

Steamed Pudding

4 oz. butter
½ cup sugar
2 eggs
2 cups self-raising flour
pinch salt
¼ pint milk
2 tablespoons jam

Beat butter and sugar together until light and fluffy; add eggs one at a time, beat well after each addition. Fold sifted dry ingredients and milk alternately into creamed mixture.

Grease 2½ pint pudding basin, line base with greased greaseproof paper, cover base with jam. Spoon in pudding mixture, cover, steam 1½ hours.

Serves 4

Ginger Pudding

2 oz. butter
2 tablespoons golden syrup
1 teaspoon ground ginger
½ cup warm milk
½ teaspoon bicarbonate of soda
1 cup self-raising flour
pinch salt

Beat butter, golden syrup and ginger until light and fluffy; add warm milk, in which soda has been dissolved. Stir in sifted flour and salt, mix well. Place mixture into 2½-pint greased pudding basin, cover, steam 1½ hours.

Serves 4

Steamed Date Pudding

½ lb. dates
½ oz. butter
½ cup boiling water
½ teaspoon bicarbonate of soda
½ cup milk
1 cup plain flour
½ cup sugar

Chop dates, melt butter in boiling water, dissolve soda in milk. Sift dry ingredients into basin, add dates, water and milk, stir until smooth. Pour into 2½-pint greased pudding basin, cover, steam 2 hours.

Serves 4

Steamed Lemon Pudding

4 oz. butter
grated rind 2 lemons
½ cup sugar
2 eggs
1 cup self-raising flour
¼ cup sugar, extra
juice 2 lemons

Cream butter and lemon rind, add ½ cup sugar, beat until light and fluffy. Add eggs one at a time, beating well after each addition. Fold in sifted flour, beat lightly until smooth.

Combine ¼ cup sugar with strained lemon juice, pour into greased 2½-pint pudding basin. Spoon mixture into liquid, cover, steam 1½ hours.

Serves 4 to 6

Christmas Pudding

¼ lb. currants
½ lb. raisins
½ lb. sultanas
¼ lb. mixed peel
6 oz. butter
½ lb. fresh breadcrumbs (approx. crumbs from 1 large loaf bread)
½ lb. brown sugar
1 dessertspoon mixed spice
juice and grated rind 1 small lemon
1 teaspoon nutmeg
2 eggs
½ cup brandy or ale

Chop fruit, pour over brandy or ale, add grated lemon rind and juice; cover, leave overnight.

Cream butter, gradually add beaten eggs and brown sugar; beat well. Add remaining ingredients; stir vigorously.

To Steam Pack into greased 4½-pint pudding basin; cover with greased aluminium foil. Secure with string and steam 4 hours. For a large family pudding, double the quantities above, steam 6 hours. Steam further 2 hours on day of serving.

To Boil Place pudding mixture in floured pudding cloth, tie securely, allowing room for pudding to expand during cooking, boil 4 hours. Reboil for 2 hours on day of serving.

NOTE: Breadcrumbs give sufficient substance to this rich pudding; flour is not used.

Apple Sponge Dessert

4 apples
½ cup sugar
4 tablespoons water
1 teaspoon grated lemon rind
few whole cloves

Topping:

2 eggs
½ teaspoon vanilla
¼ cup castor sugar
½ cup self-raising flour
pinch salt
1 tablespoon sugar, extra

Peel, core and slice apples, combine in saucepan with sugar, water, lemon rind and cloves, cover, cook gently until apples are tender. Place in greased pie dish; remove cloves. Spoon topping over hot apples, sprinkle with extra sugar. Bake in moderate oven 30 to 35 minutes. Serve warm with custard.

Topping Beat eggs and vanilla until thick and creamy, gradually add sugar, beat until dissolved. Fold in sifted flour and salt.

Serves 4

Lemon Delicious Pudding

3 eggs
½ cup sugar
1 cup milk
1 tablespoon self-raising flour
grated rind and juice 2 large lemons
pinch salt
1 tablespoon sugar, extra

Separate eggs; beat yolks with ½ cup sugar until light and creamy. Beat in milk, sifted flour, rind and juice of lemons, and salt. Beat egg-whites, add extra sugar gradually, continue beating until stiff but not dry. Fold into lemon mixture.

Pour into greased deep 2-pint ovenproof dish, stand in shallow pan of cold water. Bake in moderate oven 50 to 60 minutes.

Serves 4

Baked Custard

3 eggs
2 tablespoons sugar
1 teaspoon vanilla
1 pint milk
nutmeg or cinnamon

Beat eggs, sugar and vanilla together lightly with a fork, add warm milk gradually, stir to combine evenly. Pour into shallow ovenproof dish, sprinkle with nutmeg or cinnamon. Stand dish in baking tin, with enough cold water to come halfway up sides of dish. Bake in moderate oven 30 minutes, reduce heat to moderately slow, bake further 20 to 30 minutes or until set.

Serves 4

Steamed Fruit Pudding

2 cups plain flour
1 cup brown sugar
½ lb. sultanas
½ lb. raisins
¼ lb. currants
2 oz. glacé cherries
2 oz. mixed peel
1 teaspoon mixed spice
4 oz. butter
1 cup hot water
1 teaspoon bicarbonate of soda
½ cup cold water
½ cup brandy

Dissolve bicarbonate of soda in the cold water and brandy; melt butter in the hot water. Chop fruit. Put all dry ingredients in basin and mix with the liquid; allow to stand overnight. Mixture thickens with standing. Next day, place mixture into a greased 3 pint pudding basin, steam for 4 hours.

Chocolate Sauce Pudding

2 oz. butter
½ cup milk
1 teaspoon vanilla
1 cup self-raising flour
¾ cup castor sugar
1 tablespoon cocoa
2 cups hot water

Topping

¾ cup brown sugar
1 tablespoon cocoa

Heat butter and milk in saucepan, stir until butter melts, add vanilla. Sift dry ingredients into basin, add butter mixture to well in centre, stir until smooth, pour into deep, greased 2-pint ovenproof dish. Sprinkle with topping, carefully pour over hot water. Bake in moderate oven 40 to 45 minutes.

Serves 4

Topping: Combine ingredients well.

Caramel Dumplings

Dumplings

1¼ cups self-raising flour
pinch salt
1 oz. butter
⅓ cup sugar
1 teaspoon vanilla
⅓ cup milk

Sauce

1 oz. butter
1½ cups brown sugar, firmly packed
pinch salt
1½ cups water

Dumplings: Sift flour and salt into basin, rub in butter, add sugar. Add combined milk and vanilla, stir well.

Sauce: Combine all ingredients in large saucepan, stir constantly until boiling, reduce heat. Drop tablespoonfuls of dumpling dough into simmering sauce, cover, simmer 20 minutes. Serve warm with whipped cream.

Serves 4

Rum Babas

½ oz. compressed yeast
1 dessertspoon sugar
¼ cup milk
2 cups plain flour
pinch salt
3 eggs
5 oz. butter
1 tablespoon currants
2 tablespoons sultanas

Syrup

30 oz. can apricot nectar
2 cups sugar
3 dessertspoons lemon juice
¼ cup rum

Cream yeast and sugar, add luke-warm milk. Sift flour and salt into basin, make well in centre, stir in yeast mixture and well-beaten eggs. Dot surface of dough with 1 oz. softened butter, cover with clean towel and set aside in warm place until doubled in bulk (about 40 minutes). When dough is well-risen, mix in the remaining softened butter and fruits. Turn out on to lightly floured board, knead well, turning edges of dough into centre. Divide mixture over eight well-greased small cups or moulds which have been stood on baking tray. Fill them not quite half-full. Cover, let rise again in warm place for 20 minutes. Bake in hot oven 15 minutes until golden. Drop Babas one at a time into the hot syrup until they are well-soaked. Babas can be made some time ahead and reheated, at serving time, in the hot syrup. Serve whipped cream separately.

Syrup: Combine apricot nectar and sugar in saucepan, stir until sugar dissolves. Bring to boil, boil rapidly 5 minutes. Remove from heat, stir in lemon juice and rum.

Apple Pie

Pastry

2½ cups plain flour
pinch salt
8 oz. butter
2 egg-yolks
⅓ cup icing sugar
grated rind 1 lemon
1 tablespoon lemon juice

Pastry: Sift flour and salt into a basin, make a well in the centre. Slice butter, add with sifted icing sugar and remaining ingredients to well in centre of flour. Work centre ingredients to a paste with the hand, then gradually work in the flour. Form dough into a ball, cover, refrigerate 30 minutes.

Filling

5 medium cooking apples
½ cup apricot jam
milk
sugar

Peel and core apples, quarter, slice finely, sprinkle with a little sugar if desired. Roll ⅔ of the pastry on a lightly floured board, large enough to line base and sides of a lightly greased 11 in. x 7 in. lamington tin. Place apples into pastry case, dot evenly with apricot jam.

Roll remaining pastry to cover top of pie, glaze between two edges of pastry with a little milk, pinch edges together. Brush top of pie with milk, sprinkle with sugar, slit top of pie in several places, to allow steam to escape. Bake in hot oven 15 minutes, reduce heat to moderate, bake further 25 to 30 minutes.

Drizzle with glace icing. Allow to cool slightly before serving. Serve with cream.

Glace Icing: Sift 1 cup icing sugar into a basin, add sufficient milk, about 1 tablespoon, to give a stiff paste.

Caramel Bananas

4 large ripe bananas
2 oz. butter
1 cup brown sugar
¼ cup cream
thin pancakes

Peel and slice bananas. Melt butter in frying pan, add sugar, stir over low heat until sugar dissolves, bring to the boil, add sliced bananas; reduce heat, simmer until tender; stir occasionally. Stir in cream, pour over pancakes. Serve with whipped cream or ice-cream.

Serves 4

Creamed Rice

2 pints milk
⅔ cup sugar
½ teaspoon salt
½ cup rice
½ teaspoon vanilla

Combine milk, sugar and salt in saucepan, bring to boil. Gradually add rice to gently boiling milk, stirring constantly. Reduce heat, cover, simmer gently, stirring occasionally until ⅔ of liquid is absorbed and rice is tender (approx. 1¼ hours). Stir in vanilla.

Serves 4 to 6

Baked Rice Pudding

½ cup rice
¼ cup castor sugar or brown sugar
1¼ pints milk
1 oz. butter

Place all ingredients in lightly greased ovenproof dish; stir to combine. Dot with butter. Bake in moderately slow oven 55 to 60 minutes.

Serves 4.

Pears can be cooked in red or white wine. Serve them well-chilled, with the wine syrup spooned over

Cold Desserts

Cool, elegant, quite delicious—recipes in this section range from family desserts to many of the world's classic recipes. You'll find a dessert idea here suitable for any occasion

Banana Cream Pie

Pastry

3 oz. butter
¼ cup castor sugar
1 egg
1½ cups plain flour
2 tablespoons ground rice
¼ teaspoon baking powder

Filling

1 oz. butter
⅔ cup brown sugar, lightly packed
¼ pint water
½ pint milk
3 to 4 bananas
1 tablespoon gelatine
2 eggs
¼ pint cream
lemon juice
extra whipped cream

Pastry: Cream butter and sugar, add egg, beat well. Sift flour, ground rice and baking powder, work into creamed mixture, knead well until smooth. Refrigerate 30 minutes. Roll out pastry on floured surface to fit lightly greased 9 in. pie plate. Decorate edges with trimmings, brush with water. Prick well with fork on base and round sides. Bake in hot oven approximately 15 minutes or until lightly golden; cool.

Filling: Combine butter, brown sugar and half the water in saucepan; cook, stirring until sugar is dissolved (approximately 2 minutes). Cool slightly, stir in milk. Soften gelatine in remaining water, dissolve over hot water; cool. Blend into milk mixture. Separate eggs, add lightly beaten egg-yolks to milk mixture.

Allow to cool; when beginning to stiffen slightly, fold in lightly whipped cream and stiffly beaten egg-whites. Slice bananas, dip into lemon juice; reserve some slices for decoration. Arrange remainder on base of cooked pie case. Pour cream mixture over carefully; refrigerate until set.

Just before serving, decorate with extra whipped cream and reserved banana slices.

Lemon Meringue Pie

¾ cup sugar
⅓ cup cornflour
1 cup water
⅔ cup lemon juice
2 oz. butter
grated rind 2 lemons
2 egg-yolks
9 in. baked pastry case

Meringue

2 egg-whites
¼ cup sugar

Combine sugar and cornflour in saucepan, blend in water and lemon juice gradually, stir until smooth. Stir constantly over medium heat until mixture boils and thickens. Remove from heat, quickly stir in butter, lemon rind and egg-yolks, beat until butter has melted. When filling is cold, spread into cooled baked pastry case. Top with meringue, bake in moderate oven 5 to 10 minutes, or until meringue is set and lightly browned.

Meringue: Beat egg-whites until foamy, gradually add sugar, beat until sugar has dissolved and mixture is of thick meringue consistency.

Strawberry Shortcake

2 oz. butter
4 tablespoons sugar
2 egg-yolks
¾ cup plain flour
2 punnets strawberries
1 dessertspoon gelatine
1 tablespoon water
whipped cream
red currant jelly
extra strawberries

Cream butter until soft, add 2 tablespoons sugar and egg-yolks, beat until light and fluffy. Work in sifted flour until well combined, place dough on to lightly floured board, knead until smooth. Press into lightly greased 8 in. sandwich tin, bake in moderate oven 15 to 20 minutes. Remove from tin, allow to cool slightly.

Wash and remove stems from half the strawberries, combine with remaining 2 tablespoons sugar, mash well with fork. Combine gelatine and water set aside. Place strawberry mixture into saucepan, simmer until reduced by half, add gelatine mixture, stir well.

Halve remaining strawberries, arrange strawberry halves over warm shortcake, pour over the strawberry syrup. Refrigerate until set. Decorate with whipped cream and extra strawberries, which have been brushed with warmed red currant jelly.

Baked Alaska

1 layer sponge cake
1 large block neapolitan or other ice-cream
6 egg-whites
1½ cups castor sugar

Place sponge cake on heavy board, such as small bread board which has been covered with aluminium foil. If desired, moisten cake with a little fruit syrup or rum or brandy; some chopped sliced peaches can be arranged over cake, and pressed in gently. Place ice-cream on top, place in freezing compartment of refrigerator. Beat egg whites until stiff, gradually add sugar, beat until of meringue consistency. Cover ice-cream and cake completely with meringue; rough up meringue slightly. Bake in very hot oven 3 to 5 minutes, until meringue is lightly browned. Serve at once.

NOTE: Baked Alaska is not the tricky thing to make that people imagine. Nor does it need last minute touches. The whole Alaska can be prepared, covered with meringue, baked briefly as indicated above, then returned to the freezing compartment of the refrigerator. It will stand perfectly for several hours.

Apple Charlotte

Pastry

1 cup plain flour
½ cup self-raising flour
¼ cup custard powder
¼ cup cornflour
2 tablespoons icing sugar
4 oz. butter
¼ cup water, approx.

Filling

30 oz. can pie apple
1 tablespoon lemon juice
½ teaspoon nutmeg

Pastry: Sift dry ingredients into a basin, rub in butter until mixture resembles fine breadcrumbs. Add sufficient water to make a firm, but pliable dough. Turn dough on to a lightly floured board, knead lightly until smooth, refrigerate 30 minutes.

Combine all ingredients for filling, sweeten with a little sugar, if necessary.

Roll ⅔ of pastry to line base and sides of a greased 7 in. sandwich tin with removable base. Spread apple filling into pastry case, top with remaining pastry, joining edges with a little milk. Slit top in 2 places. Glaze top of pastry with milk, bake in hot oven 10 minutes, reduce heat to moderate, bake further 20 minutes or until pastry is golden brown. Allow to cool before removing from tin, top with Passionfruit Icing.

Passionfruit Icing: Sift 1 cup icing sugar, beat in ½ teaspoon softened butter and pulp of 3 passionfruit; add sufficient milk to make a stiff paste. Stir icing over hot water until of a spreading consistency.

Creamy Chocolate Mousse

4 oz. dark chocolate
4 eggs
½ pint cream
1 tablespoon brandy

Separate eggs. Chop chocolate roughly, put into top of double saucepan; stir over hot water until melted. Remove from heat, cool a little, then blend in egg-yolks, one at a time. Beat until mixture is smooth and thick.

Fold in whipped cream, brandy, then stiffly beaten egg-whites. Spoon into individual serving dishes, refrigerate until firm. To serve, top with a little whipped cream and grated chocolate.

Serves 4

Toffee Strawberries

1 punnet strawberries
2 cups sugar
1 cup water

Wash strawberries gently, spread on absorbent paper to dry. Place sugar and water in a small saucepan and stir over a gentle heat until the sugar has dissolved. Increase heat and bring to boil. Boil syrup until it becomes a very pale gold colour. Remove from heat immediately.

Using tongs, dip strawberries by the stem into the syrup, coating the entire fruit except the stem. Place on greased baking trays and leave until toffee has hardened. Serve within an hour of making as, if kept too long, juice of the strawberries will make the toffee soft and sticky.

Toffee Grapes can be made in the same way. They're delicious to serve with after-dinner coffee.

Grape Brulée

1½ lb. seedless white grapes
½ pint cream
3 tablespoons brown sugar

Peel grapes; drain on absorbent paper. Place in heatproof dish, spoon over cream. Leave overnight in refrigerator. Just before serving, sift sugar over surface and place under slow griller until sugar melts. Increase heat to high, continue grilling until sugar caramelises. Serve immediately.

Serves 6

When grapes are out of season, other fresh or canned fruit can be used.

Mango Mousse

4 ripe mangoes
1 tablespoon gelatine
¼ cup cold water
1 tablespoon lemon juice
¾ cup sugar
1 pint cream

Peel mangoes, cut the flesh away from the stones and, with fork, mash to a puree. Soften gelatine in cold water, dissolve over hot water. Add to mango puree with lemon juice and sugar. For a lighttextured mousse, fold in 1 stiffly beaten egg-white. Whip cream, carefully fold into mango mixture.

Spoon into individual dishes, or into one large serving dish; refrigerate until set. Decorate, if desired, with extra mango slices which have been sprinkled with sugar and rum.

Serves 8

NOTE: When mangoes are out of season, 16 oz. can of mango puree can be used in this recipe.

Crème Caramel

Caramel

½ cup sugar
½ cup water

Custard

½ pint milk
½ pint cream
3 eggs
¼ cup castor sugar
½ teaspoon vanilla
2 egg-yolks, extra

Caramel: Place sugar and water in saucepan. Stir over low heat until sugar dissolves. Stop stirring, turn heat up to moderate, and boil until mixture turns a caramel colour. Pour a little caramel in the base of greased, small, individual, heatproof cups or mould.

Custard: Place eggs, extra yolks, vanilla and sugar in bowl. Beat lightly to combine. Combine milk and cream in a saucepan and bring to scalding point; cool slightly. Pour over egg mixture, stirring all the time. Strain into a large jug. Pour into individual moulds, over the caramel. (Makes 5 or 6, depending on size of moulds.)

Place moulds in shallow baking dish containing approximately ¾ in. of cold water. Bake in moderately slow oven for approximately 30 minutes, or until custard is set. Remove moulds from water. Cool, then refrigerate a few hours. Turn out on to individual serving plates.

Strawberries Flambé

rind 1 lemon
rind and juice 2 oranges
½ cup sugar
2 punnets strawberries
½ cup brandy
vanilla ice-cream

Add lemon and orange rind to sugar and juice. Cook slowly in saucepan 5 minutes, pressing rind with spoon to extract all the flavour possible. Remove rind, add strawberries, which have been carefully washed and dried. Spoon syrup gently over strawberries until they are coated with it. Warm brandy, pour over strawberries, set aflame. Serve spooned over vanilla ice-cream.

Serves 6

Strawberries Romanoff

2 punnets fresh or 2 packets quick-frozen strawberries
½ cup brandy or cointreau
1 cup cream

Wash and hull strawberries or allow to defrost. Pour brandy or cointreau over; cover until serving time. Arrange in individual serving dishes, top with whipped cream. Or blend whipped cream with 1 small block of vanilla ice cream which has been allowed to soften slightly. Spoon over strawberries.

Serves 6

Biscotten Torte

¾ lb. plain sweet oblong biscuits (24 biscuits)
1½ tablespoons rum
½ cup milk
4 oz. butter
½ cup castor sugar
2 eggs
4 oz. ground almonds
few drops almond essence
extra ½ cup milk
½ pint cream
toasted, slivered almonds

Cream butter and sugar until light and fluffy. Separate eggs, beat yolks into creamed mixture. Add ground almonds, almond essence and the extra ½ cup milk. Beat egg-whites stiffly, fold in. Mix rum and ½ cup milk together.

Arrange 6 biscuits lengthwise in 2 rows (3 biscuits to a row) beside each other on a sheet of greaseproof paper. Brush liberally with the rum-milk mixture. Spread with ⅓ of creamed mixture. Continue with brushed biscuits and filling, ending with row of biscuits. Wrap securely in aluminium foil, refrigerate several hours, preferably overnight.

Just before serving, arrange on serving plate, cover entire torte with whipped cream; decorate with toasted almonds. Cut in slices to serve.

Orange Compote

6 oranges
2 cups sugar
1 cup water
2 tablespoons grand marnier or curacao

Combine sugar and water in saucepan; heat, stirring until sugar dissolves, bring to boil. Remove from heat and cool completely. Remove rind and all white pith from oranges. Cut oranges into sections, cutting between the membranes. Do this over a bowl so no juice is lost.

Pour over the cooled syrup, stir in the grand marnier. Cover, then refrigerate until serving time. Spoon into serving dishes. Delicious served just as it is or top with a scoop of ice-cream.

Biscotten Torte can be prepared the day beforehand for a wonderful party dessert

Strawberry Bavarian Cream

1 tablespoon gelatine
½ cup cold water
½ cup boiling water
½ cup sugar
16 oz. can strawberries
2 egg-whites
1 cup cream

In a saucepan soak gelatine in cold water 5 minutes. Add boiling water and sugar, stir over heat until gelatine and sugar are dissolved. Place strawberries and syrup into blender; blend on high speed 1 minute, or press through sieve. Add pureed strawberries to gelatine mixture. Refrigerate until mixture is partially set.

Beat egg-whites until stiff, gradually add strawberry mixture, beat until thick and creamy. Lightly fold in whipped cream. Pour into lightly oiled $2\frac{1}{2}$ to 3 pint mould. Refrigerate several hours or, preferably, overnight before unmoulding.

Serves 4

Raspberry Bavarian Cream: Proceed as for Strawberry Bavarian Cream, substituting 14 oz. can raspberries for the strawberries.

Caramel Bavarian Cream

1½ dessertspoons gelatine
¼ cup water
¾ cup sugar
¼ cup water, extra
¾ cup milk
2 eggs, separated
¼ cup milk, extra
½ teaspoon vanilla
½ pint cream

Soften gelatine in water and dissolve over boiling water. Place sugar and extra water in saucepan, stir over low heat until sugar has dissolved. Simmer without stirring until syrup is caramel colour. Heat milk in saucepan; when hot, add hot caramel and continue stirring over low heat until caramel is dissolved. Remove from heat. Beat egg yolks with extra milk, add to caramel; mix thoroughly. Add softened gelatine and vanilla. Refrigerate until mixture begins to set.

Fold in stiffly beaten egg-whites and whipped cream. Pour into lightly oiled $2\frac{1}{2}$-pint mould. Refrigerate several hours or overnight before unmoulding.

Serves 4

Crème Brulée

1 pint cream
1 in. piece vanilla bean
6 egg-yolks
3 tablespoons sugar
½ cup brown sugar
crushed ice

Warm cream with vanilla bean in top of double boiler over hot water. Beat egg-yolks and sugar in basin until light and creamy. Remove vanilla bean; slowly stir warmed cream into the egg-yolk mixture. Return mixture to top of double boiler. Cook over hot, not boiling, water, stirring, until mixture coats a wooden spoon well. Pour custard into a heatproof serving dish, or into individual heatproof serving dishes.

Refrigerate until custard is firm, about 1 hour. Place dish in shallow tray filled with ice cubes. Sift a layer of brown sugar evenly over top. Place under griller at moderate heat until sugar caramelises; watch carefully that sugar does not burn. Refrigerate again until ready to serve.

Pears in White Wine

6 medium pears
1 cup sugar
1 pint water
1 pint white wine
grated rind 1 lemon
1 dessertspoon lemon juice
4 whole cloves
2 in. cinnamon stick

Peel whole pears thinly, keeping a good shape and leaving stalks in place. Place pears and remaining ingredients in saucepan. Liquid should just cover pears; if necessary add more water and wine in equal proportions. Cover, simmer gently 20 minutes, (depending on ripeness of pears), or until tender. Strain syrup, pour over pears, refrigerate. Serve with syrup spooned over.

Serves 6

Pears in Red Wine: Substitute red wine for white in the above recipe. When pears are cooked, cool then refrigerate. For jellied glaze on pears, as shown in picture, dissolve $\frac{1}{2}$ packet port wine jelly crystals in $\frac{1}{2}$ cup boiling water; cool. Brush the jelly glaze over the cold pears. Repeat the brushing several times, if a rich glaze is desired. Serve with the strained syrup.

Cherries Jubilee

16 oz. can cherries
1 tablespoon sugar
1 in. piece cinnamon stick
2 teaspoons arrowroot
water
½ cup brandy or cherry brandy
ice-cream

Drain cherries, reserving syrup. Pit cherries. Combine cherry syrup, sugar and cinnamon stick in saucepan, bring slowly to boil, simmer gently 3 minutes, strain. Blend arrowroot with a little water, stir into cherry syrup mixture, return to heat, stir until sauce boils and thickens. Add pitted cherries, heat thoroughly.

Add warmed brandy, ignite. Spoon sauce immediately over servings of vanilla ice-cream.

Serves 4

Italian Lemon Gelato

1¼ cups sugar
¼ cup lemon juice
4¾ cups water
rind 1 lemon
½ pint cream

In large saucepan place sugar, lemon juice, water and lemon rind. Bring slowly to the boil, stirring until sugar has dissolved. Boil 15 minutes, strain, and allow to cool. When quite cold, stir in whipped cream, pour into refrigerator trays, and freeze. When the cream is added to the lemon syrup, the mixtures do not immediately combine. However, while freezing, stir the mixture with fork frequently; the two mixtures soon blend together.

Serves 6

Lemon Water Ice

2 cups hot water
¾ cup sugar
½ cup lemon juice
1 egg-white
grated rind 1 lemon
1 tablespoon sugar, extra

Dissolve the sugar in the hot water, add lemon juice and rind; set aside to cool; strain. Pour into refrigerator trays and freeze, stirring occasionally, until mixture is mushy; remove from trays. Beat egg-white stiffly, adding the extra sugar gradually; fold in lemon mixture. Return to freezer trays, freeze until firm.

Serves 4

Wine Trifle

1 jam filled swiss roll
30 oz. can peach halves
⅓ cup any dessert wine or sweet sherry
⅔ cup custard powder
¾ cup sugar
1½ pints milk
3 eggs
½ teaspoon vanilla
½ pint cream
1 oz. chocolate
1 teaspoon butter

Drain peaches and reserve ½-cup of syrup. Arrange peaches on base of deep glass bowl. Slice swiss roll, stand slices round side of bowl. Dice any surplus cake, place over peaches. Combine wine and reserved peach syrup, pour over cake slices. In saucepan blend custard powder and sugar with a little milk, add remainder of milk, stir well. Cook over medium heat until mixture boils and thickens, stirring constantly. Remove from heat, add well beaten egg-yolks and vanilla; cool. Fold in stiffly beaten egg-whites. Pour over peaches, refrigerate. Before serving, spoon over whipped cream, drizzle with chocolate which has been melted with butter over boiling water.

Serves 6

Vanilla Ice-Cream

1 dessertspoon gelatine
½ cup sugar
½ cup water
1¼ cups full cream powdered milk
2 pints milk
1 dessertspoon vinegar
2 teaspoons vanilla

Combine gelatine, sugar and water in saucepan, stir over low heat until sugar and gelatine are dissolved; pour into large basin. Add powdered milk, whisk until smooth, gradually beat in milk. Pour mixture into two 11 in. x 7 in. lamington tins or into freezer trays; freeze until almost set. Spoon mixture into large basin, add vinegar and vanilla, beat until thick and creamy; this can be done on electric mixer. Pour mixture into lamington tins or freezer trays. Freeze until set.

This economical recipe makes approximately 5 pints of beautifully-textured ice-cream. For an even richer ice-cream, beat in ¼ pint cream with the milk.

Cassata

½ gallon vanilla ice-cream
1 dessertspoon sugar
juice 1 lemon
1 banana
2 oz. glacé cherries
2 glacé apricots
1 slice glacé pineapple
2 oz. dark chocolate
¼ cup cocoa
1 tablespoon sugar
1 tablespoon water
2 oz. blanched, slivered almonds
1 teaspoon rum
1 oz. butter
almond essence

Divide ice-cream evenly into three bowls. Keep in freezer until each is required. Combine strained lemon juice and the 1 dessertspoon sugar with sliced banana and finely chopped glace fruits, stir into one bowl of slightly softened ice-cream. Pour into foil-lined aluminium 9 in. x 5 in. loaf tin; freeze until firm. Each layer must be firm before topping with the next.

Melt chocolate over hot water, blend cocoa and the 1 tablespoon sugar with water, stir into melted chocolate; add rum. Stir chocolate mixture into the second bowl of ice-cream, pour over fruit layer; freeze.

Heat butter, add almonds, stir over medium heat until golden brown, drain; cool. Add almonds to remaining ice-cream, flavour to taste with few drops of almond essence, pour over chocolate layer. Cover tin with aluminium foil, freeze 4 hours or overnight. Cut into slices to serve. A little rum or brandy can be spooned over each slice.

NOTE: If desired substitute 2 oz. mixed peel for glace apricots and pineapple.

Serves 6 to 8

Dessert Sauces

These are easy-to-make dessert sauces, with delicious flavour. Some are to serve over hot puddings; some make a rich topping when spooned over ice-cream

Stirred Custard

3 eggs
2 tablespoons sugar
½ teaspoon vanilla
1 pint milk

Beat eggs, sugar and vanilla together, place in top of double saucepan. Warm milk, stir into egg mixture. Stir constantly over simmering water until custard thickens slightly. Remove from heat immediately.

Makes 1 pint

Brandy Custard

¼ cup sugar
¼ pint water
2 egg-yolks
pinch salt
2 tablespoons brandy
3 tablespoons whipped cream

Place sugar and water into saucepan; stir to dissolve sugar, bring to boil, reduce heat, simmer 10 minutes. Beat egg-yolks and salt, pour hot syrup in slowly, beating until thick and creamy. Fold in brandy and whipped cream.

Makes approx. 1½ cups

Rich Caramel Sauce

4 oz. butter
2 cups brown sugar, lightly packed
¾ cup liquid glucose
½ pint cream

Combine butter, brown sugar and glucose in saucepan, stir over low heat until sugar dissolves; bring to boil, boil 5 minutes. Remove from heat, allow bubbles to subside, gradually add cream, stirring constantly. Serve warm or cold. This sauce will thicken on standing.

Makes 3 cups

Butterscotch Sauce

1 oz. butter
¼ cup brown sugar
¼ cup condensed milk
1 dessertspoon golden syrup
½ cup hot milk

Combine butter, brown sugar, condensed milk and golden syrup in saucepan. Cook over low heat, stirring constantly until mixture leaves sides of saucepan and is rich golden colour. Remove from heat; gradually stir in hot milk. Return to heat, cook 1 to 2 minutes.

Makes approx. 1 cup

Chocolate Rum Sauce

6 oz. dark chocolate
½ cup black coffee
1 tablespoon rum

Chop chocolate roughly, add to small saucepan with hot coffee, stir constantly over low heat until chocolate melts. Remove from heat, add rum to taste. Serve warm.

Makes 1 cup

Chocolate Sauce

4 oz. dark chocolate
⅔ cup water
¼ cup sugar
1 dessertspoon cornflour
1 tablespoon water, extra
½ teaspoon vanilla

Chop chocolate roughly, combine with water and sugar in small saucepan, stir over low heat until chocolate melts and sugar is dissolved; remove from heat. Blend cornflour with extra water, stir into chocolate mixture, return to heat, stir until sauce boils and thickens, remove from heat, add vanilla. Serve warm or cold.

Makes 1 cup

Mocha Sauce Add 1 dessertspoon instant coffee powder to saucepan with chocolate mixture.

Hard Sauce

4 oz. butter
2 cups icing sugar
1 tablespoon brandy

Cream butter, gradually blend in sifted icing sugar and brandy. Refrigerate until firm. Serve with Christmas pudding.

Melba Sauce

Rub fresh, canned or thawed frozen raspberries through a sieve. If using fresh raspberries, a little icing sugar may be added.

Caramel Bavarian Cream has light, lovely texture. Serve with cream or with caramel sauce

YEAST COOKERY

For those who haven't tried it, yeast cookery may seem involved and difficult. But, provided the simple instructions given in the recipes are followed, you'll find it easy to make beautiful bread and buns; each step of each recipe has been carefully timed

There are just a few main points to remember when cooking with yeast.

□ Yeast must be fresh.

□ Liquid added to yeast should be lukewarm, as individual recipes specify. If liquid is too cold, it will not have any effect on the yeast—the dough will not rise; if too hot, it will kill the action of the yeast. But liquid of the right temperature will bring the yeast to life.

□ When setting the dough to prove, leave it in a warm (but not hot) place, away from draughts.

When the dough is in the oven you will have the house filled with the fragrance of yeast cookery—which Mark Twain described as 'the very breath and perfume of home'.

Continental Cinnamon Snails

3 cups plain flour
2 tablespoons sugar
pinch salt
8 oz. butter
1 oz. compressed yeast
½ cup lukewarm milk
3 egg-yolks

Walnut Filling

½ cup ground or finely chopped walnuts
1 cup sugar
1 tablespoon cinnamon
1 egg, beaten
2 egg-whites

Sift flour, sugar and salt into bowl. Rub in butter. Add crumbled yeast to milk, stand 5 minutes; add egg-yolks. Beat with rotary beater 3 minutes. Add to flour mixture, mix to a soft dough. Wrap in waxed paper or aluminium foil, refrigerate overnight. Remove from refrigerator ½ hour before dough is to be used. Roll out dough ¼ in. thick on lightly floured surface. Spread with stiffly beaten egg-whites then the walnut mixture. Roll up carefully, as for swiss roll. Cut into 1½ in. thick slices, place in well-greased lamington tin. Let rise in warm place 30 to 40 minutes. Bake in hot oven 20 minutes, or until browned. If browned before completely cooked, reduce temperature to moderate, cover with sheet of brown paper, and continue cooking. Remove from oven and brush with sugar glaze (see recipe for Cream Buns).

Makes approx. 1 dozen.

Walnut Filling: Combine walnuts, sugar, cinnamon and egg in bowl. Stiffly beat egg-whites in separate bowl.

Below is a simple, alternative filling. You might like to halve filling recipes and make half the buns with walnut filling and half with sultana filling.

Cinnamon Sultana Filling

½ cup sultanas
1 cup brown sugar
½ cup chopped almonds
1 dessertspoon cinnamon
4 oz. butter

Combine sultanas, brown sugar, almonds and cinnamon in bowl. Melt butter. Brush rolled-out dough with melted butter, sprinkle with cinnamon mixture. Proceed with rolling, cutting, baking, and glazing as directed above.

White Bread

1 lb. plain flour
½ oz. compressed yeast
1 teaspoon salt
1 teaspoon sugar
½ oz. butter
½ pint tepid water

Sift flour and salt into bowl. Crumble yeast into tepid water; add sugar and butter. Stir well until yeast turns liquid and sugar dissolves. Make a well in centre of flour, pour in yeast mixture. Mix centre portion only into a soft batter, leaving walls of dry flour round edges. Knock down walls of flour to cover batter mixture. Cover with dry cloth and stand in warm place for 20 minutes. Using one hand, mix dough together, adding approximately ¼ cup of extra water if dough is too dry. Beat well for 5 minutes until dough is dry and springy. Place in greased bowl, reverse dough so that upper side is coated with grease. Cover with dry cloth and stand in warm place for approximately 45 minutes, until dough has doubled in bulk. Turn on to lightly floured board. Knead for approximately 5 minutes, until bubbles of gas are evenly distributed. (Check this by cutting dough in half and looking to see if gas bubbles are small and even throughout dough.) Press dough into lightly greased 8 in. x 4 in. loaf tin. Place in warm place until dough rises well above top of tin. Bake in very hot oven for 15 minutes. Reduce heat to moderate and continue baking for further 45 minutes. For last 10 minutes of cooking time, remove loaf carefully from tin and place on dry baking sheet to brown sides.

Health Bread

1½ lb. wholemeal plain flour
1 cup millet meal
¾ cup skim-milk powder
1⅔ cups water
2 cups cold milk
1½ oz. compressed yeast
1 tablespoon salt
3 teaspoons raw sugar
2 tablespoons sunflower seeds, hulled

Bring water to boil in saucepan, add to milk. Take ⅓ cup of this and put into small basin with the sugar; leave until lukewarm, then mix in yeast. Cover, let stand 20 minutes. In the meantime, sift flour, millet meal, milk powder and salt into large basin, sprinkle sunflower seeds on top. After 20 minutes, add yeast mixture to remaining milk and water mixture; it should be lukewarm (it must not be hot). Gradually add to dry ingredients, mix well to a soft dough. Beat 5 minutes with wooden spoon, until dough is smooth. Divide dough evenly into 2 greased 9 in. x 5 in. loaf tins. Smooth tops with spoon dipped in water. Cover loaves, let rise in warm place, out of draughts, 30 to 45 minutes or until dough is rounded and level with tops of tins. Bake in hot oven 40 to 45 minutes. When cooked, turn on to cooling rack.

Rye Bread

2 cups rye flour
1 cup wholemeal plain flour
1 cup plain flour
1 teaspoon ground aniseed
1 teaspoon salt
1 dessertspoon sugar
1 oz. compressed yeast
1 dessertspoon oil
1 cup water
¾ cup milk

Combine water and milk; heat to lukewarm.

Sift dry ingredients into large basin. Make a well in centre. Dissolve crumbled yeast in a li… lukewarm water and milk mixture, add r… water and milk mixture and oil. Pour yeast …ture into dry ingredients and beat well together. Sprinkle with a little flour, cover, and let stand in warm place until doubled in bulk. Knock down and knead a little with hand. Cover again, and let stand in warm place until doubled in bulk. Knead until smooth and elastic on floured surface. Form into bread shape and place in well-greased 8 in. x 4 in. loaf tin. Cover and leave in warm place further ½ hour or until top rises to edge of tin. Brush with a little water, in which a little sugar has been dissolved. Bake in hot oven 40 to 45 minutes. Remove from tin, cool on wire rack.

Raisin Bread

1 lb. plain flour
1½ teaspoons ground cardamom
1¼ cups milk
4 oz. butter
½ cup sugar
1 oz. compressed yeast
⅔ cup raisins
⅓ cup dried apricots

Sift flour and cardamom into bowl. Combine milk, butter and sugar in saucepan, heat until lukewarm. Remove from heat, add yeast, stir to dissolve. Make a well in centre of flour. Pour in yeast mixture and beat well together. Cover with cloth and leave in warm place until doubled in bulk, approximately 45 minutes. Add raisins and chopped apricots, and knead on floured surface until smooth and elastic. Shape into loaf shape and place in well-greased 9 in. x 5 in. loaf tin. Cover and leave in warm place until dough has risen to just under edge of tin. Brush top with a little water, in which a little sugar has been dissolved. Bake in moderately hot oven 45 to 55 minutes. Cool on wire rack.

Cream Buns

1 lb. plain flour
1 teaspoon salt
1 oz. compressed yeast
½ pint milk
1½ oz. sultanas
2 oz. butter
¼ cup sugar
1 egg

Fluffy Mock Cream

4 oz. butter
1 tablespoon boiling milk
1 cup castor sugar
½ teaspoon gelatine
3 tablespoons boiling water
½ teaspoon vanilla

Crumble yeast into basin, mix with 1 teaspoon each of flour and sugar and all the lukewarm milk. Stand basin in warm place 15 minutes or until mixture is spongy. Sift flour and salt into large basin, rub in the butter, add sugar and sultanas, mix well. Beat egg well, add to yeast mixture, add this to flour mixture and make into soft dough. Stand in warm place 40 minutes, covered with cloth without touching dough. Turn on to floured surface. Knead well until smooth and elastic. Cut into 16 even-sized pieces, knead each piece into a small ball. Place on greased baking tray. Set again in warm place 15 to 20 minutes. Bake in moderately hot oven 15 to 20 minutes or until golden brown. Remove from oven, brush glaze over. Break buns apart when glaze sets, allow to cool on wire rack. When quite cold, cut small sections about ¼ in. wide along top of each bun and pipe into this whipped fresh cream or mock cream, sprinkle with icing sugar, drop a little raspberry jam into centre of row of cream.

Fluffy Mock Cream: Soften butter in basin with boiling milk, add sugar, beat to a cream. When mixture is creamy, dissolve gelatine in the boiling water. Add gradually to creamed mixture, beating continuously, until sugar is completely dissolved and mixture is light and fluffy. Add vanilla, beat well.

Sugar Glaze: Combine 1 tablespoon gelatine, 1 tablespoon sugar and ½ cup water; stir over gentle heat until sugar dissolves.

Hot Cross Buns

1 lb. plain flour
1 teaspoon salt
1 oz. compressed yeast
½ pint warm milk
2 oz. sultanas
2 oz. currants
2 oz. butter
¼ cup sugar
1 egg
½ teaspoon mixed spice
½ teaspoon cinnamon

Paste for Crosses

¼ cup plain flour
little cold water

Glaze

1 tablespoon sugar
1 teaspoon gelatine
1 tablespoon hot water

Crumble yeast into basin, mix with 1 teaspoon each previously measured flour and sugar; mix in warm milk. Stand in warm place 15 minutes or until mixture is spongy. Sift flour, salt and spices into large basin. Rub in butter, add sugar and fruit. Beat egg well, add it to yeast and milk sponge. Add this to flour mixture, make into soft dough. Cover with clean cloth, stand in warm place 40 minutes: at the end of this time dough should have doubled in bulk. Turn on to lightly floured board. Knead well, turning outside edges of dough into centre. Knead until dough is smooth and elastic. Cut into 15 or 16 even-sized pieces, knead each piece into a round. Place in greased lamington tin, space ½ in. apart. Set again in warm place 10 to 15 minutes. Make paste for crosses by mixing sifted flour to very soft paste with cold water. Using small plain nozzle, pipe crosses on each bun. Bake in hot oven 15 to 20 minutes. Remove from oven, brush with glaze made by dissolving sugar and gelatine in hot water. Cool on wire rack.

Coffee Walnut Buns

2 lb. plain flour
1 oz. compressed yeast
2 oz. butter
2 eggs
¼ cup sugar
2 cups milk
pinch salt
½ cup sultanas

Warm Coffee Icing

½ lb. icing sugar
1 teaspoon instant coffee powder
½ oz. butter
milk to mix
chopped walnuts

Place milk, sugar and butter in small saucepan, heat just to lukewarm; dissolve yeast in this mixture. Sift flour and salt, make well in centre, break in eggs. Stir in lukewarm yeast and milk mixture, beat until thoroughly combined. Mix in sultanas. Cover, stand in warm place 30 to 40 minutes to rise. Turn out on lightly floured board, knead 2 minutes; place in greased basin, stand in a warm place further 15 minutes. Turn out on floured surface, knead lightly, break off small pieces of dough about size of a lemon, roll between palms of hands to make long roll, tie this in knot. Place 1 to 1½ in. apart on well-greased oven slide, let stand in warm place 20 to 30 minutes or until nearly double in size. Bake in moderate oven 20 to 25 minutes or until golden brown. Glaze immediately while hot with Sugar Glaze (see recipe for Cream Buns), then drizzle while still warm with warm coffee icing and sprinkle with chopped walnuts.

Makes approx. 20

Warm Coffee Icing: Sift icing sugar and coffee into heatproof basin, add butter and enough milk to make icing of a fairly thin consistency. Place over saucepan of boiling water, stir until mixture begins to shine and butter melts. Allow to remain over water while using.

In foreground, Continental Cinnamon Snails; Coffee Walnut Buns in basket. These are just two of the wonderful recipes you can make with yeast

JAMS & JELLIES

Jams

There's pride and pleasure in making your own good-tasting jams and jellies—when fresh fruit are in season and in good supply, or perhaps from fruit in your own garden

Choice of Fruit

Fruit for jam-making is best used early in its season, freshly picked, dry, just ripe or slightly under ripe, when the pectin acid content is highest. As fruit ripens, the acid it contains changes pectin to sugar, so the jam does not set well.

The acid in just-ripe or slightly under-ripe fruit is necessary to draw out the pectin, improve flavour, and help to prevent sugar crystallising. If fruit is over-ripe jam does not set; if picked during wet weather jam may ferment or mould quickly.

Equipment

The following equipment is necessary for making all types of jams.

1. Aluminium, enamel, or stainless steel preserving pan, boiler or large saucepan with wide top to allow evaporation and prevent jam frothing and bubbling over while boiling.
2. Long-handled spoon, preferably wooden, for stirring.
3. Jars free from chips and cracks.
4. Soup ladle or enamel mug for filling jars.
5. Waxed or parchment covers, paraffin wax and/or screwtops for coverings.

NOTE: Jars must be sterilised before bottling jam. To sterilise jars, wash in warm soapy water, rinse, stand upside down to drain; then stand on wooden board, place in slow oven until jars are completely dry.

Pectin Content

Rich in pectin and acid: Cooking apples, black currants, plums, gooseberries, lemons, limes, grapefruit, seville oranges.

Moderately rich in pectin and acid: Apricots, blackberries, greengage plums, loganberries, raspberries, sweet oranges, mandarins.

Poor in pectin and acid: Late blackberries, cherries, pineapple, jam melon, pears, peaches, strawberries.

To overcome pectin deficiency:

1. Combine fruit deficient in pectin with pectin-rich fruit (for example, apple with blackberry).
2. Add lemon juice which is rich in pectin and contains acid.
3. Add commercial pectin, following manufacturer's directions.

To test pectin content: When fruit has simmered with water until soft, place 1 teaspoon of mixture into glass, add 3 teaspoons methylated spirit and leave 2 minutes to form clot.

Large, firm clot indicates fruit is rich in pectin.

Medium-size, not-so-firm clot indicates fruit moderately rich in pectin.

Weak, flabby clot indicates fruit with poor pectin content.

Use of Sugar

Correct proportion is important. For fruit with moderate to rich pectin content use 1 lb. sugar to 1 lb. fruit; for fruit with poor pectin content use $\frac{3}{4}$ lb. sugar to 1 lb. fruit. Sugar, warmed for quicker dissolving, is added after fruit and skins have simmered until soft.

Basic Method

1. Remove stalks, stones, any bruised parts, and skin from such ingredients as pineapple, jam melon.
2. Place fruit in preserving pan, greased to prevent burning. Make sure the preserving pan is big enough for the quantity of jam you wish to make. It should not be more than half full when the fruit and sugar are combined, otherwise the jam may boil over when boiled rapidly.

3. Pour over small quantity of water, approximately $\frac{1}{4}$ pint to 2 lb. fruit. Juicy fruits may not require any water.

4. Cook gently over low heat until fruit is soft and pulpy. Stir frequently to prevent sticking. This cooking softens the fruit and helps extract the pectin.

5. Add warmed sugar, stir over low heat until sugar has dissolved, then bring jam to boiling point as quickly as possible and boil rapidly, uncovered. Jam must not be allowed to boil until all sugar has dissolved. *Slow cooking before the addition of sugar, and rapid, short cooking afterwards is the golden rule for jam-making.*

NOTE: Sugar can be warmed in enamel or heatproof bowl in slow oven. It is not essential to heat sugar, but heated sugar dissolves more quickly.

In some whole-fruit jams, the sugar is added to the fruit and the mixture allowed to stand overnight. In this case the mixture should be heated very slowly until the sugar has dissolved.

6. Boil jam rapidly, stirring occasionally, until it jells when tested.

To test: Spoon a little on cold saucer (place saucer in refrigerator 30 minutes before testing), refrigerate 2 or 3 minutes. If it jells, glazes on surface, and crinkles when touched, jam is cooked. If no skin forms, further boiling is necessary to evaporate more liquid. Remove jam from heat while testing.

7. Just before bottling, skim jam well to remove any scum on top.

8. Fill into sterilised jars. (For some whole-fruit jams or marmalades, allow to cool in pan until a thin skin begins to form on top, then stir gently and pour into jars. The liquid thickens on cooling and holds the fruit in suspension—this means it will not rise to the top when put into jars.)

9. Fill jars to the brim.

10. Cover with disc of waxed paper, then with metal or plastic airtight lid.

11. Label jars, mark them with date of bottling. Store in cool, dry place.

Covering jam: If there is condensation between jam and its cover, mould will form on top. To avoid this, cover jam when hot or when completely cold; never cover jam when it is warm.

Strawberry Conserve

2 cups strawberries
1 lb. sugar
finely grated rind and juice ½ lemon

Wash and hull strawberries, place in a saucepan with sugar and lemon. Stir over low heat until sugar dissolves. Increase heat, boil gently 10 minutes, or until conserve jells when tested on a cold saucer. Skim, turn on to a large plate; stand overnight, turning over several times so that berries become plump and well mixed with juice. Pack into hot sterilised jars, seal.

Makes 1 pint.

Mulberry Conserve: Follow directions for Strawberry Conserve, but substitute Mulberries for Strawberries.

Blackberry Jelly Jam

2 cups blackberries (including some red ones)
1 lb. sugar
juice ½ lemon

Wash blackberries, place in large saucepan, crush well. Bring to the boil, reduce heat, simmer 30 minutes. Add lemon juice and warmed sugar, stir until dissolved, bring quickly to the boil, boil rapidly for approximately 10 minutes, or until jam jells when tested on a cold saucer. Pour into hot sterilised jars, seal.

Makes approx. 1 pint

Bush Lemon Marmalade

8 bush lemons
water
1 oz. salt
5 pints water, extra
6 lb. sugar

Place whole lemons in a large bowl, cover well with water, add salt, cover and stand 36 hours. Drain, discard salted water.

Wash lemons well; squeeze juice and strain into a large bowl, add 4 pints of the water. Scoop pulp from the lemons and place in a separate bowl with seeds and pulp from strained juice, add remaining 1 pint water. Cover and stand a further 12 hours.

Put lemon skins through a mincer, add to the bowl containing juice and 4 pints water, cover, stand 12 hours.

Strain the 1 pint liquid from seeds and pulp, discard pulp and seeds. Add this water to juice, rind and water. Place in a large saucepan, simmer gently, uncovered, 45 minutes. Add warmed sugar, boil rapidly until jam jells when tested on a cold saucer, approximately 45 minutes.

Allow to stand 5 minutes, stir before pouring into hot sterilised jars, seal.

Makes approx. 3 pints

Swiss Cherry Jam

2 lb. cherries
juice 2 lemons
1 cup water
1¼ lb. sugar

Wash cherries, remove stones, (stones can be removed with a special cherry pitter); tie stones in a piece of muslin. Place strained lemon juice and water in large bowl. Place layer of sugar in bowl and layer of cherries, continue until all sugar and cherries are used. Cover and stand overnight.

Next day, strain syrup into saucepan, place over medium heat, stir until sugar dissolves. When syrup is boiling, add cherries and muslin bag, boil 15 minutes. Start testing jam after first 15 minutes, or boil until jam jells when tested on a cold saucer. Remove jam from heat while testing, as it is very easy to overcook cherry jam, and spoil both flavour and colour. Discard muslin bag.

Remove any scum from jam, (but avoid stirring) before bottling into hot sterilised jars, seal.

Makes 1½ pints

Sweet Orange Jam

2 oranges
1 lemon
2 pints water
3 lb. sugar

Wash oranges and lemon, slice very thinly, remove pips. Place fruit in a basin, add water, cover and stand 2 days.

Place fruit and water in a large saucepan; boil 1 hour. Add warmed sugar, stir until dissolved. Boil rapidly for approximately 40 to 50 minutes, or until jam jells when tested on a cold saucer. Pour into hot sterilised jars, seal.

Makes 1½ pints

Tomato and Passionfruit Jam

2 lb. ripe tomatoes
¾ cup passionfruit pulp
(approx. 10 passionfruit)
2½ lb. sugar

Skin and chop tomatoes. Place half the skins from the passionfruit into a saucepan, cover with water. Boil rapidly until skins are soft inside, approximately 1 hour. With a spoon scoop out all the soft pulp inside skins; reserve pulp, discard skins.

Place tomatoes and passionfruit pulp in separate saucepan, add reserved pulp from skins and warmed sugar, stir over a low heat until sugar is dissolved, bring quickly to the boil, boil rapidly until jam jells when tested on a cold saucer, approximately 50 minutes. Pour into hot sterilised jars, seal.

Makes 1¼ pints

Fig Jam

2 lb. figs
¾ cup orange juice
¼ cup lemon juice
2 tablespoons sweet sherry
2 lb. sugar

Wash figs, cut off stems, chop roughly. Place in large saucepan with orange juice, lemon juice and sherry. Bring to boil, reduce heat, simmer until figs are tender. Add warmed sugar, stir over a low heat until sugar dissolves. Increase heat, boil rapidly, uncovered, until jam jells when tested on a cold saucer, approximately 25 minutes. Pour into hot sterilised jars, seal.

Makes 2 pints

Grape Jam

2 lb. grapes
2 cups water
¼ lb. raisins
juice 3 oranges
3 lb. sugar

Squeeze pulp from grapes, reserve skins. Add water to pulp, simmer until seeds become separate, approximately 30 minutes; strain out seeds. Combine skins with pulp and liquid in large saucepan. Add raisins and orange juice. Bring to the boil, reduce heat, simmer 15 minutes. Add sugar, stir over a low heat until sugar dissolves, increase heat, boil rapidly until jam jells when tested on a cold saucer, approximately 30 minutes. Pour into hot sterilised jars, seal.

Makes 2 pints

Rose Petal Jam

1 lb. red rose petals
juice 2 lemons
1 pint water
3 lb. sugar

NOTE: For best flavour and results, only petals of fresh young buds should be used.

Cut petals into thin strips, arrange on plates, sprinkle over juice of 1 lemon. Stand several hours or overnight. Place petals into saucepan with water, bring just to the boil, strain, reserve half the petals. Return water to saucepan; add sugar and juice of remaining lemon. Add reserved petals, simmer gently 30 minutes. Cool for 15 minutes before pouring into hot sterilised jars, seal.

Makes approx. 1 pint

NOTE: By using commercial pectin, a smaller

Recipes in this section for jams and jellies enable you to make the most of fresh fruits in season. Even three or four pieces of fruit will give several jars of jam with orchard-fresh flavour

MULBERRY JELLY
SWEET ORANGE
JAM
MANDARIN JAM

amount of rose petals can be used; yield will be approximately the same.

You will need $\frac{1}{4}$ lb. rose petals, juice $1\frac{1}{2}$ lemons, $1\frac{1}{2}$ cups water, 1 lb. sugar and 2 tablespoons powdered pectin (obtainable from grocers). Proceed exactly as above, stirring in pectin at the end of cooking time, then boiling rapidly for 3 minutes.

Plum Jam

3 lb. plums
¾ pint water
2½ lb. sugar
juice ½ lemon

Wash plums, cut in halves, remove stones. Place in large saucepan with the water and $\frac{3}{4}$lb. sugar. Cook gently until plums are tender, stirring occasionally. Add remaining sugar, stir over low heat until sugar dissolves; add lemon juice. Boil rapidly until jam jells when tested on a cold saucer, (approximately 1 hour). Pour into hot sterilised jars, seal.

Makes 4 pints

Mandarin Jam

6 mandarins
2½ pints water
3 lb. sugar
juice 1 lemon
juice 1 orange

Slice unpeeled mandarins thinly, remove seeds. Place fruit in a bowl, add water, leave overnight. Place fruit and liquid in a large saucepan, bring to the boil, reduce heat, simmer gently until rind is tender, approximately 1 hour. Add warmed sugar, stir over a low heat until sugar dissolves, increase heat, boil rapidly until jam jells when tested on a cold saucer, approximately 30 minutes. Add lemon and orange juice after jam has been boiling 15 minutes. Pour into hot sterilised jars, seal.

Makes $3\frac{1}{2}$ pints

Apricot and Pineapple Jam

½ lb. dried apricots
15 oz. can crushed pineapple
¾ cup grated carrot
1¾ cups water
grated rind 1 lemon
juice 2 lemons
2 lb. sugar

Combine chopped dried apricots, undrained pineapple, carrot and water in a saucepan, bring slowly to the boil, cover, simmer until apricots are tender, (approximately 20 minutes). Add sugar, lemon rind and juice, stir over a low heat until sugar dissolves. Increase heat, boil rapidly until jam jells when tested on a cold saucer; start testing after 10 minutes. Pour into hot sterilised jars, seal.

Makes approx. 3 pints

Cumquat Marmalade

3 lb. cumquats
6 pints water
5 lb. sugar
juice 2 lemons

Wash fruit, slice finely, place seeds aside in a small basin. Place fruit in large saucepan, cover with 5 pints of the water. Cover seeds with remaining 1 pint water; leave overnight. Boil fruit and liquid with strained liquid from seeds until rind is tender, and liquid is reduced by half. Add sugar and lemon juice, stir over a low heat until sugar is dissolved, then boil rapidly for approximately $1\frac{1}{2}$ hours, or until marmalade jells when tested on a cold saucer. Pour into hot sterilised jars, seal.

Makes approx. 4 pints

Three Fruit Marmalade

1 large orange
1 large grapefruit
1 large lemon
3¼ pints water
sugar (approx. 4½ lb.)

Wash fruit, slice orange and grapefruit finely; using skin, pith and flesh; discard seeds. Roll lemon well with the palm of the hand until skin is soft, halve lemon and extract juice, discard seeds. Place fruit (including the lemon halves) into large saucepan with the water, cover, bring to boil, add lemon juice, simmer 30 minutes, cool. Pour mixture into large crockery basin, cover, stand 36 hours. Remove lemon skins, measure fruit mixture, allow 1 cup sugar to each cup of fruit, add 1 extra cup of sugar. Heat fruit mixture, add warmed sugar, stir over low heat until sugar dissolves. Increase heat, boil rapidly until marmalade jells when tested on a cold saucer, approximately 30 minutes. Allow to stand 5 minutes before pouring into hot sterilised jars, seal.

Makes approx. 2 pints.

Blender Marmalade

1 large carrot
1 orange
2 lemons
2 cups cold water
2 lb. sugar

Wash and coarsely chop carrot and unpeeled orange and lemons. Place in electric blender and blend on low speed until very finely chopped (about 30 seconds). Pour into large saucepan, add sugar and water. Heat gently, stirring constantly, until sugar dissolves. Bring to the boil, reduce heat, simmer 30 minutes; increase heat, boil rapidly 30 minutes, or until jam jells when tested on a cold saucer, pour into hot sterilised jars, seal. Makes $1\frac{1}{2}$ pints.

If you haven't an electric blender, wash and roughly chop carrot, orange and lemons and put through a hand mincer, or an electric mincer.

Dundee Marmalade

4 lb. Seville oranges
4 lemons
4 quarts water
8 lb. sugar

Wash fruit, place in large saucepan with water. Bring to boil, reduce heat, simmer, uncovered, 1½ hours. Remove fruit, cool, then slice thinly. Remove pips from fruit, add to pan with liquid, boil steadily 10 minutes; strain. Replace liquid and fruit in pan with sugar; stir until sugar dissolves, then boil rapidly without stirring for approximately 20 to 25 minutes or until marmalade jells when tested on a cold saucer. Stand 10 minutes before pouring into hot sterilised jars, seal.

Makes approx. 5 pints

Grapefruit Jam

1 large grapefruit
2 pints boiling water
2 lb. sugar

Wash grapefruit, slice finely, removing seeds. Place in a basin, add boiling water, cover, stand overnight. Place fruit and liquid in a large saucepan, simmer over a low heat for approximately 30 minutes or until rind is tender. Add warmed sugar; stir over low heat until sugar dissolves. Bring quickly to the boil, boil rapidly until jam jells when tested on a cold saucer, approximately 40 minutes. Allow to cool for 10 minutes before pouring into hot sterilised jars, seal.

Makes 1¼ pints

Jellies

The perfect jelly is bright, clear, and slightly a-quiver; it should have the true flavour of fruit used. Here are hints for turning out perfect jellies

To Prepare Fruit

Hard or firm fruits Leave unpeeled and uncored, cut into small pieces.

Soft fruits or berries Wash and allow to drain.

Basic Method

1. Place prepared fruit in greased preserving pan with water to cover. Cook gently until fruit is quite tender—usually ½ to ¾ hour. Overcooking destroys jelling properties. It is not necessary to add water to berry fruits; they generally contain enough liquid. However, if berries are not very soft, a little water may need to be added to prevent fruit sticking to pan.
2. Test for pectin. (See Jams.)
3. Prepare quantity of sugar, amount depending on result of pectin test: For fruit rich in pectin allow 1 lb. sugar to 1 pint syrup; for fruits moderately rich in pectin allow ¾ lb. sugar to 1 pint syrup.
4. Strain fruit through layers of cheese-cloth tied to legs of stool or chair inverted on table; place basin under centre of cloth.

   Pour boiling water through cloth, then pour fruit pulp through. Leave to drip overnight. Do not squeeze bag, as it can cause cloudiness in jelly.
5. Measure syrup, place in pan with correct proportion of warmed sugar, stir until dissolved.
6. Boil rapidly until jelly sets when tested.
7. Skim; bottle immediately.

Mulberry Jelly

3 lb. mulberries (not too ripe)
juice 1 lemon
sugar

Wash and stem mulberries, place in saucepan with lemon juice. Simmer gently for approximately 1 hour or until fruit is pulpy and the juice drawn out. Strain liquid through fine muslin; measure liquid, and to each 1 pint liquid allow ¾ lb. sugar. Place liquid and sugar in a clean saucepan, stir over a low heat until sugar dissolves, increase heat, boil rapidly until jelly jells when tested on a cold saucer. Start testing after 15 minutes of boiling. Pour into hot sterilised jars, seal.

Makes approx. 1 pint

Crab-Apple Jelly

crab-apples
water
sugar

Remove stalks from crab-apples, wash fruit, cut in halves. Place fruit into large saucepan, cover with water. Bring to the boil, reduce heat, simmer gently 30 to 45 minutes, or until fruit is soft. Strain through cloth; measure liquid, bring to boil. For every pint of liquid allow ¾ lb. sugar; boil for approximately 45 minutes, or until mixture jells when tested on a cold saucer. Pour into hot sterilised jars, seal.

PICKLES & CHUTNEYS

Hot or cold meals gain extra flavour when you add the zesty taste of a good pickle, or richly flavoured chutney or relish. For best results use good quality ingredients and the right equipment, as outlined below

Ingredients

Vegetables, Fruit Fresh, crisp, in season, barely ripe, in good condition.

Vegetables of inferior quality do not keep; if wilted, will not absorb pickling solution well.

Vinegar Essential ingredient, used plain or spiced; use good-quality brewed malt vinegar; for light-coloured vegetables use white, wine, or cider vinegar.

Only the best vinegar should be used for pickling, i.e., vinegar containing an acetic acid content of at least 4 percent. Bulk vinegar usually contains less than this and is therefore not as satisfactory.

Equipment

Aluminium or enamel-lined vessels; wooden spoon for stirring and mixing flavouring and thickening ingredients.

NOTE: Do not use unlined copper pans, metal tops for jars or bottles, or pans which are used for jam-making.

Bottling and Sealing

Fill pickles and chutneys into clean, dry, sterilised, wide-necked jars.

Make jars completely airtight with plastic (not metal) screw-tops, wax, or use patent jars.

Sweet Fruit Chutney

- 2 lb. tomatoes
- 3 large onions
- 2 large cooking apples
- 1½ lb. sugar
- ¾ cup sultanas
- ¾ cup currants
- 1 tablespoon salt
- 1 tablespoon whole cloves
- pinch cayenne pepper
- 2 pints brown malt vinegar

Skin tomatoes, chop roughly. Peel and chop onions; peel, core and chop apples. Combine all ingredients in large pan, stir over low heat until sugar is dissolved. Simmer, uncovered, approximately 2½ hours or until chutney is thick. Pour into hot sterilised jars, seal.

Makes 2½ pints

Mango Chutney

- 3 large ripe mangoes
- 1 small onion
- 1 chilli
- 1 teaspoon mustard seeds
- 1 teaspoon celery seeds
- ⅓ cup raisins
- ¼ cup currants
- 1 tablespoon chopped mixed peel
- 1 teaspoon finely chopped green ginger
- 1 clove garlic, crushed
- 1 teaspoon salt
- ½ teaspoon cinnamon
- ½ teaspoon nutmeg
- ½ teaspoon allspice
- ⅓ cup brown sugar
- ⅓ cup brown malt vinegar
- ⅓ cup lemon juice

Peel mangoes, roughly chop flesh, discard skin and seeds. Chop onion and chilli; tie mustard and celery seeds in a muslin bag. Combine all ingredients, cover, stand overnight. Place mixture in a large saucepan, boil steadily for 30 minutes, or until thickened. Remove muslin bag, pour chutney into hot sterilised jars, seal.

Makes approx. 1 pint

Papaw and Mango Chutney

Prepare as for Mango Chutney; add ½ medium papaw, peeled, seeded and chopped.

Cook as above; cooking time will be approximately the same.

Bottle into hot sterilised jars, seal.

Makes approx. 1 pint

Mangoes and papaw, with ginger and spices, combine to make a delicious tropical chutney to serve with hot or cold meats; delicious with curries

Green Tomato Pickle

2 lb. green tomatoes
½ cauliflower
1½ lb. onions
½ cup salt
water
2½ pints brown malt vinegar
2½ lb. brown sugar
1¼ cups plain flour
1 dessertspoon turmeric
1 dessertspoon dry mustard
1 dessertspoon curry powder
½ teaspoon nutmeg
½ teaspoon ground cloves
½ teaspoon ginger

Wash vegetables well, chop skinned tomatoes into small pieces, break cauliflower into small flowerets. Peel and chop onions, place all vegetables into a large bowl, sprinkle with salt, cover with water, stand overnight. Drain, rinse well in cold water. Place 2 pints of the vinegar into a large pan with brown sugar, stir over a low heat until sugar is dissolved. Bring to boil. Add vegetables, bring to boil again. Blend all dry ingredients with remaining ½ pint vinegar, gradually add to vegetable mixture, stir until mixture boils and thickens, reduce heat, simmer 10 minutes, stirring occasionally. Pour into hot sterilised jars, seal.

Makes approx. 7 pints

Pickled Onions

4 lb. small onions
1½ lb. salt
water
2 pints white vinegar
2 dessertspoons salt
1 dessertspoon ginger
1½ teaspoons whole allspice
1½ teaspoons whole cloves
1 in. cinnamon stick
few whole peppercorns

Place unpeeled onions, 1½ lb. salt and enough water to cover in a large bowl; cover, stand 2 days, stirring occasionally. Drain liquid, peel onions. Cover onions with boiling water, stand 3 minutes, drain. Repeat this boiling water and draining process two more times. Pack onions into hot sterilised jars. Combine all remaining ingredients in a saucepan, bring slowly to boil, reduce heat, simmer 10 minutes. Cool slightly, strain, pour over onions, seal.

Corn Relish

1¼ pints white vinegar
1 cup sugar
2 10 oz. cans whole kernel corn
1 medium onion
½ cup chopped celery
¼ cup chopped green pepper
¼ cup chopped red pepper
3 tablespoons cornflour
1 tablespoon dry mustard
1 teaspoon mustard seeds

Place 1 pint vinegar and the sugar in a large saucepan, bring to the boil. Add drained corn, chopped onion and remaining chopped vegetables. Reduce heat, simmer 20 minutes. Blend cornflour and mustard with remaining ¼ pint vinegar, add with mustard seeds to vegetable mixture. Stir until mixture boils and thickens; reduce heat, simmer further 5 minutes, stirring constantly. Pour into hot sterilised jars, seal.

Makes approx. 1½ pints

Choko Pickle

3 lb. chokoes
1½ lb. onions
½ cup salt
water
2 pints brown malt vinegar
2 lb. brown sugar
1 dessertspoon turmeric
1 dessertspoon dry mustard
1 dessertspoon curry powder
½ teaspoon ginger
1 cup plain flour

Peel chokoes and onions, chop into small pieces; place in a large bowl, sprinkle with salt, cover with water. Cover bowl, stand overnight. Drain vegetables, rinse in cold water. Place 1½ pints vinegar and the sugar into large pan, bring to boil, add vegetables, bring back to boiling point. Mix all dry ingredients to a paste with remaining ½ pint vinegar, gradually add to vegetable mixture, stir constantly until mixture boils and thickens. Reduce heat, simmer 10 minutes. Pour into hot sterilised jars, seal.

Makes approx. 6 pints

Mustard Pickles

Any assortment of chopped vegetables—cauliflower, green tomatoes, etc.—can be used in addition to, or in place of chokoes in above recipe.

Pickled Beetroot

1 bunch beetroot
salt
water
½ pint brown malt vinegar
¼ pint water
½ cup sugar
¼ teaspoon cinnamon
1 bayleaf
2 whole cloves
4 peppercorns

Wash beetroot well, cook in boiling salted water until tender, or until skins are easily removed. Combine remaining ingredients in separate saucepan, bring to boil, lower heat, simmer 5 minutes. Cool.

Peel and slice beetroots, pack into hot sterilised jars. Strain vinegar, pour over beetroot, Seal.

NOTE: Beetroot, because of its high sugar content, ferments easily, so this type of pickle is best made in small quantities, and used as soon as possible.

Bread and Butter Pickles

4 large cucumbers
salt
2 cups cider vinegar
½ cup hot water
3 dessertspoons sugar
1 dessertspoon mustard seeds
1 teaspoon salt
4 strips pimento or red pepper

Wash cucumbers well, slice very thinly. Arrange in layers in large shallow dish, sprinkling a little salt between each layer (about ¼ cup salt in all). Cover, stand overnight.

Wash cucumbers well in cold water, drain, set aside. In a large saucepan, combine vinegar, hot water, sugar, mustard seeds and salt, bring to boil; reduce heat, simmer, uncovered, 5 minutes. Add cucumbers, bring just to boiling point, remove from heat. Using tongs, and working quickly, pack cucumbers tightly into hot sterilised jars. Add a pimento strip to each jar. Fill with vinegar mixture to within ½ in. of top, seal at once.

Makes approx. 4 pints

Crisp Cucumber Sticks

These are prepared exactly as Bread and Butter Pickles, but instead of cutting cucumbers into thin slices, cut them lengthwise into thick sticks. If cucumbers are long, cut sticks to convenient size to fit into jars. Then proceed as for Bread and Butter Pickles.

Cucumber Relish

4 cucumbers (approx. 4 lb.)
¼ cup salt
1 red pepper
1 green pepper
½ lb. onions
3 sticks celery
½ oz. mustard seeds
¾ lb. sugar
¾ pint white vinegar

Peel and dice cucumbers, sprinkle with salt. Stand 3 hours, or overnight; drain liquid from cucumbers. Seed and dice peppers, peel and chop onion, chop celery. Chop all vegetables finely. Add cucumbers and prepared vegetables with remaining ingredients to large saucepan.

Stir over low heat until sugar dissolves, increase heat, boil 30 minutes uncovered. Pour into hot sterilised jars, seal.

Makes approx. 2½ pints

Pimentos

2 lb. red peppers
boiling water
iced water
2 cups vinegar
2 cups oil

Wash peppers, cut in half, remove seeds and stems. Place in basin, pour over enough boiling water to cover, allow to stand 2 minutes. Drain, cover with iced water; drain again, pack firmly into hot sterilised jars.

Boil vinegar in saucepan for 2 minutes, add oil. When it boils again, pour over peppers, making sure they are covered with liquid. Seal.

Makes approx. 2 pints

Pickled Red Cabbage

1 red cabbage
salt
4 pints white vinegar
½ oz. whole cloves
½ oz. whole allspice
½ oz. cinnamon stick
few peppercorns
¼ teaspoon nutmeg

Remove discoloured outer leaves from cabbage, cut in quarters, remove thick core. Shred cabbage finely; place in large china basin in layers, sprinkling each layer well with salt. Cover, stand overnight. Drain well. Combine remaining ingredients in heatproof basin, cover with a plate, stand over a saucepan of water; bring water slowly to boil, remove saucepan from heat. Allow vinegar and spices to steep over the warm water for 2 hours; strain through a fine cloth. Pack drained cabbage into hot sterilised jars, pour vinegar over, seal.

Clear Mixed Pickles

1 cauliflower
1 large carrot
2 cucumbers
½ cabbage
4 green peppers
2 chillies
2½ pints white vinegar
1½ cups sugar
1 dessertspoon salt

Wash all vegetables well. Cut cauliflower into small flowerets, peel carrot, cut into thick strips. Place cauliflower and carrot in saucepan, cover with water, boil until just tender; drain. Cut cucumbers into quarters lengthwise, remove seeds, chop roughly. Cut cabbage into coarse pieces; remove seeds from peppers, cut into 1in. pieces.

Place prepared vegetables into a large bowl. Combine sugar, vinegar and salt in a saucepan, bring to the boil, pour over vegetables, cover, stand overnight. Pour into hot sterilised jars. Remove seeds from chillies, add 1 or 2 chilli strips to each jar, seal.

Makes approx. 6 pints

For a Chinese-style of mixed pickle, 4 sticks of celery, ½ bunch shallots (use white part only) and 1 in. piece of green ginger can be added. Cut celery and shallots into 2 in. pieces, peel ginger, cut into thin slices. Cook these in boiling water 2 minutes, drain then add to other vegetables.

CONFECTIONERY

A tempting assortment of home-made sweets is irresistible and, if you have some cooking to do for a school or church fete, you'll find the sweets made from these recipes are always fast-sellers at the confectionery stall

A sweets thermometer is a good investment if you plan to make a large quantity of sweets; it helps to take the guesswork and uncertainty out of cooking times and temperatures. Some of the recipes given here use a sweets thermometer; below are directions for its correct use and care.

But if you have not got a thermometer, use the following temperature table and the cold water test as guides.

Soft ball 236–240 degrees Fahrenheit. A small quantity of syrup dropped into cold water moulds easily with the fingers into a soft ball.

Firm or hard ball 250–260 degrees F. Test as for soft ball. The syrup should mould into firm ball.

Small crack 265–290 degrees F. Syrup is clear, but when dropped into cold water cracks and breaks if crushed with fingers.

Hard crack 295–315 degrees F. Syrup is golden in colour, snaps and crackles when a little is dropped into cold water.

The cold water test Spoon a little syrup into cold water and mould with fingers; a shallow bowl makes it easier to see and manipulate syrup; if desired consistency is not reached, cook further and test again. Use fresh cold water for each test, because as water becomes warm the test is less accurate.

Use and care of sweets thermometer Do not place cold thermometer in boiling syrup. First immerse in cold water and bring to the boil, then check the reading on the thermometer for accuracy (water boils at 212 degrees F., use this reading to check accuracy). If thermometer is not the type that clings to side of pan, return to hot water after each test. When immersing in syrup, cover bulb completely and gently change position of thermometer occasionally in syrup. With thermometer upright, take reading as near eye level as possible.

Butterscotch Popcorn

4 oz. popping corn
2 tablespoons oil
4 oz. butter
2 tablespoons honey
¾ cup sugar

In a large saucepan or frypan, heat oil until very hot. Add corn, place lid on pan, shake pan continually until popping ceases. Place popped corn in large bowl. Combine honey, sugar and butter in separate pan, slowly bring to boil; boil 5 minutes. Pour syrup over popped corn and mix till corn is well coated. Pour quickly on to well greased oven trays, cool.

Toffees

3 cups sugar
1 cup water
¼ cup brown malt vinegar

Combine sugar, water and vinegar in saucepan, stir over a low heat until sugar has dissolved. Increase heat, boil rapidly for approximately 15 minutes, or until a small amount of mixture will crack when tested in cold water. Remove toffee from heat, allow bubbles to subside, pour into paper patty cases. Leave for 5 minutes before decorating with chopped nuts, hundreds-and-thousands, coconut etc.

Makes 1 dozen

Honeycomb

¾ cup sugar
2 tablespoons honey
2 tablespoons golden syrup
2 tablespoons water
1½ teaspoons bicarbonate of soda

Place sugar, honey, golden syrup, and water into saucepan, dissolve over low heat, stirring occasionally. When sugar has dissolved, bring to boil,

Ever popular Toffees, with an assortment of colourful toppings, are always fast sellers at school or church fetes

then reduce heat to low; heat should be just sufficient to keep mixture gently boiling. Cook approximately 12 to 15 minutes or until syrup is brittle when a little is dropped in cold water; cooking time will vary slightly, depending on size and thickness of saucepan.

Be careful syrup does not burn. Remove from heat, stir in bicarbonate of soda quickly. Pour immediately into greased 6 in. sandwich tin. When cold, break into pieces.

Cooked Fondant

1 lb. icing sugar
2 dessertspoons liquid glucose
¼ pint water
flavouring
food colouring

Place sugar, glucose and water in saucepan, stir over low heat until sugar has thoroughly dissolved; increase heat, bring to boil, and, using sweets thermometer, boil to 240 degrees F. Remove immediately from heat, allow bubbles to settle, then pour into basin, allow to cool.

When syrup is cool, beat with a wooden spoon until thick, then knead with hands until firm enough to handle.

If required, use a little sifted icing sugar when kneading. Colour and flavour and use as desired.

Peppermint Creams Colour green, flavour with peppermint essence, roll into balls, flatten slightly.

Prune or Date Creams: Remove stone from fruit, press into canoe-shape, fill recess with coloured and flavoured fondant.

Coconut Ice

1 lb. icing sugar
½ lb. desiccated coconut
1 teaspoon vanilla
½ teaspoon lemon juice
2 egg-whites
4 oz. solid white vegetable shortening
pink or green food colouring

Put sifted icing sugar, coconut, vanilla, lemon juice and slightly beaten egg-whites into large basin. Melt shortening over gentle heat. Allow to cool slightly, pour on to ingredients in basin. Combine thoroughly. Press half the mixture into greased bar tin lined with greaseproof paper. Add pink or green colouring to remaining mixture. Press firmly on top of white mixture.

NOTE: If a third layer is desired, divide mixture into three parts. Add 1 dessertspoon sifted cocoa, blended to a smooth paste with a little milk, to one part; blend well, press on top of pink or green layer in tin.

Buttered Rum Brazil Nuts

1½ cups sugar
½ cup water
1 oz. butter
2 dessertspoons liquid glucose
1 lb. shelled brazil nuts
4 dessertspoons rum

Place the sugar and glucose in saucepan, add the water, stir until sugar dissolves; do not stir after mixture reaches boiling point. Boil steadily to 238 degrees F. on sweets thermometer, (or soft ball stage), then add butter and rum. Boil again until mixture is light honey colour or when a little dropped into cold water forms a hard ball and snaps and crackles. Remove from heat, drop in nuts, lift out one at a time, place on greased paper to set.

Butterscotch

1 lb. white sugar
½ cup brown sugar
4 dessertspoons liquid glucose
¼ pint water
2 oz. butter
½ teaspoon cream of tartar

Place in saucepan the sugars, glucose, butter, and water in which cream of tartar, has been dissolved; stir over low heat until sugar has thoroughly dissolved. Increase heat, bring to the boil, using sweets thermometer, boil to 290 degrees F. Remove immediately from heat, allow bubbles to settle, then pour into greased tin about 8 in. square. or on to oiled slab. Mark into squares with oiled knife before it becomes cold.

Rocky Road

2½ tablespoons gelatine
1 lb. sugar
¾ cup cold water
½ cup boiling water
1 dessertspoon lemon juice
1 teaspoon vanilla
½ cup chopped nuts
1 cup chopped glacé cherries
4 oz. dark chocolate
2 oz. solid white vegetable shortening
pink and green food colouring

Soak gelatine in cold water, place sugar and boiling water in large saucepan, bring slowly to the boil. Add the soaked gelatine, boil steadily 10 minutes. Add lemon juice and vanilla. Pour into two large basins; cool. Colour one pink and one green. Beat each colour until very thick, then pour into greased, shallow tins. When quite cold and set, remove from tins, and cut into irregular pieces. Fill roughly into lamington tin, sprinkle nuts and cherries through marshmallows. Melt chopped chocolate and shortening together over hot water, set aside to thicken slightly. Trickle chocolate mixture thickly through and over marshmallows.

Cut into pieces when set.

Marzipan Fruits

1 lb. icing sugar	squeeze of orange or lemon juice
4 oz. marzipan meal	few drops almond essence, if desired
2 egg-yolks	
4 dessertspoons sherry	

Sift icing sugar, add marzipan meal; mix well. Stir in egg-yolks beaten with sherry, fruit juice, and almond essence. Mix into stiff paste, adding a little more fruit juice, if required. Knead slightly on board.

Apple Shape from round of marzipan. Push clove in each end, with pointed end out for stalk and clubbed end for blossom.

Orange Roll a round of marzipan on fine grater to get indented skin effect. Push in clove for stalk.

Strawberry Roll small amount of marzipan to slight point at one end; paint with food colouring, then roll in red sugar (coloured with food colouring).

Banana Shape from cylinder of marzipan. Point ends and slightly curve banana.

Pear Shape from round of marzipan, bring one end to a point. Press clove in pointed end for stalk.

Let fruit dry 24 hours, then paint with appropriate food colouring.

Toffee Apples

3 cups sugar	½ teaspoon cream of tartar
1 cup water	apples
1 dessertspoon white vinegar	red food colouring

Combine water, sugar, vinegar, and cream of tartar in saucepan. Heat over low heat, stirring to dissolve sugar completely. Use small brush dipped in cold water to wash down sugar grains from the sides of the saucepan. Undissolved sugar in the syrup or on sides of saucepan could cause mixture to 'candy' instead of remaining clear.

When sugar has dissolved, stop stirring. (Stirring after mixture has boiled will cause candied toffee). Bring mixture to the boil. Boil steadily approximately 5 to 8 minutes. This time will depend on degree of heat under saucepan and also on size and type of saucepan used. A small saucepan will take longer, because there will be less quick evaporation of mixture; also a heavy based saucepan will take longer to cook the mixture than a thin based one.

Begin testing syrup by dropping small teaspoons of syrup into small bowl of cold water. Use fresh water after each test. First test; the mixture will probably be like syrup and will dissolve in the cold water. A few minutes later the mixture will be thick and sticky. Then the mixture will form a soft ball when rolled between the fingers in the testing water. At this stage mixture will begin to bubble thickly. Test again; mixture should form a hard ball when rolled between fingers.

Quickly add red food colouring to give a rich colour. If obtainable, burgundy red food colouring gives best colour. Don't stir; the boiling movement will evenly mix the colouring through toffee. (Stirring the colouring in after the toffee has reached right temperature can cause candying).

Test mixture as before; it should form thin threads of toffee in the water. Test again a few minutes later. Listen carefully as toffee hits the water; it should give quite a loud, sharp crack. Remove pan from heat immediately.

Stand saucepan about 10 to 15 minutes until all bubbling has completely stopped and toffee has cooled.

Have apples prepared: Wash apples well, pat dry; do not rub or polish. Pierce each apple through centre with a butcher's wooden skewer, set aside. Do not refrigerate.

All varieties of apples can be used, but the best results are obtained by using green Granny Smith apples.

The natural oils on the skin of some varieties of red apples can affect toffee coating. The oils tend to prevent toffee clinging to apples, and as toffee drains away, bubbles form under toffee.

Tip pan on its side until there is a deep pool of toffee in the base. Gently lower apples one at a time, at a slight angle, into toffee. Slowly turn apples once round in toffee until completely coated. Lift apple from toffee. Do not hold apple upright, but keep at the angle. Twist round once or twice, allowing excess toffee to run around apple. Then stand apple upright on greased greaseproof paper to set.

If using red apples and bubbles begin to form during coating, plunge toffee coated apples in basin of cold water. This sets toffee and arrests the forming of further bubbles.

Turkish Delight

4 dessertspoons gelatine	grated rind of 1 lemon
½ cup cold water	½ cup hot water
1 cup sugar	⅓ cup orange juice
grated rind of 1 orange	⅓ cup lemon juice
	pink food colouring

Soften gelatine in cold water. Make syrup from sugar, rinds and hot water; when boiling add softened gelatine. Boil gently 20 minutes. Remove from heat, add fruit juices; strain mixture. Colour with few drops of pink food colouring.

Pour into wetted 8 in. tin, allow to set. When firm cut into squares, using knife dipped in hot water. Roll in sifted icing sugar mixed with a little cornflour.

Marshmallows

2 oz. gelatine
2 lb. sugar
1½ cups boiling water
1 cup cold water
2 teaspoons vanilla
1 dessertspoon lemon juice

Soften gelatine in cold water. Add sugar to boiling water. Stir to dissolve sugar, bring back to the boil. Add soaked gelatine, boil steadily 20 minutes. Allow to cool to lukewarm. Flavour with vanilla and lemon juice. Beat until very thick and white. Pour into tins which have been rinsed out with cold water. Allow to set. Cut into squares, roll in icing sugar or toasted coconut.

To Toast Coconut Spread coconut on baking trays, bake in moderate oven 10 to 15 minutes. Shake trays occasionally. Alternatively, the coconut can be put into large, heavy frypan and toasted over moderate heat. Shake pan continually so coconut does not burn.

Sherried Chocolate Dates

2 dozen dessert dates
rind of 1 orange
⅓ cup sweet sherry
4 oz. dark chocolate
1 oz. solid white vegetable shortening

Peel rind from orange, taking care not to remove any white pith. Place rind in saucepan, cover with water, simmer 5 minutes. Drain, chop finely.

Pit dates, fill with small amount of orange rind, press together. Place sherry in basin, add dates, cover; leave overnight or at least 1 hour.

Chop chocolate and shortening, melt in top of double saucepan over hot water. Drain dates slightly. Using tongs, dip dates in melted chocolate; place on waxed paper until chocolate has set.

Coconut Roughs

⅓ cup hot mashed potato
1 oz. melted butter
1⅔ cups icing sugar
1¼ tablespoons cocoa
1¾ cups coconut
1 teaspoon vanilla
pinch salt

Beat butter into hot potato, gradually beat in sifted icing sugar, salt and cocoa. Add coconut and vanilla, mix well. Spoon teaspoonfuls on to greaseproof paper, refrigerate until firm.

Chocolate Ginger Sticks

½ cup finely chopped dates
3 oz. dark chocolate
2 oz. crystallized ginger

Put ginger and dates through fine mincer or chop very finely. Shape into sticks approximately 2 in. in length and ¼ in. wide. Place chocolate in top of double boiler, melt over hot water.

Place date and ginger sticks on wire rack, spoon chocolate over. Refrigerate until set.

Makes approx. 1½ dozen

Caramels

14 oz. can sweetened condensed milk
1 cup sugar
4 oz. butter
½ cup golden syrup

Place all ingredients into saucepan, stir over low heat until sugar has thoroughly dissolved. Bring to boil, stirring constantly; continue stirring until desired colour, the darker the colour the harder the caramel.

When desired colour, remove from heat, stop stirring, allow bubbles to settle; pour into oiled and lined 8 in. square tin or 7 in. sandwich tin. Do not scrape pan (put scrapings into another tin, as this may 'candy').

When cold, cut into sections with oiled knife.

Old Fashioned Fudge

3 cups sugar
pinch salt
½ cup cocoa
1 cup milk
2 tablespoons liquid glucose
1½ oz. butter
1 teaspoon vanilla

The right degree of heat is essential for success in this economical delicious fudge; a sweets thermometer is necessary.

Combine sugar, salt, cocoa, milk and glucose in saucepan, stir over low heat until sugar dissolves. Increase heat, boil rapidly until mixture reaches 234 degrees F. Remove from heat, add butter, allow to cool to 110 degrees F. Add vanilla, beat until fudge loses its gloss and starts to change colour Immediately pour into greased and lined 8 in. sandwich tin, cut into squares when cold.

Sherried Chocolate Dates, with fresh orange-flavoured filling, are delicious to serve with after-dinner coffee

DRINKS & PUNCHES

There's a selection of well-blended punch recipes here for every occasion—weddings, engagements, birthday parties; plus thirst-quenching drinks for summer, and hot drinks to warm when the weather is cold

Iced Tea

freshly brewed tea
ice cubes
sugar
lemon slices
mint sprigs

Allow tea to cool at room temperature. (Chilling tea too rapidly will make it cloudy.) Sweeten to taste if desired, strain. Place ice cubes in glasses, add tea. Garnish each glass with lemon slice and mint sprig.

Delicious Iced Coffee

1 cup hot water
2½ tablespoons instant coffee powder
3 cups cold water
vanilla ice-cream
whipped cream
grated chocolate
glacé cherries

Dissolve coffee in hot water, add cold water; sweeten if desired; refrigerate until ready to serve. Place a generous scoop of ice-cream into each glass, fill with iced coffee. Top with whipped cream, grated chocolate and a glace cherry.

Serves approx. 4

Lemon Cordial

1 lb. 10 oz. sugar
1½ oz. (1½ tablespoons) tartaric acid
¼ oz. (1 dessertspoon) epsom salts
1½ pints boiling water
2 large lemons

Combine sugar, tartaric acid and epsom salts in a large bowl, add boiling water, stir until sugar is dissolved. Cool. Finely grate the rind of 2 lemons, squeeze juice, add to liquid, allow to become cold. Pour into bottles, cork, or cover with screw caps, store in refrigerator. Mixture will keep for 2 to 3 weeks.

Makes 2¾ pints of concentrated lemon cordial. To drink, dilute with iced water.

Blender Lemonade

1 large lemon
¼ cup sugar
1 pint iced water

Wash lemon, cut off thick ends, cut lemon into 8 pieces. Place all ingredients into electric blender, blend on high speed until lemon is finely shredded. Strain. Use soon after blending.

Makes approx. 1 pint.

Home Style Ginger Beer

Ginger Beer Plant

1 cup cold water
1 teaspoon ground ginger
1 teaspoon sugar
½ teaspoon instant coffee powder
1 teaspoon honey

Combine all ingredients in a screw top jar. Feed plant each day for 7 days with additional 1 teaspoon sugar, 1 teaspoon ginger, 1 teaspoon honey and ½ teaspoon instant coffee powder.

To Make up Ginger Beer: Dissolve 3 cups sugar in 4 cups hot water. Add 7 pints cold water and strained juice of 3 lemons. Add to this the strained liquid from screw-top jar (strain through fine muslin cloth). Pour into clean, dry, airtight bottles; seal tops. The best bottles to use have special clamp tops. Keep 3 to 4 weeks before using.

Makes approx. 10 pints.

To Keep Plant Alive: Halve the residue strained into muslin, return to jar with 1 cup water; let stand 1 week, feeding each day as before.

Irish Coffee

1 tablespoon Irish whiskey
1 teaspoon sugar
strong black coffee
unwhipped cream

Place whiskey into small, warmed goblet, add sugar. Fill to within ½ in. of top with black coffee. Stir quickly to dissolve sugar. Top with ¼ in. layer of cream. The best way to do this is to hold a spoon over coffee, and gently pour cream over back of spoon bowl so that cream floats on top. Do not stir.

Gaelic Coffee: Use Scotch whisky instead of Irish whiskey.

Mulled Wine

1 bottle claret
2 cinnamon sticks
6 cloves
1 tablespoon sugar
1 cup brandy
1 piece lemon rind
nutmeg

Combine claret, crushed cinnamon sticks, cloves, sugar, brandy and lemon rind in saucepan, heat slowly, do not boil. Strain wine through a fine strainer. Serve hot in mugs, sprinkle with a little nutmeg.

Makes approx. 1½ pints.

Gluehwein

1 bottle claret
6 whole cloves
1 cinnamon stick
6 lemon slices
6 orange slices
2 tablespoons sugar

Place all ingredients in saucepan, heat slowly but do not allow to boil. Strain wine through a fine strainer, serve hot. Garnish with extra lemon and orange slices.

Makes approx. 1½ pints

NOTE: 1 tablespoon brandy may be added to each glass before adding the hot Gluehwein.

Glogg

1 bottle port wine
1 bottle Burgundy
1 bottle Aquavit
1 cinnamon stick
1 tablespoon whole cloves
raisins
blanched almonds

Combine port, burgundy and aquavit in a saucepan, heat slowly, simmer 3 minutes. Tie cinnamon and cloves in a muslin bag, dip into simmering wine mixture for 1 minute. Place a few raisins and almonds in each glass, top with the Glogg, serve hot in coffee mugs.

Makes approx. 4 pints

Apple Cider

4 lb. over-ripe, bruised or spotted apples
6 pints cold water
1 cup sugar

Wash and dry apples, cut into ½ in. slices; place in large crockery basin, cover with the cold water. Cover with cloth and allow to stand 10 days, stirring daily. The mixture will ferment and bubble.

After 10 days, drain apples and discard, reserve liquid. Stir in sugar, stirring until dissolved. Strain through several thicknesses of fine muslin; do not squeeze muslin. Bottle into clean dry bottles and allow to stand, uncorked but covered with cloth, for 14 days. The cider will continue to bubble in the bottle, the bubbles becoming smaller and less frequent toward the end of this period. If necessary, re-strain into clean dry bottles to remove sediment. Cork securely, label and date. Keep for three months before using.

Makes 3 pints

Port Sangria

1 bottle claret
½ bottle port
1 cup marsala
¼ cup orange juice
1 tablespoon lemon juice

Combine all ingredients, mix well. Passionfruit pulp, sliced strawberries can also be added. Pour into jugs. Garnish with orange and lemon slices.

Makes about 2½ pints

Wine Sangria

2 bottles red wine
½ cup brandy
26 oz. bottle lemonade
oranges, strawberries or other fruit

Combine wine and brandy, add a few orange or lemon slices and whole strawberries, pour over crushed ice. Just before serving add chilled lemonade. Garnish with spirals of orange rind.

Makes approx. 4 pints

Teenagers' Punch

4 oranges
4 bananas
4 apples
4 passionfruit
30 oz. can pineapple pieces
1 cup sugar
1 bottle lemon cordial
1 bottle orange cordial
8 26 oz. bottles lemonade
3 26 oz. bottles ginger ale
6 13 oz. bottles soda water
1 punnet strawberries

Peel and chop oranges, bananas and apples, remove pulp from passionfruit. Combine in a large basin with undrained pineapple and sugar; refrigerate until ready to serve. Combine cordials and 2 bottles lemonade in punch bowl; refrigerate. Just before serving, add ginger ale, soda water and remaining lemonade; stir in fruit mixture, hulled strawberries and ice.

Makes approx. 3 gallons.

NOTE: For an adult punch, 1 or 2 bottles brandy can be added.

Party Punch

1 cup sugar
2 pints water
¼ cup strong black tea
4 oranges
4 lemons
15 oz. can light grape juice
15 oz. can crushed pineapple
26 oz. bottle ginger ale
orange slices
maraschino cherries
strawberries

Combine sugar and water in saucepan, stir over low heat until sugar dissolves, bring to boil; reduce heat, simmer 5 minutes. Add strained tea, refrigerate. Squeeze juice from oranges and lemons. Add strained fruit juices, grape juice and undrained pineapple to syrup; refrigerate. Pour into punch bowl; just before serving, add ginger ale, garnish with orange slices, cherries and hulled and sliced strawberries.

Makes approx. 6 pints

White Wine Punch

3 bottles white wine
1 cup brandy
juice ½ lemon
watermelon

With melon baller, cut balls from watermelon. Put into bowl, cover, refrigerate.

Have the wine well chilled; Moselle is a good wine to use for this punch.

At serving time, pour wine into punch bowl, add lemon juice, brandy and melon balls. Ice cubes can also be added.

Makes approx. 4 pints

Champagne Fruit Punch

½ lemon
1 orange
15 oz. can pineapple pieces
½ cup brandy
2 tablespoons sugar
1 bottle Moselle
1 bottle champagne
2 13 oz. bottles soda water

Slice the lemon and orange finely, drain pineapple pieces, discard syrup. Combine fruit, brandy and sugar in punch bowl; refrigerate. Before serving, add remaining ingredients.

Makes approx. 4 pints

Superb Party Punch

2 lb. peaches
sugar
1 flagon dry white wine
½ bottle red wine
¼ cup brandy
¼ cup Cointreau
1 bottle champagne

Peel peaches, slice into punch bowl, sprinkle lightly with sugar. Add chilled white wine, red wine, Cointreau and brandy. Just before serving, stir in chilled champagne.

Makes approx. 1¼ gallons

Pineapple Punch

3 cups strong tea
¾ cup lemon juice
2 cups pineapple juice
1 cup fresh orange juice
1 cup sugar
2 26 oz. bottles lemonade
26 oz. bottle ginger ale
lemon slices

Strain tea, combine with fruit juices and sugar, refrigerate. Just before serving, add chilled lemonade, ginger ale and ice. Place half a lemon slice in each glass before pouring in punch.

Makes approx. 7 pints

Tahitian Rum Punch

1 bottle white rum
½ cup canned pineapple juice
¾ cup fresh orange juice
¾ cup lime or lemon juice
2 26 oz. bottles ginger ale
sugar
fresh fruit slices

Chill all ingredients well; combine rum, strained fruit juices and sugar to taste, in a punch bowl. Just before serving, add ice and ginger ale. Garnish with fresh fruit slices.

Makes approx. 5 pints

West Indian Punch

This is the famous rum punch of the West Indies. It is compiled in the following proportions:

1 bitter (1 measure of lemon juice)
2 sweet (2 measures of sugar syrup)
3 strong (3 measures of rum)
4 weak (4 measures of water)

With 1 bottle of rum as the base, the punch is prepared as follows:

1 cup lemon juice
2 cups sugar syrup (made from 2 cups sugar and ¾ cup water)
26 oz. bottle rum
4 cups water, extra
grated nutmeg
angostura bitters

Make syrup; combine water and sugar in saucepan. Bring to boil, stir to dissolve sugar; cool.

Mix all ingredients together lightly. Add a few drops of angostura bitters to give a light pink tint. Refrigerate until well chilled.

Put a spoonful of crushed ice in each glass, pour in punch. Top each glass with grated nutmeg. A maraschino cherry, a light dash of pineapple juice or a few pieces of pineapple can be added.

Makes 4 pints

White Wine Punch, served sparkling cold, has colourful balls of watermelon added just before serving

MEASUREMENTS

Recipe Measurements

Cup Measures

The standard eight liquid ounce measuring cup is used for recipes in this book.

A standard ½ pint measuring jug has been approved by the Standards Association. As shown in the sketch, this measures up to ½ pint, or 10 fluid ounces. The 8 fluid ounce, or 1 cup measure, is clearly shown, together with fractions of cup measures. Millilitre (ml.) measures are also shown, for when the metric system comes into operation.

To measure dry ingredients with a cup, spoon ingredient lightly into cup until it reaches required mark. Hold glass measure at eye level to make sure of measurement. Never pack ingredients tightly into cup, unless recipe specifies this, as '1 cup firmly packed brown sugar.'

When measuring a liquid ingredient, the cup should be on level surface.

Cup Measures

(Using the eight-liquid-ounce cup)

1 cup flour	4 oz.
1 cup sugar (crystal or castor)	8 oz.
1 cup icing sugar (free from lumps)	5 oz.
1 cup shortening (butter, margarine, etc.)	8 oz.
1 cup honey, golden syrup, treacle	10 oz.
1 cup brown sugar (lightly packed)	4 oz.
1 cup brown sugar (firmly packed)	5 oz.
1 cup soft breadcrumbs	2 oz.
1 cup dry breadcrumbs (made from fresh breadcrumbs)	3 oz.
1 cup packet dry breadcrumbs	4 oz.
1 cup rice (uncooked)	6 oz.
1 cup rice (cooked)	5 oz.
1 cup mixed fruit or individual fruit such as sultanas, etc.	4 oz.
1 cup grated cheese	4 oz.
1 cup nuts (chopped)	4 oz.
1 cup coconut	2½ oz.

Liquid Measures

(Using the eight-liquid-ounce cup measure)

1 cup liquid	8 oz.
2½ cups liquid	20 oz. (1 pint)
1 gill liquid	5 oz. (¼ pint)

Spoon Measures

Standard spoon measures have now been established by the Standards Association of Australia. These are based on metric measures.
The tablespoon measures 20 ml.;
the teaspoon, 5 ml.
Standard spoon sets, which give exact measurement, are available.

Level spoon measurements are used in all recipes in this book

NOTE: The standard measuring cup shown on this page measures up to 250 millilitres; this is equivalent to quarter of a litre.

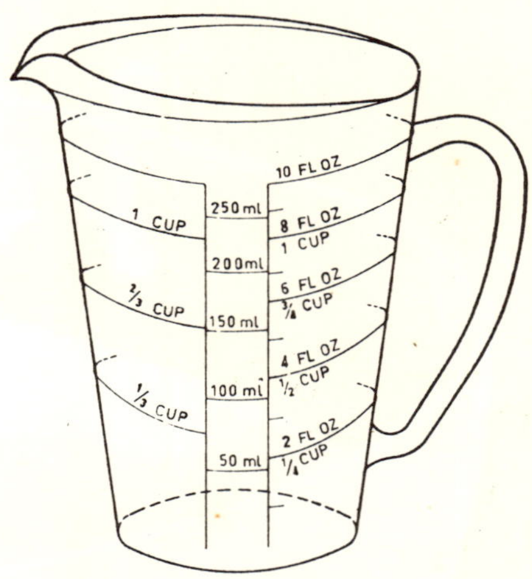

Standard ½-Pint (10 Aust. Fl. Oz.) Measure.

English and American Measures

English

Similar to Australian, except the term '1 cup' refers to 10 fluid oz. measuring cup, not the 8 fluid oz. measure used in Australia.

American

The American pint is 16 fluid oz., compared with our Imperial pint measure of 20 fluid oz. The American tablespoon is equal to 14.8 ml.; the teaspoon, 4.8 ml. The American cup measure is 8 fluid oz., the same as Australian.

Metric Measures

The metric system is scheduled to come into operation in Australia. We will measure in grams then, instead of ounces; in kilograms, instead of pounds; in millilitres and litres, instead of pints.

Set out below is a table with exact conversions. For easier working out of recipes, converting them from ounces to grammes, 30 grammes could be taken as the basic unit, instead of the exact 28.35. In England, 25 g. has been suggested as the basic unit; this multiplies easily into larger metric measures.

Metric Weights

One gram	=	.035 ounce
1 oz.	=	28.35 g.
2 oz.	=	56.7 g.
4 oz.	=	113.4 g.
8 oz.	=	226.8 g.
12 oz.	=	340.2 g.
16 oz. (1 lb.)	=	453.6 g.
1 kilogram	=	2.2 lb.

Metric Liquid Measures

¼ pint	=	142 millilitres
½ pint	=	284 ml.
1 pint	=	568 ml.
½ litre	=	0.88 pint.
1 litre	=	1.76 pints (approx. 1¾ pints)
1,000 millilitres	=	1 litre
100 centilitres	=	1 litre
10 decilitres	=	1 litre
1 decilitre	=	1/10th litre, or 3½ fluid oz.

Oven Temperatures

Below is a general guide to oven heats and temperatures. Oven heats in electric ranges can vary, depending on the manufacturer; it is always wise to consult the manufacturer's booklet issued with the particular model of range.

Gas Temperatures

Slow	250–275 deg. F.
Moderately slow	300–325 deg. F.
Moderate	350 deg. F.
Moderately hot	375 deg. F.
Hot	400–450 deg. F.
Very hot	475–500 deg. F.

Electric Temperatures

Slow	250–300 deg. F.
Moderately slow	300–325 deg. F.
Moderate	350–400 deg. F.
Moderately hot	425–450 deg. F.
Hot	475–500 deg. F.
Very hot	525–550 deg. F.

CALORIE COUNTER & WEIGHT TA

FIND YOUR IDEAL WEIGHT

Find your ideal weight from the weight tables in this calorie counter. Multiply the number of pounds by 16 if your work is sedentary, by 18 if fairly active, by 20 if very active. (The average office worker should use the 16.) The result is the number of calories needed per day to MAINTAIN your weight. Reduce this number by 500 per day and you should lose at least 1 lb. per week. Reduce it by 1000 and you should lose 2 lb. per week.

EXAMPLE. You are an active housewife weighing 10 st. You are aged 28, with a light frame, 5 ft. 2 in. tall. Your ideal weight is 8 st. (i.e., 112 lb.). Multiply 112 x 20. Result, 2240 calories per day. This will keep you at your present weight. Subtract 1000 per day. On 1240 calories daily you should lose 2 lb. per week.

EXAMPLE. You are a typist, aged 33, 5 ft. 8 in tall, big frame, and weigh 12 st. 2 lb. Your ideal weight is 11 st. 8 lb. (162 lb.). Multiply 162 x 16. Result, 2592. If you eat 2592 calories a day you'll stay the same weight. Subtract 1000 per day. On 1500 calories you should lose that 6 lb. in three weeks.

IDEAL WEIGHTS FOR MEN

Undressed. For clothing and shoes allow 8 lb
L—Light frame. A—Average frame
B—Big frame

AGE GROUPS

HEIGHT	25-29			30-34			35-39			40-44		
	L	A	B	L	A	B	L	A	B	L	A	B
4′11″	110	116	138	112	118	140	112	118	140	112	117	139
5′ 0″	112	118	140	114	120	142	114	120	142	114	119	141
5′ 1″	114	120	142	116	122	144	116	122	144	116	121	143
5′ 2″	115	123	143	117	125	145	117	125	145	117	124	144
5′ 3″	118	126	146	120	128	148	120	128	148	120	127	147
5′ 4″	122	130	150	124	132	152	124	132	152	124	131	151
5′ 5″	125	134	154	127	136	156	127	136	156	127	135	155
5′ 6″	130	138	159	132	140	161	132	140	161	132	139	160
5′ 7″	133	142	163	135	144	165	135	144	165	135	143	164
5′ 8″	136	146	167	138	148	169	138	148	169	138	147	168
5′ 9″	140	150	173	143	153	176	143	153	176	143	152	175
5′10″	143	155	178	146	158	181	146	158	181	146	157	180
5′11″	149	161	185	152	164	188	152	164	188	152	163	187
6′ 0″	154	167	190	157	170	193	157	170	193	157	169	192
6′ 1″	159	173	193	162	176	196	162	176	196	162	175	195
6′ 2″	164	178	195	168	182	203	168	182	203	168	181	202

HEIGHT	45-49			50-54			55-59			60-64		
	L	A	B	L	A	B	L	A	B	L	A	B
4′11″	112	116	138	111	115	137	110	114	136	107	111	132
5′ 0″	114	118	140	113	117	139	112	116	138	109	113	134
5′ 1″	116	120	142	115	119	141	114	118	140	111	115	136
5′ 2″	117	123	143	116	122	142	115	121	141	112	118	137
5′ 3″	120	126	146	119	125	145	118	124	144	115	121	140
5′ 4″	124	130	150	123	129	149	122	128	148	119	125	144
5′ 5″	127	134	154	126	133	153	125	132	152	122	129	148
5′ 6″	132	138	159	131	137	158	130	136	157	127	133	153
5′ 7″	135	142	163	134	141	162	133	140	161	130	137	157
5′ 8″	138	146	167	137	145	166	136	144	165	133	141	161
5′ 9″	143	151	174	142	150	173	141	149	172	138	146	168
5′10″	146	156	179	145	155	178	144	154	177	141	151	173
5′11″	152	162	186	151	161	185	150	160	184	147	157	180
6′ 0″	157	168	191	156	167	190	155	166	189	152	163	185
6′ 1″	162	174	194	161	173	193	160	172	192	157	169	188
6′ 2″	168	180	201	167	179	200	166	178	199	163	175	195

A diary notebook makes a vigilant companion to your counter. During the day, list everything you eat and its calorie value, then you'll know what you can afford

IDEAL WEIGHTS FOR WOMEN

Undressed. For clothing and shoes allow 4 lb
L—Light frame A—Average frame
B—Big frame

AGE GROUPS

HEIGHT	21-24			25-29			30-34			35-39			40-44		
	L	A	B	L	A	B	L	A	B	L	A	B	L	A	B
4′ 9″	99	108	121	101	110	123	103	112	125	103	112	125	103	111	124
4′10″	101	110	123	103	112	125	105	114	127	105	114	127	105	113	126
4′11″	103	112	125	105	114	127	107	116	129	107	116	129	107	115	128
5′ 0″	105	114	127	107	116	129	109	118	131	109	118	131	109	117	130
5′ 1″	107	116	128	109	118	130	111	120	132	111	120	132	111	119	131
5′ 2″	110	119	133	112	121	135	114	123	137	114	123	137	114	122	136
5′ 3″	112	123	134	114	125	136	116	127	138	116	127	138	116	126	137
5′ 4″	116	126	141	118	128	143	120	130	145	120	130	145	120	129	144
5′ 5″	119	130	142	121	132	144	123	134	146	123	134	146	123	133	145
5′ 6″	123	134	150	125	136	152	127	138	154	127	138	154	127	137	153
5′ 7″	127	138	152	129	140	154	131	142	156	131	142	156	131	141	155
5′ 8″	131	142	158	133	144	150	135	146	162	135	146	162	135	145	161
5′ 9″	134	146	161	136	148	163	138	150	165	138	150	165	138	149	164

HEIGHT	45-49			50-54			55-59			60-64			65-70		
	L	A	B	L	A	B	L	A	B	L	A	B	L	A	B
4′ 9″	103	110	123	102	109	122	101	108	121	98	105	117	95	102	114
4′10″	105	112	125	104	111	124	103	110	123	100	107	119	97	104	116
4′11″	107	114	127	106	113	126	105	112	125	102	109	121	99	106	118
5′ 0″	109	116	129	108	115	128	107	114	127	104	111	123	101	108	120
5′ 1″	111	118	130	110	117	129	109	116	128	106	113	124	103	110	121
5′ 2″	114	121	135	113	120	134	112	119	133	109	116	129	106	113	126
5′ 3″	116	125	136	115	124	135	114	123	134	111	120	130	108	117	127
5′ 4″	120	128	143	119	127	142	118	126	141	115	123	137	112	120	134
5′ 5″	123	132	144	122	131	143	121	130	142	118	127	138	115	124	135
5′ 6″	127	136	152	126	135	151	125	134	150	122	131	146	119	128	143
5′ 7″	131	140	154	130	139	153	129	138	152	126	135	148	123	132	145
5′ 8″	135	144	160	134	143	159	133	142	158	130	139	154	127	136	151
5′ 9″	138	148	163	137	147	162	136	146	161	133	143	157	130	140	154

Weigh yourself once a week in the same clothes at the same time. There is a normal variation of at least 2 lb. weight from day to day, so do not be disappointed if at times you register an apparent gain. If you stick faithfully to your diet you should see a result the next week

BUILD GUIDE FOR WOMEN

Have you a light, average, or big frame? There are seven parts of the body which vary noticeably in skeletons—shoulders, chest, pelvis, hips, wrists, knees, and ankles. If you are large in the majority of these you fit in the large-frame group. Wrists that measure 6¼ in. or less show you are in the light-frame classification

NOTE: Almost anyone can lose weight on 1200 calories per day.

CALORIE COUNTER

Batter Foods

(Calorie count does not include calories in butter, jam, sugar, or syrup served with batter foods.)

1 Pancake, 6 in. diameter	90
1 Pikelet, 3 in. diameter	65
1 Waffle, 5 in. diameter	200
1 Crumpet, 3 in. diameter	90

Bread, Buns, Biscuits

1 slice Bread, 3 in. x 4 in. x ½ in.	80
1 small Bread Roll, restaurant size	100
1 slice Bun Loaf with sultanas	65
1 slice Melba or Fairy Toast, 3 in. x 4 in. x ⅛ in.	25
1 Yeast Bun, 2½ in. diameter	140
1 Wheatmeal Biscuit	42
1 Dry Biscuit, plain	25 to 40
1 Sweet Biscuit, plain	50

Cakes

Chocolate Eclair, cream filled	300
Chocolate Cake, 3 in. x 2 in. x ¾ in.	300
Cup Cake or Rock Cake, 1	105
Fruit Cake, 1 small slice, 1½ oz.	165
Gingerbread, 3 in. x 2 in. x ¾ in.	200
Pastry, 3 in. square x ½ in.	275
Plain Cake, 1 small slice, 1½ oz.	180
Plain Cake, small slice, iced or filled	300
Sponge Cake, plain, 1 oz. slice	90
Sponge Cake, 1 slice, iced and filled	300

Cereals

(Calorie count does not include calories in milk and sugar used.)

Breakfast cereals, 1 oz., dry (1 cup)	105
Porridge, cooked, 8 oz. cup	200

Condiments and Sauces

Apple Sauce, 4 oz.	85
Chilli Sauce, 1 dessertspoon	15
Chocolate Sauce, 1 dessertspoon	100
Chutney, 2 tablespoons	45
Cream Sauce, 1 dessertspoon	35
French Dressing, 1 dessertspoon	35
Gravy (thick), 4 tablespoons	80
Hard Sauce, 1 dessertspoon	100
Hollandaise Sauce, 1 dessertspoon	15
Horseradish Sauce, 1 dessertspoon	15
Mayonnaise, 1 dessertspoon	100
Mustard, 1 teaspoon	10
Mustard Pickles, 4 dessertspoons	15
Sweet White Sauce, 1 dessertspoon	25
Tartare Sauce, 1 dessertspoon	90
Thousand Island, 1 dessertspoon	90
Melted Butter Sauce, 1 dessertspoon	100
Tomato Sauce, 1 tablespoon	15
Vinegar	0
White Sauce, medium thick, 4 tablespoons	100
Worcestershire Sauce, 1 dessertspoon	10

Dairy Products

Butter, ½ oz.	105
Butter, 1 teaspoon	25
Cheese, Cheddar and Processed, 1¼ in. cube (1 oz.)	120
Cottage Cheese, made from skim milk, 1 oz.	32
Cheese (Edam), 1 oz.	100
Cheese (Gruyere), 1 oz.	130
Cheese (Gorgonzola), 1 oz.	110
Cream, 1 tablespoon (½ oz.)	50
Milk, 8 oz. glass	150
Milk (skim), 8 oz. glass	75
Yoghurt, 1 oz.	25

Desserts

PIES:

(Pie slices are one-sixth of a 9 in. diameter pie 1 in. thick).

Apple, 1 slice	330
Apricot, 1 slice	300
Butterscotch, 1 slice	350
Custard, 1 slice	270
Lemon Meringue, 1 slice	300
Mince (fruit), 1 slice	340
Peach, 1 slice	300
Rhubarb, 1 slice	330

PUDDINGS:

Apple Dumplings, 1 oz.	55
Banana Custard, 4 oz. (av. serv.)	120
Blancmange, 4 oz. (av. serv.)	135
Custard (boiled), 5 tablespoons	80
Custard (baked), 5 oz. (av. serv.)	150
Custard (baked with bread, macaroni, rice, sago, tapioca), 5 oz. (av. serv.)	200
Fruit Salad, ½ cup sweetened	110
Fruit gelatine shape, 4 oz.	85
Ice-cream (1 small bucket or 5 tablespoons)	70
Jelly, 4 oz.	75
Junket, 4 oz.	95
Plum Pudding (no sauce), 4 oz.	370
Steamed Pudding, 2 oz., serving	240

Drinks

Apple Cider, 8 oz. glass	100
Cocoa (all milk), breakfast cup, 8 oz.	165
Cocoa (half milk, half water), breakfast cup, 8 oz.	90
Coffee (black) (Add 20 calories for two tablespoons milk; add 25 calories for each teaspoon sugar)	0
Ginger Ale, 8 oz. glass	55
Lemonade, 8 oz. glass	55
Malted milk, plain (no icecream), 8 oz. glass	180
Milk, 8 oz. glass	150
Soda Water	0
Tea, black (add calories for milk and sugar as in coffee)	0
Tonic Water, 8 oz. glass	55
Water	0

Drinks (alcoholic)

Beer, ½ pint	115
Brandy, 1 oz.	55
Gin, 1 oz.	55
Rum, 1 oz.	55
Stout, ½ pint	100
Whisky, 1 oz.	55
Wine, dry white, 5 oz. glass	90
Wine, sweet white, 5 oz. glass	100
Wine, dry red, 5 oz. glass	90
Wines (fortified): Dry Sherry, Dry Vermouth, 3 oz. glass	90
Muscat, Port, Sweet Sherry, Vermouth, 3 oz. glass	115

Eggs

Boiled (1)	80
Fried (1)	135
Omelet (1)	135
Poached (1)	80
Scrambled (1), with milk and butter	145
White only (1)	15
Yolk only (1)	65

Fats and Cooking Oils

Cooking fat, ½ oz.	130
Oil, ½ oz.	130

Fish

Caviar, 1 oz.	90
Crab, Crayfish, Lobster, 4 oz.	150
Fish — non-fatty, e.g., Bream, Flathead, Whiting, Flounder, 4 oz. grilled or steamed	115
Fried in batter	235
Fish — fatty, e.g., Herring, Mullet, 4 oz. grilled or steamed	200
Fried in batter	320
Haddock, smoked, 4 oz.	110
Kipper herring, ½ large fish, grilled	255
Oysters, 8	100
Prawns, shelled, 3 oz.	85
Salmon, canned, 2 oz.	100
Sardines, canned 2 oz.	120
Scallops, 4 oz.	90
Tuna, canned, 2 oz.	140

Flour Foods

Flour, Cornflour, 1 tablespoon	25
Macaroni, cooked, 8 oz. cup	170
Macaroni Cheese, 4 oz.	350
Rice, cooked, 8 oz. cup	200
Spaghetti, cooked, 8 oz. cup	170

Fresh Fruit and Vegetable Juices

Apple, 4 oz. glass	100
Apricot, 4 oz. glass	75
Carrot, 4 oz. glass	25
Grape, 4 oz. glass	60
Grapefruit, 4 oz. glass	45
Orange, 4 oz. glass	55
Pineapple, 4 oz. glass	60
Tomato, 4 oz. glass	25

(Diabetic fruit juices have no extra sugar added and are equal to fresh fruit juices.)

Fresh Fruit

Apple, medium size	80
Apricot, medium size	20
Avocado, half medium size	160
Banana, medium size	100
Blackberries, 8 oz. cup	80
Cantaloupe, half medium size (5 oz.)	30
Cherries, 8 oz. cup	60
Figs, 3 medium	60
Gooseberries, 8 oz. cup	60
Grapefruit, half medium size	70
Grapes, 8 oz. cup	100
Honeydew melon, half medium size, 5 oz.	45
Lemon, medium size	25
Loganberries, 8 oz. cup	60
Mandarin, medium size	40
Mango, medium size	90
Nectarine, medium size	25
Orange, medium size	70
Papaw, 8 oz.	100
Passionfruit, 1	20
Peach, medium size	50
Pear, medium size	85
Persimmon, medium size	75
Pineapple, 1 slice, 3 oz.	40
Plum, medium size	30
Pomegranate, medium size	75
Raspberries, 8 oz. cup	80
Rockmelon, ½ medium	30
Strawberries, 8 oz. cup	60
Watermelon, slice 10 in. x ¾ in.	50

Fruit (dried)

Currants, raisins, sultanas, chopped dates, 1 oz.	80
Prunes (4 medium)	70
Dried apples, apricots, pears, peaches or nectarines, 1 oz.	80

Fruit (cooked or canned)

Apples, baked, medium size	90
Apples, stewed, 8 oz. cup (sweetened)	160
Apricots, canned, no syrup, 4 halves	100
Apricots, canned, with syrup, 8 oz. cup	200
Apricots, stewed, 5 medium size	125
Blackberries, canned, with syrup, 8 oz. cup	220
Cherries, canned, with syrup, 8 oz.	120
Figs, canned, with syrup, 4 oz. cup	150
Peaches, canned, with syrup, 2 halves	100
Peaches, canned, no syrup, 2 halves	75
Prunes, cooked with sugar, 4 oz.	130

(Diabetic canned fruits or fruit cooked without sugar are equal in calorie content to fresh fruit.)

Meat

Bacon, grilled, 2 strips 6 in. long	125
Beef, roast, 4 in. x 4 in. x ¼ in.	140
Beef Casserole, 4 tablespoons with gravy	335
Brains, sheep, 1 set crumbed and fried (5 oz.)	455
Corned Beef, 2 oz.	135
Devon Sausage, 2 oz.	130
Frankfurt, one	145
Ham, 2 oz.	230
Hamburger or Rissole, 1 oz.	90
Kidneys, 2 oz.	110
Lamb Chop, one grilled	130
Lamb Cutlet, one small grilled	65
Lamb, roast, 3 oz.	300
Liver, fried, 3 oz.	175
Meat Pie (2 oz. pastry, 1 oz. filling)	350
Mince Steak, 3 oz.	300
Pork Chop, one, 3 oz.	285
Pork, roast, 3 oz.	285
Rabbit, baked, 3 oz.	160
Sausage, beef, one grilled	160
Sausage, pork, one grilled	170
Sausage Roll, small	100
Steak, grilled, 3 oz.	255
Tongue, 3 oz.	160
Tripe, 4 oz. (add 100 for 4 tablespoons white sauce)	60
Veal, roast, 3 oz.	160
Veal, breaded cutlet or schnitzel, 3 oz.	185

Nuts

(Calorie counts are for 1 oz.)

Almonds	170
Brazil Nuts	170
Cashew Nuts	160
Coconut, desiccated	185
Macadamia Nuts	200
Peanuts, roasted	160
Walnuts	145

Poultry

One ounce of poultry is about 1 slice, 4 in. x 2 in. x ⅞ in. thick. Allow 70 calories per oz. of duck or turkey, 55 calories per oz. of chicken; 3 oz. is a medium-size helping.

Soups

Chicken Noodle, 1 cup	100
Clear Chicken Broth, 1 cup	20
Consomme, 1 cup	20
Creamed Vegetable Soups, 1 cup	215
Pea Soup, 1 cup	150
Tomato Soup, 1 cup	75
Vegetable Soup with Barley, 1 cup	50

Vegetables

Asparagus, ½ cup	20
Beetroot, ½ cup	60
Broad Beans, ½ cup	80
Beans, French, ½ cup	20
Broccoli, ½ cup	30
Brussels Sprouts, ½ cup	30
Cabbage, ½ cup	20
Carrots, ½ cup	30
Cauliflower, ½ cup	20
Celery, 6 stalks	15
Choko, ½ cup	30
Corn, sweet, ½ cup	90
Corn, sweet, 1 ear 5 in.	145
Cucumber, medium size	10
Eggplant, medium slice	30
Endive, half head	10
Kohlrabi, ½ cup	30
Leek (1)	5
Lettuce, half head	10
Marrow, ½ cup	5
Mushrooms, ½ cup	30
Onions, ½ cup	30
Parsnips, ½ cup	50
Peas, ½ cup	50
Peppers, green (capsicum)	10
Potato, boiled, 1 medium	100
Potato, mashed, ½ cup	100
Potato, baked in fat, 1 medium	200
Potato chips, fried, 8 chips, 4 in. long	220
Pumpkin, mashed, ½ cup	50
Radishes, 6	10
Spinach, ½ cup	20
Sweet Potato, medium size, baked in fat	250
Tomato, medium	30
Turnips, white, ½ cup	20
Turnips, Swede, ½ cup	30

Miscellaneous

Chocolate, 2 oz.	300
Fish and meat paste, 1 oz.	55
Honey, 1 level dessertspoon	60
Jam, 1 level dessertspoon	55
Olive, green, 1 oz. (about 5, medium size)	35
Olives, black, 1 oz. (about 5, medium size)	30
Peanut Butter, 1 level dessertspoon	100
Sugar, 1 teaspoon	25
Sugar, 1 tablespoon	55

INDEX

Figures in italics refer to colour plate

D

E

Q

R

S

T

U

V

W

Y

Z